# DNS und Bind

# DNS und Bind

*Paul Albitz & Cricket Liu*

*Deutsche Übersetzung von
Andreas Roeschies & Peter Klicman*

*Beijing · Cambridge · Farnham · Köln · Paris · Sebastopol · Taipei · Tokyo*

Die Informationen in diesem Buch wurden mit größter Sorgfalt aufbereitet.
Dennoch können Fehler nicht vollständig ausgeschlossen werden. Verlag, Autoren und
Übersetzer übernehmen keine juristische Verantwortung oder irgendeine Haftung für
eventuell verbliebene Fehler und deren Folgen.
Alle Warennamen werden ohne Gewährleistung der freien Verwendbarkeit benutzt und sind
möglicherweise eingetragene Warenzeichen. Der Verlag richtet sich im wesentlichen nach
den Schreibweisen der Hersteller. Das Werk einschließlich aller seiner Teile ist urheber-
rechtlich geschützt. Alle Rechte vorbehalten einschließlich der Vervielfältigung, Übersetzung,
Mikroverfilmung sowie Einspeicherung und Verarbeitung in elektronischen Systemen.

Kommentare und Fragen können Sie gerne an uns richten:
O'Reilly Verlag
Balthasarstr. 81
50670 Köln
Tel.: 0221/9731600
Fax: 0221/9731608
E-Mail: kommentar@oreilly.de

Copyright der deutschen Ausgabe:
© 1999 by O'Reilly Verlag GmbH & Co. KG
1. Auflage 1997
2. erweiterte und aktualisierte Auflage 1999
2., korrigierter Nachdruck 2001

Die Originalausgabe erschien 1998 unter dem Titel
*DNS and BIND, 3rd Edition* im Verlag O'Reilly & Associates, Inc.

Die Darstellung von Heuschrecken im Zusammenhang mit dem Thema DNS und BIND ist ein Warenzeichen
von O'Reilly & Associates, Inc.

Die literarischen Zitate wurden mit Abdruckgenehmigung der Verlage entnommen aus:
*Alice im Wunderland* © 1991 Boje Verlag, Erlangen
*Alice im Wunderland und im Spiegelland* © 1967 und 1976 Roman Kovar Verlag, Eichenau

Die Deutsche Bibliothek - CIP - Einheitsaufnahme

Albitz, Paul:
DNS und BIND / Paul Albitz und Cricket Liu.
Dt. Übers. von Andreas Roeschies und Peter Klicman. – 2. Aufl. – Köln : O'Reilly, 1999
  Engl. Ausg. u.d.T.: Albitz Paul: DNS and BIND, 3rd Edition
  ISBN 3-89721-160-2

Übersetzung und deutsche Bearbeitung: Andreas Roeschies, Dortmund & Peter Klicman, Köln
Lektorat: Kerstin Grebenstein, Köln
Korrektorat: Boris Karnikowski, Münster
Satz: reemers publishing services gmbh, Krefeld
Umschlaggestaltung: Edie Freedman, Hanna Dyer & Risa Graziano, Boston
Produktion: Geesche Kieckbusch, Köln
Belichtung, Druck und buchbinderische Verarbeitung:
Druckerei Kösel, Kempten; www.koeselbuch.de

ISBN 3-89721-160-2

Dieses Buch ist auf 100% chlorfrei gebleichtem Papier gedruckt

# Inhalt

**Vorwort** . . . . . . . . . . . . . . . . . . . . . . . . . . . . . . . . . . . . . . . . . . . . . . . ix

**1: Grundlagen** . . . . . . . . . . . . . . . . . . . . . . . . . . . . . . . . . . . . . . . . 1
    Eine (sehr) kurze Einführung in die Geschichte des Internet . . . . . 1
    Das Internet, ein Internet . . . . . . . . . . . . . . . . . . . . . . . . . . . . . . . 2
    Die Geschichte des Domain Name System . . . . . . . . . . . . . . . . . . 3
    Eine kurze Übersicht über das Domain Name System . . . . . . . . . . 5
    Die Geschichte von BIND . . . . . . . . . . . . . . . . . . . . . . . . . . . . . . . 9
    Muß man DNS einsetzen? . . . . . . . . . . . . . . . . . . . . . . . . . . . . . . 9

**2: Wie funktioniert das DNS?** . . . . . . . . . . . . . . . . . . . . . . . . . . . 13
    Der Domain-Namensraum . . . . . . . . . . . . . . . . . . . . . . . . . . . . . 13
    Der Domain-Namensraum des Internet . . . . . . . . . . . . . . . . . . . 20
    Delegierung . . . . . . . . . . . . . . . . . . . . . . . . . . . . . . . . . . . . . . . 23
    Nameserver und Zonen . . . . . . . . . . . . . . . . . . . . . . . . . . . . . . 24
    Resolver . . . . . . . . . . . . . . . . . . . . . . . . . . . . . . . . . . . . . . . . . . 29
    Auflösung . . . . . . . . . . . . . . . . . . . . . . . . . . . . . . . . . . . . . . . . 29
    Caching . . . . . . . . . . . . . . . . . . . . . . . . . . . . . . . . . . . . . . . . . . 37

**3: Wo anfangen?** . . . . . . . . . . . . . . . . . . . . . . . . . . . . . . . . . . . . 41
    Wie beschafft man sich BIND? . . . . . . . . . . . . . . . . . . . . . . . . . . 42
    Einen Domain-Namen wählen . . . . . . . . . . . . . . . . . . . . . . . . . 45

*Inhalt*

## 4: BIND einrichten ... *63*
Unsere Domain ... 64
Die DNS-Daten einrichten ... 65
Einrichten einer BIND-Konfigurationsdatei ... 76
Abkürzungen ... 78
Prüfen von Host-Namen (BIND 4.9.4 und höher) ... 82
Werkzeuge ... 85
Betrieb eines primären Master-Nameservers ... 86
Betrieb eines Slave-Nameservers ... 92
Hinzufügen weiterer Domains ... 98
Und was kommt jetzt? ... 99

## 5: DNS und E-Mail ... *101*
MX-Records ... 102
Noch einmal: Was ist ein Mail Exchanger? ... 104
Der MX-Algorithmus ... 106

## 6: Hosts konfigurieren ... *109*
Der Resolver ... 109
Beispielhafte Resolver-Konfigurationen ... 120
Schmerz und Leid minimieren ... 122
Anbieterspezifische Optionen ... 127

## 7: BIND pflegen ... *143*
BIND-Nameserver-Signale ... 143
db-Dateien aktualisieren ... 146
Ihre Dateien organisieren ... 154
Orte der BIND 8-Systemdateien verändern ... 159
Protokollierung mit BIND 8 ... 160
Einen reibungslosen Betrieb aufrechterhalten ... 169

## 8: Domain-Wachstum ... *187*
Wie viele Nameserver? ... 187
Weitere Nameserver einbinden ... 196
Nameserver registrieren ... 201
TTLs ändern ... 204
Katastrophenplanung ... 208
Mit Katastrophen fertigwerden ... 211

## 9: Parenting ............................................. 217
Wann man Parent wird ................................. 218
Wie viele Child-Domains? ............................... 218
Welche Namen für die Child-Domains? ..................... 219
Wie man Parent wird: Subdomains anlegen ................. 221
Subdomains von in-addr.arpa ............................ 231
Gutes Parenting ....................................... 236
Der Übergang auf Subdomains ........................... 241
Das Leben eines Parents ............................... 243

## 10: Fortgeschrittenere Eigenschaften und Sicherheit ......... 245
Adreßübereinstimmungs-Listen und ACLs .................. 246
DNS NOTIFY (Benachrichtigung über eine Änderung der Zonendaten) .... 247
Dynamische DNS-Aktualisierung .......................... 250
Systemtuning .......................................... 253
Nameserver-Adreßsortierung ............................. 259
Nameserver in bestimmten Netzwerken bevorzugen .......... 264
Aufbau eines großen, für die gesamte Site geltenden Caches mit Forwardern   265
Ein etwas stärker eingeschränkter Nameserver ............ 266
Ein nichtrekursiver Nameserver ......................... 267
Fehlerhafte Nameserver umgehen ......................... 269
Ihren Nameserver absichern ............................. 270
Lastverteilung zwischen gespiegelten Servern ............ 280

## 11: nslookup ............................................. 283
Ist nslookup ein gutes Werkzeug? ....................... 283
Interaktiv oder nicht interaktiv ....................... 285
Optionseinstellungen ................................... 286
Die Suchliste umgehen .................................. 289
Gängige Aufgaben ....................................... 289
Weniger gängige Aufgaben ............................... 293
nslookup-Probleme beheben .............................. 300
Best of the Net ........................................ 306

## 12: BIND-Debugging-Ausgaben verstehen ..................... 307
Debugging-Level ........................................ 307
Das Debugging aktivieren ............................... 310

Debugging-Ausgaben interpretieren . . . . . . . . . . . . . . . . . . . . . 311
Der Suchalgorithmus des Resolvers und negatives Caching . . . . . . . . . . . . 320
Werkzeuge . . . . . . . . . . . . . . . . . . . . . . . . . . . . . . . . . . . . . . . . 321

## 13: Fehlersuche bei DNS und BIND . . . . . . . . . . . . . . . . . . . . . . . . .323
Ist NIS wirklich Ihr Problem? . . . . . . . . . . . . . . . . . . . . . . . . . . . . 324
Werkzeuge und Techniken zur Fehlersuche . . . . . . . . . . . . . . . . . . . . 325
Liste potentieller Probleme . . . . . . . . . . . . . . . . . . . . . . . . . . . . . 331
Probleme beim Versions-Update . . . . . . . . . . . . . . . . . . . . . . . . . . 348
Zusammenarbeit und Versionsprobleme . . . . . . . . . . . . . . . . . . . . . 349
Symptome von Problemen . . . . . . . . . . . . . . . . . . . . . . . . . . . . . 353

## 14: Mit den Resolver- und Nameserver-Bibliotheksroutinen programmieren . . . . . . . . . . . . . . . . . . . . . . . . . . . . . . . . . . . .365
Shell-Skriptprogrammierung mit nslookup . . . . . . . . . . . . . . . . . . . . 366
C-Programmierung mit den Resolver-Bibliotheksroutinen . . . . . . . . . . . . 372
Perl-Programmierung mit Net::DNS . . . . . . . . . . . . . . . . . . . . . . . . 396

## 15: Verschiedenes . . . . . . . . . . . . . . . . . . . . . . . . . . . . . . . . . . . .401
CNAME-Records verwenden . . . . . . . . . . . . . . . . . . . . . . . . . . . . 401
Platzhalter . . . . . . . . . . . . . . . . . . . . . . . . . . . . . . . . . . . . . . . 406
Eine Einschränkung beim Gebrauch von MX-Records . . . . . . . . . . . . . 407
DNS und Internet-Firewalls . . . . . . . . . . . . . . . . . . . . . . . . . . . . 407
Wählverbindungen . . . . . . . . . . . . . . . . . . . . . . . . . . . . . . . . . . 428
Netzwerknamen und -nummern . . . . . . . . . . . . . . . . . . . . . . . . . 430
Weitere Resource Record-Typen . . . . . . . . . . . . . . . . . . . . . . . . . . 432
DNS gegenüber X.500 . . . . . . . . . . . . . . . . . . . . . . . . . . . . . . . . 440
DNS und WINS . . . . . . . . . . . . . . . . . . . . . . . . . . . . . . . . . . . 441

## A: DNS-Nachrichtenformat und Resource Records . . . . . . . . . . .445

## B: Kompilieren und Installieren von BIND auf einer Sun . . . .465

## C: Top-Level-Domains . . . . . . . . . . . . . . . . . . . . . . . . . . . . . . . .468

## D: BIND-Nameserver- und Resolver-Anweisungen . . . . . . . . . . .473

## Index . . . . . . . . . . . . . . . . . . . . . . . . . . . . . . . . . . . . . . . . . . . . . . .485

# *Vorwort*

Sie wissen möglicherweise – noch – nicht viel über das Domain Name System, aber sobald Sie das Internet benutzen, verwenden Sie das DNS. Jedesmal, wenn Sie E-Mail versenden oder im World Wide Web surfen, sind Sie auf das Domain Name System angewiesen.

Während Sie es als menschliches Wesen vorziehen, sich die *Namen* von Computern zu merken, ziehen es Computer vor, sich gegenseitig über Nummern anzusprechen. Im Internet ist eine solche Nummer 32 Bit lang, hat also einen Wertebereich von Null bis irgendwo um die vier Milliarden.[1] Das ist für einen Computer einfach zu merken, weil Computer sehr viel Speicher besitzen, der ideal für die Speicherung von Zahlen ist. Für uns Menschen hingegen ist das nicht annähernd so leicht. Wählen Sie zufällig zehn Telefonnummern aus dem Telefonbuch aus, und versuchen Sie, sich diese zu merken. Nicht einfach, oder? Nun blättern Sie zum Anfang des Telefonbuchs und wählen für die Telefonnummern noch zufällig ein paar Vorwahlen aus. Nun haben Sie in etwa eine Vorstellung davon, wie schwierig es für Sie wäre, sich zehn willkürliche Internet-Adressen zu merken.

Das ist ein Grund, warum wir das Domain Name System benötigen. DNS übernimmt die Umwandlung von Host-Namen, die wir Menschen als angenehm empfinden, und Internet-Adressen, mit denen Computer arbeiten. Tatsächlich stellt das DNS im Internet den Standardmechanismus dar, mit dem alle Arten von Informationen – nicht nur Adressen – über Hosts angeboten und abgerufen werden können. Und DNS wird dabei von nahezu jeder Software verwendet, einschließlich E-Mail, Terminalprogrammen wie *telnet*, Programmen zum Dateitransfer wie etwa *FTP* und Web-Browsern wie Netscape Navigator und Microsoft Internet Explorer.

Eine weitere wichtige Eigenschaft des DNS ist, daß es Host-Informationen *überall* im Internet verfügbar macht. Informationen über Hosts in einer formatierten Datei auf einem einzelnen Computer vorzuhalten hilft nur den Benutzern dieses Computers. DNS

---

[1] Und mit IP in der Version 6 wird sie bald zu einem riesigen Ding mit 128 Bits, d.h. sie umfaßt einen Wertebereich zwischen Null und einer Dezimalzahl mit 39 Ziffern.

stellt die Mittel zur Verfügung, mit denen Informationen von überall aus dem Netzwerk abgerufen werden können.

Mehr noch, das DNS ermöglicht es, die Verwaltung von Host-Informationen zwischen vielen Sites und Organisationen zu verteilen. Sie müssen Ihre Daten nicht an eine zentrale Site schicken oder regelmäßig Kopien einer »Master-Datenbank« abrufen. Sie stellen einfach nur sicher, daß Ihr Abschnitt, eine sogenannte *Zone*, auf Ihren *Nameservern* auf dem neuesten Stand ist. Ihr Nameserver macht die Daten Ihrer Zone für alle anderen Server im Netzwerk verfügbar.

Weil es sich um eine verteilte Datenbank handelt, benötigt das System außerdem die Fähigkeit, die von Ihnen gewünschten Daten zu finden, indem es eine Reihe möglicher Quellen durchsucht. Das Domain Name System verleiht Nameservern die notwendige »Intelligenz«, durch die Datenbank zu navigieren und Daten jeder Zone zu finden.

Natürlich hat das DNS auch so seine Probleme. Beispielsweise erlaubt das System aus Gründen der Redundanz, daß mehr als ein Nameserver die Daten einer Zone speichert. Leider kann es zwischen den Kopien der Zonendaten zu Inkonsistenzen kommen.

Das *größte* Problem beim DNS ist aber, daß – trotz seiner breiten Verwendung im Internet – nur sehr wenig Dokumentation zur Verwaltung und Pflege existiert. Die meisten Administratoren im Internet versuchen mit dem auszukommen, was die jeweiligen Lieferanten als ausreichend betrachten und was sie aus den Internet-Mailing-Listen und Usenet-News-Gruppen zu diesem Thema herauslesen können.

Dieser Mangel an Dokumentation bedeutet, daß das Wissen um einen enorm wichtigen Internet-Dienst – einen der Grundpfeiler des heutigen Internet – entweder von einem Administrator zum nächsten weitergegeben wird wie ein gut gehütetes Geheimnis oder von einzelnen Programmierern und Ingenieuren immer wieder neu erlernt wird. Neue Domain-Administratoren begehen die gleichen Fehler wie vor ihnen schon unzählige andere.

Unser Ziel ist es, mit diesem Buch diesen Mißstand zu beheben. Wir versuchen dabei dem Umstand Rechnung zu tragen, daß nicht jeder von Ihnen über die Zeit verfügt oder den Wunsch verspürt, ein DNS-Experte zu werden. Die meisten von Ihnen haben schließlich neben der Verwaltung einer Domain oder eines Nameservers noch viel anderes zu tun: Systemadministration, Netzwerktechnik oder Software-Entwicklung. Es verlangt schon nach einer sehr großen Organisation, um eine ganze Person für das DNS abzustellen. Wir wollen versuchen, Ihnen ausreichend Informationen zur Verfügung zu stellen, damit Sie tun können, was Sie tun müssen. Dabei ist es gleichgültig, ob Sie nur eine kleine Domain betreiben oder eine multinationale Monströsität verwalten, sich um einen einzelnen Nameserver kümmern oder gleich Hunderte hüten. Lesen Sie soviel, wie Sie gerade benötigen, und kehren Sie später zurück, wenn Sie mehr wissen möchten.

DNS ist ein großer Themenbereich – groß genug, um zwei Autoren zu benötigen –, dennoch haben wir versucht, ihn so vernünftig und verständlich wie möglich zu präsentieren. Die ersten beiden Kapitel liefern einen guten theoretischen Überblick und genug praktische Informationen, um loslegen zu können. Die späteren Kapitel befassen sich dann mit den schwierigeren Details. Wir stellen zunächst eine Art Lageplan vor, der Ihnen den Weg durch das Buch zeigen soll, der für Ihren Job oder Ihre Interessen als geeignet erscheint.

Wenn wir über die eigentliche DNS-Software sprechen, konzentrieren wir uns fast ausschließlich auf BIND, die Berkeley Internet Name Domain-Software, die die bekannteste (und uns am besten vertraute) Implementierung der DNS-Spezifikation darstellt. Wir haben versucht, unsere Erfahrung bei der Verwaltung und Pflege einer Domain mit BIND in dieses Buch einzubringen – einer Domain, die übrigens eine der größten im Internet ist. (Wir wollen damit nicht etwa angeben, sondern nur unsere Glaubwürdigkeit untermauern.) Wo es möglich war, haben wir die echten Programme, die wir zur Administration verwenden, in das Buch aufgenommen. Viele dieser Programme wurden aus Geschwindigkeits- und Effizienzgründen in Perl umgeschrieben.

Wir hoffen, daß dieses Buch Ihnen dabei hilft, sich mit DNS und BIND vertraut zu machen, wenn Sie gerade am Anfang stehen; daß es Ihr Verständnis vergrößert, wenn Sie bereits damit vertraut sind; und daß es Ihnen nützliche Einsichten und Erfahrungen vermittelt, selbst wenn Sie es wie Ihre Westentasche kennen.

## *Versionen*

Dieses Buch behandelt sowohl die neue BIND-Version 8.2.1 als auch die älteren 4.9-Versionen. Während 8.2.1 zum Zeitpunkt der Entstehung dieses Buches die aktuelle Version war, hat sie in die UNIX-Versionen vieler Hersteller noch nicht Einzug gehalten. Dies liegt zum Teil daran, daß 8.2.1 erst vor kurzem veröffentlicht wurde und viele Hersteller bei der Verwendung derart neuer Software sehr vorsichtig sind. Wir werden auch hin und wieder auf ältere Versionen von BIND eingehen, besonders 4.8.3, weil viele Hersteller auch weiterhin Code mit ihren UNIX-Produkten ausliefern, der auf dieser älteren Software basiert. Immer wenn eine bestimmte Funktion nur in einer der Versionen 4.8.3, 4.9, 8.1.x oder 8.2.x verfügbar ist oder wenn sich diese Versionen unterschiedlich verhalten, versuchen wir aufzuzeigen, welche Version sich wie verhält.

In unseren Beispielen benutzen wir häufig *nslookup*, ein Nameserver-Dienstprogramm. Die von uns verwendete *nslookup*-Version ist die, die mit dem BIND-Code der Version 8.1.2 geliefert wird. Ältere Versionen von *nslookup* verfügen über einen großen Teil, aber eben nicht über die gesamte Funktionalität des 8.1.2-*nslookup*. Wir haben versucht, in unseren Beispielen Befehle zu verwenden, die auch in älteren *nslookup*-Versionen verfügbar sind. Wenn das nicht möglich war, haben wir versucht, einen entsprechenden Hinweis zu geben.

## *Organisation*

Dieses Buch ist, mehr oder weniger, so organisiert, daß es der Entwicklung einer Domain und eines Domain-Administrators folgt. Die Kapitel 1 und 2 behandeln die Theorie des Domain Name System. Die Kapitel 3 bis 6 helfen Ihnen bei der Entscheidung, ob Sie eine eigene Domain einrichten sollen und beschreiben dann, wie dies vor sich geht, sollten Sie sich dafür entscheiden. Die mittleren Kapitel, 7, 8, 9 und 10 beschreiben, wie Sie Ihre Domain pflegen, wie Sie Hosts so konfigurieren, daß sie Ihre Nameserver verwenden, wie Sie das Wachstum Ihrer Domain planen können und wie Sie Subdomains anlegen. Die letzten Kapitel, 11 bis 15, besprechen Probleme sowie Tools zur Fehlersuche und behandeln die verlorengegangene Kunst der Programmierung mit den Resolver-Bibliotheksroutinen.

Hier eine detailliertere, nach Kapiteln geordnete Übersicht:

- *Kapitel 1, Grundlagen,* geht das Thema aus einem historischen Blickwinkel an und diskutiert die Probleme, die die Entwicklung des DNS motiviert haben. Danach folgt eine Übersicht über die DNS-Theorie.

- *Kapitel 2, Wie funktioniert das DNS?,* geht über die DNS-Theorie hinaus ins Detail. Dabei wird erläutert, wie der DNS-Namensraum organisiert ist und was Domains und Nameserver sind. Hier werden auch so wichtige Konzepte wie das Auflösen von Namen und das Caching eingeführt.

- *Kapitel 3, Wo anfangen?,* beschreibt, wie Sie an die BIND-Software gelangen, wenn Sie sie nicht bereits besitzen, und was mit ihr zu tun ist, wenn Sie sie einmal haben. Es beschreibt, wie man herausfindet, wie der Domain-Name lauten soll, und wie man sich mit der Organisation in Verbindung setzen kann, die den Domain-Namen delegiert.[2]

- *Kapitel 4, BIND einrichten,* erläutert, wie Sie Ihre ersten beiden BIND-Nameserver einrichten, wie Sie Ihre eigene Nameserver-Datenbank erstellen, die Nameserver starten und ihren Betrieb überprüfen.

- *Kapitel 5, DNS und E-Mail,* behandelt den MX-Record des DNS, mit dessen Hilfe Administratoren alternative Hosts angeben können, um E-Mail für ein gegebenes Ziel zu verarbeiten. Dieses Kapitel betrachtet Mailrouting-Strategien für eine Vielzahl von Netzwerken und Hosts, inklusive Netzwerken mit Sicherheits-Firewalls und Hosts ohne direkte Internet-Anbindung.

- *Kapitel 6, Hosts konfigurieren,* erläutert, wie man einen BIND-Resolver konfiguriert. Hier sind auch Hinweise zu den Eigenheiten der einzelnen Resolver-Implementierungen der wichtigsten UNIX-Anbieter sowie zu den Resolvern von Windows 95, 98 und NT enthalten.

---

[2] Der Absatz *Registrierung beim Parent* in diesem Kapitel wurde vom Übersetzer auf deutsche Verhältnisse hin umgeschrieben.

- *Kapitel 7, BIND pflegen*, beschreibt die regelmäßigen Pflegearbeiten, die von Administratoren durchgeführt werden müssen, um ihre Domains fehlerfrei in Betrieb zu halten. Hierzu gehört beispielsweise die Überprüfung des Zustands und der Befugnisse des Servers.

- *Kapitel 8, Domain-Wachstum*, beschreibt, wie das Wachstum und die Entwicklung Ihrer Domain geplant werden können. Hier wird auch beschrieben, wie man das Wachstum der eigenen Domain planen und wie man Umzügen und Stromausfällen durch Vorausplanung begegnen kann.

- *Kapitel 9, Parenting*, erläutert die Freuden, die auf einen zukommen, wenn man eine Parent-Domain wird. Wir erklären, wann man ein Parent wird (wie man Subdomains anlegt), wie die Child-Domains zu benennen sind, wie man sie macht (!) und wie man über sie wacht.

- *Kapitel 10, Fortgeschrittenere Eigenschaften und Sicherheit*, befaßt sich mit weniger häufig verwendeten Konfigurationsoptionen des Nameservers, mit denen Sie seinen Betrieb optimieren, ihn sichern und die Administration vereinfachen können. Hier finden sie die meisten der neuen Nameserver-Konfigurationsoptionen der neuen BIND-Version 4.9.4.

- *Kapitel 11, nslookup*, verrät Ihnen alles über das populärste Werkzeug zum DNS-Debugging, inklusive der Techniken, mit denen Sie die obskursten Informationen auf entfernten Nameservern ausgraben können.

- *Kapitel 12, BIND-Debugging-Ausgaben verstehen*, ist der Schlüssel zu den Debugging-Informationen von BIND. Dieses Kapitel sollte Ihnen helfen, etwas Sinn in die kryptischen Debugging-Informationen zu bringen, die BIND so von sich gibt. Dies hat wiederum zur Folge, daß Sie den Nameserver besser verstehen.

- *Kapitel 13, Fehlersuche bei DNS und BIND*, behandelt zahlreiche gängige DNS- und BIND-Probleme sowie deren Lösungen. Darüber hinaus wird eine Reihe weniger häufig auftretender, schwerer zu diagnostizierender Szenarien erläutert.

- *Kapitel 14, Mit den Resolver- und Nameserver-Bibliotheksroutinen programmieren*, demonstriert, wie man die Resolver-Routinen von BIND verwenden kann, um Nameserver abzufragen und Daten innerhalb eines C-Programms zu gewinnen. Wir stellen ein (wie wir hoffen) nützliches Programm vor, das den Zustand und die Autorität Ihres Nameservers prüft.

- *Kapitel 15, Verschiedenes*, behandelt Themen, die in den anderen Kapiteln allenfalls angesprochen werden konnten. Wir behandeln DNS-Platzhalter, spezielle Konfigurationen für Netzwerke, deren Internet-Anbindung durch Firewalls verläuft, Hosts und Netzwerke, bei denen die Internet-Anbindung periodisch über Dialup-Leitungen erfolgt, die Kodierung von Netzwerknamen sowie neue, experimentelle Record-Typen.

- *Anhang A, DNS-Nachrichtenformat und Resource Records*, schlüsselt die von DNS-Abfragen und -Antworten verwendeten Formate Byte für Byte auf und enthält darüber hinaus eine umfangreiche Liste der momentan definierten Typen von Resource Records.

- *Anhang B, Kompilieren und Installieren von BIND auf einer Sun*, enthält schrittweise Anweisungen für das Kompilieren der BIND-Version 4.9.4 unter Solaris 2.X.
- *Anhang C, Top-Level-Domains*, führt alle aktuellen Top-Level-Domains des Internet-Domain-Namensraums auf.
- *Anhang D, BIND-Nameserver- und Resolver-Anweisungen*, faßt die Syntax und die Semantik aller für die Konfiguration von Nameservern und Resolvern bereitstehenden Parameter zusammen.

## *Leserkreis*

Dieses Buch richtet sich hauptsächlich an Systemadministratoren, die eine Domain und einen oder mehrere Nameserver verwalten. Es bietet aber auch Material für Netzwerktechniker, Mail-Verwalter und andere. Natürlich wird nicht jedes Kapitel in diesem Buch für die verschiedenen Leser von gleicher Bedeutung sein, und sicher wollen Sie sich nicht durch 15 Kapitel durchkämpfen müssen, um die für Ihre Aufgabe wichtigen Informationen zu finden. Wir hoffen, daß unser Lageplan Ihnen hilft, sich Ihren Weg durch das Buch zu suchen.

*Systemadministratoren, die ihre erste Domain einrichten*, sollten die Kapitel 1 und 2 für die DNS-Theorie sowie das Kapitel 3 für Informationen zum Beginn und zur Wahl eines guten Domain-Namens lesen. Danach sollten sie die Kapitel 4 und 5 lesen, um zu lernen, wie man zum ersten Mal eine Domain einrichtet. Kapitel 6 beschreibt, wie man Hosts so konfiguriert, daß sie die neuen Nameserver verwenden. Anschließend sollten sie Kapitel 7 lesen. Es beschreibt, wie man die Domain durch Einrichten zusätzlicher Nameserver und durch Hinzufügen zusätzlicher Daten »mit Leben füllt«. Danach erläutern die Kapitel 11, 12 und 13 Werkzeuge und Techniken der Fehlersuche.

*Erfahrene Administratoren* können von Kapitel 6 profitieren, indem sie darin lernen, wie man DNS-Resolver auf verschiedenen Hosts konfiguriert, aber auch von Kapitel 7, in dem Informationen zur Pflege ihrer Domains enthalten sind. Kapitel 8 beschreibt, wie man für das Wachstum und die Entwicklung einer Domain plant, was besonders für die Administratoren großer Sites von Nutzen sein sollte. Kapitel 9 beschreibt das Parenting – die Erzeugung von Subdomains –, ein Muß für alle, die den großen Schritt wagen wollen. Kapitel 10 behandelt die Features des neuen BIND-Nameservers 8.2.1, von denen viele für den erfahrenen Administrator sehr nützlich sind. Die Kapitel 11 bis 13 beschreiben Werkzeuge und Techniken für die Fehlersuche, die selbst für weit fortgeschrittene Administratoren lesenswert sein sollten.

*Systemadministratoren in Netzwerken ohne volle Internet-Anbindung* sollten Kapitel 5 lesen, um zu lernen, wie man E-Mail für solche Netzwerke konfiguriert, und Kapitel 15, um zu lernen, wie man eine unabhängige DNS-Infrastruktur einrichtet.

*Programmierer* können die Kapitel 1 und 2 für die DNS-Theorie und dann Kapitel 14 für eine detaillierte Erläuterung der Programmierung mit den Resolver-Bibliotheksroutinen von BIND lesen.

*Netzwerkadministratoren ohne direkte Verantwortung für eine Domain* sollten dennoch die Kapitel 1 und 2 für die DNS-Theorie lesen, sich dann Kapitel 11 ansehen, um den Umgang mit nslookup zu erlernen, und sich in Kapitel 13 eine Strategie für die Fehlersuche aneignen.

*Postmaster* sollten die Kapitel 1 und 2 für die DNS-Theorie lesen und sich danach Kapitel 5 zuwenden, um herauszufinden, wie die Koexistenz von DNS und E-Mail funktioniert. Kapitel 11, welches nslookup erläutert, ist auch für Postmaster hilfreich, wenn diese Mailrouting-Informationen aus dem Domain-Namensraum heraussuchen müssen.

*Interessierte Benutzer* können die Kapitel 1 und 2 über die DNS-Theorie lesen und danach alles, was sie wollen!

Beachten Sie, daß wir davon ausgehen, daß Sie mit den Grundlagen der UNIX-Systemadministration vertraut sind, daß Sie TCP/IP-Netzwerke verstehen und einfache Shell- und Perl-Skripten programmieren können. Weitere spezielle Kenntnisse erwarten wir nicht. Wenn wir einen neuen Begriff oder ein neues Konzept einführen, versuchen wir unser Bestes, um es zu definieren oder zu erklären. Wann immer möglich, nutzen wir Analogien zu UNIX (oder zur realen Welt), um Ihnen das Verständnis zu erleichtern.

## *Wie Sie an die Beispielprogramme gelangen*

Sie finden die englischsprachigen Beispielprogramme in diesem Buch unter folgender URL:

*ftp://ftp.oreilly.de/pub/ora/examples/nutshell/dnsbind/dns.tar.z*

Extrahieren Sie die Dateien aus dem Archiv durch folgende Eingabe:

```
% zcat dns.tar.Z | tar xf -
```

Bei System V müssen Sie allerdings den folgenden *tar*-Befehl verwenden:

```
% zcat dns.tar.Z | tar xof -
```

Falls *zcat* auf Ihrem System nicht verfügbar ist, müssen Sie mit separaten Dekomprimierungs- und *tar*-Befehlen arbeiten.

Wenn Sie diese Beispiele nicht direkt aus dem Internet herunterladen können, aber E-Mail schreiben und empfangen können, verwenden Sie bitte *ftpmail*, um an die Beispiele zu kommen. Senden Sie eine Mail mit dem Wort »help«, aber ohne Betreff an die Adresse *ftpmail@online.oreilly.com*. Sie erhalten dann eine englischsprachige Hilfe.

## *In diesem Buch verwendete Konventionen*

Wir verwenden die folgenden Schrift- und Formatkonventionen für UNIX-Befehle, Dienstprogramme und Systemaufrufe:

- Auszüge aus Skripten oder Konfigurationsdateien werden in einer nichtproportionalen Schrift dargestellt:

```
if test -x /etc/named -a -f /etc/named.conf
then
    /etc/named
fi
```

- Beispiele für interaktive Sessions, bei denen Kommandozeileneingaben und entsprechende Ausgaben dargestellt werden, erscheinen in einer nichtproportionalen Schrift, wobei die Benutzereingaben fett erscheinen:

```
% cat /etc/named.pid
78
```

- Wenn der Befehl vom Superuser (root) eingegeben werden muß, verwenden wir das Doppelkreuz (#):

```
# /etc/named
```

- Kommandozeilen, die genauso erscheinen, wie ein Benutzer sie eingeben würde, erscheinen im laufenden Text kursiv. Zum Beispiel: Führen Sie *ls* aus, um sich eine Liste aller Dateien des Verzeichnisses ausgeben zu lassen.

- Domain-Namen und URLs erscheinen ebenfalls kursiv, wenn sie im laufenden Text auftreten.

- UNIX-Befehle (die so nebenbei und nicht als Teil einer Kommandozeile erscheinen) und innerhalb des laufenden Textes vorkommende UNIX-Manpages erscheinen kursiv. Zum Beispiel: Für weitere Informationen zu *named* sollte ein Benutzer die *named*-(1m)-Manpage konsultieren.

- Dateinamen erscheinen ebenfalls kursiv. Zum Beispiel: Die Boot-Datei des BIND-Nameservers ist üblicherweise */etc/named.conf*.

## *Zitate*

Die Zitate von Lewis Carroll, die sich zu Beginn jedes Kapitels finden, entstammen der Ausgabe von *Alice im Wunderland* aus dem Boje-Verlag, Erlangen, 1991 (ISBN 3-414-81-951-1), sowie der Ausgabe von *Alice im Wunderland und im Spiegelland* aus dem Roman Kovar Verlag, Eichenau, 1967 und 1976 (ISBN 3-925845-41). Die Zitate in den Kapiteln 1, 2, 5, 6, 8, und 13 wurden *Alice im Wunderland*, diejenigen in den Kapiteln 3, 4, 7, 9, 11, 12 und 15 *Alice im Wunderland und im Spiegelland* entnommen.

# Danksagungen

Die Autoren möchten sich bei Ken Stone, Jerry McCollom, Peter Jeffe, Christopher Durham, Hal Stern, Bill Wisner, Dave Curry, Jeff Okamoto, Brad Knowles, K. Robert Elz und Paul Vixie für ihre unschätzbaren Beiträge zu diesem Buch bedanken. Wir möchten auch unseren Rezensenten Eric Pearce, Jack Repenning, Andrew Cherenson, Dan Trinkle, Bill LeFebvre und John Sechrest für ihre Kritik und ihre Anregung danken. Ohne ihre Hilfe wäre das Buch nicht das, was es ist (es wäre wesentlich kürzer!).

Für die zweite Auflage möchten sich die Autoren bei ihrem bewährten Korrektorenteam, Dave Barr, Nigel Campbell, Bill LeFebvre, Mike Milligan und Dan Trinkle bedanken.

Für die dritte Auflage grüßen die Autoren ihr Gutachter-Dream-Team: Bob Halley, Barry Margolin und Paul Vixie.

Cricket möchte besonders seinem vormaligen Manager Rick Nordensten, dem Prototypen des modernen HP-Managers, danken, unter dessen Augen die erste Version dieses Buches geschrieben wurde, seinen Nachbarn, die seine gelegentliche Verdrießlichkeit über Monate hinweg ertragen haben, und natürlich seiner Frau Paige, für ihre unermüdliche Unterstützung und dafür, daß sie sich mit der ewigen Tipperei abgefunden hat, während sie schlief. Für die zweite Auflage möchte sich Cricket bei seinen vormaligen Managern Regina Kershner und Paul Klouda für die kontinuierliche Unterstützung bei seiner Arbeit mit dem Internet bedanken. Für die dritte Auflage bedankt sich Cricket bei seinem Partner Matt Larson in Anerkennung der Mitentwicklung des Acme-Rasierers.

Paul möchte seiner Frau Katherine danken: für ihre Geduld, für viele Korrektursitzungen und für den Beweis, daß sie in ihrer knappen Freizeit eine Steppdecke schneller nähen als ihr Mann eine Hälfte eines Buches schreiben kann.

Die Autoren möchten auch den Leuten bei O'Reilly & Associates für ihre harte Arbeit und Geduld danken. Der Dank gebührt besonders dem Lektor Mike Loukides; der für die zweite Auflage des Buches zuständigen Produktionsmanagerin Nancy Kotary; Ellie Fountain Maden (dritte Auflage), Robert Romano (dritte Auflage), Steven Adams (dritte Auflage); Kismet McDonough-Chan, der die Fahnenkorrektur durchführte; den »Indexierern« Seth Maislin (zweite und dritte Auflage) und Ellie Cutler (erste Auflage); Mike Sierra und Lenny Muellner für die Produktionstools und dem Illustrator Chris Reilley (zweite Auflage). Dank auch an Jerry Peek für die unterschiedlichsten Arten von Hilfe und an Tim O'Reilly, von dem die Inspiration, dieses Buch zu schreiben, ausging.

Und Danke, Edie, für die Grille (englisch »cricket«) auf dem Cover!

*In diesem Kapitel:*
- *Eine (sehr) kurze Einführung in die Geschichte des Internet*
- *Das Internet, ein Internet*
- *Die Geschichte des Domain Name System*
- *Eine kurze Übersicht über das Domain Name System*
- *Die Geschichte von BIND*
- *Muß man DNS einsetzen?*

# 1
# Grundlagen

*Das weiße Kaninchen setzte seine Brille auf.*
*»Wo soll ich anfangen, Eure Majestät?«*

*»Fang am Anfang an«, sagte der König feierlich.*
*»Und lies vor, bis du am Ende angelangt bist. Dann hör auf.«*

Es ist wichtig, die Geschichte des ARPAnet ein wenig zu kennen, um das Domain Name System (DNS) verstehen zu können. Das DNS wurde entwickelt, um einige bestimmte Probleme im ARPAnet zu lösen, und das Internet – ein Nachkomme des ARPAnet – blieb sein wichtigster Nutzer.

Wenn Sie schon seit Jahren das Internet verwenden, können Sie dieses Kapitel wahrscheinlich überspringen. Wenn nicht, hoffen wir, Ihnen ausreichend Hintergrundwissen zu vermitteln, damit Sie verstehen, welche Beweggründe die Entwicklung des DNS motiviert haben.

## Eine (sehr) kurze Einführung in die Geschichte des Internet

In den späten sechziger Jahren begann die Advanced Research Projects Agency des amerikanischen Verteidigungsministeriums, kurz ARPA (später DARPA), damit, ein experimentelles WAN (Wide Area Network) zu finanzieren, das wichtige Forschungsorganisationen in den Vereinigten Staaten von Amerika verband. Dieses Computernetz wurde *ARPAnet* genannt. Das ursprüngliche Ziel des ARPAnet bestand darin, Auftragnehmern der Regierung die Nutzung teurer und knapper Rechnerressourcen zu erlauben. Von Anfang an nutzten die Benutzer des ARPAnet das Netzwerk aber auch für die Zusammenarbeit. Diese Zusammenarbeit reichte von der gemeinsamen Nutzung von Dateien und Software über den Austausch von E-Mail – heute alltäglich – bis hin zur gemeinsamen Entwicklung und Forschung über gemeinsam genutzte entfernte Computer.

Die *TCP/IP* (Transmission Control Protocol/Internet Protocol)-Protokoll-Suite wurde in den frühen achtziger Jahren entwickelt und wurde schnell zum Standard-Netzwerkprotokoll der Hosts im ARPAnet. Die Aufnahme dieser Protokoll-Suite in das populäre BSD UNIX-Betriebssystem der University of California at Berkeley bildete die Grundlage für die »Demokratisierung« von Netzwerken. BSD UNIX war für Universitäten nahezu kostenlos. Dies bedeutete, daß Vernetzungstechniken – und die ARPAnet-Anbindung – plötzlich für wesentlich mehr Organisationen kostengünstig verfügbar wurden, als vorher am ARPAnet angebunden waren. Viele der mit dem ARPAnet verbundenen Rechner waren auch mit lokalen Netzwerken verbunden, und es dauerte nicht lange, bis auch die in diesen lokalen Netzen eingebundenen Computer über das ARPAnet miteinander kommunizierten.

Das Netzwerk wuchs von einer Handvoll Hosts zu einem Netz von Zehntausenden von Hosts an. Das ursprüngliche ARPAnet wurde zum Backbone eines Verbundes von lokalen und regionalen, auf TCP/IP basierenden Netzwerken, genannt das *Internet*.

Im Jahr 1988 entschied die DARPA aber, daß das Experiment vorüber sei. Das Verteidigungsministerium begann, das ARPAnet aufzulösen. Ein anderes Netzwerk namens *NSFNET*, finanziert von der amerikanischen National Science Foundation, ersetzte das ARPAnet als Backbone des Internet.

Noch viel später, im Frühjahr 1995, ging man vom öffentlich geförderten NFSNET über zur Nutzung mehrerer kommerzieller Backbones, die von Betreibern von Langstreckennetzen wie MCI und Sprint sowie langjährigen kommerziellen Anbietern von Netzwerkleistungen wie PSINet und UUNET betrieben werden.

Heute verbindet das Internet viele Millionen Hosts auf der ganzen Welt. Tatsächlich ist weltweit ein signifikanter Teil der Nicht-PC-Computer mit dem Internet verbunden. Einige der neuen kommerziellen Backbones können ein Volumen von über 622 Megabit pro Sekunde transportieren, das ist mehr als die zehntausendfache Bandbreite des ursprünglichen ARPAnet. Viele Millionen Menschen nutzen das Netzwerk täglich zur Kommunikation und zur Zusammenarbeit.

## *Das Internet, ein Internet*

Ein Wort über »das Internet« im speziellen und »ein Internet« im allgemeinen ist hier angebracht. Im Buch erscheint der Unterschied zwischen diesen beiden als recht gering: »das« Internet, »ein« Internet. Die Unterscheidung dieser beiden Begriffe *ist* aber von Bedeutung. »Das« Internet bezeichnet das Netzwerk, das sein Leben als ARPAnet begann und heutzutage als (vereinfacht ausgedrückt) Verbund aller TCP/IP-Netzwerke weiterexistiert, die direkt oder indirekt mit kommerziellen Backbones verbunden sind. Genauer betrachtet handelt es sich um mehrere verschiedene Netzwerke – kommerzielle TCP/IP-Backbones, regionale TCP/IP-Netzwerke, TCP/IP-Netzwerke von Unternehmen und Regierungsstellen und TCP/IP-Netzwerke in anderen Ländern –, die miteinander über Hochgeschwindigkeitsverbindungen verbunden sind.

»Ein« Internet andererseits ist einfach jedes aus mehreren kleineren Netzwerken bestehende Netzwerk, bei dem alle Teilnehmer die gleichen Netzwerkprotokolle verwenden. »Ein« Internet ist nicht notwendigerweise an »das« Internet angebunden und verwendet nicht unbedingt TCP/IP als Netzwerkprotokoll. Es existieren isolierte unternehmenseigene Internets, und es gibt Xerox XNS- und DECnet-basierte Internets.

Der neue Begriff »Intranet« ist in Wirklichkeit nur ein Marketingbegriff für »ein« TCP/IP-basiertes Internet, mit dem verdeutlicht werden soll, daß die im Internet entwickelten und eingeführten Techniken in einem internen Netzwerk genutzt werden. »Extranet« ist eine Bezeichnung für den Zusammenschluß von Netzwerken von Partnerunternehmen oder von Netzwerken eines Unternehmens und seinen Lieferanten, Vertriebspartnern und Kunden.

# *Die Geschichte des Domain Name System*

Während der siebziger Jahre war das ARPAnet eine kleine, freundliche Gemeinde mit nur einigen hundert Hosts. Eine einzige Datei namens *HOSTS.TXT* enthielt alle Informationen, die man über diese Hosts kennen mußte: eine Namen-auf-Adressen-Abbildung aller im ARPAnet eingebundenen Hosts. Die bekannte UNIX-Host-Tabelle */etc/hosts* wurde aus *HOSTS.TXT* erzeugt (meist durch die Entfernung von Feldern, die UNIX nicht verwendete).

Die Datei wurde vom *Network Information Center* (kurz »das NIC«) des SRI gepflegt und von einem einzelnen Host namens *SRI-NIC* verteilt.[1] ARPAnet-Administratoren schickten ihre Änderungen in der Regel per E-Mail an das NIC und griffen regelmäßig mit *FTP* auf *SRI-NIC* zu, um sich die aktuelle *HOSTS.TXT* herunterzuladen. Änderungen wurden ein- oder zweimal in der Woche in einer neuen *HOSTS.TXT* berücksichtigt. Während das ARPAnet wuchs, wurde dieses Schema aber immer unbrauchbarer. Die Größe der *HOSTS.TXT* wuchs proportional zur Anzahl der im ARPAnet vorhandenen Hosts. Schlimmer noch, der durch den Aktualisierungsprozeß verursachte Datenverkehr (»Traffic«) nahm noch schneller zu, weil jeder neue Host nicht nur eine weitere Zeile in *HOSTS.TXT* bedeutete, sondern möglicherweise einen weiteren Rechner, der seine Daten mit Hilfe des *SRI-NIC* aktualisierte.

Und als das ARPAnet dann zu den TCP/IP-Protokollen wechselte, explodierte die Benutzeranzahl förmlich. Nun stand man mit der *HOSTS.TXT* vor einer Menge von Problemen:

*Traffic und Last*
    Der vom *SRI-NIC* in Form von Netzwerk-Traffic und Prozessorlast geforderte Tribut wurde unerträglich hoch.

*Namenskonflikte*
    In der *HOSTS.TXT* durften zwei Hosts nicht den gleichen Namen verwenden. Zwar konnte das NIC Adressen so zuweisen, daß diese garantiert eindeutig waren, aber

---

[1] SRI ist das Stanford Research Institute in Menlo Park, Kalifornien. Das SRI führt Forschungsarbeiten auf vielen unterschiedlichen Gebieten durch, darunter auch auf dem der Vernetzung von Computern.

es hatte keinerlei Einfluß auf den Host-Namen. Nichts konnte jemanden davon abhalten, einen Host mit einem bereits vorhandenen Namen hinzuzufügen und auf diese Weise das ganze Schema lahmzulegen. Wenn jemand beispielsweise den Namen eines großen Mail-Hubs verwendet hätte, wäre der E-Mail-Service für einen großen Teil des ARPAnet lahmgelegt worden.

*Konsistenz*

Die Konsistenz der Datei über ein sich ständig vergrößerndes Netzwerk hinweg zu gewährleisten wurde immer schwerer. Sobald eine neue *HOSTS.TXT* die entferntesten Zweige des ARPAnet erreicht hatte, konnte sich die Netzwerkadresse eines Hosts geändert haben, oder ein neuer Host war hinzugekommen, den die Benutzer erreichen wollten.

Das grundlegende Problem war, daß der *HOSTS.TXT*-Mechanismus nicht ausreichend mitwuchs. Ironischerweise führte der Erfolg des ARPAnet als Experiment zum Scheitern von *HOSTS.TXT*.

Der Vorstand des ARPAnet begann, die Forschung für einen Nachfolger der *HOSTS.TXT* einzuleiten. Ziel war die Entwicklung eines Systems, das die einer gemeinsamen Host-Tabelle innewohnenden Probleme löste. Das System sollte die lokale Administration der Daten erlauben und diese gleichzeitig allgemein verfügbar machen. Die Dezentralisierung der Administration würde den Ein-Host-Flaschenhals eliminieren und das Problem des Datenverkehrs entspannen. Darüber hinaus würde eine lokale Verwaltung es wesentlich einfacher machen, die Daten auf dem neuesten Stand zu halten. Für die Host-Namen sollte ein hierarchischer Namensraum verwendet werden. Auf diese Weise wäre die Eindeutigkeit der Namen sichergestellt.

Paul Mockapetris, damals vom Information Sciences Institute der USC, war für den Architekturentwurf des neuen Systems verantwortlich. Im Jahr 1984 gab er die RFCs 882 und 883 heraus, die das Domain Name System beschreiben. Diese RFCs wurden durch die RFCs 1034 und 1035 abgelöst, die die aktuellen Spezifikationen des Domain Name System enthalten. Diese RFCs sind mittlerweile durch viele andere RFCs verbessert worden, die auf potentielle DNS-Sicherheits- und Implementierungsprobleme eingehen, Fallen beschreiben, in die Administratoren tappen können, sowie Mechanismen zur dynamischen Aktualisierung von Nameservern und zum Sichern von Domain-Daten und weitere Dinge beschreiben.[2]

---

2 RFCs sind *Request for Comments*-Dokumente. Diese »Bitten um Kommentare« sind Teil der relativ informellen Prozedur, mit der neue Technologien im Internet eingeführt werden. RFCs werden üblicherweise frei verteilt und enthalten technisch gehaltene Beschreibungen der jeweiligen Technologie; mit Hilfe von RFCs können Hardware- und Software-Hersteller ihre Produkte so entwickeln, daß sie den Standards entsprechen.

# Eine kurze Übersicht über das Domain Name System

Das Domain Name System ist eine verteilte Datenbank. Als solche ermöglicht es die lokale Kontrolle einzelner Segmente der gesamten Datenbank, während gleichzeitig die Daten jedes Segments durch ein Client/Server-Schema im gesamten Netzwerk verfügbar sind. Robustheit und eine adäquate Geschwindigkeit werden durch Replikations- und Caching-Techniken erreicht.

Programme, die als *Nameserver* bezeichnet werden, bilden die Server-Seite des DNS-Client/Server-Mechanismus. Nameserver enthalten Informationen über irgendein Segment der Datenbank und machen diese den Clients, den sogenannten *Resolvern*, zugänglich. Bei Resolvern handelt es sich häufig nur um Bibliotheksroutinen, die entsprechende Abfragen (Queries) erzeugen und über das Netzwerk an einen Nameserver senden.

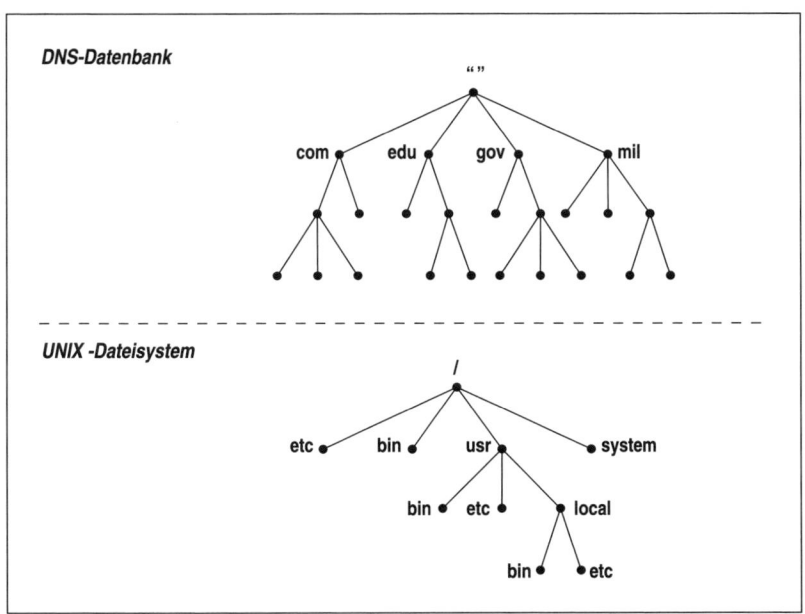

*Abbildung 1-1: DNS-Datenbank im Vergleich mit einem UNIX-Dateisystem*

Die in Abbildung 1-1 dargestellte Struktur der DNS-Datenbank ist der Struktur des UNIX-Dateisystems sehr ähnlich. Die Datenbank (bzw. das Dateisystem) ist in Form eines umgekehrten Baumes dargestellt, die Wurzel (»Root«) liegt also oben. Jeder Knoten im Baum besitzt ein Label (englisch für Etikett), das dem Knoten einen Namen gibt und ihn damit in bezug zu seinen Eltern kennzeichnet. Das ähnelt in gewisser Weise einem »relativen Pfadnamen« in einem Dateisystem, wie *bin*. Ein bestimmter Name, das sogenannte Null-Label, auch ("."), ist für den Root-Knoten reserviert; im Text erscheint dieser Name aber als einzelner Punkt (».«). Im UNIX-Dateisystem wird die Wurzel als Schrägstrich (»/«) geschrieben.

Jeder Knoten bildet die Wurzel eines weiteren Teilbaumes in der gesamten Baumstruktur. Jeder dieser Teilbäume stellt einen Teil der gesamten Datenbank dar, entsprechend einem »Verzeichnis« im UNIX-Dateisystem bzw. einer *Domain* im Domain Name System. Jede Domain bzw. jedes Verzeichnis kann in weitere Teile untergliedert werden. Diese Teile werden im DNS als *Subdomains* bezeichnet und entsprechen den »Unterverzeichnissen« eines Dateisystems. Subdomains werden, wie Unterverzeichnisse, als »Kinder« (Childs) ihrer übergeordneten Domain (Eltern, englisch: Parent) dargestellt.

Jede Domain besitzt einen eindeutigen Namen, genau wie jedes Verzeichnis. Der *Domain-Name* gibt die Position einer Domain innerhalb der Datenbank an, genau wie der »absolute Pfadname« den Ort eines Verzeichnisses im Verzeichnisbaum beschreibt. Beim DNS besteht der Domain-Name aus einer Reihe von Labels von der Wurzel der jeweiligen Domain bis zur Wurzel des gesamten Baumes, wobei die einzelnen Labels durch Punkte (».«) voneinander getrennt werden. Im UNIX-Dateisystem besteht der absolute Pfadname aus der Liste der relativen Namen vom Root-Verzeichnis bis zum angesprochenen Unterverzeichnis, wobei die Namen jeweils durch einen Schrägstrich (englisch: Slash) voneinander getrennt werden. (Im Vergleich zum DNS also genau die umgekehrte Richtung, was Abbildung 1-2 deutlich macht.)

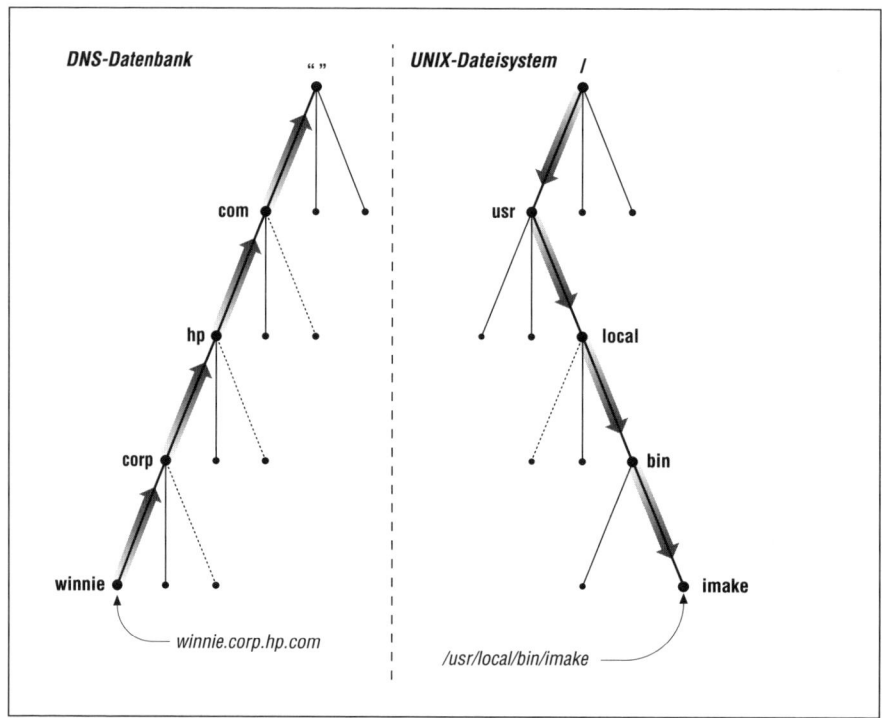

*Abbildung 1-2: Namen lesen beim DNS und beim UNIX-Dateisystem*

Beim DNS kann jede Domain von einer anderen Organisation administriert werden. Jede Organisation kann ihre Domain in eine Reihe von Subdomains aufteilen und die Verantwortung für diese Subdomains an andere Organisationen weitergeben. Zum Beispiel betreibt das InterNIC die Domain *edu* (»educational«), übergibt aber der U.C. Berkeley die Autorität über die Subdomain *berkeley.edu* (Abbildung 1-3). Dies ist mit dem Mounten eines Dateisystems über NFS vergleichbar: Bei bestimmten Verzeichnissen eines Dateisystems kann es sich in Wirklichkeit um Dateisysteme anderer handeln, die über NFS von einem entfernten Host gemountet wurden. Beispielsweise ist der Administrator des Hosts *winken* (noch einmal Abbildung 1-3) für das Dateisystem verantwortlich, das auf dem lokalen Host als Verzeichnis */usr/nfs/winken* erscheint.

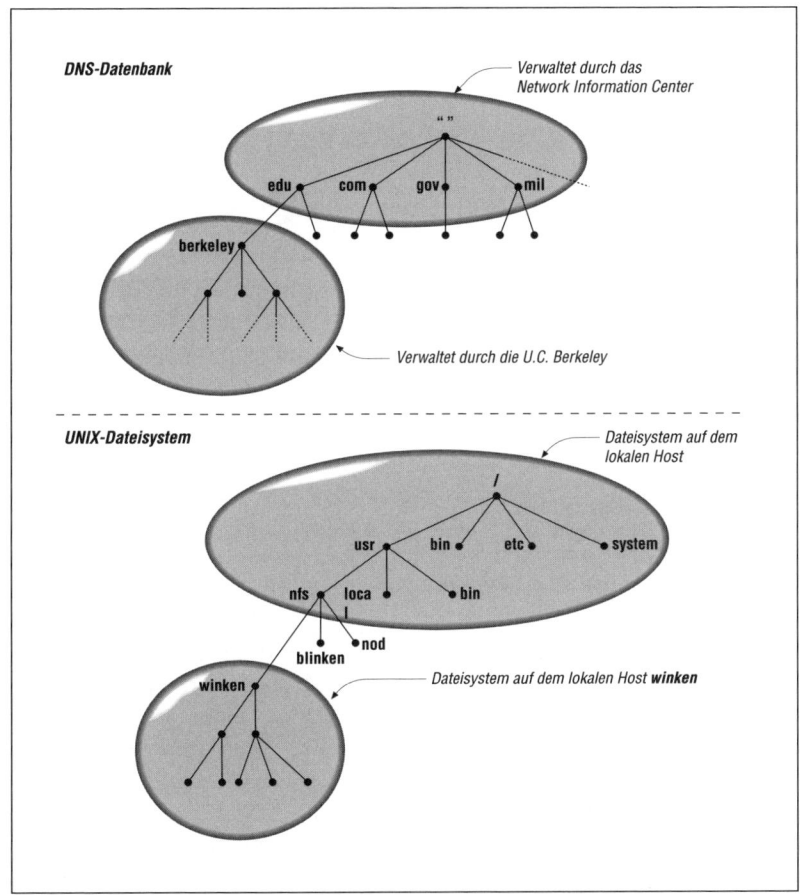

*Abbildung 1-3: Verteilte Verwaltung von Subdomains und Dateisystemen*

Domain-Namen werden als Indizes auf die DNS-Datenbank verwendet. Sie können sich die Daten im DNS so vorstellen, als wären sie an einen Domain-Namen »angeheftet«. In einem Dateisystem enthalten Verzeichnisse Dateien und Unterverzeichnisse. Entsprechend können Domains sowohl Hosts als auch Subdomains enthalten. Eine Domain enthält diejenigen Hosts und Subdomains, deren Domain-Namen sich innerhalb dieser Domain befinden.

Jeder Host in einem Netzwerk besitzt einen Domain-Namen, der auf Informationen über den Host zeigt (siehe Abbildung 1-4). Diese Informationen können IP-Adressen, Informationen über das Mail-Routing usw. sein. Hosts können einen oder mehrere sogenannte *Domain-Namensaliase* besitzen. Dabei handelt es sich einfach um Zeiger von einem Domain-Namen (dem Alias) auf einen anderen (den offiziellen oder *kanonischen* Domain-Namen). In der Abbildung ist *mailhub.nv...* ein Alias für den kanonischen Namen *rincon.ba.ca....*

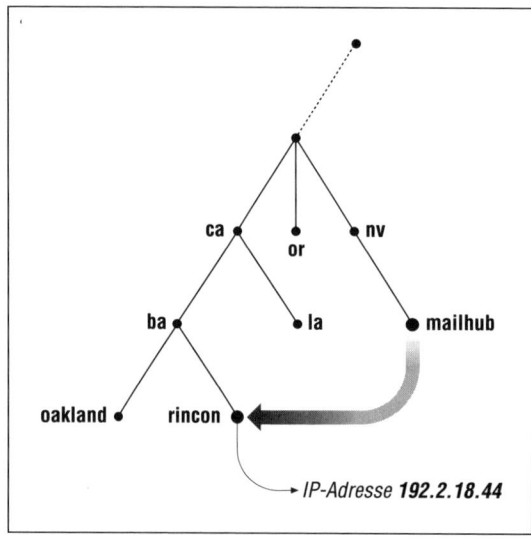

*Abbildung 1-4: Ein Alias im DNS, das auf einen kanonischen Namen zeigt*

Warum diese komplizierte Struktur? Um die Probleme zu lösen, die im Zusammenhang mit *HOSTS.TXT* auftraten. Zum Beispiel beseitigen hierarchische Domain-Namen die Gefahr von Namenskonflikten. Jeder Domain wird ein eindeutiger Domain-Name zugewiesen, so daß jede Organisation, die eine Domain betreibt, Host- und Subdomain-Namen innerhalb ihrer Domain frei wählen darf. Welchen Namen sie auch für Hosts und Subdomains wählt, es kann nicht zu Konflikten mit Domain-Namen anderer Organisationen kommen, weil an diesen frei gewählten Namen der Domain-Name der Organisation angehängt wird. Beispielsweise kann die Organisation, die die Domain *hic.com* betreibt, einen Host *puella* nennen (wie in Abbildung 1-5 dargestellt), da sie weiß, daß der Domain-Name des Hosts in *hic.com* endet und damit einen eindeutigen Namen darstellt.

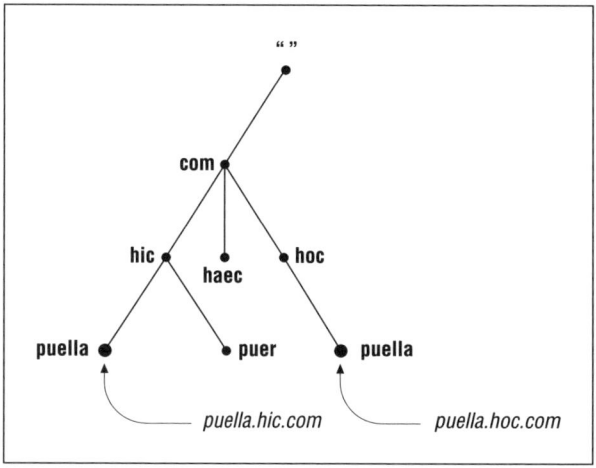

*Abbildung 1-5: Wie man das Problem mit Namenskonflikten löst*

## Die Geschichte von BIND

Die erste Implementierung des Domain Name System wurde JEEVES genannt und von Paul Mockapetris selbst geschrieben. Eine spätere Implementierung war *BIND*, die von Kevin Dunlap für das Berkeley 4.3 BSD UNIX geschrieben wurde. BIND wird nun vom Internet Software Consortium (ISC) gepflegt.[3]

BIND steht für *Berkeley Internet Name Domain* und ist die Implementierung, auf die wir uns in diesem Buch konzentrieren. BIND ist heutzutage die mit Abstand populärste Implementierung des DNS. Sie wurde auf viele UNIX-Arten portiert und wird von den meisten UNIX-Anbietern standardmäßig mit ausgeliefert. BIND wurde sogar auf Windows NT von Microsoft portiert.

## Muß man DNS einsetzen?

Unabhängig vom Nutzen des Domain Name System gibt es doch einige Situationen, in denen sich seine Anwendung nicht auszahlt. Neben DNS gibt es noch weitere Mechanismen zur Auflösung von Namen, und einige von ihnen werden möglicherweise standardmäßig mit Ihrem Betriebssystem geliefert. Manchmal wiegt die mit der Pflege einer Domain und ihrer Nameserver einhergehende Arbeit die Vorteile des DNS wieder auf. Andererseits gibt es bestimmte Fälle, in denen Sie keine andere Wahl haben, als eine Domain einzurichten und zu pflegen. Hier einige Richtlinien, die Sie bei der richtigen Entscheidung unterstützen sollen:

---

3  Weitere Informationen über das Internet Software Consortium und seine Arbeit an BIND finden Sie unter *http://www.isc.org/bind.html*.

### Wenn eine Internet-Anbindung existiert, ...

... ist DNS ein Muß. Stellen Sie sich das DNS als die *lingua franca* des Internet vor: Nahezu alle Netzwerkdienste im Internet verwenden DNS. Dazu gehören das World Wide Web (WWW), E-Mail, Zugriff auf entfernte Terminals und Dateiübertragungen.

Andererseits bedeutet dies nicht notwendigerweise, daß Sie *selbst* eine Domain für *sich* einrichten und pflegen müssen. Wenn Sie nur eine Handvoll Hosts besitzen, sollten Sie eine existierende Domain finden und ein Teil von ihr werden (siehe Kapitel 3, *Wo anfangen?*). Möglicherweise finden Sie auch jemanden, der die Domain für Sie betreibt. Wenn Sie einen Internet-Service-Provider für Ihre Internet-Anbindung bezahlen, dann fragen Sie ihn doch, ob er nicht auch direkt eine Domain für Sie betreiben kann. Selbst wenn Sie kein direkter Kunde sind, gibt es Unternehmen, die Ihnen hier für einen gewissen Preis behilflich sind.

Wenn Sie etwas mehr als eine Handvoll Hosts oder sehr viele Hosts haben, werden Sie wahrscheinlich eine eigene Domain einrichten wollen. Wenn Sie darüber hinaus eine direkte Kontrolle über Ihre Domain und Ihre Nameserver wünschen, werden Sie alle nötigen Arbeiten selbst ausführen wollen. Kaufen Sie dieses Buch, und lesen Sie weiter!

### Wenn Sie eine UUCP-Anbindung an einen Internet-Host besitzen, ...

... ist es eine gute Idee, eine Domain einzurichten. Die Adressierung der Form *benutzer@domain* ist im Internet mittlerweile Standard. Sobald Sie einmal eine Domain eingerichtet haben, sind sie über die damit vereinfachten Adressen für alle anderen Internet-Teilnehmer zu erreichen. Außerdem sind Sie dann vorbereitet, wenn Sie sich irgendwann doch für eine direkte Anbindung entscheiden.

Es wird fälschlicherweise häufig angenommen, daß man tatsächlich ans Internet angebunden sein muß, um eine Domain einrichten und die *benutzer@domain*-Adressierung verwenden zu können. Sie benötigen zwar Hosts im Internet, die als Nameserver für Ihre Domain fungieren, aber es müssen nicht *Ihre* Hosts sein. Sie wären überrascht, wie viele Leute bereit sind, Ihre Domain gratis zu beherbergen: Das Internet ist immer noch ein recht freundlicher Ort. (Und selbst wenn Sie niemanden finden, gibt es Unternehmen, die dies für wenig Geld übernehmen.)

### Wenn Sie ein eigenes TCP/IP-basiertes Internet besitzen, ...

... werden Sie DNS wahrscheinlich einsetzen wollen. Mit einem Internet meinen wir nicht einfach ein einzelnes Ethernet mit Workstations, die TCP/IP verwenden (lesen Sie den nächsten Abschnitt, wenn Sie das dachten). Vielmehr meinen wir ein komplexes »Netzwerk aus Netzwerken«. Vielleicht besitzen Sie ja jede Menge Appletalk-Netzwerke und eine Handvoll Token Ring-Netze mit Apollo-Workstations.

Wenn Ihr Internet grundsätzlich homogen ist und Ihre Hosts kein DNS benötigen (etwa wenn Sie ein großes DECnet oder ein OSI-Internet besitzen), kommen Sie möglicherweise ohne DNS aus. Wenn Sie aber mit unterschiedlichen Hosts zu tun haben und besonders wenn einige dieser Hosts mit irgendeiner UNIX-Variante arbeiten, werden Sie DNS einsetzen wollen. Es vereinfacht die Verteilung von Host-Informationen und befreit Sie von allen zusammengewürfelten Host-Tabellendistributionsschemata, die Sie ausgebrütet haben mögen.

***Wenn Sie Ihr eigenes lokales Netzwerk oder Site-Netzwerk besitzen ...***

... und das Netzwerk nicht an ein größeres Netzwerk angebunden ist, kommen Sie möglicherweise ohne DNS aus. Sie können die Verwendung von Host-Tabellen oder Network Information Service (NIS) von Sun in Erwägung ziehen.

Wenn Sie die Administration aber verteilen wollen oder wenn Sie Probleme haben, die Daten im Netzwerk konsistent zu halten, kann Ihnen DNS helfen. Und wenn Ihr Netzwerk in absehbarer Zeit wahrscheinlich an ein anderes Netzwerk, etwa ein firmeneigenes Internet oder an das Internet, angebunden wird, ist es eine weise Entscheidung, bereits jetzt eine Domain einzurichten.

*In diesem Kapitel:*
- *Der Domain-Namensraum*
- *Der Domain-Namensraum des Internet*
- *Delegierung*
- *Nameserver und Zonen*
- *Resolver*
- *Auflösung*
- *Caching*

# 2
# Wie funktioniert das DNS?

> »Was hat man schon von einem Buch«, dachte Alice, »ohne Bilder oder Verse?«

Das Domain Name System ist vom Prinzip her eine Datenbank mit Host-Informationen. Zugegebenermaßen steckt da einiges mehr dahinter: seltsame, mit Punkten versehene Namen, vernetzte Nameserver und ein obskurer »Domain-Namensraum«. Denken Sie dennoch stets daran, daß der Dienst, den das DNS letztendlich anbietet, Informationen über Internet-Hosts bereitstellt.

Wir haben bereits einige wichtige Aspekte des DNS angesprochen, einschließlich seiner Client/Server-Architektur und der Struktur der DNS-Datenbank. Bislang sind wir aber nicht allzusehr ins Detail gegangen und haben auch nicht die wesentlichen Einzelheiten des DNS-Betriebs erläutert.

In diesem Kapitel erläutern wir in Text und Bild die Mechanismen, die das DNS funktionsfähig machen. Wir führen auch die Begriffe ein, die Sie kennen müssen, um den Rest dieses Buches lesen (und sich auf intelligente Weise mit Ihren Kollegen, den anderen Domain-Administratoren, unterhalten) zu können.

Zunächst werfen wir aber einen detaillierteren Blick auf die im vorigen Kapitel eingeführten Konzepte. Wir werden uns soweit um Detailliertheit bemühen, daß es der ganzen Sache etwas Würze verleiht.

## Der Domain-Namensraum

Die verteilte DNS-Datenbank ist über Domain-Namen indiziert. Jeder Domain-Name ist im Grunde genommen ein Pfad in einem großen, auf den Kopf gestellten Baum, dem sogenannten *Domain-Namensraum*. Die hierarchische Struktur dieses Baumes ist in Abbildung 2-1 abgebildet und der Struktur eines UNIX-Dateisystems ähnlich. Der Baum besitzt ganz oben eine einzige Wurzel (»Root«)[1]. Im UNIX-Dateisystem wird diese Wurzel Root-Verzeichnis genannt und mit einem Schrägstrich, englisch Slash, (»/«) dargestellt. Der DNS-Baum nennt diese Wurzel einfach »die Root« oder, gelegentlich, »die Root-Domain«. Genau wie bei einem Dateisystem kann der DNS-Baum an jedem seiner Verzweigungspunkte, die man Knoten (englisch: »Nodes«) nennt, beliebig viele Abzweigungen besitzen. Die Verzweigungstiefe des Baums darf höchstens 127 Verschachtelungsebenen erreichen. (Dieser Grenze werden Sie wahrscheinlich nie nahekommen.)

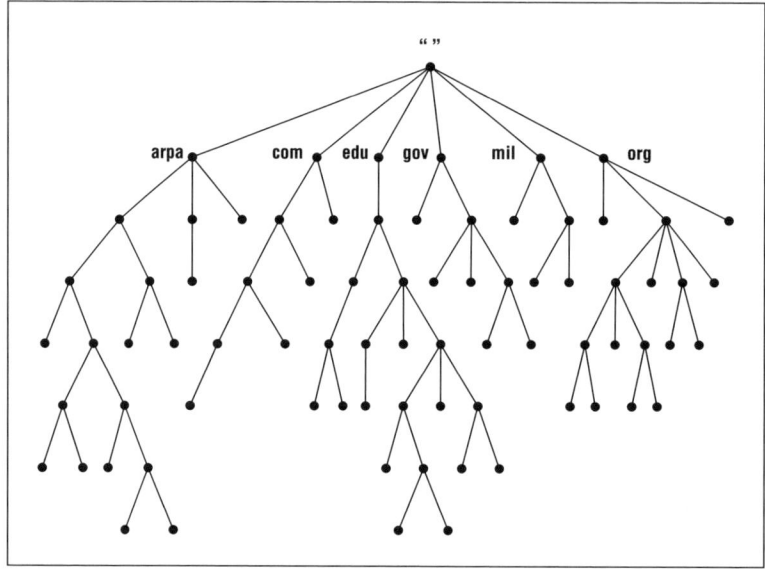

*Abbildung 2-1: Die Struktur des DNS-Namensraums*

## Domain-Namen

Jeder Knoten des Baumes besitzt einen einfachen Namen (ohne Punkte). Dieser Name kann bis zu 63 Zeichen lang sein. Ein leerer Name (Null-Label) mit der Länge von null Zeichen ist für die Wurzel reserviert. Der vollständige *Domain-Name* jedes Knotens im Baum besteht aus der Reihe der Namen vom betreffenden Knoten bis zur Root. Domain-Namen werden immer vom Knoten hin zur Root gelesen (im Baum »aufwärts«), wobei die einzelnen Namen im Pfad durch Punkte voneinander getrennt werden.

Wenn der Root-Name tatsächlich im Domain-Namen des Knotens auftaucht, *sieht der vollständige Domain-Name so aus*, als endete er mit einem Punkt. (In Wirklichkeit endet er mit einem Punkt als Trennzeichen und dem Null-Label dahinter.) Erscheint das Label der Root-Domain allein, dann schreibt man den Namen der Einfachheit halber als einzelnen Punkt ».«. Konsequenterweise interpretiert manche Software einen führenden Punkt im Domain-Namen, um anzuzeigen, daß es sich um einen *absoluten* Domain-

---

[1] Natürlich ist dies ein Baum für Informatiker, nicht für Botaniker.

Namen handelt. Ein absoluter Domain-Name beginnt bei der Root und spezifiziert unzweideutig die Position des Knotens in der Hierarchie. Ein absoluter Domain-Name wird auch als *Fully Qualified Domain Name*, also als »voll qualifizierter Domain-Name« bezeichnet und häufig mit *FQDN* abgekürzt. Namen ohne führenden Punkt werden manchmal als relativ zu einer Domain interpretiert, genau wie Verzeichnisnamen ohne führenden Slash häufig als relativ zum aktuellen Verzeichnis interpretiert werden.

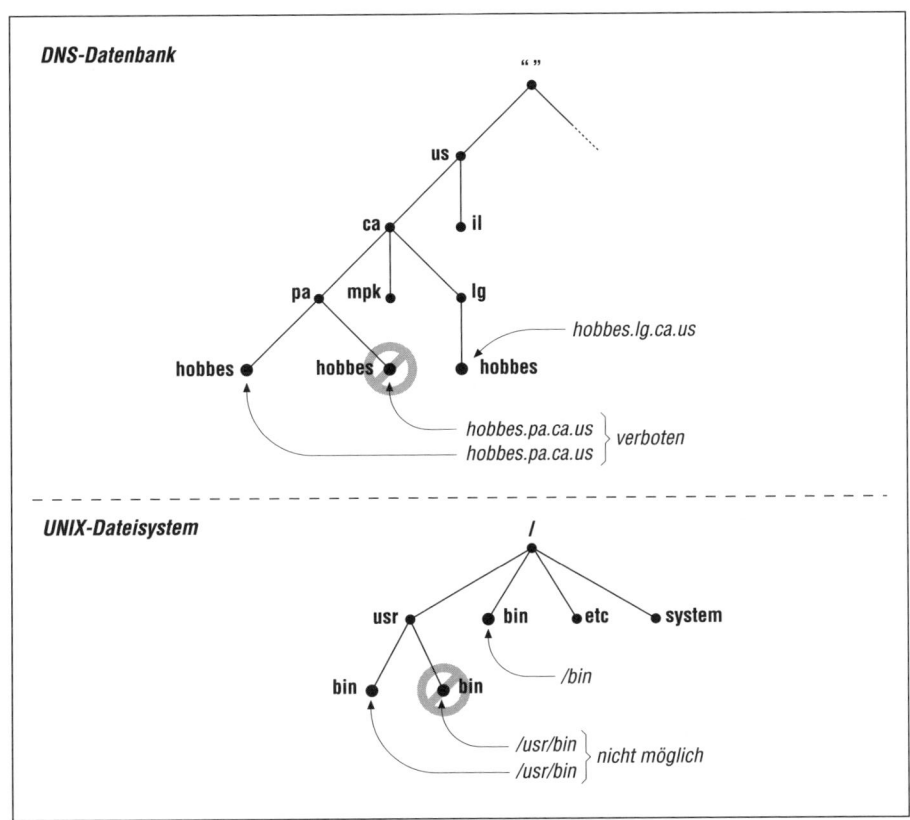

*Abbildung 2-2: Eindeutigkeit von Domain-Namen und UNIX-Pfadnamen sicherstellen*

Das DNS verlangt, daß die Child-Knoten eines Parent-Knotens unterschiedliche Namen besitzen. Diese Einschränkung garantiert, daß ein Domain-Name einen einzelnen Knoten im Baum eindeutig identifiziert. Eigentlich ist diese Einschränkung keine echte Beschränkung, weil die Namen nur bei den Child-Knoten einer Ebene und nicht für alle Knoten des Baumes eindeutig sein müssen. Die gleiche Einschränkung gilt auch für das UNIX-Dateisystem: Sie können zwei Child-Verzeichnissen einer Ebene nicht den gleichen Namen zuweisen. Ebenso wie es nicht zwei Knoten namens *hobbes.pa.ca.us* im Domain-Namensraum geben kann, können auch nicht zwei */usr/bin*-Verzeichnisse existieren (Abbildung 2-2). Sie können aber einen Knoten namens *hobbes.pa.ca.us* und einen namens *hobbes.lg.ca.us* besitzen, genau wie es ein Verzeichnis */bin* und ein Verzeichnis */usr/bin* geben darf.

## Domains

Eine *Domain* ist einfach ein Teilbaum des Domain-Namensraums. Der Domain-Name einer Domain entspricht dem Namen desjenigen Knotens, der sich auf der obersten Ebene dieser Domain befindet. Das bedeutet, daß beispielsweise die oberste Ebene der Domain *purdue.edu* ein Knoten namens *purdue.edu* ist, wie in Abbildung 2-3 deutlich wird.

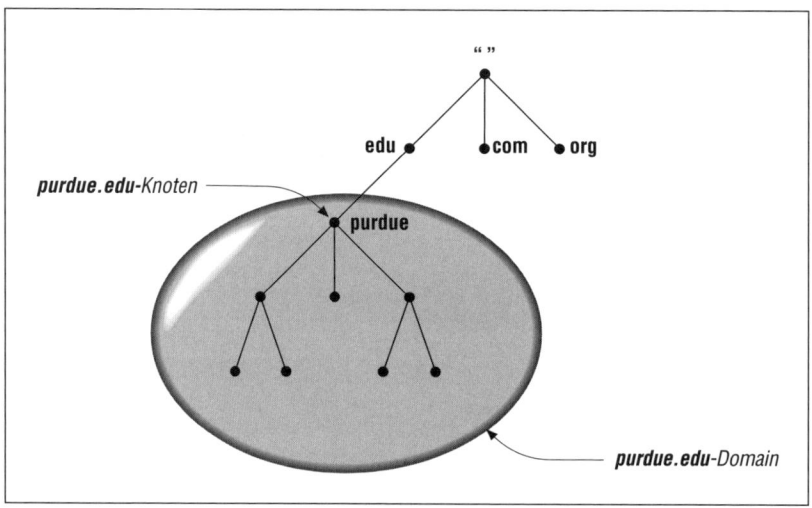

*Abbildung 2-3: Die Domain purdue.edu*

Ebenso erwarten Sie in einem Dateisystem zu Beginn des */usr*-Verzeichnisses einen Knoten namens */usr*, was Abbildung 2-4 verdeutlicht.

Jeder Domain-Name in diesem Teilbaum wird als Teil der Domain betrachtet. Weil ein Domain-Name in vielen Teilbäumen vorkommen kann, kann er auch in vielen Domains vorkommen. So ist beispielsweise der Domain-Name *pa.ca.us* ein Teil der Domain *ca.us*, aber auch ein Teil der *us*-Domain, was Abbildung 2-5 verdeutlicht.

Zusammengefaßt ist eine Domain also einfach ein Teilbaum des Domain-Namensraumes. Wenn aber eine Domain nur aus Domain-Namen und anderen Domains besteht, wo sind dann all die Hosts? Domains sind doch Gruppen von Hosts, oder?

# Der Domain-Namensraum

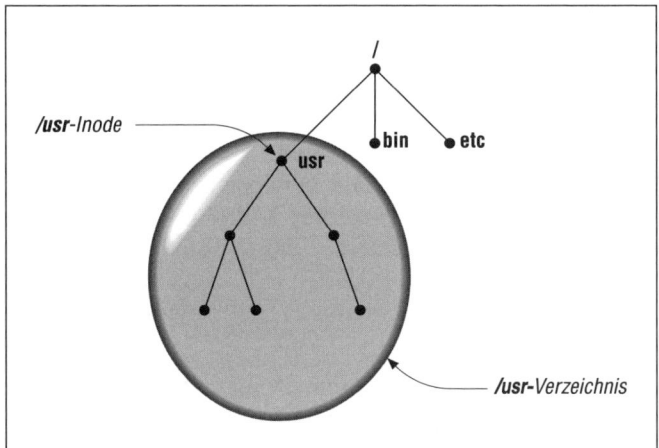

Abbildung 2-4: Das Verzeichnis /usr

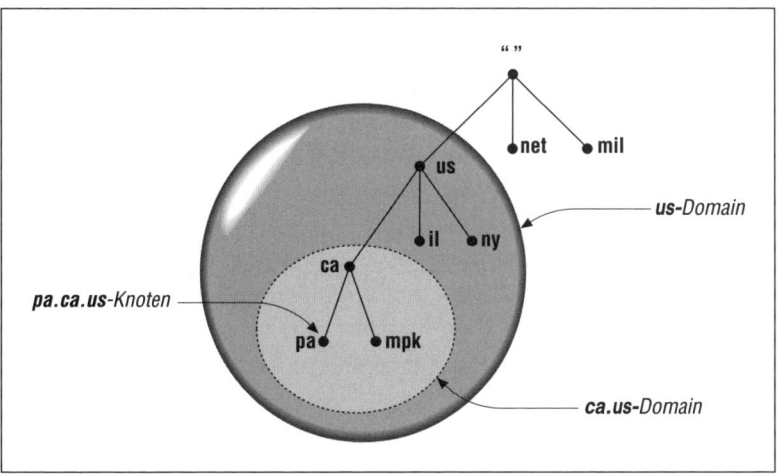

Abbildung 2-5: Ein Knoten mit mehreren Domains

Die Hosts sind da, aber sie werden durch Domain-Namen repräsentiert. Denken Sie daran, daß Domain-Namen einfach nur Indizes auf die DNS-Datenbank sind. Die »Hosts« sind die Domain-Namen, die auf Informationen über einzelne Hosts verweisen. Und eine Domain enthält alle Hosts, deren Domain-Namen innerhalb der Domain liegen. Die Hosts stehen in einer *logischen* Beziehung zueinander, die häufig durch geographische oder organisatorische Zugehörigkeiten und nicht notwendigerweise durch ein Netzwerk oder eine Adresse oder einen Hardware-Typ bestimmt wird. Sie könnten zehn verschiedene Hosts besitzen, von denen sich jeder in einem anderen Netzwerk befindet, einige vielleicht sogar in einem anderen Land, und dennoch gehören alle einer Domain an.[2]

Domain-Namen an den »Blättern« des Baumes repräsentieren im allgemeinen einzelne Hosts und können unter anderem auf Netzwerkadressen, Hardware-Daten und Routing-Angaben für E-Mail verweisen. Domain-Namen im Inneren des Baumes können einen Host benennen *und* auf Informationen zur Domain verweisen. Im Inneren liegende Domain-Namen sind nicht auf das eine oder das andere beschränkt. Sie können sowohl die entsprechende Domain repräsentieren als auch einen bestimmten Host im Netzwerk. Zum Beispiel ist *hp.com* sowohl der Name der Domain des Unternehmens Hewlett-Packard als auch der Name eines Hosts, auf dem der Haupt-Web-Server des Unternehmens ausgeführt wird.

Die Art der Informationen, die Sie erhalten, wenn Sie einen Domain-Namen verwenden, hängt vom Zusammenhang ab, in dem Sie diesen verwenden. Wenn Sie E-Mail an jemanden von *hp.com* senden, erhalten Sie Routing-Angaben für Mail, während der Aufbau einer *Telnet*-Sitzung zum Domain-Namen die Host-Adresse abruft (in Abbildung 2-6 beispielsweise die IP-Adresse von *hp.com*).[3]

Ein einfacher Weg, zu entscheiden, ob eine Domain eine Subdomain einer anderen Domain ist, besteht im Vergleich der beiden Domain-Namen. Der Name einer Subdomain endet mit dem Domain-Namen ihrer Parent-Domain. Zum Beispiel muß die Domain *la.tyrell.com* eine Subdomain von *tyrell.com* sein, weil *la.tyrell.com* mit *tyrell.com* endet. Entsprechend ist sie eine Subdomain von *com*, wie auch *tyrell.com*.

Abgesehen davon, daß man sie in Relation sieht, d.h., als Subdomains anderer Domains, werden Domains häufig auch über ihren *Level* angesprochen. In Mailing-Listen und in Usenet-News-Gruppen werden Sie Begriffe wie *top-level* oder *second-level* herumgeistern sehen. Diese Ausdrucksweise beschreibt einfach die Position einer Domain im Domain-Namensraum:

- Eine Top-Level-Domain (auch als First-Level-Domain bezeichnet) ist eine Child-Domain der Root-Domain.
- Eine Second-Level-Domain ist eine Child-Domain einer Top-Level-Domain, und so weiter.

---

2 Vorsicht: Verwechseln Sie die Domains des Domain Name System nicht mit den Domains des Network Information Service (NIS) von Sun. Obwohl eine NIS-Domain ebenfalls eine Gruppe von Hosts umfaßt und obwohl beide Domain-Typen über gleich strukturierte Namen verfügen, sind beide Konzepte doch völlig verschieden. NIS verwendet zwar hierarchische Namen, aber das Hierarchieprinzip endet auch schon an dieser Stelle. Hosts in der gleichen NIS-Domain nutzen bestimmte Daten über Hosts und Benutzer gemeinsam, können aber nicht den NIS-Namensraum durchsuchen, um Daten über andere NIS-Domains zu ermitteln. Auch Windows NT-Domänen, die eine Benutzer- und Computerkontenverwaltung sowie Sicherheitsdienste bereitstellen, haben nichts mit DNS-Domänen zu tun; die nächste NT-Version (Windows 2000) wird zwar eine strukturelle Verbindung zwischen NT-Domänen und DNS-Domains herstellen können, aber dennoch handelt es sich um getrennte Dienste.

3 Die Begriffe »Domain« und »Subdomain« werden in der DNS- und BIND-Dokumentation häufig gleichwertig verwendet. In diesem Buch verwenden wir »Subdomain« nur als einen relativen Begriff. Eine Domain ist eine Subdomain einer anderen Domain, wenn die Wurzel der Subdomain innerhalb dieser anderen Domain liegt.

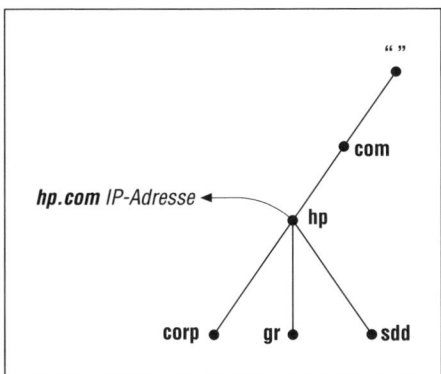

*Abbildung 2-6: Ein innerer Knoten mit Host- und Strukturdaten*

## Resource Records

Die mit Domain-Namen assoziierten Daten sind in sogenannten *Resource Records* (abgekürzt *RRs*, deutsch: Ressourceneinträge oder Ressourcen-Datensätze) enthalten. Diese Records sind in Klassen unterteilt. Jede Record-Klasse gehört einer Art von Netzwerk oder Software an. Augenblicklich gibt es Klassen für Internets (jedes TCP/IP-basierte Internet), für auf den Chaosnet-Protokollen basierende Netzwerke und für Netzwerke, die Hesiod-Software verwenden. (Chaosnet ist ein altes Netzwerk von größtenteils historischer Signifikanz.)

Die Internet-Klasse ist die am weitesten verbreitete. (Wir sind nicht ganz sicher, ob jemand noch die Chaosnet-Klasse verwendet, und die Verwendung der Hesiod-Klasse ist eng an das MIT gebunden.) Wir konzentrieren uns hier auf die Internet-Klasse.

Innerhalb einer Klasse kommen Records in verschiedenen Typen vor, die den unterschiedlichen Arten von Daten entsprechen, die im Domain-Namensraum gespeichert werden können. Unterschiedliche Klassen können verschiedene Record-Typen definieren, auch wenn einige Typen in mehr als einer Klasse gängig sein können. Zum Beispiel definiert nahezu jede Klasse einen *Adreßtyp*. Jeder Record-Typ innerhalb einer Klasse legt eine entsprechende Record-Syntax fest, an die sich alle Resource Records dieser Klasse und dieses Typs halten müssen. (Einzelheiten zu allen Internet-Resource-Record-Typen und ihrer Syntax finden Sie in Kapitel A, *DNS-Nachrichtenformat und Resource Records*.)

Machen Sie sich keine Sorgen, wenn Sie diese Angaben ein wenig verwirren, wir behandeln später jeden einzelnen Record-Typ im Detail. Die gängigen Records werden in Kapitel 4, BIND einrichten, beschrieben, und eine ausführliche Liste ist Bestandteil von Anhang A.

# Der Domain-Namensraum des Internet

Bisher haben wir über die theoretische Struktur des Domain-Namensraums und über die darin gespeicherten Daten gesprochen. Wir haben sogar in unseren (manchmal erfundenen) Beispielen auf die Arten von Namen hingewiesen, denen Sie begegnen könnten. Aber das hilft Ihnen alles nicht, die Domain-Namen zu entschlüsseln, denen Sie täglich im Internet begegnen.

Das Domain Name System stellt keine großartigen Regeln auf, wie die Labels von Domain-Namen auszusehen haben. Auch weist es den Labels eines bestimmten Levels keinerlei *spezielle* Bedeutung zu. Wenn Sie einen Teil des Domain-Namensraums verwalten, können Sie selbst über die Semantik Ihrer Domain-Namen entscheiden. Sie können Ihre Subdomains einfach A bis Z nennen, und niemand würde Sie davon abhalten (wenngleich man Ihnen doch stark davon abraten würde).

Der existierende Internet-Domain-Namensraum besitzt allerdings doch so etwas wie eine selbstauferlegte Struktur. Speziell bei den auf höheren Leveln liegenden Domains folgen die Domain-Namen bestimmten Traditionen (nicht Regeln, da die Traditionen gebrochen werden können und wurden). Diese Traditionen sorgen dafür, daß die Domain-Namen völlig chaotisch sind. Die Traditionen zu verstehen ist von enormem Vorteil, wenn Sie versuchen, einen Domain-Namen zu entziffern.

## *Top-Level-Domains*

Die ursprünglichen Top-Level-Domains unterteilten den Domain-Namensraum des Internet organisatorisch in sieben Domains:

*com*
Kommerzielle Organisationen wie Hewlett-Packard (*hp.com*), Sun Microsystems (*sun.com*) und IBM (*ibm.com*).

*edu*
Bildungseinrichtungen wie die U.C. Berkeley (*berkeley.edu*) und die Purdue University (*purdue.edu*). Abgeleitet von »education«, englisch für Ausbildung.

*gov*
Amerikanische Regierungsstellen wie die NASA (*nasa.gov*) und die National Science Foundation (*nsf.gov*). Abgeleitet von »government«, englisch für *Regierung*.

*mil*
Militärische Einrichtungen wie die Armee der Vereinigten Staaten (*army.mil*) und die Navy (*navy.mil*).

*net*
Netzwerk-Organisationen wie das NSFNET (*nsf.net*).

*org*
Nichtkommerzielle Organisationen wie die Electronic Frontier Foundation (*eff.org*).

*int*
Internationale Organisationen wie die NATO (*nato.int*).

Eine weitere Top-Level-Domain heißt *arpa*; sie wurde ursprünglich während der Umstellung des ARPAnet von Host-Tabellen auf das DNS verwendet. Alle ARPAnet-Hosts besaßen ursprünglich Namen unter *arpa*, so daß sie einfach zu finden waren. Später wurden sie in die verschiedenen Subdomains der organisatorischen Top-Level-Domains verschoben. Dennoch existiert die *arpa*-Domain weiter, und zwar auf eine besondere Art, auf die wir in Kürze eingehen werden.

Ihnen wird möglicherweise ein gewisser nationaler Schwerpunkt in den Beispielen aufgefallen sein: Bei allen handelt es sich hauptsächlich um US-amerikanische Organisationen. Das ist einfacher zu verstehen – und zu verzeihen –, wenn man sich daran erinnert, daß das Internet als ARPAnet begann, einem von der amerikanischen Regierung finanzierten Forschungsprojekt. Man hatte nicht erwartet, daß das ARPAnet so erfolgreich und so international werden würde wie das heutige Internet.

Heutzutage heißen diese Domains *generic Top-Level Domains* (allgemeine Top-Level-Domains), abgekürzt gTLDs. Wenn Sie diesen Text lesen, gibt es möglicherweise ein paar weitere Domains dieser Art, wie *firm*, *shop*, *web* und *nom*, um dem rasanten Wachstum des Internet und dem Bedürfnis nach einem größeren Namensraum gerecht zu werden. Weitere (englischsprachige) Informationen über den Vorschlag der neuen Top-Level-Domains finden Sie unter *http://www.gtld-mou.org*.

Um Platz für die Internationalisierung des Internet zu schaffen, schlossen die Implementatoren des Internet-Namensraums einen Kompromiß. Statt darauf zu bestehen, daß alle Top-Level-Domains organisatorische Zusammenhänge beschreiben, entschlossen sie sich, auch geographische Bezeichnungen zu erlauben. Neue Top-Level-Domains wurden reserviert (aber nicht unbedingt angelegt), die zu einzelnen Ländern gehören. Deren Domain-Namen folgen einem existierenden internationalen Standard namens ISO 3166. ISO 3166 führte offizielle, aus zwei Buchstaben bestehende Abkürzungen für jedes Land der Welt ein. Wir haben die aktuelle Liste der Top-Level-Domains als Kapitel C, *Top-Level-Domains*, in dieses Buch aufgenommen[4].

## *Weiter unten*

Innerhalb dieser Top-Level-Domains variieren die Traditionen und das Maß, in dem sie eingehalten werden. Einige der ISO 3166-Top-Level-Domains halten sich an das US-amerikanische Original-Organisationsschema. Zum Beispiel besitzt die australische Top-Level-Domain *au* Subdomains wie *edu.au* und *com.au*. Einige andere ISO 3166-Top-Level-Domains folgen dem britischen (*uk*)-Schema und besitzen Subdomains wie *co.uk* für Unternehmen und *ac.uk* für die »akademische Gemeinschaft« (»academic community«). In den meisten Fällen sind aber selbst diese geographisch orientierten Top-Level-Domains unter organisatorischen Gesichtspunkten weiter untergliedert.

---

[4] Die Ausnahme hiervon ist Großbritannien. Die Top-Level-Domain sollte gemäß ISO 3166 und der Internet-Tradition *gb* lauten, aber statt dessen verwenden die meisten Organisationen des Vereinigten Königreiches (»United Kingdom«) von Großbritannien und Nordirland die Top-Level-Domain *uk*. Sie fahren übrigens auch auf der falschen Straßenseite.

Dies gilt allerdings nicht für die Top-Level-Domain *us*. Die Domain *us* besitzt 50 Subdomains, die – was glauben Sie? – den 50 US-Staaten entsprechen[5]. Jeder von ihnen wird mit der aus zwei Buchstaben bestehenden Abkürzung des jeweiligen Bundesstaates benannt, wie sie standardmäßig von der amerikanischen Post verwendet wird. Innerhalb der Domain eines Staates ist die Organisation dennoch größtenteils geographischer Natur: Die meisten Subdomains entsprechen den Namen einzelner Städte. Von Städten abweichende Namen entsprechen üblicherweise den Namen einzelner Hosts.

## *Domain-Namen lesen*

Nachdem Sie nun wissen, für was die meisten Top-Level-Domains stehen und wie ihr Namensraum strukturiert ist, fällt es Ihnen wahrscheinlich wesentlich leichter, einen Sinn in den meisten Domain-Namen zu entdecken. Lassen Sie uns der Übung halber einige Domain-Namen »sezieren«:

*lithium.cchem.berkeley.edu*

> Mit diesem Beispiel haben Sie es nicht ganz so schwer, weil wir Ihnen ja bereits verraten haben, daß *berkeley.edu* die Domain der U.C. Berkeley ist. (Selbst wenn Sie das nicht gewußt hätten, wäre es Ihnen leicht gefallen zu erraten, daß der Name wahrscheinlich zu einer amerikanischen Universität gehört, weil diese sich in der Top-Level-Domain *edu* befindet.) *cchem* ist die Subdomain des College of Chemistry von *berkeley.edu*. *lithium* ist schließlich der Name eines bestimmten Hosts in der Domain – und möglicherweise einer von über hundert, wenn es dort so viele Hosts wie Elemente geben sollte.

*winnie.corp.hp.com*

> Dieses Beispiel ist ein wenig schwerer, wenn auch nicht viel. Die Domain *hp.com* gehört aller Wahrscheinlichkeit nach zu Hewlett-Packard (tatsächlich haben wir Ihnen das auch schon verraten). Die Subdomain *corp* steht zweifelsfrei für das Unternehmenshauptquartier (von »corporate headquarter«), und *winnie* ist wahrscheinlich nur ein alberner Name, den sich jemand für einen Host ausgedacht hat.

*fernwood.mpk.ca.us*

> Um dies zu verstehen, benötigen Sie schon eine gewisse Kenntnis der *us*-Domain. *ca.us* steht hier für die Domain Kaliforniens; aber daß *mpk* für die Menlo Park-Domain steht, ist nur sehr schwer zu erraten, wenn man das Gebiet um die San Francisco Bay nicht gerade gut kennt. (Nein, es ist nicht das Menlo Park, in dem Edison gelebt hat – das liegt im Bundesstaat New Jersey.)

*daphne.ch.apollo.hp.com*

> Wir benutzen dieses Beispiel nur, damit Sie nicht anfangen zu glauben, daß alle Domains aus vier einzelnen Labels bestehen. *apollo.hp.com* ist die Subdomain der Domain *hp.com*, unter der das ehemals eigenständige Unternehmen Apollo Computers zu finden ist. (Als HP Apollo gekauft hat, ging natürlich auch die Internet-

---

5   Tatsächlich gibt es einige Domains mehr unter *us*: eine für Washington D.C., eine für Guam usw.

Domain von Apollo, *apollo.com*, in den Besitz von HP über. Diese Domain wurde dann zu *apollo.hp.com*.) *ch.apollo.hp.com* ist der Apollo-Standort in Chelmsford, Massachusetts. Und *daphne* ist ein Host in Chelmsford.

# Delegierung

Erinnern Sie sich daran, daß eines der Hauptziele beim Entwurf des Domain Name System war, die Verwaltung zu dezentralisieren? Dieses Ziel wird durch *Delegierung* erreicht. Das Delegieren von Domains funktioniert so ähnlich wie das Delegieren von Arbeit. Ein Projektleiter kann ein großes Projekt in kleinere Aufgaben unterteilen und die Verantwortung für jede dieser Aufgaben an verschiedene Mitarbeiter delegieren.

Entsprechend kann eine Organisation, die eine Domain verwaltet, diese in Subdomains aufteilen. Jede dieser Subdomains kann an andere Organisationen *delegiert* werden. Dies bedeutet, daß eine Organisation die Verantwortung für die Verwaltung sämtlicher Daten in dieser Subdomain übernimmt. Sie kann die Daten nach Belieben ändern und selbst ihre eigene Subdomain in weitere Subdomains unterteilen und diese delegieren. Die Parent-Domain enthält nur Verweise (Zeiger) auf die Quellen mit den Daten der Subdomain, so daß Abfragen für diese Subdomains entsprechend weitergeleitet werden können. Zum Beispiel unterliegt die Domain *stanford.edu* der Verantwortlichkeit jener Leute an der Stanford University, die das Universitätsnetz betreiben (Abbildung 2-7).

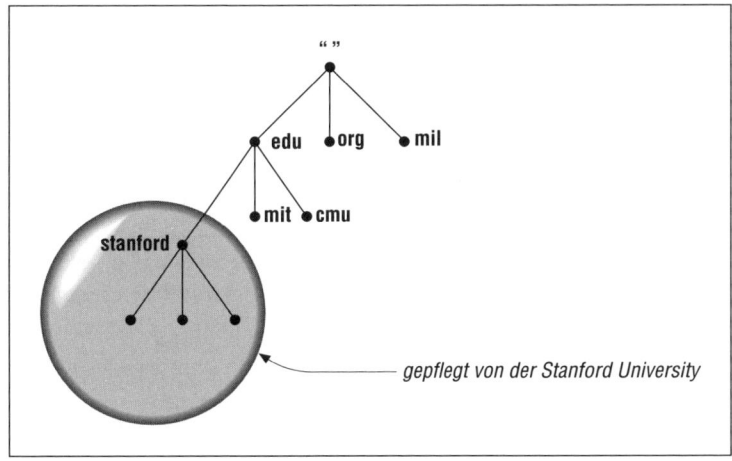

*Abbildung 2-7: stanford.edu wird an die Stanford University delegiert*

Nicht alle Organisationen delegieren ihre gesamte Domain, ebensowenig wie alle Projektleiter all ihre Arbeit delegieren. Eine Domain kann verschiedene Subdomains und darüber hinaus Hosts enthalten, die nicht in eine dieser Subdomains gehören. Beispielsweise könnte das Unternehmen Acme, das eine Zweigstelle in Rockaway und sein Hauptquartier in Kalamazoo hat, eine Subdomain *rockaway.acme.com* und eine Subdomain *kalamazoo.acme.com* betreiben. Andererseits sind die paar Hosts in den Vertriebsbüros von Acme, die über ganz Amerika verstreut sind, unter *acme.com* besser aufgehoben als unter einer der beiden Subdomains.

Wir werden später erläutern, wie man Subdomains anlegt und delegiert. Im Augenblick ist es nur wichtig, zu verstehen, daß der Begriff *Delegierung* für die Vergabe der Verantwortung einer Subdomain an eine andere Organisation steht.

# *Nameserver und Zonen*

Die Programme, die Informationen über den Domain-Namensraum speichern, werden als *Nameserver* bezeichnet. Im allgemeinen besitzen Nameserver vollständige Informationen über einen Teil des Domain-Namensraums. Dieser Teil wird *Zone* genannt. Die Nameserver laden die Daten der Zone aus einer Datei oder von einem anderen Nameserver. Der Nameserver besitzt in diesem Fall die *Autorität* (»authority«) über diese Zone. Nameserver können auch die Autorität über mehrere Zonen besitzen.

Der Unterschied zwischen einer Zone und einer Domain ist klein, aber wichtig. Alle Top-Level-Domains und viele Domains der zweiten Ebene und darunter, wie *berkeley.com* und *hp.com*, sind durch die Delegierung in kleinere Einheiten unterteilt, die besser verwaltet werden können als die gesamte Domain. Diese Einheiten nennt man Zonen. Die in Abbildung 2-8 dargestellte *edu*-Domain ist in zahlreiche Zonen unterteilt, einschließlich der Zonen *berkeley.edu*, *purdue.edu* und *nwu.edu*. Auf der obersten Stufe dieser Domain existiert außerdem die Zone *edu*. Es ist nur natürlich, daß die Menschen, die *edu* betreiben, die *edu*-Domain unterteilen: Ansonsten müßten sie die Subdomain *berkeley.edu* selbst verwalten. Es ist deutlich sinnvoller, *berkeley.edu* an Berkeley zu delegieren. Was bleibt für die Menschen übrig, die *edu* betreiben? Die Zone *edu*, die hauptsächlich aus den Delegierungsdaten der Subdomains von *edu* besteht.

Die Subdomain *berkeley.edu* ist wiederum durch Delegierung in mehrere Zonen aufgeteilt, wie in Abbildung 2-9 veranschaulicht. Zu den delegierten Subdomains gehören unter anderem *cc*, *cs*, *ce* und *me*. Jede dieser Subdomains ist an mehrere Nameserver delegiert, von denen einige außerdem für *berkeley.edu* die Autorität besitzen. Die Zonen sind aber weiterhin getrennt und können ganz unterschiedliche Gruppen von Nameservern besitzen, die die jeweilige Autorität innehaben.

Eine Zone enthält die Domain-Namen der Domain mit ihren Namen, aber nicht die Daten der delegierten Subdomains. So könnte beispielsweise die Top-Level-Domain *ca* (Kanada) die Subdomains *ab.ca*, *on.ca* und *qc.ca* für die Provinzen Alberta, Ontario und Quebec enthalten. Die Autoritäten für die Domains *ab.ca* und *on.ca* könnten an Nameserver in den entsprechenden Provinzen delegiert sein. Die Domain *ca* enthält sämtliche Daten von *ca* sowie alle Daten in *ab.ca*, *on.ca* und *qc.ca*. Aber die *Zone ca* enthält lediglich die Daten von *ca* (siehe Abbildung 2-10) die hauptsächlich aus Verweisen zu den delegierten Subdomains bestehen.

*Nameserver und Zonen*

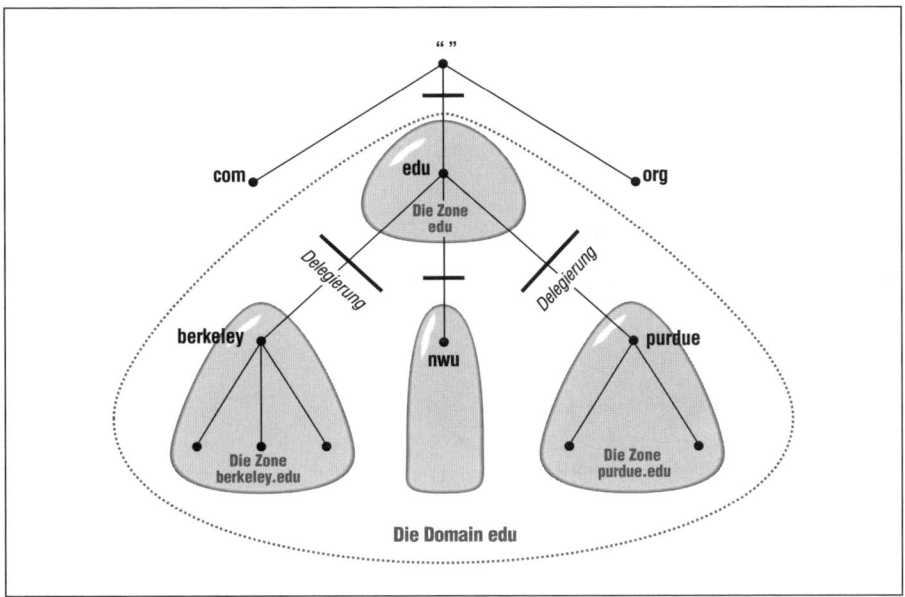

*Abbildung 2-8: Die in Zonen aufgeteilte Domain edu*

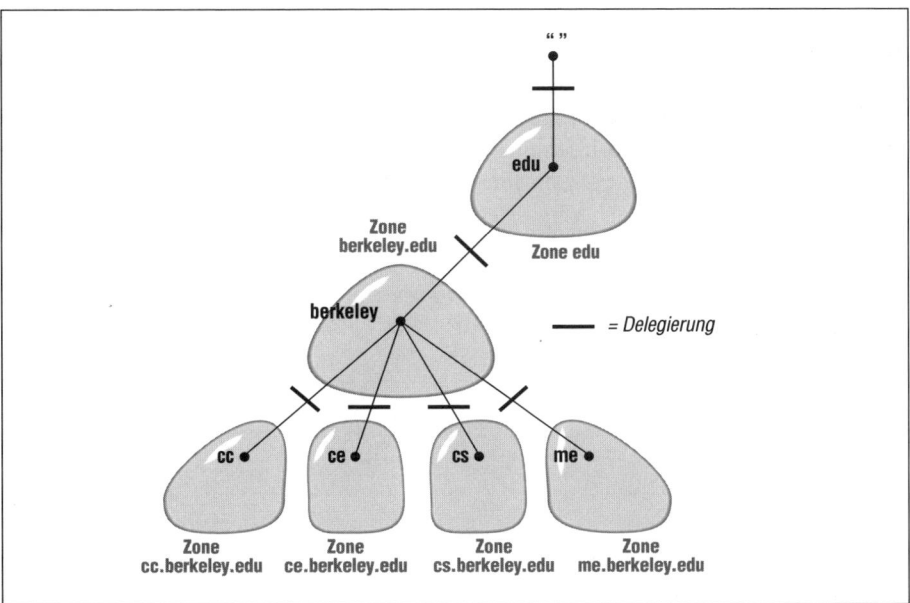

*Abbildung 2-9: Die in Zonen aufgeteilte Domain berkeley.edu*

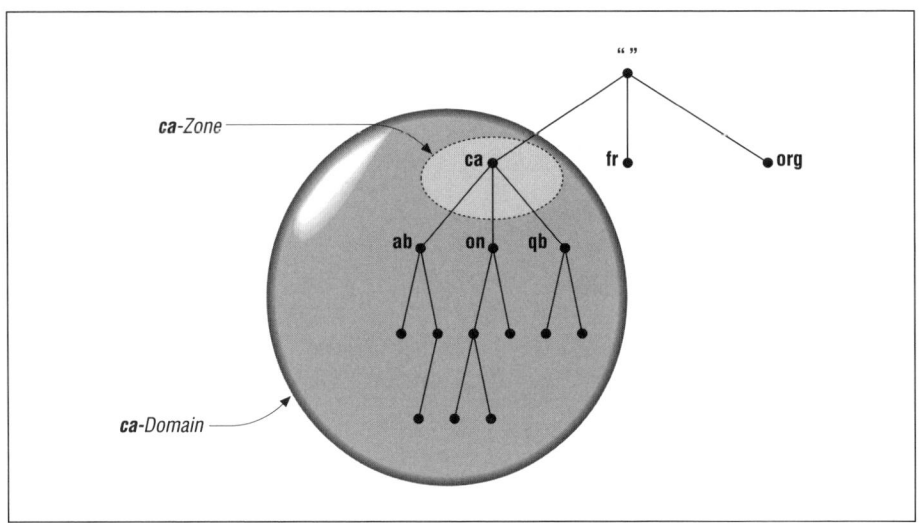

*Abbildung 2-10: Die Domain ca ...*

Wenn eine Subdomain einer Domain nicht delegiert ist, enthält ihre Zone hingegen die Domain-Namen und Daten dieser Subdomain. Die Subdomains *bc.ca* und *sk.ca* (British Columbia und Saskatchewan) der Domain *ca* könnten zwar existieren, wären aber möglicherweise nicht delegiert. (Vielleicht, weil die örtlichen Stellen in B.C. und Saskatchewan noch nicht in der Lage sind, ihre jeweilige Subdomain zu verwalten, aber die für *ca* Verantwortlichen die Konsistenz des Namensraumes sicherstellen wollen und deshalb trotzdem von Beginn an Domains für alle kanadischen Provinzen einrichten.) In diesem Fall ist die Zone *ca* nach unten hin etwas breiter, weil sie die Subdomains *bc.ca* und *sk.ca* enthält, nicht aber die anderen *ca*-Subdomains (siehe Abbildung 2-11).

Jetzt ist auch klar, warum Nameserver mit Zonen und nicht mit Domains arbeiten: Eine Domain kann mehr Informationen enthalten, als ein Nameserver benötigt.[6] Eine Domain könnte Daten enthalten, die an andere Nameserver delegiert wären. Da der Bereich einer Zone durch Delegierung eingeschränkt ist, kann er niemals die delegierten Daten enthalten.

---

6   Stellen Sie sich vor, daß ein Root-Nameserver die Root-Domain statt der Root-Zone laden würde: er müßte den gesamten Namensraum laden!

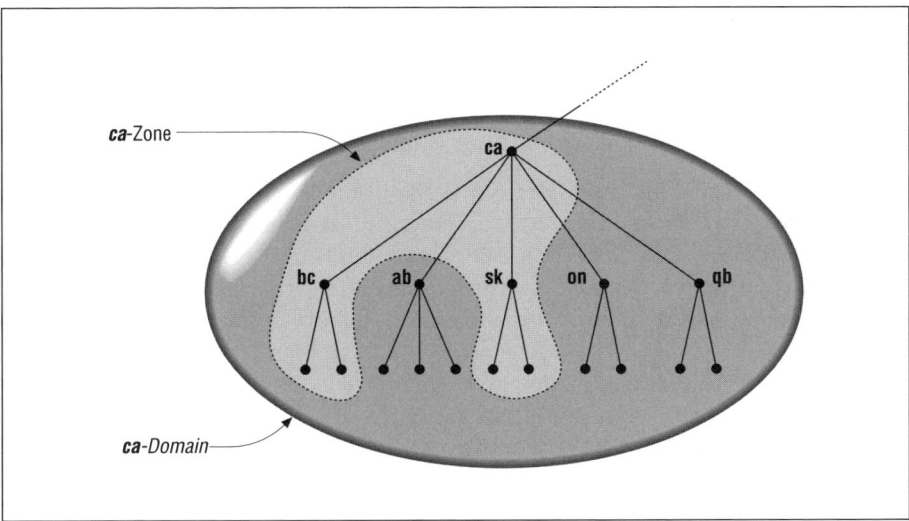

*Abbildung 2-11: ... gegenüber der Zone ca*

Wenn Sie gerade am Anfang stehen, besitzt Ihre Domain aber wahrscheinlich noch keine Subdomains. In diesem Fall umfassen Ihre Domain und Ihre Zone dieselben Daten, schließlich wurde noch keine Subdomain delegiert.

## Domains delegieren

Selbst wenn Sie im Augenblick Teile Ihrer Domain nicht delegieren möchten, ist es hilfreich, ein wenig näher zu verstehen, wie die Delegierung einer Domain funktioniert. Allgemein ausgedrückt bedeutet Delegierung, daß man jemandem die Verantwortung für einen Teil einer Domain überträgt. Konkret verteilt man die Autorität für diese Subdomains auf andere Nameserver. (Beachten Sie, daß wir hier von mehreren Nameservern sprechen, nicht von einem.)

Ihre Daten beinhalten nun nicht mehr die Informationen über die von Ihnen delegierte Subdomain, sondern verweisen auf den für diese Subdomain zuständigen Nameserver. Wird einer Ihrer Nameserver nun nach Daten dieser delegierten Subdomain gefragt, kann er mit einer Liste der zuständigen Nameserver aufwarten.

## Arten von Nameservern

Die DNS-Spezifikation definiert zwei Arten von Nameservern: *primäre Master* (»Primary«) und *sekundäre Master* (»Secondary«). Ein *primärer* Nameserver einer Zone liest die Daten für diese Zone aus einer lokal gespeicherten Datei. Ein *sekundärer* Nameserver einer Zone erhält seine Zonendaten von einem anderen Nameserver, der die Autorität über die Zone besitzt, d.h., der für ihn als Master-Server fungiert. Häufig ist der Master-Server eines Secondary der primäre Master, aber das ist nicht erforderlich: ein sekundärer Master kann die Zonendaten von einem anderen sekundären Nameserver laden. Wenn ein sekundärer Nameserver hochfährt, stellt dieser den Kontakt mit seinem Master-Nameserver her und kopiert erforderlichenfalls von diesem die Zonendaten. Dieser Vorgang heißt *Zonentransfer*. Heutzutage ist *Slave* (deutsch: Sklave) die bevorzugte Bezeichnung für einen sekundären Nameserver, auch wenn er vielerortens (z.b. im DNS-Manager von Microsoft ) als sekundärer Nameserver bezeichnet wird.

Sowohl der primäre Master als auch der Slave-Nameserver einer Zone besitzen die Autorität über diese Zone. Trotz ihrer »erniedrigenden« Bezeichnung sind Slaves keine Nameserver zweiter Klasse. Das DNS stellt zwei Arten von Nameservern zur Verfügung, um die Administration zu vereinfachen. Sobald Sie einmal die Daten für Ihre Zone angelegt und einen primären Nameserver aufgesetzt haben, brauchen Sie sich nicht mehr mit dem Kopieren von Daten von einem Host auf den anderen abzumühen, nur um neue Nameserver für die Zone anzulegen. Vielmehr richten Sie einfach Slave-Nameserver ein, die sich ihre Daten vom primären Master dieser Zone laden. Sobald sie einmal eingerichtet sind, kopieren die Slaves erforderlichenfalls die Zonendaten vom primären Master.

Slave-Nameserver sind wichtig, weil es eine gute Idee ist, mehr als einen Nameserver für eine Zone einzurichten. Sie sollten mehr als einen Nameserver einsetzen, um Redundanz bereitzustellen, die Last zu verteilen und um sicherzustellen, daß alle Hosts einen Nameserver in der Nähe haben. Die Verwendung von Slave-Nameservern ermöglicht dies aus administrativer Sicht.

Einen *bestimmten* Nameserver primär oder sekundär zu nennen, ist allerdings unpräzise. Wir haben ja bereits erwähnt, daß ein Nameserver die Autorität für mehr als eine Zone besitzen kann. Entsprechend kann ein Nameserver für eine Zone als Primary Master und für eine andere Zone als Slave fungieren. Die meisten Nameserver sind aber für die meisten Zonen, die sie laden, entweder primär oder Slave. Wenn wir einen bestimmten Nameserver also als Primary oder als Slave bezeichnen, bedeutet das, daß er für die *meisten* der geladenen Zonen entweder primärer Master oder Slave ist.

## *Datendateien*

Die Dateien, aus denen die primären Master-Nameserver ihre Zonendaten lesen, werden einfach Datendateien oder Zonendateien genannt. Wir bezeichnen sie häufig als *db-Dateien* (als Abkürzung für *Datenbankdateien*). Slave-Nameserver können ihre Zonendaten ebenfalls aus Datendateien laden. Slave-Nameserver sind in der Regel so konfiguriert, daß sie die von ihrem Master-Nameserver kopierten Zonendaten in eigenen Datendateien sichern. Wird der Slave später beendet und neu gestartet, liest er zuerst seine gesicherten Daten und prüft dann, ob diese auf dem neuesten Stand sind. Dank dieses Verfahrens erübrigt sich zum einen die Notwendigkeit von Zonentransfers für den Fall, daß sich die Daten nicht geändert haben, und zum anderen wird eine Quelle für diese Daten bereitgestellt, falls der Master nicht aktiv oder nicht erreichbar sein sollte.

Die Datendateien enthalten sogenannte »Resource Records«, die die Zone beschreiben. Diese Resource Records beschreiben alle Hosts in der Zone und kennzeichnen die

Delegierung von Subdomains. BIND erlaubt außerdem die Verwendung spezieller *Direktiven*, mit denen der Inhalt anderer Datendateien eingebunden werden kann (so ähnlich wie die `#include`-Anweisung in der C-Programmierung).

# Resolver

Resolver sind die Clients, die auf Nameserver zugreifen. Programme, die auf einem Host laufen, der Informationen über den Domain-Namensraum benötigt, verwenden den Resolver. Der Resolver übernimmt

- die Abfrage (»Query«) eines Nameservers
- die Interpretation der Antworten (Resource Records oder Fehlermeldungen)
- die Rückgabe von Daten an die Programme, die diese angefordert haben

Bei BIND ist der Resolver einfach ein Satz von Bibliotheksroutinen, die von Programmen wie *telnet* und *ftp* aufgerufen werden. Es handelt sich nicht einmal um einen separaten Prozeß. Diese Routinen können Abfragen formulieren, senden und auf die entsprechenden Antworten warten. Außerdem können die Routinen die Query erneut senden, wenn keine Antwort erfolgt ist; das ist auch schon alles. Die größte Last bei der Beantwortung einer Query liegt dabei auf dem Nameserver. Die DNS-Spezifikation bezeichnet eine solche Art von Resolver als *Stub Resolver*.

Andere DNS-Implementierungen verfügen über wesentlich intelligentere Resolver, die über so anspruchsvolle Einrichtungen wie beispielsweise einen Cache verfügen, der die bereits von Nameservern gelesenen Informationen vorhält.[7] Diese Einrichtungen sind aber nicht annähernd so verbreitet wie der bei BIND implementierte Stub Resolver.

# Auflösung

Nameserver sind bei der Gewinnung von Daten aus dem Domain-Namensraum äußerst geschickt. Das müssen sie auch sein, wenn man die eingeschränkte Intelligenz einiger Resolver betrachtet. Nameserver können nicht nur die Daten aus Zonen zurückliefern, über die sie die Autorität besitzen, sie können auch den Domain-Namensraum nach Daten absuchen, für die sie keine Verantwortung tragen. Dieser Prozeß wird als *Namensauflösung* (»name resolution«) oder einfach nur als *Auflösung* (»resolution«) bezeichnet.[8]

Weil der Namensraum wie ein auf den Kopf gestellter Baum strukturiert ist, benötigt ein Nameserver immer nur eine Teilinformation, um sich seinen Weg zu jedem Punkt des Baumes zu bahnen: die Domain-Namen und Adressen der Root-Nameserver (ist das

---

7  Beispielsweise konnte der von Rob Austein geschriebene CHIVES-Resolver für TOPS-20 DNS-Daten in einem Cache zwischenspeichern.

8  Microsoft nennt diesen Vorgang »Namensauswertung«.

mehr als eine Teilinformation?). Ein Nameserver kann eine Abfrage nach jedem beliebigen Namen im Domain-Namensraum an einen Root-Nameserver richten, und dieser wird dem Nameserver dann den Weg weisen.

## *Root-Nameserver*

Die Root-Nameserver kennen die Nameserver, die für jede der Top-Level-Domains verantwortlich sind. (Tatsächlich *besitzen* die meisten Root-Nameserver die Autorität für die allgemeinen Top-Level-Domains.) Für jede Abfrage eines beliebigen Domain-Namens kann der Root-Nameserver wenigstens die Namen und Adressen der Nameserver zurückgeben, die für die Top-Level-Domain die Verantwortung tragen, in der der angefragte Domain-Name liegt. Und die Top-Level-Nameserver können eine Liste von Nameservern zurückgeben, die für die angefragte Second-Level-Domain die Verantwortung tragen. Jeder abgefragte Nameserver liefert genauere Angaben darüber, wie man der gesuchten Information näherkommt, oder liefert die gewünschte Antwort selbst.

Die Root-Nameserver sind für die Auflösung natürlich wichtig. Deswegen stellt das DNS Mechanismen zur Verfügung – etwa das Caching, das wir in Kürze beschreiben werden –, mit denen die Root-Nameserver entlastet werden sollen. Falls aber keine anderen Informationen vorhanden sind, muß die Auflösung mit dem Root-Nameserver beginnen. Das macht die Root-Nameserver für den Betrieb des DNS unentbehrlich. Wenn alle Root-Nameserver im Internet für eine längere Zeit nicht erreichbar wären, wäre jegliche Auflösung von Namen unmöglich. Um sich hiervor zu schützen, besitzt das Internet (zu dem Zeitpunkt, zu dem wir dieses Buch schreiben) dreizehn Root-Nameserver, die über verschiedene Teile des Netzes verteilt sind. Zwei befinden sich im MILNET (dem Teil des Internet, der dem US-amerikanischen Militär gehört), einer steht im SPAN (dem NASA-Internet), zwei stehen in Europa und einer in Japan.

Der Mittelpunkt so vieler Abfragen zu sein hält die Root-Server ganz schön auf Trab. Selbst bei dreizehn Stück ist der Traffic für jeden Root-Nameserver sehr hoch. Eine kürzlich durchgeführte Umfrage der Administratoren der Root-Nameserver ergab, daß einige dieser Nameserver mehrere tausend Abfragen pro Sekunde erhalten.

Trotz der Last für die Root-Nameserver funktioniert die Namensauflösung im Internet recht gut. Abbildung 2-12 zeigt die Auflösung für die Adresse eines existierenden Hosts in einer bestehenden Domain, einschließlich des dabei erforderlichen Vorgangs, bei dem die Systeme die einzelnen Ebenen des Namensraumes durchlaufen.

Der lokale Nameserver fragt den Root-Nameserver nach der Adresse von *girigiri.gbrmpa.gov.au* und wird an den *au*-Nameserver verwiesen. Der lokale Nameserver stellt dem *au*-Nameserver die gleiche Frage und wird an den *gov.au*-Nameserver verwiesen. Der *gov.au*-Nameserver verweist den lokalen Nameserver wiederum an den *gbrmpa. gov.au*-Nameserver. Schließlich fragt der lokale Nameserver den *gbrmpa. gov.au*-Nameserver nach der Adresse und erhält die gewünschte Antwort.

*Auflösung*

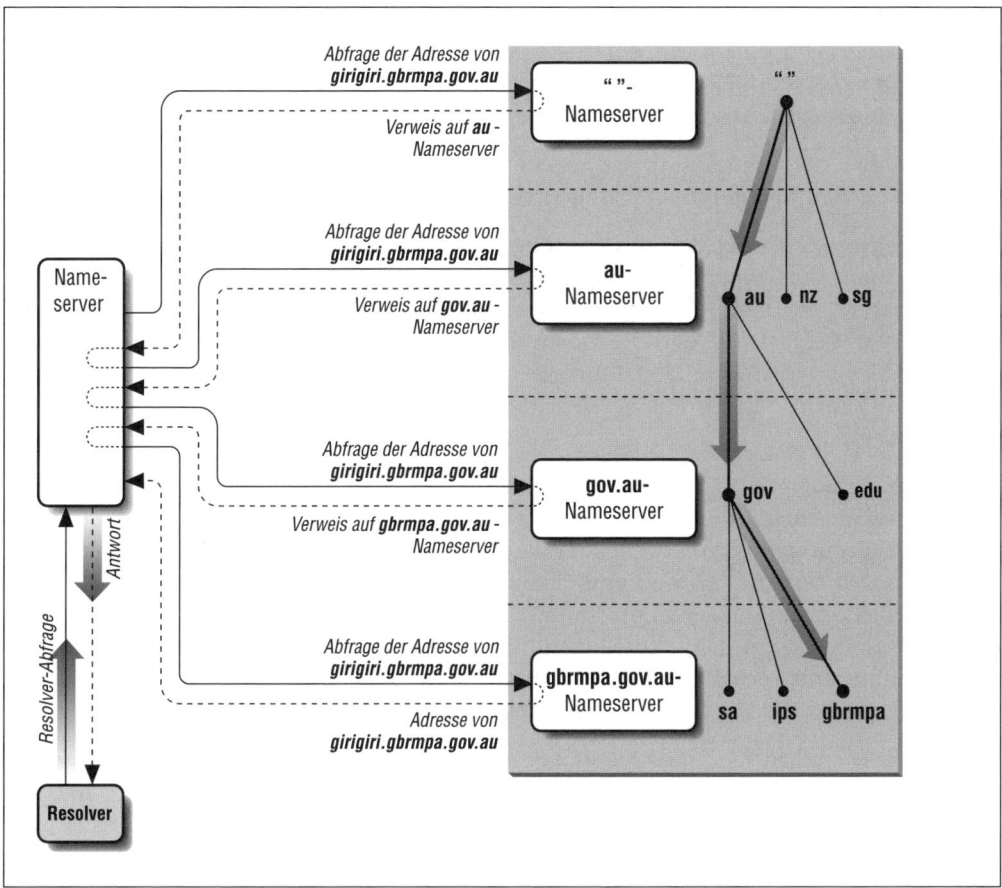

*Abbildung 2-12: Auflösung von girigiri.gbrmpa.gov.au im Internet*

## Rekursion

Vielleicht haben Sie bemerkt, wie unterschiedlich viel Arbeit von den Nameservern im vorangegangenen Beispiel erledigt wurde. Vier dieser Nameserver haben auf die jeweils empfangene Query hin einfach die beste Antwort zurückgegeben, die ihnen gerade zur Verfügung stand – meist Verweise auf andere Nameserver. Sie mußten keine eigenen Queries starten, um die angeforderten Daten zu finden. Aber einer der Nameserver – nämlich derjenige, der direkt vom Resolver angesprochen wurde – mußte mehreren Verweisen folgen, bis er die gewünschte Antwort liefern konnte.

Warum hat der lokale Nameserver den Resolver nicht einfach an einen anderen Nameserver verwiesen? Weil ein Stub Resolver nicht schlau genug gewesen wäre, einem solchen Verweis zu folgen. Und woher wußte der Nameserver, daß er nicht mit einem Verweis antworten darf? Weil der Resolver eine *rekursive* Query abgesetzt hatte.

Es gibt zwei Arten von Queries: *rekursive* und *iterative* (oder *nichtrekursive*). Rekursive Queries übertragen einem einzelnen Nameserver den Großteil der Auflösung. *Rekursion*, oder *rekursive Auflösung*, ist einfach eine Bezeichnung für den Auflösungsprozeß, der von Nameservern angewandt wird, die sich wiederholende Abfragen erhalten.

Die *Iteration* oder *iterative Auflösung* andererseits beschreibt den Auflösungsprozeß von Nameservern, die iterative Abfragen erhalten.

Bei der Rekursion sendet der Resolver eine rekursive Query an einen Nameserver, um Informationen über einen bestimmten Domain-Namen zu ermitteln. Der abgefragte Nameserver sollte dann die angeforderten Daten liefern oder eine Fehlermeldung zurückgeben, die aussagt, daß die Daten des gewünschten Typs nicht vorhanden sind oder daß der angegebene Domain-Name nicht existiert.[9] Der Nameserver kann den Anfragenden nicht einfach auf einen anderen Nameserver verweisen, weil die Query rekursiv war.

Wenn der abgefragte Nameserver nicht die Autorität über die angeforderten Daten besitzt, muß er einen anderen Nameserver befragen, um die richtige Antwort herauszufinden. Er könnte rekursive Queries an diese Nameserver senden und sie so dazu bringen, die Antwort zu finden und zurückzuliefern. Oder er sendet iterative Queries und wird möglicherweise an andere Nameserver verwiesen, die »näher« am gesuchten Domain-Namen liegen. Die aktuellen Implementierungen sind im allgemeinen entgegenkommend und verhalten sich dem letzteren Fall entsprechend, wobei sie den Verweisen folgen, bis sie die Antwort gefunden haben.[10]

Ein Nameserver, der eine rekursive Query erhält und sie nicht selbst beantworten kann, muß die nächsten, ihm bekannten Nameserver abfragen. Dabei handelt es sich um diejenigen Nameserver, die die Autorität für die Zone besitzen, die dem angefragten Domain-Namen am nächsten ist. Wenn ein Nameserver beispielsweise eine rekursive Anfrage nach dem Domain-Namen *girigiri.ghrmpa.gov.au* erhält, prüft er zunächst, ob er die Nameserver für *girigiri.ghrmpa.au* kennt. Wenn dies der Fall ist, stellt er an einen dieser Nameserver eine Anfrage mit dem fraglichen Domain-Namen. Fall er die Nameserver nicht kennt, prüft er, ob er die Nameserver für *ghrmpa.gov*.au kennt. Falls er sie nicht kennt, prüft er, ob er die Nameserver für *gov.au* kennt. Ist auch das Ergebnis dieser Prüfung negativ, prüft er, ob er die Nameserver für *au* kennt. Schließlich fällt er auf die Root-Zone zurück; die Prüfung, ob er die Root-Nameserver kennt, verläuft immer positiv, denn jeder Nameserver kennt die Root-Nameserver.

Weil Nameserver ihrerseits die nächsten bekannten Nameserver fragen, ist sichergestellt, daß der Auflösungsvorgang so kurz wie möglich ist. Wenn ein Nameserver für *berkeley.edu* eine rekursive Anfrage nach *maxwing.ce.berkeley.edu* erhält, muß er nicht die Root-Nameserver fragen; er kann statt dessen einfach den Delegierungsinformatio-

---

9 Die Version 8 des BIND-Nameservers kann so konfiguriert werden, daß sie rekursive Abfragen verweigert. Lesen Sie in Kapitel 10, *Fortgeschrittenere Eigenschaften und Sicherheit*, wann und warum das sinnvoll ist.

10 Die Ausnahme bilden Nameserver, deren Konfiguration vorsieht, einen Forwarder zu verwenden. Informationen über die Verwendung von Forwardern finden Sie in Kapitel 10.

nen folgen, womit er direkt zu den Nameservern für *ce.berkeley.edu* gelangt. Entsprechend sollte ein Nameserver, der soeben einen Domain-Namen in *ce.berkeley.edu* nachgesehen hat, nicht die Root-Nameserver fragen müssen, wenn er eine Anfrage nach einem anderen Domain-Namen in *ce.berkeley.edu* (oder *berkeley.edu*) erhält; wie das funktioniert, erklären wir in Kürze im Abschnitt über Caching.

Der Nameserver, der eine rekursive Anfrage erhält, sendet immer dieselbe Anfrage an andere Nameserver, die der Resolver ihm geschickt hat, beispielsweise die Anfrage nach der Adresse von *maxwing.ce.berkeley.edu*. Er sendet niemals Abfragen ausdrücklich nach Nameservern für *ce.berkeley.edu* oder *berkeley.edu*, auch wenn diese Daten ebenfalls im Namensraum gespeichert sind. Das Senden ausdrücklicher Abfragen könnte Probleme verursachen: Möglicherweise gibt es keine Nameserver für *ce.berkeley.edu* (das heißt, *ce.berkeley.edu* kann zur Zone *berkeley.edu* gehören). Außerdem ist es immer möglich, daß ein *edu*- oder *berkeley.edu*-Nameserver die Adresse von *maxwing.ce.berkeley.edu* kennt. Einer ausdrücklichen Anfrage nach den Nameservern für *berkeley.edu* oder *ce.berkeley.edu* würde diese Information fehlen.

## *Iteration*

Die iterative Auflösung verlangt vom abgefragten Nameserver hingegen nicht annähernd so viel Einsatz. Bei der iterativen Auflösung liefert der Nameserver einfach die beste Antwort, *die er bereits besitzt*, an den Anfragenden zurück. Weitere Abfragen sind nicht notwendig. Der befragte Nameserver konsultiert einfach seine lokalen Daten (einschließlich seines Caches, über den wir gleich noch reden werden), um dort nach den angeforderten Daten zu schauen. Falls er die Daten dort nicht findet, gibt er sein Bestes, um den Anfragenden mit Daten zu versorgen, die ihm beim Auflösungsprozeß helfen. Hierbei handelt es sich üblicherweise um Domain-Namen und Adressen von Nameservern, die den gesuchten Daten am »nächsten« sind.

Dies führt zu einem Auflösungsprozeß, der, als Ganzes betrachtet, etwa so aussieht wie in Abbildung 2-13.

Ein Resolver richtet eine Anfrage an einen lokalen Nameserver, der wiederum eine Reihe von Abfragen an andere Nameserver richtet, um eine Antwort an den Resolver liefern zu können. Jeder abgefragte Nameserver verweist auf einen anderen Nameserver, der die Autorität über eine tiefer im Namensraum liegende Zone besitzt und der sich näher an den gesuchten Daten befindet. Schließlich fragt der lokale Nameserver den zuständigen Nameserver ab, der dann die Antwort zurückgibt.

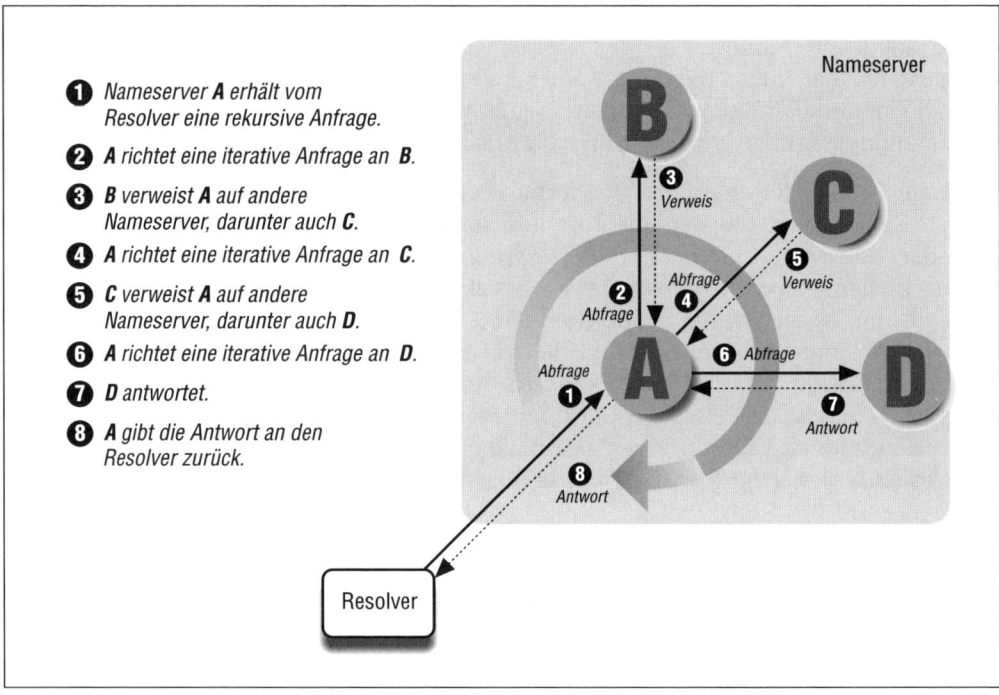

*Abbildung 2-13: Der Auflösungsprozeß*

## Adressen auf Namen abbilden

Ein wichtiger Teil der Funktionalität, den wir beim bislang beschriebenen Auflösungsprozeß noch ausgelassen haben, liegt darin, wie Adressen zurück auf Namen abgebildet werden. Die Abbildung von Adressen auf Namen wird benutzt, um Ausgaben zu erzeugen, die für uns Menschen einfacher zu lesen und zu interpretieren sind (beispielsweise in Log-Dateien). Darüber hinaus wird dieses Verfahren auch bei einigen Autorisierungsprüfungen angewendet. Zum Beispiel bilden UNIX-Hosts Adressen auf Domain-Namen ab, um diese mit Einträgen in *.rhosts* und *hosts.equiv* zu vergleichen. Bei der Verwendung von Host-Tabellen ist die Abbildung von Adressen auf Namen trivial. Sie verlangt eine direkte sequentielle Suche nach einer Adresse in der Host-Tabelle. Die Suche liefert den eingetragenen Host-Namen zurück. Im DNS ist die Abbildung von Adressen auf Namen hingegen nicht so einfach. Daten, auch Adressen, sind im Domain-Namensraum über den Namen indiziert. Wenn der Domain-Name bekannt ist, ist es leicht, eine Adresse herauszufinden. Aber das Auffinden eines Domain-Namens für eine gegebene Adresse erfordert augenscheinlich, daß Daten über jeden Domain-Namen im Baum durchsucht werden müssen.

Tatsächlich gibt es eine bessere Lösung, die sowohl clever als auch effektiv ist. Wenn es so einfach ist, Daten zu finden, sobald man einmal den Domain-Namen besitzt, über den diese Daten indiziert werden, warum nicht einfach einen Teil des Domain-Namensraums anlegen, der Adressen als Namen verwendet? Im Domain-Namensraum des Internet ist dieser Namensraum die Domain *in-addr.arpa*.

Die Knoten der *in-addr.arpa*-Domain sind nach den Zahlen in der für IP-Adressen üblichen Repräsentation (»Dotted-Octet«) benannt. (»Dotted-Octet« steht für die übliche Methode, mit der 32-Bit-IP-Adressen als vier einzelne Zahlen im Bereich von 0 bis 255 dargestellt werden, die voneinander jeweils durch Punkte getrennt werden.) Die Domain *in-addr.arpa* könnte beispielsweise bis zu 256 Subdomains besitzen, von denen jede einem der möglichen Werte des ersten Oktets entspricht. Jede dieser Subdomains könnte wiederum 256 Subdomains besitzen, die jeweils wiederum mit jedem möglichen Wert des zweiten Oktets übereinstimmen. Schließlich gibt es, auf der vierten Ebene, zu jedem Oktett Resource Records, die den vollen Domain-Namen des Hosts oder Netzwerks an dieser IP-Adresse enthalten. Das führt, wie in Abbildung 2-14 zu sehen, zu einer unglaublich großen Domain, *in-addr.arpa*, die groß genug ist, jede IP-Adresse des Internet aufzunehmen.

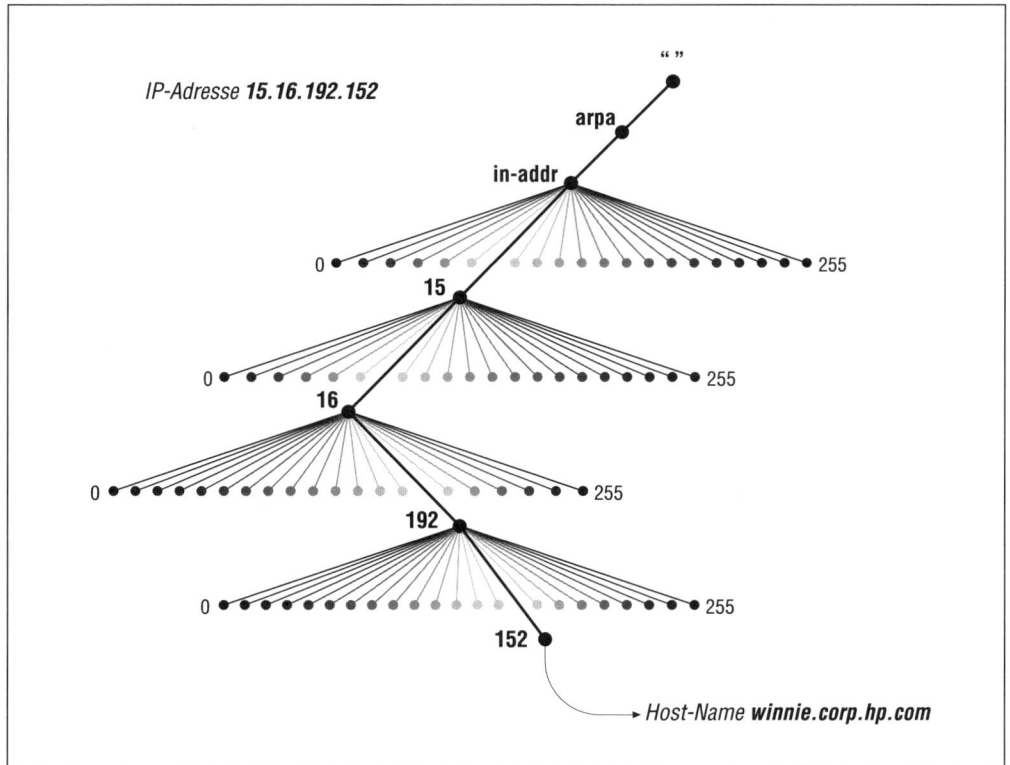

*Abbildung 2-14: Die Domain in-addr.arpa*

Beachten Sie, daß, wenn Sie die IP-Adresse eines Domain-Namens lesen, diese rückwärts erscheint, weil der Name ja vom Laub zur Wurzel hin gelesen wird. Wenn also beispielsweise *winnie.corp.hp.com* die IP-Adresse 15.16.192.152 besitzt, lautet die entsprechende *in-addr.arpa*-Subdomain *152.192.16.15.in-addr.arpa*, was wiederum auf die Domain *winnie.corp.hp.com* abgebildet wird.

IP-Adressen hätten auch umgekehrt im Namensraum dargestellt werden können, also mit dem ersten Oktett der IP-Adresse am Ende der *in-addr.arpa*-Domain. So wäre die IP-Adresse im Domain-Namen richtig herum (d.h. vorwärts) zu lesen.

IP-Adressen sind, genau wie Domain-Namen, hierarchisch. Netzwerkadressen werden genauso verteilt wie Domain-Namen, und die Administratoren können auch hier Subnetze des Adreßraums anlegen und die Numerierung weiter delegieren. Der Unterschied besteht darin, daß IP-Adressen von links nach rechts immer spezifischer, Domain-Namen hingegen von links nach rechts immer unspezifischer werden. In Abbildung 2-15 sehen Sie, was wir damit meinen.

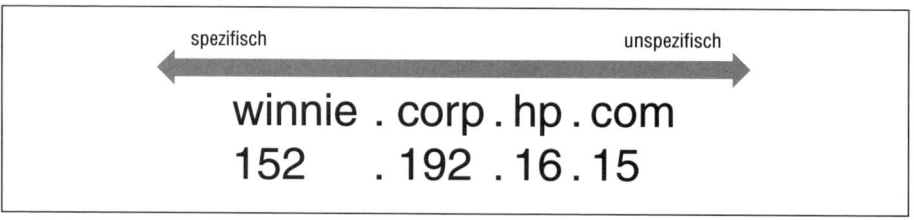

*Abbildung 2-15: Hierarchische Namen und Adressen*

Indem das erste Oktett einer IP-Adresse an der höchsten Stelle im Baum erscheint, können Administratoren die Autorität für *in-addr.arpa*-Domains zwischen den Netzwerken verteilen. Zum Beispiel kann die Domain *15.in-addr.arpa*, die die Abbildungsinformationen (»reverse mapping«) für alle Hosts enthält, die mit der IP-Adresse 15 beginnen, an die Administratoren des Netzwerkes 15.0.0.0 delegiert werden. Das wäre nicht möglich, wenn die Oktets in der umgekehrten Reihenfolge erschienen. In diesem umgekehrten Fall würde *15.in-addr.arpa* alle Hosts enthalten, deren IP-Adressen mit 15 *enden* – keine besonders angenehme Domain, die man da delegieren würde.

## *Inverse Abfragen*

Der Namensraum *in-addr.arpa* ist natürlich nur für die Abbildung von IP-Adressen auf Domain-Namen sinnvoll. Die Suche nach einem Domain-Namen, der *irgendein* Datensegment – abgesehen von einer Adresse – indiziert, würde einen weiteren spezialisierten Namensraum wie *in-addr.arpa* oder eine umfangreiche Suche verlangen.

Eine solche Suche ist bis zu einem gewissen Grad möglich und wird als »inverse query«, also als inverse Abfrage bezeichnet. Eine inverse Abfrage ist die Suche nach einem Domain-Namen, der ein gegebenes Datum indiziert. Eine solche Abfrage wird vollständig von dem Nameserver verarbeitet, der die Anfrage erhält. Er durchsucht seine gesamten lokalen Daten nach dem gesuchten Objekt und liefert, falls möglich, den entsprechenden Domain-Namen zurück. Können die gewünschten Daten nicht gefunden werden, gibt der Nameserver auf, d.h., es wird nicht versucht, die Abfrage an einen anderen Nameserver weiterzuleiten.

Weil jeder Nameserver nur einen Ausschnitt des gesamten Domain-Namensraums kennt, kann eine inverse Query eine Antwort nicht garantieren. Wenn ein Nameserver beispielsweise eine inverse Query betreffs einer IP-Adresse erhält, über die er nichts weiß, kann er auch keine Antwort zurückliefern. Er weiß aber auch nicht, ob diese IP-Adresse überhaupt existiert, weil der Nameserver ja nur einen Teil der DNS-Datenbank vorhält. Darüber hinaus ist die Implementierung inverser Abfragen laut der DNS-Spezifikation optional. BIND 4.9.7 enthält zwar noch den Code, der diese Queries implementiert, dieser ist aber standardmäßig auskommentiert. In BIND 8 fehlt dieser Code vollständig, auch wenn diese BIND-Version inverse Abfragen erkennt und vorgetäuschte Antworten liefern kann.[11] Das macht uns nichts aus, weil so gut wie keine Software (höchstens archaische *nslookup*-Versionen) mit inversen Abfragen arbeitet.

## Caching

Der gesamte Auflösungsprozeß kann einem schon als recht verschlungen und mühselig erscheinen, wenn man ihn mit der einfachen Suche in einer Host-Tabelle vergleicht. Er ist in der Realität üblicherweise ziemlich schnell. Eines der Features, die diesen Prozeß deutlich beschleunigen, ist das *Caching*.

Ein Nameserver, der eine rekursive Query bearbeitet, muß möglicherweise eine ganze Reihe von Queries verschicken, um die gewünschte Antwort zu finden. Während er das macht, bringt er einiges über den Domain-Namensraum in Erfahrung. Jedesmal, wenn er an einen anderen Nameserver verwiesen wird, lernt er, daß dieser Nameserver die Autorität über die gegebene Zone besitzt, und er lernt die Adresse dieses Servers kennen. Und am Ende des Auflösungsprozesses, wenn er die Daten endlich gefunden hat, kann er diese für einen wiederholten Zugriff aufbewahren. Seit der Version 4.9 und allen 8er-Versionen von BIND beherrschen Nameserver sogar *negatives Caching:* Wenn ein verantwortlicher Nameserver auf eine Query antwortet, daß der vom Anfragenden gesuchte Domain-Name oder die Art der abgefragten Daten nicht existiert, speichert der lokale Nameserver temporär auch diese Information. Nameserver legen all diese Daten in einem Cache ab, um die Geschwindigkeit bei nachfolgenden Abfragen zu erhöhen. Bei der nächsten Query eines Domain-Namens, über den der Nameserver etwas weiß, wird der Auflösungsprozeß ein wenig verkürzt. Der Nameserver könnte die Antwort (egal ob positiv oder negativ) in seinem Cache vorhalten und diese dann einfach an den Resolver zurückgeben. Selbst wenn die Antwort nicht im Cache liegt, kann der Nameserver schon wissen, welche Nameserver für die Zone verantwortlich sind, in der der gesuchte Domain-Name liegt. Dieser Nameserver kann dann direkt angesprochen werden.

---

11 Einzelheiten über diese Funktionalität finden Sie im Abschnitt »*Abfrage abgelehnt*« in Kapitel 11, *nslookup*.

Nehmen wir zum Beispiel an, daß Ihr Nameserver die Adresse von *eecs.berkeley.edu* bereits nachgesehen hat. Während dieses Prozesses hat er die Namen und Adressen der *eecs.berkeley.edu*- und *berkeley.edu*-Nameserver (sowie die IP-Adresse von *eecs.berkeley.edu*) in seinem Cache abgelegt. Wenn ein Resolver nun die Adresse von *baobab.cs.berkeley.edu* wissen möchte, kann sich unser Nameserver die Query der Root-Nameserver sparen. Indem er erkennt, daß *berkeley.edu* der nächste »Verwandte« von *baobab.cs.berkeley.edu* ist, den er kennt, würde unser Nameserver seine Query bei einem *berkeley.edu*-Nameserver beginnen (siehe Abbildung 2-16). Wenn unser Nameserver andererseits entdeckt hätte, daß für *eecs.berkeley.edu* keine Adresse existiert, dann könnte er bei der nächsten Query dieser Adresse direkt mit Daten aus dem Cache antworten.

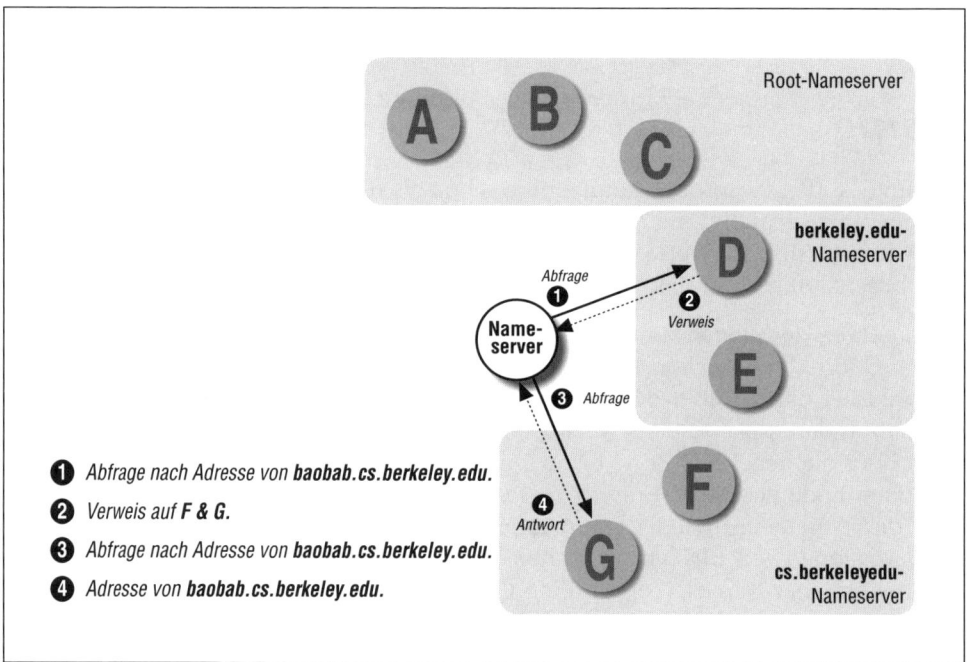

*Abbildung 2-16: Auflösung von baobab.cs.berkeley.edu*

Neben der Erhöhung der Auflösungsgeschwindigkeit verhindert das Caching, daß wir den Root-Nameserver erneut abfragen müssen. Das bedeutet, daß wir von den Root-Nameservern nicht ganz so abhängig sind und diese nicht ganz so sehr unter unseren Abfragen leiden.

## *Time to Live*

Natürlich können Nameserver die Daten nicht für immer im Cache vorhalten. Wenn sie das täten, würden Änderungen der Daten auf Nameservern den Rest des Netzwerkes niemals erreichen. Entfernte Nameserver würden einfach die im Cache liegenden Daten immer weiter verwenden. Aus diesem Grund legen die Administratoren der einzelnen Zonen die Gültigkeitsdauer, die sogenannte *Time to Live*, oder kurz *TTL*, für die Daten fest. Die TTL gibt die Zeitspanne an, über die der Nameserver die Daten im Cache halten darf. Wenn die TTL überschritten wird, muß der Nameserver die Daten aus dem Cache entfernen und erneut vom verantwortlichen Nameserver laden. Dies gilt auch für negative Daten, d.h. ein Nameserver muß auch eine negative Antwort nach einer gewissen Zeit aus dem Cache entfernen, schließlich kann der zuständige Nameserver seine Daten ja mittlerweile aktualisiert haben. Allerdings kann die TTL für negative Antworten nicht vom Administrator bestimmt werden, sondern ist mit zehn Minuten fest in den Code eingeschrieben.

Die Entscheidung für eine TTL ist in Wirklichkeit eine Entscheidung zwischen Leistung und Konsistenz. Eine kurze TTL stellt die Konsistenz Ihrer Domain-Daten im Netzwerk sicher, weil entfernte Nameserver häufiger gezwungen sind, sich die neuen Daten von den verantwortlichen Nameservern herunterzuladen. Andererseits erhöht dies die Last für Ihre Nameserver und verlängert insgesamt die Auflösungszeit für Informationen über Ihre Domain.

Eine große TTL verkürzt die durchschnittlich zur Auflösung benötigte Zeit, weil die Daten länger im Cache gehalten werden können. Der Nachteil besteht darin, daß die Informationen für eine längere Zeit inkonsistent sind, wenn die Daten Ihrer Nameserver geändert wurden.

Aber Schluß jetzt mit den theoretischen Betrachtungen – Sie wollen sicherlich endlich loslegen. Doch bevor Sie Ihre eigene Domain und Ihre Nameserver einrichten können, gilt es, noch einige Hausaufgaben zu erledigen, die wir im nächsten Kapitel verteilen wollen.

*In diesem Kapitel:*
- *Wie beschafft man sich BIND?*
- *Einen Domain-Namen wählen*

# 3

# Wo anfangen?

*»Wie heißt du?« fragte das Rehkitz schließlich.*
*Was für eine weiche, süße Stimme es hatte!*
*Wenn ich das doch selber wüßte! dachte die arme*
*Alice und antwortete niedergeschlagen: »In diesem Augen-*
*blick habe ich gar keinen Namen.«*
*»Denk noch mal nach!« sagte das Rehkitz.*
*»Das kann doch nicht stimmen!«*
*Alice zerbrach sich noch einmal den Kopf, doch wieder ohne*
*Erfolg. »Bitte, würdest du mir wohl sagen, wie du heißt?«*
*sagte sie zaghaft. »Möglich, daß mir das ein bißchen hilft.«*
*»Ich will's dir sagen, wenn du ein kleines Stück*
*mit mir weitergehst«, sagte das Rehkitz.*
*»Hier fällt mir mein Name nicht ein.«*

Nachdem Sie nun die dem Domain Name System zugrundeliegende Theorie verstehen, können wir uns den praktischen Dingen zuwenden. Bevor Sie eine Domain einrichten können, müssen Sie sich möglicherweise noch die BIND-Software besorgen. Üblicherweise ist diese normaler Bestandteil der meisten UNIX-basierten Betriebssysteme. Aber natürlich kann es auch sein, daß Sie eine Version für ein anderes Betriebssystem suchen oder die aktuelle Version mit den neuesten Funktionen benötigen.

Sobald Sie BIND besitzen, müssen Sie sich für einen Domain-Namen entscheiden. Das ist nicht immer ganz so einfach, wie es sich anhört, weil es hier auch darum geht, die für Sie passende Parent-Domain im Internet-Namensraum zu finden. Sobald Sie sich entschieden haben, müssen Sie den Kontakt zu den Administratoren der entsprechenden Parent-Domain herstellen.

Aber eines nach dem anderen. Reden wir darüber, wie Sie an BIND gelangen.

# Wie beschafft man sich BIND?

Wenn Sie Ihre eigene Domain einrichten und Nameserver für diese betreiben wollen, müssen Sie sich zuerst die BIND-Software besorgen. Selbst wenn Sie planen, jemand anderem den Betrieb Ihrer Domain zu übertragen, ist es hilfreich, die Software zu besitzen. Zum Beispiel können Sie Ihren lokalen BIND-Nameserver verwenden, um Ihre Datendateien zu testen, bevor Sie sie dem verantwortlichen Administrator übergeben.

Die meisten kommerziellen UNIX-Anbieter liefern BIND zusammen mit ihrer Standard-TCP/IP-Netzwerk-Software aus. Und häufig gehört diese Netzwerk-Software zum Betriebssystem, d.h. Sie erhalten BIND kostenlos. Selbst wenn die Netzwerk-Software separat verkauft wird, besitzen Sie sie wahrscheinlich schon, denn schließlich arbeiten Sie genug mit Netzwerken, um sich mit DNS beschäftigen zu müssen, oder?

Wenn Sie aber für Ihre UNIX-Variante keine passende BIND-Version besitzen oder wenn Sie die neueste, tollste Version besitzen wollen, dann können Sie sich jederzeit den Quellcode besorgen. Wie es das Glück so will, wird dieser frei verteilt. Die aktuellen BIND-Quellen (während wir dies schreiben, wird dort die BIND-Release 8.2.1 angeboten) sind im Web über die Web-Site des Internet Software Consortium, *http://www.isc.org/*, oder über *anonymous ftp* von *ftp.isc.org* unter */isc/bind/src/cur/bind8-src.tar.gz* verfügbar. Bei den meisten der gängigen UNIX-Plattformen sollte das Kompilieren relativ problemlos funktionieren. ISC hat im Top-Level-*Makefile* Beispieldefinitionen für die gängigsten UNIX-Versionen wie HP-UX, Irix, AIX, Solaris und SunOS aufgenommen. Wir erklären in diesem Buch, wie Sie BIND 8.2.1 unter Solaris 2.x kompilieren. Lesen Sie dazu Kapitel B, *Kompilieren und Installieren von BIND auf einer Sun*.

Einige von Ihnen besitzen bereits eine ältere Version von BIND, die mit dem Betriebssystem geliefert wurde, das Sie einsetzen. Nun fragen Sie sich, ob sie wirklich die aktuelle, phantastische Version von BIND benötigen. Was bietet sie gegenüber älteren Versionen? Hier ein Überblick.

*Sicherheits-Patches*
    Das vielleicht wichtigste Argument für die Verwendung der neuesten BIND-Version ist, daß die jeweils aktuelle Fassung vor den meisten Server-Angriffen geschützt ist; einige dieser Angriffe sind weit bekannt. BIND 8.2.1 widersteht zahlreichen von ihnen, während BIND 4.9.7 den wichtigsten von ihnen gewachsen ist. Frühere Versionen von BIND besitzen mehrere weithin bekannte Schwächen. Wenn Sie einen Nameserver im Internet einsetzen, sollten Sie unbedingt BIND 8.1.2 oder zumindest 4.9.7 verwenden – oder die Version, die aktuell ist, wenn Sie diesen Text lesen.

*Sicherheitsmerkmale*
    BIND 8.2.1 unterstützt Zugriffslisten für Abfragen, Zonentransfers und dynamische Aktualisierungen. BIND 4.9-Server unterstützen Zugriffslisten für Abfragen und Zonentransfers. Frühere BIND-Versionen unterstützen gar keine Zugriffslisten. Bestimmte Nameserver, und zwar solche, die auf Firewall-Computern oder anderen für die Sicherheit wichtigen Rechnern ausgeführt werden, benötigen möglicherweise diese Merkmale.

*DNS-UPDATE*
> BIND 8.2.1 unterstützt den Standard zur dynamischen Aktualisierung (dynamic update), den RFC 2136 beschreibt. Damit können autorisierte Systeme die Zonendaten auf den neuesten Stand bringen, indem sie Update-Nachrichten senden, die Resource Records erstellen oder löschen. BIND 4-Server unterstützen die dynamische Aktualisierung nicht.
>
> Wir behandeln dieses Merkmal in Kapitel 10.

*DNS-NOTIFY*
> BIND 8.2.1 unterstützt die Benachrichtigung über Änderungen von Zonendaten. Damit kann ein primärer Master-Nameserver einer Zone die Slaves der Zone informieren, sobald die Seriennummer erhöht wird. Nameserver, die BIND 4 ausführen, unterstützen diese Funktion nicht.
>
> Wir beschreiben NOTIFY in Kapitel 10.

*Konfigurationssyntax*
> Die Konfigurationssyntax von BIND 8 unterscheidet sich vollständig von derjenigen von BIND 4. Die neue Syntax ist flexibler und mächtiger, aber sie verlangt von Ihnen, ein gänzlich neues System zur Konfiguration von BIND zu erlernen. Aber schließlich besitzen Sie ja dieses Buch, das Ihnen dabei helfen soll.
>
> Wir stellen die Konfigurationssyntax von BIND 8 in Kapitel 4, *BIND einrichten*, vor und beschreiben sie dann im weiteren Verlauf dieses Buches.

Wenn Sie diese Absätze gelesen haben und nun davon überzeugt sind, daß Sie die Merkmale von BIND 8 benötigen, Ihr Betriebssystem aber nicht mit BIND 8 ausgeliefert wurde, laden Sie sich die aktuelle Version herunter und kompilieren Sie sie selbst.

## *Nützliche Mailing-Listen und USENET-News-Gruppen*

Anweisungen dazu, wie man BIND auf jede andere UNIX-Version portiert, würden in einem weiteren Buch dieser Größe Platz finden, weshalb wir Sie zur weitergehenden Unterstützung auf die BIND-Mailing-Liste *bind@uunet.uu.net* oder die entsprechende USENET-News-Gruppe *info.bind* verweisen müssen.[1] Auch die »bind-workers«-Mailing-Liste *bind-workers@vix.com*, die von Leuten benutzt wird, die die neuen Versionen des BIND 8-Codecodes testen, ist eine ausgezeichnete Anlaufstelle. Die Leute, die die BIND-Listen lesen und ihnen Informationen beisteuern, können sehr hilfreich bei Ihren Portierungsbemühungen sein. Aber fragen Sie zuerst, ob die von Ihnen geplante Portie-

---

1  Um den Mitgliedern einer Internet-Mailing-Liste eine Frage zu stellen, müssen Sie nur eine E-Mail an die Adresse der Mailing-Liste schicken. Wenn Sie in die Liste aufgenommen werden möchten, müssen Sie aber zuerst eine E-Mail an denjenigen schicken, der diese Mailing-Liste pflegt, und ihn oder sie bitten, Ihre E-Mail-Adresse in die Liste aufzunehmen. Senden Sie diese Bitte um Aufnahme nicht an die Liste selbst, das wird im allgemeinen als unhöflich und unbeholfen empfunden. Die Internet-Konvention sieht vor, daß Sie den für die Pflege einer Liste Verantwortlichen erreichen können, indem Sie eine Mail an *list-request@domain* schicken, wobei *list@domain* die Adresse der Mailing-Liste selbst ist. So erreichen Sie beispielsweise den Administrator der »bind-workers«-Liste über *bind-request@uunet.uu.net*.

rung nicht bereits durchgeführt worden ist – Sie könnten angenehm überrascht werden. Werfen Sie auch einen Blick auf die BIND 8-Errata-Seite unter *http://www.isc.org/bind8/errata/*; dort finden Sie möglicherweise Hinweise für Ihr Betriebssystem. Sehen Sie sich außerdem das DNS Resource Directory für vorkompilierte BIND-Software von Andras Salamon an. Dort finden Sie derzeit eine kurze Liste vorkompilierter Binaries. Die Adresse lautet *http://www.dns.net/dnsrd/bind.html*.

Eine weitere, möglicherweise interessante Mailing-Liste ist die *namedroppers*-Liste. Die Leute der *namedroppers*-Mailing-Liste diskutieren üblicherweise DNS-bezogene Themen und nicht so sehr BIND-spezifische Probleme. Zum Beispiel würde eine Diskussion über Erweiterungen des DNS-Protokolls oder vorgeschlagene neue DNS-Record-Typen in *namedroppers* und nicht in den BIND-Mailing-Listen stattfinden. Senden Sie nicht dieselbe Mail an mehr als eine dieser Mailing-Listen; viele Leute sind in mehr als einer eingetragen und sehen ein solches Verhalten nicht gerne.

Die Adresse der *namedroppers*-Mailing-Liste ist *namedroppers@internic.net*; Mail an diese Adresse wird an die Internet-News-Gruppe *comp.protocols.tcp-ip.domains* weitergeleitet. Um bei *namedroppers* aufgenommen zu werden, müssen Sie eine E-Mail an *majordomo@internic.net* senden. Dabei muß der Text *subscribe namedroppers* im Body der Mail stehen. Das InterNIC bietet zusätzlich eine Web-basierte Schnittstelle an, über die Sie die Mailing-Liste abonnieren können. Die Adresse ist *http://rs.internic.net/cgi-bin/lwgate/NAMEDROPPERS/*.

## *IP-Adressen finden*

Sie werden bemerkt haben, daß wir Ihnen eine ganze Reihe von Domain-Namen von Hosts genannt haben, von denen Sie mit *FTP* Software herunterladen können. Auch die von uns angesprochenen Mailing-Listen enthalten Domain-Namen. Das sollte die Wichtigkeit des DNS unterstreichen: Erkennen Sie, wieviel wertvolle Software und Hilfestellung Sie dank des DNS erhalten? Unglücklicherweise hat das etwas von der Geschichte mit dem Huhn und dem Ei: Sie können keine Mail an eine Adresse mit einem Domain-Namen senden, solange Sie DNS nicht eingerichtet haben, und wie sollten Sie in solch einem Fall jemanden auf der Liste fragen können, wie man DNS einrichtet?

Nun, wir könnten Ihnen die IP-Adressen für alle von uns genannten Hosts geben, aber weil sich IP-Adressen häufig ändern (erst recht nach den bei Verlagen geltenden Maßstäben), wollen wir Ihnen zeigen, wie Sie statt dessen *vorübergehend* einen anderen Nameserver verwenden können. Solange Ihr Host über eine Internet-Anbindung und das Programm *nslookup* verfügt, können Sie Informationen über den Internet-Namensraum ermitteln. Um beispielsweise die IP-Adresse von *ftp.isc.org* in Erfahrung zu bringen, könnten Sie folgendes eingeben:

```
% nslookup ftp.isc.org. 207.69.188.185
```

Dies weist *nslookup* an, den Nameserver auf dem Host mit der IP-Adresse 207.69.188.185 nach der IP-Adresse von *ftp.isc.org* zu fragen, und sollte zu folgender Ausgabe führen:

```
Server:   ns1.mindspring.com
Address:  207.69.188.185

Name:     publ.pa.vix.com
Address:  204.152.184.33
Aliases:  ftp.isc.org
```

Nun kennen Sie die IP-Adresse von *ftp.isc.org* (204.152.184.33), und Sie können mit *FTP* auf die dort liegenden Dateien zugreifen.

Woher wußten wir aber, daß auf dem Host an der IP-Adresse 207.69.188.185 ein Nameserver ausgeführt wird? Unser Internet-Provider (Internet Service Provider, kurz ISP) hat es uns verraten – es ist einer seiner Nameserver. Wenn Ihr ISP Nameserver für die Verwendung durch seine Kunden bereitstellt (und das tun die meisten), greifen Sie auf einen von ihnen zurück. Wenn Ihr ISP keine Nameserver betreibt (Schande über ihn!), können Sie vorübergehend einen der in diesem Buch genannten Nameserver verwenden. Solange Sie ihn nur benutzen, um einige IP-Adressen oder andere Daten zu ermitteln, werden die Administratoren wohl nichts sagen. Man wird Ihnen aber sehr böse sein, wenn Sie Ihren Resolver oder ein Query-Tool permanent auf einen Nameserver richten, der nicht Ihnen gehört.

Wenn Sie bereits Zugang zu einem Host mit Internet-Anbindung *und* konfiguriertem DNS besitzen, können Sie diesen natürlich verwenden, um sich die benötigten Dinge über *FTP* herunterzuladen.

Sobald Sie eine funktionierende Version von BIND besitzen, können Sie damit anfangen, über einen Domain-Namen nachzudenken.

# *Einen Domain-Namen wählen*

Die Wahl eines Domain-Namens ist komplizierter, als es sich anhört, weil es darum geht, einen geeigneten Namen *und* einen Parent zu finden. Mit anderen Worten: Sie müssen herausfinden, an welcher Stelle Sie in den Domain-Namensraum des Internet passen, und entscheiden, wie Sie Ihren Teil des Namensraumes nennen wollen.

Der erste Schritt bei der Wahl eines Domain-Namens besteht darin, herauszufinden, an welche Stelle des existierenden Domain-Namensraumes Sie gehören. Dies geht am einfachsten, indem Sie oben beginnen und sich schrittweise nach unten arbeiten: Entscheiden Sie zuerst, in welche Top-Level-Domain Sie gehören, und dann, in welche Subdomain unter dieser Domain usw.

Beachten Sie, daß Sie eine Internet-Anbindung benötigen, um herauszufinden, wie der Domain-Namensraum aussieht. Sie brauchen zwar keinen Zugriff auf einen Host, bei dem das Domain Name System bereits konfiguriert ist, aber es würde die Sache ein wenig vereinfachen. Wenn Sie keinen Zugang zu einem Host mit konfiguriertem DNS haben, müssen Sie sich den Name-Service von anderen Nameservern »borgen« (wie im vorangegangenen *ftp.isc.org*-Beispiel), um loslegen zu können.

## Wo ist mein Platz in dieser Welt?

Da Sie die deutsche Fassung dieses Buches lesen, nehmen wir an, daß Ihre Organisation über eine Internet-Anbindung außerhalb der Vereinigten Staaten verfügt. In diesem Falle müssen Sie zuerst entscheiden, ob Sie eine Domain unter den organisatorischen Top-Level-Domains wie *com* oder *edu* wünschen oder sich lieber unter der Top-Level-Domain Ihres eigenen Landes wiederfinden möchten. Die allgemeinen Top-Level-Domains sind, obwohl einige von US-amerikanischen Organisationen benutzt werden, nicht ausschließlich für diese gedacht. Wenn Sie in einem multinationalen Unternehmen arbeiten oder wenn Sie eine allgemeine Top-Level-Domain Ihrer nationalen Top-Level-Domain vorziehen, können Sie sich jederzeit für eine organisatorische Top-Level-Domain entscheiden. Wenn Sie diesen Weg gehen wollen, überspringen Sie bitte die folgenden Absätze und gehen Sie direkt weiter zum Abschnitt »*Die allgemeinen Top-Level-Domains*«.

Wenn Sie eine Subdomain unter Ihrer Landes-Domain vorziehen, sollten Sie prüfen, ob diese Top-Level-Länder-Domain registriert ist, und wenn ja, welche Struktur sie besitzt. Wenn Sie sich nicht sicher sind, welchen Namen die Top-Level-Domain Ihres Landes besitzt, sehen Sie sich die Liste der aktuellen Top-Level-Domains Kapitel C, *Top-Level-Domains*, an.

Die Top-Level-Domains einiger Länder wie Neuseeland (*nz*), Australien (*au*) und dem Vereinigten Königreich (*uk*) sind unter organisatorischen Gesichtspunkten in Second-Level-Domains untergliedert. Die Namen dieser Domains, wie etwa *co* oder *com* für kommerzielle Sites, spiegeln ihre organisatorische Zugehörigkeit wider. Andere, wie etwa die französische Domain *fr* oder die kanadische Domain *ca*, sind in eine Vielzahl von Subdomains unterteilt, die von den jeweiligen Universitäten oder Unternehmen gepflegt werden (zum Beispiel die Domain *univ-st-etienne.fr* der Universität St. Etienne und die Domain *bnr.ca* der Bell Northern Research). Sie werden ein Tool wie *nslookup* benutzen müssen, um ein wenig herumzutasten und die eigene Top-Level-Struktur zu erkunden, wenn diese nicht allgemein bekannt ist. (Wenn Ihnen unser direkter Einstieg in *nslookup* ohne eine vernünftige Einführung nicht gefällt, können Sie einen Blick in *Kapitel 11, nslookup*, werfen.) Zum Beispiel können Sie sich die Subdomains der Domain *au* wie folgt mit *nslookup* heraussuchen:

```
% nslookup - 207.69.188.185 - Wir nutzen den Nameserver 207.68.188.185.
Default Server: ns1.mindspring.com
Address:  207.69.188.185

> set type=ns            - Finde die Nameserver (ns)
> au.                    - für die Domain au.
Server: ns1.mindspring.com
Address: 207.69.188.185

    au       nameserver = MUNNARI.OZ.AU
    au       nameserver = MULGA.CS.MU.OZ.AU
    au       nameserver = JATZ.AARNET.EDU.AU
    au       nameserver = NS.UU.NET
    au       nameserver = NS.EU.NET
```

# Einen Domain-Namen wählen

```
        au         nameserver = NS1.BERKELEY.EDU
        au         nameserver = NS2.BERKELEY.EDU
        au         nameserver = VANGOGH.CS.BERKELEY.EDU
    MUNNARI.OZ.AU         internet address = 128.250.1.21
    MUNNARI.OZ.AU         internet address = 128.250.22.2
    MULGA.CS.MU.OZ.AU        internet address = 128.250.1.22
    MULGA.CS.MU.OZ.AU        internet address = 128.250.37.150
    JATZ.AARNET.EDU.AU       internet address = 139.130.204.4
    NS.UU.NET             internet address = 137.39.1.3
    NS.EU.NET             internet address = 192.16.202.11
    NS1.BERKELEY.EDU      internet address = 128.32.136.9
    NS1.BERKELEY.EDU      internet address = 128.32.206.9
    NS2.BERKELEY.EDU         internet address = 128.32.136.12
    NS2.BERKELEY.EDU         internet address = 128.32.206.12

    > server ns1.berkeley.edu.    - Nun fragen wir einen dieser Nameserver ab -
                                  - vorzugsweise einen naheliegenden!
    Default Server: ns1.berkeley.edu
    Addresses:  128.32.136.9, 128.32.206.9

    > ls au.       - Listet die Zone au auf. Die NS-Records der Zone
                   - zeigen die Delegierung an Subdomains und liefern
                   - Ihnen deren Namen zurück.

                   - Beachten Sie, daß aus Sicherheitsgründen nicht alle
                   - Nameserver die Ausgabe von Domains erlauben.
    [ns1.berkeley.edu]
                3D IN SOA        munnari.OZ. hostmaster.munnari.OZ (
                    1998051400        ; serial
                    6H                ; refresh
                    1H                ; retry
                    23w5d16h          ; expire
                       3D )           ; minimum

                3D IN NS                 munnari.OZ
                3D IN NS                 munnari.OZ
                3D IN NS                 mulga.cs.mu.OZ
                3D IN NS                 vangogh.CS.Berkeley.EDU.
                3D IN NS                 ns1.Berkeley.EDU.
                3D IN NS                 ns2.Berkeley.EDU.
                3D IN NS                 ns.UU.NET.
                3D IN NS                 ns.eu.NET.
    ORG         1D IN NS                 yalumba.connect.COM
    yalumba.connect.COM    1D IN A       203.8.183.1
    ORG         1D IN NS                 mulga.cs.mu.OZ
    mulga.cs.mu.OZ         1D IN A       128.250.1.22
                1D IN A                  128.250.37.150
    ORG         1D IN NS                 rip.psg.COM.
                1D IN NS                 munnari.OZ
    munnari.OZ             1D IN A       128.250.1.21
                1D IN A                  128.250.22.2
```

## Kapitel 3: Wo anfangen?

```
        info                 1D IN NS        ns.telstra.net.
                             1D IN NS        ns1.telstra.net.
                             1D IN NS        munnari.oz
        munnari.oz           1D IN A         128.250.1.21
                             1D IN A         128.250.22.2
        info                 1D IN NS        svc01.apnic.net.
        a                    3D IN A         139.130.23.2
        otc                  4H IN NS        ns.telstra.com
        ns.telstra.com       4H IN A         192.148.160.10
        otc                  4H IN NS        ns2.telstra.com
        ns2.telstra.com      4H IN A         192.148.160.11
        otc                  4H IN NS        munnari.oz
        munnari.oz           1D IN A         128.250.1.21
                             1D IN A         128.250.22.2
        CSIRO                1D IN NS        steps.its.CSIRO
        steps.its.CSIRO      1D IN A         152.83.8.3
        CSIRO                1D IN NS        munnari.OZ
        munnari.OZ           1D IN A         128.250.1.21
                             1D IN A         128.250.22.2
        CSIRO                1D IN NS        manta.vic.cmis.CSIRO
        manta.vic.cmis.CSIRO 1D IN A         144.110.16.100
        CSIRO                1D IN NS        dmssyd.nsw.cmis.CSIRO
        dmssyd.nsw.cmis.CSIRO 1D IN A        130.155.16.1
        CSIRO                1D IN NS        zoiks.per.its.CSIRO
        zoiks.per.its.CSIRO  1D IN A         192.245.210.1
        []
^D
```

Die von uns verwendete grundlegende Technik ist einfach: Wir sehen uns die Liste der verantwortlichen Nameserver der Top-Level-Domain an – diese besitzen als einzige die vollständigen Informationen über die entsprechende Zone – und stellen dann die Verbindung zu einem dieser Nameserver her, um uns die Nameserver der Second-Level-Domains ausgeben zu lassen.

Wenn Sie anhand der Namen der Subdomains nicht erkennen können, in welche von ihnen Sie gehören, können Sie in den Kontaktinformationen der entsprechenden Zone nachsehen und eine E-Mail an den technischen Kontakt schicken, in der Sie freundlich um einen Tip bitten. Auch wenn Sie glauben, Teil einer existierenden Subdomain zu sein, sich aber nicht ganz sicher sind, können Sie immer die Leute fragen, die diese Subdomain administrieren.

Um herauszufinden, wen Sie über eine Subdomain befragen können, müssen Sie sich den SOA-Record der entsprechenden Zone ansehen. Der sogenannte Start of Authority (SOA)-Record jeder Zone enthält ein Feld, in dem die E-Mail-Adresse des technischen Kontakts der Zone enthalten ist. (Die anderen Felder im SOA-Record enthalten allgemeine Informationen über die Zone – wir werden diese später noch detailliert behandeln.) Sie können sich den SOA-Record ebenfalls mit *nslookup* ansehen:[2]

Wenn Sie wissen wollen, was der Zweck der Subdomain *csiro* ist, können Sie herausfinden, wer sie betreibt, indem Sie sich den SOA-Record von *csiro.au* ansehen:

```
% nslookup - 207.69.188.185
Default Server: ns1.mindspring.com
Address: 207.69.188.185

> set type=soa       - Start of Authority-Daten
> csiro.au.          - für csiro.au ermitteln.
Server: ns1.mindspring.com
Address: 207.69.188.185

csiro.au
         origin = steps.its.csiro.au
         mail addr = hostmaster.csiro.au
         serial = 1997122201
         refresh = 10800 (3 hours)
         retry   = 3600 (1 hour)
         expire  = 3600000 (41 days 16 hours)
         minimum ttl = 86400 (1 day)
```

Das Feld mail addr enthält die Internet-Adresse des *csiro.au*-Kontakts. Um diese Adresse mit den meisten UNIX-Mailern verwenden zu können, müssen Sie den ersten ».« der Adresse durch ein »@« ersetzen, so daß in unserem Beispiel *hostmaster.csiro.au* zu *hostmaster@csiro.au* wird.[3]

## *whois*

Der *whois*-Dienst bietet eine weitere Möglichkeit, Informationen über eine Domain zu ermitteln. Viele Anbieter liefern einen einfachen *whois*-Client aus, der eine Datenbank eines Hosts des NIC (oder eines anderen Hosts, den Sie angeben) nach Angaben über Domains, Netzwerke oder den Menschen fragt, die sie betreiben. Zum Beispiel liefert

```
% whois bob
```

alles aus der Datenbank zurück, also Personen, Netzwerke und Domains, was mit dem Suchbegriff *bob* übereinstimmt. Um die Suche auf Domains oder Netzwerke zu beschränken, können Sie die Schlüsselwörter *dom* bzw. *net* verwenden:

```
% whois dom foo # Ausgabe von Informationen über alle Domains mit Namen foo.
% whois -h whois.arin.net. net 17 # Ausgabe von Angaben über das Netzwerk 17.
```

---

2  Die Subdomain und die Zone besitzen denselben Namen, aber der SOA-Record gehört zur Zone, nicht zur Subdomain. Die unter der im SOA-Record angegebenen E-Mail-Adresse erreichbare Person ist möglicherweise nicht für die gesamte Subdomain verantwortlich (unter ihr können weitere, delegierte Subdomains existieren), kennt aber mit Sicherheit den Zweck der Subdomain.

3  Diese Form der Internet-Mail-Adresse ist ein Überbleibsel zweier früherer DNS-Records, MB und MG. MB (»mail box«) und MG (»mail group«) sollten die DNS-Records werden, die Internet-Mailboxen und -Mail-Gruppen (Mailing-Listen) als Subdomains der entsprechenden Domains spezifizieren. MB und MG wurden niemals übernommen, aber das von ihnen diktierte Adreßformat wird, vielleicht aus sentimentalen Gründen, in SOA-Records verwendet.

Wenn Ihre Version von *whois* veraltet ist, versucht sie vermutlich, die NIC-Datenbank über einen alten Host, wie *sri-nic.arpa* oder *nic.ddn.mil*, abzufragen. In diesem Fall sehen Sie entweder eine freundliche Mitteilung der InterNIC-Belegschaft oder eine schroffe Fehlermeldung wie die folgende:

```
sri-nic.arpa: Unknown Host
```

Wenn das passiert und Sie Zugriff auf den Quellcode und einen Compiler haben, kompilieren Sie *whois* neu, um *whois.internic.net* abzufragen. Wenn Sie nicht über den Quellcode verfügen, können Sie whois anweisen, *whois.internic.net* abzufragen, indem Sie die Option *-h* verwenden:

```
& whois -h whois.internic.net dom au
```

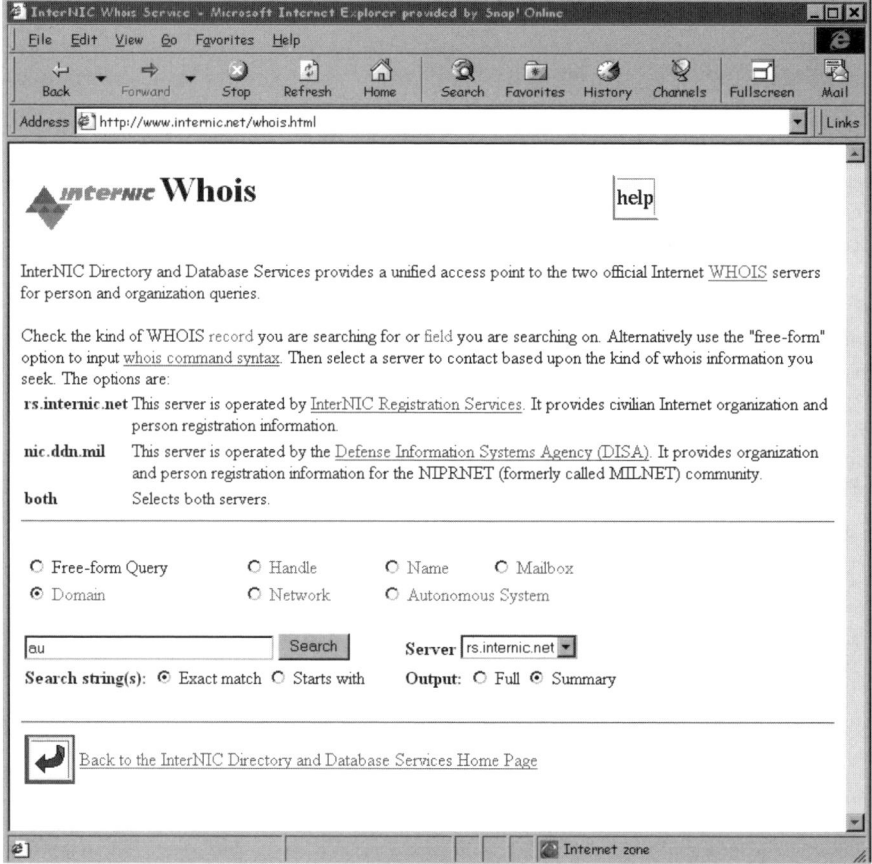

*Abbildung 3-1: Die Web-basierte Whois-Schnittstelle des InterNic*

*Einen Domain-Namen wählen*

Wenn Sie keinen *whois*-Client besitzen oder eine freundlichere Schnittstelle wünschen, können Sie die Web-Seite des InterNIC unter *http://rs.internic.net/cgi-bin/whois/* benutzen. Dort treffen Sie auf ein HTTP-Formular, mit dem Sie die InterNIC-Datenbank abfragen können (siehe Abbildung 3-1).

Leider zeigt die *whois*-Datenbank des InterNIC nur Kontakte für Top-Level-Domains und direkte Subdomains der allgemeinen Top-Level-Domains an. Sie werden also *csiro.au* dort nicht finden. Sie können das Formular aber verwenden, um den administrativen Kontakt für *au* herauszufinden.

Klicken Sie auf *search*, und Sie sehen eine Anzeige wie in Abbildung 3-2.[4]

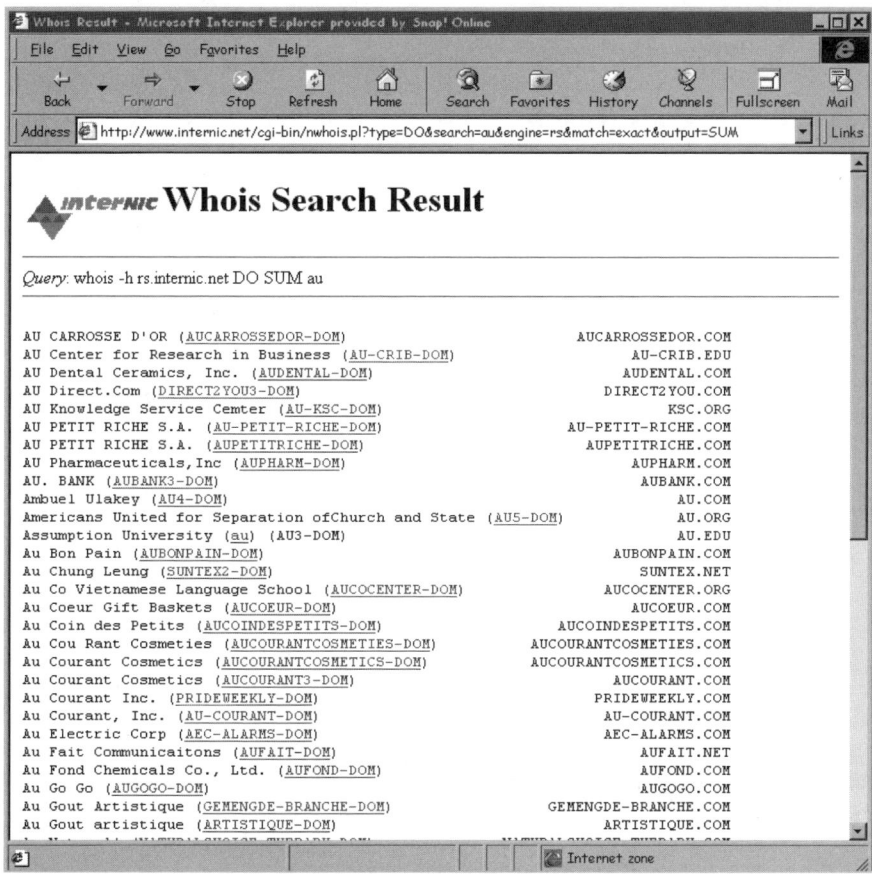

*Abbildung 3-2: Das Ergebnis einer Whois-Abfrage des InterNic*

---

4  Ob Sie es glauben oder nicht: Als wir dies für die erste Ausgabe dieses Buches taten, gab es dort gerade mal einen Treffer.

Scrollen Sie ein wenig herunter, und Sie sehen »Australia Top-Level Domain.« – danach haben wir gesucht. Wenn Sie auf den Hypertext-Link »AU-DOM« auf dieser Zeile klikken, sehen Sie das in Abbildung 3-3 dargestellte Fenster, das uns sagt, daß wir uns bezüglich dieser Top-Level-Domain an Robert Elz wenden sollen.

Um Informationen über *cisro.au* zu bekommen, müßten Sie das australische NIC abfragen. Gibt es so etwas? Schauen Sie unter *http://www.allwhois.com/* nach, um das herauszufinden (siehe Abbildung 3-4).

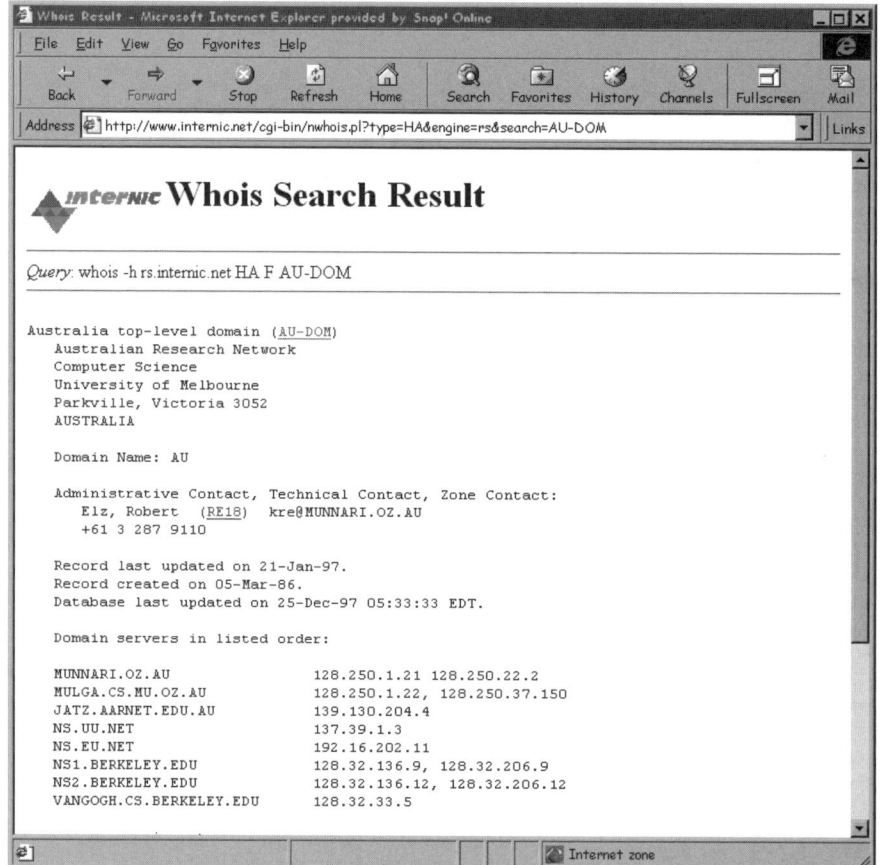

*Abbildung 3-3: Detaillierte Ergebnisse einer Whois-Abfrage des InterNic*

Klicken Sie auf »Whois«, um zu einer Web-basierten Whois-Schnittstelle zu gelangen, mit der sie die Datenbank des AUNIC (Australian NIC) abfragen können.

Diese Web-Seite ist offenbar sehr nützlich, wenn Sie nach dem Kontakt einer Domain außerhalb der USA suchen.

*Einen Domain-Namen wählen*

*Abbildung 3-4: www.allwhois.com*

## Sonstwo auf der Welt

Mit echtem kosmopolitischen Geist haben wir zuerst die internationalen Domains behandelt. Was aber, wenn Sie sich in den guten alten Vereinigten Staaten befinden?

In den USA hängt die Frage, wo Sie hingehören, hauptsächlich davon ab, wie viele Hosts Sie besitzen. Wenn Sie nur ein oder zwei oder vielleicht eine Handvoll Hosts besitzen, die im Domain-Namensraum des Internet eingetragen werden sollen, können Sie die Domain *us* nutzen. Diese Domain registriert einzelne Hosts unter Third-Level-Domains, die meist nach Städten benannt sind. Die entsprechenden Second-Level-Domains entsprechen den jeweiligen, aus zwei Buchstaben bestehenden Abkürzungen der amerikanischen Post (erinnern Sie sich an unsere Diskussion im Abschnitt »*Der Domain-Namensraum des Internet*« in *Kapitel 2, Wie funktioniert das DNS?*). Wenn Sie also nur zwei mit dem Internet verbundene Hosts registrieren lassen wollen, die sich in Colorado Springs, Colorado, befinden, können Sie diese der Domain *colospgs.co.us* hinzufügen.

Sie können sogar die Verantwortung für Ihre eigene Domain erhalten. Dies ist aufgrund einer Änderung der Bestimmungen möglich, auf die sich die Administratoren der *us*-Domain geeinigt haben. Ursprünglich war die *us*-Domain auf rein geographische Weise aufgeteilt. Die Administratoren der *us*-Domain fügten Adreß- und Mailhandling-Informationen für ihre(n) Host(s) hinzu (bitte etwas Geduld, mehr dazu in den nächsten beiden Kapiteln), nicht aber Nameserver-Informationen. Mit anderen Worten: Sie konnten einen Teil ihrer Domains nicht an andere delegieren. Heutzutage werden US-amerikanische Schulen, Regierungsstellen und Unternehmen ermuntert, der *us*-Domain beizutreten. Wenn Sie an Details interessiert sind, sehen Sie sich RFC 1480 an, das über *ftp://ftp.ds.internic.net/rfc/rfc1480.txt* heruntergeladen werden kann, oder schauen Sie sich die Informationen zur *us*-Domain auf der ISI-Website *http://www.isi.edu/innotes/usdnr/* an.

Sie können auch eine Subdomain der ursprünglichen organisatorischen Domains beantragen, also beispielsweise *edu* oder *com*. Solange Sie keinen übermäßig langen Dateinamen (das NIC empfiehlt zwölf oder weniger Buchstaben) verwenden oder nicht nach einer bereits vergebenen Domain fragen, sollten Sie die gewünschte Domain erhalten. Die Mitgliedschaft in diesen allgemeinen Domains behandeln wir später in diesem Kapitel.

### Die US-Domain

Lassen Sie uns ein Beispiel durcharbeiten, um Ihnen eine Vorstellung davon zu geben, wie man den Namensraum der *us*-Domain nach dem perfekten Domain-Namen absucht. Nehmen wir einmal an, Sie lebten in Rockville, Maryland, und wollten die UNIX-Workstation registrieren lassen, die gerade vom Laster gefallen ist (hey, das kann passieren). Sie sind nicht direkt mit dem Internet verbunden, besitzen aber eine UUCP-Verbindung zur UMD in College Park.

Weil Sie nur einen einzigen Host registrieren lassen wollen, müssen Sie keine eigene Domain verwalten. Sie müssen Ihren Host nur irgendwo im Domain-Namensraum des Internet registrieren lassen. Die Top-Level-Domain *us* ist da für Sie genau richtig. Indem jemand anderer die Nameserver- und Domain-Administration für Sie übernimmt, sparen Sie sich sehr viel administrativen Aufwand.

Mit einem Account, den Sie immer noch auf einem Host der UMD besitzen (aus der Zeit, als Sie noch Student waren), können Sie prüfen, ob eine Domain für Maryland existiert. (Wenn Sie keinen Account besitzen, aber über eine Internet-Anbindung verfügen, können Sie wie gehabt mit *nslookup* einen bekannten Nameserver abfragen.)

```
% nslookup
Default Server:  noc.umd.edu
Address:  128.8.5.2
```

*Einen Domain-Namen wählen*

```
> set type=ns            - Die Nameserver für
> md.us.                 - md.us heraussuchen.
Server:  noc.umd.edu
Address:  128.8.5.2

md.us    nameserver = NS.UU.NET
md.us    nameserver = ADMII.ARL.MIL
md.us    nameserver = EXCALIBUR.USC.EDU
md.us    nameserver = VGR.ARL.MIL
md.us    nameserver = TRANTOR.UMD.EDU
md.us    nameserver = MX.NSI.NASA.GOV
md.us    nameserver = VENERA.ISI.EDU
md.us    nameserver = NS.ISI.EDU
md.us    nameserver = RS0.INTERNIC.NET
```

Selbstverständlich gibt es eine Domain für Maryland. Nun wechseln Sie zu einem der *md.us*-Nameserver, vielleicht *venera.isi.edu*, und prüfen, ob irgendwelche Subdomains existieren (bis jetzt haben Sie *nslookup* noch nicht verlassen):

```
> server venera.isi.edu. - Zum Nameserver venera.isi.edu wechseln.
Default Server:  venera.isi.edu
Address:  128.9.0.32

> ls -t ns md.us. - Alle Nameserver-Records in der Domain md.us ausgeben lassen.
[venera.isi.edu]
            1D IN SOA     VENERA.ISI.EDU. us-domain.ISI.EDU. (
                     980112       ; serial
                     12H          ; refresh
                     1H           ; retry
                     2W           ; expire

                     1D )         ; minimum

        1W IN NS      RS0.INTERNIC.NET.
        1W IN NS      NS.UU.NET.
        1W IN NS      ADMII.ARL.MIL.
        1W IN NS      EXCALIBUR.USC.EDU.
        1W IN NS      VGR.ARL.MIL.
        1W IN NS      TRANTOR.UMD.EDU.
        1W IN NS      MX.NSI.NASA.GOV.
        1W IN NS      VENERA.ISI.EDU.
        1W IN N       NS.ISI.EDU.
north-laurel.md.us.    1D IN NS     top2.domainregistry.net.
        1D IN NS      top.domainregistry.net.
        1D IN NS      primary.southern-domains.com.
fruitland.md.us.       1D IN NS     top2.domainregistry.net.
        1D IN NS      top.domainregistry.net.
        1D IN NS      primary.southern-domains.com.
frostburg.md.us.       1D IN NS     winnt.i-theta.com.
        1D IN NS      ns2.us-domains.com.
        1D IN NS      ns.manchester.mo.us.
creativedesign.college.md.us.  1W IN NS    ns.webindonesia.com.
        1W IN NS      ns2.webindonesia.com.
carroll.md.us.         1W IN NS     auth00.ns.uu.net.
```

```
                   1W IN NS     auth50.ns.uu.net.
oxon-hill.md.us.       1D IN NS     winnt.i-theta.com.
               1D IN NS     ns2.us-domains.com.
               1D IN NS     ns.manchester.mo.us.
       [...]
```

Aha! Es *gibt* also Leben in Maryland! Es gibt Subdomains namens *aa*, *adelphi*, *allegary* und viele andere. Es scheint aber keine Domain für Rockville zu geben. Macht nichts – vielleicht sind Sie der erste, der seinen Host in Rockville unter der Domain *md.us* registrieren lassen will. Oder vielleicht basiert dieses Namensschema auf den Landkreisen, und Rockville würde unter den Namen seines Landkreises fallen. Wie dem auch sei, die Administratoren von *md.us* können die richtige Heimstatt für Sie finden. Weil Ihr Domain-Name einfach ein Teil der Zone *md.us* wird, wird von den Administratoren keine große Arbeit verlangt – es müssen keine separaten Server eingerichtet werden.

Wie nennt man nun eine Subdomain, wenn man eine neue benötigt? *rockville.md.us*? *rock.md.us*? Es erweist sich, daß es in der *us*-Domain eine Konvention gibt, nach der stadtbezogene Domains nach der entsprechenden Städteabkürzung (»city mnemonic«) der Western Union bezeichnet werden. (Keine Sorge: die *us*-Administratoren besitzen eine Kopie.) Alternativ kann der vollständige Name der Stadt benutzt werden.

Tatsächlich ist es bei jeder Parent-Domain möglich, daß die jeweiligen Administratoren feste Vorstellungen davon haben, wie ihre Child-Domains heißen sollen (so wie Ihre Eltern sich wahrscheinlich sicher waren, wie Sie heißen sollten). Die Administratoren wollen möglicherweise die Konsistenz ihres Namensraums sicherstellen. Wir halten es für angemessen, sich dem Parent zu fügen, wenn er bei der Benennung von Domains streng vorgeht – schließlich könnte man es andererseits ja auch einfach ablehnen, Sie in die Domain aufzunehmen. Den Namen Ihres Hosts werden Sie schließlich immer noch selbst wählen dürfen.

Wie finden Sie heraus, auf welche Weise der Kontakt zum Administrator Ihrer Parent-Domain hergestellt werden kann? Sie können es mit *whois* versuchen, aber weil *md.us* keine Top-Level-Länder-Domain bzw. kein Teil einer allgemeinen Top-Level-Domain ist, werden Sie wohl nicht allzuviel herausfinden. Die beste Möglichkeit ist wahrscheinlich, mit *nslookup* den SOA-Record für *md.us* herauszusuchen, genau wie wir das für *csiro.au* getan haben. Obwohl die Person oder die Personen, die die Mails lesen, die an die im SOA-Record stehende Adresse gerichtet sind, selbst vielleicht keine Registrierung vornehmen (die technischen und administrativen Funktionen einer Zone können aufgeteilt sein), ist es doch sehr wahrscheinlich, daß sie die richtigen Ansprechpartner kennen und Sie entsprechend weiterleiten.

Nachfolgend ermitteln wir mit *nslookup* den SOA-Record für *md.us*:

```
% nslookup
Default Server: noc.umd.edu
Address: 128.8.5.2

> set type=soa      - SOA-Record
> md.us.            - für md.us nachsehen.
```

*Einen Domain-Namen wählen*

```
Server:  noc.umd.edu
Address:  128.8.5.2

md.us
        origin = VENERA.ISI.EDU
        mail addr = us-domain.ISI.EDU
        serial = 971109
        refresh = 43200 (12 hours)
        retry   = 3600 (1 hour)
        expire  = 1209600 (14 days)
        minimum ttl = 86400 (1 day)
```

Genau wie in unserem *csiro.au*-Beispiel müssen Sie den ersten Punkt im *mail addr*-Feld durch ein »@« ersetzen, bevor Sie die Adresse benutzen können. *us-domain.ISI.EDU* wird also zu *us-domain@ISI.EDU*.

## *Die allgemeinen Top-Level-Domains*

Wie wir bereits sagten, gibt es viele Gründe, aus denen Sie vielleicht eine Subdomain unterhalb der allgemeinen Top-Level-Domains wie *com*, *edu* und *org* besitzen wollen: Sie arbeiten für eine multinationale Organisation, Sie wollen leichter zu finden sein, oder Sie mögen es einfach, wenn Ihre Domain mit .com endet. Lassen Sie uns anhand eines kleinen Beispiels durchgehen, wie Sie einen Domain-Namen direkt unterhalb einer gTLD wählen.

Stellen Sie sich vor, Sie wären der Administrator eines kleinen Universitätsnetzwerks in Hopkins, Minnesota. Sie haben gerade die Erlaubnis für eine Internet-Anbindung erhalten und gehen nun daran, die Verbindung zu Ihrem regionalen Netzwerk MRNet herzustellen. Ihre Universität verfügte noch niemals über so etwas wie einen UUCP-Link, d.h. Sie sind momentan noch nicht im Internet-Namensraum registriert.

Weil wir hier in den Vereinigten Staaten sind, haben Sie die Wahl zwischen der *us*- und der *edu*-Domain. In Ihrem lokalen Netzwerk sind schon mehr als ein Dutzend Rechner vorhanden, und Sie erwarten weitere, weshalb *us* keine gute Wahl wäre. Das beste wäre, eine Subdomain von *edu* einzurichten.

Ihre Universität ist als »Gizmonics Institute« bekannt, weshalb Sie glauben, daß *gizmo.edu* der richtige Domain-Name sein könnte. Nun müssen Sie zuerst herausfinden, ob der Name *gizmo.edu* schon von jemandem verwendet wird. Dazu nutzen Sie Ihren Account an der UMN:

```
% nslookup
Default Server:  ns.unet.umn.edu
Address:  128.101.101.101

> set type=any    - Jegliche Records
> gizmo.edu.      - für gizmo.edu heraussuchen.
Server:  ns.unet.umn.edu
Address:  128.101.101.101

*** ns.unet.umn.edu can't find gizmo.edu.: Non-existent domain
```

Es sieht so aus, als wäre (wie überraschend) *gizmo.edu* noch frei, d.h. Sie können mit dem nächsten Schritt fortfahren: Herausfinden, wer die von Ihnen anvisierte Parent-Domain betreibt. Hierzu nutzen Sie *whois*:

```
% whois dom edu
Education top-level domain (EDU-DOM)
    Network Solutions, Inc.
    505 Huntmar Park Dr.
    Herndon, VA  22070

    Domain Name: EDU

    Administrative Contact, Technical Contact, Zone Contact:
        Network Solutions, Inc.  (HOSTMASTER)   HOSTMASTER@INTERNIC.NET
        (703) 742-4777 (FAX) (703) 742-4811

    Record last updated on 02-Sep-94.

    Domain servers in listed order:
    [...]
```

## *Prüfen, ob Ihre Netzwerknummer registriert ist*

Bevor Sie weitermachen, sollten Sie prüfen, ob Ihr IP-Netzwerk oder Ihre IP-Netzwerke registriert ist bzw. sind oder nicht. Viele Parent-Domains delegieren keine Subdomains an Nameserver in nicht registrierten Netzwerken, und registrierte Netzwerke delegieren keine *in-addr.arpa*-Subdomain ein nicht registriertes Netzwerk.

Ein IP-Netzwerk legt einen Bereich von IP-Adressen fest. Zum Beispiel besteht das Netzwerk 15/8 aus allen IP-Adressen im Bereich von 15.0.0.0 bis 15.255.255.255. Das Netzwerk 199.10.25/24 beginnt bei 199.10.25.0 und endet bei 199.10.25.255.

Das InterNIC war einst die offizielle Quelle aller IP-Netzwerke. Es vergab sämtliche IP-Netzwerke an miteinander verbundene Netzwerke und stellte sicher, daß sich keine Bereiche überschnitten. Heutzutage ist diese traditionelle Funktion des InterNIC größtenteils an die Internet-Anbieter (Internet Service Provider, ISP) übergegangen, die Teile ihres Bereiches an ihre Kunden weitergeben. Wenn Sie wissen, daß Sie Ihr Netzwerk von Ihrem ISP erhalten haben, ist das größere Netzwerk, zu dem Ihr Netzwerk gehört, wahrscheinlich für Ihren ISP registriert. Sie können sich zwar ohne weiteres vergewissern, daß Ihr ISP Ihr Netzwerk registriert hat, aber wenn er es nicht getan hat, müssen und können Sie vermutlich gar nichts von sich aus dagegen unternehmen, als ihn regelmäßig zu nerven, dies nachzuholen. Wenn Sie die Registrierung überprüft haben, können Sie sich den Rest dieses Abschnittes sparen.

Wenn Sie Ihr Netzwerk hingegen vor langer Zeit vom InterNIC erhalten haben oder Sie selbst ein ISP *sind*, sollten Sie prüfen, ob Ihr Netzwerk registriert ist. Wo können Sie nachsehen, ob Ihr Netzwerk registriert ist? Nun, natürlich bei genau den Organisationen, die Netzwerke registrieren. Diese Organisationen heißen Registries (zu deutsch: Registrierungsstellen – wie auch sonst?), und jede von ihnen ist für die Registrierung von Netzwer-

## Am Rande: CIDR

Vor langer, langer Zeit, als wir die erste Ausgabe dieses Buches schrieben, war der 32 Bit breite Adreßraum des Internet in drei Haupt-Netzwerkklassen eingeteilt, nämlich in Klasse A-, Klasse B- und Klasse-C-Netzwerke. Bei Klasse-A-Netzwerken identifizierte das erste Oktett (die ersten acht Bits) der IP-Adresse das Netzwerk, und die verbleibenden Bits wurden von der Organisation, der das Netzwerk zugewiesen wurde, verwendet, um Hosts innerhalb dieses Netzwerkes zu unterscheiden. Die meisten Organisationen mit Klasse-A-Netzwerken haben ihr Netzwerk in Subnetze (Teilnetzwerke) aufgeteilt, um dem Adressierungsverfahren eine weitere Hierarchiestufe hinzuzufügen. Klasse-B-Netzwerke besitzen zwei Oktetts zur Netzwerkindentifizierung und zwei zur Hostidentifizierung. Bei Klasse-C-Netzwerken geben die ersten drei Oktetts der IP-Adresse jedes Hosts die Netzwerkadresse an, während das verbleibende Oktett die einzelnen Hosts identifiziert.

Leider funktionierte dieses System der kleinen/mittleren/großen Netzwerke nicht für alle gleich gut. Viele Organisationen waren groß genug, um mehrere Klasse-C-Netzwerke zu beanspruchen, aber zu klein für ein vollständiges Klasse-B-Netzwerk, das bis zu 65.534 Hosts enthalten kann. Dennoch wurden solchen Organisationen Klasse-B-Netzwerke zugeteilt. Konsequenterweise ging die Anzahl der noch verfügbaren Klasse-B-Netzwerke schnell zur Neige.

Um dieses Problem zu verkleinern und Netzwerke zu schaffen, die Organisationen aller Größen gerecht werden, wurde das Classless Inter-Domain Routing (klassenfreies Routing zwischen Domains, CIDR, man spricht es wie »ßeider« aus) entwickelt. Wie der Name schon sagt, verwirft CIDR die alten Klassenstrukturen. Statt acht, sechzehn oder vierundzwanzig Bits (ein, zwei oder drei Oktetts) können beliebig viele der 32 Bits einer IP-Adresse zur Netzwerkadresse gehören. Wenn also beispielsweise eine Organisation einen Adreßraum von etwa viermal der Größe eines Klasse-B-Netzwerkes benötigt, würden die ersten 14 Bits der IP-Adressen dieses Netzwerkes das Netzwerk identifizieren, so daß die verbleibenden 18 Bits für die Host-Adressierung übrig bleiben.

Natürlich machte das Erscheinen von CIDR die Klassenterminologie überflüssig – aber sie ist weiterhin in Gebrauch und durchaus nützlich. Inzwischen wird zur Bezeichnung eines bestimmten CIDR-Netzwerkes der höherwertige Teil der Adresse (und zwar nur derjenige Teil, der das Netzwerk einer Organisation identifiziert) über die durch Punkte getrennte Oktett-Schreibweise angegeben, während die Anzahl der Bits zur Netzwerkidentifizierung dezimal angegeben wird. Die beiden Teile werden durch einen Schrägstrich voneinander getrennt. Daher bezeichnet 15/8 das alte Netzwerk der Klasse-A-Größe, das mit dem Bitmuster 00001111 beginnt. Das alte Netzwerk 128.32.0.0 der Klasse-B-Größe heißt nun 128.32/16. Und das Netzwerk 192.168.0.128/25 besteht aus den 128 IP-Adressen von 192.168.0.128 bis 192.168.0.255.

ken in einem bestimmten Teil der Erde verantwortlich. Auf der westlichen Halbkugel vergibt das American Registry of Internet Numbers (ARIN) unter *http://www.arin.net* IP-Adreßraum und registriert Netzwerke. Für Asien und die Pazifik-Region ist das Asia Pacific Network Information Center (APNIC) zuständig; sie erreichen es unter *http://apnic.net*. RIPE Network Coordination Center (*http://www.ripe.net*) bedient Europa. Jede Registrierungsstelle kann außerdem die Autorität für eine Region delegieren; beispielsweise hat ARIN die Zuständigkeit für Mexiko und Brasilien an diese Länder vergeben. Stellen Sie sicher, die für Ihr Land zuständige Registrierungsstelle anzusprechen.

Wenn Sie sich nicht sicher sind, ob Ihr Netzwerk registriert ist, können Sie das am besten mit dem *whois*-Dienst herausfinden, den zahlreiche Registrierungsstellen anbieten. Suchen Sie dort nach Ihrem Netzwerk. Hier die URLs der einzelnen *whois*-Seiten der Registrierungsstellen:

ARIN
    *http://www.arin.net/whois/arinwhois.html*

APNIC
    *http://www.apnic.net/reg.html*

RIPE
    *http://www.ripe.net/db/whois.html*

Wenn Sie feststellen, daß Ihr Netzwerk nicht registriert ist, müssen Sie das nachholen, bevor Sie Ihre *in-addr.arpa*-Zonen einrichten. Bei jeder Registrierungsstelle läuft der Vorgang der Netzwerkregistrierung anders ab, aber meistens gehört der Austausch von Geld dazu (leider von Ihren Händen in die der Registrierungsstelle).

Vielleicht finden Sie heraus, daß Ihr Netzwerk bereits Ihrem ISP zugewiesen ist. In diesem Fall müssen Sie es nicht gesondert bei der Registrierungsstelle registrieren.

Sobald alle von Ihren ans Internet angebundenen Hosts in NIC-registrierten Netzwerken liegen, können Sie Ihre Parent-Domain ansprechen.

## *Registrierung beim Parent*

Unterschiedliche Domains verwenden unterschiedliche Regeln bei der Registrierung. Während man bislang beim InterNIC, das die allgemeinen Top-Level-Domains wie *com* und *edu* betreibt, direkt einen Antrag stellen und sich so seine Domain sichern konnte, ist das in Deutschland seit dem 1. April 1996 nicht mehr möglich. Für den Betrieb einer Domain direkt unterhalb der Top-Level-Domain *de* ist das DE-NIC verantwortlich. Hier ist aber eine direkte Registrierung ebenfalls nicht mehr möglich, vielmehr muß diese über einen entsprechenden Internet-Service-Provider erfolgen. Nur diese können sich an das DE-NIC wenden. Andere Domains besitzen häufig einen wesentlich informelleren Prozeß für die Registrierung. Manchmal reicht es sogar aus, der für die Registrierung zuständigen Person eine Mail zu schicken.

Falls Sie eine Domain unterhalb der allgemeinen Top-Level-Domains registrieren wollen, sollten Sie sich an Ihren ISP wenden. Er registriert für Sie auch einen Namen in den Domains *de* (Deutschland), *at* (Österreich) oder *ch* (Schweiz).

Da die InterNIC-Formulare zweifellos überholt sein werden, bevor wir dieses Buch wieder aktualisieren, sollten Sie sich die vom InterNIC bereitgestellte, auf HTML-Formularen basierende Registrierungsprozedur ansehen, die unter *http://www.rs.internic.net/rs-internic.html* zu finden ist. Zwar verschickt dieser Prozeß das Formular noch nicht, aber er automatisiert die Erzeugung einer korrekt formatierten Anforderung, die Sie dann per E-Mail an das InterNIC schicken können. Oder Sie können sich die aktuellen Formulare herunterladen, ausdrucken, und sie dann von Hand ausfüllen. In Deutschland muß die Registrierung wie erwähnt durch den Provider erfolgen. Eine Liste entsprechender Provider finden Sie unter *ftp://ftp.nic.de/pub/ripe/registries/de*. Weitere Informationen zum DE-NIC und zu Themen der Domain-Vergabe finden Sie auch unter *http://www.nic.de/*.

Die grundlegenden von Ihrem Parent benötigten Informationen sind die Namen und die Adressen Ihrer Domain-Nameserver. Wenn Sie keine direkte Internet-Anbindung besitzen, müssen Sie die Adressen der Internet-Hosts angeben, die für Sie als Nameserver fungieren. Einige Parent-Domains verlangen auch, daß Sie bereits über betriebsbereite Nameserver für Ihre Domain verfügen. (Das InterNIC verlangt das nicht, bittet aber um eine Einschätzung, wann die Domain voll funktionsfähig sein wird.) Wenn dies bei Ihrem Parent der Fall ist, dann machen Sie mit Kapitel 4 weiter, und richten Sie Ihre Nameserver ein. Danach können Sie Ihren Parent ansprechen und die geforderten Daten übergeben.

Wenn Ihre Parent-Domain vom InterNIC betrieben wird, werden Sie nach einigen Informationen über Ihre Organisation sowie nach dem administrativen und technischen Kontakt für Ihre künftige Domain gefragt (wobei bei beiden Kontakten dieselbe Person zuständig sein kann). Beim DE-NIC ist das im Prinzip genauso. Wenn Ihre Kontaktpersonen noch nicht in der *whois*-Datenbank des InterNIC/DE-NIC registriert sind, müssen Sie auch Informationen bereitstellen, mit denen diese in *whois* aufgenommen werden können. Zu diesen Informationen gehören neben den Namen die jeweilige Postanschrift, Telefonnummer und E-Mail-Adresse. Sind die Kontaktpersonen bereits im *whois* (*whois.nic.de*) registriert, brauchen Sie bei der Registrierung nur noch deren entsprechenden »RIPE-Handle« (eine eindeutige alphanumerische Kennung) anzugeben.

Es gibt noch einen weiteren Aspekt, den man bei der Registrierung einer neuen Domain beim InterNIC ansprechen sollte: die Kosten. Network Solutions, Inc. (NSI), die das InterNIC pflegen, haben damit begonnen, Geld für die Registrierung neuer allgemeiner Top-Level-Domains unter *com*, *net* und *org* zu verlangen. Diese Kosten liegen bei einmalig 70 US-Dollar. Darüber hinaus hat die NSI eine fortlaufende jährliche Gebühr von 35 US-Dollar für jede Domain eingeführt. Wenn Sie bereits eine Subdomain unter *com*, *net* oder *org* besitzen und noch keine Rechnung von der NSI erhalten haben, dann sollten Sie Ihre Kontaktinformationen mit *whois* abfragen und sicherstellen, daß Ihre aktuelle Adresse und Telefonnummer vorliegen. Weitere Informationen über die Rechnungsstellung und den aktuellen Stand des InterNIC-Registrierungsprozesses finden Sie unter *http://www.rs.internic.net/rs-internic.html*. Auch in Deutschland kosten Domains Geld. Die Registrierung kostet einmalig rund 100 DM, hinzu kommen Kosten für Pflege und Betrieb (entsprechende Preisinformationen liefert Ihnen Ihr Provider). Eine bloße Reservierung einer Domain ist nicht mehr möglich. Für eine *de*-Domain müssen Sie außerdem eine Adresse in Deutschland besitzen (für *at*- und *ch*-Domains gilt diese Einschränkung nicht).

Wenn Sie eine direkte Internet-Anbindung besitzen, sollten auch die *in-addr.arpa*-Domains, die Ihren IP-Netzwerken entsprechen, an Sie delegiert sein. Wenn Ihrem Unternehmen zum Beispiel das Netzwerk 192.201.44/24 zugewiesen wurde, sollten Sie die *44.201.192.in-addr.arpa*-Domain pflegen. Auf diese Weise besitzen Sie die Kontrolle über die Abbildung von IP-Adressen auf Host-Namen für die Hosts in Ihrem Netzwerk. In Kapitel 4 beschreiben wir auch, wie Sie Ihre *in-addr.arpa*-Domains einrichten müssen.

Im vorigen Abschnitt, »*Prüfen, ob Ihre Netzwerknummer registriert ist*«, baten wir Sie, mehrere Fragen zu beantworten: Ist Ihr Netzwerk ein Teil eines ISP-Netzwerkes? Ist Ihr Netzwerk oder das Netzwerk, das Ihr ISP Ihnen zur Verfügung gestellt hat, registriert? Bei welcher Registrierungsstelle? Sie benötigen diese Angaben, damit Ihre *in-addr.arpa*-Domains an sie delegiert werden können.

Wenn Ihr Netzwerk Teil eines größeren Netzwerkes ist, das für Ihren ISP registriert ist, sollten Sie Ihren ISP ansprechen, damit die entsprechenden *in-addr.arpa*-Subdomains an Sie delegiert werden. Jeder ISP verwendet ein anderes Verfahren, um die Delegierung in *in-addr.arpa* einzurichten. Schauen Sie auf der Web-Site Ihres ISP nach, um das Verfahren kennenzulernen; die meisten Provider beschreiben es dort. Wenn Sie dort nicht fündig werden, versuchen Sie, den SOA-Record der *in-addr.arpa*-Domain nachzuschlagen, die sich auf das Netzwerk Ihres ISP bezieht. Wenn Ihr Netzwerk beispielsweise Teil des Netzwerkes 153.35/16 des UUNet ist, könnten Sie den SOA-Record der Domain *35.153.in-addr.arpa* nachsehen, um die E-Mail-Adresse des technischen Kontaktes dieser Zone herauszufinden.

Wenn Ihr Netzwerk direkt bei der zuständigen Registrierungsstelle registriert ist, müssen Sie diese ansprechen, um eine Delegierung Ihrer *in-addr.arpa* zu erreichen. Jede Registrierungsstelle beschreibt den dazu erforderlichen Vorgang auf ihren Web-Seiten.

Nachdem Sie Ihrem zukünftigen Parent mitgeteilt haben, daß Sie gerne aufgenommen werden möchten, sollten Sie sich etwas Zeit nehmen und Ihre Siebensachen ein wenig ordnen. Sie müssen eine Domain einrichten, und im nächsten Kapitel zeigen wir Ihnen, wie das geht.

*In diesem Kapitel:*
- *Unsere Domain*
- *Die DNS-Daten einrichten*
- *Einrichten einer BIND-Konfigurationsdatei*
- *Abkürzungen*
- *Prüfen von Host-Namen (BIND 4.9.4 und höher)*
- *Werkzeuge*
- *Betrieb eines primären Master-Nameservers*
- *Betrieb eines Slave-Nameservers*
- *Hinzufügen weiterer Domains*
- *Und was kommt jetzt?*

# 4

# BIND einrichten

*»Es scheint recht hübsch zu sein«, meinte Alice, nachdem sie damit fertig war, »aber ziemlich schwer zu verstehen!« (Wie man sieht, gestand sie sich nicht einmal selber ein, daß sie es nicht begriff.) »Es füllt meinen Kopf mit Gedanken, ich weiß bloß nicht genau, mit welchen.«*

Wenn Sie bis jetzt jedes Kapitel dieses Buches sorgfältig gelesen haben, können Sie es wahrscheinlich kaum noch erwarten, einen Nameserver in Betrieb zu nehmen. Diesem Zweck dient dieses Kapitel. Lassen Sie uns eine Reihe von Nameservern einrichten. Andere Leser haben möglicherweise das Inhaltsverzeichnis gelesen und sind direkt zu diesem Kapitel gesprungen. (Die sollten sich schämen!) Wenn Sie einer dieser Menschen sind, die diesen direkten Weg gegangen sind, dann seien Sie gewarnt, daß wir Konzepte aus den vorangegangenen Kapiteln nutzen und erwarten, daß Sie diese bereits verstehen.

Es gibt verschiedene Faktoren, die einen Einfluß darauf ausüben, wie Sie Ihren Nameserver einrichten sollten. Den entscheidendsten Faktor bildet dabei die Art Ihrer Internet-Anbindung: vollständiger Zugriff (Sie können z.b. mit *FTP* auf *ftp.uu.net* zugreifen), beschränkter Zugriff (beschränkt durch eine »Sicherheits-Firewall«) oder überhaupt kein Zugriff. Dieses Kapitel geht davon aus, daß Sie über einen vollwertigen Zugang verfügen. Wir behandeln die anderen Fälle in Kapitel 15, *Verschiedenes*.

In diesem Kapitel richten wir für eine fiktive Domain zwei Nameserver ein. Unser Beispiel soll Ihnen als Leitfaden für die Einrichtung einer eigenen Domain dienen. Wir behandeln die Themen in diesem Kapitel so ausführlich, daß Sie Ihre ersten beiden Nameserver in Betrieb nehmen können. Die nachfolgenden Kapitel schließen dann die Lücken und gehen weiter in die Tiefe. Wenn Ihre Nameserver bereits laufen, sollten Sie dieses Kapitel wenigstens durchblättern, um sich mit den von uns verwendeten Begriffen vertraut zu machen. Sie können auf diese Weise auch sicherstellen, daß Sie beim Einrichten Ihrer Server nichts vergessen haben.

## Unsere Domain

Unsere fiktive Domain befindet sich in einer Universität. Die »Film-Universität« widmet sich der Erforschung aller Aspekte der Filmindustrie und untersucht neue Wege bei der Distribution von Filmen. Eines der vielversprechendsten Projekte erforscht IP als Distributionsmedium. Nach Absprache mit den InterNIC-Leuten haben wir uns für den Domain-Namen *movie.edu* entschieden. Kürzlich gewährte Fördermittel ermöglichten eine Anbindung ans Internet.

Die Film-Universität besitzt zwei Ethernets, und es existieren Pläne für ein oder zwei weitere Netzwerke. Die Ethernet-Netzwerke besitzen die Netzwerknummern 192.249.249 und 192.253.253. Ein Ausschnitt aus der Host-Tabelle zeigt die folgenden Einträge:

```
127.0.0.1       localhost

# Das sind unsere Killer-Maschinen:

192.249.249.2   robocop.movie.edu robocop
192.249.249.3   terminator.movie.edu terminator bigt
192.249.249.4   diehard.movie.edu diehard dh

# Diese Maschinen sind in einem furchterregenden bzw. -baren Zustand
# und werden bald ersetzt:

192.253.253.2   misery.movie.edu misery
192.253.253.3   shining.movie.edu shining
192.253.253.4   carrie.movie.edu carrie

# Ein Wurmloch ("wormhole") ist ein fiktives Phänomen, das Weltraumreisende
# unverzüglich über große Entfernungen hinweg transportiert. Leider ist es nicht
# stabil. Der einzige Unterschied zwischen einem Wurmloch und einem Router besteht
# darin, daß der Router Pakete nicht ebenso unverzüglich transportiert - besonders
# unserer nicht.

192.249.249.1   wormhole.movie.edu wormhole wh wh249
192.253.253.1   wormhole.movie.edu wormhole wh wh253
```

Das Netzwerk selbst ist in Abbildung 4-1 zu sehen.

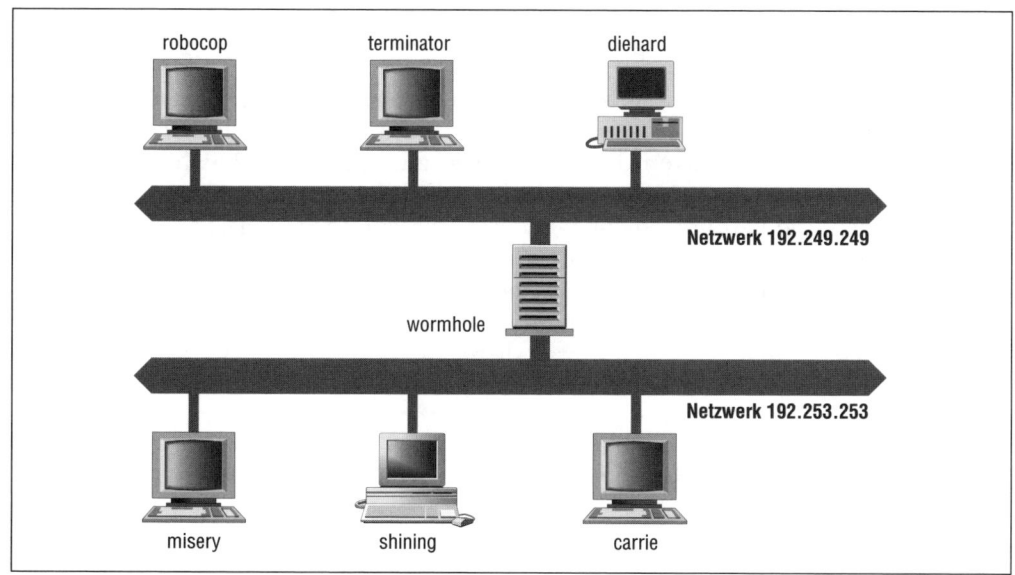

*Abbildung 4-1: Das Netzwerk der Film-Universität*

## Die DNS-Daten einrichten

Unser erster Schritt bei der Einrichtung der Nameserver der Film-Universität besteht darin, die Host-Tabelle in die entsprechenden DNS-Daten zu konvertieren. Die DNS-Version besitzt mehrere Dateien. Eine dieser Dateien bildet alle Host-Namen auf ihre Adressen ab. Andere Dateien bilden diese Adressen wieder auf Host-Namen ab. Dieser Lookup von Adressen auf Namen wird manchmal als *Reverse Mapping* oder *Reverse Lookup* bezeichnet. Jedes Netzwerk besitzt eine eigene Datei für das Reverse Mapping.

Per Konvention benennen wir in diesem Buch eine Datei, die Host-Namen auf Adressen abbildet, mit *db.DOMAIN*. Bei *movie.edu* heißt diese Datei also *db.movie*. Die Dateien, die Adressen auf Host-Namen abbilden, bezeichnen wir mit *db.ADDR*, wobei *ADDR* die Netzwerknummer ohne abschließende Nullen ist. In unserem Beispiel lauten die Namen der Dateien für die jeweiligen Netzwerke *db.192.249.249* und *db.192.253.253*. *db* ist hierbei die Abkürzung für Datenbank. Wir bezeichnen die Sammlung von *db.DOMAIN*- und *db.ADR*-Dateien als *db-Dateien* oder *DNS-Datenbankdateien*. Es gibt eine ganze Reihe weiterer Dateien, etwa *db.cache* und *db.127.0.0*. Diese Dateien sind Overhead. Jeder Nameserver muß sie besitzen, und sie sind, mehr oder weniger, auf jedem Server gleich.

Um all diese db-Dateien zu kennen, benötigt der Nameserver eine Startdatei, die sogenannte Boot- oder Konfigurationsdatei – bei BIND 4 ist diese Datei üblicherweise */etc/named.boot*. BIND 8 verwendet in der Regel */etc/named.conf*. Die db-Dateien sind DNS-spezifisch. Die Konfigurationsdatei ist abhängig von der jeweiligen Implementierung des Nameservers, in unserem Fall also BIND.

## Die db-Dateien

Die meisten Einträge in db-Dateien werden als *DNS-Resource Records* bezeichnet. DNS-Suchoperationen unterscheiden nicht zwischen Groß- und Kleinschreibung, d.h., Sie können die Namen in Ihren db-Dateien in Großbuchstaben, Kleinbuchstaben oder auch gemischt schreiben. Wir neigen dazu, alles klein zu schreiben. Obwohl Lookups die Schreibweise nicht beachten, bleibt sie erhalten. Resource Records müssen in der ersten Spalte beginnen. Die Resource Records in den in diesem Buch vorgestellten Beispieldateien beginnen in der ersten Spalte, können aber aufgrund der Formatierung etwas eingerückt erscheinen. In den DNS-RFCs präsentieren die Beispiele die Resource Records in einer bestimmten Anordnung. Die meisten Leute haben sich entschieden, diese Anordnung einzuhalten. Auch wir halten uns an diese Anordnung, sie ist aber kein Muß. Die Anordnung der Resource Records in db-Dateien gestaltet sich wie folgt:

*SOA-Record*
　　Gibt die *Autorität* für diese Zonendaten an.

*NS-Record*
　　Gibt einen *Nameserver* für diese Zone an.

*Andere Records*
　　Daten über Hosts in dieser Zone.

Von den anderen Records behandelt dieses Kapitel die folgenden:

*A*
　　Abbildung von Namen auf Adressen.

*PTR*
　　Abbildung von Adressen auf Namen.

*CNAME*
　　Kanonische Namen (für Aliase).

Diejenigen unter Ihnen, die einige Erfahrung mit dem DNS-Dateiformat haben, werden sich unsere Daten ansehen und zweifellos sagen: »Es wäre kürzer gewesen, es auf eine andere Weise zu spezifizieren ...«. Nun, wir verwenden keinerlei Abkürzungen in unseren Daten, zumindest nicht am Anfang. Sobald Sie die ausführliche Fassung verstanden haben, kehren wir hierhin zurück und »straffen« die Dateien.

## Kommentare

Die db-Dateien sind einfacher zu lesen, wenn sie Kommentare und Leerzeilen enthalten. Kommentare beginnen mit einem Semikolon und enden mit dem Ende einer Zeile. Wie Sie sich denken können, ignoriert der Nameserver Kommentare und leere Zeilen.

## SOA-Records

Der erste Eintrag in jeder dieser Dateien ist der SOA (»Start of Authority«)-Resource Record. Der SOA-Record gibt an, daß dieser Nameserver die beste Informationsquelle für Daten innerhalb dieser Zone darstellt. Unser Nameserver besitzt aufgrund des SOA-Records die *Autorität* für die Zone *movie.edu*. Ein SOA-Record wird in jeder *db.DOMAIN*- und jeder *db.ADR*-Datei verlangt. In jeder db-Datei kann nur ein einziger SOA-Record vorkommen.

In der Datei *db.movie* haben wir folgenden SOA-Record eingetragen:

```
movie.edu.   IN SOA  terminator.movie.edu. al.robocop.movie.edu. (
                1        ; Serial (eine fortlaufende Nummer)
                10800    ; Refresh (Aktualisierung) nach drei Stunden
                3600     ; Retry (erneuter Versuch) nach einer Stunde
                604800   ; Expire (ungültig) nach einer Woche
                86400 )  ; Minimale TTL von einem Tag
```

Der Name *movie.edu.* muß in der Datei in der ersten Spalte stehen. Stellen Sie sicher, daß die Namen mit einem Punkt enden, wie dies im obigen Beispiel der Fall war, anderenfalls werden Sie vom Ergebnis sehr überrascht sein! (Wir erklären das später noch.)

Das *IN* steht für Internet. Dies ist eine *Klasse* (»class«) von Daten. Es gibt auch andere Klassen, aber keine ist momentan besonders weit verbreitet. Unsere Beispiele verwenden nur die IN-Klasse. Das Klassenfeld ist optional, kann also weggelassen werden. In diesem Fall geht das System davon aus, daß der Klassentyp IN ist.

Der erste hinter *SOA* stehende Name (*terminator.movie.edu.*) ist der Name des primären Master-Nameservers für diese Daten. Der zweite Name (*al.robocop.movie.edu.*) ist die Mail-Adresse der für diese Daten verantwortlichen Person (wenn Sie den ersten ».« durch ein »@« ersetzen). Häufig werden Sie *root*, *postmaster* oder *hostmaster* als E-Mail-Adresse sehen. Nameserver nutzen diese Namen nicht – sie sind für Menschen gedacht. Wenn Sie ein Problem mit einer Domain haben, können Sie eine entsprechende E-Mail an die angegebene E-Mail-Adresse schicken. BIND 4.9 und nachfolgende Versionen stellen für diesen Zweck auch einen anderen Typ von Resource Record bereit: RP für »responsible person«, also für »verantwortliche Person«. Wir gehen in Kapitel 7, *BIND pflegen*, auf den RP-Record ein.

Die Klammern erlauben es dem SOA-Record, sich über mehrere Zeilen zu erstrecken. Die meisten der Felder innerhalb der Klammern des SOA-Records werden von Slave-Nameservern verwendet. Wir beschreiben sie später in diesem Kapitel, wenn wir Slave-Nameserver einführen. Nehmen Sie für den Augenblick einfach an, daß es sich um vernünftige Werte handelt.

Wir haben ähnliche SOA-Records zu Beginn der Dateien *db.192.249.249* und *db.192.253.253* aufgenommen. In diesen Dateien haben wir den ersten Namen im SOA-Record von *movie.edu.* in den Namen der jeweiligen *in-addr.arpa*-Domain geändert, also in *249.249.192.in-addr.arpa.* bzw. *253.253.192.in-addr.arpa.*.

## NS-Records

Die nächsten einzufügenden Einträge sind die NS (Nameserver)-Resource Records. Für jeden Nameserver in unserer Zone haben wir einen NS-Record aufgenommen. Hier die NS-Records der Datei *db.movie*:

```
movie.edu.   IN NS   terminator.movie.edu.
movie.edu.   IN NS   wormhole.movie.edu.
```

Diese Records zeigen an, daß es zwei Nameserver für die Zone *movie.edu* gibt. Diese Nameserver befinden sich auf den Hosts *terminator* und *wormhole*. Hosts wie *wormhole*, die in mehreren Netzwerken hängen (Multihoming), sind für Nameserver die erste Wahl, weil sie »gut verbunden« sind. Sie können von Hosts, die sich in verschiedenen Netzwerken befinden, direkt angesprochen werden und sind, wenn sie zudem als Router verwendet werden, selten außer Betrieb, weil sie genau überwacht werden. Wo Sie Ihre Nameserver am besten plazieren, erläutern wir genauer in Kapitel 8, *Domain-Wachstum*.

Genau wie den SOA-Record haben wir auch NS-Records in die Dateien *db.192.249.249* und *db.192.253.253* aufgenommen.

## Adreß- und Alias-Records

Als nächstes erzeugen wir die Abbildung der Namen auf Adressen. Wir haben die folgenden Resource Records in die Datei *db.movie* aufgenommen:

```
;
; Host-Adressen:
;
localhost.movie.edu.     IN A      127.0.0.1
robocop.movie.edu.       IN A      192.249.249.2
terminator.movie.edu.    IN A      192.249.249.3
diehard.movie.edu.       IN A      192.249.249.4
misery.movie.edu.        IN A      192.253.253.2
shining.movie.edu.       IN A      192.253.253.3
carrie.movie.edu.        IN A      192.253.253.4
;
; Multihome-Hosts:
;
wormhole.movie.edu.      IN A      192.249.249.1
wormhole.movie.edu.      IN A      192.253.253.1
;
; Aliases:
;
bigt.movie.edu.          IN CNAME  terminator.movie.edu.
dh.movie.edu.            IN CNAME  diehard.movie.edu.
wh.movie.edu.            IN CNAME  wormhole.movie.edu.
wh249.movie.edu.         IN A      192.249.249.1
wh253.movie.edu.         IN A      192.253.253.1
```

Die beiden ersten Blöcke sind wohl nicht besonders überraschend. Das A steht für Adresse, und jeder Resource Record bildet einen Namen auf eine Adresse ab. *wormhole* fungiert als Router. Er besitzt zwei Adressen, die mit seinem Namen verknüpft sind, und verfügt deshalb auch über zwei Adreß-Records. Im Gegensatz zu Host-Tabellen-Lookups kann ein DNS-Lookup mehr als eine Adresse für einen bestimmten Namen zurückliefern. Der Lookup für *wormhole* liefert zwei Adressen zurück. Wenn der anfragende Rechner und der Nameserver im gleichen Netzwerk liegen, plazieren einige Nameserver die »naheliegendste« Adresse zur Verbesserung der Leistung an erster Stelle in der Liste. Dieses Feature wird als *Adreß-Sortierung* bezeichnet und in Kapitel 10, *Fortgeschrittenere Eigenschaften und Sicherheit*, behandelt. Kann die Adreß-Sortierung nicht angewandt werden, werden die Adressen zwischen den Abfragen *rotiert*, d.h. sie werden bei aufeinanderfolgenden Antworten jeweils in einer anderen Reihenfolge aufgeführt. BIND beherrscht diese Rotation seit der Version BIND 4.9.

Der dritte Block enthält die Host-Tabellen-Aliase. Für die ersten drei Aliase haben wir CNAME-Records angelegt (das Akronym CNAME steht für »canonical name«, also »kanonischer Name«). Darüber hinaus haben wir Adreß-Records für die zwei weiteren Aliase angelegt – mehr dazu gleich. Ein CNAME-Record ordnet ein Alias seinem kanonischen Namen zu. Der Nameserver behandelt CNAME-Records anders, als die Aliases in der Host-Tabelle behandelt werden. Wenn ein Nameserver einen Namen nachsieht und einen CNAME-Record findet, ersetzt er den Namen durch den kanonischen Namen und schaut diesen neuen Namen nach. Wenn der Nameserver beispielsweise *wh* nachsieht, findet er einen auf *wormhole* verweisenden CNAME-Record. Danach wird *wormhole* nachgesehen, und beide Adressen werden zurückgeliefert.

Es gibt eine Sache, die Sie bei Aliases wie *bigt* immer beachten sollten: Sie sollten niemals auf der rechten Seite eines Resource Records erscheinen. Anders ausgedrückt sollten Sie immer den kanonischen Namen (*terminator*) im Datenteil des Resource Records verwenden. Beachten Sie, daß die gerade von uns erzeugten NS-Records den kanonischen Namen benutzen.

Die beiden letzten Einträge lösen ein spezielles Problem. Stellen Sie sich einen Router wie *wormhole* vor, bei dem Sie eine der Schnittstellen prüfen wollen. Eine gängige Technik der Fehlersuche besteht darin, die Schnittstelle mit dem Dienstprogramm *ping* anzusprechen, um festzustellen, ob sie antwortet. Wenn Sie *ping* auf *wormhole* anwenden, liefert der Nameserver beim Lookup beide Adressen zurück. *ping* benutzt dann die erste Adresse der Liste. Aber welche Adresse befindet sich an erster Stelle?

Bei der Host-Tabelle haben wir die gewünschte Adresse entweder über *wh249* oder *wh253* gewählt – jeder Name verwies auf *eine* Adresse des Hosts. Um beim DNS die gleiche Möglichkeit bereitzustellen, haben wir aus *wh249* und *wh253* keine Aliases (CNAME-Records) gemacht, weil dies dazu geführt hätte, daß beim Lookup des Alias beide Adressen für *wormhole* zurückgeliefert worden wären. Um nun die Funktionsfähigkeit der Schnittstelle 192.253.253.1 von *wormhole* zu prüfen, geben wir *ping wh253* ein, weil hier nur auf eine Adresse verwiesen wird. Das gleiche gilt für *wh249*.

Fassen wir dies zu einer allgemeinen Regel zusammen: Wenn ein Host ein »Multihome-Host« ist (also mehr als eine Netzwerkschnittstelle besitzt), erzeugen wir einen Adreß-Record (A) für jedes Alias, das sich auf eine bestimmte Adresse bezieht. Einen CNAME-Record erzeugen wir für jedes gängige Alias, das für alle Adressen gültig ist.

Sie sollten den Benutzern allerdings nichts über Namen wie *wh249* und *wh253* verraten. Diese Namen sind nur zur Systemadministration gedacht. Wenn sich die Benutzer daran gewöhnen, Namen wie *wh249* zu verwenden, werden sie verwirrt sein, wenn diese Namen an manchen Stellen (wie *.rhosts*-Dateien) nicht funktionieren. Dies kann vorkommen, weil an diesen Stellen der Name gefordert wird, der aus dem Nachschlagen einer Adresse resultiert, und dieser Name ist dann der kanonische Name *wormhole*.

Weil wir Adreß-Records (A) für *wh249* und *wh253* verwendet haben, fragen Sie sich vielleicht, ob es in *allen* Fällen in Ordnung ist, A-Records anstelle von CNAME-Records zu verwenden. Nun, die Verwendung von Adreß-Records anstelle von CNAME-Records führt bei den meisten Anwendungen nicht zu Problemen, weil die Anwendung nur nach der IP-Adresse sucht. Es gibt aber eine Anwendung – *sendmail* – deren Verhalten sich hier unterscheidet. *sendmail* ersetzt üblicherweise Aliase in Mail-Headern durch ihren kanonischen Namen. Diese *Kanonisierung* erfolgt nur, wenn mit dem im Mail-Header enthaltenen Namen CNAME-Daten assoziiert sind. Ohne CNAME-Records für Aliase müßte Ihr *sendmail* alle möglichen Aliase kennen, unter denen Ihr Host bekannt sein könnte, was wiederum von Ihrer Seite zusätzliche Konfigurationsarbeiten an *sendmail* erfordern würde.

Zusätzlich zu diesem Problem mit *sendmail* könnten die Benutzer durcheinanderkommen, wenn sie herauszufinden versuchten, welchen kanonischen Namen sie in der Datei *.rhosts* eintragen müssen. Der Lookup eines Namens, der CNAME-Daten besitzt, führt die Benutzer zum kanonischen Namen, was bei Adreßdaten nicht der Fall ist. Hier *sollten* die Benutzer die *IP-Adresse* nachsehen, um an den kanonischen Namen zu gelangen, wie das auch *rlogind* macht, aber solche Benutzer scheinen nie an den von uns administrierten Systemen zu arbeiten.

## *PTR-Records*

Als nächstes sorgen wir für die Abbildung von Adressen auf Namen. Die Datei *db.192.249.249* bildet die Adressen des Netzwerks 192.249.249 auf die entsprechenden Host-Namen ab. Die im DNS für diese Abbildung verwendeten Resource Records sind Pointer (Zeiger)-Records, kurz PTR-Records. Für jede Host-Schnittstelle in diesem Netzwerk gibt es einen Record. (Erinnern Sie sich daran, daß Adressen im DNS als Namen nachgesehen werden. Die Adresse wird invertiert und *in-addr.arpa* angehängt.)

Hier die PTR-Records, die wir für das Netzwerk 192.249.249 hinzugefügt haben:

```
1.249.249.192.in-addr.arpa.    IN PTR  wormhole.movie.edu.
2.249.249.192.in-addr.arpa.    IN PTR  robocop.movie.edu.
3.249.249.192.in-addr.arpa.    IN PTR  terminator.movie.edu.
4.249.249.192.in-addr.arpa.    IN PTR  diehard.movie.edu.
```

Es gibt eine Reihe von Dingen, die es bei diesen Daten zu beachten gilt. Zum einen sollten die Adressen nur auf einen einzigen Namen, nämlich den kanonischen Namen zeigen. Daher wird 192.249.249.1 auf *wormhole* abgebildet und nicht auf *wh249*. Sie *können* zwei PTR-Records erzeugen (einen für *wormhole* und einen für *wh249*), aber die meisten Systeme sind nicht darauf vorbereitet, es mit mehr als einer Adresse zu tun zu haben. Zum anderen können Sie an dieser Stelle nur eine Adresse sehen, obwohl *wormhole* zwei Adressen besitzt. Das liegt daran, daß diese Datei nur die direkten Verbindungen für das Netzwerk 192.249.249 enthält und *wormhole* hier nur eine Verbindung besitzt.

Für das Netzwerk 192.253.253 haben wir vergleichbare Daten angelegt.

## *Die vollständigen Datendateien*

Nachdem wir nun die verschiedenen Resource Records erläutert haben, die in den db-Dateien vorkommen, wollen wir Ihnen zeigen, wie es aussieht, wenn alle Daten an einem Ort vorliegen. Wir möchten noch einmal daran erinnern, daß die tatsächliche Reihenfolge dieser Resource Records keine Rolle spielt.

Hier ist der Inhalt der Datei *db.movie*:

```
movie.edu.   IN SOA terminator.movie.edu. al.robocop.movie.edu. (
                    1          ; Serial
                    10800      ; Refresh nach drei Stunden
                    3600       ; Retry nach einer Stunde
                    604800     ; Expire nach einer Woche
                    86400 )    ; Minimale TTL von einem Tag

;
; Nameserver:
;
movie.edu.         IN NS    terminator.movie.edu.
movie.edu.         IN NS    wormhole.movie.edu.

;
; Adressen für kanonische Namen:
;
localhost.movie.edu.     IN A     127.0.0.1
robocop.movie.edu.       IN A     192.249.249.2
terminator.movie.edu.    IN A     192.249.249.3
diehard.movie.edu.       IN A     192.249.249.4
misery.movie.edu.        IN A     192.253.253.2
shining.movie.edu.       IN A     192.253.253.3
carrie.movie.edu.        IN A     192.253.253.4
wormhole.movie.edu.      IN A     192.249.249.1
wormhole.movie.edu.      IN A     192.253.253.1

;
; Aliase:
;
bigt.movie.edu.          IN CNAME terminator.movie.edu.
dh.movie.edu.            IN CNAME diehard.movie.edu.
wh.movie.edu.            IN CNAME wormhole.movie.edu.

;
; schnittstellenspezifische Namen:
;
wh249.movie.edu.         IN A     192.249.249.1
wh253.movie.edu.         IN A     192.253.253.1
```

Hier ist der Inhalt der Datei *db.192.249.249*:

```
249.249.192.in-addr.arpa.  IN SOA  terminator.movie.edu. al.robocop.movie.edu. (
                           1          ; Serial
                           10800      ; Refresh nach drei Stunden
                           3600       ; Retry nach einer Stunde
                           604800     ; Expire nach einer Woche
                           86400 )    ; Minimale TTL von einem Tag
;
; Nameserver:
;
249.249.192.in-addr.arpa.  IN NS   terminator.movie.edu.
249.249.192.in-addr.arpa.  IN NS   wormhole.movie.edu.

;
; Adressen zeigen auf kanonische Namen:
;
1.249.249.192.in-addr.arpa.  IN PTR  wormhole.movie.edu.
2.249.249.192.in-addr.arpa.  IN PTR  robocop.movie.edu.
3.249.249.192.in-addr.arpa.  IN PTR  terminator.movie.edu.
4.249.249.192.in-addr.arpa.  IN PTR  diehard.movie.edu.
```

Hier ist der Inhalt der Datei *db.192.253.253*:

```
253.253.192.in-addr.arpa.  IN SOA  terminator.movie.edu. al.robocop.movie.edu. (
                           1          ; Serial
                           10800      ; Refresh nach drei Stunden
                           3600       ; Retry nach einer Stunde
                           604800     ; Expire nach einer Woche
                           86400 )    ; Minimale TTL von einem Tag
;
; Nameserver:
;
253.253.192.in-addr.arpa.  IN NS   terminator.movie.edu.
253.253.192.in-addr.arpa.  IN NS   wormhole.movie.edu.

;
; Adressen zeigen auf kanonische Namen:
;
1.253.253.192.in-addr.arpa.  IN PTR  wormhole.movie.edu.
2.253.253.192.in-addr.arpa.  IN PTR  misery.movie.edu.
3.253.253.192.in-addr.arpa.  IN PTR  shining.movie.edu.
4.253.253.192.in-addr.arpa.  IN PTR  carrie.movie.edu.
```

## *Die Loopback-Adresse*

Ein Nameserver benötigt eine weitere *db.ADR*-Datei, um das *Loopback*-Netzwerk abzudecken. Diese spezielle Adresse verwenden Hosts, um Daten direkt an sich selbst zu leiten. Dieses Netzwerk ist (fast) immer das Netzwerk 127.0.0, und die Host-Nummer ist (fast) immer 127.0.0.1. Daher lautet der Name dieser Datei *db.127.0.0*. Es ist wohl nicht weiter überraschend, daß diese Datei wie die anderen *db.ADR*-Dateien aussieht.

## Die DNS-Daten einrichten

Hier ist der Inhalt der Datei *db.127.0.0*:

```
0.0.127.in-addr.arpa.   IN SOA terminator.movie.edu. al.robocop.movie.edu. (
                        1           ; Serial
                        10800       ; Refresh nach drei Stunden
                        3600        ; Retry nach einer Stunde
                        604800      ; Expire nach einer Woche
                        86400 )     ; Minimale TTL von einem Tag

0.0.127.in-addr.arpa.   IN NS   terminator.movie.edu.
0.0.127.in-addr.arpa.   IN NS   wormhole.movie.edu.

1.0.0.127.in-addr.arpa. IN PTR  localhost.
```

Warum benötigen Nameserver diese seltsame kleine Datei? Denken Sie einige Sekunden darüber nach. Niemandem wurde die Verantwortung für das Netzwerk 127 überantwortet, dennoch verwenden Systeme es als Loopback-Adresse. Weil niemand die direkte Verantwortung für diese Adresse besitzt, ist jeder, der sie benutzt, selbst verantwortlich. Sie könnten diese Datei weglassen, und Ihr Nameserver würde dennoch funktionieren. Allerdings könnte ein Lookup von 127.0.0.1 fehlschlagen, weil der Root-Nameserver selbst nicht so konfiguriert ist, daß er 127.0.0.1 auf einen Namen abbildet. Sie sollten diese Zuordnung selbst übernehmen, damit es keine bösen Überraschungen gibt.

## *Die Root-Cache-Daten*

Neben den lokalen Informationen muß der Nameserver auch wissen, wo sich die Nameserver für die Root-Domain befinden. Diese Information muß vom Internet-Host *ftp.rs.internic.net* (198.41.0.7) heruntergeladen werden. Verwenden Sie anonymes *FTP*, um die Datei *named.root* aus dem Unterverzeichnis *domain* herunterzuladen.

```
;       This file holds the information on root Nameserver needed to
;       initialize cache of Internet domain Nameserver
;       (e.g. reference this file in the "cache  .  >file>"
;       configuration file of BIND domain Nameserver).
;
;       This file is made available by InterNIC registration services
;       under anonymous FTP as
;           file                /domain/named.root
;           on server           FTP.RS.INTERNIC.NET
;       -OR- under Gopher at    RS.INTERNIC.NET
;           under menu          InterNIC Registration Services (NSI)
;              submenu          InterNIC Registration Archives
;           file                named.root
;
;       last update:    Aug 22, 1997
;       related version of root zone:   1997082200
;
;
; formerly NS.INTERNIC.NET
;
.                       3600000 IN NS   A.ROOT-SERVERS.NET.
```

```
A.ROOT-SERVERS.NET.      3600000    A     198.41.0.4
;
; formerly NS1.ISI.EDU
;
.                        3600000    NS    B.ROOT-SERVERS.NET.
B.ROOT-SERVERS.NET.      3600000    A     128.9.0.107
;
; formerly C.PSI.NET
;
.                        3600000    NS    C.ROOT-SERVERS.NET.
C.ROOT-SERVERS.NET.      3600000    A     192.33.4.12
;
; formerly TERP.UMD.EDU
;
.                        3600000    NS    D.ROOT-SERVERS.NET.
D.ROOT-SERVERS.NET.      3600000    A     128.8.10.90
;
; formerly NS.NASA.GOV
;
.                        3600000    NS    E.ROOT-SERVERS.NET.
E.ROOT-SERVERS.NET.      3600000    A     192.203.230.10
;
; formerly NS.ISC.ORG
;
.                        3600000    NS    F.ROOT-SERVERS.NET.
F.ROOT-SERVERS.NET.      3600000    A     192.5.5.241
;
; formerly NS.NIC.DDN.MIL
;
.                        3600000    NS    G.ROOT-SERVERS.NET.
G.ROOT-SERVERS.NET.      3600000    A     192.112.36.4
;
; formerly AOS.ARL.ARMY.MIL
;
.                        3600000    NS    H.ROOT-SERVERS.NET.
H.ROOT-SERVERS.NET.      3600000    A     128.63.2.53
;
; formerly NIC.NORDU.NET
;
.                        3600000    NS    I.ROOT-SERVERS.NET.
I.ROOT-SERVERS.NET.      3600000    A     192.36.148.17
;
; temporarily housed at NSI (InterNIC)
;
.                        3600000    NS    J.ROOT-SERVERS.NET.
J.ROOT-SERVERS.NET.      3600000    A 198.41.0.10
;
; housed in LINX, operated by RIPE NCC
;
.                        3600000    NS    K.ROOT-SERVERS.NET.
K.ROOT-SERVERS.NET.      3600000    A     193.0.14.129
;
; temporarily housed at ISI (IANA)
```

```
.                           3600000      NS     L.ROOT-SERVERS.NET.
L.ROOT-SERVERS.NET.         3600000      A      193.32.64.12

; housed in Japan, operated by WIDE

.                           3600000      NS     M.ROOT-SERVERS.NET.
M.ROOT-SERVERS.NET.         3600000      A      202.12.27.33
; End of File
```

Der Domain-Name ».« verweist auf die Root-Domain. Weil sich die Nameserver der Root-Domains mit der Zeit ändern, sollten Sie nicht davon ausgehen, daß *diese* Liste aktuell ist. Besorgen Sie sich eine neue Version von *named.root*.

Wie wird diese Datei auf dem neuesten Stand gehalten? Nun, als Netzwerkadministrator müssen Sie sich darum kümmern. Einige vorangegangene BIND-Versionen aktualisierten diese Datei regelmäßig, allerdings wurde dieses Feature wieder herausgenommen. Offensichtlich hat es nicht so gut funktioniert, wie sich das die Entwickler erhofft hatten. Manchmal wird die geänderte *db.cache* an die *bind-users* oder *namedroppers*-Mailing-Liste geschickt. Wenn Sie auf einer dieser Mailing-Listen stehen, erfahren Sie sehr wahrscheinlich von etwaigen Änderungen.

Kann man andere Daten als die der Root-Nameserver in diese Datei aufnehmen? Man kann, aber sie werden nicht genutzt. Ursprünglich hatte der Nameserver diese Daten in seinem Cache abgelegt. Nun hat sich die Cache-Datei aber (auf subtile Weise) dahingehend verändert, daß sie »Hinweise« für den Root-Nameserver, sogenannte *Hints*, enthält (wobei der Begriff »Cache-Datei« erhalten blieb). Der Nameserver speichert diese Hint-Daten an einem speziellen Ort ab und verwirft sie auch dann nicht, wenn die TTL auf Null heruntergetickt ist (wie er das sonst mit den Cache-Daten macht). Der Nameserver verwendet diese speziellen Daten, um die Root-Nameserver nach der aktuellen Liste der Root-Nameserver abzufragen. Diese legt er dann im Cache ab. Sobald die Geltungsdauer der im Cache liegenden Liste von Root-Nameservern abläuft, nutzt der Nameserver erneut die Hint-Daten, um an eine neue Liste zu gelangen.

Wofür sind diese ganzen 3600000er da? Bei älteren Versionen dieser Datei lautete die Zahl ursprünglich **99999999**. Weil diese Datei dereinst Daten enthielt, die im Cache vorgehalten werden sollten, mußte der Nameserver wissen, wie lange die Records gültig waren. Die Zahl **99999999** bedeutete *eine sehr lange Zeitspanne*. Die Daten der Root-Nameserver sollten aktiv sein, solange der Server lief. Weil der Nameserver diese Daten aber mittlerweile an einem speziellen Ort ablegt und sie nicht mehr aussortiert, sobald die TTL überschritten wird, ist der Wert der TTL nun ohne Bedeutung. Aber die 3600000er tun niemandem weh, und es entsteht so etwas wie BIND-Folklore, wenn Sie die Verantwortung an den nächsten Nameserver-Administrator übergeben.

# Einrichten einer BIND-Konfigurationsdatei

Nachdem die db-Dateien erzeugt wurden, muß der Nameserver angewiesen werden, jede dieser Dateien zu lesen. Bei BIND ist die Konfigurationsdatei der Mechanismus, mit dem der Server auf seine db-Dateien verwiesen wird. Bis zu diesem Punkt haben wir Dateien behandelt, deren Daten und Formate in der DNS-Spezifikation beschrieben sind. Die Konfigurationsdatei ist hingegen BIND-spezifisch und nicht in den DNS-RFCs definiert.

Die Syntax der Konfigurationsdatei hat sich von BIND Version 4 zu Version 8 stark geändert. Wir zeigen Ihnen zunächst die Syntax für BIND 4 und dann die entsprechende Syntax für BIND 8. Sie müssen die Manpage *named*[1] prüfen, um herauszufinden, welche BIND-Version auf Ihrem System installiert ist. Wenn Sie bereits über eine Konfigurationsdatei von BIND 4 verfügen, können Sie diese mit dem Perl-Skript */src/bin/named/named-bootconf.pl* für BIND 8 konvertieren. Dieses Skript wird mit den Quelldateien von BIND 8 geliefert.

In BIND 4 entspricht die Syntax für Kommentare derjenigen von Datenbankdateien – Zeilen mit Kommentaren beginnen mit einem Semikolon und enden mit dem Ende der jeweiligen Zeile:

```
; Dies ist ein Kommentar
```

In BIND 8 sind drei unterschiedliche Kommentarkennzeichnungen möglich: wie in C, in C++ oder in Shell-Skripten:

```
/* Dies ist ein Kommentar im C-Stil */
// Dies ist ein Kommentar im C++-Stil
# Dies ist ein Kommentar wie in einem Shell-Skript
```

Verwenden Sie nicht die Kommentare aus BIND 4 in der BIND 8-Konfigurationsdatei. Sie funktionieren dort nicht, denn das Semikolon beendet eine Konfigurationsanweisung, statt einen Kommentar zu beginnen.

Üblicherweise enthalten Konfigurationsdateien eine Zeile, die angibt, in welchem Verzeichnis die Dateien liegen. Der Nameserver wechselt zuerst in dieses Verzeichnis, bevor er die Dateien liest. Auf diese Weise können die Dateinamen relativ angegeben werden, d.h. die Angabe vollständiger Pfadnamen erübrigt sich. Eine solche Verzeichniszeile sieht in Version 4 wie folgt aus:

```
directory /usr/local/named
```

Und in Version 8 von BIND sieht sie so aus:

---

[1] Named wird »Näim-Di« ausgesprochen. Es ist die Abkürzung für »Name Server Daemon«. »BIND« wird wie das englische Wort »kind« ausgesprochen. Einige kreative Menschen haben sich nach der Entdeckung von Ähnlichkeiten in den beiden Bezeichnungen entschlossen, ihre jeweilige Aussprache sozusagen »über Kreuz« zu ändern, und zwar in »Bein-Di« bzw. »named«, wie das englische Wort »tamed«.

```
options {
    directory "/usr/local/named";
    //Weitere Optionen stehen hier.
};
```

HINWEIS   In der Konfigurationsdatei ist lediglich eine *options*-Anweisung erlaubt. Sie müssen also weitere Optionen, die wir weiter hinten in diesem Buch nennen, zusammen mit der Option *directory* in die Datei schreiben.

Auf einem primären Master-Nameserver enthält die Konfigurationsdatei für jede einzulesende Datei eine Zeile. In Version 4 besteht jede solche Zeile aus drei Feldern: dem Wort *primary*, beginnend in der ersten Spalte, dem Domain-Namen der Zone und dem Dateinamen:

```
primary   movie.edu                  db.movie
primary   249.249.192.in-addr.arpa   db.192.249.249
primary   253.253.192.in-addr.arpa   db.192.253.253
primary   0.0.127.in-addr.arpa       db.127.0.0
```

In Version 8 beginnt die Zeile mit dem Schlüsselwort *zone*, dem der Domain-Name und die Klasse (*in* steht für Internet) folgen. *type master* hat dieselbe Bedeutung wie *primary* bei BIND 4. Das letzte Feld ist der Dateiname:

```
zone "movie.edu" in {
    type master;
    file "db.movie";
};
```

Und hier ist die Zeile der Konfigurationsdatei, mit der in BIND 4 die Cache-Datei eingelesen wird:

```
cache   .   db.cache
```

Die entsprechende Anweisung in BIND 8 sieht wie folgt aus:

```
zone "." in {
    type hint;
    file "db.cache";
};
```

Wie bereits erwähnt, dient diese Datei nicht dazu, beliebige Daten im Cache abzulegen. Sie enthält nur die Root-Nameserver-*Hints*.

Standardmäßig erwartet BIND 4, daß die Konfigurationsdatei */etc/named.boot* heißt. Diese Voreinstellung kann aber mit einer Kommandozeilenoption geändert werden. BIND 8 erwartet die Konfigurationsdatei unter */etc/named.conf* statt */etc/named/boot*. Die db-Dateien für unser Beispiel liegen im Verzeichnis */usr/local/named*. Welches Verzeichnis man verwendet, spielt keine Rolle. Vermeiden Sie es, das Verzeichnis im Root-Dateisystem anzulegen, wenn dort nicht ausreichend Speicherplatz vorhanden ist. Hier eine vollständige */etc/named.boot* für Version 4:

```
directory /usr/local/named

primary   movie.edu                      db.movie
primary   249.249.192.in-addr.arpa       db.192.249.249
primary   253.253.192.in-addr.arpa       db.192.253.253
primary   0.0.127.in-addr.arpa           db.127.0.0
cache     .                              db.cache
```

Und hier die vollständige Version 8-Konfigurationsdatei:

```
//BIND-Konfigurationsdatei

options {
    directory "/usr/local/named";
    //Weitere Optionen stehen hier.
};

zone "movie.edu" in {
    type master;
    file "db.movie";
};
zone "249.249.192.in-addr.arpa" in {
    type master;
    file "db.192.249.249";
};
zone "253.253.192.in-addr.arpa" in {
    type master;
    file "db.192.253.253";
};
zone "0.0.127.in-addr.arpa" in {
    type master;
    file "db.127.0.0";
};

zone "." in {
    type hint;
    file "db.cache";
};
```

# Abkürzungen

An diesem Punkt haben wir alle Dateien erzeugt, die für den primären Master-Nameserver notwendig sind. Lassen Sie uns nun zurückkehren und uns die DNS-Datenbankdateien noch einmal ansehen. Es gibt einige Abkürzungen, die wir nicht verwendet haben. Solange Sie die ausführliche Form aber nicht gesehen und verstanden haben, kann die Kurzform sehr kryptisch anmuten. Nachdem Sie die lange Form nun gesehen haben und wissen, wie die BIND-Konfigurationsdatei aussieht, zeigen wir Ihnen die Kurzformen.

## Domains anhängen

Das zweite Feld einer *primären* Boot- oder Konfigurationsdatei-Zeile (BIND 4 respektive 8) gibt einen Domain-Namen an. Dieser Name ist der Schlüssel zur nützlichsten aller Abkürzungen. Diese Domain ist der *Ursprung* (»origin«) aller Daten in der db-Datei. Der Ursprung wird an alle Namen innerhalb der db-Datei angehängt, die nicht mit einem Punkt enden. Dieser Ursprung lautet für jede db-Datei anders.

Weil der Ursprung an Namen angehängt wird, hätten wir die Adresse von *robocop* in *db.movie* nicht nur so

        robocop.movie.edu.    IN A     192.249.249.2

sondern auch wie folgt eingeben können:

        robocop      IN A      192.249.249.2

In der Datei *db.192.24.249* haben wir folgendes eingegeben:

        2.249.249.192.in-addr.arpa.    IN PTR robocop.movie.edu.

Weil hier *249.249.192.in-addr.arpa* der Ursprung ist, hätten wir auch folgendes schreiben können:

        2    IN PTR robocop.movie.edu.

Erinnern Sie sich daran, daß wir Sie vorhin gewarnt haben, den abschließenden Punkt bei langen Namen nicht zu vergessen? Stellen Sie sich vor, Sie hätten den abschließenden Punkt weggelassen. Ein Eintrag wie

        robocop.movie.edu    IN A      192.249.249.2

wäre dann zu *robocop.movie.edu.movie.edu* geworden, und das ist nicht das, was Sie wollten.

## @-Notation

Wenn der Domain-Name mit dem Ursprung *identisch* ist, kann er mit »@« angegeben werden. Dies ist am häufigsten im SOA-Record der db-Dateien zu sehen. Die SOA-Records hätten auch wie folgt angegeben werden können:

        @ IN SOA terminator.movie.edu. al.robocop.movie.edu. (
                        1          ; Serial
                        10800      ; Refresh nach drei Stunden
                        3600       ; Retry nach einer Stunde
                        604800     ; Expire nach einer Woche
                        86400 )    ; Minimale TTL von einem Tag

## Letzten Namen wiederholen

Gibt man den Namen eines Resource Records (der in der ersten Spalte beginnt) mit einem Leerzeichen oder einem Tabulator an, wird der Name des vorangegangenen Resource Records verwendet. Sie können diese Möglichkeit nutzen, wenn es für einen

Namen mehrere Resource Records gibt. Hier ein Beispiel mit zwei Adreß-Records für einen Namen:

```
wormhole    IN A    192.249.249.1
            IN A    192.253.253.1
```

Beim zweiten Adreß-Record wird der Name *wormhole* implizit angenommen. Sie können diese Kurzform selbst dann benutzen, wenn es sich um Resource Records unterschiedlicher Art handelt.

## Die gestrafften db-Dateien

Nachdem wir Ihnen die Abkürzungen nun vorgestellt haben, gehen wir noch einmal die db-Dateien durch und machen von den Kurzformen Gebrauch.

Hier ist der Inhalt der Datei *db.movie*:

```
;
; Der Ursprung movie.edu wird den Namen
; hinzugefügt, die nicht mit einem Punkt enden.
;
@   IN SOA terminator.movie.edu. al.robocop.movie.edu. (
                1          ; Serial
                10800      ; Refresh nach drei Stunden
                3600       ; Retry nach einer Stunde
                604800     ; Expire nach einer Woche
                86400 )    ; Minimale TTL von einem Tag
;
; Nameserver (der Name '@' wird impliziert):
;
            IN NS   terminator.movie.edu.
            IN NS   wormhole.movie.edu.
;
; Adressen für die kanonischen Namen:
;
localhost   IN A    127.0.0.1
robocop     IN A    192.249.249.2
terminator  IN A    192.249.249.3
diehard     IN A    192.249.249.4
misery      IN A    192.253.253.2
shining     IN A    192.253.253.3
carrie      IN A    192.253.253.4

wormhole    IN A    192.249.249.1
            IN A    192.253.253.1
;
; Aliase:
;
bigt        IN CNAME terminator
dh          IN CNAME diehard
```

```
wh          IN CNAME   wormhole

;
; schnittstellenspezifische Namen:
;
wh249       IN A       192.249.249.1
wh253       IN A       192.253.253.1
```

Hier ist der Inhalt der Datei *db.192.249.249*:

```
;
; Der Ursprung 249.249.192.in-addr.arpa wird den
; Namen hinzugefügt, die nicht mit einem Punkt enden.
;
@ IN SOA terminator.movie.edu. al.robocop.movie.edu. (
                        1          ; Serial
                        10800      ; Refresh nach drei Stunden
                        3600       ; Retry nach einer Stunde
                        604800     ; Expire nach einer Woche
                        86400 )    ; Minimale TTL von einem Tag

;
; Nameserver (der Name '@' wird impliziert):
;
    IN NS   terminator.movie.edu.
    IN NS   wormhole.movie.edu.

;
; Adressen verweisen auf kanonische Namen:
;
1 IN PTR wormhole.movie.edu.
2 IN PTR robocop.movie.edu.
3 IN PTR terminator.movie.edu.
4 IN PTR diehard.movie.edu.
```

Hier ist der Inhalt der Datei *db.192.253.253*:

```
;
; Der Ursprung 253.253.192.in-addr.arpa wird den
; Namen hinzugefügt, die nicht mit einem Punkt enden.
;
@ IN SOA terminator.movie.edu. al.robocop.movie.edu. (
                        1          ; Serial
                        10800      ; Refresh nach drei Stunden
                        3600       ; Retry nach einer Stunde
                        604800     ; Expire nach einer Woche
                        86400 )    ; Minimale TTL von einem Tag

;
; Nameserver (der Name '@' wird impliziert):
;
    IN NS   terminator.movie.edu.
```

```
            IN NS   wormhole.movie.edu.

        ;
        ; Adressen verweisen auf kanonische Namen:
        ;
        1   IN PTR  wormhole.movie.edu.
        2   IN PTR  misery.movie.edu.
        3   IN PTR  shining.movie.edu.
        4   IN PTR  carrie.movie.edu.
```

Hier ist der Inhalt der Datei *db.127.0.0*:

```
        @ IN SOA terminator.movie.edu. al.robocop.movie.edu. (
                        1           ; Serial
                        10800       ; Refresh nach drei Stunden
                        3600        ; Retry nach einer Stunde
                        604800      ; Expire nach einer Woche
                        86400 )     ; Minimale TTL von einem Tag

            IN NS   terminator.movie.edu.
            IN NS   wormhole.movie.edu.

        1   IN PTR  localhost.
```

Wenn Sie sich die neue *db.movie* ansehen, fällt Ihnen vielleicht auf, daß wir *movie.edu* aus der Liste der Host-Namen in den SOA- und NS-Records hätten entfernen können:

```
        @ IN SOA terminator al.robocop (
                        1           ; Serial
                        10800       ; Refresh nach drei Stunden
                        3600        ; Retry nach einer Stunde
                        604800      ; Expire nach einer Woche
                        86400 )     ; Minimale TTL von einem Tag

                IN NS   terminator
                IN NS   wormhole
```

Dies können Sie in den anderen db-Dateien *nicht* machen, weil deren Ursprung verschieden ist. In *db.movie* haben wir diese Namen als voll qualifizierte Domain-Namen stehenlassen, damit die NS- und SOA-Records in *allen* db-Dateien genau gleich sind.

## *Prüfen von Host-Namen (BIND 4.9.4 und höher)*

Wenn Ihr Nameserver älter ist als BIND 4.9.4, können Sie zum nächsten Abschnitt übergehen.

Wenn Sie die Nameserver-Version BIND 4.9.4 oder höher verwenden, müssen Sie bei der Vergabe von Host-Namen besonders vorsichtig sein. Seit der Version 4.9.4 prüft BIND, ob die Host-Namen zu RFC 952 konform sind. Ist ein Host-Name nicht konform, geht BIND davon aus, daß ein Syntaxfehler in der Zone vorliegt.

Bevor Sie in Panik geraten, sollten Sie wissen, daß die Prüfung nur auf Namen angewandt wird, die als Host-Namen betrachtet werden. Erinnern Sie sich daran, daß Resource Records ein *Namens-* und ein *Datenfeld* aufweisen:

```
<Name>       <Klasse>  <Typ>   <Daten>
terminator   IN        A       192.249.249.3
```

Host-Namen finden Sie im Feld *name* von A (Adresse)- und MX-Record (MX-Datensätze werden in Kapitel 5, *DNS und E-Mail*, beschrieben). Host-Namen finden sich auch im Feld *data* von SOA- und NS-Records. Zumindest in der Version 4.9.4 müssen CNAMEs nicht den Namensregeln für *Hosts* entsprechen, weil sie auf Namen verweisen können, bei denen es sich nicht um Host-Namen handelt.

Hier die Regeln für die Benennung von Hosts: Host-Namen dürfen aus alphanumerischen und numerischen Zeichen bestehen. Nachfolgend zwei gültige Host-Namen:

```
ID4           IN A 192.249.249.10
postmanring2x IN A 192.249.249.11
```

Ein Bindestrich ist erlaubt, wenn er sich innerhalb des Namens befindet:

```
fx-gateway    IN A 192.249.249.12
```

**HINWEIS**   Unterstriche sind in Host-Namen nicht erlaubt.

Namen, bei denen es sich nicht um Host-Namen handelt, dürfen aus jedem darstellbaren ASCII-Zeichen bestehen.

Wenn das *data*-Feld eines Resource Records eine Mail-Adresse (*mail address* bei SOA-Records) verlangt, darf das erste Label aus allen druckbaren Zeichen bestehen, weil es nicht für einen Host-Namen steht. Die restlichen Label müssen aber der weiter vorne beschriebenen Syntax folgen. Zum Beispiel hat die Mail-Adresse die folgende Syntax:

```
<ASCII-Zeichen>.<Host-Namenszeichen>
```

Lautet Ihre Mail-Adresse beispielsweise *key_grip@movie.edu*, kann sie immer noch im SOA-Record verwendet werden, selbst mit dem Unterstrich. Denken Sie dabei daran, daß bei der Mail-Adresse das »@« durch ein ».« ersetzt wird:

```
movie.edu. IN SOA terminator.movie.edu. key_grip.movie.edu. (
                 1        ; Serial
                 10800    ; Refresh nach drei Stunden
                 3600     ; Retry nach einer Stunde
                 604800   ; Expire nach einer Woche
                 86400 )  ; Minimale TTL von einem Tag
```

Dieser zusätzliche Prüfungsgrad kann bei Sites, die von einer großzügigen auf eine konservative BIND-Variante umsteigen, zu dramatischen Problemen führen. Dies gilt besonders für Sites, bei denen die Namen standardmäßig Unterstriche enthalten dürfen. Soll die Änderung der Namen auf einen späteren Zeitpunkt verschoben werden, kann

## Kapitel 4: BIND einrichten

dieses Feature so entschärft werden, daß nur Warnungen ausgegeben werden oder der Fehler einfach ignoriert wird. (Aber natürlich ändern Sie die Namen noch, nicht wahr?) Die folgende BIND 4-Konfigurationsanweisung wandelt die Fehler in Warnungen um:

```
check-names primary warn
```

Bei BIND 8 sieht die Anweisung wie folgt aus:

```
options
    check-names master warn;
};
```

Die Warnungen werden mit dem *syslog*-Daemon protokolliert, den wir in Kürze erläutern werden. Die folgende Anweisung in der BIND 4-Konfigurationsdatei sorgt dafür, daß die Fehler ignoriert wird:

```
check-names primary ignore
```

Bei BIND 8 sieht die Anweisung wie folgt aus:

```
options
    check-names master ignore;
};
```

Wenn die nichtkonformen Namen aus einer Zone stammen, für die Sie das Backup übernehmen (und über die Sie keine Kontrolle haben), müssen Sie eine weitere Direktive dieser Art einbinden, wobei **primary** durch **secondary** zu ersetzen ist:

```
check-names secondary ignore
```

In BIND 8 wird *secondary* zu *slave*:

```
options
    check-names slave ignore;
};
```

Und wenn die Namen als Reaktion auf Queries auftauchen, also nicht in Zonentransfers, muß **response** angegeben werden:

```
check-names response ignore
```

Bei BIND 8 sieht diese Anweisung wie folgt aus:

```
options
    check-names response ignore;
};
```

Hier die Standardwerte von 4.9.4:

```
check-names primary fail
check-names secondary warn
check-names response ignore
```

Und hier die Standardwerte von BIND 8:

```
options
    check-names master fail;
    check-names slave warn;
    check-names response ignore;
};
```

In Version 8 von BIND können Sie die Namensprüfung für jede Zone separat festlegen. Für jede Zone, für die Sie entsprechende Optionen festlegen, werden die Standardoptionen überschrieben:

```
Zone "movie.edu" in {
    type master;
    file "db.movie";
    check-names fail;
};
```

| HINWEIS | Unter options können Sie insgesamt drei Felder angeben (*check-names master*, *check-names slave* und *check-names response*), unter den zonenspezifischen Optionen hingegen nur zwei (*check-names* und *check names response*). Das liegt daran, daß die Zoneninformationen bereits den Typ der Zone (*master* oder *slave*) angeben. Die Optionen *check-names master* und *check-names slave* sind innerhalb der Zonenoptionen daher durch *check-names* abgedeckt. |
|---|---|

# *Werkzeuge*

Wäre es nicht praktisch, ein Werkzeug zu besitzen, das Ihre Host-Tabelle in das Nameserver-Dateiformat umwandelt? Es gibt ein solches Programm, geschrieben in Perl: *h2n* – ein Konverter, der Host-Tabellen in Nameserver-Dateien umwandelt. Sie können *h2n* verwenden, um zu Beginn die DNS-Daten zu erzeugen, und diese dann manuell weiterpflegen. Oder Sie können *h2n* immer und immer wieder verwenden. Wie Sie gesehen haben, ist das Format der Host-Tabelle wesentlich einfacher zu verstehen und auf korrekte Weise zu modifizieren. Sie könnten also einfach die */etc/hosts* pflegen und *h2n* nach jeder Modifikation aufrufen, um Ihre DNS-Daten zu aktualisieren.

Wenn Sie die Verwendung von *h2n* planen, sollten Sie es auch gleich von Beginn an einsetzen, weil es die */etc/hosts* verwendet (und nicht Ihre von Hand erzeugten DNS-Daten), um die neuen DNS-Dateien anzulegen. Wir selbst hätten uns einiges an Arbeit sparen können, wenn wir die Beispieldaten in diesem Kapitel wie folgt erzeugt hätten:

```
% h2n -d movie.edu -s terminator -s robocop
  -n 192.249.249 -n 192.253.253
  -u al.robocop.movie.edu
```

Um Dateien für BIND 8 zu erzeugen, geben Sie zusätzlich die Option *-8* an.

Die Optionen *-d* und *-n* spezifizieren den Domain-Namen und die Netzwerknummern. Sie werden bemerken, daß die db-Dateinamen von diesen Optionen abgeleitet werden.

Die aufgeführten -s-Optionen geben die Nameserver für die NS-Records an. Das -u (für »user«) enthält die E-Mail-Adresse für den SOA-Record. *h2n* wird in *Kapitel 7* ausführlicher behandelt, sobald wir erläutert haben, inwiefern DNS E-Mail beeinflußt.

## Betrieb eines primären Master-Nameservers

Nachdem Sie nun Ihre DNS-Datenbankdateien angelegt haben, sind Sie soweit, eine Reihe von Nameservern zu starten. Sie müssen zwei Nameserver, einen primären Master und einen Slave, einrichten. Bevor Sie einen Nameserver starten, müssen Sie sicherstellen, daß der *syslog*-Daemon läuft. Sobald der Nameserver einen Fehler entdeckt, übergibt er eine Meldung an den *syslog*-Daemon. Wenn der Fehler kritisch genug ist, bricht der Nameserver ab.

### Starten des Nameservers

An dieser Stelle gehen wir davon aus, daß Sie auf Ihrer Maschine einen BIND-Nameserver und das Programm *nslookup* installiert haben. Sehen Sie sich die *named*-Manpage an, um herauszufinden, in welchem Verzeichnis der Server zu finden ist, und stellen Sie sicher, daß sich das ausführbare Programm (das »Executable«) auf Ihrem System befindet. Bei BSD-Systemen startet der Nameserver aus */etc*, aber er kann auch ganz woanders liegen. Andere Stellen, an denen Sie nach *named* suchen können, sind */usr/etc/in.named* und */usr/sbin/in.named*. Die nachfolgenden Erläuterungen gehen davon aus, daß der Nameserver sich immer noch in */etc* befindet.

Um den Nameserver starten zu können, müssen Sie sich als root einloggen. Der Nameserver operiert über einen reservierten Port, der root-Privilegien verlangt. Der Nameserver braucht den root-Zugriff für nichts anderes. Starten Sie den Nameserver beim ersten Mal von der Kommandozeile aus, um sicherzugehen, daß alles korrekt funktioniert. Später werden wir Ihnen zeigen, wie der Nameserver beim Booten des Systems automatisch gestartet werden kann.

Der folgende Befehl startet den Nameserver. In der Domain *movie.edu* führen wir diesen Befehl auf dem Host *terminator* aus.

```
# /etc/named
```

Bei diesem Befehl wird davon ausgegangen, daß */etc/named.boot* (BIND 4) oder */etc/namend.conf* (BIND 8) die Konfigurationsdatei ist. Sie können Ihre Konfigurationsdatei auch irgendwo anders liegen haben, müssen das dem Nameserver aber mit der Kommandozeilenoption -b explizit mitteilen:

```
# /etc/named -b Konfigurationsdatei
```

## Auf Syslog-Fehler prüfen

Das erste, was Sie nach dem Starten des Nameservers tun müssen, ist, die *syslog*-Datei auf Fehlermeldungen zu untersuchen. Wenn Sie mit *syslog* nicht vertraut sind, sehen Sie sich die *syslog.conf*-Manpage für eine Beschreibung der *syslog*-Konfigurationsdatei oder die *syslogd*-Manpage für eine Beschreibung des *syslog*-Daemons an. Der Nameserver schreibt als *daemon* Meldungen unter dem Namen *named* in die Log-Datei. Sie sollten in der Lage sein, herauszufinden, wo die *syslog*-Meldungen abgelegt werden, indem Sie in */etc/syslog.conf* nach *daemon* suchen:

```
% grep daemon /etc/syslog.conf
*.err;kern.debug;daemon,auth.notice /var/adm/messages
```

Bei diesem Host werden die *syslog*-Meldungen des Nameservers in */var/adm/messages* abgelegt, und *syslog* speichert nur solche Meldungen, die als LOG_NOTICE oder höher klassifiziert sind. Einige nützliche Meldungen werden an LOG_INFO geschickt – Sie werden einige dieser Meldungen sehen wollen. Sie können entscheiden, ob Sie den Log-Level ändern wollen, sobald Sie Kapitel 7 gelesen haben, in dem wir die *syslog*-Meldungen etwas ausführlicher behandeln.

Beim Start schreibt der Nameserver eine *Startmeldung* in die Log-Datei:

```
% grep named /var/adm/messages
Jan 10 20:48:32 terminator named[3221]: starting.
```

Die Startmeldung ist keine Fehlermeldung, aber es können durchaus weitere Meldungen vorhanden sein, bei denen es sich um Fehlermeldungen handelt. (Wenn der Server *restarted* anstelle von *starting* ausgibt, ist das auch in Ordnung. Die Meldung hat sich ab BIND 4.9.3. geändert.) Die häufigsten Fehler sind Syntaxfehler in den db-Dateien oder in der Konfigurationsdatei. Wenn Sie beispielsweise den Typ des Resource Records in einem Adreß-Record vergessen haben

```
robocop    IN    192.249.249.2
```

finden Sie die folgenden Fehlermeldungen in der *syslog*-Datei vor:

```
Jan 10 20:48:32 terminator named[3221]: Line 13: Unknown type:
        192.249.249.2
Jan 10 20:48:32 terminator named[3221]: db.movie Line 13:
        database format error (192.249.249.2)
```

Oder wenn Sie versehentlich das Wort »zone« in */etc/named.conf* falsch geschrieben haben

```
zne movie.edu   db.movie
```

erhalten Sie folgende *syslog*-Fehlermeldung:

```
Mar 22 20:14:21 terminator named[3227]: /etc/named.boot:
        line 9: syntax error near 'zne'
```

*Kapitel 4: BIND einrichten*

Wenn BIND in der Version 4.9.4 oder neuer einen Namen findet, der nicht RFC 952-konform ist, werden Sie die folgende *syslog*-Fehlermeldung vorfinden:

```
Jul 24 20:56:26 terminator named[1496]: owner name "ID_4.movie.edu IN"
                                  (primary) is invalid - rejecting
```

Bei einem Syntaxfehler sollten Sie sich die in der *syslog*-Fehlermeldung angesprochene Zeile anschauen und versuchen, den Fehler zu entdecken. Sie haben gesehen, wie die db-Dateien aussehen sollten. Das sollte genügen, um die meisten einfachen Syntaxfehler zu erkennen. Anderenfalls müssen Sie Kapitel 4, *DNS-Nachrichtenformat und Resource Records*, konsultieren, um die harten Details aller Resource Records näher kennenzulernen. Beheben Sie den Syntaxfehler, wenn Sie können, und senden Sie dem Nameserver ein HUP-Signal

```
# kill -HUP <pid>
```

damit er die Datendateien erneut einliest. Weitere Informationen über das Senden von Signalen an den Nameserver finden Sie in Kapitel 7.

## *Die Einrichtung mit nslookup überprüfen*

Wenn Sie Ihre lokale Domain korrekt eingerichtet haben und wenn Ihre Verbindung zum Internet steht, sollten Sie in der Lage sein, einen Lookup für lokale und entfernte Namen durchzuführen. Wir werden Sie mit *nslookup* durch die folgenden Lookups führen. Dieses Buch enthält ein ganzes Kapitel, das sich ausschließlich mit *nslookup* befaßt (Kapitel 11), aber wir werden hier *nslookup* so ausführlich behandeln, daß Sie die grundlegende Prüfung von Nameservern durchführen können.

### *Initialisieren des Standard-Domain-Namens*

Bevor Sie *nslookup* ausführen können, müssen Sie den Standard-Domain-Namen (oder den Default-Domain-Namen) initialisieren. Auf diese Weise können Sie Namen wie *carrie* nachsehen, ohne *carrie.movie.edu* ausschreiben zu müssen. Das System fügt die Domain für Sie hinzu.

Es gibt zwei Möglichkeiten, die Standard-Domain zu initialisieren: *hostname*(1) oder */etc/resolv.conf*. Einige Leuten sagen, daß in der Praxis der Großteil der Sites seine Standard-Domain in der */etc/resolv.conf* initialisiert. Sie können beide Möglichkeiten nutzen. In diesem Buch gehen wir immer davon aus, daß die Standard-Domain von *hostname*(1) stammt.

Legen Sie eine Datei namens */etc/resolv.conf* an, und fügen Sie, beginnend mit der ersten Spalte, die folgende Zeile ein. (Setzen Sie Ihre Domain anstelle von *movie.edu* ein.)

```
domain movie.edu
```

Oder setzen Sie *hostname*(1) auf einen Domain-Namen. Beim Host *terminator* setzen wir *hostname*(1) auf *terminator.movie.edu*. Hängen Sie keinen abschließenden Punkt an den Namen an.

## Lookup eines lokalen Namens

*nslookup* kann genutzt werden, um jede Art von Resource Record nachzusehen, und es kann jeden beliebigen Nameserver abfragen. Standardmäßig erfolgt ein Lookup von A-Records (Adreß-Records) auf dem Nameserver des lokalen Systems. Um die Adresse eines Hosts mit *nslookup* zu ermitteln, führen Sie *nslookup* mit dem Host-Namen als einzigem Argument aus. Ein Lookup eines lokalen Namens sollte unmittelbar ein Ergebnis zurückliefern.

Wir führen mit *nslookup* einen Lookup von *carrie* aus:

```
% nslookup carrie
Server:  terminator.movie.edu
Address:  192.249.249.3

Name:    carrie.movie.edu
Address:  192.253.253.4
```

Wenn der Lookup für lokale Namen funktioniert, ist Ihr lokaler Nameserver für Ihre lokale Domain korrekt konfiguriert. Wenn der Lookup fehlschlägt, erhalten Sie eine Fehlermeldung wie:

```
*** terminator.movie.edu can't find carrie: Non-existent domain
```

Dies bedeutet, daß entweder *carrie* nicht in Ihren Daten enthalten ist (überprüfen Sie die db-Datei), Sie Ihre Standard-Domain nicht in *hostname* (1) angegeben haben, oder im Nameserver irgendein Fehler aufgetreten ist (den Sie aber aufspüren können, wenn Sie die *syslog*-Meldungen untersuchen).

## Lookup einer lokalen Adresse

Wird *nslookup* eine Adresse übergeben, versucht das Programm anstelle der üblichen Adreß- eine PTR-Abfrage. Wir führen *nslookup* mit der Adresse von *carrie* aus:

```
% nslookup 192.253.253.4
Server:  terminator.movie.edu
Address:  192.249.249.3

Name:    carrie.movie.edu
Address:  192.253.253.4
```

Wenn der Lookup von Adressen funktioniert, ist Ihr lokaler Nameserver für Ihre *in-addr.arpa*-Domain korrekt installiert. Schlägt der Lookup fehl, erhalten Sie die gleichen Fehlermeldungen wie beim Lookup eines Namens.

## Lookup eines entfernten Namens

Der nächste Schritt besteht darin, den lokalen Nameserver zu verwenden, um einen entfernten Namen wie *ftp.uu.net* (oder ein beliebiges anderes System im Internet) nachzusehen. Dieser Befehl muß nicht so schnell ein Ergebnis zurückliefern wie der vorangegangene. Erhält *nslookup* keine Antwort von Ihrem Nameserver, dauert es etwas über eine Minute, bis das Programm aufgibt:

```
% nslookup ftp.uu.net.
Server: terminator.movie.edu
Address: 192.249.249.3

Name:     ftp.uu.net
Addresses: 192.48.96.9
```

Wenn dies funktioniert, kennt der Nameserver die Root-Nameserver und weiß, wie sie anzusprechen sind, um Informationen über andere Domains zu ermitteln. Schlägt dies fehl, haben Sie entweder vergessen, die Cache-Datei zu initialisieren (was eine entsprechende *syslog*-Meldung zur Folge hätte), oder das Netzwerk ist an irgendeiner Stelle unterbrochen, und die Nameserver für die entfernte Domain sind nicht zu erreichen. Versuchen Sie es dann mit einem anderen Domain-Namen außerhalb Ihrer Domain.

Wenn diese ersten Lookups erfolgreich waren, können wir Ihnen gratulieren. Sie haben einen primären Nameserver installiert und in Betrieb genommen. An diesem Punkt können Sie mit der Konfiguration des Slave-Nameservers beginnen.

### Ein weiterer Test

Wo wir aber gerade beim Testen sind, lassen Sie uns noch einen weiteren Test durchführen. Versuchen Sie, auf einem entfernten Nameserver einen Namen aus Ihrer Domain nachzusehen. Das kann nur funktionieren, wenn Ihr Parent-Nameserver Ihre Domain bereits an den von Ihnen eingerichteten Nameserver delegiert hat. Verlangt Ihre Parent-Domain, daß Ihre beiden Nameserver laufen müssen, bevor die Domain delegiert wird, überspringen Sie diesen Teil und machen mit dem nächsten Abschnitt, »*Bearbeiten der Startup-Dateien*«, weiter.

Damit *nslookup* einen entfernten Nameserver verwendet, um einen lokalen Namen nachzusehen, übergeben Sie den Namen des lokalen Hosts als erstes und den Namen des entfernten Servers als zweites Argument. Erneut dauert es etwas länger als eine Minute, bevor *nslookup* mit einer Fehlermeldung aufgibt, wenn die Query nicht funktioniert. Um beispielsweise *gatekeeper.dec.com* einen Lookup von *carrie* durchführen zu lassen, geben Sie folgendes ein:

```
% nslookup carrie gatekeeper.dec.com.
Server: gatekeeper.dec.com.
Address: 204.123.2.2

Name:     carrie.movie.edu
Address: 192.253.253.4
```

Wenn die beiden ersten Lookups funktionierten, dieser letzte aber fehlgeschlagen ist, ist Ihre Domain beim Parent-Nameserver möglicherweise noch nicht registriert. Dies ist zuerst einmal kein Problem, weil die Systeme innerhalb Ihrer Domain die Namen anderer Systeme innerhalb und außerhalb Ihrer Domain nachsehen können. Sie können E-Mail versenden und mit *FTP* auf lokale und entfernte Systeme zugreifen. Einige Systeme verweigern allerdings *FTP*-Verbindungen, wenn sie Ihre Adresse nicht zurück auf einen Namen abbilden können. Hosts außerhalb Ihrer Domain können keine Namen innerhalb Ihrer Domain nachsehen. Sie werden in der Lage sein, E-Mails an Freunde in entfernten Domains zu verschicken, können aber deren Antworten nicht empfangen. Um dieses Problem zu beheben, müssen Sie jemanden ansprechen, der für Ihre Parent-Domain zuständig ist, und die Delegierung Ihrer Domain prüfen lassen.

## *Bearbeiten der Startup-Dateien*

Sobald Sie sichergestellt haben, daß Ihr Nameserver richtig läuft und nun eingesetzt werden kann, müssen Sie ihn automatisch starten und *hostname* (1) auf den richtigen Domain-Namen einstellen. Hierzu nutzen Sie die Startup-Dateien Ihres Systems. Prüfen Sie, ob der Hersteller den Nameserver nicht schon so eingerichtet hat, daß er beim Booten automatisch gestartet wird. Möglicherweise müssen Sie Kommentarzeichen aus den Startup-Zeilen entfernen, oder die Startup-Datei prüfen, ob */etc/named.conf* existiert. Entsprechende Startup-Zeilen können sie mit

```
% grep named /etc/*rc*
```

oder, bei *rc*-Dateien im System V-Stil, mit

```
% grep named /etc/rc*/S*
```

nachsehen. Wenn Sie nichts finden, fügen Sie die folgenden Zeilen in die entsprechende Startup-Datei ein, und zwar irgendwo hinter der Stelle, an der Ihre Schnittstellen mit *ifconfig* konfiguriert werden:

```
if test -x /etc/named -a -f /etc/named.conf
then
        echo "Starting named"
        /etc/named
fi
```

Möglicherweise können Sie den Nameserver auch erst starten, nachdem die Default-Route installiert oder Ihr Routing-Daemon (*routed* oder *gated*) gestartet worden ist. Das hängt davon ab, ob diese Dienste den Nameserver benötigen oder mit */etc/hosts* auskommen.

Finden Sie heraus, welche Startup-Datei den Host-Namen initialisiert. Ändern Sie *hostname* (1) auf einen entsprechenden Domain-Namen. Zum Beispiel haben wir

```
hostname terminator
```

wie folgt geändert:

```
hostname terminator.movie.edu
```

## Betrieb eines Slave-Nameservers

Um das ganze etwas robuster zu machen, müssen Sie einen weiteren Nameserver in Betrieb nehmen. Sie können (und möglicherweise werden Sie das auch tun) mehr als zwei Nameserver einrichten. Zwei Nameserver sind das Minimum. Wenn Sie nur einen Nameserver betreiben und dieser einmal nicht betriebsbereit ist, kann niemand mehr Namen nachsehen. Ein zweiter Nameserver nimmt dem ersten Nameserver die Hälfte der Last ab oder übernimmt die gesamte Last, falls der erste Nameserver ausfallen sollte. Sie *können* einen weiteren primären Master-Nameserver einrichten, aber wir raten Ihnen davon ab. Richten Sie statt dessen einen Slave-Nameserver ein. Sie können einen Slave-Nameserver jederzeit zu einem primären Master-Nameserver machen, wenn Sie sich entscheiden, die zusätzliche Arbeit auf sich zu nehmen, die der Betrieb mehrerer Master-Nameserver mit sich bringt.

Woher weiß ein Server, ob er als primärer Master oder als Slave-Nameserver für eine Zone dient? Die Datei *named.conf* teilt ihm mit, für welche seiner Zonen er Primary Master bzw. Slave ist. Die NS-Records teilen uns nicht mit, welcher Server als Primary Master und welcher als Slave eingesetzt wird – sie nennen uns nur den Server selbst. (Alles in allem ist es dem DNS egal. Solange die eigentliche Auflösung von Namen funktioniert, sind Slave-Server so gut wie primäre Master-Server.)

Wo ist der Unterschied zwischen einem primären Master und einem Slave-Nameserver? Der entscheidende Unterschied liegt darin, wo der Server seine Daten hernimmt. Ein primärer Master liest seine Daten aus Dateien ein. Ein Slave lädt seine Daten über das Netzwerk von einem anderen Nameserver. Dieser Prozeß wird als *Zonentransfer* bezeichnet.

Ein Slave ist nicht darauf beschränkt, Zonen von einem *primären Master*-Nameserver zu laden; ein Slave-Nameserver kann seine Daten auch von einem anderen *Slave* laden.

Der große Vorteil eines Slave-Nameservers liegt darin, daß Sie nur einen Satz von DNS-Datenbankdateien pflegen müssen, nämlich die des primären Masters. Sie müssen sich keine Gedanken um die Synchronisation der Dateien zwischen den Nameservern machen. Die Slave-Nameserver erledigen diese Aufgabe für Sie. Einen Vorbehalt gibt es allerdings: Der Slave-Nameserver synchronisiert die Daten nicht ohne Verzögerung. Er fragt in regelmäßigen Abständen nach, ob er noch auf dem neuesten Stand ist. Dieses Abfrageintervall wird durch eine der Zahlenangaben im SOA-Record bestimmt, die wir bislang noch nicht erläutert haben. BIND 8 beschleunigt die Verbreitung der Zonendaten, indem Nameserver Slave-Nameserver bei Änderungen informieren können; darauf gehen wir weiter hinten im Detail ein.

Ein Slave-Nameserver muß *nicht alle* db-Dateien über das Netzwerk kopieren. Die Overhead-Dateien, *db.cache* und *db.127.0.0*, sind die gleichen wie beim Primary Master. Halten Sie also eine lokale Kopie auf dem Slave vor. Dies bedeutet, daß ein Slave-Nameserver für *0.0.127.in-addr.arpa* als *Primary Master* dient. Nun, Sie *könnten* ihn für *0.0.127.in-addr.arpa* als Slave einrichten, aber die Daten ändern sich niemals – er kann also ebensogut ein Primary Master dieser Zone sein.

## Einrichtung

Um einen Slave-Nameserver einzurichten, erzeugen Sie ein Verzeichnis (z.B. */usr/local/named*) für die db-Dateien auf dem Host, auf dem der Slave-Nameserver liegt. Dann kopieren Sie vom primären Master-Nameserver die folgenden Dateien: */etc/named.conf*, *db.cache* und *db.127.0.0*.

```
# rcp /etc/named.conf Host:/etc
# rcp db.cache db.127.0.0 Host: db-verzeichnis
```

Sie müssen */etc/named.conf* auf dem Slave-Nameserver-Host ändern. Ändern Sie jedes Vorkommen von **primary** in **secondary**, wobei *0.0.127.in-addr.arpa* die Ausnahme bildet. In jeder dieser Zeilen tragen Sie vor dem Dateinamen die IP-Adresse des primären Master-Nameservers ein, den Sie zuvor eingerichtet haben. Wenn zum Beispiel die ursprüngliche Zeile der BIND 4-Konfigurationsdatei wie folgt ausgesehen hat

```
primary  movie.edu     db.movie
```

muß die modifizierte Zeile wie folgt aussehen:

```
secondary  movie.edu     192.249.249.3 db.movie
```

Für BIND 8 sieht es etwas anders aus. Ändern Sie

```
zone "movie.edi" in {
    type master;
    file "db.movie";
};
```

so, daß *master* zu *slave* wird, und geben Sie die IP-Adresse des Nameservers an, von dem der Slave die Zonendaten kopieren soll:

```
zone "movie.edi" in {
    type slave;
    file "db.movie";
    masters {192.249.249.3; };
};
```

Dies teilt dem Nameserver mit, daß er als Slave für die Zone *movie.edu* dient und daß er die Version dieser Zone übernehmen soll, die auf dem Host 192.249.249.3 vorgehalten wird. Der Slave-Nameserver wird eine Backup-Kopie dieser Zone in der lokalen Datei *db.movie* vorhalten.

Für die Film-Universität richten wir einen Slave-Nameserver auf *wormhole* ein. Rufen Sie sich noch einmal in Erinnerung, daß die Konfigurationsdatei auf *terminator* (dem primären Master-Server) wie folgt aussah:

```
directory /usr/local/named

primary  movie.edu                db.movie
primary  249.249.192.in-addr.arpa db.192.249.249
primary  253.253.192.in-addr.arpa db.192.253.253
```

```
primary    0.0.127.in-addr.arpa         db.127.0.0
cache      .                            db.cache
```

Wir haben */etc/named.conf*, *db.cache* und *db.127.0.0* nach *wormhole* kopiert und die Konfigurationsdatei wie weiter vorne beschrieben verändert. Die BIND 4-Konfigurationsdatei auf *wormhole* sieht nun wie folgt aus:

```
directory /usr/local/named

secondary  movie.edu                    192.249.249.3 db.movie
secondary  249.249.192.in-addr.arpa     192.249.249.3 db.192.249.249
secondary  253.253.192.in-addr.arpa     192.249.249.3 db.192.253.253
primary    0.0.127.in-addr.arpa         db.127.0.0
cache      .                            db.cache
```

Die entsprechende Konfigurationsdatei für BIND 8 sieht wie folgt aus:

```
options {
    directory "/usr/local/named";
};

zone "movie.edu" in {
    type slave;
    file "db.movie";
    masters { 192.249.249.3; };
};

zone "249.249.192.in-addr.arpa" in {
    type slave;
    file "db.192.249.249";
    masters { 192.249.249.3; };
};

zone "253.253.192.in-addr.arpa" in {
    type slave;
    file "db.192.253.253";
    masters { 192.249.249.3; };
};

zone "0.0.127.in-addr.arpa" in {
    type master;
    file "db.127.0.0";
};

zone "." in {
    type hint;
    file "db.cache";
};
```

Damit bringen wir den Nameserver auf *wormhole* dazu, *movie.edu*, *249.249.192.in-addr. arpa* und *253.253.192.in-addr.arpa* von 192.249.249.3 (*terminator*) über das Netzwerk zu laden. Eine Sicherheitskopie dieser Dateien wird ebenfalls angelegt, und zwar in */usr/local/named*. Möglicherweise finden Sie es angenehmer, die Backup-Dateien in einem Unterverzeichnis zu isolieren oder sie mit einer eindeutigen Endung wie *.bak* zu versehen. In seltenen Fällen müssen alle Backup-Dateien von Hand entfernt werden. Wir werden Sicherungsdateien später noch ausführlicher behandeln.

Starten Sie den Slave-Nameserver. Untersuchen Sie wie beim primären Master-Nameserver die *syslog*-Datei auf Fehlermeldungen. Genau wie beim primären Master-Server lautet der Befehl zum Starten des Nameservers:

```
# /etc/named
```

Eine zusätzliche Prüfung beim Slave, die Sie beim Primary Master nicht durchführen müssen, besteht darin, nachzusehen, ob die Backup-Dateien erzeugt wurden. Kurz nachdem wir unseren Slave-Nameserver auf *wormhole* gestartet hatten, erschienen die Dateien *db.movie*, *db.192.249.249* und *db.192.253.253* im Verzeichnis */usr/local/named*. Dies bedeutet, daß der Slave diese Domains erfolgreich vom Primary Master kopiert und eine Sicherungskopie angelegt hat.

Um die Einrichtung des Slave-Nameservers zu vervollständigen, versuchen Sie einen Lookup derselben Namen, die wir schon zur Prüfung des primären Master-Nameservers benutzt haben. Dieses Mal muß *nslookup* auf dem Rechner ausgeführt werden, auf dem der Slave-Nameserver liegt, damit auch der Slave-Nameserver abgefragt wird. Wenn Ihr Slave-Nameserver fehlerlos funktioniert, tragen Sie die entsprechenden Zeilen in die Startup-Dateien Ihres Systems ein, damit der Nameserver beim Booten automatisch gestartet und *hostname* (1) auf den richtigen Domain-Namen gesetzt wird.

## *Backup-Dateien*

Von Slave-Nameservern wird nicht *verlangt*, eine Sicherungskopie der Zonendaten anzulegen. Falls ein Backup existiert, liest der Slave-Server die Daten beim Start ein und prüft dann, ob der Master-Server über eine neue Version verfügt. Der Slave lädt also nicht direkt eine neue Kopie der Zone. Besitzt der Master eine neuere Fassung, kopiert der Slave-Nameserver diese über das Netz und speichert sie in den Backup-Dateien.

Warum eine Sicherungskopie anlegen? Nehmen Sie einmal an, der Master-Server wäre aus irgendeinem Grund nicht in Betrieb, wenn der Slave-Nameserver startet. Dieser wäre nicht in der Lage, die Zone zu übertragen, und könnte aus diesem Grund nicht als Server für diese Zone dienen, solange der Master nicht wieder läuft. Mit dem Backup besitzt der Slave-Server einige Daten, auch wenn sie vielleicht nicht mehr ganz aktuell sind. Weil der Slave nicht davon abhängig ist, daß der Master immer läuft, erhalten wir ein robusteres System.

Soll keine Sicherungskopie angelegt werden, müssen Sie nur den Namen am Ende der Zeilen in der Konfigurationsdatei des Slave-Nameservers weglassen (BIND 4) oder die Zeile *file* aus den jeweiligen Zonenoptionen entfernen (BIND 8). Wir empfehlen Ihnen aber, bei allen Ihren Slave-Nameservern mit Backups zu arbeiten. Es kostet nur sehr wenig, Sicherungskopien zu verwenden, während es Sie teuer zu stehen kommen kann, wenn Sie Backups benötigen, aber keine angelegt haben.

## Mehrere Master-Server

Gibt es andere Wege, die Konfiguration Ihres sekundären Servers robuster zu machen? Ja, Sie können bis zu zehn IP-Adressen als Master-Server angeben. Hängen Sie sie einfach hinter die erste IP-Adresse, aber vor den Namen der Backup-Datei. Trennen Sie in einer Konfigurationsdatei für BIND 8 die IP-Adressen mit Semikolons:

```
masters { 192.249.249.3; 192.249.249.4; };
```

Der Slave versucht in der angegebenen Reihenfolge einen Master-Server nach dem anderen abzufragen, bis er die Zonendaten erfolgreich übertragen kann. Das Ziel dieses Features besteht darin, es Ihnen zu ermöglichen, alle IP-Adressen des Hosts aufzulisten, auf dem der primäre Master-Server der Zone ausgeführt wird, wenn dieser Host mehrfach vernetzt (»multihomed«) ist. Weil aber nicht überprüft wird, ob es sich bei dem angesprochenen Server um einen primären Master oder einen Slave-Server handelt, können Sie auch die IP-Adressen von Hosts angeben, auf denen sekundäre Server für die Zone ausgeführt werden, wenn das in Ihrer Umgebung sinnvoll ist.

## SOA-Werte

Erinnern Sie sich an diesen SOA-Record?

```
movie.edu. IN SOA terminator.movie.edu. al.robocop.movie.edu. (
                1           ; Serial
                10800       ; Refresh nach drei Stunden
                3600        ; Retry nach einer Stunde
                604800      ; Expire nach einer Woche
                86400 )     ; Minimale TTL von einem Tag
```

Wir haben noch nicht erklärt, wofür die Werte zwischen den Klammern stehen.

Die Seriennummer (Serial) gilt für alle Daten innerhalb der Zone. Wir haben uns dafür entschieden, mit der Seriennummer 1 zu beginnen, einem durchaus logischen Wert für den Anfang. Viele Leute finden es aber nützlicher, das Datum in ihrer Seriennummer zu berücksichtigen, etwa 1997102301. Hier ist das Format JJJJMMTTNN, wobei J für das Jahr, M für den Monat und T für den Tag steht. NN gibt an, wie häufig die Zonendaten an diesem Tag geändert wurden. Für welche Variante Sie sich auch entscheiden, wichtig ist, daß Sie diese Nummer immer erhöhen, wenn Sie die Zonendaten aktualisieren.

Wenn ein Slave-Nameserver einen Master-Server nach den Zonendaten befragt, schaut er sich zuerst die Seriennummer der Daten an. Ist die Seriennummer des Slave kleiner als die des Master-Servers, sind die Zonendaten des Slave-Nameservers nicht mehr aktuell. In diesem Fall überträgt der Slave eine neue Kopie der Zonendaten. Steht beim Start des Slave-Servers kein Backup zur Verfügung, lädt er sich stets die Zonendaten herüber. Wie Sie wohl erraten haben, müssen Sie die Seriennummer beim Primary Master immer erhöhen, wenn Sie die db-Dateien ändern. Die Aktualisierung Ihrer db-Dateien wird in Kapitel 7 behandelt.

Die nächsten vier Felder geben verschiedene Zeitintervalle in Sekunden an.

*Refresh*

Das Refresh-Intervall teilt dem Slave mit, wie häufig er die Aktualität der Daten prüfen soll. Um Ihnen eine Vorstellung davon zu geben, welche Systemlast dieses Feature mit sich bringt: Ein Slave-Nameserver führt bei jedem Refresh-Intervall für jede Zone eine SOA-Query durch. Der von uns gewählte Wert von drei Stunden ist vergleichsweise aggressiv. Die meisten Benutzer tolerieren eine Verzögerung von einem halben Tag für Dinge wie die Verteilung von Nameserver-Daten, wenn sie darauf warten, daß ihre neue Workstation betriebsbereit gemacht wird. Wenn Sie diesen Service auf Ihrer Site innerhalb eines Tages erledigen, können Sie diesen Wert auf acht Stunden heraufsetzen. Ändern sich Ihre Daten nicht besonders häufig oder sind Ihre Slave-Server über große Entfernungen verteilt (wie etwa die Root-Nameserver), sollten Sie einen noch höheren Wert wie etwa 24 Stunden in Erwägung ziehen.

*Retry*

Wenn es dem Slave-Nameserver nach dem Refresh-Intervall nicht gelingt, einen der Master-Nameserver zu erreichen (der/die Host(s) könnte(n) gerade nicht aktiv sein), beginnt er damit, alle *Retry* Sekunden die Verbindung wieder aufzubauen. Normalerweise ist das Retry-Intervall kürzer als das Refresh-Intervall, dem muß aber nicht unbedingt so sein.

*Expire*

Kann der Slave-Nameserver den/die Master-Server für *Expire* Sekunden nicht erreichen, erklärt jener seine Daten für ungültig. Dies bedeutet, daß der Slave-Nameserver keine weiteren Antworten mehr zurückliefert, weil die Daten zu alt sind, um nützlich zu sein. Grundsätzlich sagt dieses Feld aus, daß die Daten ab einem bestimmten Punkt so alt sind, daß es besser ist, *keine* Daten zu besitzen als die veralteten. Ablaufzeiten in der Größenordnung einer Woche sind üblich – längere Ablaufzeiten (bis zu einem Monat) können sinnvoll sein, wenn Sie Probleme haben, Ihre Aktualisierungsquelle zu erreichen. Die Expire-Zeit sollte immer sehr viel größer sein als das Retry- bzw. Refresh-Intervall. Ist die Expire-Zeit kürzer als das Refresh-Intervall, verfallen die Daten der Slaves, bevor neue Daten geladen werden können.

*TTL*

TTL steht für *Time to Live*, also »Lebensdauer«. Dieser Wert gilt für alle Resource Records in der db-Datei. Der Nameserver übergibt die TTL bei Antworten auf Queries, was es anderen Servern ermöglicht, die Daten für das TTL-Intervall im Cache abzulegen. Falls sich Ihre Daten nicht allzu häufig ändern, können Sie über eine minimale TTL von mehreren Tagen nachdenken. Eine Woche ist in etwa der größte Wert, der Sinn macht. Ein kurzer Wert wie etwa eine Stunde kann verwendet werden, ist aber aufgrund des mit ihm verbundenen DNS-Datenverkehrs nicht zu empfehlen.

Welche Werte Sie für Ihren SOA-Record verwenden, wird von den Bedürfnissen Ihrer Site abhängen. Generell führen längere Intervalle zu einer geringeren Last für Ihre

Systeme und zu einer Verlängerung der Propagierung von Änderungen. Kürzere Intervalle erhöhen die Systemlast und beschleunigen die Propagierung. Die in diesem Buch verwendeten Werte sollten für die meisten Sites gut funktionieren. In RFC 1537 werden die folgenden Werte für *Top-Level*-Domain-Server empfohlen:

```
  86400 ;  Refresh        24 Stunden
   7200 ;  Retry          zwei Stunden
2592000 ;  Expire         30 Tage
 345600 ;  Minimale TTL   vier Tage
```

Es gibt eine Eigenart in der Implementierung, auf die Sie achten sollten. Mit einer älteren BIND-Version (vor der Version 4.8.3) arbeitende sekundäre Server unterbrachen die Bearbeitung von Queries, während eine Zone geladen wurde. Aus diesem Grund wurde BIND so modifiziert, daß es das Laden der Zonen verteilt, was die Perioden der Unerreichbarkeit verkürzt. Daher prüfen Ihre Secondaries möglicherweise nicht so häufig, wie Sie sich das vorstellen, selbst bei kleinen Refresh-Intervallen. BIND versucht eine bestimmte Anzahl von Zonentransfers und wartet dann 15 Minuten, bevor es einen weiteren Stapel verarbeitet.

Jetzt, da wir Ihnen alles darüber erzählt haben, wie Slave-Nameserver ihre Daten erhalten, um immer auf dem laufenden zu sein, kommt BIND 8 mit signifikanten Änderungen ins Spiel. Diese Version beherrscht nach wie vor die regelmäßige Abfrage eines Master-Servers; zusätzlich können Master-Server ihre Slave-Server innerhalb von 15 Minuten nach einer Änderung der Zonendaten über diesem Umstand informieren – sofern beide Nameserver BIND 8 ausführen. Sofort nach einer solchen Benachrichtigung kopiert der Slave die Zonendateien von seinem primären Master. Wir gehen darauf in Kapitel 10, *Fortgeschrittenere Eigenschaften und Sicherheit*, ein. Seit der Version 8.2 beherrscht BIND auch inkrementelle Zonentransfers; dabei müssen nach einer Zonenänderungen nicht mehr die gesamten Zonendaten übertragen werden, sondern nur der geänderte Teil. Dadurch sinkt die Netzwerkbelastung drastisch.

## *Hinzufügen weiterer Domains*

Nachdem Ihr Nameserver nun läuft, möchten Sie vielleicht weitere Domains unterstützen. Was ist zu tun? Eigentlich nichts besonderes. Sie müssen nur ein paar weitere Primary- oder Secondary- (BIND 4) bzw. Zonen-Anweisungen (BIND 8) in Ihre Konfigurationsdatei aufnehmen. Sie können sogar Secondary-Zeilen Ihrem primären Master-Nameserver und Primary-Zeilen Ihrem Slave-Nameserver hinzufügen. (Ihnen ist vielleicht schon aufgefallen, daß Ihr Slave-Nameserver als *primärer Master- Server* für *0.0.127.in-addr.arpa* fungiert.)

An dieser Stelle ist es sinnvoll, etwas zu wiederholen, was wir schon in einem früheren Kapitel erwähnt haben. Einen *gegebenen* Nameserver als primären Master oder Slave-Nameserver zu bezeichnen wäre nicht korrekt. Nameserver können die Autorität über mehr als eine Zone besitzen. Ein Nameserver kann primärer Master einer und Slave einer anderen Zone sein. Allerdings sind die meisten Nameserver entweder primäre

Master- oder Slave-Server für die meisten der Zonen, die sie laden. Wenn wir also einen bestimmten Nameserver als Primary Master oder als Slave bezeichnen, bedeutet das, daß er ein primärer oder sekundärer Master für die *meisten* Zonen ist (oder für die Zone, um die es im jeweiligen Zusammenhang geht).

## Und was kommt jetzt?

In diesem Kapitel haben wir Ihnen gezeigt, wie man Nameserver-Datendateien anlegt, indem man */etc/hosts* in die entsprechenden Nameserver-Daten umwandelt. Wir haben Ihnen auch gezeigt, wie man einen primären und einen sekundären Nameserver einrichtet. Es gibt aber noch mehr zu tun, bevor Sie mit dem Einrichten Ihrer lokalen Domain fertig sind: Sie müssen die DNS-Daten für E-Mail aufbereiten, die anderen Hosts in Ihrer Domain so konfigurieren, daß sie mit dem Nameserver arbeiten, und Sie müssen möglicherweise noch mehr Nameserver starten. Diese Themen werden in den nächsten Kapiteln behandelt.

*In diesem Kapitel:*
- *MX-Records*
- *Noch einmal: Was ist ein Mail Exchanger?*
- *Der MX-Algorithmus*

# 5

# DNS und E-Mail

> *Und weil Alice etwas schläfrig wurde, sagte sie weiter so vor sich hin: »Fressen Katzen Fledermäuse? Fressen Mäuse Flederkatzen? Fledern Matzen Frederläuse?« Weil ja sowieso niemand zuhörte, war es schließlich egal, was sie zusammenreimte, oder?*

Wir wetten, daß auch Sie müde sind, nach diesem laaangen Kapitel. Zum Glück behandelt das vorliegende Kapitel eine Frage, die für die Systemadministratoren und Postmaster unter den Lesern sehr interessant sein wird: wie sich das DNS auf E-Mail auswirkt. Aber selbst wenn dieses Thema für Sie nicht interessant sein sollte, so ist dieses Kapitel doch immerhin kürzer als das letzte.

Ein Vorteil des Domain Name System gegenüber Host-Tabellen besteht in der Unterstützung eines fortgeschrittenen Mail-Routings. Zu den Zeiten, als Mailer nur mit der Datei *HOSTS.TXT* (und der daraus abgeleiteten */etc/hosts*) auskommen mußten, konnte man nur versuchen, etwas an die IP-Adresse des Hosts auszuliefern. Schlug dies fehl, konnte man die Auslieferung der Mail etwas verschieben und es später noch einmal versuchen oder die Mail an den Sender zurückschicken (»bouncing«).

DNS bietet einen Mechanismus an, mit dem Sie Backup-Hosts für die Auslieferung von Mail angeben können. Dieser Mechanismus erlaubt es auch, daß ein Host das Handling von Mails für andere Hosts übernehmen kann. Auf diese Weise können Hosts, die über keine eigene Festplatte verfügen und auf denen lokal kein Mailer läuft, ihre Mails von ihrem Server verarbeiten lassen. Alles in allem gibt dieses Feature den Administratoren im Netzwerk wesentlich mehr Flexibilität bei der Konfiguration von E-Mail.

## MX-Records

Das DNS verwendet einen einzigen Typ von Resource Record, um dieses verbesserte Mail-Routing zu implementieren: den *MX*-Record. Ursprünglich war diese Funktionalität auf zwei Records verteilt, den *MD*-Record (»mail destination«) und den *MF*-Record (»mail forwarder«). MD gab das letztendliche Ziel an, an das eine Mail weitergeleitet werden sollte, die an einen bestimmten Domain-Namen gerichtet war. MF spezifizierte einen Host, der Mails auf dem Weg zum Ziel weiterleiten (»forwarding«) sollte, falls das Ziel nicht erreichbar war.

Erste Erfahrungen mit dem DNS im Internet zeigten, daß diese Trennung der Funktionalität nicht besonders gut funktionierte. Ein Mailer benötigte sowohl die MD- als auch die MF-Records (falls beide existierten), beide jeweils mit einem Domain-Namen verknüpft, um zu entscheiden, wohin die Mail geschickt werden sollte. Nur ein Record alleine reichte nicht aus. Aber ein expliziter Lookup eines dieser beiden Typen (MD oder MF) würde den Nameserver dazu bewegen, eben diesen Record-Typ in seinem Cache abzulegen. Die Mailer mußten also entweder zwei Abfragen durchführen – eine für die MD-, die andere für die MF-Daten – oder sie konnten die im Cache liegenden Antworten nicht länger akzeptieren. Das bedeutete, daß der mit dem Verschicken von Mails verbundene Overhead größer war als bei anderen Diensten, und das wurde wohl als inakzeptabel betrachtet.

Um das Problem zu lösen, wurden die beiden Record-Typen in einem einzelnen MX-Record zusammengefaßt. Nun benötigte ein Mailer nur noch alle MX-Records für ein bestimmtes Ziel, um eine Entscheidung zum Mail-Routing zu treffen. Die Verwendung von im Cache liegenden MX-Records war in Ordnung, solange die TTLs noch stimmten.

MX-Records spezifizieren einen sogenannten *Mail Exchanger* für einen Domain-Namen: Das ist ein Host, der Mails für einen Domain-Namen *entweder* verarbeitet *oder* annimmt und weiterleitet (zum Beispiel durch eine Firewall). »Verarbeiten« bedeutet hier entweder die Auslieferung der Mail an die Person, an die sie adressiert ist, oder die Übergabe an einen anderen Mail-Transportmechanismus wie UUCP (Gateway). »Weiterleiten« bedeutet das Versenden an das letztendliche Ziel oder einen weiteren Mail Exchanger, der »näher« am Ziel liegt. Hierbei wird das Internet Simple Mail Transfer Protocol, kurz SMTP, verwendet. Manchmal bedeutet das Weiterleiten von Mails auch, daß diese für eine bestimmte Zeit zwischengespeichert werden.

Um Schleifen im Mail-Routing zu verhindern, besitzt der MX-Record neben dem Domain-Namen des Mail Exchangers noch einen weiteren Parameter: einen sogenannten Präferenzwert. Bei diesem Präferenzwert handelt es sich um eine vorzeichenlose 16-Bit-Zahl (zwischen 0 und 65.535), die die Priorität des Mail Exchangers angibt. Zum Beispiel gibt der MX-Record

```
peets.mpk.ca.us.    IN    MX    10 relay.hp.com.
```

an, daß *relay.hp.com* als Mail Exchanger mit dem Präferenzwert 10 für *peets.mpk.ca.us* dient.

Zusammengenommen bestimmen die Präferenzwerte der Mail Exchanger eines Hosts die Reihenfolge, in der der Mailer diese verwenden soll. Der Präferenzwert selbst ist nicht wichtig, nur die Beziehung zu den Werten anderer Mail Exchanger: Ist er höher oder niedriger als die Werte der anderen Mail Exchanger auf diesem Host? Solange keine weiteren Records ins Spiel kommen, macht

```
plange.puntacana.dr.   IN   MX   1 listo.puntacana.dr.
plange.puntacana.dr.   IN   MX   2 hep.puntacana.dr.
```

das gleiche wie

```
plange.puntacana.dr.   IN   MX   50  listo.puntacana.dr.
plange.puntacana.dr.   IN   MX   100 hep.puntacana.dr.
```

Mailer sollten immer versuchen, zuerst an die Mail Exchanger mit dem *geringsten* Präferenzwert auszuliefern. Dies erscheint auf den ersten Blick möglicherweise wenig intuitiv – der am *meisten* bevorzugte Mail Exchanger besitzt den *kleinsten* Präferenzwert. Weil der Präferenzwert aber kein Vorzeichen besitzt, können Sie den »besten« Mail Exchanger mit dem Präferenzwert 0 angeben.

Schlägt die Auslieferung an den/die meistpräferierten Mail Exchanger fehl, sollten die Mailer die Auslieferung an die weniger präferierten (also mit *höheren* Präferenzwerten versehenen) Mail Exchanger vornehmen, und zwar in steigender Reihenfolge des Präferenzwertes. Die Mailer sollten also zuerst die stärker präferierten Mail Exchanger verwenden, bevor sie die weniger präferierten nutzen. Es kann auch mehr als ein Mail Exchanger den gleichen Präferenzwert besitzen. Dann bleibt es dem Mailer überlassen, an wen er zuerst etwas schickt.[1] Die Mailer sollten aber zuerst alle Mail Exchanger mit dem gleichen Präferenzwert abarbeiten, bevor sie mit dem nächsthöheren Wert fortfahren.

Zum Beispiel könnten die MX-Records für *ora.com* wie folgt aussehen:

```
ora.com.   IN   MX   0  ora.ora.com.
ora.com.   IN   MX   10 ruby.ora.com.
ora.com.   IN   MX   10 opal.ora.com.
```

Zusammengenommen weisen diese MX-Records die Mailer an, die Auslieferung an *ora.com* wie folgt zu versuchen:

1. zuerst *ora.ora.com*,
2. danach entweder *ruby.ora.com* oder *opal.ora.com* und
3. schließlich den verbliebenen Mail Exchanger mit der Präferenz 10 (der bei Punkt 2 nicht verwendet wurde).

Natürlich kann der Mailer seine Bemühungen einstellen, sobald die Mail erfolgreich an einen der Mail Exchanger von *ora.com* ausgeliefert werden konnte. Ein Mailer, der

---

[1] Die neueste Version von *sendmail*, Version 8, wählt tatsächlich zufällig zwischen den Mail Exchangern gleicher Präferenz aus.

*ora.com*-Mail erfolgreich an *ora.ora.com* gesendet hat, muß *ruby* oder *opal* nicht mehr benutzen.

Was ist nun, wenn ein Host keinerlei MX-Records besitzt? Liefert der Mailer die Mail an diesen Host einfach nicht aus? Tatsächlich können Sie jüngere *sendmail*-Versionen so kompilieren, daß sie genau das machen. Die meisten Anbieter haben andererseits ihre *sendmails* so kompiliert, daß sie sich etwas entgegenkommender verhalten: Existieren keine MX-Records, versuchen sie zumindest die Auslieferung an die Adresse des Hosts. *sendmail* in der Version 8, in der unveränderten Version kompiliert, versucht es beim Fehlen von MX-Records mit der Adresse des Mail-Ziels. Sehen Sie sich die Dokumentation Ihres Anbieters an, wenn Sie sich nicht sicher sind, von welcher Art Ihr *sendmail* ist.

Obwohl nahezu alle Mailer in der Lage sind, E-Mail an einen Host auszuliefern, der nur eine Adresse und keine MX-Records besitzt, ist es doch eine gute Idee, zumindest einen MX-Record für jeden Host anzulegen. *sendmail* fordert jedesmal MX-Records für einen Host an, wenn es E-Mails ausliefern soll. Selbst wenn ein Host keine MX-Records besitzt, muß letztendlich ein Nameserver – üblicherweise einer, der die entsprechende Autorität besitzt – eine solche Anfrage beantworten. Wenn Sie einfach einen MX-Record hinzufügen, der auf den Host selbst zeigt, ist bereits die erste *sendmail*-Anfrage erfolgreich beantwortet, und der lokale Nameserver des Mailers nimmt den MX-Record für die zukünftige Wiederverwendung in seinem Cache auf.

## Noch einmal: Was ist ein Mail Exchanger?

Die hinter einem Mail Exchanger stehende Idee ist möglicherweise für viele von Ihnen neu. Gehen wir also etwas mehr ins Detail. Eine einfache Analogie sollte hier helfen: Nehmen Sie einfach an, daß ein Mail Exchanger ein Flughafen ist. Während Sie dort MX-Records einrichten, die Mailer anweisen, wohin die E-Mails zu senden sind, geben Sie hier Ihren Verwandten Hinweise, zu welchem Flughafen sie fliegen sollen, wenn sie Sie besuchen wollen.

Nehmen wir einmal an, Sie lebten in Los Gatos, Kalifornien. Der für Ihre Verwandten am nächsten liegende Flughafen wäre San Jose, der zweitnächste wäre San Francisco und der drittnächste wäre Oakland. (Wir ignorieren dabei andere Faktoren wie etwa den Preis des Tickets.) Fallen Ihnen die Parallelen nicht auf? Dann stellen Sie es sich mal so vor:

```
los-gatos.ca.us.     IN     MX     1 san-jose.ca.us.
los-gatos.ca.us.     IN     MX     2 san-francisco.ca.us.
los-gatos.ca.us.     IN     MX     3 oakland.ca.us.
```

Die MX-Liste ist einfach eine geordnete Liste von Zielen, die Mailern (Ihren Verwandten) mitteilt, wohin die Mails geschickt (geflogen) werden sollen, wenn sie eine gegebene Domain (Ihr Haus) erreichen sollen. Der Präferenzwert gibt an, wie wünschenswert es ist, dieses Ziel zu verwenden. Sie können sich das als eine Art logische »Distanz«

(in einer frei wählbaren Maßeinheit) vom eigentlichen Ziel vorstellen oder wie eine Entfernungs-Hitliste der Mail Exchanger zum eigentlichen Ziel.

Mit dieser Liste können Sie einfach sagen: »Versuch zuerst nach San Jose zu fliegen. Falls das nicht geht, nach San Francisco, und falls auch das nicht geht, nach Oakland«. Diese Liste besagt aber *auch*, daß Sie nach dem Erreichen von San Francisco einen Pendlerflug nach San Jose nehmen sollten. Wenn Sie sich in Oakland wiederfinden, sollten Sie einen Anschlußflug nach San Jose oder wenigstens nach San Francisco nehmen.

Was macht nun einen guten Mail Exchanger aus? Die gleichen Qualitäten, die einen guten Flughafen ausmachen:

*Größe*
  Sie wollen wahrscheinlich nicht zum Reid-Hillview Airport (ein winziger Flughafen auf dem Lande) fliegen, um Los Gatos zu erreichen, weil ein solcher Mini-Flughafen nicht für große Flugzeuge und für viele Passagiere ausgelegt ist. (Da ist es wahrscheinlich besser, ein großes Flugzeug auf dem Highway 280 zu landen.) Ebenso werden Sie keinen kleinen, leistungsschwachen Host als Mail Exchanger nutzen wollen, weil er die Last nicht verarbeiten könnte.

*Erreichbarkeit*
  Es gibt schönere Dinge, als bei Nebel über dem heimatlichen Flughafen zu kreisen, nicht wahr? Aus diesem Grund sollten Sie auch keinen Host als Mail Exchanger verwenden, der selten läuft oder schlecht erreichbar ist.

*Anbindung*
  Kommen Ihre Verwandten von sehr weit weg, müssen Sie sicherstellen, daß es zumindest zu einem der von Ihnen genannten Flughäfen einen Direktflug gibt. Sie können Ihren Verwandten nicht sagen, daß die einzigen Ziele San Jose und Oakland sind, wenn sie aus Helsinki kommen. Ebenso müssen Sie sicherstellen, daß zumindest einer der von Ihnen genannten Mail Exchanger für jeden erreichbar ist, der Ihnen möglicherweise eine Mail senden möchte.

*Pflege und Administration*
  Wie gut ein Flughafen verwaltet wird, hat große Bedeutung für Ihre Sicherheit und Einfluß darauf, wie einfach er zu nutzen ist. Denken Sie an diese Faktoren, wenn Sie einen Mail Exchanger wählen. Die Privatsphäre Ihrer Mail, die Geschwindigkeit der Auslieferung während des normalen Betriebs, die Art und Weise, wie Ihre Mails behandelt werden, wenn Ihre Hosts nicht betriebsbereit sind, sind sämtlich Faktoren, die von der Qualität der Arbeit des des Administrators abhängen, der den Mail Exchanger pflegt.

Behalten Sie dieses Beispiel im Hinterkopf, wir werden es später noch einmal verwenden.

# Der MX-Algorithmus

Soviel zur grundsätzlichen Idee von MX-Records und Mail Exchangern. Es gibt aber noch ein paar Dinge mehr, die es zu beachten gilt. Um Routing-Schleifen zu vermeiden, müssen Mailer einen etwas komplizierteren Algorithmus verwenden als den, den wir im Zusammenhang mit der Festlegung des Zieles, an das die Mail zu senden ist, beschrieben haben.[2]

Stellen Sie sich vor, was passieren würde, wenn die Mailer nicht auf Routing-Schleifen prüfen würden. Nehmen wir einmal an, Sie sendeten von Ihrer Workstation aus eine Mail an *nuts@ora.com*, in der Sie sich über die Qualität dieses Buches beschweren. Unglücklicherweise ist *ora.ora.com* im Moment nicht betriebsbereit. Kein Problem! Erinnern wir uns an die MX-Records von *ora.com*:

```
ora.com.     IN    MX    0  ora.ora.com.
ora.com.     IN    MX    10 ruby.ora.com.
ora.com.     IN    MX    10 opal.ora.com.
```

Der Mailer unternimmt einen neuen Versuch und sendet die Nachricht an *ruby.ora.com*. Der Mailer auf *ruby* versucht dann, die Mail an *ora.ora.com* weiterzuleiten, was aber nicht geht, weil *ora.ora.com* ja nicht in Betrieb ist. Was nun? Solange *ruby* den Sinn dessen, was er tut, nicht überprüft, wird er versuchen, die Nachricht an *opal.ora.com* oder vielleicht sogar an sich selbst weiterzuleiten. Offensichtlich hilft dies bei der Auslieferung der Mail nicht weiter. Wenn *ruby* die Nachricht an sich selbst schickt, haben wir es mit einer Mail-Routing-Schleife zu tun. Schickt *ruby* die Nachricht an *opal*, sendet *opal* die Nachricht entweder zurück an *ruby*, oder er schickt sie an sich selbst, und erneut haben wir eine Routing-Schleife.

Um dies zu verhindern, verwerfen Mailer bestimmte MX-Records, bevor sie entscheiden, wohin eine Mail geschickt wird. Ein Mailer sortiert die Liste von MX-Records nach dem Präferenzwert und schaut in der Liste mit den kanonischen Domain-Namen die Hosts nach, auf denen die Exchanger laufen. Wenn der lokale Host als Mail Exchanger auftaucht, ignoriert der Mailer diesen MX-Record und alle MX-Records mit gleicher oder höherer Präferenznummer (das sind Mail Exchanger mit geringerer Priorität). Dies verhindert, daß der Mailer Nachrichten an sich selbst oder an Mailer schickt, die »weiter« vom eigentlichen Ziel entfernt sind.

Betrachten wir das mal im Kontext unseres Flughafenvergleichs. Stellen Sie sich diesmal vor, Sie wären ein Passagier (eine Nachricht) und versuchten, nach Greeley in Colorado zu gelangen. Sie konnten keinen Direktflug nach Greeley bekommen, aber Sie können entweder nach Fort Collins oder nach Denver (die beiden nächsthöheren Mail Exchanger) fliegen. Weil Fort Collins näher an Greeley liegt, entscheiden Sie sich dafür.

---

[2] Dieser Algorithmus basiert auf RFC 974, das beschreibt, wie die Weiterleitung von Mail im Internet funktioniert.

Nun, nachdem Sie in Fort Collins angekommen sind, macht es keinen Sinn, nach Denver (einem Mail Exchanger mit geringerer Präferenz) zu fliegen, weg von Ihrem eigentlichen Ziel. (Und von Fort Collins nach Fort Collins zu fliegen wäre ebenfalls albern.) Der einzig akzeptable Flug an Ihr Ziel ist nun also der von Fort Collins nach Greeley. Sie eliminieren Verbindungen zu weniger präferierten Zielen, um keine unnötigen Flüge einzugehen und keine Reisezeit zu verschwenden.

Ein Vorbehalt: Die meisten Mailer sehen in der Liste der MX-Records *nur* den *kanonischen* Domain-Namen des lokalen Hosts nach. Eine Prüfung auf Aliase (Domain-Namen links von CNAME-Records) erfolgt nicht. Solange Sie nicht immer den kanonischen Namen in Ihren MX-Records verwenden, gibt es keine Garantie, daß sich in der MX-Liste ein Mailer findet, d.h. Sie riskieren eine interne Mail-Schleife (englisch: Mail-Loop). Wenn Sie Mail an einen Mailer einer bestimmten Domain-Namen senden und der Mailer Mail für diesen Domain-Namen nicht akzeptiert, sich aber selbst als bevorzugten Mail Exchanger ermittelt, sendet er die Mail möglicherweise als unzustellbar mit folgender Fehlermeldung zurück.

```
554 MX list for movie.edu points back to relay.isp.com
554 <root@movie.edu> ... Local configuration error
```

Diese Meldung ersetzt den komischen Fehler »I refuse to talk to myself« (»Ich spreche nicht mit mir selbst«) früherer *sendmail*-Versionen. Die Moral von der Geschicht': Verwenden Sie immer den kanonischen Namen des Mail Exchangers im MX-Record.

Und noch eine Warnung: Die von Ihnen als Mail Exchanger aufgeführten Hosts *müssen* Adreß-Records besitzen. Ein Mailer muß von jedem von Ihnen aufgeführten Mail Exchanger eine Adresse finden, da er ansonsten nichts an diese Adresse ausliefern kann.

Kehren wir zu unserem *ora.com*-Beispiel zurück. Nachdem *ruby* die Nachricht von Ihrer Workstation empfangen hat, prüft der Mailer die Liste der MX-Records:

```
ora.com.     IN    MX    0  ora.ora.com.
ora.com.     IN    MX    10 ruby.ora.com.
ora.com.     IN    MX    10 opal.ora.com.
```

Nachdem der Domain-Name des lokalen Hosts in der Liste mit dem Präferenzwert 10 gefunden wurde, entfernt der Mailer auf *ruby* alle Records mit dem Präferenzwert 10 oder höher:

```
ora.com.     IN    MX    0  ora.ora.com.
ora.com.     IN    MX    10 ruby.ora.com.
ora.com.     IN    MX    10 opal.ora.com.
```

Übrig bleibt nur:

```
ora.com.     IN    MX    0  ora.ora.com.
```

Weil *ora.ora.com* im Augenblick nicht betriebsbereit ist, würde *ruby* die Auslieferung auf später verschieben und die Nachricht in einer Warteschlange zwischenspeichern.

Was passiert, wenn der Mailer entdeckt, daß *er* die höchste Präferenz (d.h. den niedrigsten Präferenzwert) besitzt und die gesamte MX-Liste verwerfen muß? Einige Mailer versuchen schließlich, Mail direkt an die IP-Adresse des Ziel-Hosts auszuliefern. Die meisten Mailer sehen diesen Zustand allerdings als Fehler an. Dies mag ein Hinweis darauf sein, daß das DNS der Ansicht ist, der Mailer sollte die Mails für das Ziel verarbeiten (nicht nur weiterleiten), während er tatsächlich nicht entsprechend konfiguriert ist. Oder es mag sich um einen Hinweis darauf handeln, daß der Administrator die MX-Records durch falsche Präferenzwerte nicht korrekt angeordnet hat.

Nehmen wir an, daß die Leute, die *acme.com* betreiben, beispielsweise einen Mail Exchanger-Record erstellen, um Mail an *acme.com* an den Mailer ihres Internet-Providers zu senden:

```
acme.com   IN   MX   10   mail.isp.net
```

Viele Mailer müssen konfiguriert werden, damit sie ihre Aliase und die Namen der Hosts kennen, für die sie Mail akzeptieren sollen. Solange der Mailer auf *mail.isp.net* nicht so konfiguriert ist, daß er *acme.com* als lokale Zieladresse akzeptiert, geht er davon aus, daß eingehende Mail an diese Adresse weitergeleitet werden soll[3]: Er versucht, einen Mail Exchanger zu finden, der näher am Ziel liegt. Wenn er den entsprechenden MX-Record abfragt, findet er sich selbst als bevorzugten Mail Exchanger und schickt die Mail mit folgender, bekannter Fehlermeldung an den Absender zurück:

```
554 MX list for acme.com points back to mail.isp.com
554 <root@acme.com> ... Local configuration error
```

Viele Versionen von *sendmail* verwenden die Klasse *w* oder die Dateiklasse *w* als Liste »lokaler« Ziele. Abhängig von Ihrer *sendmail.cf*-Datei kann das Hinzufügen eines Alias so einfach sein wie das Ergänzen der Zeile

```
Cw acme.com
```

in *sendmail.cf*. Arbeitet Ihr Mailer mit einem anderen Mail-Transport wie etwa UUCP, um die Mail an die Hosts auszuliefern, für die er als Mail Exchanger fungiert, erfordert das wahrscheinlich eine etwas kompliziertere Konfiguration.

Vielleicht ist Ihnen aufgefallen, daß wir dazu neigen, unsere Präferenzwerte immer in Vielfachen von 10 auszudrücken. Der Wert 10 ist angenehm, weil er es erlaubt, MX-Records temporär bei Zwischenwerten anzusiedeln, ohne die anderen Gewichtungen ändern zu müssen. Ansonsten hat es mit dieser Numerierung nichts besonderes auf sich.

---

[3] Natürlich nur, wenn der Administrator bei *mail.isp.net* die Weiterleitung für unbekannte Domains nicht deaktiviert hat.

*In diesem Kapitel:*
- *Der Resolver*
- *Beispielhafte Resolver-Konfigurationen*
- *Schmerz und Leid minimieren*
- *Anbieterspezifische Optionen*

# Hosts konfigurieren

> *Es war wirklich eine merkwürdige Gesellschaft, die da am Ufer versammelt war. Die Vögel hatten ein zerzaustes Gefieder, den Vierbeinern klebte das Fell am Leibe, und alle miteinander waren tropfnaß, schlecht gelaunt und fühlten sich sichtlich unwohl.*

Nachdem die Nameserver für Ihre Zonen von Ihnen oder jemand anderem in Ihrer Organisation eingerichtet worden sind, müssen die Hosts in Ihrem Netzwerk noch so konfiguriert werden, daß sie die Nameserver auch verwenden. Dazu müssen Sie die Resolver dieser Hosts konfigurieren. Sie sollten auch Dateien wie *hosts.equiv* und *.rhosts* überprüfen und alle vom DNS diktierten Änderungen durchführen. Einige Host-Namen in diesen Dateien müssen möglicherweise in Domain-Namen umgewandelt werden. Sie werden auch Aliase einrichten wollen; nicht nur, um den Benutzern einen Gefallen zu tun, sondern auch, um den Schock der Umstellung auf das DNS zu minimieren.

Dieses Kapitel behandelt diese Themen und beschreibt auch die Konfiguration der Resolver für viele gängige UNIX-Versionen sowie für Microsofts Windows 95 und Windows NT.

## Der Resolver

Wir haben Resolver zwar schon in Kapitel 2, *Wie funktioniert das DNS?*, vorgestellt, sind aber nicht weiter auf sie eingegangen. Der Resolver ist, Sie werden sich erinnern, der Client-Teil im Domain Name System. Er ist dafür verantwortlich, daß Programmanfragen nach Host-Informationen in Queries an den Server umgewandelt werden; er sorgt außerdem dafür, daß die Antwort eines Nameservers an das Programm gesendet wird, das nach einem Host gefragt hat.

Wir haben uns bisher nicht mit der Resolver-Konfiguration beschäftigt, weil sich noch keine Gelegenheit dafür bot. Als wir in Kapitel 4, *BIND einrichten*, unsere Nameserver eingerichtet haben, reichte das Standardverhalten des Resolvers für unsere Zwecke völlig aus. Hätte der Resolver aber mehr machen sollen, als er standardmäßig kann, oder hätte er sich anders verhalten sollen, als per Voreinstellung üblich, hätten wir den Resolver konfigurieren müssen.

Eines sollten wir von vornherein klarstellen: In den nächsten Abschnitten beschreiben wir das Verhalten des einfachen BIND 8.2.1-Resolvers in Abwesenheit anderer Namensdienste. Nicht alle Resolver verhalten sich genau auf die hier beschriebene Weise. Einige Anbieter liefern immer noch Resolver aus, die auf früheren DNS-Versionen basieren, und einige haben spezielle Funktionalitäten in den Resolver integriert, mit denen Sie den Resolver-Algorithmus modifizieren können. An den, wie wir glauben, wichtigen Stellen weisen wir auf die Unterschiede im Verhalten des 8.2.1-BIND-Resolvers gegenüber früheren Resolver-Versionen, insbesondere der Version 4.8.3, hin. (Die Version 4.8.3 wurde von den meisten Anbietern ausgeliefert, als wir das Buch das letzte Mal aktualisiert haben.) Einige Änderungen verschiedener Anbieter werden wir zu einem späteren Zeitpunkt in diesem Kapitel behandeln.

Was genau erlaubt Ihnen der Resolver zu konfigurieren? Die meisten Resolver lassen zumindest die Konfiguration dreier Aspekte des Resolver-Verhaltens zu: die Konfiguration der Standard-Domain, die der Suchliste und die des/der Nameserver(s), den/die der Resolver abfragt. Viele UNIX-Anbieter erlauben die Konfiguration anderer Resolver-Aspekte, allerdings handelt es sich bei diesen um nicht standardmäßig vorhandene DNS-Erweiterungen. Manchmal sind diese Änderungen notwendig, um mit anderer Software fertig zu werden (z.b. dem Network Information Service, NIS, von Sun), manchmal sind es einfach nur vom Anbieter integrierte Erweiterungen.[1]

Nahezu die gesamte Resolver-Konfiguration wird in der Datei */etc/resolv.conf* durchgeführt (auf Ihrem Host könnte dies auch */usr/etc/resolv.conf* oder etwas Ähnliches sein – um sicherzugehen, können Sie in der *resolver*-Manpage, üblicherweise in Abschnitt vier oder fünf, nachsehen). Es gibt fünf Hauptdirektiven, die Sie in *resolv.conf* anwenden können: die *domain*-Direktive, die *search*-Direktive, die *nameserver*-Direktive, die *sortlist*-Direktive und die *options*-Direktive. Diese Direktiven steuern das Verhalten des Resolvers. Bei einigen UNIX-Versionen gibt es andere, anbieterspezifische Direktiven, die wir gegen Ende dieses Kapitels besprechen werden.

## *Die Standard-Domain*

Die Standard-Domain (englisch: Default Domain), ist die als »lokal« zum Host betrachtete Domain. Wenn Sie beispielsweise eine Zeile wie

```
relay mark
```

---

[1] NIS war früher unter dem Namen »Yellow Pages«, kurz »YP« (also »Gelbe Seiten«), bekannt. Der Name mußte aber in NIS geändert werden, weil die Britische Telefongesellschaft ein Copyright auf den Begriff »Yellow Pages« besitzt.

in Ihrer *.rhosts* eintragen, wird davon ausgegangen, daß *relay* Ihre Standard-Domain ist. Das macht wesentlich mehr Sinn, als jedem Host im Internet, dessen Name mit *relay* beginnt, den Zugriff zu erlauben. Andere Autorisierungsdateien wie *hosts.equiv* und *hosts .lpd* arbeiten auf die gleiche Weise.

Normalerweise wird die Standard-Domain aus dem *hostname* des Hosts ermittelt. Der die Standard-Domain bezeichnende Ausdruck befindet sich hinter dem ersten ».« im Namen. Enthält der Name keinen ».«, wird davon ausgegangen, daß die Root-Domain die Standard-Domain ist. Der *hostname asylum.sf.ca.us* impliziert also die Standard-Domain *sf.ca.us*, während der *hostname dogbert* die Root-Domain als Standard-Domain impliziert, was wahrscheinlich nicht richtig ist, wenn man davon ausgeht, daß es direkt unterhalb der Root-Domain keine Hosts gibt.

Sie können die Standard-Domain auch mit der *domain*-Direktive in *resolv.conf* einstellen. Wird die *domain*-Direktive spezifiziert, überschreibt sie die Domain von *hostname*.

Die domain-Direktive besitzt eine sehr einfache Syntax, die aber richtig angewandt werden muß, weil der Resolver keine Fehler meldet. Die Zeile beginnt mit dem Schlüsselwort *domain* in der ersten Spalte, gefolgt von einem Whitespace (einem oder mehreren Leerzeichen oder Tabulatoren). Dann folgt der Name der Standard-Domain, der ohne einen abschließenden Punkt geschrieben werden sollte:

```
domain colospgs.co.us
```

Bei älteren Versionen des DNS-Resolvers (vor BIND 4.9.3) sind in der Zeile nachfolgende Leerzeichen *nicht erlaubt*. Die Standard-Domain wird dann auf einen Namen gesetzt, der mit einem oder mehreren Leerzeichen endet, was Sie höchstwahrscheinlich nicht wollen. Es gibt noch eine weitere Möglichkeit, die Standard-Domain festzulegen: die Umgebungsvariable *LOCALDOMAIN*. Diese Variable ist nützlich, weil sie von jedem Benutzer individuell eingestellt werden kann. Zum Beispiel könnten Sie im Rechenzentrum Ihres Unternehmens über einen riesigen massivparallelen Rechner verfügen, auf dem sich Mitarbeiter aus der ganzen Welt einloggen. Jeder dieser Mitarbeiter könnte den Großteil seiner Arbeit in einer Subdomain des Unternehmens erledigen. Mit *LOCALDOMAIN* kann jeder Mitarbeiter die Standard-Domain in der Shell-Startup-Datei auf die entsprechend richtige Domain einstellen.

Welche Methode soll man verwenden – *hostname*, die *domain*-Direktive oder *LOCALDOMAIN*? Wir selbst ziehen *hostname* vor, hauptsächlich deswegen, weil Berkeley es so macht und weil es etwas »sauberer« ist, da es eine weniger explizite Konfiguration verlangt. Auch gibt es Berkeley-Software (namentlich diejenige, die den Bibliotheksaufruf *ruserok( )* zur Authentifizierung von Benutzern verwendet), die in Dateien wie *hosts.equiv* nur dann kurze Namen zuläßt, wenn *hostname* auf den vollständigen Domain-Namen gesetzt ist.

Wenn Sie Software ausführen, die keinen langen *hostname* tolerieren kann, können Sie die *domain*-Direktive verwenden. Der *hostname*-Befehl gibt weiterhin einen Kurznamen zurück, und der Resolver fügt den Domain-Namen aus *resolv.conf* ein. Sie finden möglicherweise sogar eine Gelegenheit, *LOCALDOMAIN* auf einem Host mit vielen Benutzern einzusetzen.

## Die Suchliste

Die Standard-Domain, gleichgültig, ob sie von *hostname* oder *resolv.conf* abgeleitet wird, bestimmt auch die Standardsuchliste (*search list*). Die Suchliste wurde entwickelt, um den Benutzern das Leben ein wenig einfacher zu machen, indem sie ihnen erlaubt, weniger eingeben zu können. Die dahinterstehende Idee ist, eine oder mehrere Domains nach Namen abzusuchen, die in der Kommandozeile eingegeben wurden und möglicherweise unvollständig sind, bei denen es sich also um nicht vollständig qualifizierte Domain-Namen handelt.

Die meisten UNIX-Netzwerkbefehle, die einen Domain-Namen als Argument erwarten, etwa *telnet*, *ftp*, *rlogin* und *rsh*, wenden die Suchliste auf diese Argumente an.

Sowohl die Art und Weise, wie die Standardsuchliste abgeleitet, als auch die Art und Weise, wie sie angewandt wird, haben sich von BIND 4.8.3 zu BIND 4.9 geändert. Wenn Ihr Resolver etwas älteren Datums ist, werden Sie das Verhalten von 4.8.3 feststellen. Bei neueren Varianten, einschließlich BIND 8.2.1[2], werden Sie die Verbesserungen des 4.9-Resolvers bemerken.

Der Benutzer kann jedem BIND-Resolver mitteilen, daß der angefragte Domain-Name ein voll qualifizierter Domain-Name ist, indem er einen Punkt an den Namen anhängt.[3] Beispielsweise besagt der angehängte Punkt im Befehl

```
% telnet ftp.ora.com.
```

daß keine weiteren Domains abgesucht werden müssen, weil es sich um einen voll qualifizierten Domain-Namen handelt. Dies entspricht dem führenden Slash in vollständigen Pfadnamen bei UNIX- und MS-DOS-Dateisystemen. Pfadnamen ohne führenden Slash werden als relativ zum aktuellen Arbeitsverzeichnis interpretiert, während Pfadnamen mit einem führenden Slash als absolut, also als von der Wurzel ausgehend, interpretiert werden.

### Die BIND 4.8.3-Suchliste

Beim BIND 4.8.3-Resolver umfaßt die Standardsuchliste die Standard-Domain sowie alle Parent-Domains mit zwei oder mehr Labeln. Bei einem Host, auf dem der 4.8.3-Resolver läuft und der mit

```
domain cv.hp.com
```

konfiguriert ist, umfaßt die Standardsuchliste zuerst einmal *cv.hp.com*, die Standard-Domain, dann *hp.com*, die Parent-Domain der Standard-Domain, nicht aber *com*, weil

---

[2] Das ISC hat mit DNS 8 viele neue Funktionen bereitgestellt, aber der Resolver ist mit dem von BIND 4.9 nahezu identisch.
[3] Beachten Sie, daß wir gesagt haben, daß der Resolver anhängende Punkte bearbeiten kann. Einige Programme, insbesondere UNIX-Mail-User-Agents, gehen nicht korrekt mit angehängten Punkten in E-Mail-Adressen um. Sie verschlucken sich sogar schon, bevor sie den Domain-Namen in der Adresse an den Resolver übergeben.

dies nur ein Label ist.⁴ Der Lookup des Namens erfolgt wie gehabt, nachdem der Resolver jedes Element der Suchliste an den Namen hängt, und nur, wenn der eingegebene Name wenigstens einen Punkt enthält. Ein Benutzer, der

```
% telnet pronto.cv.hp.com
```

eingibt, erzeugt also Lookups von *pronto.cv.hp.com.cv.hp.com* und *pronto.cv.hp.com.hp.com*, bevor er *pronto.cv.hp.com* selbst findet. Gibt ein Benutzer auf dem gleichen Host

```
% telnet asap
```

ein, würde der Lookup des Resolvers *asap.cv.hp.com* und *asap.hp.com* ergeben, aber nicht einfach *asap*, weil der eingegebene Name *asap* keine Punkte enthält.

Beachten Sie, daß die Anwendung der Suchliste sofort abgebrochen wird, sobald sich in den zurückgelieferten Daten ein potentieller Domain-Name abzeichnet. Bei unserem *asap*-Beispiel wäre die Suchliste niemals dazu gekommen, *hp.com* anzuhängen, wenn *asap.cv.hp.com* zu einer Adresse aufgelöst worden wäre.

### *Die Suchliste von BIND 4.9 und neueren Versionen*

Bei BIND 4.9 schließt die Standardsuchliste nur die Standard-Domain ein. Wenn Sie also einen Host mit

```
domain cv.hp.com
```

konfigurieren, umfaßt die Standardsuchliste nur *cv.hp.com*. Auch wird, im Gegensatz zu älteren Resolvern, die Suchliste üblicherweise angewandt, *nachdem* der Name in unveränderter Weise ausprobiert wurde. Solange das von Ihnen eingegebene Argument zumindest einen Punkt enthält, erfolgt der Lookup mit genau dieser Eingabe, *bevor* irgendein Teil der Suchliste angehängt wird. Schlägt dieser Lookup fehl, wird die Suchliste angewandt. Selbst wenn das Argument keine Punkte enthält (also aus einem einzelnen symbolischen Namen besteht), wird es unverändert ausprobiert, nachdem der Resolver nacheinander die Elemente der Suchliste an den Namen angehängt hat.

Warum ist es besser, das Argument zuerst unverändert auszuprobieren? Aus Erfahrung haben die DNS-Entwickler gelernt, daß ein Benutzer, der auch nur einen einzigen Punkt einzugeben hat, wahrscheinlich einen voll qualifizierten Domain-Namen ohne abschließenden Punkt schreibt (zumindest trifft dies häufiger zu als der gegenteilige Fall). Beim älteren Suchlisten-Verhalten hätte der Resolver mehrere fruchtlose Queries losgeschickt, bevor er den eingegebenen Namen überhaupt ausprobiert hätte.

Gibt ein Benutzer beim 4.9-Resolver

```
% telnet pronto.cv.hp.com
```

---

4  Ein Grund, warum ältere BIND-Resolver nicht einfach die Top-Level-Domains angehängt haben, ist, daß es einige wenige Hosts auf dem zweiten Level des Internet-Namensraumes gab – und immer noch gibt. Das einfache Anheften von *com* oder *edu* an *foo* führt sehr wahrscheinlich nicht zum Domain-Namen eines realen Hosts. Auch kann der Lookup der Adresse eines *foo.com* oder *foo.edu* sehr wohl zu einer Query an einen Root-Nameserver führen, was die Root-Server belastet und zeitraubend sein kann.

ein, würde daher *pronto.cv.hp.com* als erstes nachgesehen werden (weil das Argument drei Punkte enthält). Schlägt diese Query fehl, versucht es der Resolver mit *pronto.cv.hp.com.cv.hp.com*. Gibt ein Benutzer auf dem gleichen Host

```
% telnet asap
```

ein, würde der Resolver zuerst *asap.cv.hp.com* nachsehen, weil der Name keinen Punkt enthält, und dann nur *asap* ausprobieren.

## Die search-Direktive

Was ist aber zu tun, wenn Ihnen die Standardsuchliste nicht gefällt, die Sie beim Setzen Ihrer Standard-Domain automatisch erhalten? Bei BIND 4.8.3 und allen neueren Resolvern können Sie die Suchliste selbst festlegen, und zwar Domain für Domain in der gewünschten Reihenfolge. Diesem Zweck dient die *search*-Direktive.

Die Syntax der *search*-Direktive ist jener der *domain*-Direktive sehr ähnlich, erlaubt als Argumente aber mehrere Domain-Namen. Die Zeile beginnt mit dem Schlüsselwort *search* in der ersten Spalte, gefolgt von einem bis sechs Domain-Namen in der gewünschten Suchreihenfolge. Die erste Domain in der Liste wird als Standard-Domain interpretiert, d.h. die *search*- und die *domain*-Direktiven schließen sich gegenseitig aus. Verwenden Sie beide Direktiven in *resolv.conf*, überschreibt die später auftretende die erste.

Die Direktive

```
search corp.hp.com paloalto.hp.com hp.com
```

würde beispielsweise den Resolver anweisen, zuerst die Domain *corp.hp.com* zu durchsuchen, danach mit *paloalto.hp.com* fortzufahren und zum Schluß beider Parent-Domain *hp.com* abzuarbeiten.

Diese Direktive könnte auf einem Host nützlich sein, dessen Benutzer häufig auf Hosts in *corp.hp.com* und *paloalto.hp.com* zugreifen. Andererseits würde bei einem BIND 4.8.3-Resolver die Direktive

```
search corp.hp.com
```

den Resolver veranlassen, die Parent-Domain der Standard-Domain zu überspringen, wenn die Suchliste angewandt wird. (Bei einem 4.9-Resolver taucht die Parent-Domain nicht in der Suchliste auf, so daß es keinen Unterschied zum normalen Verhalten gibt.) Diese Direktive könnte nützlich sein, wenn die Benutzer des Hosts nur auf Hosts in der lokalen Domain zugreifen oder wenn die Verbindung zu den Parent-Nameservern nicht so gut ist (weil auf diese Weise die Zugriffe auf die Parent-Nameserver minimiert werden).

| HINWEIS | Wenn Sie die *domain*-Direktive verwenden und Ihren Resolver auf BIND Version 4.9 oder eine neuere Version aktualisieren, dann könnten die Benutzer, die sich auf den Parent Ihrer Standard-Domain verlassen haben, glauben, daß der Resolver nicht mehr funktioniert. Sie können in diesem Fall das alte Verhalten wiederherstellen, indem Sie die *search*-Direktive dazu nutzen, Ihren Resolver so zu konfigurieren, daß er die gleiche Suchliste verwendet, die er vorher generiert hätte. Zum Beispiel können Sie unter BIND 4.9 oder BIND 8 *domain nsr.hp.com* durch *search nsr.hp.com hp.com* ersetzen und so die gleiche Funktionalität erhalten. |
|---|---|

## *Die nameserver-Direktive*

In Kapitel 4 haben wir über zwei Typen von Nameservern gesprochen: primäre Master-Nameserver und Slave-Nameserver. Was aber, wenn Sie auf einem Host keinen Nameserver laufen lassen, sondern nur das DNS nutzen wollen? Oder ein anderer Fall: Was tun, wenn Sie auf einem Host keinen Nameserver betreiben *können* (etwa weil das Betriebssystem ihn nicht unterstützt)? Man wird ja wohl nicht auf *jedem* Host einen Nameserver betreiben müssen, oder?

Nein, natürlich nicht. Standardmäßig sucht der Resolver nach einem Nameserver, der auf dem lokalen Host läuft – deshalb konnten wir *nslookup* auf *terminator* und *wormhole* nutzen, sobald die Nameserver konfiguriert waren. Sie können den Resolver aber auch anweisen, für den Name-Service einen anderen Host zu verwenden. Diese Konfiguration wird im *BIND Operations Guide* als *DNS-Client* bezeichnet.

Die *nameserver*-Direktive (ein Wort) teilt dem Resolver die IP-Adresse des zu verwendenden Hosts mit. Zum Beispiel weist die Zeile

```
nameserver 15.32.17.2
```

den Resolver an, Abfragen an den unter der IP-Adresse 15.32.17.2 laufenden Host zu senden und nicht an den lokalen Host. Bei Hosts, auf denen kein lokaler Nameserver läuft, können Sie mit der *nameserver*-Direktive also auf einen entfernten Nameserver verweisen. Üblicherweise werden Sie Resolver Ihrer Hosts so konfigurieren, daß sie Ihre eigenen Nameserver abfragen.

Da aber Nameserver in Versionen vor BIND 4.9 keine Möglichkeit der Zugriffskontrolle besitzen, können Sie Ihren Resolver so konfigurieren, daß er nahezu *jeden* Nameserver abfragt. Natürlich ist es aber aufdringlich – wenn nicht unverschämt – regelmäßig auf einen fremdem Nameserver zuzugreifen, ohne die Besitzer zuvor um Erlaubnis gefragt zu haben. Außerdem steigern Sie die Systemleistung, wenn Sie eigene Nameserver verwenden. Deshalb betrachten wir den Zugriff auf fremde Nameserver als Notlösung.

Sie können den Resolver so konfigurieren, daß er den Nameserver des lokalen Hosts abfragt, indem Sie entweder die lokale IP-Adresse des Hosts oder die Nulladresse verwenden. Die Nulladresse, 0.0.0.0, wird von den meisten TCP/IP-Implementierungen als »dieser Host« interpretiert. Bei Hosts, die die Nulladresse nicht kennen, können Sie auf die Loopback-Adresse 127.0.0.1 zurückgreifen.

Was aber tun, wenn der von Ihrem Resolver abgefragte Nameserver gerade nicht läuft? Gibt es keine Möglichkeit, ein Backup zu spezifizieren? Greifen Sie einfach wieder auf die Host-Tabelle zurück?

Der Resolver erlaubt es Ihnen, bis zu drei (ja, drei) Nameserver über mehrere *nameserver*-Direktiven anzugeben. Der Resolver fragt diese Nameserver nacheinander in der angegebenen Reihenfolge ab, bis er eine Antwort oder einen Timeout erhält. Die Anzahl der von Ihnen konfigurierten Nameserver bestimmt auch andere Aspekte des Resolver-Verhaltens.

---

*HINWEIS* Wenn Sie mit mehreren *nameserver*-Direktiven arbeiten, dürfen Sie die Loopback-Adresse *nicht* verwenden. Einige von Berkeley abgeleitete TCP/IP-Implementierungen enthalten einen Fehler, der zu BIND-Problemen führen kann, wenn der lokale Nameserver nicht in Betrieb ist. Das verbundene Datagramm-Socket des Resolvers stellt keine erneute Verbindung mit einer neuen lokalen Adresse her, wenn der lokale Nameserver nicht läuft. Konsequenterweise sendet der Resolver die Abfragepakete an die entfernten Fallback-Nameserver, wobei er als Quelladresse aber 127.0.0.1 angibt. Wenn die entfernten Nameserver dann versuchen zu antworten, senden sie die Antwortpakete an sich selbst.

---

### Ein einzelner konfigurierter Nameserver

Ist nur ein Nameserver konfiguriert, fragt der Resolver diesen Nameserver mit einem Timeout von fünf Sekunden ab. Der Timeout ist die Zeitspanne, die der Resolver auf eine Antwort vom Nameserver wartet, bevor er eine weitere Query sendet. Entdeckt der Resolver einen Fehler, der anzeigt, daß der Nameserver wirklich nicht läuft bzw. nicht zu erreichen ist, oder erfolgt ein Timeout, verdoppelt der Resolver den Timeout und fragt den Nameserver erneut ab. Zu den Fehlern, die dieses Verhalten auslösen, gehören:[5]

- Empfang der Meldung ICMP *port unreachable* (»Port nicht erreichbar«). Dies bedeutet, daß am Nameserver-Port kein Nameserver auf das Eintreffen von Nachrichten wartet.

- Empfang der ICMP-Meldung *host unreachable* (»Host nicht erreichbar«) oder *network unreachable* (»Netzwerk nicht erreichbar«). Dies bedeutet, daß die Abfragen nicht an die Ziel-IP-Adresse geschickt werden können.

Wenn der Domain-Name oder die Daten nicht existieren, wiederholt der Resolver die Abfrage nicht. Theoretisch sollte jeder Nameserver den gleichen »Überblick« über den Namensraum besitzen. Es gibt keinen Grund, einem Nameserver zu glauben und einem anderen nicht. Wenn Ihnen also ein Nameserver mitteilt, daß eine Domain nicht existiert oder ein bestimmter Datentyp für den angegebenen Domain-Namen nicht vorhan-

---

5 Wenn wir »ein einzelner konfigurierter Nameserver« schreiben, meinen wir damit entweder eine *nameserver*-Direktive in *resolv.conf* oder keine *nameserver*-Direktive mit einem lokal laufenden Nameserver.

den ist, sollte Ihnen jeder andere Nameserver die gleiche Antwort liefern.[6] Empfängt der Resolver *jedesmal* einen Netzwerkfehler, wenn er eine Abfrage sendet (bei bis zu vier Queries hintereinander), greift er auf die Host-Tabelle zurück. Beachten Sie, daß es hier um *Fehler* geht, nicht um Timeouts. Erfolgt auch nur bei einer Abfrage ein Timeout, liefert der Resolver eine Nullantwort zurück und greift nicht auf die */etc/hosts* zurück.

*Mehr als ein konfigurierter Nameserver*

Bei mehr als einem konfigurierten Nameserver ist das Verhalten ein wenig anders: Der Resolver beginnt die Abfrage des ersten Nameservers in der Liste mit einem Timeout von fünf Sekunden, also genau wie im Fall eines einzelnen Nameservers. Empfängt der Resolver einen Timeout oder einen Netzwerkfehler, greift er auf den nächsten Nameserver zurück, wobei er wieder fünf Sekunden auf diesen Nameserver wartet. Unglücklicherweise wird der Resolver viele der möglichen Fehler nicht empfangen, da der von ihm verwendete Socket »nicht verbunden« ist; der Resolver muß ja in der Lage sein, von allen befragten Nameservern Antworten entgegenzunehmen, und ein solcherart »nicht verbundener« Socket kann keine ICMP-Fehlermeldungen empfangen. Fragt der Resolver erfolglos alle konfigurierten Nameserver ab, aktualisiert er die Timeouts und führt die Abfrage erneut durch.

Der Resolver-Timeout für die nächste Abfragerunde basiert auf der Anzahl von in der *resolv.conf* konfigurierten Nameservern. Der Timeout für die zweite Runde errechnet sich aus zehn Sekunden dividiert durch die Anzahl der Nameserver (nach unten gerundet). Der Timeout jeder nachfolgenden Runde ist doppelt so hoch wie der vorangegangene. Nach drei vollständigen Neuabfragen (d.h. vier Timeouts für jeden konfigurierten Nameserver) gibt der Resolver seine Abfrageversuche auf.

Für alle Zahlenfreaks zeigt die Tabelle 6.1 die Timeouts für einen, zwei oder drei konfigurierte Nameserver.

*Tabelle 6.1: Resolver-Timeouts*

| Versuch | Konfigurierte Nameserver | | |
|---|---|---|---|
| | 1 | 2 | 3 |
| 0 | 5s | (2x) 5s | (3x) 5s |
| 1 | 10s | (2x) 5s | (3x) 3s |
| 2 | 20s | (2x) 10s | (3x) 6s |
| 3 | 40s | (2x) 20s | (3x) 13s |
| Total | 75s | 80s | 81s |

---

[6] Die im DNS vorhandene Latenz relativiert das allerdings wieder etwas – ein Primary kann die Autorität über eine Zone besitzen und andere Daten von einem Slave-Nameserver vorliegen haben, der ebenfalls die Autorität über diese Zone besitzt. Der Primary könnte gerade die neuen Zonendaten von der Festplatte geladen haben, während der Slave noch keine Zeit hatte, die neuen Zonendaten vom Primary zu transferieren. Beide Nameserver geben verbindliche Auskünfte über die Zone, aber der Primary kann bereits von einem brandneuen Host wissen, dem der Slave noch nicht bekannt ist.

(Beachten Sie, daß wir hier das Verhalten von BIND 4.9 und neueren Versionen beschreiben. Das Verhalten älterer BIND-Versionen ist ähnlich, aber nicht unbedingt identisch.)

Wenn Sie also drei Server konfigurieren, fragt der Resolver den ersten Server mit einem Timeout von fünf Sekunden ab. Bei einem Timeout fragt der Resolver den zweiten Server mit dem gleichen Timeout ab und danach den dritten. Hat der Resolver alle drei Server durchlaufen, verdoppelt er die Timeout-Periode, teilt sie durch drei (10/3 auf drei Sekunden abgerundet) und fragt erneut den ersten Server ab.

Kommen Ihnen diese Zeiten furchtbar lang vor? Denken Sie daran, daß wir hier den schlimmstmöglichen Fall betrachten. Mit gut laufenden Nameservern, die auf halbwegs schnellen Hosts installiert sind, sollte der Resolver Antworten in deutlich weniger als einer Sekunde erhalten. Nur wenn alle konfigurierten Server stark beschäftigt sind oder Ihr Netzwerk nicht funktioniert, geht der Resolver alle Sendezyklen durch und gibt dann auf.

Was macht der Resolver, nachdem er aufgeben mußte? Er bricht ab und gibt einen Fehler zurück. Üblicherweise führt dies zu einer Fehlermeldung wie:

```
% telnet tootsie
tootsie: Host name lookup failure
```

Natürlich müssen Sie mindestens 75 Sekunden warten, bevor diese Meldung erscheint, haben Sie also Geduld.

## *Die sortlist-Direktive*

Die *sortlist*-Direktive ist ein neuer Mechanismus, der erst mit den Resolvern der BIND-Version 4.9 zur Verfügung steht. Mit ihr lassen sich Subnetze und Netzwerke spezifizieren, die vom Resolver vorzuziehen sind, wenn er auf eine Query hin mehrere Adressen erhält. In manchen Fällen werden Sie Gründe haben, warum Ihr Host ein bestimmtes Netzwerk benutzen soll, um an bestimmte Ziele zu gelangen. Nehmen wir zum Beispiel an, daß Ihre Workstation und Ihr NFS-Server jeweils zwei Netzwerkschnittstellen besitzen: eine in einem Ethernet, Subnetz 128.32.1, und eine in einem FDDI-Ring, Subnetz 128.32.42. Wenn Sie den Resolver Ihrer Workstation sich selbst überlassen, kann sich jeder leicht ausrechnen, welche der IP-Adressen des NFS-Servers Sie für einen Mount verwenden werden – vermutlich die, die als erste in einem Antwortpaket vom Nameserver zurückgegeben wird. Um sicherzustellen, daß die Schnittstelle des FDDI-Rings zuerst verwendet wird, können Sie eine *sortlist*-Direktive in *resolv.conf* aufnehmen, die die Adresse 128.32.42 an die bevorzugte Position innerhalb der Struktur stellt, die an Programme zurückgegeben wird:

```
sortlist 128.32.42.0/255.255.255.0
```

Das dem Slash folgende Argument ist die Subnetzmaske für das fragliche Subnetz. Um ein gesamtes Netzwerk vorzuziehen, können Sie den Slash und die Subnetzmaske weglassen:

```
sortlist 128.32.0.0
```

Der Resolver wird in unserem Beispiel davon ausgehen, daß Sie das gesamte Klasse-B-Netzwerk 128.32 meinen. (Der Resolver leitet die Standardnetzmaske unter Berücksichtigung des Subnetzes aus den ersten Bits der IP-Adresse ab.)

Natürlich können Sie verschiedene Subnetze und Netzwerke spezifizieren, die gegenüber anderen vorzuziehen sind:

```
sortlist 128.32.42.0/255.255.255.0 15.0.0.0
```

Der Resolver sortiert alle Adressen einer Antwort, die mit diesen Argumenten übereinstimmen, in der Reihenfolge, die auch in der Direktive erscheint. Die nicht zutreffenden Adressen werden an das Ende angehängt.

## *Die options-Direktive*

Die *options*-Direktive steht seit BIND 4.9 zur Verfügung. Mit *options* können Sie zwei interne Einstellungen des Resolvers verändern. Die erste betrifft das Debug-Flag RES_DEBUG. Die Direktive

```
options debug
```

setzt RES_DEBUG, was eine Vielzahl aufregender Debugging-Informationen an die Standardausgabe liefert, wenn DEBUG bereits definiert war, bevor der Resolver konfiguriert wurde. (Tatsächlich sollten Sie davon nicht ausgehen, weil die meisten Anbieter ihren hauseigenen Resolver ohne definiertes DEBUG kompilieren.) Diese Option ist sehr nützlich, wenn Sie ein Problem mit dem Resolver oder dem Name-Service generell diagnostizieren wollen. Anderenfalls ist sie sehr lästig.

Die zweite zu verändernde Einstellung ist *ndots*. Damit stellen Sie die minimale Anzahl von Punkten ein, die ein Domain-Namensargument haben muß, damit der Resolver den Namen direkt nachsieht, *bevor* er die Suchliste anwendet. Standardmäßig reichen ein oder mehr Punkte aus, was der Einstellung *ndots:1* entspricht. Der Resolver probiert den Domain-Namen zuerst unverändert aus, solange der Name überhaupt einen Punkt enthält. Sie können diesen Grenzwert erhöhen, wenn Sie glauben, daß Ihre Benutzer mehr mit partiellen Domain-Namen arbeiten, bei denen die Suchliste angewandt werden muß. Lautet Ihre Standard-Domain beispielsweise *mit.edu* und sind es die Benutzer gewöhnt,

```
% ftp prep.ai
```

einzugeben und das *mit.edu* automatisch anhängen zu lassen, so daß *prep.ai.mit.edu* dabei herauskommt, sollten Sie *ndots* auf zwei erhöhen. Damit verhindern Sie, daß Ihre Benutzer unbewußt bei den Root-Nameservern Lookups für Namen in der Top-Level-Domain *ai* auslösen. Sie erreichen dies mit folgender Anweisung:

```
options ndots:2
```

Sie können die beiden Einstellungen in *resolv.conf* in einer Zeile eintragen:

```
options debug ndots:2
```

### Kommentare

Ebenfalls brandneu seit den BIND 4.9-Resolvern – und wenn Sie uns fragen, wurde es dazu auch allerhöchste Zeit – ist die Möglichkeit, Kommentare in die *resolv.conf* einzutragen. Zeilen, die mit einem Pfund-Zeichen oder einem Semikolon in der ersten Spalte beginnen, werden als Kommentare interpretiert und vom Resolver ignoriert.

### Ein Hinweis zu 4.9-Resolver-Direktiven

Wenn Sie gerade zu einem BIND 4.9.3- oder 4.9.4-Resolver wechseln, sollten Sie mit der Verwendung der neuen Direktiven vorsichtig sein. Sie könnten immer noch älteren Resolver-Code besitzen, der in die Programme auf Ihrem Host statisch hinzugelinkt wurde. Häufig ist das kein echtes Problem, weil UNIX-Resolver nicht verstandene Direktiven ignorieren. Aber zählen Sie nicht darauf, daß alle Programme auf Ihrem Host die neuen Direktiven beachten.

Wenn Sie an einem Host mit Programmen arbeiten, die wirklich alten Resolver-Code (d.h. älter als 4.8.3) verwenden, gleichzeitig aber trotzdem die *search*-Direktive in Programmen einsetzen wollen, die hiervon Gebrauch machen können, dann haben wir hier einen Trick für Sie: Verwenden Sie sowohl eine *domain*- als auch eine *search*-Direktive in *resolv.conf*, und geben Sie die *domain*-Direktive zuerst an. Ältere Resolver lesen die *domain*- und ignorieren die *search*-Direktive, weil sie sie nicht erkennen. Neue Resolver lesen die *domain*-Direktive, aber die nachfolgende *search*-Direktive überschreibt deren Verhalten.

## Beispielhafte Resolver-Konfigurationen

So viel zur Theorie – sehen wir uns an, wie *resolv.conf*-Dateien auf echten Hosts aussehen. Die Anforderungen an die Resolver-Konfiguration variieren abhängig davon, ob auf einem Host ein lokaler Nameserver läuft oder nicht. Wir werden daher beide Fälle betrachten: Hosts mit lokalen Nameservern und Hosts mit entfernten Nameservern.

### Nur Resolver

Als Administratoren von *movie.edu* haben wir gerade den Auftrag erhalten, die neue, eigenständige Workstation einer Professorin zu konfigurieren. Die Arbeitsstation führt keinen Nameserver aus. Die Entscheidung, in welche Domain die Workstation gehört, ist einfach – es steht nur *movie.edu* zur Verfügung. Allerdings arbeitet unsere Professorin mit Forschern von Pixar an neuen Schattierungsalgorithmen, weshalb es wahrscheinlich nicht schlecht wäre, *pixar.com* in die Suchliste ihrer Workstation aufzunehmen. Die *search*-Direktive

```
search movie.edu pixar.com
```

nimmt ihre Workstation in die Domain *movie.edu* auf und durchsucht *pixar.com*, wenn ein Host-Name in *movie.edu* nicht gefunden wird.

Die neue Workstation befindet sich im Netzwerk 192.249.249.0. Die beiden am nächsten liegenden Nameserver sind daher *wormhole.movie.edu* (192.249.249.1) und *terminator.movie.edu* (192.249.249.3). Eine Regel lautet, Hosts immer so zu konfigurieren, daß der am nächsten liegende Nameserver als erster verwendet wird. (Der nächstmögliche Nameserver ist ein Nameserver auf dem lokalen Host; der in diesem Sinne zweitnächste Nameserver ist einer im gleichen Netzwerk oder Subnetz.) In unserem Fall sind beide Nameserver gleich nah, aber wir wissen, daß *wormhole* größer (d.h. ein schnellerer Host mit größerer Kapazität) ist. Die erste *nameserver*-Direktive in *resolv.conf* sollte daher lauten:

```
nameserver 192.249.249.1
```

Weil von dieser bestimmten Professorin bekannt ist, daß sie besonders laut werden kann, wenn sie Probleme mit ihrem Computer bekommt, tragen wir *terminator.movie.edu* (192.249.249.3) als Backup-Nameserver ein. Auf diese Weise steht auf der Workstation der Professorin immer noch der Name-Service zur Verfügung, wenn *wormhole* aus irgendeinem Grund nicht erreichbar ist (vorausgesetzt, *terminator* und der Rest des Netzwerks sind noch verfügbar).

Die *resolv.conf* sieht am Ende also so aus:

```
search movie.edu pixar.com
nameserver 192.249.249.1
nameserver 192.249.249.3
```

## Lokaler Nameserver

Als nächstes müssen wir den Mail-Hub der Universität, *postmanrings2x*, so konfigurieren, daß er das DNS nutzt. *postmanrings2x* wird von allen Gruppen der Domain *movie.edu* genutzt. Wir haben erst kürzlich einen Nameserver auf diesem Host installiert, um die Last für die anderen Nameserver zu verringern. Deshalb sollten wir sicherstellen, daß der Resolver den lokalen Host zuerst abfragt.

Die einfachste Resolver-Konfiguration für diesen Fall ist überhaupt keine Konfiguration. Legen Sie keine *resolv.conf*-Datei an, und lassen Sie den Resolver den lokalen Nameserver verwenden, wie es standardmäßig vorgesehen ist. Der *hostname* sollte auf den vollen Domain-Namen des Hosts gesetzt sein, damit der Resolver die lokale Domain ermitteln kann.

Wenn wir entscheiden, daß wir einen Backup-Nameserver benötigen (eine kluge Entscheidung!), können wir *resolv.conf* verwenden. Ob man einen Backup-Nameserver konfiguriert oder nicht, hängt hauptsächlich davon ab, wie zuverlässig der lokale Nameserver ist. Eine gute Implementierung des BIND-*named* wird länger laufen als so manches Betriebssystem, ein Backup ist also möglicherweise nicht notwendig. Besitzt der lokale Nameserver hingegen eine ganze Problemgeschichte – hängt er sich also gelegentlich auf, oder antwortet er einfach nicht auf Queries –, dann ist es durchaus sinnvoll, einen Backup-Nameserver aufzunehmen.

Um einen Backup-Nameserver aufzunehmen, nehmen Sie den lokalen Nameserver einfach an erster Stelle in die *resolv.conf* auf (also entweder die IP-Adresse des Hosts oder die Nulladresse 0.0.0.0 – beide funktionieren) und tragen dahinter einen oder zwei Backup-Nameserver ein. Denken Sie daran, nicht die Loopback-Adresse zu benutzen, solange Sie sich nicht sicher sind, daß der TCP/IP-Stack Ihres Systems nicht das vorhin beschriebene Problem aufweist.

Weil wir lieber auf Nummer Sicher gehen als uns möglichen Ärger einzuhandeln, binden wir zwei Backup-Server ein. *postmanrings2x* liegt auch im Netzwerk 192.249.249.0, d.h., *terminator* und *wormhole* sind (neben dem Host selbst) die beiden nächstliegenden Nameserver. Wir drehen die Reihenfolge im Gegensatz zu unserem reinen Resolver-Beispiel um, damit wir die Last zwischen diesen beiden Nameservern verteilen. Schließlich sieht die *resolv.conf* wie folgt aus:

```
domain movie.edu
nameserver 0.0.0.0
nameserver 192.249.249.3
nameserver 192.249.249.1
```

# *Schmerz und Leid minimieren*

Was ändert sich nun, nachdem Sie Ihren Host so konfiguriert haben, daß das DNS genutzt wird? Werden Ihre Benutzer gezwungen, lange Domain-Namen einzugeben? Müssen sie alle ihre Mail-Adressen und Mailing-Listen ändern?

Dank der Suchliste wird vieles genau wie vorher funktionieren. Dennoch gibt es einige Ausnahmen und beachtliche Unterschiede im Verhalten von Programmen, wenn diese das DNS verwenden. Wir werden versuchen, alle gängigen Unterschiede aufzuzeigen.

## *Unterschiede im Serviceverhalten*

Wie Sie weiter vorne in diesem Kapitel gesehen haben, wenden Programme wie *telnet*, *ftp*, *rlogin* und *rsh* die Suchliste auf Domain-Namensargumente an, die nicht mit einem Punkt abschließen. Wenn Sie sich gerade in *movie.edu* aufhalten (d.h. Ihre Standard-Domain ist *movie.edu*, und Ihre Suchliste schließt *movie.edu* ein), können Sie entweder

```
% telnet misery
```

oder

```
% telnet misery.movie.edu
```

oder sogar

```
% telnet misery.movie.edu.
```

eingeben und gelangen immer an den gleichen Ort. Das gleiche gilt auch für andere Dienste. Es gibt noch einen weiteren Unterschied im Verhalten, aus dem Sie einen Nutzen ziehen können: Weil ein Nameserver mehr als eine Adresse zurückliefern kann, wenn Sie eine Adresse nachsehen, versuchen moderne Versionen von *telnet* und *FTP* die Verbindung zur ersten zurückgelieferten Adresse herzustellen. Wird diese Verbindung abgelehnt oder kommt es zu einem Timeout, wird die nächste Adresse versucht usw.:

```
% ftp tootsie
ftp: connect to address 192.249.249.244: Connection timed out
Trying 192.253.253.244...
Connected to tootsie.movie.edu.
220 tootsie.movie.edu FTP server (Version 16.2 Fri Apr 26
    18:20:43 GMT 1991) ready.
Name (tootsie: guest):
```

Und erinnern Sie sich daran, daß Sie mit der *sortlist*-Direktive in der *resolv.conf* sogar die Reihenfolge festlegen können, in der Ihre Anwendungen die IP-Adressen ausprobieren!

Ein etwas kauziger Service ist NFS. Der *mount*-Befehl kommt mit Domain-Namen gut zurecht, und Sie können die Domain-Namen auch in die */etc/fstab* (Ihr Hersteller nennt sie möglicherweise */etc/checklist*) eintragen. Aber achten Sie auf */etc/exports* und */etc/netgroup*. */etc/exports* kontrolliert, welche Dateisysteme von den verschiedenen Clients über NFS gemountet werden können. Sie können in *netgroup* einer Gruppe von Hosts auch einen Namen zuweisen und dieser dann den Zugriff über *exports* ermöglichen, indem Sie den Namen der Gruppe verwenden.

Unglücklicherweise verwenden ältere NFS-Versionen nicht *wirklich* das DNS, um *exports* oder *netgroup* zu überprüfen – der Client teilt dem NFS-Server seine Identität in einem RPC-Paket (Remote Procedure Call) mit. Folglich ist die Identität des Clients immer die, die der Client vorgibt. Und die Identität eines Hosts, der Sun-RPC verwendet, ist der lokale *hostname*. Der von Ihnen in beiden Dateien verwendete Name muß also mit dem *hostname* des Clients übereinstimmen, der nicht notwendigerweise mit seinem Domain-Namen übereinstimmt.

## *E-Mail*

Einige E-Mail-Programme, darunter auch *sendmail*, arbeiten ebenfalls nicht wie erwartet. *sendmail* nutzt die Suchliste nicht auf die gleiche Weise, wie dies andere Programme tun. Ist es für die Verwendung des Nameservers konfiguriert, nutzt es vielmehr einen als *Kanonisierung* bezeichneten Prozeß, der die Namen in E-Mail-Adressen in vollständige, kanonische Domain-Namen umwandelt.

Bei der Kanonisierung wendet *sendmail* die Suchliste auf einen Namen an und fragt nach Daten des Typs ANY, also nach Daten von Resource Records aller Typen. Wenn der gefragte Nameserver einen CNAME-Record findet (also ein Alias), ersetzt er den gesuchten Namen mit dem kanonischen Namen, auf den das Alias verweist. Wenn der Nameserver einen A-Record (eine Adresse) findet, verwendet *sendmail* den Domain-Namen, der zu dem kanonischen Namen aufgelöst wurde. Wenn der Nameserver keine Adresse, aber wenigstens einen MX-Record findet, geht er wie folgt vor:

Wenn die Suchliste noch nicht an den Namen gehängt wurde, verwendet *sendmail* den zum MX-Record aufgelösten Domain-Namen als kanonischen Namen.

Wenn mindestens ein Element der Suchliste an den gesuchten Namen gehängt wurde, bemerkt *sendmail*, daß der Domain-Name möglicherweise ein kanonischer Name ist, und fährt mit dem Anhängen der anderen Elemente der Suchliste fort. Wenn der Name mit einem später angehängten Element zu einer Adresse aufgelöst wird, wird der Name mit diesem angehängten Element als kanonischer Name betrachtet. Ansonsten wird derjenige Domain-Name als kanonischer Name verwendet, der als erstes zu einem MX-Record aufgelöst wurde.[7]

*sendmail* nutzt die Kanonisierung mehrfach bei der Verarbeitung einer SMTP-Nachricht. Es kanonisiert die Zieladresse und verschiedene Felder in den SMTP-Headern.[8]

*sendmail* setzt auch das Makro *w* (nicht zu verwechseln mit der Klasse *w*) auf den kanonisierten *hostname*, wenn Sie die Datei *sendmail.cf* einfrieren bzw. wenn die Datei beim Start des *sendmail*-Daemons nicht eingefroren wird. Selbst wenn Sie Ihren *hostname* auf einen kurzen, aus einem Teil bestehenden Namen setzen, kanonisiert *sendmail* den *hostname* über die in *resolv.conf* definierte Suchliste.

Dies ist wichtig, weil der kanonische Name des lokalen Hosts der einzige Name ist, den *sendmail* standardmäßig als lokalen Host-Namen erkennt. *sendmail* versucht Mail weiterzuleiten, wenn diese an einen Domain-Namen adressiert ist, von dem das Programm glaubt, daß er nicht lokal ist. Solange Sie beispielsweise *sendmail* nicht so konfigurieren, daß es die Aliase des Hosts erkennt (über die Klasse *w* oder die Dateiklasse *w*, wie wir es in Kapitel 5, *DNS und E-Mail*, erklärt haben), wird der Host versuchen, alle Nachrichten weiterzuleiten, die nicht an den kanonischen Domain-Namen adressiert sind.

Die Art und Weise, wie *sendmail* den lokalen *hostname* kanonisiert, hat noch eine andere wichtige Auswirkung – *sendmail* erkennt in MX-Listen nur den kanonischen Namen des lokalen Hosts. Folglich laufen Sie Gefahr, daß ein Host nicht erkannt wird, wenn Sie etwas anderes als den kanonischen Namen verwenden. Das kann dazu führen, daß die Mail zuerst in einer Schleife hängt und dann an den Absender zurückgeht.

Noch ein letzter Hinweis zu *sendmail*: Wenn Sie gerade anfangen, einen Nameserver zu betreiben, und eine ältere *sendmail*-Version (d.h. älter als die Version 8) besitzen, sollten Sie auch die *I*-Option in Ihre *sendmail.cf* eintragen. Mit der Option I bestimmen Sie, was passiert, wenn *sendmail* bei einem Lookup den Ziel-Host nicht findet. Bei der Verwendung von */etc/hosts* ist ein fehlgeschlagener Lookup fatal. Durchsuchen Sie die Host-Tabelle nach einem Namen und kann dieser nicht gefunden werden, ist es sehr unwahrscheinlich, daß er später auf mysteriöse Weise doch noch auftaucht, d.h. der Mailer kann die Mail an den Absender zurückschicken. Beim DNS kann ein solcher Lookup-Fehler

---

[7] Diese Komplexität ist erforderlich, um mit MX-Datensätzen umgehen zu können, die Platzhalterzeichen (Wildcards) verwenden. Auf derartige MX-Records gehen wir in Kapitel 15, *Verschiedenes*, ein.
[8] Einige *sendmail*-Versionen nutzen zwecks Kanonisierung eine andere Technik: Sie wenden die Suchliste an und fragen den Nameserver mit Blick auf den fraglichen Namen nach Records vom Typ CNAME ab. CNAME sucht ausschließlich nach CNAME-Records. Ist ein entsprechender Record vorhanden, wird der Name durch den Domain-Namen auf der rechten Seite des CNAME-Records ersetzt.

hingegen nur von kurzer Dauer sein, etwa durch kurzfristig auftretende Netzwerkprobleme. Mit der Option *I* weisen Sie *sendmail* an, die Mail bei einem Lookup-Fehler in einer Queue aufzubewahren und sie nicht direkt an den Absender zurückzuschicken. Tragen Sie einfach *OI* in Ihre *sendmail.cf* ein, und nehmen Sie diese Änderungen entsprechend auf, wenn Sie mit einer eingefrorenen Konfigurationsdatei arbeiten.

## *Aktualisieren von .rhosts, hosts.equiv etc.*

Sobald Sie einmal mit dem DNS angefangen haben, werden Sie möglicherweise auch evtl. vorhandene Mehrdeutigkeiten aus den Autorisierungsdateien Ihres Hosts entfernen müssen. Bei Einträgen mit einfachen, nur aus einem Teil bestehenden Host-Namen wird davon ausgegangen, daß sie sich in der lokalen Domain befinden. Zum Beispiel könnte die Datei *lpd.allow* auf *wormhole* folgende Einträge enthalten:

```
wormhole
terminator
diehard
robocop
mash
twins
```

Wenn wir aber *mash* und *twins* in die Domain *comedy.movie.edu* verlegen, wird ihnen der Zugriff auf *lpd* nicht mehr erlaubt. Die Einträge in *lpd.allow* gestatten nur *mash.movie.edu* und *twins.movie.edu*. Für Host-Namen außerhalb der Standard-Domain des lokalen Hosts müßten wir also die entsprechenden Domains angeben:

```
wormhole
terminator
diehard
robocop
mash.comedy.movie.edu
twins.comedy.movie.edu
```

Einige andere Dateien, die Sie auf die Richtigkeit der Domain-Namen prüfen sollten, sind:

```
hosts.equiv
.rhosts
  X0.hosts
sendmail.cf
```

Manchmal reicht es aus, die Dateien durch einen Kanonisierungsfilter – ein Programm, das mit Hilfe der Suchliste Host-Namen in Domain-Namen umwandelt – zu schicken. Um Ihnen auszuhelfen, hier ein kleiner Kanonisierungsfilter in Perl:

```
#!/usr/bin/perl
# Kanonisierungsfilter in Perl
#
# Erwartet einen Host-Namen pro Zeile im ersten Feld (a la .rhosts,
# X0.hosts).
use Socket;
while( > >)
```

```
if(($hostname, $null) = split) {
  ($Domain-Name, $aliases, $addrtyp, $laenge, @adrsn) =
  _gethostbyname($hostname);
  if($Domain-Name) {s/$hostname/$Domain-Name/;}
}
print;
}
```

## Aliase bereitstellen

Selbst wenn Sie alle Rechner beachten und alle *.rhosts-*, *hosts.equiv-* und *sendmail.cf*-Dateien umwandeln, nachdem Sie die Hosts für die Verwendung von DNS konfiguriert haben, werden Ihre Benutzer immer noch auf Domain-Namen wechseln müssen. Wir hoffen, daß sich die dabei empfundene Verwirrung in Grenzen hält und durch die Vorteile des DNS mehr als ausgeglichen wird.

Eine Möglichkeit, die Verwirrung der Benutzer nach der Umstellung auf das DNS auf ein erträgliches Maß zu reduzieren, besteht darin, Aliase für allgemein bekannte Hosts bereitzustellen, die über ihre altbekannten Namen nicht mehr zu erreichen sind. Zum Beispiel sind unsere Benutzer es gewohnt, *telnet doofy* oder *rlogin doofy* einzugeben, um in das News-System eines Filmstudios am anderen Ende der Stadt zu gelangen. Nun müßten die Benutzer anfangen, *doofy*s vollen Domain-Namen (*doofy.maroon.com*) anzugeben. Viele unserer Benutzer kennen die vollständige Domain aber gar nicht, und es würde einige Zeit dauern, bis wir allen ihren Namen mitgeteilt und die Benutzer sich an ihn gewöhnt hätten.

Glücklicherweise erlaubt Ihnen BIND die Definition von Aliases für Ihre Benutzer. Wir müssen nur die Umgebungsvariable *HOSTALIASES* auf den Pfadnamen einer Datei setzen, die die Abbildungen zwischen Aliases und Domain-Namen enthält. Beispielsweise könnten wir ein systemweit geltendes Alias *doofy* einrichten, indem wir in den Shell-Startup-Dateien des Systems HOSTALIASES auf */etc/host.aliases* setzen und

```
doofy     doofy.maroon.com
```

in */etc/host.aliases* eintragen. Das Format der Alias-Datei ist einfach: Das Alias steht in der ersten Spalte. Ihm folgt ein Leerzeichen, auf das dann der Domain-Name folgt, der zu diesem Alias gehört. Der Domain-Name wird ohne einen abschließenden Punkt geschrieben. Das Alias darf keine Punkte enthalten.

Geben unsere Benutzer nun *telnet doofy* oder *rlogin doofy* ein, setzt der Resolver in der Query an den Nameserver in einem transparenten Vorgang *doofy.maroon.com* für *doofy* ein. Die Nachricht, die der Benutzer erhält, sieht dann etwa so aus:

```
Trying...
Connected to doofy.maroon.com.
Escape character is '^]'.
IRIX System V.3 (sgi)
login:
```

Greift der Resolver aber wieder auf */etc/hosts* zurück, hat HOSTALIASES keinen Effekt mehr. Wir sollten daher ein ähnliches Alias in unserer */etc/hosts* besitzen.

Mit der Zeit, und vielleicht mit Hilfe einiger kleinerer Hinweise, werden die Benutzer anfangen, den vollständigen Domain-Namen, den sie in der *telnet*-Meldung sehen, mit dem News-System zu verbinden.

Mit HOSTALIASES können Sie Ihren Benutzern einiges an Frustration ersparen, wenn Sie die Domain-Namen kennen, mit denen jene häufig Ärger haben. Wenn Sie nicht wissen, an welche Hosts Ihre Benutzer gelangen wollen, können Sie diese eigene Alias-Dateien anlegen und HOSTALIASES im Shell-Startup auf die persönliche Alias-Datei zeigen lassen.

# *Anbieterspezifische Optionen*

UNIX ist angeblich ein Standardbetriebssystem, aber es gibt fast ebenso viele UNIX-Standards wie UNIX-Varianten. Ebenso gibt es fast genauso viele verschiedene Arten der Resolver-Konfiguration, wie es UNIXe gibt. Fast alle unterstützen die ursprüngliche Berkeley-Syntax, aber die meisten Anbieter haben auch Erweiterungen oder Variationen aufgenommen, die keinem Standard entsprechen. Wir wollen so viele Hauptarten der Resolver-Konfiguration besprechen, wie wir können.

## *SunOS 4.x von Sun*

Die Konfiguration eines unter SunOS laufenden Hosts kann ein echtes Abenteuer sein. Das Verhalten des SunOS-Resolvers unterscheidet sich vom Standard-BIND so sehr, wie es sich ein Hauptanbieter überhaupt erlauben kann – hauptsächlich, weil der SunOS-Resolver in das Network Information Service, oder NIS (vormals »Yellow Pages«), eingebunden ist.

NIS stellt, vereinfacht ausgedrückt, einen Mechanismus zur Verfügung, mit dem wichtige Dateien zwischen den Hosts eines Netzwerks synchronisiert werden können. Dazu gehören nicht nur die */etc/hosts*, sondern auch */etc/services*, */etc/passwd* und andere. Sun positioniert DNS als Backup-Option für das NIS. Wenn der NIS-Resolver einen Host-Namen (oder eine IP-Adresse) in der NIS-Host-Tabelle nicht finden kann, kann er so konfiguriert werden, daß er den Nameserver abfragt.

Beachten Sie, daß die Resolver-Funktionalität als Teil des Programms *ypserv* implementiert ist, das auch andere Arten von NIS-Queries verarbeiten kann. Wenn also *ypserv* nicht läuft, funktioniert auch der Resolver nicht! (Gnädigerweise verlangt der Resolver von Solaris 2 nicht, daß *ypserv* läuft.) Ein Vorteil der Verwendung von *ypserv* zur Auflösung aller Abfragen besteht darin, daß der Resolver nicht bei NIS-Clients, sondern nur bei NIS-Servern konfiguriert werden muß.[9] Die NIS-Clients fragen alle Daten vom NIS-Server ab, und der NIS-Server fragt, bei Bedarf, das DNS ab.

---

9  Tatsächlich muß der Resolver auch noch auf Hosts mit *sendmail.mx*, der MX-fähigen *sendmail*-Version von Sun, konfiguriert werden.

Wenn Sie mit SunOS 4.X (Solaris 1) arbeiten, können Sie erstens den Konventionen folgen und Ihren Resolver so konfigurieren, daß er das DNS als NIS-Backup verwendet, zweitens NIS ohne Host-Maps betreiben oder drittens die Konvention verletzen und Ihren Resolver neu kompilieren, so daß er ausschließlich mit dem DNS arbeitet – oder Sie besorgen sich im Internet freie Kopien modifizierter Resolver. Allerdings müssen wir Sie davor warnen, daß Sun, soweit uns bekannt, die modifizierten Resolver *nicht unterstützen wird*.

Wenn Sie mit Solaris 2 arbeiten, können Sie den Resolver wie ein normaler Mensch konfigurieren. Sie haben sogar die Möglichkeit, mit Hilfe der Datei *nsswitch.conf* die Reihenfolge zu kontrollieren, in der der Resolver die verschiedenen Namensdienste abfragt.

### Modifizierte Resolver

Wir wollen diese Option nicht allzu detailliert behandeln, vor allen Dingen deshalb, weil dieser Prozeß in der neuesten BIND-Distribution mittlerweile sehr gut dokumentiert und fast vollständig automatisiert ist. Bei diesem Vorgang muß üblicherweise eine neue *libc.so* – die standardmäßige C-Bibliothek in der Shared-Version – generiert werden, wobei die das NIS aufrufenden Routinen entfernt und durch reine DNS-Versionen ersetzt werden. Obwohl Sun die notwendigen Ersatzroutinen großzügigerweise zur Verfügung stellt, werden sie nicht unterstützt. Noch schwerwiegender ist allerdings die Tatsache, daß die für SunOS 4.1 bereitgestellten Routinen auf BIND 4.8.1 basieren.

Wenn Sie die aktuelle DNS-Quelldistribution besitzen, finden Sie Anweisungen für die Installation der BIND 8.2.1-Resolver-Routinen unter SunOS im Unterverzeichnis */src/port/sunos/shres* des Paketes, momentan in einer Datei namens *INSTALL*.

Wenn Sie die möglicherweise wenig erbauliche Erfahrung der Generierung einer eigenen Shared Library scheuen und lieber die Bemühungen anderer nutzen wollen, sollten Sie sich *resolv+* ansehen, auf dem BIND 4.8.3-Resolver basiert.

*resolv+* ist eine verbesserte Version der 4.8.3-Resolver-Routinen für SunOS (geschrieben von Bill Wisner), die es Administratoren erlaubt, die Reihenfolge zu wählen, in der NIS und DNS abgefragt werden. (Genau wie die von anderen Herstellern in UNIX eingebundenen Erweiterungen, die wir noch diskutieren werden.) Diese neuen Routinen sind, zusammen mit Anweisungen für die Einbindung in die *libc.so*, auf *ftp.uu.net* in der Datei */networking/ip/dns/resolv+2.1.1.tar.Z* zu finden. Weitere Informationen über die von *+resolv* zur Verfügung gestellte Funktionalität finden Sie im Linux-Abschnitt an anderer Stelle in diesem Kapitel.

### Nutzung des DNS mit NIS

Wenn Sie einen sozialverträglichen Kurs verfolgen wollen, müssen Sie für eine friedliche Koexistenz von NIS und DNS sorgen. Da dies nicht ganz einfach ist, werden wir diesen Punkt etwas detaillierter behandeln. Wir werden allerdings nicht beschreiben, wie man NIS einrichtet – das würde den Rahmen dieses Buches sprengen. Beachten Sie, daß unsere Anweisungen nur für SunOS-Versionen nach 4.1 gelten. Wenn Sie eine ältere SunOS-Version besitzen, sollten Sie die Ersatzbibliotheken auf *ftp.uu.net* in Erwägung ziehen.

Zuerst müssen Sie das von NIS für die Generierung der Maps eingesetzte *Makefile* modifizieren. Diese Maps werden an die anderen Hosts im Netzwerk verteilt. Sie sollten diese Modifikation auf dem Master-NIS-Server durchführen, nicht auf den Slaves.

Das NIS-*Makefile* ist bei einem SunOS-Host in */var/yp/Makefile* zu finden. Die durchzuführende Änderung ist einfach: Sie kommentieren eine Zeile aus und entfernen das Kommentarzeichen aus einer anderen. Finden Sie die folgenden Zeilen

```
#B=-b
B=
```

und ändern Sie sie wie folgt:

```
B=-b
#B=
```

Danach müssen Sie die NIS-Host-Map neu generieren:

```
# cd /var/yp
# rm hosts.time
# make hosts.time
updated hosts
pushed hosts
```

Damit fügen Sie ein sogenanntes »Magic Cookie« in die Host-Map ein, mit dem NIS angewiesen wird, das DNS abzufragen, falls ein Host-Name in der Map nicht gefunden werden kann. Sucht *ypserv* nun nach einem Namen, überprüft es zuerst die entsprechende Map des lokalen NIS-*domainname*. Falls hier nichts gefunden werden kann, wird der Nameserver abgefragt. Die bei der Query des Nameservers von *ypserv* verwendete Suchliste wurde entweder vom lokalen NIS-*domainname* oder von der *domain*-Direktive in *resolv.conf* abgeleitet.

Als nächstes sollten Sie die Datei *resolv.conf* erzeugen, falls Sie eine benötigen. Die Regeln für die Konfiguration des Resolvers ändern sich unter SunOS ein wenig:

- Sie können den *hostname* nicht auf den Domain-Namen setzen und den Resolver daraus die lokale Domain folgern lassen.

- Sie können die *search*-Direktive in *resolv.conf* nicht verwenden, weil der SunOS 4.1.1-Resolver auf BIND 4.8.1 basiert. Der Resolver ignoriert diese Direktive stillschweigend.

- Sie *können* den NIS-*domainname* auf einen Domain-Namen setzen (Sie müssen ihn auf den Namen Ihrer NIS-Domain setzen, wenn Sie mit NIS arbeiten), und der Resolver wird den Namen der lokalen DNS-Domain daraus ableiten. Allerdings funktioniert das nicht auf die gleiche Weise wie bei BIND; wenn Sie den *domainname* beispielsweise auf *fx.movie.edu* setzen, enthält die Suchliste nur *movie.edu*. Warum führt die Suchliste *fx.movie.edu* nicht auf? Weil NIS davon ausgeht, daß eine zuverlässige Quelle für die Host Daten von *fx.movie.edu* bereits überprüft wurde – die Host-Map von *fx.movie.edu*.

- Soll die Standard-Domain auf den gleichen Namen gesetzt werden wie der NIS-*domainname*, können Sie einen Punkt oder ein Plus (»+«) vor den *domainname* setzen. Um die Standard-Domain also auf *fx.movie.edu* zu setzen, können Sie *domainname* entweder auf *+fx.movie.edu* oder auf *.fx.movie.edu* setzen.

- Sie können das normale NIS-Verhalten auch überschreiben, indem Sie die lokale Domain mit der *domain*-Direktive in *resolv.conf* setzen. Soll der Resolver also gezwungen werden, *fx.movie.edu* in die Suchliste aufzunehmen, könnten Sie *domain fx.movie.edu* in *resolv.conf* eintragen.

- Sie können die *domain*-Direktive in *resolv.conf* sogar auf einen DNS-Domain-Namen setzen, der mit Ihrem NIS-*domainname* überhaupt nichts zu tun hat. In manchen unglücklichen Situationen ist der lokale NIS-*domainname* nicht mit dem DNS-Domain-Namen identisch, ja, ist ihm noch nicht einmal ähnlich. Nehmen wir einmal an, daß das Institut für Informationstechnik an der Film-Universität ursprünglich die NIS-Domain *it.dept.movieu* eingerichtet hatte und diese auch immer noch benutzt. Um falsche DNS-Queries in der nicht existierenden Domain *dept.movieu* zu verhindern, müssen die Hosts in der NIS-Domain die Zeile *domain movie.edu* (oder etwas ähnliches) in *resolv.conf* enthalten.

Schließlich behandelt die *resolv.conf* von Sun die *nameserver*-Direktive genau so, wie dies reines BIND tut. Sobald Sie also einmal die Magic Cookies eingebunden und Ihren NIS-*domainname* (und möglicherweise Ihre DNS-Domain) gesetzt haben, können Sie jeden beliebigen Nameserver in *resolv.conf* einfügen, und damit hat sich die Sache.

### NIS ignorieren

Wenn Sie den Support von Sun behalten wollen, ohne das NIS verwenden zu müssen, gibt es immer noch eine Möglichkeit: Sie können NIS mit einer leeren Host-Map ausführen. Richten Sie zuerst Ihre *resolv.conf* ein, fügen Sie dann das Magic Cookie in das NIS-*Makefile* ein, wie wir das im vorangegangenen Abschnitt, »*Nutzung des DNS mit NIS*«, erläutert haben, und erzeugen Sie anschließend eine leere Host-Map. Für die Erzeugung einer leeren Host-Map müssen Sie die */etc/hosts* des Master-Servers temporär auf die Seite schaffen, die NIS-Map für Ihren Host erzeugen und dann die */etc/hosts* ersetzen:

```
% mv /etc/hosts /etc/hosts.tmp
% touch /etc/hosts # Damit sich make nicht beschwert.
% cd /var/yp
% make hosts.time
updated hosts
pushed hosts
% mv /etc/hosts.tmp /etc/hosts
```

Wenn der Resolver nun das NIS prüft, findet er nichts und macht direkt mit der Query des DNS weiter.

Wenn Sie die NIS-Maps in regelmäßigen Zeitabständen neu aufbauen, müssen Sie sicherstellen, daß die Map nicht versehentlich aus */etc/hosts* generiert wird. Am besten erreichen Sie dies durch Entfernen des Host-Targets aus dem NIS-*Makefile*. Sie können im *Makefile* einfach alles bis zur nächsten Leerzeile auskommentieren, was mit

```
hosts.time: $(DIR)/hosts
```

beginnt.

## *Sun Solaris 2.x*

Der Resolver von Solaris 2 bis 2.5.1 basiert auf dem BIND 4.8.3-Resolver. Er enthält Erweiterungen, die es Ihnen möglich machen, die Reihenfolge zu bestimmen, in welcher der Resolver die »Quellen« DNS, NIS und */etc/hosts* abfragt. Der Resolver in Solaris 2.6 basiert auf dem BIND 4.9.3-Resolver und kennt dieselben Erweiterungen[10]. Die Reihenfolge der Dienste wird in einer Datei namens *nsswitch.conf*, die im Verzeichnis */etc* liegt, festgelegt.

Genaugenommen wird *nsswitch.conf* verwendet, um die Reihenfolge festzulegen, in der eine Anzahl verschiedener Dienste aufgelöst wird. Einzelne Dienste, im Sun-Sprachgebrauch als »Datenbanken«, *databases*, bezeichnet, werden durch ein Schlüsselwort gewählt. Für Namensdienste lautet der Datenbankname *hosts*. Die möglichen Quellen sind *dns*, *nis*, *nisplus* und *files* (was in diesem Fall auf */etc/hosts* verweist). Die Konfiguration der gewünschten Reihenfolge, in der die Quellen konsultiert werden sollen, besteht einfach darin, daß Sie sie hinter dem Datenbanknamen in der gewünschten Reihenfolge aufführen. Zum Beispiel läßt

```
hosts:   dns files
```

den Resolver zuerst das DNS ausprobieren (d.h. einen Nameserver abfragen) und dann */etc/hosts* prüfen. Standardmäßig erfolgt der Wechsel von einer Quelle zur nächsten (d.h. vom DNS erfolgt der Rückgriff auf */etc/hosts*) nur dann, wenn die erste Quelle nicht verfügbar ist. Sie können dieses Verhalten modifizieren, indem Sie verschiedene andere Kriterien nutzen, die bestimmen, wann von einer Quelle zur nächsten gewechselt werden soll. Die möglichen Kriterien sind:

*UNAVAIL*
    Der Dienst wurde nicht konfiguriert (im Falle von DNS gibt es keine *resolv.conf*-Datei, und der lokale Host führt keinen Nameserver aus).

*NOTFOUND*
    Der Dienst konnte den fraglichen Namen bzw. die Adresse nicht finden.

---

[10] Sie können den Resolver in Solaris 2.5 und 2.51 mit Patches auf BIND 4.9.3 aktualisieren. Verwenden Sie dazu anonymes FTP und schauen Sie auf dem Server *sunsolve1.sun.com* in */pub/patches* nach. Unter *http://sunsolve.sun.com/sunsolve/pubptches/patches.html* finden Sie die aktuellen Patch-Nummern.

*TRYAGAIN*
: Der Dienst ist momentan nicht verfügbar ist (etwa weil der Resolver beim Lookup eines Namens einen Timeout hatte).

*SUCCESS*
: Der Vorgang war erfolgreich.

Für jedes dieser Kriterien können Sie festlegen, ob der Resolver fortfahren (*continue*) oder zurückkehren (*return*) soll. Möchten Sie zum Beispiel, daß der Resolver die */etc/hosts* prüft, wenn das DNS nicht konfiguriert ist oder es den Namen nicht finden kann, dann können Sie folgendes eintragen:

```
hosts:  dns [NOTFOUND=continue UNAVAIL=continue] files
```

Wenn Sie veranlassen wollen, daß bei der DNS-Antwort NXDOMAIN (kein solcher Domain-Name) die Suche nach diesem Namen abgebrochen wird, müssen Sie folgendes eintragen:

```
hosts:  dns [NOTFOUND=return]
```

Das Standardverhalten des Solaris-Resolvers wird übrigens durch die Antworten bestimmt, die Sie gegenüber SunInstall angeben.

*nscd*

In jüngeren Versionen von Solaris 2.X, einschließlich 2.5 und neuer, hat Sun einen Cache-Daemon für den Nameservice eingeführt. Er heißt *nscd* und speichert die Ergebnisse von Lookups in den Datenbanken *passwd*, *group* und *Hosts* zwischen. Sie können sich *nscd* wie einen Caching-Only-Nameserver vorstellen, außer daß er auch für Angaben der Datenbanken *passwd* und *group* arbeitet. Suns Absicht mit *nscd* war es, die Leistung zu steigern, indem häufig angefragte Domain-Namen zwischengespeichert werden. Der Haken ist leider, daß *nscd* manchmal DNS-Lookups verlangsamt, so daß viele Menschen diesen Daemon deaktivieren. Außerdem gerät *nscd* mit Round Robin in Konflikt (*nscd* speichert Records in ein und derselben Reihenfolge zwischen und rotiert keine Domain-Namen).

*nscd* wird standardmäßig beim Multiuser-Boot gestartet und liest die Konfigurationsdatei */etc/nscd.conf*. Administratoren können in dieser Datei zahlreiche Parameter festlegen. Die wichtigsten davon sind:

*enable-cache hosts (yes | no)*
: Legt fest, ob *nscd* Host-Lookups zwischenspeichern soll.

*positive-time-to-live hosts value*
: Bestimmt in Sekunden, wie lange *nscd* positive Ergebnisse (zum Beispiel Adressen) im Cache halten soll.

*negative-time-to-live hosts value*
: Gibt in Sekunden an, wie lange *nscd* negative Ergebnisse (zum Beispiel NXDOMAIN) im Cache halten soll.

Wenn Sie nicht von *nscd* überzeugt sind, zumindest bei DNS-Lookups, können Sie

```
enable-cache hosts no
```

verwenden, um die Zwischenspeicherung der Host-Datenbank abzuschalten.

## HP-UX von HP

Die Resolver-Implementierung von HP ist im wesentlichen reines BIND; die HP-UX 8.0- und 9.0-Resolver basieren auf BIND 4.8.3 und unterstützen die standardmäßigen Direktiven *domain-*, *nameserver-* und *search*. Die Reihenfolge, in der ein Host DNS, NIS und die Host-Tabelle konsultiert, ist fest vorgegeben. Der Host nutzt das DNS, wenn es konfiguriert ist. Ist DNS nicht konfiguriert und läuft das NIS, nutzt der Host das NIS. Laufen weder DNS noch NIS, greift der Host auf die Host-Tabelle zurück. Der Host greift auf die anderen Services nur dann zu, wenn die früher in diesem Kapitel besprochenen Umstände eintreten (d.h. der Resolver nutzt nur einen Nameserver – der entweder in *resolv.conf* aufgeführt ist oder standardmäßig auf dem lokalen Host – und empfängt vier Fehler, während er den Nameserver kontaktiert).

Dieser fest vorgegebene Algorithmus ist weniger flexibel als die von anderen Anbietern bereitgestellten Lösungen, macht aber die Fehlersuche einfacher. Wenn DNS, NIS und die Host-Tabelle in jeder beliebigen Reihenfolge angesprochen werden können, kann das Diagnostizieren von Benutzerproblemen furchtbar schwierig werden.

Der HP-UX 10.30-Resolver basiert auf BIND 4.9.3, und für alle 10.X-Versionen von HP-UX sind Patches erhältlich, um den Resolver auf BIND 4.9.6 zu aktualisieren. Registrieren Sie sich unter *http://us-support.external.hp.com*, um die Patches herunterladen zu können. Anschließend können Sie die Patch-Datenbank durchsuchen, um die aktuellen Patches zu finden.

HP-UX 10.0 führte die Funktionalität der *nsswitch.conf*-Datei von Solaris ein, d.h., Sie können *nsswitch.conf* verwenden, um die Reihenfolge zu kontrollieren, in der der Resolver die verschiedenen Naming-Dienste abfragt.[11] Die Syntax ist genau die gleiche wie bei der *nsswitch.conf* von Solaris. Die Standardeinstellungen für die *hosts*-Datenbank unter HP-UX lauten:

```
hosts: dns nis files
```

Diese Funktionalität ist für HP-UX 9.0 in Form von Patches ebenfalls verfügbar. Sie finden diese im Web-basierten HP-UX-Patch-Archiv. Sie benötigen eine ganze Menge Patches:

- einen für die Shared-Version der standardmäßigen C-Library (*libc.so*), die bei HP-UX die Resolver-Routinen enthält
- einen für den *mount*-Befehl, der statisch gelinkt ist

---

11 Vor HP-UX 10.10 konnten Sie *nsswitch.conf* nur nutzen, um die Reihenfolge festzulegen, in der die *hosts*-Datenbank aufgelöst wurde. Seit 10.10 können Sie in *nsswitch.conf* die Auflösungsreihenfolge der *services-*, *networks-*, *protocols-*, *rpc-* und *netgroup*-Datenbanken festlegen.

- einen für *nslookup*
- einen für die Befehle *ifconfig* und *route*
- einen für HPs Visual User Environment (VUE), das statisch gelinkt ausgeliefert wird

Der HP-UX 10.30-Resolver unterstützt auch das Suchlistenverhalten von BIND 4.9.3 sowie die Direktive *options ndots*.

## AIX von IBM

Der mit der aktuellen AIX-Version 4.2.1 ausgelieferte Resolver orientiert sich ebenfalls weitgehend am Standard. Der Code basiert auf BIND 4.9.3, d.h., er versteht die Direktiven *domain, search, nameserver, options* und *sortlist*. AIX unterstützt bis zu drei *nameserver*-Direktiven. Die AIX-Versionen 4 und 4.1 verwenden den auf BIND 4.8.3 basierenden Resolver, so daß sie die Direktiven *options* und *sortlist* nicht verstehen.

Ein Unterschied zwischen dem Verhalten von AIX und dem von BSD besteht darin, daß AIX die Existenz von *resolv.conf* nutzt, um zu bestimmen, ob ein Nameserver abgefragt werden soll. Liegt auf dem lokalen Host keine *resolv.conf* vor, liest der Resolver */etc/hosts*. Läuft auf einem Host also ein Nameserver, müssen Sie eine */etc/resolv.conf* der Länge null anlegen, selbst wenn Sie keinerlei Direktiven in sie einbinden wollen.

IBM hat den Resolver darüber hinaus so modifiziert, daß er zuerst das NIS und dann */etc/hosts* abfragt, selbst wenn das DNS angibt, daß ein Domain-Name oder entsprechende Daten nicht existieren. Das gibt Ihnen die Möglichkeit, Hosts temporär in die */etc/hosts* einzubinden, bevor Sie sie in den Nameserver aufnehmen. Außerdem können Sie Ihre eigenen host-spezifischen Abbildungen von Namen in Adressen verwalten.

AIX 4.2.1 verfügt ebenfalls über einen Mechanismus, mit dem Sie die Reihenfolge der Auflösung kontrollieren können. Dieser Mechanismus ist mit dem von Solaris' *nsswitch.conf* vergleichbar. AIX verwendet eine Datei namens */etc/netsvc.conf*. Genau wie *nsswitch.conf* nennt auch *netsvc.conf* die Datenbank *hosts*. Statt eines Doppelpunktes wird hier aber ein Gleichheitszeichen verwendet, um den Datenbanknamen und die Quellen zu trennen. Die einzelnen Quellen werden durch Kommas voneinander getrennt, für das DNS wird das Schlüsselwort *bind* und für */etc/hosts* das Schlüsselwort *local* benutzt. Mit

```
hosts = local,nis,bind
```

prüft der AIX-Resolver also zuerst die lokale */etc/hosts*, dann die NIS-Map *hosts*, und zuletzt probiert er das DNS aus. Einzelne Benutzer oder Prozesse können die systemweite Auflösungsreihenfolge aus *netsvc.conf* mit Hilfe der Umgebungsvariable *NSORDER* ändern. NSORDER arbeitet mit der gleichen Syntax wie *netsvc.conf*, läßt aber den Datenbanknamen und das Gleichheitszeichen weg. Soll die Auflösungsreihenfolge also so geändert werden, daß zuerst das DNS und danach */etc/hosts* abgefragt und das NIS völlig ignoriert wird, könnten Sie folgendes angeben:

```
% NSORDER=bind,local; export NSORDER
```

Der Resolver der AIX-Version 3.2 basierte auf dem BIND 4.8.1-Resolver; er kannte also die *search*-Direktive nicht. Was die Existenz von *resolv.conf* angeht, weist er die gleichen Eigenarten auf wie der 4.1-Resolver. Für diejenigen, die mit älteren AIX 3.2-Installationen arbeiten, gibt es einen Patch, PTF U412845, mit dem Sie den Resolver-Timeout verkürzen können, damit AIX schneller auf */etc/hosts* zurückgreift als üblich. Im AIX-FAQ finden Sie auch Anweisungen, wie Sie Bill Wisners *resolv+* mit AIX verwenden können. Dieses FAQ wird regelmäßig in *comp.unix.aix* gepostet und auf *rtfm.mit.edu* in */pub/usenet/news.answers/aix-faq/* archiviert. Benutzung auf eigene Gefahr. Weitere Informationen zur Funktionalität von *resolv+* finden Sie im Linux-Abschnitt an späterer Stelle in diesem Kapitel.

Wir wollen auch noch darauf hinweisen, daß Sie den Resolver auch mit dem System Management Interface Tool (SMIT) von AIX konfigurieren können.

## *Digital UNIX*

Der Resolver, der mit der aktuellen Digital UNIX-Version, 4.0D, ausgeliefert wird, basiert auf dem Resolver von BIND 4.9.3. Daher versteht er alle fünf in diesem Kapitel beschriebenen Direktiven. Digital UNIX erlaubt es Ihnen, die Reihenfolge, in welcher der Resolver NIS, DNS und die Host-Tabelle abfragt, über eine Datei namens *svc.conf* (siehe auch die Manpage *svc.conf* (5)[12]) festzulegen. *svc.conf* ermöglicht es auch, festzulegen, welche Dienste für andere »Datenbanken« in Anspruch genommen werden sollen. Hierzu gehören Mail-Aliase, Authentifizierungsprüfungen (Abbildung von IP-Adressen auf Host- oder Domain-Namen), Paßwort- und Gruppeninformationen sowie noch eine Reihe weiterer Dinge.

Um den Resolver mit *svc.conf* zu konfigurieren, benutzen Sie den Datenbanknamen *hosts*, gefolgt von einem Gleichheitszeichen und den gewünschten Diensten, die jeweils durch ein Komma voneinander getrennt werden. Die für *hosts* gültigen Schlüsselwörter sind *local* (die lokale Host-Tabelle), *yp* (für »Yellow Pages«, also »Gelbe Seiten«, dem älteren Namen für NIS) und *bind* (für DNS). *local* muß für *hosts* als erster Service angegeben werden. Verwenden Sie in der Zeile keine Whitespaces, außer (optional) hinter Kommas und am Ende der Zeile.

Die Zeile

```
hosts=local,bind
```

weist den Resolver an, Host-Namen zuerst in */etc/hosts* zu suchen und, falls nichts gefunden wird, das DNS zu verwenden. Das ist sehr nützlich, wenn der Host lokal eine kleine Host-Tabelle vorhält, die den Domain-Namen und die IP-Adresse des lokalen Hosts, den Standard-Router und andere, beim Hochfahren referenzierte Hosts enthält. An erster Stelle die lokale Host-Tabelle zu prüfen vermeidet jegliche Probleme, die durch die Verwendung des Domain Name Service beim Hochfahren auftreten können, wenn das Netzwerk und *named* noch nicht gestartet wurden.

---

[12] Digitals »anderes« UNIX-Betriebssystem, Ultrix, unterstützt außerdem *svc.conf*.

Digital Unix enthält außerdem ein Dienstprogramm namens *svcsetup* (siehe *svcsetup(8)*), mit dem Sie *svc.conf* interaktiv und ohne Editor einrichten können. Die Eingabe von *svcsetup* bringt Sie in einen Modus, in dem Sie die zu konfigurierende Datenbank auswählen können und nach der Reihenfolge der zu nutzenden Dienste gefragt werden.

### IRIX von Silicon Graphics

Mit der Version 6.2 besitzt IRIX einen BIND 4.9.3-Nameserver, aber der Resolver entspricht weitgehend der Versionsnummer 4.8.3. Es gibt Patches, um den Server auf die Version 4.9.4 zu bringen. Die aktuellen Patch-Nummern finden Sie unter *http://support.sgi.com/surfzone/patches/browse/index.html* (sie müssen sich dort registrieren lassen, wenn Sie noch ein Mitglied der SurfZone sind).

Die in IRIX 4.0 verwendete Datei *resolv.conf*, die unter */usr/etc/resolv.conf* zu finden ist, kennt zusätzlich eine *hostresorder*-Direktive. Mit der *hostresorder*-Direktive kann der Administrator festlegen, in welcher Reihenfolge NIS, DNS und die lokale Host-Tabelle verarbeitet werden. Die Benutzer können die Umgebungsvariable *HOSTRESORDER* nutzen, um die Reihenfolge für ihre eigenen Befehle individuell festzulegen.

*hostresorder* akzeptiert eines oder mehrere der Schlüsselwörter *nis*, *bind* und *local* als Argumente. (Die Schlüsselwörter entsprechen dabei den jeweiligen Diensten.) Die Schlüsselwörter können durch Whitespaces oder durch einen Slash voneinander getrennt sein. Ein Whitespace gibt an, daß der nächste Service ausprobiert werden soll, wenn der vorangegangene Dienst keine Antwort zurückgeliefert hat (z.b. wenn der Name in der Host-Tabelle nicht gefunden werden konnte oder der Nameserver die Meldung »keine solche Domain« zurückliefert) oder nicht verfügbar ist (beispielsweise weil der Nameserver nicht läuft). Ein Slash gibt an, daß der vorangegangene Dienst ausschlaggebend ist und die Auflösung, falls keine Antwort zurückgeliefert wird, abgebrochen werden soll. Der nächste Dienst wird nur genutzt, wenn der vorangegangene Dienst nicht verfügbar ist.

### Open Server 5.0 von SCO

Die neueste Release des UNIX-Betriebssystems von SCO, Open Server 5.0.X, besitzt einen Resolver, der auf dem BIND 4.9.2-Resolver basiert. Als von 4.9.2 abgeleiteter Resolver versteht er alle normalen Direktiven der *resolv.conf* (einschließlich *sortlist* und *options*!) sowie *hostresorder*. *hostresorder* funktioniert genau wie unter IRIX (beachten Sie hierzu den direkt vorhergehenden IRIX-Abschnitt). Die Schlüsselwörter sind gleich (*bind*, *nis* und *local*), und ein Slash anstelle eines Leerzeichens gibt an, daß der vorhergehende Dienst ausschlaggebend ist und die Suche abgebrochen werden soll, wenn dieser Dienst den Namen nicht findet. Die Standardeinstellung (ohne konfiguriertes *hostresorder*) lautet wie folgt:

```
hostresorder bind nis local
```

Der Resolver nutzt, selbst wenn die Auflösungsreihenfolge nicht explizit konfiguriert ist, die */etc/hosts*, wenn DNS und NIS nicht verfügbar sind.

Sie können alles, was Sie mit *domain, options* oder *hostresorder* in *resolv.conf* konfiguriert haben, mit Hilfe der Umgebungsvariablen LOCALDOMAIN, RES_OPTIONS bzw. HOSTRESORDER ändern. Um beispielsweise die Auflösung auf das DNS zu beschränken und die Option *ndots* vor dem Start von *sendmail* auf eins zu setzen, können Sie folgendes ausführen:

```
% HOSTRESORDER="dns"; RES_OPTIONS="ndots:1"
% export HOSTRESORDER RES_OPTIONS
% /usr/lib/sendmail -bd -q1h
```

## *Linux*

Seit wir die erste Fassung dieses Buches veröffentlicht haben, hat Linux die Computerwelt im Sturm erobert. Einige der Gründe hierfür sind, daß Linux als Freeware verfügbar ist und daß es wesentlich besser mit den Entwicklungen der UNIX- und Internet-Gemeinde Schritt hält als die UNIX-Version jedes Herstellers. Diese Tatsache betont RedHat, ein bedeutender Linux-Distributor, mit der Version 5.1. Sie enthält einen BIND 4.9.6-Nameserver und -Resolver. Der Resolver unterstützt außerdem die bei Sun verwendete Datei *nsswitch.conf*.

Aber einige ältere Linux-Resolver basieren auf Bill Wisners *resolv+*-Bibliothek, die wiederum auf BIND 4.8.3 basiert. Folglich kann die Datei *resolv.conf* alle gültigen 4.8.3-Resolver-Direktiven (*domain, search* und *nameserver*, nicht aber *options*) enthalten; sie nutzt die ältere Standardsuchliste, die wir in diesem Kapitel beschrieben haben.

*resolv+* weist, wie es der Name schon andeutet, gegenüber dem normalen 4.8.3-Resolver einige Verbesserungen auf. Hierzu gehören die Möglichkeit, festzulegen, in welcher Reihenfolge DNS, NIS und */etc/hosts* konsultiert werden (in neueren Versionen durch den Quasi-Standard *nsswitch.conf* ersetzt), die Fähigkeit, bestimmte Arten von DNS-Spoofing zu erkennen, sowie die Fähigkeit, Adreß-Records in Antworten so umzusortieren, daß lokale Subnetze bevorzugt werden.

All diese Erweiterungen werden durch */etc/hosts.conf* kontrolliert. Die interessantesten von *hosts.conf* akzeptierten Schlüsselwörter sind:

*order*
> Kontrolliert die Reihenfolge, in der die verschiedenen Name-Services konsultiert werden. Gültige Argumente sind *bind, hosts* und *nis*, wobei mindestens ein Argument dem Schlüsselwort folgen muß. Mehrere Argumente müssen durch Kommas voneinander getrennt werden.

*nospoof*
> Erwartet als einziges Argument *on* oder *off. nospoof* weist den Resolver an, jegliche PTR-Informationen (Reverse Mapping), die es von entfernten Nameservern erhalten kann, zu prüfen, indem es eine Adreßabfrage nach dem Domain-Namen in die Antwort einbettet. Wenn die von der Adreßabfrage zurückgelieferte Adresse nicht mit der Adresse übereinstimmt, auf die der Resolver ursprünglich das Reverse Mapping angewandt hat, wird der PTR-Record ignoriert.

*reorder*
> Erwartet als einziges Argument *on* oder *off*. Ist *reorder* aktiv (»on«), sortiert der Resolver die Adressen von mehrfach vernetzten (»multihomed«) Hosts so um, daß alle Adressen eines lokalen Subnetzes an erster Stelle erschcinen.

## Windows 95 und 98

Windows 95 und 98, die Nachfolger von Windows und Windows für Workgroups 3.x, besitzen einen eigenen TCP/IP-Stack mit DNS-Resolver. Tatsächlich aber besitzen Windows 95 und 98 zwei TCP/IP-Stacks: einen für TCP/IP über LANs und einen für TCP/IP über Wählverbindungen. Die Oberfläche zur Konfiguration des Resolvers ist unter Windows 95/98 grafisch – wie könnte es auch anders sein. Um in das DNS-Hauptkonfigurationsfenster zu gelangen, starten Sie die *Systemsteuerung*, wählen *Netzwerk* und dann das *TCP/IP-Protokoll*. Klicken Sie anschließend auf die Schaltfläche *Eigenschaften* und wählen im dann erscheinenden Fenster *Eigenschaften von TCP/IP* die Registerkarte *DNS-Konfiguration* (siehe Abbildung 6-1).

Die Konfiguration über dieses Dialogfeld ist nahezu selbsterklärend: Sie wählen *DNS aktivieren* aus, um die DNS-Auflösung einzuschalten, tragen dann den Host-Namen des PCs (in diesem Fall den ersten Teil seines Domain-Namens) im Feld *Host* ein und die lokale Domain (d.h. den Namensteil hinter dem ersten Punkt) in das Feld *Domäne*. Unter *Suchreihenfolge für DNS-Server* tragen Sie die IP-Adressen der Nameserver in der Reihenfolge ein, in der sie abgefragt werden sollen. Zum Schluß tragen Sie unter *Suchreihenfolge für Domänensuffix* die Domains in die Suchliste ein, und zwar ebenfalls in der Reihenfolge, in der sie angewandt werden sollen.

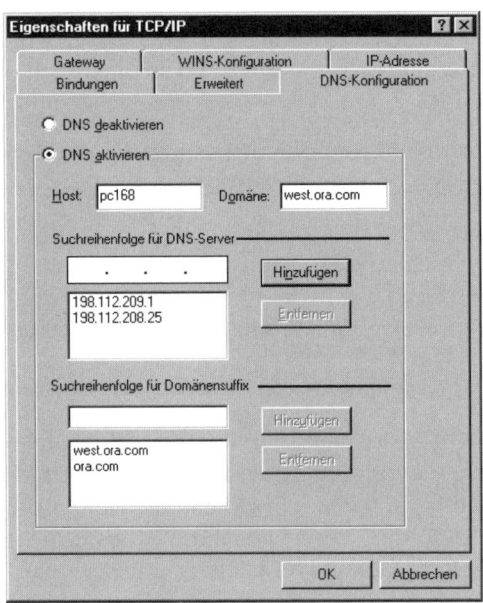

*Abbildung 6-1: Resolver-Konfiguration unter Windows 95*

Ein interessanter Hinweis zur aktuellen Version von Windows 95/98: Sie können für jede der Wählverbindungen, die Sie für Ihre ISPs eingerichtet haben, einen eigenen Satz von Nameservern konfigurieren. Um telefonbuchspezifische Resolver-Konfigurationen einzutragen, doppelklicken Sie auf das Symbol *Arbeitsplatz*, das sich auf dem Desktop befindet, und anschließend doppelt auf *DFÜ-Netzwerk*. Klicken Sie mit der rechten Maustaste auf den Namen derjenigen eingerichteten Verbindung, deren Resolver Sie konfigurieren wollen, und wählen Sie *Eigenschaften*. Bringen Sie die Registerkarte *Servertypen* in den Vordergrund, und klicken Sie auf die Schaltfläche *TCP/IP-Einstellungen...* Dann erscheint das in Abbildung 6-2 dargestellte Fenster.

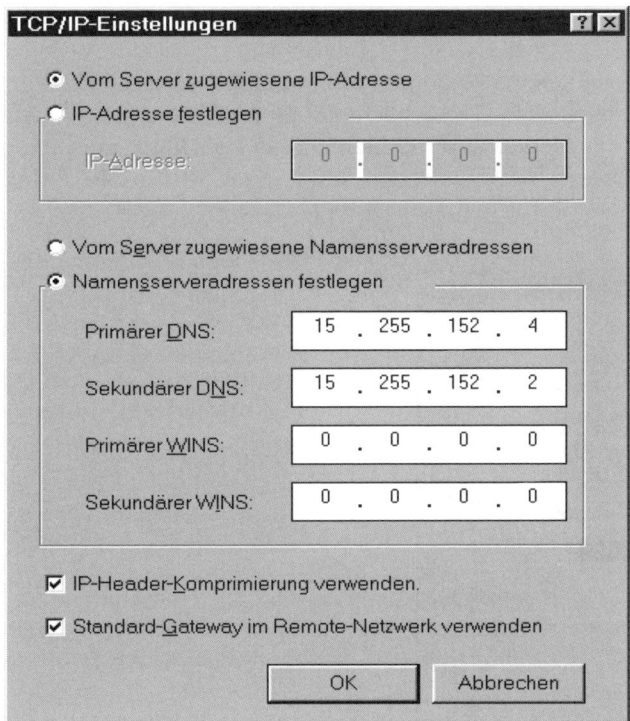

*Abbildung 6-2: Konfiguration des DFÜ-Netzwerks für PPP-Server unter Windows 95*

Wenn Sie die Option *Vom Server zugewiesene Namensserveradressen* wählen, bezieht der Resolver die Adressen der Nameserver vom DHCP-Server der angewählten Gegenstelle. Wenn Sie hingegen *Namensserveradressen festlegen* auswählen, können Sie bis zu zwei Nameserver selbst angeben. Windows 95/98 verwendet diese Nameserver nur, solange die Verbindung aktiv ist.

Dies ist wirklich nützlich, wenn Sie mit mehreren ISPs arbeiten und jeder seine eigenen Nameserver betreibt. Beachten Sie, daß die im Dialogfenster *Eigenschaften für TCP/IP* eingetragenen Nameserver grundsätzlich Vorrang besitzen. Wenn Sie also auf DFÜ-Nameserver zugreifen wollen, dürfen Sie in der allgemeinen TCP/IP-Konfiguration keine

Nameserver eintragen; aktivieren Sie dort DNS, aber tragen Sie lediglich den lokalen Host-Namen ein. Diese Einschränkung ist vermutlich ein Versehen, daß bei der Integration des DFÜ-Netzwerkes mit dem lokalen Netzwerk aufgetreten ist.

Bevor Sie glauben, daß dies die einzige Merkwürdigkeit ist, mit der die DNS-Auflösung unter Windows 95 abläuft, verweisen wir auf das Windows 95 Networking-FAQ, gepflegt von Rich Graves, zu finden unter *http://www-leland.stanford.edu/~llurch/win95netbugs/faq.html*. Dieses FAQ enthält eine Vielzahl wertvoller Informationen zum DNS, darunter auch die Änderung der Reihenfolge, in der der Win95-Resolver die LMHOSTS-Datei, WINS und DNS nutzt.

## Windows NT

Bei Windows NT erfolgt die gesamte Resolver-Konfiguration in einem einzigen Fenster, das dem von Windows 95 sehr ähnlich sieht. Tatsächlich gibt es außer der Existenz netter kleiner Pfeile, mit denen die Nameserver und die Elemente der Suchliste umsortiert werden können, wirklich keine Unterschiede zwischen den beiden, was in Abbildung 6-3 zu sehen ist.

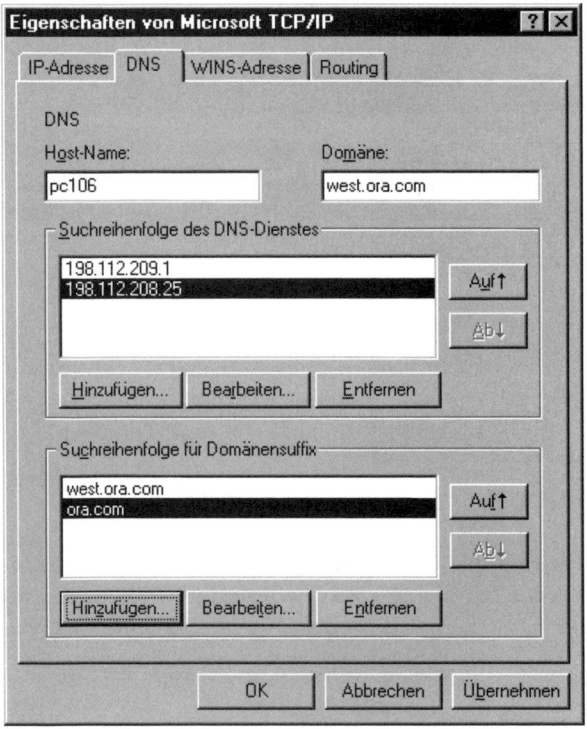

*Abbildung 6-3: Resolver-Konfiguration unter Windows NT*

Das DNS-Konfigurationsfenster von Windows NT 3.5x und 4.0 finden Sie, wenn Sie in *Systemsteuerung* auf das Symbol *Netzwerk* doppelklicken. Wählen Sie bei Windows NT 4.0 die Registerkarte *Protokolle* aus; bei NT 3.51 erübrigt sich dieser Schritt. Klicken Sie in der Liste *Netzwerkprotokolle* (NT 4.0) bzw. *Installierte Netzwerksoftware* (NT 3.5x) auf *TCP/IP-Protokoll* und dann auf die Schaltfläche *Eigenschaften...* (NT 4.0) bzw. *Konfigurieren...* (NT 3.5x). Wählen Sie dann die Registerkarte *DNS* aus (NT 4.0), oder klicken Sie auf die Schaltfläche *DNS...* (NT 3.5x). Die Optionen im erscheinenden Fenster erklären sich selbst.

Unter Windows NT können Sie für jeden Telefonbucheintrag im DFÜ-Netzwerk eine eigene Resolver-Konfiguration vornehmen. Doppelklicken Sie dazu in Windows NT 4.0 nacheinander auf *Arbeitsplatz* und *DFÜ-Netzwerk*, so daß das Fenster *DFÜ-Netzwerk* erscheint. Wählen Sie aus der Drop-Down-Liste einen Telefonbucheintrag aus, klicken Sie auf die Schaltfläche *Weiteres*, und wählen Sie den Menüeintrag *Eintrags- und Modemeigenschaften bearbeiten*. Holen Sie die Registerkarte *Server* in den Vordergrund, und klicken Sie auf die Schaltfläche *TCP/IP-Einstellungen*. Wie das Fenster aussieht, hängt davon ab, welchen Server-Typ sie im vorhergehenden Fenster gewählt haben. Wir gehen von einem PPP-Server aus, da diese PPP-Verbindungen für TCP/IP über Telefon- und ISDN-Leitungen am weitesten verbreitet sind. In diesem Fall entspricht das Fenster dem von Windows 95 (abgesehen davon, daß einige Optionen falsch oder mißverständlich beschriftet sind; wenn Sie nicht sicher sind, was mit einer Option gemeint ist, sehen Sie einfach in Abbildung 6-2 nach). Die hier eingestellte Resolver-Konfiguration ist nur wirksam, solange die Verbindung aktiv ist. Ansonsten ist die lokale Resolver-Konfiguration aktiv.

Unter Windows NT 3.5x werden die DFÜ-verbindungsspezifischen Resolver-Einstellungen wie folgt festgelegt: Doppelklicken Sie im Fenster *Remote Access Service (Allgemein)* des Programm-Managers auf das Symbol *RAS-Telefonbuch*. Klicken Sie in der Liste auf den gewünschten Eintrag und dann auf die Schaltfläche *Ändern*. Falls Sie im Fenster *Telefonbucheintrag Bearbeiten* am unteren Rand keine Gruppe von Schaltflächen sehen, klicken Sie rechts auf *Erweitert*, damit diese Schaltflächen erscheinen. Klicken Sie auf *Netzwerk* und im nächsten Fenster auf *TCP/IP-Einstellungen....* Das nun erscheinende Fenster entspricht dem von Windows 95 oder NT 4.0 (die Beschriftungen der Optionen sind übrigens korrekt, im Gegensatz zu denen bei NT 4.0).

*In diesem Kapitel:*
- *BIND-Nameserver-Signale*
- *db-Dateien aktualisieren*
- *Ihre Dateien organisieren*
- *Orte der BIND 8-Systemdateien verändern*
- *Protokollierung mit BIND 8*
- *Einen reibungslosen Betrieb aufrechterhalten*

# 7
# BIND pflegen

»Aber in unserm Land«, sagte Alice, noch immer nach Atem ringend, »gelangt man im allgemeinen woandershin, wenn man lange Zeit so schnell läuft, wie wir es eben taten.«

»Eine langsame Sorte von Land!« bemerkte die Königin. »Hier dagegen mußt du aus Leibeskräften rennen, wenn du am selben Ort bleiben willst. Und wenn du woandershin willst, mußt du doppelt so schnell rennen.«

Dieses Kapitel diskutiert eine Reihe von Themen, die mit der Pflege von Nameservern zusammenhängen. Wir werden über das Senden von Signalen an Nameserver, die Modifikation der db-Dateien und die Aktualisierung von *db.cache* reden. Wir werden die gängigen *syslog*-Fehlermeldungen aufführen und die von BIND geführten Statistiken erläutern.

Dieses Kapitel behandelt nicht die Probleme bei der Fehlersuche. Bei der Pflege geht es darum, Ihre Daten auf dem aktuellen Stand zu halten und den Betrieb der Nameserver zu überwachen, um zu vermeiden, daß es irgendwann »brennt«. Bei der Fehlersuche geht es darum, ein entstandenes »Feuer« zu löschen – die kleinen DNS-Notfälle, die immer wieder mal auftreten. Dieses Thema wird in Kapitel 13, *Fehlersuche bei DNS und BIND,* behandelt.

## BIND-Nameserver-Signale

Im Alltagsbetrieb wird der BIND-Nameserver *named* mit Hilfe von Signalen gesteuert. Wir werden diese Signale in diesem und in anderen Kapiteln verwenden. Nachfolgend eine kurze Liste der Signale, die Sie an den Nameserver senden können, zusammen mit einer kurzen Beschreibung der Handlungen, die diese Signale auslösen. Jedes Signal wird an anderer Stelle in diesem Buch ausführlicher behandelt. (Bei einigen Systemen finden Sie die nachfolgend beschriebenen Dateien in */var/tmp* und nicht in */usr/tmp*.)

*HUP*
: Lädt den Nameserver neu. Senden Sie dieses Signal an einen primären Master-Nameserver, nachdem Sie seine Konfigurationsdatei oder eine seiner Datenbankdateien verändert haben. Senden Sie dieses Signal an einen Slave-Nameserver, der BIND 4.9 oder eine neuere Version ausführt, um eine Aktualisierung seiner sekundären Zonen zu erzwingen.

*INT*
: Schreibt eine Kopie der internen Datenbank des Nameservers nach */usr/tmp/named_dump.db* (Version 4) oder in das aktuelle Verzeichnis des Nameservers (Version 8).

*ABRT* (Version 4)
: Hängt die Statistiken des Nameservers an die Datei */usr/tmp/named.stats* an. Dieses Signal könnte auf Ihrem System IOT heißen.

*ILL* (Version 8)
: Hängt die Statistiken des Nameservers an die Datei *named.stats* im aktuellen Verzeichnis des Servers an.

*USR1*
: Hängt Debug-Informationen an */usr/tmp/named.run* (Version 4) oder an die Datei *named.run* im aktuellen Verzeichnis des Nameservers (Version 8) an. Jedes weitere USR1-Signal sorgt für mehr Details in den Debugging-Informationen. Welche Informationen bei welchem Level ausgegeben werden, steht in Kapitel 12, *BIND-Debugging-Ausgaben verstehen*.

*USR2*
: Schaltet das Debugging aus.

*WINCH*
: Schaltet das Protokollieren aller Abfragen zu *syslog* ein und aus. Das Logging erfolgt aber mit der Priorität LOG_INFO. *named* muß mit definiertem QRYLOG kompiliert werden (was standardmäßig der Fall ist). Dieses Feature gibt es in der Version 4.8.3 nicht.

*TERM* (Version 8)
: Speichert die dynamischen Zonen in Dateien und beendet den Server.

Ab der Version 4.9 stellt die Distribution für das Senden dieser Signale ein praktisches Shell-Skript namens *ndc* zur Verfügung. Sehen Sie sich für die Befehlssyntax die Manpage an, oder führen Sie *ndc* ohne Angabe von Optionen aus, um eine entsprechende Meldung zu seiner Verwendung zu erhalten. Achten Sie bitte darauf, nicht *ndc* aus Version 4 zu verwenden, um einen BIND 8-Nameserver zu steuern, denn das Signal für die Statistik hat sich geändert. Wenn Sie nicht über *ndc* verfügen, müssen Sie die Signale von Hand senden, also lesen Sie ruhig weiter.

Um dem Nameserver ein Signal senden zu können, müssen Sie zuerst den Prozeß-ID des Nameservers herausfinden. Der BIND-Nameserver schreibt seinen Prozeß-ID in eine

Datei auf der Festplatte, was die ganze Angelegenheit etwas einfacher macht, weil Sie nicht mit *ps* arbeiten müssen. Der übliche Platz für den Prozeß-ID ist */etc/named.pid*. Auf manchen Systemen ist der Prozeß-ID in */var/run/named.pid* zu finden. Sehen Sie sich die *named*-Manpage an, um herauszufinden, in welchem Verzeichnis *named.pid* auf Ihrem System liegt. Weil der Prozeß-ID des Nameservers in einer Datei vorliegt, kann das Senden eines HUP-Signals so einfach sein wie:

```
# kill -HUP `cat /etc/named.pid`
```

Wenn Sie den Prozeß-ID nicht in einer Datei finden können, können Sie ihn immer noch mit *ps* bestimmen.

Auf einem BSD-basierten System schreiben Sie:

```
% ps -ax | grep named
```

Auf einem SYS V-basierten System schreiben Sie:

```
% ps -ef | grep named
```

Allerdings könnten Sie mehr als einen laufenden Nameserver finden, wenn Sie *ps* verwenden, weil Nameserver Child-Prozesse ausführen, um Zonentransfers durchzuführen. Bei einem Zonentransfer führt der Nameserver, der die Zonendaten liest, einen Child-Prozeß aus, und der Nameserver, der die Zonendaten bereitstellt, startet ebenfalls einen Child-Prozeß. Wir schweifen hier ein wenig ab und erläutern, warum mit Child-Prozessen gearbeitet wird.

Ein Slave-Nameserver startet einen Child-Prozeß, um einen Zonentransfer durchzuführen. Dies erlaubt es dem Slave-Nameserver, weiterhin Queries zu beantworten, während die Zonendaten durch den Child-Prozeß vom Master-Server auf die lokale Festplatte übertragen werden. Sobald die Zone auf der lokalen Festplatte vorliegt, liest der Slave-Nameserver die neuen Daten ein. Die Verwendung eines Child-Prozesses bei Zonentransfers löste ein Problem von BIND-Versionen vor 4.8.3, bei denen Slave-Nameserver während Zonentransfers keine Queries verarbeiten konnten. Das konnte bei Nameservern mit vielen oder großen Zonen zu einem echten Ärgernis werden, weil sie für eine recht lange Zeit nicht mehr antworteten.

Ein primärer Master-Nameserver unter BIND 8 erzeugt *keinen* Child-Prozeß, um für den Slave-Nameserver die gewünschte Zone bereitzustellen. Statt dessen überträgt er die Zone und ist gleichzeitig bereit, Abfragen zu beantworten. Wenn der primäre Master-Server eine neue Kopie einer Zone von einer Festplatte lädt, während eine Zone übertragen wird, wird die Übertragung abgebrochen, und die Daten werden von der Festplatte geladen. Der Slave-Server muß später erneut versuchen, den Zonentransfer durchzuführen, wenn der primäre Master mit dem Laden der Zone fertig ist.

Ein primärer Master-Nameserver unter BIND 4 erzeugt einen Child-Prozeß, um eine Zone an einen Slave-Server zu übermitteln. Das bedeutet eine stärkere Belastung des Hosts, der den primären Master ausführt, besonders wenn die Zonen sehr groß sind oder viele Zonentransfers gleichzeitig stattfinden.

Zeigt die Ausgabe von *ps* mehrere Nameserver-Prozesse an, sollten Sie in der Lage sein, auf einfache Weise zu unterscheiden, welcher Nameserver-Prozeß der Parent und welche Prozesse die Children sind: Ein Child-Nameserver, der von einem Slave-Server angestoßen wurde, um eine Zone zu kopieren, heißt *named-xfer* und nicht *named*:

```
root   548  547  0 22:03:17 ?      0:00 named-xfer -z movie.edu
       -f /usr/tmp/NsTmp0 -s 0 -P 53 192.249.249.3
```

Ein Child-Nameserver, der von einem Master-Nameserver angestoßen wurde, ändert seine Kommandozeilenoptionen, um anzuzeigen, für welchen Secondary die Zone bestimmt ist:

```
root   1137 1122 6 22:03:18 ?      0:00 /etc/named -zone XFR
       to [192.249.249.1]
```

Sie könnten auch einer *named*-Version begegnen, bei der sich die Kommandozeile nicht ändert. In diesem Fall können Sie das Verhältnis zwischen den einzelnen *named*-Prozessen immer noch erkennen, indem Sie deren Prozeß-IDs und Parent-Prozeß-IDs betrachten. Alle Child-Prozesse haben den Prozeß-ID des Parent-Nameservers als Parent-Prozeß-ID. Auch wenn Ihnen möglicherweise als allzu offensichtlich erscheint: Senden Sie Signale nur an den *Parent*-Nameserver. Die Child-Prozesse verschwinden, sobald die Zonentransfers abgeschlossen sind.

## *db-Dateien aktualisieren*

Irgend etwas ändert sich in Ihrem Netzwerk immer – die neuen Workstations sind da, Sie sortieren die Relikte aus oder verkaufen sie, oder ein Host wandert in ein anderes Netzwerk. Jede Änderung hat zur Folge, daß die db-Dateien modifiziert werden müssen. Sollen diese Änderungen nun von Hand oder mit Hilfe eines entsprechenden Tools durchgeführt werden?

Zuerst wollen wir diskutieren, wie diese Änderungen von Hand durchzuführen sind. Danach wollen wir ein Tool namens *h2n* beschreiben, das uns bei unserer Arbeit unterstützt. Tatsächlich empfehlen wir die Verwendung eines Tools für die Erzeugung der db-Dateien – oder wollen Sie das wirklich von Hand machen? Zumindest sollten Sie für die Inkrementierung der Seriennummer ein Werkzeug nutzen. Die Syntax der DNS-Dateien führt häufig selbst zu Fehlern. Es ist nicht gerade hilfreich, daß die Adreß- und Zeiger-Records in verschiedenen Dateien stehen, die miteinander übereinstimmen müssen. Aber selbst wenn Sie mit einem Tool arbeiten, ist es notwendig, zu wissen, was passiert, wenn die Dateien aktualisiert werden. Deshalb beginnen wir mit der manuellen Methode.

### *Hinzufügen und Entfernen von Hosts*

Nachdem Sie zu Beginn Ihre db-Dateien einmal angelegt haben, sollte es relativ klar sein, welche Änderungen notwendig sind, wenn ein neuer Host eingebunden werden muß. Wir wollen hier schrittweise vorgehen für den Fall, daß nicht Sie derjenige sind,

*db-Dateien aktualisieren*

der diese Dateien eingerichtet hat, oder für den Fall, daß Sie einfach eine Kontrolliste benötigen, der Sie folgen können. Führen Sie die Änderungen an den DNS-Datenbankdateien Ihres *primären Master*-Nameservers durch. Wenn Sie diese Änderungen an den Backup-Dateien des *Slave*-Nameservers durchführen, ändern sich die Daten zwar, werden aber beim nächsten Zonentransfer wieder überschrieben.

1. Aktualisieren Sie die Seriennummer in *db.DOMAIN*. Die Seriennummer befindet sich wahrscheinlich gleich am Beginn der Datei. Es ist daher leicht, diese Arbeit direkt zu erledigen, was die Gefahr minimiert, daß Sie es vergessen.

2. Tragen Sie alle notwendigen A (Adresse)-, CNAME (Alias)- und MX (Mail-Exchanger)-Records für den Host in *db.DOMAIN* ein. Wir haben die folgenden Resource Records in *db.movie* aufgenommen, als ein neuer Host (*cujo*) in unser Netzwerk eingebunden wurde:

   ```
   cujo  IN  A   192.253.253.5       ; cujos Internet-Adresse.
         IN  MX  10 cujo             ; Wenn möglich, geht die Mail direkt an cujo,
         IN  MX  20 terminator       ; anderenfalls an unseren Mail-Hub.
   ```

3. Aktualisieren Sie die Seriennummer, und fügen Sie PTR-Records in *jede db.ADR*-Datei ein, für die der Host eine Adresse besitzt. *cujo* besitzt nur eine Adresse im Netzwerk *192.253.253*, weshalb wir den folgenden PTR-Record in *db.192.253.253* eingetragen haben:

   ```
   5  IN  PTR  cujo.movie.edu.
   ```

4. Starten Sie den primären Master neu, indem Sie ihm ein HUP-Signal senden. Auf diese Weise werden die neuen Informationen geladen:

   ```
   # kill -HUP `cat /etc/named.pid`
   ```

Nachdem der primäre Master-Nameserver neu gestartet hat, lädt er die neuen Daten. Der Slave-Nameserver lädt die neuen Daten irgendwann innerhalb des im SOA-Record für die Aktualisierung der Daten festgelegten Intervalls.

Manchmal werden die Benutzer nicht warten wollen, bis die Slave-Server die neuen Daten übernehmen, vielmehr sollen die Daten sofort verfügbar sein. (Nicken Sie etwa schmunzelnd mit dem Kopf, während Sie dies lesen?) Kann man einen Slave-Server dazu bringen, die neuen Informationen umgehend zu laden? Wenn sowohl Master- als auch Slave-Server BIND 8 ausführen, werden die Slaves die neuen Daten schnell anfordern, weil der primäre Master innerhalb von 15 Minuten nach einer Änderung die Slaves informiert, daß sich die Zonendaten geändert haben. Wenn Sie einen Nameserver der Version 4.9 oder höher verwenden, können Sie ihm genau wie dem primären Master-Nameserver ein HUP-Signal senden. Bei einem Nameserver der Version 4.8.3 oder früher müssen Sie alle Backup-Dateien des sekundären Slave-Servers entfernen (bzw. nur die, die aktualisiert werden sollen), den Slave-Server anhalten und ihn neu starten. Weil die Backup-Dateien nicht mehr vorhanden sind, muß sich der sekundäre Server umgehend neue Kopien der Zonen herunterladen.

Um einen Host zu entfernen, löschen Sie alle Resource Records, die diesen Host betreffen, aus *db.DOMAIN* und *db.ADDR*. Erhöhen Sie die Seriennummer in jeder von Ihnen geänderten Datei, und starten Sie den primären Master-Nameserver neu.

## *SOA-Seriennummern*

Jede DNS-Datenbankdatei besitzt eine Seriennummer. Jedesmal, wenn die Daten in einer db-Datei geändert werden, muß die Seriennummer inkrementiert werden. Geschieht dies nicht, lesen die für die Zone zuständigen Slave-Nameserver die aktualisierten Daten nicht ein. Die Änderung ist einfach. Besitzt die ursprüngliche Datei den folgenden SOA-Record

```
movie.edu.  IN SOA terminator.movie.edu. al.robocop.movie.edu. (
                    100       ; Serial
                    10800     ; Refresh
                    3600      ; Retry
                    604800    ; Expire
                    86400 )   ; Minimale TTL
```

sieht der SOA-Record der aktualisierten db-Datei wie folgt aus:

```
movie.edu.  IN SOA terminator.movie.edu. al.robocop.movie.edu. (
                    101       ; Serial
                    10800     ; Refresh
                    3600      ; Retry
                    604800    ; Expire
                    86400 )   ; Minimale TTL
```

Diese einfache Änderung bildet den Schlüssel zur Distribution der Daten an all Ihre Secondaries. Die Seriennummer nicht zu erhöhen ist der bei der Aktualisierung des Nameservers am häufigsten gemachte Fehler. Bei den ersten Änderungen an der DNS-Datenbank werden Sie die Seriennummer noch aktualisieren, weil der Vorgang neu für Sie ist und Sie entsprechend aufmerksam sind. Nachdem Änderungen in den db-Dateien für Sie alltäglich geworden sind, werden Sie »schnell mal« eine Änderung durchführen, die Aktualisierung der Seriennummer vergessen ... und keiner der Slave-Server wird die neuen Daten einlesen. Aus diesem Grund sollten Sie ein Tool verwenden, das die Seriennummer für Sie aktualisiert! Sie können *h2n* oder irgend etwas lokal Vorhandenes verwenden, aber bitte verwenden Sie ein Tool.

BIND erlaubt die Verwendung einer dezimalen Seriennummer wie 1.1, aber wir empfehlen Ihnen, bei ganzen Zahlen zu bleiben. BIND 4 behandelt Dezimalzahlen wie folgt: Falls die Seriennummer einen Dezimalpunkt enthält, multipliziert BIND die Ziffern links vom Dezimalpunkt mit dem Wert 1000. Die Ziffern auf der rechten Seite werden dann dieser Zahl hinzuaddiert. Daher wird eine Zahl wie 1.1 intern in die Zahl 10.001 umgewandelt. Dies führt zu einigen Anomalien, zum Beispiel ist 1.1 »größer« als 2, und 1.10 ist »größer« als 2.1. Weil das so überhaupt nicht intuitiv ist, bleiben Sie am besten bei ganzen Zahlen.

Es gibt verschiedene gute Möglichkeiten, mit ganzzahligen Seriennummern zu arbeiten. Die offensichtlichste Möglichkeit ist ein Zähler: Erhöhen Sie die Seriennummer jedesmal um eins, wenn Sie die Datei modifizieren. Eine andere Möglichkeit besteht darin, die Seriennummer aus dem Datum abzuleiten. Beispielsweise könnten Sie eine aus acht Ziffern der Form *JJJJMMDD* bestehende Seriennummer verwenden. Nehmen wir etwa an, heute wäre der 15. Januar 1997. Ihre Seriennummer würde dann 19970115 lauten. Dieses Schema erlaubt allerdings nur eine Aktualisierung pro Tag, was möglicherweise nicht ausreicht. Hängen Sie zwei weitere Ziffern an diese Zahl an, die angeben, wie oft die Datei an diesem Tag modifiziert wurde. Die erste Zahl für den 15. Januar 1997 wäre dann 1997011500. Die nächste Modifikation für diesen Tag würde die Seriennummer in 1997011501 ändern. Dieses Schema erlaubt 100 Änderungen pro Tag. *h2n* generiert die Seriennummer aus dem aktuellen Datum, wenn Sie die Option *-n* verwenden. Für welches Schema Sie sich auch entscheiden, die Seriennummer muß in eine 32-Bit-Integer-Zahl passen.

## *Neustart mit neuer Seriennummer*

Was tun, wenn eine der Seriennummern Ihrer Zonen versehentlich sehr groß wird und Sie diese wieder auf einen vernünftigen Wert zurücksetzen wollen? Es gibt eine Möglichkeit, die mit allen BIND-Versionen funktioniert, sowie eine ganze Reihe von Möglichkeiten für die Versionen ab 4.9.

Die Lösung, die bei allen Versionen funktioniert, besteht darin, alle Slaves ihrer Kenntnis der alten Seriennummer zu berauben. Danach können Sie die Numerierung wieder bei eins (oder jedem passenden Wert) beginnen. Und das geht so: Zuerst ändern Sie die Seriennummer auf Ihrem primären Master-Server und starten diesen neu. Der primäre Master-Nameserver besitzt nun die neue Seriennummer. Loggen Sie sich nun auf einem Host ein, auf dem ein Slave-Nameserver läuft, und beenden Sie den Server-Prozeß mit dem Befehl *kill `cat /etc/named.pid`*. Entfernen Sie die Backup-Kopien der db-Dateien (z.b. mit *rm db.movie db.192.249.249 db.192.253.253*). Starten Sie den Slave-Nameserver erneut. Weil die Backup-Kopien entfernt wurden, muß sich der Slave eine neue Version der DNS-Datenbanken herüberladen, wobei auch die neue Seriennummer geladen wird. Dieser Prozeß muß für jeden Slave-Nameserver wiederholt werden. Falls es für Ihre Zonen irgendwelche Nameserver gibt, die nicht direkt unter Ihrer Kontrolle stehen, müssen Sie die entsprechenden Administratoren bitten, diese Aufgabe zu übernehmen.

Wenn Ihre sekundären Server auf der Version 4.9 oder höher basieren, haben Sie zwei Möglichkeiten, die jeweils zwei Arbeitsschritte erfordern. Bei der einen Methode geht es darum, die Seriennummern auf null zu synchronisieren, und bei der anderen geht es darum, die Seriennummer um den höchstmöglichen Wert zu erhöhen.

Wenn Sie die Seriennummer einer Zone auf null setzen, überträgt jeder 4.9-Slave die Zone bei der nächsten Prüfung. Die Seriennummer Null ist daher etwas Besonderes. Tatsächlich wird die Zone *jedesmal* übertragen, wenn der Slave sie prüft; vergessen Sie also nicht, die Seriennummer zu erhöhen, sobald alle Secondaries synchronisiert wurden. Allerdings gibt es eine Grenze, wie weit Sie die Seriennummer inkrementieren können. Lesen Sie weiter.

Die andere Methode, die Seriennummer (mit Version 4.9 und neueren Slaves) zu korrigieren, ist einfacher zu verstehen, wenn wir Ihnen zuerst etwas Hintergrundwissen vermitteln. Die DNS-Seriennummer ist ein vorzeichenloser 32-Bit-Wert. Der Wertebereich reicht von 0 bis 4.294.967.295. Die DNS-Seriennummer verwendet *Raumfolgenarithmetik*, d.h. daß bei jeder Seriennummer die Hälfte der Zahlen im Zahlenraum (2.147.483.647 Zahlen) kleiner und die andere Hälfte größer ist als die Seriennummer.

Sehen wir uns ein Beispiel an. Gehen wir einmal von der Seriennummer 5 aus. Die Seriennummern 6 bis (5 + 2.147.483.647) sind größer als die Seriennummer 5. Die Seriennummern (5 + 2.147.483.649) bis 4 sind kleinere Seriennummern. Beachten Sie, daß die Seriennummer auf 4 umspringt, nachdem 4.294.967.295 erreicht worden ist. Beachten Sie auch, daß wir die Zahl (5 + 2.147.483.648) nicht berücksichtigt haben, weil sie genau in der Mitte des Zahlenraums liegt und, je nach Implementierung, größer oder kleiner als 5 sein kann. Um auf der sicheren Seite zu sein, sollten Sie diese Zahl nicht verwenden.

Nun zurück zu unserem ursprünglichen Problem. Steht die Seriennummer Ihrer Zone bei 25.000, und wollen Sie die Numerierung erneut bei 1 beginnen lassen, können Sie den Zahlenraum für Seriennummern in zwei Schritten durchqueren. Zuerst addieren Sie das größtmögliche Inkrement zu Ihrer Seriennummer hinzu (25.000 + 2.147.483.647 = 2.147.508.647). Ist die bei dieser Operation sich ergebende Zahl größer als 4.294.967.295 (der größte 32-Bit-Wert), müssen Sie wieder an den Anfang des Zahlenraums springen, indem Sie von diesem Wert 4.294.967.296 abziehen. Nachdem Sie die Seriennummer geändert haben, müssen Sie darauf warten, daß alle Slaves eine neue Kopie der Zone herunterladen. Im zweiten Schritt ändern Sie die Seriennummer der Zone auf den gewünschten Wert (1), der nun *größer* ist als die aktuelle Seriennummer (2.147.508.647). Nachdem die Slaves die neue Kopie dieser Zone geladen haben, sind Sie am Ziel!

## *Zusätzliche Datenbankeinträge*

Wenn Sie einen Nameserver eine Zeit lang betreiben, wollen Sie ihm möglicherweise weitere Daten hinzufügen, die Ihnen bei der Verwaltung der Zone behilflich sind. Waren Sie jemals aufgeschmissen, wenn Sie jemand gefragt hat, *wo* sich einer Ihrer Hosts befindet? Vielleicht fiel Ihnen dabei nicht einmal ein, um was für einen Host es sich gehandelt hat. Administratoren müssen heutzutage Netzwerke mit immer mehr Hosts verwalten, so daß einzelne Angaben schnell verlorengehen können. Der Nameserver kann Ihnen aus der Patsche helfen. Und wenn Ihnen jemand außerhalb Ihres Netzwerkes mitteilt, daß einer Ihrer Hosts sich merkwürdig benimmt, kann der Nameserver dieser Person helfen, mit Ihnen in Kontakt zu treten.

Bisher haben wir in diesem Buch ausschließlich die Records SOA, NS, CNAME, PTR und MX behandelt. Diese Datensätze sind für die alltägliche Arbeit unentbehrlich – Nameserver brauchen diese Records, um korrekt zu funktionieren, und Anwendungen schauen Daten dieser Typen nach. Die nächsten nützlichen Resource-Typen sind TXT und RP; Sie können verwendet werden, um den Standort und die verantwortliche Person anzugeben. Eine vollständige Liste der Resource Records finden Sie in Kapitel A, *BIND pflegen*.

## Allgemeine Textangaben

TXT steht für TeXT. Diese Records bestehen aus einer einfachen Liste von Zeichenketten, von denen jede kürzer als 256 Zeichen sein muß. Versionen vor BIND 4.8.3 unterstützen TXT-Records nicht. In Version 4 beschränkt BIND die TXT-Records von Datenbankdateien auf eine einzige Zeichenkette mit fast 2 Kilobyte Daten.

TXT-Records können verwendet werden, um beliebige Informationen aufzunehmen. Eine davon könnte der Standort des Hosts sein:

```
cujo IN TXT "Standort: Maschinenraum, Hundehütte"
```

BIND 8 besitzt dieselbe 2 Kilobyte-Grenze, aber Sie können mehrere Zeichenketten angeben:

```
cujo IN TXT "Standort:" "Maschinenraum, Hundehütte"
```

## Verantwortliche Person

Domain-Administratoren werden zweifellos eine Haßliebe zum RP-Record (RP = Responsible Person, zu deutsch: Verantwortliche Person) entwickeln. Sie können für jeden Domain-Namen, ob intern oder als Laub, einen RP-Record erstellen und damit angeben, wer für den entsprechenden Host oder die entsprechende Zone verantwortlich ist. So können Sie beispielsweise herausfinden, welcher Schurke für den Host verantwortlich ist, der Ihren Nameserver mit DNS-Queries bombardiert. Dieser Record-Typ wird aber auch andere Menschen auf Sie verweisen, wenn einer Ihrer Hosts sich merkwürdig benimmt.

Der Record benötigt zwei Argumente als Record-spezifische Daten: Eine E-Mail-Adresse im Domain-Namen-Format sowie einen Domain-Namen, der auf weitere Daten des Kontaktes verweist. Die E-Mail-Adresse liegt im selben Format wie im SOA-Record vor, so daß das »@«-Zeichen durch einen Punkt (».«) ersetzt wird. Das zweite Argument ist ein Domain-Name, für den ein TXT-Record existieren muß. Der TXT-Record enthält formlose Angaben über den Kontakt, vielleicht den vollständigen Namen und/oder die Telefonnummer. Wenn Sie eines der Felder weglassen, müssen Sie statt dessen die Root-Domain (».«) als Platzhalter verwenden.

Hier einige Beispiel-Records vom Typ RP, gemeinsam mit den ihnen zugeordneten TXT-Records:

```
robocop     IN  RP   root.movie.edu.     hotline.movie.edu.
            IN  RP   richard.movie.edu.  rb.movie.edu.
hotline     IN  TXT  "Movie U. Network Hotline, (415) 555-4111"
rb          IN  TXT  "Richard Boisclair, (415) 555-9612"
```

Beachten Sie, daß TXT-Records für *root.movie.edu* und *richard.movie.edu* nicht erforderlich sind, da es sich dabei um E-Mail-Adressen im Domain-Namen-Format handelt, und nicht um Namen echter Domains.

Resource Records dieses Typs gab es nicht, als BIND 4.8.3 implementiert wurde, aber BIND 4.9 unterstützt sie. Lesen Sie in der Dokumentation Ihrer Version nach, um herauszufinden, ob sie RP unterstützt, bevor Sie diesen RR-Typ verwenden.

## *Generierung der BIND-Datenbank aus den Host-Tabellen*

Wie Sie in Kapitel 4 gesehen haben, haben wir einen wohlstrukturierten Prozeß für die Konvertierung der Host-Tabelleninformationen in Nameserver-Informationen definiert. Wir haben in Perl ein Tool namens *h2n* geschrieben, um diesen Prozeß zu automatisieren. Die Verwendung eines entsprechenden Werkzeuges zur Generierung Ihrer Daten hat einen großen Vorteil: Ihre Datenbankdateien werden keine Syntaxfehler oder Inkonsistenzen enthalten, solange unser *h2n*-Programm keine Fehler enthält! Eine gängige Inkonsistenz besteht etwa im Vorhandensein eines Adreß-Records (A) ohne entsprechenden Zeiger-Record (PTR) oder umgekehrt. Weil diese Daten in verschiedenen Dateien liegen, können solche Fehler leicht auftreten.

Was macht *h2n*? Aus der */etc/hosts* und einigen Kommandozeilenoptionen erzeugt *h2n* die db-Dateien für Ihre Domain. Als Systemadministrator halten Sie die Host-Tabelle auf dem neuesten Stand. Nach jeder Modifikation der Host-Tabelle führen Sie *h2n* erneut aus. *h2n* baut die db-Datei komplett neu auf und vergibt an jede Datei die nächsthöhere Seriennummer. Es kann manuell oder jede Nacht aus einem *cron*-Skript heraus ausgeführt werden. Wenn Sie mit *h2n* arbeiten, müssen Sie sich niemals Sorgen machen, die Aktualisierung der Seriennummer zu vergessen.

Zuerst muß *h2n* den Namen Ihrer Domain und Ihre Netzwerknummer kennen. Diese bilden sich sehr einfach auf die entsprechenden Datenbankdateien ab: Die Daten für *movie.edu* wandern nach *db.movie*, und die Daten für das Netzwerk 192.249.249 gehen nach *db.192.249.249*. Der Domain-Name und die Netzwerknummer werden wie folgt mit den Kommandozeilenoptionen -*d* und -*n* angegeben:

-*d domain*
    Der Domain-Name Ihrer Zone.

-*n netzwerk*
    Die Netzwerknummer Ihres Netzwerks. Wenn Sie Dateien für verschiedene Netzwerke generieren, müssen Sie mehrere -*n*-Optionen in der Kommandozeile verwenden. Vermeiden Sie Nullen am Ende der Netzwerknummern.

Der *h2n*-Befehl verlangt die Option -*d* und zumindest ein -*n*-Flag; vordefinierte Werte besitzen diese Optionen nicht. Um also beispielsweise die BIND-Datenbank für die Zone *movie.edu* zu erzeugen, die zwei Netzwerke umfaßt, geben Sie folgenden Befehl ein:

    `% h2n -d movie.edu -n 192.249.249 -n 192.253.253`

Für eine größere Kontrolle über die Daten können Sie weitere Optionen verwenden:

-*s server*
    Die Server für die NS-Records. Genau wie bei -*n* müssen Sie -*s* wiederholt verwenden, wenn Sie mehrere primäre Master- oder Slave-Server betreiben. Ein Server, der

BIND 8 ausführt, benachrichtigt Server auf dieser Liste mit NOTIFY, wenn sich eine Zone ändert. Per Vorgabe wird derjenige Host verwendet, auf dem Sie *h2n* ausführen.

*-h host*

Der Host für den SOA-Record. *host* muß der primäre Master-Server sein, um sicherzustellen, daß NOTIFY von BIND 8 einwandfrei funktioniert. Vorgabe ist derjenige Host, auf dem *h2n* ausgeführt wird.

*-u benutzer*

Die Mail-Adresse der für die Domain-Daten verantwortlichen Person. Standardmäßig der root-Account des Hosts, auf dem *h2n* ausgeführt wird.

*-o andere*

Andere SOA-Werte ohne die Seriennummer, in Form einer durch Kommas aufgeteilten Liste. Voreingestellt auf 10800:3600:604800:86400.

*-f datei*

Liest die *h2n*-Optionen aus der angegebenen *datei*. Wenn Sie viele Optionen angeben müssen, schreiben Sie sie in eine Datei.

*-v 4 | 8*

Generiert die Konfigurationsdateien für Version 4 oder 8. Vorgabe ist Version 4.

*-y*

Erstellt die Seriennummer aus dem aktuellen Datum.

Hier ein Beispiel, das alle bislang erwähnten Optionen verwendet:

```
% h2n -f opts
```

Der Inhalt der Datei *opts*:

```
-d movie.edu
-n 192.249.249
-n 192.253.253
-s terminator.movie.edu
-s wormhole
-u al
-h terminator
-o 10800:3600:604800:86400
-v 8
-y
```

Verlangt eine Option einen Host-Namen, können Sie entweder den vollständigen Domain-Namen (z.b. *terminator.movie.edu*) oder einfach nur den Host-Namen (z.b. *terminator*) angeben. Geben Sie nur den Host-Namen an, erzeugt *h2n* einen vollständigen Domain-Namen, indem es den in der Option *-d* angegebenen Domain-Namen anhängt. (Falls im Namen ein abschließender Punkt enthalten ist, hängt *h2n* ihn ebenfalls an.)

Es gibt weitere *h2n*-Optionen, die wir hier nicht vorgestellt haben. Eine vollständige Liste aller Optionen finden Sie in der Manpage.

Natürlich sind einige Arten von Resource Records nicht so einfach aus der */etc/hosts* zu generieren – die benötigten Daten sind einfach nicht vorhanden. Diese Records müssen Sie von Hand hinzufügen. Aber werden diese Daten nicht immer überschrieben, wenn *h2n* die db-Dateien immer neu erstellt?

*h2n* stellt für das Einfügen von Daten dieser Art eine »Hintertür« zur Verfügung. Tragen Sie diese besonderen Records in eine Datei namens *spcl.DOMAIN* ein, wobei *DOMAIN* der Domain-Name Ihrer Zone ist. Findet *h2n* diese Datei, bindet es sie in die Datenbankdateien ein, indem es die Zeile

```
$INCLUDE spcl.DOMAIN
```

an das Ende der Datei *db.DOMAIN* anhängt. (Die $INCLUDE-Direktive wird später in diesem Kapitel noch beschrieben.) Zum Beispiel könnte der Administrator von *movie .edu* zusätzliche MX-Records in die Datei *spcl.movie* aufnehmen, damit die Benutzer E-Mail direkt an *movie.edu* senden können und nicht immer die Hosts in *movie.edu* direkt ansprechen müssen. *h2n* würde daraufhin die folgende Zeile

```
$INCLUDE spcl.movie
```

an das Ende der Datenbankdatei *db.movie* anhängen.

### db.cache pflegen

Wie in Kapitel 4 erläutert, teilt die Datei *db.cache* Ihrem Server mit, wo die Server für die Root-Zone liegen. Diese Datei muß in regelmäßigen Abständen aktualisiert werden. Die Root-Nameserver ändern sich zwar nicht allzu häufig, aber sie ändern sich halt doch. Eine Überprüfung von *db.cache* alle ein bis zwei Monate hat sich in der Praxis bewährt. In Kapitel 4 haben wir Ihnen gezeigt, wie Sie die Server über *FTP* von *ftp.rs. internic.net* herunterladen können. Das ist wohl auch die beste Methode, um die Datei auf dem neuesten Stand zu halten.

Falls auf Ihrem Rechner *dig* installiert sein sollte (ein Utility, das so ähnlich arbeitet wie *nslookup* und in der BIND-Distribution enthalten ist), können Sie die aktuelle Liste der Root-Server mit folgendem Befehl herunterladen:

```
% dig @a.root-servers.net . ns > db.cache
```

## Ihre Dateien organisieren

Als Sie Ihre Domain eingerichtet haben, war die Organisation Ihrer Dateien sehr einfach – Sie haben alle in ein einzelnes Verzeichnis geschrieben. Es gab nur eine Konfigurationsdatei und eine Handvoll *db*-Dateien. Mit der Zeit ist Ihr Verantwortungsbereich gewachsen. Weitere Netzwerke wurden hinzugefügt, möglicherweise wurden einige Subdomains aufgebaut. Sie haben mit dem Backup anderer Zonen angefangen. Nach

*Ihre Dateien organisieren*

einiger Zeit paßt ein *ls* Ihres Nameserver-Verzeichnisses nicht mehr auf eine einzelne Bildschirmseite. Es wird Zeit für eine Reorganisation. BIND verfügt über einige Features, die Sie bei Ihrer Organisation unterstützen.

Dic Konfigurationsdatei für Server ab der Version 4.9 kann einen *Steuereintrag* namens *include* enthalten, mit dem Sie eine neue Konfigurationsdatei in die aktuelle Konfigurationsdatei einbinden können. Dies macht es Ihnen möglich, eine sehr große Konfigurationsdatei in kleinere Stücke aufzuteilen. Die Datenbankdateien aller BIND-Versionen erlauben zwei Steuereinträge: *$ORIGIN* und *$INCLUDE*. *$ORIGIN* ändert den Ursprung, und *$INCLUDE* fügt eine neue Datei in die aktuelle Datei ein. Die Steuereinträge in der Datenbank sind keine Resource Records, sondern unterstützen die Pflege der DNS-Daten. Insbesondere erleichtern es Ihnen diese Anweisungen, Ihre Domain in Subdomains zu unterteilen, weil sie die Speicherung der Daten aller Subdomains in einer separaten Datenbankdatei ermöglichen.

## *Nutzung verschiedener Verzeichnisse*

Eine Möglichkeit der Organisation Ihrer db-Dateien besteht darin, sie in separaten Verzeichnissen abzulegen. Wenn Ihr Server als primärer Master-Server für verschiedene Sites dient, könnten Sie die db-Dateien jeder Site in einem anderen Verzeichnis ablegen. Eine andere Art der Aufteilung wäre die Speicherung aller primären Master-Dateien in dem einen und aller Slave-Backup-Dateien in dem anderen Verzeichnis. Sehen wir uns einmal eine Konfigurationsdatei der Version 4 für eine solche primär/Slave-Aufteilung an:

```
directory /usr/local/named
;
; Diese Dateien sind nicht zonenspezifisch:
;
cache     .                        db.cache
primary   0.0.127.in-addr.arpa     db.127.0.0
;
; Dies sind unsere primären Zonendateien:
;
primary   movie.edu                primary/db.movie
primary   249.249.192.in-addr.arpa primary/db.192.249.249
primary   253.253.192.in-addr.arpa primary/db.192.253.253
;
; Dies sind unsere Slave-Zonendateien:
;
secondary ora.com                  198.112.208.25 slave/bak.ora
secondary 208.112.198.in-addr.arpa 198.112.208.25 slave/bak.198.112.208
```

Und hier dieselbe Konfigurationsdatei für Version 8:

```
options {directory "/usr/local/named"; } ;
//
// Diese Dateien sind nicht zonenspezifisch:
//
zone "." {
```

```
        type hint;
        file "db.cache";
};
zone "0.0.127.in-addr.arpa" {
        type master;
        file "db.127.0.0";
};
//
// Dies sind unsere primären Zonendateien:
//
zone "movie.edu" {
        type master;
        file "primary/db.movie";
};
zone "249.249.192.in-addr.arpa" {
        type master;
        file "primary/db.192.249.249";
};
zone "253.253.192.in-addr.arpa" {
         type master;
        file "primary/db.192.253.253";
};
//
// Dies sind unsere Slave-Zonendateien
//
zone "ora.com" {
        type slave;
        file "slave/bak.ora";
        masters { 198.112.208.25; };
};
zone "208.112.192.in-addr.arpa" {
        type slave;
        file "slave/bak.198.112.208";
        masters { 198.112.208.25; };
};
```

```
primary  movie.edu                    primary/db.movie
primary  249.249.192.in-addr.arpa     primary/db.192.249.249
primary  253.253.192.in-addr.arpa     primary/db.192.253.253
```

Wir können die Konfigurationsdatei alternativ in drei Dateien aufteilen: eine Hauptdatei, eine mit allen primären Master- und eine mit allen Slave-Einträgen. Für Version 4 sähen sie wie folgt aus:

```
directory /usr/local/named
;
; Diese Dateien sind nicht zonenspezifisch:
;
cache    .                         db.cache
primary  0.0.127.in-addr.arpa      db.127.0.0
;
include  conffile.primary
include  conffile.slave
```

Hier die Datei *conffile.primary* (Version 4):

```
;
; Dies sind unsere primären Zonendateien:
;
primary  movie.edu                     primary/db.movie
primary  249.249.192.in-addr.arpa      primary/db.192.249.249
primary  253.253.192.in-addr.arpa      primary/db.192.253.253
```

Und hier die Datei *conffile.slave* (Version 4):

```
;
; Dies sind unsere Slave-Zonendateien:
;
secondary ora.com                      198.112.208.25 slave/bak.ora
secondary 208.112.198.in-addr.arpa     198.112.208.25 slave/bak.198.112.208
```

Diese drei Dateien für Version 8 sehen wie folgt aus:

```
options { directory "/usr/local/named"; };
//
// Diese Dateien sind nicht zonenspezifisch:
//
zone "." {
        type hint;
        file "db.cache";
};
zone "0.0.127.in-addr.arpa" {
        type master;
        file "db.127.0.0";
};
//
include "conffile.primary";
include "conffile.slave";
```

Die Datei *conffile.primary* (Version 8) sieht so aus:

```
//
// Dies sind unsere primären Zonendateien:
//
zone "movie.edu" {
        type master;
        file "primary/db.movie";
};
zone "249.249.192.in-addr.arpa" {
        type master;
        file "primary/db.192.249.249";
};
zone "253.253.192.in-addr.arpa" {
        type master;
        file "primary/db.192.253.253";
};
```

Und hier die Datei *conffile.slave* (Version 8):

```
//
// Dies sind unsere Slave-Zonendateien:
//
zone "ora.com" {
        type slave;
        file "slave/bak.ora";
        masters { 198.112.208.25; };
};
zone "208.112.192.in-addr.arpa" {
        type slave;
        file "slave/bak.198.112.208";
        masters { 198.112.208.25; };
};
```

Möglicherweise glauben Sie, eine bessere Organisation erreichen zu können, wenn Sie die Konfigurationsdatei mit den *primary*-Einträgen in das *primary*-Unterverzeichnis stellen, eine neue *directory*-Zeile aufnehmen, die in dieses Verzeichnis wechselt, und dann jedes *primary/* aus den Dateinamen entfernen, weil der Server ja nun mit diesem Verzeichnis arbeitet. Das gleiche könnten Sie dann für alle *secondary*-Zeilen machen wollen. Allerdings kann es schnell verwirrend wirken, wenn der Nameserver in verschiedene Verzeichnisse wechseln muß – die Backup-Dateien der Secondaries landen in dem Verzeichnis, in das der Nameserver gewechselt hat. Wird dem Nameserver dann ein HUP-Signal geschickt, findet er die Haupt-Konfigurationsdatei nicht, wenn er sich nicht im Anfangsverzeichnis befindet (wenn die Konfigurationsdatei mit einem relativen Pfadnamen angegeben wurde).

## *Den Ursprung in Datenbankdateien ändern*

Bei BIND ist der Standardursprung, der sogenannte »Origin«, für die DNS-Datenbankdateien das zweite Feld der *primary*- oder *secondary*-Anweisung in der Datei *named.boot* für Version 4 oder das zweiten Feld der Zonenanweisung der Datei *named.conf* für Version 8. Der Ursprung ist ein Domain-Name, der automatisch an alle Namen angehängt wird, die nicht mit einem Punkt enden. Dieser Ursprung kann in einer db-Datei mit *$ORIGIN* geändert werden. In der db-Datei folgt auf *$ORIGIN* ein Domain-Name. (Vergessen Sie den abschließenden Punkt nicht, wenn Sie den vollständigen Domain-Namen angeben!) Von diesem Punkt an wird allen Namen, die nicht mit einem Punkt enden, ein neuer Ursprung angehängt. Wenn Ihr Nameserver (z.b. *movie.edu*) für eine Reihe von Subdomains verantwortlich ist, können Sie den *$ORIGIN*-Eintrag verwenden, um den Ursprung zurückzusetzen und die Dateien zu vereinfachen. Ein Beispiel:

```
$ORIGIN classics.movie.edu.
maltese        IN   A    192.253.253.100
casablanca     IN   A    192.253.253.101

$ORIGIN comedy.movie.edu.
mash           IN   A    192.253.253.200
twins          IN   A    192.253.253.201
```

Wir werden die Erzeugung von Subdomains in Kapitel 9, *Parenting*, ausführlicher behandeln.

### Andere Datenbankdateien einschließen

Sobald Sie Ihre Domain auf diese Weise unterteilt haben, werden Sie es möglicherweise angenehmer finden, die Subdomain-Records in separaten Dateien halten zu können. Die $INCLUDE-Anweisung macht dies möglich:

```
$ORIGIN classics.movie.edu.
$INCLUDE db.classics

$ORIGIN comedy.movie.edu.
$INCLUDE db.comedy
```

Um die Datei noch weiter zu vereinfachen, kann der neue Ursprung in der $INCLUDE-Zeile direkt angegeben werden:

```
$INCLUDE db.classics  classics.movie.edu.
$INCLUDE db.comedy    comedy.movie.edu.
```

Geben Sie den Ursprung auf diese Weise in der $INCLUDE-Zeile an, wird er nur für diese bestimmte Datei angewandt, die Sie gerade einbetten. Beispielsweise gilt der Ursprung *comedy.movie.edu* nur für die Namen in *db.comedy*. Nachdem *db.comedy* eingebettet wurde, kehrt der Ursprung auf seinen ursprünglichen Wert vor dem $INCLUDE zurück, selbst wenn es einen $ORIGIN-Eintrag in *db.comedy* gab.

# Orte der BIND 8-Systemdateien verändern

Version 8 ermöglicht es Ihnen, den Namen und den Speicherort folgender Systemdateien zu verändern: *named.pid*, *named.x-fer*, *named_dump.db* und *named.stats*. Die meisten von Ihnen werden dieses Merkmal nicht benötigen. Ändern Sie die Namen und Speicherorte nicht nur, weil Sie es können, sondern nur, wenn Sie es müssen.

Wenn Sie aus Sicherheitsgründen die Vorgabewerte für Speicherorte der Dateien ändern, die der Nameserver schreibt (*named.pid*, *named_dump.db* und *named.stats*), sollten Sie ein Verzeichnis wählen, in dem World keine Schreibberechtigungen besitzt. Wir wissen zwar nicht, ob irgendwelche Einbrüche sich diese Dateien zunutze gemacht haben, aber sicherheitshalber sollten Sie folgende Richtlinien beachten:

*named.pid* ist üblicherweise *etc/named.pid* oder */var/run/named.pid*. Ein möglicher Grund, diesen Ort zu verändern, wäre gegeben, wenn Sie auf einem Host mehr als einen Nameserver ausführen (Aarrgh! Wer macht denn sowas?). In Kapitel 10, *Fortgeschrittenere Eigenschaften und Sicherheit*, finden Sie ein entsprechendes Beispiel. Sie können in den Konfigurationsdateien der beiden Server unterschiedliche Orte für *named.pid* angeben:

```
options { pid-file "server1.pid"; };
```

*Kapitel 7: BIND pflegen*

Die Datei *named-xfer* ist üblicherweise in */etc* oder */etc/sbin* zu finden. Sie wird bei Slave-Servern während eingehender Zonentransfers verwendet. Ein möglicher Grund, das Verzeichnis zu ändern, wäre es, eine neue Version von BIND 8 in einem separaten Verzeichnis kompilieren und testen zu wollen. Diese lokale Version von *named* kann so konfiguriert werden, daß sie *named-xfer* in das lokale Verzeichnis schreibt:

```
options { named-xfer "/home/rudy/named/named-xfer"; };
```

*named_dump.db* wird in das aktuelle Verzeichnis des Nameservers geschrieben, wenn der Nameserver seine Datenbank in eine Datei schreibt. Hier ein Beispiel, um den Ort zu verändern:

```
options { dump-file "/home/rudy/named_dump.db"; };
```

*named.stats* wird in das aktuelle Verzeichnis des Nameservers geschrieben, wenn der Nameserver seine Statistik in eine Datei schreibt. Hier ein Beispiel, um den Ort zu verändern:

```
options { statistics-file "/home/rudy/named.stats"; };
```

## *Protokollierung mit BIND 8*

BIND 4 besitzt ein ausführliches Protokollierungssystem, das Daten in eine Debug-Datei schreibt und an *syslog* sendet. Aber Ihre Kontrolle über die Protokollierung ist eingeschränkt: Sie können eine bestimmte Protokollierungsstufe festlegen – das ist alles. BIND 8 besitzt dasselbe Protokollierungssystem wie BIND 4, ermöglicht aber eine viel weitergehende Steuerung als sie mit BIND 4 möglich ist.

Diese Kontrolle besitzt auch einen Nachteil – Sie müssen eine Menge lernen, bevor Sie dieses Teilsystem effektiv konfigurieren können. Wenn Ihnen dazu die Zeit fehlt, können Sie mit dem Protokollieren ein wenig experimentieren und sich später ausführlich mit diesem Kapitel beschäftigen. Meistens werden Sie das Standardverhalten bezüglich der Protokollierung nicht verändern müssen.

Sie müssen zwei wichtige Bestandteile der Protokollierung verstehen: Kanäle (Channels) und Kategorien (Categories). Ein Kanal gibt an, wo Protokolldaten gespeichert werden: an *syslog*, in eine Datei, an *stderr* oder ins Leere. Eine Kategorie legt fest, welche Daten protokolliert werden.

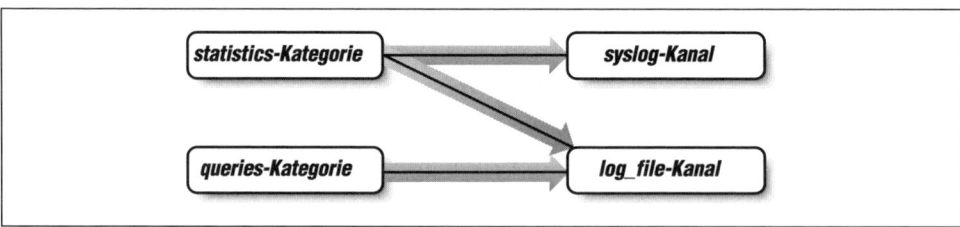

*Abbildung 7-1: Kategorien an Kanäle protokollieren*

Jede Datenkategorie kann an einen Kanal oder an mehrere Kanäle gesendet werden. In Abbildung 7-1 werden Queries ausschließlich in eine Datei geschrieben, während Statistiken sowohl in eine Datei geschrieben als auch an *syslog* gesendet werden.

Kanäle ermöglichen es Ihnen, Nachrichten nach ihrem Schweregrad zu filtern. Hier die Liste der Schweregrade (Severities):

```
critical
error
warning
notice
info
debug [level]
dynamic
```

Die ersten fünf Schweregrade (*critical*, *error*, *warning*, *notice* und *info*) sind die bekannten Schweregrade, die *syslog* verwendet. Die verbleibenden zwei (*debug* und *dynamic*) sind BIND 8-spezifisch. `debug` ist die Nameserver-Protokollierung, für die Sie eine Protokoll-Detailstufe (Debug Level) angeben können. Wenn Sie diesen Wert weglassen, wird der Standardwert 1 angenommen. Wenn Sie einen Debug Level angeben, werden Sie Nachrichten dieser Stufe sehen, wenn die Protokollierung eingeschaltet ist (d.h., wenn Sie »debug 3« angeben, werden Sie die Debug-Nachrichten der Stufe drei sehen, selbst wenn Sie nur ein USR1-Signal an den Nameserver senden). Wenn Sie den Schweregrad `dynamic` angeben, protokolliert der Nameserver Nachrichten, die seinem Debug Level entsprechen. (D.h., daß, wenn Sie ein USR1-Signal an den Nameserver senden, er Meldungen der Stufe eins protokolliert. Wenn Sie drei USR1-Signale an den Nameserver senden, protokolliert er Nachrichten der Stufen eins bis drei.) Der Standardschweregrad ist `info`; dadurch sehen Sie keine Debug-Nachrichten, solange Sie den Schweregrad nicht angeben.

---

HINWEIS   Sie können einen Kanal konfigurieren, um sowohl Debug- als auch *syslog*-Meldungen in eine Datei zu protokollieren. Das Gegenteil ist aber nicht der Fall – Sie können einen Kanal nicht konfigurieren, um sowohl Debug- als auch *syslog*-Meldungen mit *syslog* zu protokollieren. An *syslog* können ausschließlich *syslog*-Nachrichten gesendet werden.

---

Lassen Sie uns ein paar Kanäle konfigurieren, damit Sie sehen, wie das geht. Der erste Kanal geht an *syslog* mit der Einrichtung `daemon`; er protokolliert Meldungen der Schweregrade `info` und höher. Der zweite Kanal besitzt eine Datei als Ziel und protokolliert Debug-Meldungen jeder Stufe sowie alle *syslog*-Nachrichten. Hier ist der `logging`-Befehl für die BIND 8-Konfigurationsdatei:

```
logging {
  channel mein_syslog {
    syslog daemon;
    // Debug-Meldungen werden nicht an syslog gesendet, so dass
    // hier kein Schweregrad auf debugf oder dynamic gesetzt
    // werden muss oder kann; wir verwenden die geringste syslog-Stufe: info.
```

```
        severity info;
    };
    channel meine_datei {
        file "log.msgs";
        // Den Schweregrad auf dynamic setzen, um alle Debug-Meldungen zu sehen.
        severity dynamic;
    };
};
```

Jetzt, da wir mehrere Kanäle konfiguriert haben, können wir dem Nameserver genau mitteilen, was er an diese Kanäle senden soll. Lassen Sie uns das in Abbildung 7-1 veranschaulichte Modell implementieren. Damit werden Statistiken an *syslog* und eine Datei gesendet, während Queries in einer Datei protokolliert werden. Die Spezifikation der Kategorien ist Teil des logging-Befehls, so daß wir auf dem vorherigen logging-Befehl aufbauen:

```
logging {
    channel mein_syslog {
        syslog daemon;
        severity info;
    };
    channel meine_datei {
        file "log.msgs";
        severity dynamic;
    };

    category statistics { mein_syslog; meine_datei; };
    category queries { meine_datei; };
};
```

Starten Sie den Nameserver mit diesem logging-Befehl in der Konfigurationsdatei, und senden Sie ihm einige Queries. Aber in *log.msgs* wird nichts protokolliert! (Nun, wenn Sie lange genug warten, werden Sie die Statistiken dort finden.) Leider müssen Sie die Nameserver-Protokollierung einschalten, damit Queries protokolliert werden:

```
# kill -USR1 `cat /etc/named.pid`
```

Senden Sie dem Nameserver erneut einige Queries, und Sie werden feststellen, daß sie in *log.msgs* protokolliert werden. Aber sehen Sie sich um: Es gibt eine Datei mit dem Namen *named.run*. Sie enthält all die anderen Debug-Informationen. Sie wollen aber diese andere Protokollierung gar nicht. Sie wollen bloß die Statistiken und die Queries. Wie werden Sie *named.run* los?

Es gibt eine besondere Kategorie, über die wir Ihnen noch gar nichts erzählt habent: default. Wenn Sie für eine Kategorie keine Kanäle definieren, wird die Kategorie default verwendet. Lassen Sie uns diese Kategorie ändern, damit alle Protokollmeldungen verworfen werden (für diesen Zweck gibt es eigens einen Kanal mit dem Namen null):

```
logging {
    channel mein_syslog {
        syslog daemon;
```

```
      severity info;
   };
   channel meine_datei {
      file "log.msgs";
      severity dynamic;
   };

   category default { null; };
   category statistics { mein_syslog; meine_datei; };
   category queries { meine_datei; };
};
```

Starten Sie Ihren Server jetzt, schalten Sie den Debug Level auf eins, und führen Sie einige Queries durch. Letzendlich werden die Dateien *log.msgs* und *named.run* erstellt, aber die Dateien sind leer. Klasse! Nach all der Mühe halten wir an dieser Stelle inne.

Ein paar Tage gehen ins Land. Einer unserer Mitarbeiter bemerkt, daß der Nameserver viel weniger Meldungen an *syslog* schickt, als es früher der Fall war. Tatsächlich, die einzigen *syslog*-Meldungen sind Statistiken. Diejenigen Meldungen, die unser Mitarbeiter beobachtete, die Nachrichten über Zonentransfers, sind verschwunden. Was ist passiert?

Nun, die Kategorie default ist standardmäßig eingerichtet, Meldungen sowohl an *syslog* als auch an die Debug-Datei (*named.run*) zu senden. Als wir die Kategorie default so umkonfiguriert haben, daß Sie an den Kanal null sendet, wurden alle anderen *syslog*-Nachrichten ausgeschaltet. Wir hätten die folgende Anweisung verwenden sollen:

```
category default { mein_syslog; };
```

Dieser Befehl sendet die *syslog*-Meldungen an *syslog*, schreibt aber weder Debug- noch *syslog*-Nachrichten in eine Datei.

Erinnern Sie sich, daß wir gesagt haben, daß Sie eine Weile mit der Protokollierung experimentieren werden, bevor Sie genau das bekommen, was Sie wollen? Wir hoffen, dieses Beispiel zeigt Ihnen, auf welche Probleme Sie stoßen können. Lassen Sie uns nun zu den Einzelheiten der Protokollierung voranschreiten.

## *Der Logging-Befehl*

Hier ist die Syntax des Befehls logging. Sie wirkt ziemlich einschüchternd. Wir werden Ihnen weitere Beispiele zeigen, wenn wir die Bedeutung jedes Schlüsselwortes eingehen:

```
logging {
   [ channel channel_name {
      ( file path_name
         [ versions ( number | unlimited ) ]
         [ size size_spec ]
      | syslog ( kern | user | mail | daemon | auth | syslog | lpr |
                 news | uucp | cron | authpriv | ftp |
                 local0 | local1 | local2 | local3 |
```

```
                local4 | local5 | local6 | local7 )
        | null );

        [ severity ( critical | error | warning | notice |
                     info | debug [ level ] | dynamic ); ]
        [ print-category yes_or_no; ]
        [ print-severity yes_or_no; ]
        [ print-time yes_or_no; ]
    }; ]

    [ category category_name {
        channel_name; [ channel_name; ... ]
    }; ]
    ...
};
```

Hier sind die Standardkanäle. Der Nameserver erstellt sie auch, wenn Sie sie gar nicht haben wollen. Sie können diese Kanäle nicht neu definieren. Sie können lediglich weitere Kanäle hinzufügen:

```
channel default_syslog
    syslog daemon;          // Sendet an den syslog-Daemon.
    severity info;          // Sendet nur info und höher.
};

channel default_debug {
    file "named.run";       // Schreibt in die Datei named.run
                            // im Arbeitsverzeichnis
    severity dynamic;       // Protokolliert auf dem aktuellen Debug Level des Servers.
};

channel default_stderr {    // Schreibt nach stderr.
    file "<stderr>";        // Dies ist nur zur Veranschaulichung.
                            // Es gibt momentan keine Möglichkeit, in der
                            // Konfigurationssprache einen internen
                            // Dateideskriptor anzugeben.
    severity info;          // Nur info und höher.
};

channel null {
    null;                   // Alles verwerfen, was an diesen Kanal gessendet wird.
};
```

Wenn Sie den Kategorien *default*, *panic*, *packet* und *eventlib* keine Kanäle zuordnen, erledigt das der Nameserver automatisch für Sie:

```
logging {
    category default { default_syslog; default_debug; };
    category panic { default_syslog; default_stderr; };
    category packet { default_debug; };
    category eventlib { default_debug; };
};
```

Wie wir bereits erwähnt haben, protokolliert die Kategorie *default* sowohl an *syslog* als auch an die Debug-Datei (welche standardmäßig *named.run* heißt). Das bedeutet, daß alle *syslog*-Meldungen des Schweregrades *info* und höher an *syslog* gesendet werden und wenn das Debugging eingeschaltet ist, werden *syslog*- und Debug-Meldungen in die Datei *named.run* geschrieben. Dieses Verhalten entspricht mehr oder weniger dem von BIND 4.

## *Einzelheiten über Kanäle*

Ein Kanal kann so definiert sein, daß er Meldungen in eine Datei schreibt, an *syslog* schickt oder an null sendet.

### *Dateikanäle*

Wenn ein Kanal Daten in eine Datei schreibt, müssen Sie den Pfadnamen dieser Datei angeben. Sie können zusätzlich angeben, wie viele Versionen der Datei zugleich existieren können und wie groß die Datei werden darf.

Wenn Sie angeben, daß drei Versionen existieren dürfen, wird BIND 8 die Dateien *Datei*, *Datei.0*, *Datei.1* und *Datei.2* anlegen. Wenn der Nameserver neu startet oder ein HUP-Signal erhält, benennt er *Datei.1* in *Datei.2*, *Datei.0* in *Datei.1* und *Datei* in *Datei.0* um, anschließend schreibt er Meldungen in eine neue Datei mit dem Namen *Datei*. Wenn Sie keine Grenze angeben, verwendet BIND 8.1.2 99 Versionen.

Wenn Sie eine maximale Dateigröße angeben, beendet BIND 8 den Schreibvorgang in die Datei, sobald diese die maximal erlaubte Größe erreicht. Im Gegensatz zu den Versionen (siehe vorigen Absatz), werden keine Dateien umbenannt, und es wird keine neue Datei angelegt. Der Nameserver hört lediglich auf, in die Datei zu schreiben. Wenn Sie keine Grenze angeben, hört der Nameserver niemals auf, in die Datei zu schreiben.

Hier ein Beispiel-Dateikanal, der die Schlüsselwörter **versions** und **size** verwendet:

```
logging{
  channel meine_datei {
      file "log.msgs" versions 3 size 10k;
      severity dynamic;
  };
};
```

Die Größe kann einen Skalierungsfaktor enthalten, wie hier im Beispiel dargestellt. K oder k steht für Kilobyte, M oder m steht für Megabyte, und G oder g steht für Gigabyte.

Es ist wichtig, daß Sie den Schweregrad entweder als **debug** oder als **dynamic** angeben, wenn Sie Debug-Meldungen sehen wollen. Die Vorgabe ist **info**, so daß Sie lediglich *syslog*-Nachrichten sehen werden.

*Syslog-Kanäle*

Wenn ein Kanal Daten an *syslog* sendet, können Sie als Einrichtung eine der folgenden angeben: kern, user, mail, daemon, auth, syslog, lpr, news, uucp, cron, authpriv, ftp, local0, local1, local2, local3, local4, local5, local6, local7. Die Vorgabe ist daemon, und wir empfehlen Ihnen, sie nicht zu ändern.

Hier ein Beispiel, das die Einrichtung local0 statt daemon verwendet:

```
logging {
    channel mein_syslog {
        syslog local0;        // An die Einrichtung local0 von syslog senden.
        severity info;        // Nur Meldungen der Prioritaet info und hoeher senden.
    };
};
```

*Null-Kanäle*

Es gibt einen vordefinierten Kanal mit dem Namen null. Verwenden Sie ihn für diejenigen Nachrichten, die Sie verwerfen wollen.

*Stderr-Kanal*

Es gibt einen vordefinierten Kanal namens default_stderr. Alle Meldungen an diesen Kanal werden an den Dateideskriptor *stderr* des Nameservers (die Standard-Fehlerausgabe) geschrieben. Sie können keine anderen Dateideskriptoren konfigurieren.

*Datenformat aller Kanäle*

Die Protokollierung von BIND 8 ermöglicht Ihnen eine gewisse Kontrolle über die Formatierung von Nachrichten. Sie können den Nachrichten folgende Informationen hinzufügen: Zeitstempel, Kategorie und Schweregrad.

Hier ein Beispiel einer Debug-Meldung, die alle Zusatzinformationen besitzt:

```
01-Feb-1998 13:19:18.889 config: debug 1: source = db.127.0.0
```

Die Kategorie dieser Nachricht ist config, und der Schweregrad ist Debug Level eins.

Hier ein Beispiel einer Kanalkonfiguration, die alle drei optionalen Elemente enthält:

```
logging {
  channel meine_datei {
    file "log.msgs";
    severity debug;
    print-category yes;
    print-severity yes;
    print-time yes;
  };
};
```

Es macht wenig Sinn, die Angabe der Zeit bei Meldungen an einen *syslog*-Kanal zu aktivieren, denn *syslog* schreibt von sich aus bereits die Uhrzeit und das Datum in das *syslog*-Protokoll.

## Einzelheiten über Kategorien

Es gibt zahlreiche Kategorien – eine Menge! Wir zählen sie hier auf, so daß Sie alle sehen können. Statt hier zu raten, welche davon für Sie interessant sein können, empfehlen wir Ihnen, Ihren Nameserver vorübergehend alle Meldungen einschließlich ihrer Kategorie und ihres Schweregrades protokollieren zu lassen und dann selbst zu entscheiden, welcher Kategorie die Meldungen angehören, die Sie letztendlich sehen wollen. Nachdem wir Ihnen etwas über Kategorien erzählt haben, zeigen wir Ihnen, wie's geht:

*default*

>  Wenn Sie für einen Kanal keine Kategorie angeben, verwendet Ihr Nameserver automatisch die Kategorie `default`. In diesem Zusammenhang können Sie `default` als Synonym für alle Kanäle sehen. Es gibt einige Nachrichten, die zu keiner Kategorie gehören. Daher sollten Sie, selbst wenn Sie für jede Kategorie einen Kanal angeben, einen Kanal für die Kategorie `default` festlegen, damit auch nicht-kategorisierte Meldungen protokolliert werden.
>
>  Wenn Sie für die Kategorie `default` keinen Kanal angeben, wird dies automatisch für Sie erledigt:

```
category default { default_syslog; default_debug; };
```

*cname*

>  CNAME-Fehler (z.b. »... has CNAME and other data«)

*config*

>  Verarbeitung der Konfigurationsdatei

*db*

>  Datenbankvorgänge

*eventlib*

>  Systemereignisse; müssen in einen Dateikanal protokolliert werden

*insist*

>  Fehlgeschlagene interne Konsistenzprüfungen

*lame-servers*

>  Erkennung falscher Delegierung

*load*

>  Meldungen beim Laden von Zonen

*maintenance*

>  Wartungsereignisse (z.b. Systemanfragen)

*ncache*

>  Negative Cache-Ereignisse

*notify*

>  Asynchrone Änderungsbenachrichtigungen

*os*
: Probleme mit dem Betriebssystem

*packet*
: Dekodierungen von erhaltenen und gesendeten Paketen; muß an einen Dateikanal gesendet werden.

*panic*
: Probleme, die das Herunterfahren des Servers verursachen.

*parser*
: Erkennen der Konfigurationsdatei

*queries*
: Analog zum Query-Logging von BIND 4

*response-checks*
: Nicht korrekt formatierte Antworten; unverlangte zusätzliche Informationen und ähnliches.

*security*
: (Un)bestätigte Abfragen

*statistics*
: Regelmäßige Berichte der Aktivitäten

*update*
: Dynamische Aktualisierungsereignisse

*xfer-in*
: Eingehende Zonenübertragungen von entfernten Nameservern an den lokalen Nameserver

*xfer-out*
: Ausgehende Zonenübertragungen vom lokalen Nameserver an entfernte Nameserver

### Meldungen aller Kategorien betrachten

Eine gute Übung, mit der Sie Ihren Streifzug durch die Welt der BIND-Protokollierung beginnen können, ist die Konfiguration, mit der Ihr Nameserver sämtliche Nachrichten einschließlich ihrer Kategorie und ihres Schweregrades in eine Datei protokolliert. Suchen Sie anschließend diejenigen Meldungen heraus, die Sie interessieren.

Wir haben die standardmäßig konfigurierten Kategorien bereits weiter vorne aufgeführt:

```
logging {
    category default { default_syslog; default_debug; };
    category panic { default_syslog; default_stderr; };
    category packet { default_debug; };
    category eventlib { default_debug; };
};
```

Standardmäßig werden weder Kategorie noch Schweregrad der Nachrichten protokolliert, die in den Kanal default_debug geschrieben werden. Damit Sie alle Protokollnachrichten sehen können, müssen Sie jede dieser Kategorien selbst konfigurieren:

Hier ist eine Anweisung, die genau das erledigt:

```
logging {
  channel meine_datei {
    file "log.msgs";
    severity dynamic;
    print-category yes;
    print-severity yes;
  };

  category default   { default_syslog; meine_datei; };
  category panic     { default_syslog; meine_datei; };
  category packet    { meine_datei; };
  category eventlib  { meine_datei; };
  category queries   { meine_datei; };
};
```

Beachten Sie, daß wir jede Kategorie so definiert haben, daß sie den Kanal meine_datei einschließt. Wir haben außerdem eine Kategorie erstellt, die in der Anweisung oben nicht enthalten ist – queries. Queries werden nicht protokolliert, solange Sie die Kategorie queries nicht konfigurieren.

Starten Sie Ihren Nameserver, und schalten Sie die Protokollierung auf die Stufe eins. Sie werden Meldungen wie die folgenden in der Datei *log.msgs* sehen:

```
queries: info: XX /192.253.253.4/foo.movie.edu/A
default: debug 1: req: nlookup(foo.movie.edu) id 4 type=1 class=1
default: debug 1: req: found 'foo.movie.edu' as 'foo.movie.edu' (cname=0)
default: debug 1: ns_req: answer -> [192.253.253.4].2338 fd=20 id=4 size=87
```

Sobald Sie diejenigen Meldungen sehen, die Sie interessieren, können Sie Ihren Server so konfigurieren, daß er ausschließlich diese Meldungen protokolliert.

# *Einen reibungslosen Betrieb aufrechterhalten*

Ein signifikanter Teil der Pflege besteht darin, zu erkennen, daß etwas schiefgelaufen ist, bevor es zu einem echten Problem wird. Wenn Sie ein Problem früh genug erkennen, ist die Wahrscheinlichkeit recht hoch, daß Sie es wesentlich einfacher beheben können. Wie der Volksmund sagt, ist Vorbeugen besser als Heilen.

Hier geht es nicht um Fehlersuche – wir haben der Fehlersuche ein ganzes Kapitel gewidmet – hier geht es um etwas, was vor der Fehlersuche stattfindet. Fehlersuche müssen Sie betreiben, wenn Sie Pflege und Wartung vernachlässigen, wenn Ihr Problem einige Komplikationen hervorgebracht hat und Sie dieses Problem anhand seiner Symptome identifizieren müssen.

Die beiden nächsten Abschnitte behandeln diese präventive Pflege, die im wesentlichen darin besteht, in regelmäßigen Abständen in die *syslog* und die Statistiken des BIND-Nameservers hineinzuschauen, um zu sehen, ob irgendwelche Probleme drohen. Betrachten Sie dies als eine Art Gesundheitscheck für den Nameserver.

### *Gängige syslog-Meldungen*

Es gibt eine große Zahl von *syslog*-Meldungen, die *named* ausgeben kann. In der Praxis werden Ihnen nur einige wenige begegnen. Wir wollen hier die häufigsten *syslog*-Meldungen betrachten, wobei wir die Meldung von Syntaxfehlern in DNS-Datenbankdateien ausschließen.

Bei jedem Start von *named* sendet der Daemon die folgende Meldung mit der Priorität LOG_NOTICE:

```
Jan 10 20:48:32 terminator named[3221]: starting. named 8.2.1
```

Diese Meldung spiegelt einfach nur die Tatsache wider, daß *named* zu diesem Zeitpunkt gestartet wurde. Das ist natürlich nichts, worüber man sich Sorgen machen müßte. Es *ist* aber ein guter Ort, um herauszufinden, welche Version von BIND mit Ihrem Betriebssystem geliefert wurde. (Ältere BIND-Versionen gaben »restarted« statt »starting« aus.)

Jedesmal, wenn Sie dem Nameserver ein HUP-Signal senden, gibt er die folgende Meldung mit der Priorität LOG_NOTICE aus:

```
Jan 10 20:50:16 terminator named[3221]:  reloading nameserver
```

Die »reloading«-Meldung gibt nur an, daß *named* seine Datenbanken zu diesem Zeitpunkt (als Reaktion auf das HUP-Signal) erneut eingelesen hat. Auch das ist keine Meldung, über die man sich Gedanken machen müßte. Sie ist höchstens von Interesse, wenn Sie herausfinden wollen, wie lange ein fehlerhafter Resource Record in Ihren Nameserver-Daten aktiv war oder wie lange die gesamte Zone aufgrund eines Fehlers bei der Aktualisierung nicht erreichbar war.

Eine andere Meldung, die Sie möglicherweise kurz nach dem Start Ihres Nameservers sehen, ist:

```
Jan 10 20:50:16 terminator named[3221]:  cannot set resource limits on this system
```

Diese Nachricht bedeutet, daß Ihr Nameserver annimmt, daß Ihr Betriebssystem die Systemaufrufe *getrlimit()* und *setrlimit()* nicht unterstützt. Diese werden verwendet, wenn Sie auf einem BIND 8-Server *coresize*, *datasize*, *stacksize* oder *files* definieren. Es spielt keine Rolle, ob diese Unteranweisungen in der Konfigurationsdatei auch wirklich vorkommen; BIND gibt die Meldung auch aus, wenn sie nicht vorhanden sind. Wenn Sie die Unteranweisungen nicht *verwenden*, können Sie die Meldung getrost ignorieren. Falls doch, und Sie glauben, daß Ihr Betriebssystem *getrlimit()* und *setrlimit()* wirklich unterstützt, müssen Sie BIND mit der Option HAVE_GETRUSAGE neu kompilieren. Diese Meldung finden Sie gegebenenfalls in der Prioritätsstufe LOG_INFO.

Wenn Sie Ihren Nameserver auf einem Host mit mehreren Netzwerkschnittstellen ausführen, insbesondere mit virtuellen Netzwerkschnittstellen, sehen Sie kurz nach den Start des Nameservers oder wenn der Nameserver bereits eine Weile in Betrieb ist, möglicherweise folgende Meldung:

```
Jan 10 20:50:31 terminator named[3221]: fcntl(dfd, F_DUPFD, 20): Too many open files
Jan 10 20:50:31 terminator named[3221]: fcntl(sfd, F_DUPFD, 20): Too many open files
```

Sie bedeutet, daß BIND nicht genügend viele Dateideskriptoren besitzt. BIND verwendet eine ganze Anzahl von ihnen: zwei für jede Netzwerkschnittstelle, über die der Nameserver Abfragen empfangen kann (jeweils einen für UDP und TCP) sowie einen zum Öffnen von Zonendateien. Wenn dies die Beschränkung des Betriebssystems für Prozesse überschreitet, ist BIND nicht in der Lage, weitere Deskriptoren zu erhalten, und Sie sehen diese Nachricht. Die Priorität der Nachricht hängt davon ab, welcher Teil von BIND den Deskriptor nicht erhalten kann: je wichtiger das Teilsystem ist, desto höher ist die Priorität.

Der nächste Schritt besteht darin, BIND entweder dazu zu bewegen, weniger Deskriptoren zu verwenden, oder die Beschränkung des Betriebssystems für die Anzahl der Dateideskriptoren zu erhöhen, die BIND verwenden kann.

- Wenn es nicht erforderlich ist, daß BIND auf allen Netzwerksschnittstellen lauscht (besonders auf den virtuellen), sollten Sie den Befehl *listen-on* verwenden, um BIND so zu konfigurieren, daß es ausschließlich auf denjenigen Netzwerkschnittstellen lauscht, von denen der Nameserver Queries empfangen soll. Einzelheiten über die Syntax von *listen-on* finden Sie in Kapitel 7, *Fortgeschrittenere Eigenschaften und Sicherheit*.

- Wenn Ihr Betriebssystem die Aufrufe *getrlimit()* und *setrlimit()* unterstützt (siehe weiter vorne), konfigurieren Sie Ihren Nameserver so, daß er mit dem *files*-Unterbefehl mehr Dateien unterstützt. In Kapitel 10 finden Sie Einzelheiten zur Verwendung des Unterbefehls *files*.

- Wenn Ihr Betriebssystem eine zu enge Beschränkung bezüglich der Anzahl der offenen Dateien besitzt, erhöhen Sie diese Beschränkung, bevor Sie den Nameserver mit dem Befehl *ulimit* starten.

Bei jedem Laden einer Zone sendet ein BIND 8-Nameserver die folgende Meldung mit der Priorität LOG_INFO:

```
Jan 10 21:49:50 terminator named[3221]: master zone "movie.edu" (IN)
                 loaded (serial 1996011000)
```

Etwa einmal in der Stunde gibt ein BIND 8-Nameserver eine Meldung mit der Priorität LOG_INFO aus, die eine Momentaufnahme der aktuellen Statistiken enthält:

```
Feb 18 14:09:02 terminator named[3565]: USAGE 824681342 824600158
                 CPU=13.01u/3.26s CHILDCPU=9.99u/12.71s
Feb 18 14:09:02 terminator named[3565]: NSTATS 824681342 824600158
                 A=4 PTR=2
Feb 18 14:09:02 terminator named[3565]: XSTATS 824681342 824600158
```

*171*

```
                  RQ=6 RR=2 RIQ=0 RNXD=0 RFwdQ=0 RFwdR=0 RDupQ=0 RDupR=0
                  RFail=0 RFErr=0 RErr=0 RTCP=0 RAXFR=0 RLame=0 Ropts=0
                  SSysQ=2 SAns=6 SFwdQ=0 SFwdR=0 SDupQ=5 SFail=0 SFErr=0
                  SErr=0 RNotNsQ=6 SNaAns=2 SNXD=1
```

(Dieses Feature gab es auch in BIND 4.9 bis 4.9.3, aber nicht in der Version 4.9.4.) Die ersten beiden Zahlen jeder Meldung sind Zeitangaben. Wenn Sie die zweite Zahl von der ersten subtrahieren, wissen Sie, wie viele Sekunden Ihr Server bereits in Betrieb ist. (Man sollte denken, daß der Server das wohl auch für Sie hätte ausrechnen können.) Der CPU-Eintrag gibt an, wieviel Zeit der Server im Benutzer- und Systemmodus verbracht hat (13,01 bzw. 3,26 Sekunden). Dann liefert er einige Statistiken über Child-Prozesse. Die NSTATS-Meldung gibt die von Ihrem Server empfangenen Abfragetypen sowie die Anzahl der entsprechenden Abfragen jedes Typs zurück. Die XSTATS-Meldung gibt zusätzliche Statistiken aus. Die unter NSTATS und XSTATS enthaltenen Statistiken werden später noch detailliert erläutert.

Findet die BIND-Version ab 4.9.4 einen Namen, der nicht zu RFC 952 konform ist, schreibt das Programm folgenden Fehler an *syslog*:

```
Jul 24 20:56:26 terminator named[1496]: owner name "ID_4.movie.edu IN"
                             (primary) is invalid - rejecting
```

Diese Meldung wird mit dem Level LOG_NOTICE geloggt. Regeln zur Namensvergabe für Hosts finden Sie in Kapitel 4.

Eine weitere *syslog*-Meldung ist eine Warnung bezüglich der Zonendaten. Sie wird mit der Priorität LOG_INFO gesendet:

```
Jan 10 20:48:38 terminator named[3221]: terminator2 has CNAME
                and other data (illegal)
```

Diese Meldung deutet an, daß es ein Problem mit Ihren Zonendaten gibt. Beispielsweise könnten Sie folgende Einträge besitzen:

```
terminator2    IN    CNAME  t2
terminator2    IN    MX     10 t2
t2             IN    A      192.249.249.10
t2             IN    MX     10 t2
```

Der MX-Record für *terminator2* ist nicht korrekt und würde zu obiger Meldung führen. *terminator2* ist ein Alias für *t2*, einen kanonischen Namen. Wie zuvor erläutert, ersetzt das DNS bei einem Lookup den Originalnamen eines CNAME-Records durch den kanonischen Namen und versucht dann einen Lookup des kanonischen Namens. Schaut der Server die MX-Daten für *terminator2* nach, findet er einen CNAME-Record und sieht dann den MX-Record für *t2* nach. Weil der Server aber dem CNAME-Record für *terminator2* folgt, wird er niemals den MX-Record für *terminator2* benutzen; tatsächlich ist dieser Record illegal. Mit anderen Worten müssen alle Resource Records eines Hosts den *kanonischen Namen* verwenden; die Verwendung eines Alias anstelle des kanonischen Namens ist ein Fehler.

Die folgende Meldung gibt an, daß der Secondary nicht in der Lage war, den Master-Server zu erreichen, um die Zonendaten zu laden:

```
Jan 10 20:52:42 wormhole named[2813]: zoneref: Masters for
      secondary zone "movie.edu" unreachable
```

Diese Meldung wird mit der Priorität LOG_NOTICE geschickt und nur beim ersten Fehlversuch ausgegeben. Wird die Zone schließlich doch geladen, gibt der 4.9.3-Server dies durch eine weitere Meldung bekannt. Ältere Server geben bei Erfolg keine Meldung mehr aus. Beim ersten Auftreten dieser Meldung brauchen Sie erst einmal nichts zu unternehmen. Der Nameserver wird weiterhin versuchen, entsprechend der Retry-Periode des SOA-Records die Zone zu laden. Nach einigen Tagen (oder der Hälfte der Geltungsdauer) können Sie prüfen, ob der Server dazu in der Lage war. Bei Servern, die keine *syslog*-Meldungen schreiben, können Sie prüfen, ob die Zonen geladen wurden, indem Sie sich die Zeitangaben der Backup-Datei ansehen. Wird eine Zone erfolgreich geladen, legt der Server eine neue Backup-Datei an. Ist eine Zone auf dem neuesten Stand, wird sie nur »ge*touch*ed« (wie beim UNIX-Befehl *touch*). In beiden Fällen werden die Zeitangaben der Backup-Datei aktualisiert. Wechseln Sie also auf den Secondary, und geben Sie den Befehl *ls -l /usr/local/named/db.\** ein. Damit können Sie sich ansehen, wann der Secondary zuletzt jede Zone mit dem Master-Server synchronisiert hat. Wir behandeln die Fehlerbehebung bei Secondaries, die Zonen nicht laden, in Kapitel 13.

Wenn Sie sich die *syslog*-Meldungen auf Ihrem Master-Server unter BIND 4.9 oder neuer ansehen, werden Sie zu dem Zeitpunkt eine *syslog*-Meldung der Priorität LOG_INFO finden, zu dem der sekundäre Server eine Zone liest oder zu dem ein Tool wie *nslookup* eine Zone überträgt:

```
Mar  7 07:30:04 terminator named[3977]: approved AXFR from
      [192.249.249.1].2253 for "movie.edu"
```

Wenn Sie die *xfrnets*-Direktive aus Version 4 oder die Option *allow-transfer* aus Version 8 (erklärt in Kapitel 10, *Fortgeschrittenere Eigenschaften und Sicherheit*, verwenden, um einzuschränken, welche Server die Zonen übertragen können, könnte diese Meldung den Text **unapproved** anstelle von **approved** enthalten.

Diese *syslog*-Meldung wird nur zu sehen sein, wenn Sie LOG_INFO-Meldungen erfassen:

```
Jan 10 20:52:42 wormhole named[2813]: Malformed response
      from 192.1.1.1
```

Meistens bedeutet diese Meldung, daß irgendein Bug in einem Nameserver dafür gesorgt hat, daß ein fehlerhaftes Antwortpaket gesendet wurde. Dieser Fehler ist wahrscheinlich auf dem entfernten Nameserver (192.1.1.1) aufgetreten, nicht auf dem lokalen Server (*wormhole*). Die Diagnose dieser Art von Fehler verlangt das Abfangen des Antwortpaketes in einem Netzwerk-Trace sowie seine Dekodierung. Die Beschreibung der manuellen Dekodierung von DNS-Paketen würde den Rahmen dieses Buches sprengen, weshalb wir nicht allzusehr ins Detail gehen wollen. Diese Art von Fehler sehen Sie, wenn das Antwortpaket behauptet, mehrere Antworten zu enthalten (etwa vier Adreß-Records), und der Antwortteil dann doch nur eine Adresse enthält. Die einzige mögliche

Reaktion besteht darin, dem Postmaster (oder Root) des entsprechenden Hosts eine E-Mail zu schicken (vorausgesetzt, Sie können den Namen des Hosts durch einen Lookup der Adresse ermitteln). Diese Meldung würde auch erscheinen, wenn das darunterliegende Netzwerk das UDP-Antwortpaket in irgendeiner Form verändert (beschädigt) hätte. Prüfsummen über UDP-Pakete sind optional, weshalb dieser Fehler auf einer niedrigeren Ebene nicht immer behoben werden kann.

*named* schreibt die folgende Meldung nach *syslog*, wenn Sie versuchen, Daten in Ihre Zonendatei zu schmuggeln, die in eine andere Zone gehören:

```
Jun 13 08:02:03 terminator named[2657]: db.movie:28: data "foo.bar.edu"
                             outside zone "movie.edu" (ignored)
```

Wenn Sie beispielsweise die folgenden Zonendaten verwendet hätten

```
robocop      IN A  192.249.249.2
terminator   IN A  192.249.249.3

; Fügen Sie diesen Eintrag in den Cache des Nameservers ein:
foo.bar.edu.  IN A  10.0.7.13
```

hätten Sie Daten für die Domain *bar.edu* in die Zonendatei von *movie.edu* geschrieben. Ein Nameserver des 4.8.3-»Jahrgangs« hätte *foo.bar.edu* blind in seinen Cache aufgenommen. Er würde nicht erkennen, daß alle Daten in der *db.movie*-Datei für die *movie.edu*-Zone bestimmt sind. Einen Nameserver mit BIND 4.9 oder neuer können Sie allerdings nicht übertölpeln. Diese *syslog*-Meldung wird mit der Priorität LOG_INFO geloggt.

Wie bereits weiter vorne in diesem Buch erwähnt, dürfen Sie CNAME nicht im Datenteil eines Resource Records verwenden. BIND 4.9 und neuere Versionen fangen diesen Fehler ab und geben folgende Nachricht aus:

```
Jun 13 08:21:04 terminator named[2699]: "movie.edu IN NS" points to a
                             CNAME (dh.movie.edu)
```

Hier ein Beispiel des schuldigen Resource Records:

```
@                      NS     terminator.movie.edu.
                       NS     dh.movie.edu.
terminator.movie.edu.  IN A   192.249.249.3
diehard.movie.edu.     IN A   192.249.249.4
dh                     IN CNAME diehard
```

Der zweite NS-Record sollte *diehard.movie.edu* enthalten, und nicht *dh.movie.edu*. Diese *syslog*-Meldung erscheint nicht direkt nach dem Start des Nameservers.

> **HINWEIS** Sie werden diese *syslog*-Meldung nur sehen, wenn die entsprechenden Daten abgefragt werden. Diese Meldung wird bei einem Nameserver unter BIND 4.9.3 oder 8 mit der Priorität LOG_INFO und bei einem Server mit BIND 4.9.4 bis 4.9.7 mit der Priorität LOG_DEBUG festgehalten.

Die folgende Meldung zeigt an, daß sich Ihr Nameserver selbst vor einer Art von Netzwerkangriffen schützt:

```
Jun 11 11:40:54 terminator named[131]: Response from unexpected source
                    ([204.138.114.3].53)
```

Ihr Nameserver hat eine Anfrage an einen entfernten Nameserver geschickt und auch eine Antwort erhalten, aber diese Antwort kam von keiner der Adressen, die der Nameserver für die entfernten Nameserver aufgeführt hatte. Die potentielle Sicherheitslücke besteht hierbei darin, daß ein Eindringling Ihren Nameserver dazu bringen könnte, einen entfernten Nameserver anzusprechen. Gleichzeitig könnte der Angreifer Antworten zurücksenden (wobei er vorgibt, daß diese von dem entfernten Nameserver stammen), von denen er hofft, daß sie von Ihrem Nameserver im Cache aufgenommen werden. Sobald ein falscher PTR-Record in Ihrem Cache liegt, nutzt der Angreifer die »r«-Befehle von BSD (z.b. *rlogin*), um Zugriff auf Ihr System zu erlangen.

Weniger paranoide Administratoren werden erkennen, daß diese Situation auch auftreten kann, wenn der Parent-Nameserver nur eine der IP-Adressen eines in mehreren Netzen liegenden Nameserver-Hosts kennt. Der Parent teilt dem Nameserver die einzige IP-Adresse mit, von der er weiß, und wenn Ihr Nameserver den entfernten Nameserver abfragt, antwortet dieser unter einer anderen IP-Adresse. Das sollte nicht vorkommen, wenn BIND auf dem entfernten Host läuft, weil BIND alles versucht, um die Antworten mit der gleichen IP-Adresse zurückzuschicken, an die die Query geschickt wurde. Diese *syslog*-Meldung wird mit der Priorität LOG_INFO festgehalten.

Hier eine interessante *syslog*-Meldung:

```
Jun 10 07:57:28 terminator named[131]: No root nameservers for class 226
```

Die bislang einzigen definierten Klassen sind: Klasse 1-Internet (IN), Klasse 3-Chaos (CH) und Klasse 4-Hesiod (HS). Wo kommt also die Klasse 226 her? Das ist genau der Punkt, auf den Sie der Nameserver mit dieser Meldung aufmerksam machen will. Etwas ist mit dieser Welt nicht in Ordnung, weil keine Klasse 226 existiert. Was kann man machen? Eigentlich nichts. Diese Meldung liefert einfach nicht genügend Informationen – Sie wissen nicht, wo die Query herkommt und wofür sie bestimmt war. Andererseits, wenn das Klassenfeld beschädigt ist, kann auch die Query selbst beschädigt sein. Der eigentliche Grund für dieses Problem kann ein defekter entfernter Nameserver oder Resolver oder ein beschädigtes UDP-Datagramm sein. Diese *syslog*-Meldung wird mit der Priorität LOG_INFO geloggt.

Diese Meldung kann auftreten, wenn ein Backup einer anderen Zone angelegt wird:

```
Jun  7 20:14:26 wormhole named[29618]: Zone "253.253.192.in-addr.arpa"
                    (class 1) SOA serial# (3345) rcvd from [192.249.249.10]
                    is > ours (563319491)
```

Ah!. Der verschnarchte Administrator von *253.253.192.in-addr.arpa* hat das Format der Seriennummer geändert und vergessen, Ihnen dies mitzuteilen. Das zeugt nicht gerade von Dankbarkeit dafür, daß Sie den Slave-Server für diese Zone betreiben, nicht wahr? Informieren Sie sich, ob diese Änderung gewünscht ist oder ob es sich nur um einen Schreibfehler handelt. Ist diese Änderung bewußt erfolgt, oder wollen Sie den Administrator nicht kontaktieren, müssen Sie das Problem lokal lösen – halten Sie Ihren Slave an, entfernen Sie das Backup für diese Zone, und fahren Sie ihn wieder hoch. Auf diese Weise weiß der Slave nichts mehr von der alten SOA-Seriennummer und ist mit der neuen glücklich und zufrieden. Die *syslog*-Meldung wird mit der Priorität LOG_NOTICE geloggt.

Übrigens, wenn dieser bewußte Administrator einen BIND 8-Nameserver ausführt, muß er eine Nachricht verpaßt (oder ignoriert) haben, die sein Nameserver protokolliert hat, um ihm mitzuteilen, daß er die Seriennummer verringert hat:

```
Jun 7 19:35:14 terminator named[3221]: WARNING: new serial number < old
        (zp->z_serial < serial)
```

Diese Nachricht wird mit der Priorität LOG_NOTICE protokolliert.

Vielleicht wollen Sie dem Administrator sagen, daß es weise ist, *syslog* zu prüfen, nachdem irgendwelche Änderungen am Nameserver vorgenommen wurden.

Diese Meldung wird Ihnen bald vertraut sein:

```
Aug 21 00:59:06 jade named[12620]: Lame server on 'foo.movie.edu'
        (in 'MOVIE.EDU'?): [10.0.7.125].53 'NS.HOLLYWOOD.LA.CA.US':
        learnt (A=10.47.3.62,NS=10.47.3.62)
```

»Aye, Captain, sie saugt Schlamm!« Irgendwo da draußen in den Gewässern des Internet steckt Schlamm – in der Form falscher Delegierung. Ein Parent-Nameserver delegiert eine Subdomain an einen Child-Nameserver, aber dieser Child-Nameserver besitzt keine Autorität für diese Subdomain. In unserem Beispiel delegiert der *edu*-Nameserver *movie.edu* an 10.0.7.125, und der Nameserver auf diesem Host besitzt für *movie.edu* keine Autorität. Solange Sie den Administrator von *movie.edu* nicht kennen, gibt es nichts, was Sie hier machen könnten. Die *syslog*-Nachricht wird von einem 4.9.3-Server mit der Priorität LOG_WARNING von einem Server unter BIND 4.9.4 bis 4.9.7 mit der Priorität LOG_INFO protokolliert.

Wenn die Konfigurationsdatei Ihres Nameservers ab Version 4.9 folgende Zeile besitzt

```
options query-log
```

oder in der Konfigurationsdatei Ihres Version 8-Servers folgender Eintrag steht:

```
logging { categorie queries { default_syslog; }; };
```

Werden Sie für jede Anfrage, die Ihr Nameserver erhält, eine *syslog*-Nachricht der Priorität LOG_INFO erhalten:

```
Feb 20 21:43:25 terminator named[3830]:
        XX /192.253.253.2/carrie.movie.edu/A
Feb 20 21:43:32 terminator named[3830]:
        XX /192.253.253.2/4.253.253.192.in-addr.arpa/PTR
```

Diese Meldungen enthalten die IP-Adresse des Hosts, der die Abfrage angestoßen hat, sowie die Abfrage selbst. Stellen Sie sicher, daß Sie über ausreichend Festplattenspeicher verfügen, wenn Sie bei einem vielbeschäftigten Nameserver alle Abfragen im Log festhalten wollen. (Bei einem laufenden Server können Sie das Logging von Abfragen mit dem WINCH-Signal ein- und ausschalten.)

Ab Version 8.1.2 sehen Sie möglicherweise diese *syslog*-Nachrichten:

```
May 19 11:06:08 named[21160]: bind(dfd=20, [10.0.0.1].53):
                Address already in use
May 19 11:06:08 named[21160]: deleting interface [10.0.0.1].53
May 19 11:06:08 named[21160]: bind(dfd=20, [127.0.0.1].53):
                Address already in use
May 19 11:06:08 named[21160]: deleting interface [127.0.0.1].53
May 19 11:06:08 named[21160]: not listening on any interfaces
May 19 11:06:08 named[21160]: Forwarding source address
                is [0.0.0.0].1835
May 19 11:06:08 named[21161]: Ready to answer queries.
```

Folgendes ist passiert: Ihr Computer hat einen Nameserver ausgeführt, und Sie haben einen zweiten Nameserver gestartet, ohne den ersten zuvor zu beenden. Im Gegensatz zu dem, was Sie vielleicht erwarten, wird der zweite Nameserver weiterhin ausgeführt. Er lauscht allerdings an keiner Netzwerkschnittstelle.

## *BIND-Statistiken verstehen*

In regelmäßigen Abständen sollten Sie sich die Statistiken einiger Ihrer Nameserver ansehen, und sei es nur, um zu sehen, wie stark sie ausgelastet sind. Wir werden Ihnen ein Beispiel einer Nameserver-Statistik zeigen und erläutern, was jede Zeile darin bedeutet. Nameserver behandeln während des normalen Betriebs eine Vielzahl von Queries und entsprechenden Antworten, weshalb wir uns zuerst einmal ansehen wollen, wie so ein typischer Austausch aussieht.

Die Erklärung der Statistiken zu lesen fällt schwer, wenn Sie sich nicht bildlich vorstellen können, was während eines Lookups passiert. Um ein Verständnis der Nameserver-Statistiken zu erleichtern, zeigt Abbildung 7-2, was passiert, wenn eine Anwendung einen Namen auflöst. Die Anwendung (*FTP*) fragt den lokalen Nameserver ab. Der lokale Nameserver hat schon vorher Daten dieser Domain abgefragt und weiß, wo die entfernten Nameserver liegen. Er fragt jeden dieser entfernten Nameserver ab – einen sogar zweimal –, um die gewünschte Antwort zu finden. In der Zwischenzeit tritt bei der Anwendung ein Timeout auf, woraufhin diese eine weitere Abfrage (und zwar nach denselben Informationen) an den Nameserver schickt.

Behalten Sie im Hinterkopf, daß ein entfernter Nameserver eine Query nicht direkt empfangen muß, nachdem Ihr Nameserver sie verschickt hat. Die Query kann im darunterliegenden Netzwerk verlorengehen oder mit einer gewissen Verzögerung ausgeliefert werden. Der Nameserver kann aber auch durch eine andere Anwendung in Beschlag genommen worden sein.

*Kapitel 7: BIND pflegen*

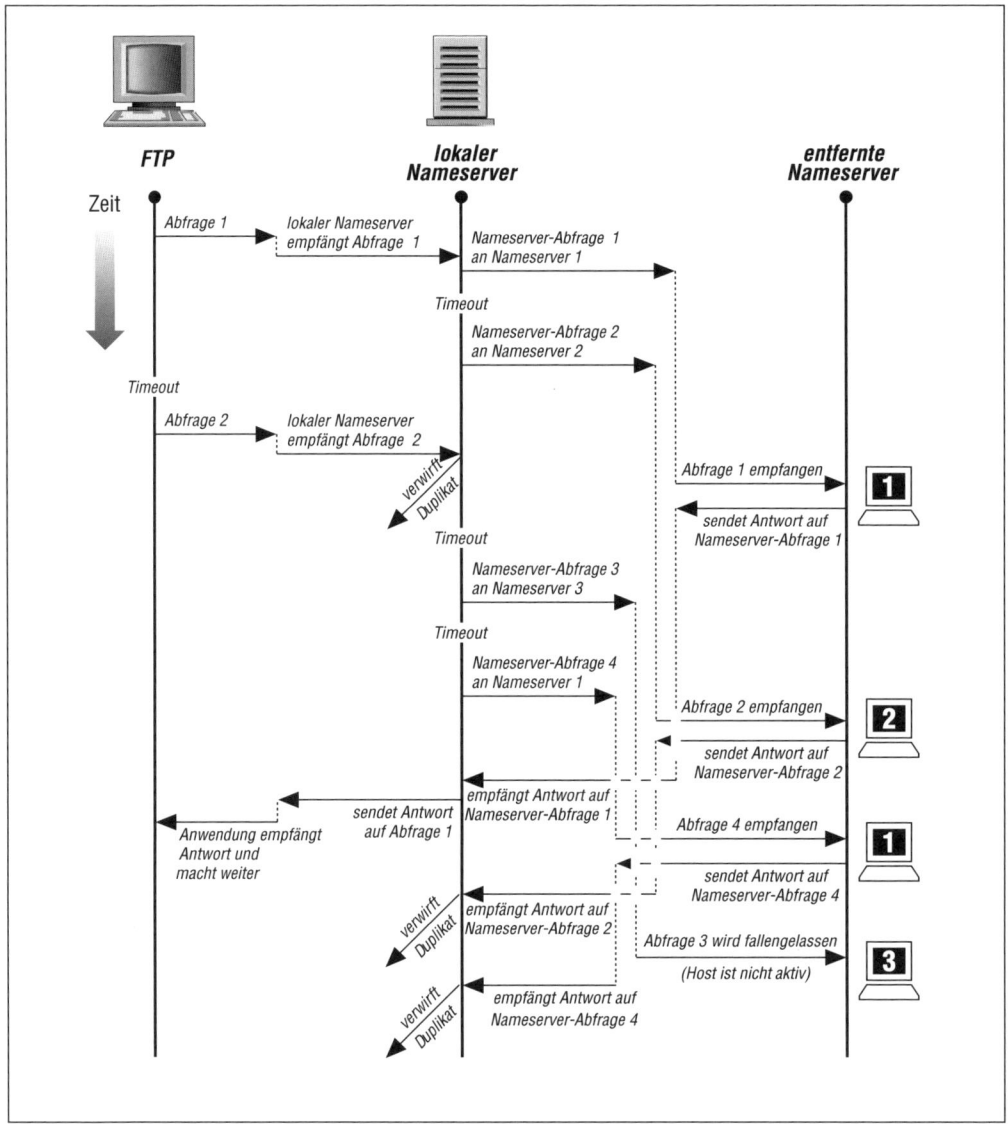

*Abbildung 7-2: Beispiel für den Austausch von Abfragen/Antworten*

Beachten Sie, daß der BIND-Nameserver nur dann in der Lage ist, doppelte Abfragen zu erkennen, während er versucht, die ursprüngliche Abfrage zu beantworten. Der lokale Nameserver erkennt die von der Anwendung kommende doppelte Abfrage, weil er immer noch an der Beantwortung arbeitet. Der entfernte Nameserver 1 erkennt die doppelte Abfrage vom lokalen Nameserver hingegen nicht, weil er die vorangegangene Abfrage schon beantwortet hat. Nachdem der lokale Nameserver die erste Antwort vom entfernten Nameserver 1 empfangen hat, werden alle weiteren Antworten als Duplikate aussortiert. Dieser Dialog verlangt den folgenden Austausch:

| Austausch | Anzahl |
|---|---|
| Anwendung an lokalen Nameserver | 2 Abfragen |
| Lokaler Nameserver an Anwendung | 1 Antwort |
| Lokaler Nameserver an entfernten Nameserver 1 | 2 Abfragen |
| Entfernter Nameserver 1 an lokalen Nameserver | 2 Antworten |
| Lokaler Nameserver an entfernten Nameserver 2 | 1 Abfrage |
| Entfernter Nameserver 2 an lokalen Nameserver | 1 Antwort |
| Lokaler Nameserver an entfernten Nameserver 3 | 1 Abfrage |
| Entfernter Nameserver 3 an lokalen Nameserver | Keine Antwort |

Dieser Austausch würde zu folgenden Werten in der Statistik des lokalen Nameservers führen:

| Statistik | Ursache |
|---|---|
| 2 Abfragen empfangen | Von der Anwendung an den lokalen Host |
| 1 doppelte Abfrage | Von der Anwendung an den lokalen Host |
| 1 gesendete Antwort | Vom lokalen Host an die Anwendung |
| 3 Antworten empfangen | Von entfernten Nameservern |
| 2 doppelte Antworten | Von entfernten Nameservern |
| 2 A-Abfragen | Abfragen von Adreßinformationen |

In unserem Beispiel hat der lokale Nameserver Queries nur von der Anwendung empfangen und Queries an entfernte Nameserver geschickt. Normalerweise würde der lokale Nameserver auch Abfragen von entfernten Nameservern empfangen (d.h. der lokale Nameserver fragt nicht nur entfernte Nameserver nach von ihm benötigten Daten ab, sondern er erhält von entfernten Nameservern auch Abfragen nach von ihrerseits benötigten Daten). Um die Sache etwas zu vereinfachen, haben wir aber auf Abfragen seitens entfernter Nameserver verzichtet.

Nachdem Sie nun einen typischen Austausch zwischen Anwendungen und Nameservern und die daraus resultierende Statistik gesehen haben, wollen wir ein ausführlicheres Beispiel dieser Statistik betrachten. Um an die Statistik Ihres Nameservers zu gelangen, müssen Sie ihm ein ABRT-Signal (bei vielen Systemen auch IOT genannt) schicken:

```
% kill -ABRT `cat /etc/named.pid`
```

Oder senden Sie einem Version 8-Server statt ABRT ein ILL-Signal:

```
% kill -ILL `cat /etc/named.pid`
```

(Bei einem SVR4-Dateisystem wird die Prozeß-ID in */var/run/named.pid* gespeichert.) Warten Sie ein paar Sekunden, und sehen Sie sich dann die Datei */usr/tmp/named.stats* (oder */var/tmp/named.stats*) an. Wird keine Datei mit der Statistik erzeugt, ist Ihr Server wohl nicht mit dem STATS-Flag kompiliert worden und legt keine Statistik an. Nachfolgend die Statistik eines der Nameserver von Paul Vixie. Diese Statistik stammt von einem

4.9.3-Nameserver. Die von einem 8.1.2-Nameserver geführte Statistik ist mit dieser identisch, abgesehen von RNotNsQ und der Reihenfolge der Elemente. Ist Ihr Nameserver neuer als 8.2.1, kann die Statistik ganz anders als hier gezeigt aussehen – die BIND-Statistiken können durch die MIB-Erweiterungen für DNS-Server und -Resolver ersetzt worden sein, die in RFC 1611 und RFC 1612 definiert sind.

```
+++ Statistics Dump +++ (800708260) Wed May 17 03:57:40 1995
746683    time since boot (secs)
392768    time since reset (secs)
14        Unknown query types
268459    A queries
3044      NS queries
5680      CNAME queries
11364     SOA queries
1008934   PTR queries
44        HINFO queries
680367    MX queries
2369      TXT queries
40        NSAP queries
27        AXFR queries
8336      ANY queries
++ Name Server Statistics ++
(Legend)
    RQ    RR    RIQ    RNXD    RFwdQ
    RFwdR RDupQ RDupR  RFail   RFErr
    RErr  RTCP  RAXFR  RLame   ROpts
    SSysQ SAns  SFwdQ  SFwdR   SDupQ
    SFail SFErr SErr   RNotNsQ SNaAns
    SNXD
(Global)
    1992938 112600 0 19144 63462  60527 194 347 3420 0  5 2235 27 35289 0
    14886 1927930 63462 60527 107169  10025 119 0 1785426 805592  35863
[15.255.72.20]
    485 0 0 0  0 0 0 0  0 0 0 0  0 485 0 0  0 0 0 485  0
[15.255.152.2]
    441 137 0 1 2  108 0 0 0  0 0 0 0  13 439 85 7 84  0 0 0 431  0
[15.255.152.4]
    770 89 0 1 4  69 0 0 0  0 0 0 0  14 766 68 5 7  0 0 0 755  0
...  <viele weitere Einträge>
```

Sehen wir uns diese Statistik Zeile für Zeile an.

```
746683    time since boot (secs)
```

Gibt an, wie lange der lokale Nameserver schon läuft. Um dies in Tage umzurechnen, müssen Sie den Wert durch 86.400 (60 x 60 x 24, die Anzahl der Sekunden eines Tages) dividieren. Dieser Server läuft also seit etwa achteinhalb Tagen.

```
392768    time since reset (secs)
```

Gibt an, wie lange der lokale Nameserver seit dem letzten HUP-Signal läuft (d.h. wann seine Datenbank zuletzt geladen wurde). Dieser Wert wird sich von **time since boot** wahrscheinlich nur dann unterscheiden, wenn der Server als primärer Nameserver einer

Domain dient. Als sekundäre Server einer Domain lesen die Nameserver neue Daten bei Zonentransfers ein und erhalten üblicherweise keine HUP-Signale. Weil *dieser* Nameserver zurückgesetzt wurde, dient er wahrscheinlich als primärer Nameserver für eine Domain.

14    Unknown query types

Der Nameserver hat 14 Queries empfangen, in denen Daten eines Typs abgefragt wurden, die der Nameserver nicht kennt. Entweder experimentiert jemand mit neuen Typen, oder es gibt irgendwo eine fehlerhafte Implementierung.

268459    A queries

Es wurden 268.459 Adreß-Lookups durchgeführt. Adreßabfragen sind normalerweise die am häufigsten vorkommende Art von Abfrage.

3044    NS queries

Es gab 3044 Nameserver-Abfragen. Intern erzeugen Nameserver NS-Abfragen, wenn sie versuchen, die Server der Root-Domain nachzusehen. Extern können Anwendungen wie *dig* oder *nslookup* benutzt werden, um NS-Records nachzusehen.

5680    CNAME queries

Einige Versionen von *sendmail* führen CNAME-Queries aus, um Mail-Adressen zu kanonisieren (d.h. das Alias durch den kanonischen Namen zu ersetzen). Andere *sendmail*-Versionen greifen statt dessen auf ANY-Queries zurück (zu denen kommen wir gleich). Ansonsten stammen die CNAME-Lookups meist von *dig* oder *nslookup*.

11364    SOA queries

SOA-Queries werden von sekundären Nameservern durchgeführt, um festzustellen, ob die Zonendaten noch aktuell sind. Falls die Daten nicht mehr aktuell sind, folgt eine AXFR-Query, um einen Zonentransfer einzuleiten. Da diese Statistiken AXFR-Queries enthalten, schließen wir daraus, daß sekundäre Nameserver Zonendaten von diesem Server laden.

1008934    PTR queries

Die Zeigerabfragen bilden Adressen auf Namen ab. Die unterschiedlichsten Arten von Software sehen IP-Adressen nach: *inetd*, *rlogind*, *rshd*, Netzwerkmanagement-Software und Netzwerk-Tracing-Software.

44    HINFO queries

Die Abfragen von Host-Informationen stammen sehr wahrscheinlich von jemandem, der HINFO-Records interaktiv abfragt.

680367    MX queries

Mail-Exchanger-Abfragen gehen von Mailern wie *sendmail* aus und sind Teil des normalen Auslieferungsprozesses für E-Mail.

```
    2369    TXT queries
```

Hier muß eine Anwendung TXT-Abfragen erzeugen, um eine so große Zahl von Queries zu erreichen. Es könnte sich um ein Tool wie *Harvest* handeln, eine von der Universität von Colorado entwickelte Technik zur Informationssuche und -gewinnung.

```
      40    NSAP queries
```

Dies ist ein relativ neuer Datentyp, mit dem Domain-Namen auf »OSI Network Service Access Point«-Adressen abgebildet werden.

```
      27    AXFR queries
```

Eine AXFR-Query wurde von einem sekundären Nameserver gesendet, um einen Zonentransfer einzuleiten.

```
    8336    ANY queries
```

ANY-Queries fordern für einen Namen alle vorhandenen Arten von Daten an. Diese Art von Query wird am häufigsten von *sendmail* verwendet. Weil *sendmail* für ein Mail-Ziel CNAME-, MX- und Adreß-Records nachsieht, führt es eine Query vom Typ ANY durch, damit alle Arten von Resource Records direkt im Cache des lokalen Nameservers abgelegt werden.

Der Rest dieser Statistiken ist host-basiert. Wenn Sie sich die Liste der Hosts ansehen, mit denen Ihr Nameserver Pakete austauscht, haben Sie einen Überblick darüber, wie mitteilsam dieser ist. Sie werden Hunderte oder vielleicht sogar Tausende von Hosts in dieser Liste finden. Während die Größe dieser Liste beeindruckend ist, sind die Statistiken selbst nur am Rande interessant. Wir wollen dennoch *alle* erläutern, selbst die nicht verwendeten, obwohl Sie wahrscheinlich nur eine Handvoll als nützlich betrachten werden. Um diese Statistiken einfacher lesen zu können, werden Sie ein entsprechendes Werkzeug benötigen, mit dem die Statistiken aufbereitet werden, weil das Ausgabeformat doch recht kompakt ist. Wir haben ein Tool namens *bstat* geschrieben, das genau diese Aufgabe erledigt. Die Ausgabe sieht dabei wie folgt aus:

```
hpcvsop.cv.hp.com
        485 queries received
        485 responses sent to this name server
        485 queries answered from our cache
relay.hp.com
        441 queries received
        137 responses received
          1 negative response received
          2 queries for data not in our cache or authoritative data
        108 responses from this name server passed to the querier
         13 system queries sent to this name server
        439 responses sent to this name server
         85 queries sent to this name server
          7 responses from other name servers sent to this name server
         84 duplicate queries sent to this name server
        431 queries answered from our cache
hp.com
```

```
770 queries received
 89 responses received
  1 negative response received
  4 queries for data not in our cache or authoritative data
 69 responses from this name server passed to the querier
 14 system queries sent to this name server
766 responses sent to this name server
 68 queries sent to this name server
  5 responses from other name servers sent to this name server
  7 duplicate queries sent to this name server
755 queries answered from our cache
```

Bei den unaufbereiteten Statistiken (nicht bei der *bstat*-Ausgabe) folgt jeder IP-Adresse eine Tabelle mit Abfragehäufigkeiten. Die Spaltenüberschrift bildet dabei die zu Beginn stehende, kryptische Legende. Die Legende selbst ist über mehrere Zeilen verteilt, aber die Host-Statistiken stehen alle in einer Zeile. Im folgenden Abschnitt beschreiben wir kurz, was jede Spalte bedeutet, während wir die Statistiken für einen Host durchgehen, mit dem dieser Server kommuniziert hat. Als Beispiel haben wir uns 15.255.152.2 (*relay.hp.com*) ausgesucht. Um diese Erläuterung etwas zu vereinfachen, geben wir zuerst die Spaltenüberschrift der Legende (z.b. RQ) aus. Dieser folgt dann die Anzahl der Queries von *relay*.

```
RQ 441
```

RQ gibt die Anzahl von Queries an, die von *relay* empfangen wurden. Diese Abfragen wurden durchgeführt, weil *relay* Informationen über eine Domain benötigte, die von diesem Nameserver bedient wird.

```
RR 137
```

RR gibt die Anzahl von Antworten an, die von *relay* empfangen wurden. Diese Antworten sind Antworten auf Abfragen, die von diesem Nameserver durchgeführt wurden. Versuchen Sie nicht, diese Zahl in irgendeinen Zusammenhang mit RQ zu bringen, es gibt keinen. RQ zählt die Fragen, die von *relay* gestellt wurden, während RR die Antworten zählt, die *relay* diesem Nameserver gab (weil der Nameserver *relay* um Informationen gebeten hat).

```
RIQ 0
```

RIQ gibt die Anzahl der von *relay* empfangenen inversen Queries an. Inverse Queries waren ursprünglich dazu gedacht, Adressen auf Namen abzubilden, aber die Funktion wird nun von PTR-Records ausgeführt. Ältere Versionen von *nslookup* führen beim Starten eine solche Query aus, weshalb der RIQ-Wert ungleich null sein kann.

```
RNXD 1
```

RNXD enthält die Anzahl der »no such domain«-Antworten, die von *relay* zurückgegeben wurden.

```
RFwdQ 2
```

RFwdQ gibt die Anzahl von Queries an, die von *relay* empfangen wurden (RQ) und einer weiteren Bearbeitung bedurften, bevor sie beantwortet werden konnten. Diese

Anzahl ist bei Hosts wesentlich höher, deren Resolver (*/etc/resolv.conf*) so konfiguriert ist, daß er alle Abfragen an Ihren Nameserver sendet.

```
RFwdR 108
```

RFwdR gibt die Anzahl der empfangenen Antworten (RR) von *relay* an, die die ursprüngliche Query beantworteten und die an die Anwendung zurückgegeben wurden, von der die Query kam.

```
RDupQ 0
```

RDupQ gibt die Anzahl der von *relay* stammenden doppelten Queries an. Sie werden Duplikate nur sehen, wenn der Resolver (*/etc/resolv.conf*) so konfiguriert ist, daß er diesen Nameserver abfragt.

```
RDupR 0
```

RDupR gibt die Zahl der von *relay* stammenden doppelten Antworten an. Eine Antwort gilt als Duplikat, wenn der Nameserver die ursprüngliche Query in seiner Liste offener Abfragen nicht mehr finden kann.

```
RFail 0
```

RFail gibt die Zahl der SERVFAIL-Antworten von *relay* an. Eine SERVFAIL-Antwort deutet irgendeinen Fehler des Servers an. Solche Fehler treten häufig auf, wenn der entfernte Server eine db-Datei liest und einen Syntaxfehler findet. Alle Abfragen an diese Domain mit der fehlerhaften db-Datei führen zu Server-Fehlerantworten vom entfernten Nameserver. Dies ist wahrscheinlich die gängigste negative Antwort. Server-Fehlerantworten treten auch auf, wenn der entfernte Nameserver versucht, mehr Speicherplatz für sich zu reservieren und diesen nicht bekommt oder wenn die Gültigkeit der Domain-Daten abläuft.

```
RFErr 0
```

RFErr gibt die Zahl der FORMERR-Antworten von *relay* an. FORMERR bedeutet, daß der entfernte Nameserver behauptet, die Abfrage des lokalen Nameservers weise einen Formatfehler auf.

```
RErr 0
```

RErr gibt die Zahl der Fehler an, die weder SERVFAIL- noch FORMERR-Fehler waren.

```
RTCP 0
```

RTCP gibt die Anzahl der Abfragen an, die von *relay* über TCP-Verbindungen eingegangen sind. (Die meisten Abfragen verwenden UDP.)

```
RAXFR 0
```

RAXFR gibt die Zahl der initiierten Zonentransfers an. Der Zählerwert 0 deutet darauf hin, daß *relay* nicht als Secondary für die von diesem Nameserver bedienten Domains dient.

```
RLame 0
```

RLame enthält die Anzahl der empfangenen »lame delegations«. Ist dieser Wert ungleich null, bedeutet dies, daß irgendeine Zone an den Nameserver unter dieser Adresse delegiert ist, obwohl der Nameserver keine Autorität über diese Zone besitzt.

```
ROpts 0
```

ROpts gibt die Anzahl der mit IP-Optionen empfangenen Pakete an.

```
SSysQ 13
```

SSysQ gibt die Zahl der an *relay* gesendeten Systemabfragen an. Systemabfragen sind Abfragen, die vom lokalen Nameserver *initiiert* wurden. Die meisten Systemabfragen richten sich an Root-Nameserver, weil diese Queries dazu benutzt werden, bezüglich der Root-Nameserver auf dem neuesten Informationsstand zu bleiben. Systemabfragen werden aber auch verwendet, um die Adressen von Nameservern zu ermitteln, wenn ein Timeout für den Adreß-Record erfolgt, bevor die Gültigkeit des NS-Records ausläuft. Da *relay* kein Root-Nameserver ist, müssen diese Queries aus dem zuletzt genannten Grund erfolgt sein.

```
SAns 439
```

SAns gibt die Zahl der an *relay* gesendeten Antworten an. Dieser Nameserver hat 439 von 441 (RQ) Queries beantwortet, die *relay* ihm geschickt hat. Wer weiß, was mit den beiden unbeantworteten Queries passiert ist ...

```
SFwdQ 85
```

SFwdQ gibt die Zahl der Queries an, die an *relay* geschickt (weitergeleitet) wurden, als die Antwort nicht in den Domain-Daten oder im Cache des Nameservers zu finden war.

```
SFwdR 7
```

SFwdR gibt die Zahl der Antworten irgendwelcher Nameserver an, die an *relay* weitergeleitet wurden.

```
SDupQ 84
```

SDupQ gibt die Anzahl der doppelten Abfragen an, die an *relay* geschickt wurden. Doppelte Abfragen sind nicht so schlimm, wie es vielleicht scheinen mag. Der Zähler wird inkrementiert, wenn die Abfrage zuerst an irgendeinen anderen Nameserver geschickt wurde. *relay* kann also alle Queries sofort beantwortet haben, als diese eingingen, und eine Abfrage zählt dennoch als Duplikat, wenn sie vorher an einen anderen Nameserver gesendet wurde.

```
SFail 0
```

SFail gibt die Anzahl der an *relay* gesendeten SERVFAIL-Antworten an.

```
SFErr 0
```

SFErr gibt die Anzahl der an *relay* gesendeten FORMERR-Antworten an.

```
SErr             0
```

SErr gibt die Anzahl von *sendto()* -Systemaufrufen an, die fehlgeschlagen sind, als *relay* das angegebene Ziel war.

```
RNotNsQ          0
```

RNotNsQ gibt die Zahl von Queries an, die nicht auf dem Nameserver-Port, nämlich 53, empfangen wurden, das ist der Nameserver-Port. Vor Version 8 kamen alle Nameserver-Abfragen von Port 53. Jegliche Abfragen von anderen Ports kamen von einem Resolver. Seit Version 8 fragen Nameserver andere Nameserver auch auf anderen Ports ab, so daß diese Statistik-Information nutzlos geworden ist. Sie können nicht mehr unterscheiden, ob eine Query von einem Nameserver oder von einem Resolver kommt. Aus diesen Grund gibt es die Information RNotNsQ nicht mehr in der Statistik von BIND 8.

```
SNaAns           431
```

SNaAns gibt die Zahl der nichtautoritativen Antworten an, die an *relay* geschickt wurden. Von den 439 Antworten (SAns), die an *relay* geschickt wurden, stammten 431 aus dem Cache.

```
SNXD             0
```

SNXD gibt die Zahl der an *relay* gesendeten »no such domain«-Antworten an.

Ist dieser Nameserver »gesund«? Woher soll man wissen, was ein »gesunder« Betrieb ist? Aus dieser einen Momentaufnahme können wir jedenfalls nicht schließen, ob der Nameserver gesund ist. Sie müssen die von Ihrem Nameserver erzeugten Statistiken über einen längeren Zeitraum auswerten, um ein Gefühl dafür zu bekommen, was bei Ihrer Konfiguration normal ist und was nicht. Die Zahlen werden sich bei verschiedenen Servern ganz deutlich voneinander unterscheiden und hängen davon ab, welche Mischung von Anwendungen Lookups generiert, welche Art von Server Sie betreiben (primär, Slave oder nur Cache) und auf welcher Ebene des Domain-Baums dieser seine Arbeit verrichtet.

Eine Sache, auf die Sie bei den Statistiken achten sollten, ist die Anzahl von Queries, die Ihr Server pro Sekunde empfängt. Nehmen Sie die Anzahl der empfangenen Queries (aus dem »globalen« Teil der Statistik), und dividieren Sie sie durch die Anzahl von Sekunden, die der Server bereits läuft. Unser Server hat 1.992.938 Abfragen in 746.683 Sekunden empfangen, also etwa 2,7 Abfragen pro Sekunde – ein ganz schön ausgelasteter Server. Sollte Ihnen die Zahl der von Ihrem Server empfangenen Queries ungewöhnlich hoch vorkommen, sehen Sie sich an, welche Hosts all die Abfragen verursachen, und prüfen Sie, ob es Sinn macht, daß all diese Abfragen generiert werden. An irgendeinem Punkt werden Sie vielleicht feststellen, daß Sie weitere Server betreiben müssen, um die ganze Last zu bewältigen. Wir behandeln diese Situation im nächsten Kapitel.

*In diesem Kapitel:*
- *Wie viele Nameserver?*
- *Weitere Nameserver einbinden*
- *Nameserver registrieren*
- *TTLs ändern*
- *Katastrophenplanung*
- *Mit Katastrophen fertigwerden*

# 8
# Domain-Wachstum

*»Wie groß möchtest du denn sein?« fragte die Raupe.*

*»Ach, so genau kommt es mir gar nicht darauf an«, antwortete Alice hastig, »nur möchte ich meine Größe nicht dauernd wechseln, wissen Sie ...«*

*»Bist du jetzt zufrieden?« fragte die Raupe weiter.*

*»Naja, ich wäre gerne ein bißchen größer, wenn's recht ist ...«*

## Wie viele Nameserver?

In Kapitel 4, *BIND einrichten*, haben wir zwei Nameserver eingerichtet. Weniger als zwei Server werden Sie kaum betreiben. Je nach Größe Ihres Netzwerkes werden Sie aber möglicherweise mehr als zwei Server betreiben wollen. Es ist durchaus nicht ungewöhnlich, zwischen fünf und sieben Server zu betreiben, von denen einer zudem noch außerhalb des Netzwerks liegt. Aber wie viele Server reichen nun aus? Hier einige Hinweise, die Sie bei der Entscheidung unterstützen sollen:

- Stellen Sie mindestens einen Nameserver für jedes Netz oder Subnetz zur Verfügung. Auf diese Weise schalten Sie Router als mögliche Fehlerquellen aus. Machen Sie das meiste aus den Ihnen zur Verfügung stehenden »Multihome-Hosts«, weil diese (per Definition) in mehr als einem Netzwerk liegen.

- Wenn Sie über einen File-Server und einige Arbeitsplätze ohne eigene Festplatte verfügen, sollten Sie einen Nameserver auf dem File-Server betreiben, um diese Gruppe von Maschinen zu bedienen.

- Betreiben Sie Nameserver nahe an (aber nicht notwendigerweise auf) großen Mehrbenutzersystemen. Die Benutzer und ihre Prozesse werden in der Regel eine Vielzahl von Abfragen generieren, und als Administrator werden Sie wahrscheinlich mehr Arbeit damit haben, diesen Multiuser-Host in Betrieb zu halten. Andererseits müssen Sie die Bedürfnisse der Benutzer auch gegen die Risiken abwägen, die der Betrieb eines Nameservers (d.h. eines sicherheitskritischen Servers) auf einem System mit sich bringt, auf das viele Menschen Zugriff haben.

- Betreiben Sie einen Nameserver außerhalb der Site (»off-site«). Dies macht Ihre Daten verfügbar, auch wenn Ihr Netzwerk nicht zu erreichen ist. Sie könnten hiergegen argumentieren, daß es keinen Sinn macht, eine Adresse nachzusehen, wenn der Host nicht erreicht werden kann. Andererseits kann der außerhalb liegende Nameserver verfügbar sein, während Ihr Netzwerk zu erreichen ist, aber Ihre anderen Nameserver nicht. Falls Sie eine befreundete Organisation haben, die im Internet ist (vielleicht eine andere Universität oder einen Geschäftspartner), könnte sie oder er bereit sein, einen Slave-Server für Ihre Zone oder Zonen zu betreiben.

Abbildung 8-1 zeigt eine Beispieltopologie auf und führt vor, wie so etwas aussehen kann:

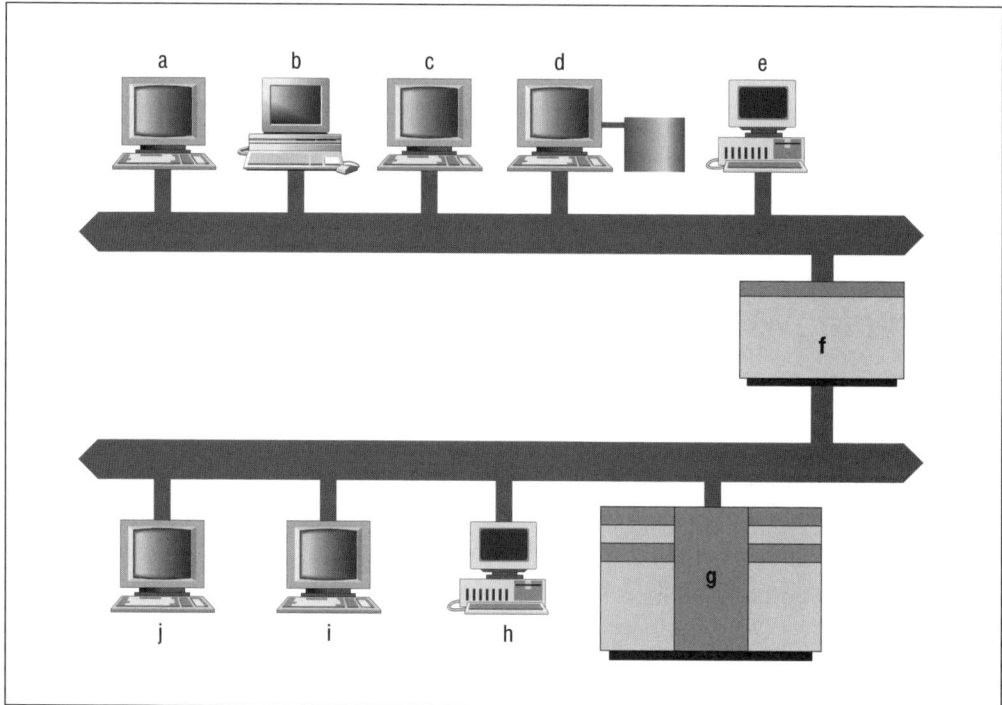

*Abbildung 8-1: Beispielhafte Netzwerktopologie*

Selbst wenn Sie sich an unseren Hinweisen orientieren, bleibt Ihnen noch genug Raum für eigene Entscheidungen. Host *d*, der File-Server für die Hosts *a*, *b*, *c* und *e*, könnte einen Nameserver beherbergen. Der Host *g*, ein großes Mehrbenutzersystem, ist ein weiterer guter Kandidat. Aber die wahrscheinlich beste Wahl ist Host *f*, ein kleinerer Host mit Schnittstellen in beiden Netzwerken. Sie müssen nur einen Nameserver betreiben, nicht zwei, und dieser wird auf einem gut beobachteten Host ausgeführt. Soll in einem der beiden Netzwerke ein zweiter Nameserver betrieben werden, können Sie diesen auf *d* oder *g* einrichten.

## *Wohin mit den Nameservern?*

Neben einer groben Vorstellung davon, wie viele Nameserver Sie benötigen, geben Ihnen die folgenden Kriterien einige Hinweise dazu, *wo* die Nameserver betrieben werden sollten (z.b. auf File-Servern oder Multihome-Hosts). Aber es gibt noch andere wichtige Faktoren, die für die Wahl des richtigen Hosts von Bedeutung sind.

Weitere zu beachtende Faktoren sind die Anbindung des Hosts, die Software (BIND oder andere), die er ausführt, und die Pflege der Homogenität Ihrer Nameserver:

*Anbindung*
   Es ist wichtig, daß Nameserver über gute Anbindungen verfügen. Es hilft Ihnen nicht weiter, wenn der Nameserver auf dem schnellsten und zuverlässigsten Host Ihres Netzwerks läuft, wenn dieser im hintersten Winkel eines Subnetzes liegt, das über eine langsame serielle Leitung angebunden ist. Suchen Sie sich einen Host aus, der nahe an Ihrer Internet-Anbindung liegt (falls Sie eine besitzen), oder suchen Sie sich einen gut angebundenen Internet-Host aus, der als Slave für Ihre Zone fungiert. Bei Ihrem eigenen Netzwerk sollten Sie versuchen, die Nameserver in der Nähe Ihrer Netzwerk-Hubs zu betreiben.

   Es ist ganz offensichtlich, daß Ihr primärer Master-Nameserver über gute Anbindungen verfügen muß. Der primäre Server benötigt gute Anbindungen zu allen Slave-Servern, die von ihm die aktuellen Daten lesen, um zuverlässige Zonentransfers zu ermöglichen. Und wie jeder andere Nameserver profitiert er von schnellen, zuverlässigen Netzwerken.

*Software*
   Einen weiteren Faktor, der für die Wahl eines Hosts für den Nameserver von Bedeutung ist, stellt die Software dar, die der Host ausführt. Aus diesem Blickwinkel ist der beste Host für einen Nameserver ein Rechner, auf dem eine direkt vom Hersteller unterstützte BIND 8.2.1- oder 4.9.7-BIND-Version und eine stabile TCP/IP-Implementierung laufen (bevorzugterweise auf 4.3- oder 4.4-BSD-UNIX-Netzwerktechnik, wir sind Berkeley-Snobs). Sie können Ihren eigenen 8.2.1-Nameserver aus dem Quellcode kompilieren – das ist nicht schwer, und die neuesten Versionen sind sehr zuverlässig –, aber wahrscheinlich werden Sie es schwer haben, Ihren Hersteller dazu zu bringen, eine solche Konfiguration zu unterstützen. Falls Sie ein Feature von BIND 8.2.1 nicht unbedingt benötigen, sollten Sie mit der Herstellerportierung einer älteren BIND-Version, etwa 4.9.4, auszukommen. Dies hat den Vorteil, daß Ihnen die direkte Unterstützung des Herstellers zur Verfügung steht, wie immer diese auch aussehen mag.

*Homogenität*
   Ein letzter zu beachtender Aspekt betrifft die Homogenität Ihrer Nameserver. So sehr Sie vielleicht auch an »offene Systeme« glauben mögen, so sehr kann das Sprin-

gen zwischen verschiedenen UNIX-Versionen auch frustrierend und verwirrend sein. Vermeiden Sie es, falls Sie können, Nameserver auf vielen verschiedenen Plattformen auszuführen. Sie können viel Zeit damit verbringen, Ihre Skripten (oder unsere!) von einer Plattform auf die andere zu portieren oder *nslookup* bzw. *named.conf* für drei verschiedene UNIX-Varianten zu suchen. Schlimmer noch, die verschiedenen UNIX-Versionen der einzelnen Hersteller neigen auch dazu, unterschiedliche BIND-Versionen zu unterstützen, was zu unterschiedlichsten Arten der Frustration führen kann. Wenn Sie zum Beispiel die Sicherheitsmerkmale von BIND 8.1.2 oder 8.2.1 für alle Ihre Nameserver benötigen, sollten Sie für alle Nameserver eine Plattform wählen, die 8.1.2 oder 8.2.1 unterstützt. (In den Sicherheitsmerkmalen unterscheiden sich die Versionen 8.1.2 und 8.2.1 nicht, aber mit 8.2.1 wurden ein paar Sicherheitsprobleme von 8.1.2 behoben).

*Sicherheit*
Weil Sie es zweifellos vorziehen werden, daß Hacker Ihren Nameserver nicht mißbrauchen, um Angriffe auf Ihre Hosts oder andere Netzwerke im Internet zu starten, ist es wichtig, daß Ihr Nameserver auf einem sicheren Host läuft. Führen Sie keinen Nameserver auf einem großen Mehrbenutzersystem aus, dessen Benutzern Sie nicht vertrauen können. Falls es bei Ihnen bestimmte Computer gibt, die nur für den Betrieb von Netzwerkdiensten gedacht sind, aber keine normalen Logins erlauben, dann sind diese Rechner ausgezeichnete Kandidaten für den Betrieb von Nameservern. Falls Sie nur einen oder nur sehr wenige wirklich sichere Hosts besitzen, sollten Sie den primären Master-Nameserver auf einem dieser Rechner laufen lassen, weil ein beim Master möglicherweise auftretender Schaden deutlich schwerwiegender wäre als bei den Slave-Servern.

Obwohl dies eigentlich zweitrangige Erwägungen sind – es ist wichtiger, einen Nameserver direkt in einem Subnetz zu betreiben als auf einem perfekten Host –, sollten Sie diese Kriterien bei Ihren Betrachtungen doch berücksichtigen.

## *Kapazitätsplanung*

Bei stark frequentierten Netzwerken oder bei Benutzern mit nameserver-intensiven Arbeiten werden Sie sich vielleicht vor die Aufgabe gestellt sehen, daß Sie mehr Nameserver betreiben müssen, als wir vorgeschlagen haben, um die ganze Last zu bewältigen. Vielleicht kommen Sie mit unseren Vorschlägen auch eine Zeitlang aus und gelangen dann an Ihre Kapazitätsgrenzen, wenn neue Hosts eingebunden werden und neue, nameserver-intensive Software installiert wird.

Welche Arbeiten sind nun »nameserver-intensiv«? Das Versenden von E-Mail, besonders an große Mailing-Listen, kann sehr nameserver-intensiv sein. Programme mit vielen RPC-Aufrufen (»Remote Procedure Call«) an verschiedene Hosts können nameserver-intensiv sein. Selbst graphische Benutzerumgebungen können Ihren Nameserver belasten. X-Window-basierte Benutzerumgebungen fragen Nameserver ab, um (neben anderen Dingen) die Zugriffslisten zu prüfen.

Die Scharfsinnigen (und Frühreifen) unter Ihnen werden sich nun fragen, wie man erkennt, ob ein Nameserver überlastet ist, und worauf man dabei achten muß. Eine ausgezeichnete Frage!

Die Verwendung des Speichers ist der vielleicht wichtigste Aspekt, den es beim Betrieb eines Nameservers zu überwachen gilt. *named* kann sehr groß werden, wenn der Nameserver die Autorität für viele Zonen besitzt. Wird die Größe von *named*, zusammen mit der Größe aller anderen laufenden Prozesse, größer als der reale Speicher, fängt Ihr Host an, wie wild auszulagern (»Thrashing«), und kann die anstehenden Aufgaben nicht mehr in angemessener Zeit erledigen. Selbst wenn Ihr Host über mehr als genug Speicher verfügt, um all seine Prozesse auszuführen, kann das Hochfahren großer Nameserver und das Starten neuer *named*-Prozesse (z.b. für Zonentransfers) sehr viel Zeit in Anspruch nehmen. Ein weiteres Problem besteht darin, daß ihr System mehr als nur einen Nameserver-Prozeß ausführt, weil *named* für Zonentransfers neue *named*-Prozesse erzeugt. Ein Prozeß verarbeitet Queries, und für jede Zonenübertragung ist ein weiterer Prozeß erforderlich. Wenn Ihr Master-Nameserver bereits fünf oder zehn Megabyte verbraucht, kann er also gelegentlich die doppelte oder dreifache Menge benötigen. Eine gewisse Abhilfe kann eine neue BIND-Version schaffen, denn ab der Version 8.2.1 unterstützt BIND inkrementelle Zonentransfers; dabei werden nur geänderte statt sämtliche Zonendaten übertragen. Zudem verbraucht die Version 8.2.1 im Vergleich zur 8.1.2 rund fünf Prozent weniger Hauptspeicher.

Ein anderes Kriterium, mit dem sich die Belastung durch Ihren Nameserver messen läßt, ist die Last, die der Prozeß für die CPU des Hosts darstellt. Richtig konfiguriert, beanspruchen Nameserver nicht viel CPU-Zeit, weshalb hohe CPU-Zeiten häufig symptomatisch für einen Konfigurationsfehler sind. Programme wie *top* können Ihnen dabei helfen, die durchschnittliche vom Nameserver verursachte CPU-Auslastung zu bestimmen. Unglücklicherweise gibt es keine absoluten Regeln für eine akzeptable CPU-Auslastung. Wir bieten hier eine sehr grobe, über den Daumen gepeilte Regel an: 5% durchschnittliche CPU-Auslastung sind wohl akzeptabel. 10% sind ein wenig hoch, es sei denn, der Host ist nur für den Name-Service vorgesehen.[1]

Um eine Vorstellung davon zu bekommen, was so die üblichen Werte sind, hier die *top*-Ausgabe für einen relativ ruhigen Nameserver:

```
last pid: 14299; load averages: 0.11, 0.12, 0.12     18:19:08
68 processes: 64 sleeping, 3 running, 1 stopped
Cpu states: 11.3% usr, 0.0% nice, 15.3% sys, 73.4% idle, 0.0% intr, 0.0% ker
Memory: Real: 8208K/13168K act/tot Virtual: 16432K/30736K act/tot Free: 4224K

  PID USERNAME PRI NICE   SIZE   RES STATE  TIME   WCPU    CPU COMMAND
   89 root      1    0   2968K 2652K sleep  5:01  0.00%  0.00% named
```

---

[1] *top* ist ein sehr nützliches, von Bill LeFebvre entwickeltes Programm, das Ihnen einen kontinuierlichen Überblick darüber verschafft, welche Prozesse auf Ihrem Host die meiste CPU-Zeit verbrauchen. Die neueste Version von *top* ist über *FTP* von *eecs.nwu.edu* unter */pub/top/top-3.3.tar.Z* zu beziehen.

Gut, dieser Server ist wirklich *sehr* ruhig. Hier die Ausgabe von *top* für einen beschäftigten (wenn auch nicht überlasteten) Nameserver:

```
load averages: 0.30, 0.46, 0.44                 system: relay 16:12:20
39 processes: 38 sleeping, 1 waiting
Cpu states: 4.4% user, 0.0% nice, 5.4% system, 90.2% idle, 0.0% unk5, 0.0% unk6, 0.0%
unk7, 0.0% unk8
Memory: 31126K (28606K) real, 33090K (28812K) virtual, 54344K free Screen #1/3

    PID USERNAME PRI NICE  SIZE   RES  STATE   TIME  WCPU   CPU  COMMAND
  21910 root      1    0  2624K  2616K sleep 146:21  0.00% 1.42% /etc/named
```

Eine andere Statistik, auf die einen Blick zu werfen sich lohnt, betrifft die Anzahl von Queries, die der Nameserver pro Minute (oder, bei einem stark belasteten Nameserver, pro Sekunde) empfängt. Auch hier gibt es wieder keine Absolutwerte: Eine HP9000 K460 kann wahrscheinlich Hunderte von Queries pro Sekunde bearbeiten, ohne ins Schwitzen zu kommen, während ein 386er PC schon mit einigen wenigen Queries pro Sekunde seine Probleme haben dürfte.

Um das Aufkommen von Abfragen zu ermitteln, die Ihr Server empfängt, ist es am einfachsten, sich die internen Nameserver-Statistiken anzusehen, die Nameserver bei entsprechender Konfiguration in regelmäßigen Abständen an *syslog* senden.[2] Sie können Ihren Nameserver so konfigurieren, daß er die Statistik stündlich an *syslog* schickt (das ist die Standardeinstellung bei BIND 8), und die Anzahl der Queries innerhalb jeweils einer Stunde vergleichen:

```
options {
    statistics-interval 60;
};
```

Sie sollten den Spitzenzeiten besondere Aufmerksamkeit widmen. Am Montagmorgen sind häufig besonders viele Abfragen zu verzeichnen, weil viele Menschen dann die E-Mails beantworten, die sie über das Wochenende erhalten haben. Sie sollten sich auch nach der Mittagspause die Statistik ansehen, wenn alle Leute etwa zur gleichen Zeit an ihre Arbeitsplätze zurückkehren. Wenn Ihre Organisation allerdings über verschiedene Zeitzonen verteilt ist, müssen Sie natürlich selbst einschätzen, wann Ihre Nameserver wahrscheinlich besonders stark belastet werden.

Hier ein Ausschnitt aus einer *syslog*-Datei für einen BIND 8.1.2-Nameserver:[3]

```
Apr 22 07:40:37 denver named[150]: NSTATS 830180437 829791665 A=131686 PTR=8554
MX=187 ANY=339
Apr 22 07:40:37 denver named[150]: XSTATS 830180437 829791665 RQ=140766 RR=4111 RIQ=0
RNXD=2045 RFwdQ=3671 RFwdR=3839 RDupQ=0 RDupR=7 RFail=0 RFErr=0 RErr=0 RTCP=0 RAXFR=0
```

---

2 Einige ältere BIND-Nameserver müssen gezwungen werden, um ihre Statistik auszugeben: Das ABRT-Signal (IOT auf noch älteren Systemen). Nameserver mit BIND 4.9 senden Ihre Statistik stündlich an *syslog*, aber BIND 4.9.4 muß wieder dazu gezwungen werden.

3 Bei einem 4.9.4- bis 4.9.7-Server können Sie die Generierung solcher Statistiken in *named.stats* erzwingen, indem Sie *named* ein SIGABRT-Signal senden, *named.stats* umbenennen, eine Stunde warten (z.b. mit *sleep 3600*) und dann erneut ein SIGABRT-Signal senden.

```
RLame=0 ROpts=0 SSysQ=285 SAns=137097 SFwdQ=3671 SFwdR=3839 SDupQ=92 SFail=4 SFErr=0
SErr=0 RNotNsQ=140721 SNaAns=7728 SNXD=55787
        Apr 22 08:40:37 denver named[150]: NSTATS 830184037 829791665 A=132968 PTR=8633
        MX=187 ANY=342
Apr 22 08:40:37 denver named[150]: XSTATS 830184037 829791665 RQ=142130 RR=4144 RIQ=0
RNXD=2062 RFwdQ=3698 RFwdR=3870 RDupQ=0 RDupR=7 RFail=0 RFErr=0 RErr=0 RTCP=0 RAXFR=0
RLame=0 ROpts=0 SSysQ=287 SAns=138434 SFwdQ=3698 SFwdR=3870 SDupQ=92 SFail=4 SFErr=0
SErr=0 RNotNsQ=142085 SNaAns=7778 SNXD=56284
```

Die Anzahl der empfangenen Abfragen steht im (fett gedruckten) Feld RQ. Um die Anzahl der in dieser Stunde empfangenen Abfragen zu ermitteln, subtrahieren Sie einfach den ersten RQ-Wert vom zweiten: 142130 – 140766 = 1364.

Selbst wenn Ihr Host schnell genug ist, die eingehende Anzahl von Queries zu verarbeiten, die er empfängt, sollten Sie sicherstellen, daß der DNS-Traffic keine unnötige Last auf Ihrem Netzwerk erzeugt. Bei den meisten LANs ist der DNS-Traffic im Vergleich zur Bandbreite des Netzwerks so gering, daß es sich kaum lohnt, sich darüber Gedanken zu machen. Bei langsamen Stand- oder Wählleitungen hingegen kann das DNS genug Bandbreite verbrauchen, um Beachtung zu verdienen.

Um eine ungefähre Vorstellung davon zu bekommen, wie hoch der DNS-Traffic in Ihrem LAN ist, müssen Sie die Anzahl der in einer Stunde empfangenen Queries (RQ) und die der gesendeten Antworten (SAns) addieren und durch 800 (also 100 Byte, grob geschätzt die durchschnittliche Größe eines DNS-Paketes) teilen. Das Ergebnis teilen Sie dann durch 3600 (Sekunden pro Stunde), um die verbrauchte Bandbreite zu bestimmen. Auf diese Weise sollten Sie ein Gefühl dafür bekommen, wieviel Netzwerkbandbreite durch DNS-Traffic verbraucht wird.[4]

Um Ihnen eine Vorstellung von normalen Verhältnissen zu geben, verweisen wir auf den jüngsten NSFNET-Traffic-Report (April 1995), demzufolge der DNS-Traffic gerade mal etwas über 5% des gesamten Traffic-Volumens (in Bytes) des entsprechenden Backbones ausmachte. Die Daten des NFSNET basieren auf tatsächlichen Messungen des Datentransfers, nicht auf solchen Berechnungen, wie wir sie mit den Nameserver-Statistiken angestellt haben.[5] Falls Sie genauere Angaben zu dem durch Ihren Nameserver verursachten Traffic wünschen, können Sie eigene Messungen mit Protokoll-Analysatoren durchführen.

Was tun, wenn Sie zu dem Schluß gekommen sind, daß Ihre Nameserver überlastet sind? Zuerst sollten Sie sicherstellen, daß Ihre Nameserver nicht mit Queries bombardiert werden, die von sich fehlerhaft verhaltenden Programmen erzeugt werden. Dazu müssen Sie herausfinden, wo die ganzen Abfragen herkommen.

Bei BIND 4.9- oder 8.2.1-Nameservern können Sie herausfinden, welche Resolver und Nameserver Ihren Nameserver abgefragt haben, indem Sie sich einfach die Statistiken

---

[4] Ein nettes Paket zur Automatisierung der Analyse von BIND-Statistiken ist Nigel Campbells *bindgraph*, zu finden auf der Tools-Seite des DNS Resources Directory unter dem URL *http://www.dns.net/dnsrd/tools.html*.
[5] Wir sind nicht sicher, ob diese Zahlen heutzutage noch stimmen, aber es ist extrem schwierig, entsprechende Zahlen aus den kommerziellen Providern herauszuquetschen, die Nachfolger des NSFNET sind.

*Kapitel 8: Domain-Wachstum*

ansehen. Ein moderner Server hält host-basierte Statistiken bereit, die wirklich sehr nützlich sind, wenn Sie herausfinden wollen, welche Benutzer Ihre Nameserver in verstärkter Weise nutzen. Nehmen wir beispielsweise die folgende Statistik:

```
+++ Statistics Dump +++ (829373099) Fri Apr 12 23:24:59 1996
970779   time since boot (secs)
471621   time since reset (secs)
0        Unknown query types
185108   A queries
6        NS queries
69213    PTR queries
669      MX queries
2361     ANY queries
++ Name Server Statistics ++
(Legend)
     RQ      RR      RIQ     RNXD    RFwdQ
     RFwdR   RDupQ   RDupR   RFail   RFErr
     RErr    RTCP    RAXFR   RLame   ROpts
     SSysQ   SAns    SFwdQ   SFwdR   SDupQ
     SFail   SFErr   SErr    RNotNsQ SNaAns
     SNXD
(Global)
     257357 20718 0 8509 19677  19939 1494 21 0 0  0 7 0 1 0
     824 236196 19677 19939 7643  33 0 0 256064 49269  155030
[15.17.232.4]
     8736 0 0 0 717  24 0 0 0  0 0 0 0 8019 0  717 0
     0 0 0 8736 2141  5722
[15.17.232.5]
     115 0 0 0 8  0 21 0 0  0 0 0 0 86 0 1 0  0 0 0 115 0  7
[15.17.232.8]
     66215 0 0 0 6910  148 633 0 0 0  5 0 0 0 58671 0  6695 0
     15 0 0 66215 33697  6541
[15.17.232.16]
     31848 0 0 0 3593  209 74 0 0 0  0 0 0 0 28185 0  3563 0
     0 0 0 31848 8695  15359
[15.17.232.20]
     272 0 0 0 0  0 0 0 0 0  0 0 0 0 272 0 0  0 0 0 272 7  0
[15.17.232.21]
     316 0 0 0 52  14 3 0 0 0  0 0 0 0 261 0 51 0  0 0 0 316 30  30
[15.17.232.24]
     853 0 0 0 65  1 3 0 0 0  0 2 0 0 0 783 0 64 0  0 0 0 853 125  337
[15.17.232.33]
     624 0 0 0 47  1 0 0 0 0  0 0 0 0 0 577 0 47 0  0 0 0 624 2  217
[15.17.232.94]
     127640 0 0 0 1751  14 449 0 0 0  0 0 0 0 125440 0  1602 0
     0 0 0 127640 106  124661
[15.17.232.95]
     846 0 0 0 38  1 0 0 0 0  0 0 0 0 0 809 0 37 0  0 0 0 846 79  81
-- Name Server Statistics --
--- Statistics Dump --- (829373099) Fri Apr 12 23:24:59 1996
```

Jeder Host ist hier hinter dem Global-Eintrag einzeln, nach IP-Adressen geordnet, aufgeführt. Durch einen Blick in die Legende wissen Sie, daß das erste Feld jedes Datensatzes den RQ-Wert, also die Anzahl der empfangenen Queries enthält. Die Untersuchung bringt uns dazu, uns die Hosts 15.17.232.8, 15.17.232.16 und 15.17.232.94 genauer anzusehen, weil diese offensichtlich für etwa 88% aller Queries verantwortlich sind.

Welche Resolver und Nameserver die ganzen Abfragen senden, können Sie bei einem älteren Nameserver nur herausfinden, indem Sie das Nameserver- Debugging aktivieren. (Wir werden dieses Thema ausführlich in *Kapitel 12, BIND-Debugging-Ausgaben verstehen*, behandeln.) Dabei interessieren Sie nur die Quell-IP-Adressen der Abfragen, die Ihr Nameserver empfängt. Beim Studium der Debugging-Ausgabe sollten Sie nach Hosts Ausschau halten, die wiederholt Abfragen senden, besonders, wenn sie gleiche oder ähnliche Informationen anfordern. Dies könnte auf ein fehlerhaft konfiguriertes oder an sich fehlerhaftes Programm auf diesem Host oder auf einem fremden Nameserver hinweisen, der Ihren Server mit Queries bombardiert.

Falls alle Queries ihre Berechtigung haben, ist ein neuer Nameserver fällig. Aber stellen Sie den Nameserver nicht einfach irgendwohin, sondern nutzen Sie die Debugging-Informationen, um zu entscheiden, an welcher Stelle er am sinnvollsten betrieben werden kann. Falls der DNS-Traffic Ihr Ethernet beeinträchtigt, macht es keinen Sinn, willkürlich einen Host auszusuchen und dort einen Nameserver aufzusetzen. Vielmehr müssen Sie berücksichtigen, welche Hosts für die gesamten Queries verantwortlich sind, und dann bestimmen, auf welche Weise diese Rechner mit Name-Services versorgt werden sollen. Hier einige Hinweise, die Ihnen die Entscheidung erleichtern sollten:

- Suchen Sie nach Abfragen von Resolvern auf Hosts, die den gleichen File-Server nutzen. Sie könnten einen Nameserver auf dem File-Server betreiben.
- Suchen Sie nach Queries von Resolvern auf großen Mehrbenutzersystemen. Sie könnten dort einen Nameserver betreiben.
- Suchen Sie nach Abfragen von Resolvern in anderen Subnetzen. Diese Resolver sollten so konfiguriert sein, daß sie einen Nameserver im eigenen Subnetz abfragen. Falls in diesem Subnetz kein eigener Nameserver existiert, setzen Sie einen auf.
- Suchen Sie nach Abfragen von Resolvern im gleichen gebrückten Segment (falls Sie mit Bridging arbeiten). Wenn Sie einen Nameserver in diesem Segment betreiben, muß der Traffic nicht an den Rest des Netzwerks weitergeleitet werden.
- Suchen Sie nach Abfragen von Hosts, die untereinander über ein anderes, weniger belastetes Netzwerk verbunden sind. Sie könnten einen Nameserver in diesem anderen Netzwerk betreiben.

# Weitere Nameserver einbinden

Wenn Sie neue Nameserver in Ihre Domain einbinden müssen, besteht die einfachste Lösung darin, zusätzliche Slaves einzurichten. Sie wissen, wie das geht – wir haben das ausführlich in *Kapitel 4, BIND einrichten*, beschrieben –; und sobald Sie einen Slave-Server eingerichtet hat, ist das Installieren eines weiteren Slave-Servers ein Kinderspiel. Sie können allerdings auf Probleme stoßen, wenn Sie unbedacht Slave-Server einbinden.

Bei einer großen Zahl Slave-Server für eine Zone kann der primäre Master-Nameserver ordentlich damit beschäftigt sein, mit allen Slaves mitzuhalten, die regelmäßig prüfen wollen, ob ihre Daten auf dem neuesten Stand sind. Es gibt eine Reihe von Möglichkeiten, dieses Problem anzugehen:

- Mehr primäre Master-Nameserver aufsetzen.
- Das Refresh-Intervall erhöhen, damit die Slaves nicht so oft prüfen, ob sich die Zonendaten geändert haben.
- Einige Slave-Nameserver anweisen, ihre Daten von anderen Slave-Nameservern zu übertragen.
- Reine Cache-Nameserver anlegen (mehr dazu weiter hinten).
- »Partiell-sekundäre« Nameserver anlegen (auch dazu folgt weiter hinten mehr).
- BIND 8.2 (oder noch besser 8.2.1) einsetzen. Ab der Version 8.2 beherrscht BIND inkrementelle Zonentransfers; dabei werden nur geänderte Zonendaten statt der gesamten Zonendatei übertragen.

## Primäre Master- und Slave-Server

Die Erzeugung weiterer primärer Server bedeutet für Sie mehr Arbeit, weil Sie die db-Dateien manuell synchronisieren müssen. Sie können hierzu ein Tool wie *rdist* verwenden, um den Prozeß der Dateidistribution zu vereinfachen. Eine Datei namens *distfile*, mit der die Dateien zwischen den Primaries synchronisiert werden, kann dabei so einfach ausfallen wie im folgenden Beispiel:[6]

```
dup-primary:

# Kopiere named.boot auf duplizierten Primary:

/etc/named.conf -> wormhole
    install ;

# Kopiere Inhalt von /usr/local/named (db-Dateien etc.) auf duplizierten Primary:

/usr/local/named -> wormhole
    install ;
```

---

[6] Die Datei, die von *rdist* gelesen wird, um zu bestimmen, welche Dateien aktualisiert werden müssen.

Oder, für mehrere Primaries:

```
dup-primary:

primaries =  ( wormhole carrie )
/etc/named.conf -> {$primaries}
    install ;

/usr/local/named -> {$primaries}
    install ;
```

Sie können mit *rdist* sogar einen Reload des Nameservers veranlassen, indem Sie die Option *special* nutzen:

```
special /usr/local/named/* "kill -HUP `cat /etc/named.pid`" ;
special /etc/named.conf "kill -HUP `cat /etc/named.pid`" ;
```

Diese Option weist *rdist* an, den in Anführungszeichen stehenden Befehl auszuführen, wenn die Dateien geändert wurden.

Die Erhöhung des Refresh-Intervalls Ihres Nameservers ist eine weitere Möglichkeit. Allerdings verlangsamt dies die Verteilung neuer Daten. In einigen Fällen ist das aber kein Problem. Wenn Sie Ihre DNS-Daten einmal täglich gegen 01.00 Uhr (über *cron*) mit *h2n* neu generieren lassen und dann für die Distribution der Daten sechs Stunden veranschlagen, sind alle Slaves gegen 07.00 Uhr[7] auf dem neuesten Stand. Dies könnte für Ihre Benutzer akzeptabel sein. Weitere Details hierzu finden Sie weiter hinten in diesem Kapitel im Abschnitt »*Andere SOA-Werte ändern*«.

Sie können sogar einige Ihrer Slave-Server von anderen Slaves lesen lassen. Slave-Nameserver *können* Zonendaten von anderen Slave-Nameservern statt von einem primären Master-Server übertragen. Der Slave-Server weiß nicht, ob er Zonendaten von einem primären Master oder von einem anderen Slave bezieht. Es ist nur wichtig, daß der Nameserver, von dem die Zonendaten bezogen werden, die Autorität über diese Zone besitzt. Es gibt bei dieser Konfiguration keinen Trick. Geben Sie einfach statt der IP-Adresse des primären Masters die IP-Adresse eines anderen Slave an.

Hier ist der Inhalt der Datei *named.conf*:

```
// Dieser Slave liest seine Daten von wormhole, einem anderen Slave.
// slave
zone "movie.edu" {
   type slave;
   file "db.movie";
   masters { 192.249.249.1; };
};
```

Bei BIND 4 sieht es etwas anders aus. Hier der entsprechende Ausschnitt aus der Datei *named.boot*:

```
; Dieser Slave liest seine Daten von wormhole, einem anderen Slave.
secondary movie.edu 192.249.249.1 db.movie
```

---

[7] Natürlich schon viel früher, wenn Sie das NOTIFY-Feature von BIND 8 verwenden.

Wenn man diesen Weg der »zweiten Stufe« der Datenverteilung beschreitet, kann es allerdings doppelt so lange dauern, bis die Daten vom primären Master ihren Weg zu allen Slaves gefunden haben. Denken Sie daran, daß das *Refresh-Intervall* die Zeitperiode darstellt, nach deren Ablauf die sekundären Nameserver überprüfen, ob ihre Zonendaten noch auf dem neuesten Stand sind. Daher kann bei der gewöhnlichen Verteilung (mit einer Stufe) das gesamte Refresh-Intervall vergehen, bis alle Slaves die Zonendaten vom primären Master-Server übertragen haben. Entsprechend kann es genauso lange dauern, bis die Slave-Server der zweiten Stufe die Zonendaten von den Slaves der ersten Stufe kopiert haben. Die Zeit, die vergeht, bis die Zonendaten vom primären Master auf die Slaves der zweiten Stufe kopiert werden, kann daher doppelt so lange sein wie das Refresh-Intervall.

Eine Möglichkeit, dieses Problem zu umgehen, ist es, das NOTIFY-Feature von BIND 8 einzusetzen. Diese Funktion ist standardmäßig eingeschaltet, so daß Nameserver ihre Slaves benachrichtigen, kurz nachdem sich Zonendaten geändert haben. Allerdings müssen sowohl Master- als auch Slave-Server BIND 8 einsetzen.[8]

Wenn Sie sich entscheiden, ein System aus zwei (oder mehr) Ebenen von Nameservern einzurichten, müssen Sie darauf achten, keine Aktualisierungsschleifen einzubauen. Wenn wir beispielsweise *wormhole* so konfigurieren würden, daß er die Zonendaten von *diehard* aktualisieren soll, und versehentlich *diehard* so konfigurieren würden, daß er die Aktualisierungen von *wormhole* bezieht, würde keiner von beiden jemals Daten vom primären Server sehen. Die beiden Server würden bloß ihre veralteten Seriennummern miteinander vergleichen und immer wieder glauben, auf dem neuesten Stand zu sein.

## *Reine Cache-Server*

Die Erzeugung reiner Cache-Server[9] (»*caching-only*«) ist eine weitere Alternative, wenn Sie mehr Server benötigen. Reine Cache-Nameserver besitzen über keine Zone (abgesehen von *0.0.127.in-addr.arpa*) die Autorität. Glauben Sie wegen der Bezeichnung für diesen Server-Typ nicht, daß primäre Master- und Slave-Nameserver *nicht* mit einem Zwischenspeicher arbeiten – das tun sie sehr wohl. Der Name bedeutet vielmehr, daß reine Cache-Server Daten nur nachsehen und zwischenspeichern. Wie primäre und Slave-Nameserver benötigt ein reiner Cache-Server eine *db.cache*- und eine *db.127.0.0*-Datei. Die *named.conf* eines reinen Cache-Servers enthält die folgenden Zeilen:

```
options {
          directory "/usr/local/named";
// Oder Ihr Datenverzeichnis.
};

zone "0.0.127.in-addr.arpa" {
        type master;
        file "db.127.0.0";
```

---

8  Oder, nebenbei bemerkt, den Microsoft DNS-Server.
9  Microsoft nennt diesen Typ »Server nur für Zwischenspeicherungen«.

```
};

zone "." {
        type hint;
        file "db.cache";
};
```

Die Datei *named.boot* für BIND 4 enthält diese Zeilen:
```
directory /usr/local/named    ; Oder Ihr Datenverzeichnis.

primary 0.0.127.in-addr.arpa  db.127.0.0  ; Für Loopback-Adresse.
cache   .                     db.cache
```

Reine Cache-Nameserver können Namen genau wie primäre und Slave-Nameserver innerhalb und außerhalb Ihrer Zone nachsehen. Der Unterschied besteht darin, daß ein reiner Cache-Nameserver, der zum ersten Mal einen bestimmten Namen in Ihrer Zone nachsehen muß, einen der primären oder Slave-Nameserver Ihrer Zone um die richtige Antwort bitten muß. Ein primärer oder Slave-Nameserver würde die Frage mit Hilfe der Daten beantworten, über die er die Autorität besitzt. Welchen primären oder Slave-Nameserver fragt der reine Cache-Nameserver ab? Genau wie bei den Nameservern außerhalb Ihrer Zone erhält er die Antwort vom Nameserver Ihrer Parent-Zone. Gibt es eine Möglichkeit, dem reinen Cache-Server mitzuteilen, welcher Hosts als primärer und welche Hosts als Slave-Server für Ihre Zone fungieren? Nein, gibt es nicht. Sie können *db.cache* nicht verwenden, weil *db.cache* nur Hinweise auf die *root*-Nameserver enthalten darf.

Der wahre Wert eines reinen Cache-Nameservers kommt erst zum Tragen, nachdem der Cache aufgebaut wurde. Jedesmal, wenn er einen Nameserver abfragt, der über eine Domain die Autorität besitzt, legt er die in der Antwort enthaltenen Datensätze in seinem Cache ab. Mit der Zeit wird der Cache so anwachsen, daß er alle Informationen enthält, die von den Resolvern am häufigsten angefordert werden. Darüber hinaus vermeiden Sie den Overhead von Zonentransfers – reine Cache-Nameserver benötigen sie nicht.

## *Partielle Slave-Server*

Zwischen einem reinen Cache-Server und einem Slave-Server gibt es noch eine andere Variante: ein Nameserver, der nur für ein paar der lokalen Zonen als Slave-Server fungiert. Einen solchen Server bezeichnen wir als *partiellen Slave-Nameserver* (wahrscheinlich macht das niemand sonst so). Stellen Sie sich vor, daß *movie.edu* 20 Klasse-C-Netzwerke (und entsprechend 20 *in-addr.arpa*-Zonen) besitzt. Statt nun einen Slave für alle 21 Zonen (alle *in-addr*-Subdomains plus *movie.edu*) aufzusetzen, könnten wir einen partiellen Slave-Server für *movie.edu* und alle *in-addr.arpa*-Zonen, in denen der Host selbst vorhanden ist, einrichten. Besäße der Host etwa zwei Netzwerkschnittstellen, würde der Nameserver als Slave-Server für drei Zonen arbeiten: *movie.edu* und die beiden *in-addr.arpa*-Zonen.

Kapitel 8: Domain-Wachstum

Nehmen wir einmal an, wir hätten die Hardware für einen weiteren Nameserver zusammengekratzt. Wir nennen diesen neuen Host *zardoz.movie.edu* und geben ihm die IP-Adressen 192.249.249.9 und 192.253.253.9. Wir wollen auf *zardoz* einen partiellen Slave-Nameserver aufsetzen, der die folgende *named.conf*-Datei besitzt:

```
options {
            directory "/usr/local/named";
};

zone "movie.edu" {
            type slave;
            file "db.movie";
            masters { 192.249.249.3; };
};

zone "249.249.192.in-addr.arpa" {
            type slave;
            file "db.192.249.249";
            masters { 192.249.249.3; };
};

zone "253.253.192.in-addr.arpa" {
            type slave;
            file "db.192.253.253";
            masters { 192.249.249.3; };
};

zone "0.0.127.in-addr.arpa" {
            type master;
            file "db.127.0.0";
};

zone "." {
            type hint;
            file "db.cache";
};
```

Für einen BIND 4-Server sähe die Datei *named.boot* wie folgt aus:

```
directory   /usr/local/named
secondary   movie.edu                      192.249.249.3  db.movie
secondary   249.249.192.in-addr.arpa       192.249.249.3  db.192.249.249
secondary   253.253.192.in-addr.arpa       192.249.249.3  db.192.253.253
primary     0.0.127.in-addr.arpa           db.127.0.0
cache       .                              db.cache
```

Dieser Server dient als Slave für *movie.edu* und nur für zwei der 20 *in-addr.arpa*-Zonen. Ein »vollständiger« Slave-Server würde 21 verschiedene *Zone*-Anweisungen bzw. *secondary*-Direktiven in seiner *named.conf* bzw. *named.boot* aufweisen.

Was ist so nützlich an partiellen Slave-Nameservern? Es gibt nicht viel zu administrieren, weil sich die *named.conf*-Dateien kaum ändern. Bei einem Server, der die Autorität über alle *in-addr.arpa*-Zonen besitzt, müßten bei jeder Änderung im Netzwerk *in-*

200

*addr.arpa*-Domains (sowie die entsprechenden Einträge in *named.conf*) hinzugefügt oder entfernt werden. In einem großen Netzwerk kann das eine Menge Arbeit bedeuten.

Ein partieller Slave-Server kann dennoch die meisten empfangenen Queries beantworten. Die meisten Queries werden Daten in *movie.edu* und den beiden *in-addr.arpa*-Zonen betreffen. Warum? Weil die meisten Hosts, die den Nameserver abfragen, in den beiden Netzwerken 192.249.249 und 192.253.253 liegen, mit denen er verbunden ist. Und diese Hosts werden wahrscheinlich primär mit den anderen Hosts im Netzwerk kommunizieren. Damit werden Queries erzeugt, die Daten der *in-addr.arpa*-Zonen des lokalen Netzwerks anfordern.

## Nameserver registrieren

Während Sie einen oder mehrere Nameserver aufsetzen, wird Sie die Frage beschäftigen, ob *alle* primären und Slave-Nameserver bei der Parent-Zone registriert werden müssen. Die Antwort lautet: nein. Sie müssen nur die Server registrieren, die für Server außerhalb Ihrer Zone verfügbar sein sollen. Wenn Sie beispielsweise neun Nameserver für Ihre Zone betreiben, können Sie festlegen, der Parent-Zone nur vier davon zu nennen. Innerhalb Ihrer Zone werden alle neun Server verwendet. Fünf dieser Nameserver werden nur von Resolvern abgefragt, die so eingerichtet sind (z.b. in *resolv.conf*), daß sie diese Nameserver verwenden. Die Parent-Nameserver werden niemals etwas an diese Server delegieren, weil sie im Domain-Namensraum nicht registriert sind. Nur die vier bei der Parent-Zone registrierten Nameserver werden von anderen Nameservern abgefragt, einschließlich der reinen Cache-Server und der partiellen Slave-Nameserver Ihrer Zone. Dieses Setup ist in Abbildung 8-2 zu sehen.

Neben der Möglichkeit, zu unterscheiden, welche Nameserver von außen kommende Queries bearbeiten, gibt es technische Gründe dafür, nur einige Ihrer vorhandenen Nameserver zu registrieren: Es gibt eine Obergrenze für die Anzahl der Server, die in einem UDP-Antwortpaket zurückgegeben werden können. In der Praxis dürften etwa zehn Nameserver-Records in ein solches Paket passen. Abhängig von den Daten (d.h. davon, wie viele Server in derselben Zone liegen) können mehr oder weniger Nameserver-Angaben in ein UDP-Antwortpaket passen.[10] Es macht sowieso nicht viel Sinn, mehr als zehn Server zu registrieren. Wenn keiner der zehn Server erreicht werden kann, ist es sehr unwahrscheinlich, daß der Ziel-Host erreichbar ist.

Falls Sie einen neuen Nameserver eingerichtet haben, der registriert werden soll, sollten Sie für die Zonen, über die der Server die Autorität besitzt, eine Liste der Parents anlegen. Sie müssen dann den Administrator jeder dieser Parent-Zonen benachrichtigen. Nehmen wir beispielsweise an, daß Sie den Nameserver, den wir gerade auf *zardoz*

---

10 Die Domain-Namen der Internet-Root-Nameserver wurden kürzlich aus genau diesem Grund geändert. Alle Root-Nameserver wurden in die gleiche Domain (*root-servers.net*) verlegt, um den größtmöglichen Vorteil aus der Domain-Namenskompression zu ziehen und so viele Root-Nameserver wie möglich in einem einzigen UDP-Paket speichern zu können.

eingerichtet haben, registrieren lassen wollen. Um diesen Slave in allen notwendigen Zonen registrieren zu lassen, müssen wir die Administratoren von *edu* und *in-addr. arpa* benachrichtigen. Wie Sie herausfinden können, wer Ihre Parent-Zonen betreibt, beschreiben wir in Kapitel 3, *Wo anfangen?*

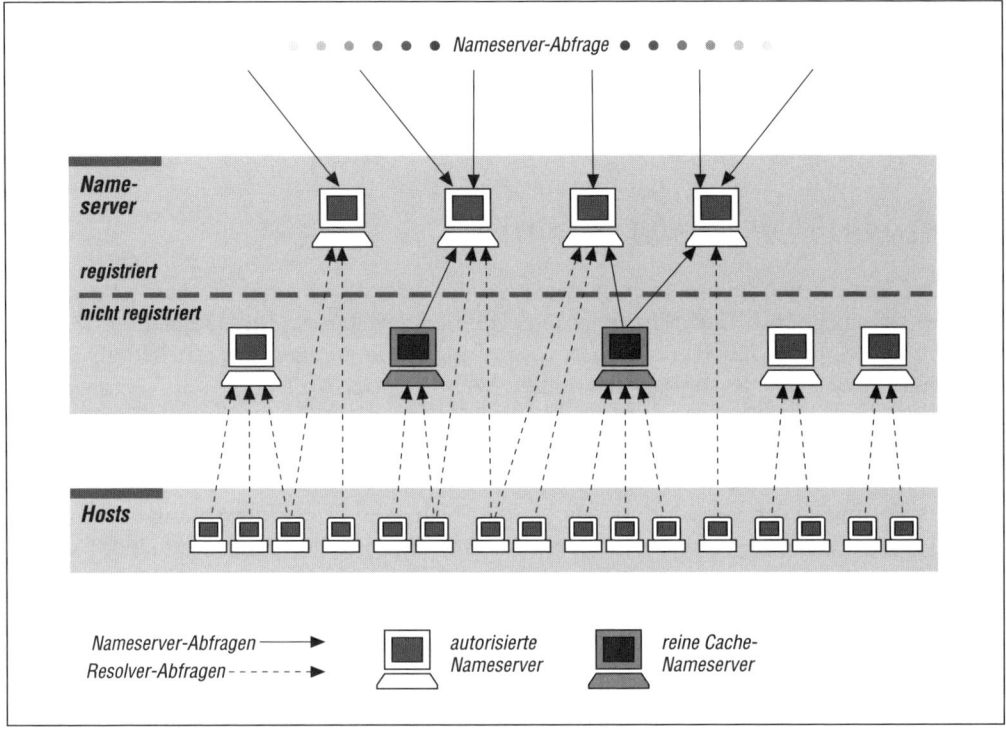

*Abbildung 8-2: Registrierung einiger Nameserver*

Wenn Sie die Administratoren Ihrer Parent-Zone informieren, müssen Sie das Formular ausfüllen, daß auf deren Web-Site steht (wenn es denn ein solches Formular gibt). Teilen Sie ihnen anderenfalls den Domain-Namen der Zone mit, für die Ihr neuer Nameserver die Autorität besitzt. Wenn sich der neue Nameserver in der Zone befindet, müssen Sie den Administratoren außerdem die IP-Adresse(n) des neuen Nameservers nennen. Häufig ist es am einfachsten, dem Parent die vollständige Liste der registrierten Nameserver der Zone, zusammen mit allen notwendigen Adressen, im Format der Datendatei zuzuschicken. Auf diese Weise beugen Sie einer möglichen Verwirrung vor.

Da unser Netzwerk ursprünglich dem InterNIC zugewiesen war, haben wir das Formular *http://www.arin.net/templates/inaddrtemplate.txt* ausgefüllt und an *hostmaster@ arin.net* gesendet, um unsere Registrierung zu ändern. Falls wir ein solches Formular nicht gehabt hätten, hätte unsere Nachricht an den Administrator von *in-addr.arpa* in etwa so ausgesehen:

```
Hallo,

ich habe soeben einen neuen Slave-Nameserver auf dem Host
zardoz.movie.edu für die Zonen 249.249.192.in-addr.arpa
und 253.253.192.in-addr.arpa eingerichtet. Würden Sie bitte
die entsprechenden NS-Records in die in-addr.arpa-Zone aufnehmen?
Unsere Delegierungsdaten würden dort wie folgt aussehen:

253.253.192.in-addr.arpa.   86400   IN NS   terminator.movie.edu.
253.253.192.in-addr.arpa.   86400   IN NS   wormhole.movie.edu.
253.253.192.in-addr.arpa.   86400   IN NS   zardoz.movie.edu.

249.249.192.in-addr.arpa.   86400   IN NS   terminator.movie.edu.
249.249.192.in-addr.arpa.   86400   IN NS   wormhole.movie.edu.
249.249.192.in-addr.arpa.   86400   IN NS   zardoz.movie.edu.

Danke!

Albert LeDomaine
al@robocop.movie.edu
```

Ist Ihnen aufgefallen, daß wir TTLs für die NS- und A-Records angegeben haben? Das liegt daran, daß unsere Parent-Nameserver keine Autorität über diese Records besitzen, diese Autorität besitzen nur *unsere* Nameserver. Indem wir sie angeben, geben wir unsere Wahl einer TTL für die Delegierung unserer Zone an. Natürlich kann unser Parent andere Vorstellungen darüber besitzen, wie die TTL aussehen sollte.

In diesem Fall sind die Glue-Daten (die A-Records für alle Nameserver) nicht notwendig, weil die Domain-Namen der Nameserver nicht in den *in-addr.arpa*-Zonen enthalten sind. Sie liegen in *movie.edu,* so daß ein Nameserver, der auf *terminator* oder *wormhole* verwiesen wird, ihre Adressen immer noch finden kann, indem er der Delegierung zu den Nameservern von *movie.edu* folgt.

Ist ein partieller Slave-Nameserver ein guter Kandidat für die Registrierung bei der Parent-Zone? Nun, er ist natürlich nicht *ideal*, weil er nur für *einige* Ihrer *in-addr.arpa*-Zonen die Autorität besitzt. Aus Sicht der Administration kann es einfacher sein, nur die Server zu registrieren, die *alle* lokalen Zonen enthalten. Auf diese Weise müssen Sie sich keine Gedanken darüber machen, welche Nameserver die Autorität für welche Zone besitzen. Alle Parent-Zonen können an den gleichen Satz von Nameservern delegieren: Ihren primären und Ihre »vollständigen« Slave-Server.

Falls Sie aber nicht viele Nameserver betreiben oder falls Sie sich gut merken können, welche Nameserver die Autorität über welche Domains besitzen, können Sie auch einen partiellen Slave-Nameserver registrieren.

Auf der anderen Seite dürfen reine Cache-Nameserver *niemals* registriert werden. Ein reiner Cache-Nameserver besitzt selten die vollständigen Informationen über eine Zone, sondern nur die Daten, die in der letzten Zeit abgefragt wurden. Falls ein Parent-Nameserver versehentlich einen fremden Nameserver an einen reinen Cache-Server verweist, sendet der fremde Nameserver dem Cache-Server eine nichtrekursive Query.

Der Cache-Nameserver hat die Daten vielleicht in seinem Cache abgelegt, vielleicht aber auch nicht. Falls er die Antwort nicht besitzt, würde er den Anfragenden an den besten Server verweisen, den er kennt (d.h. an denjenigen, der der in der Query stehenden Domain am nächsten liegt), und das kann auch der Cache Server selbst sein! Der arme fremde Nameserver würde niemals eine Antwort erhalten. Diese Art der Fehlkonfiguration – also die Delegierung einer Zone an einen Nameserver, der keine Autorität über diese Zone besitzt – wird als »lame delegation« bezeichnet.

## TTLs ändern

Ein erfahrener Domain-Administrator muß wissen, wie er die TTL für seine Zonendaten zu seinem Vorteil am besten einstellt. Erinnern Sie sich daran, daß die TTL ein Resource Record ist. Sie gibt die Zeitspanne (in Sekunden) an, für die ein Server den Record im Cache ablegen kann. Liegt also die TTL für einen bestimmten Resource Record bei 3600 (Sekunden), und legt ein Server außerhalb Ihrer Domain diesen Record in seinem Cache ab, dann muß er den Eintrag nach einer Stunde wieder aus dem Cache entfernen. Benötigt er die Daten nach Ablauf dieser Stunde erneut, dann muß er den Nameserver wieder abfragen.

Als wir in diesem Buch TTLs einführten, haben wir besonders hervorgehoben, daß Ihre Wahl des TTL-Wertes bestimmt, wie aktuell Ihre Daten sind. Der Preis, den Sie für eine hohe Aktualität zahlen müssen, ist eine erhöhte Last für Ihre Nameserver. Bei einem kleinen TTL-Wert müssen die Nameserver außerhalb Ihrer Domain die Daten häufiger von Ihrem Nameserver herunterladen und wären aus diesem Grund relativ schnell auf dem neuesten Stand. Auf der anderen Seite würden Ihre Nameserver durch kleine TTL-Werte mit Abfragen bombardiert werden.

Sie müssen sich andererseits *nicht* für immer und ewig auf einen bestimmten TTL-Wert festlegen. Sie können, und erfahrene Administratoren tun dies auch, TTLs in regelmäßigen Abständen an Ihre Bedürfnisse anpassen.

Nehmen wir einmal an, daß einer unserer Hosts in nächster Zeit in ein anderes Netzwerk verlegt wird. Dieser Host enthält die Filmbibliothek von *movie.edu*. Er beherbergt eine große Anzahl von Dateien, die unsere Site den Hosts im Internet zur Verfügung stellt. Während des normalen Betriebs legen die Nameserver außerhalb unserer Domain die Adresse mit der minimalen TTL des SOA-Records in ihrem Cache ab. (In unseren Beispieldateien haben wir die TTL für *movie.edu* auf einen Tag eingestellt.) Ein Nameserver, der die alte Adresse in seinem Cache kurz vor dem Zeitpunkt zwischenspeichert, an dem sich die Adresse ändert, würde diese falsche Adresse einen ganzen Tag lag im Cache halten. Der Verlust der Verbindung für einen Tag ist nicht akzeptabel. Was können wir also tun, um diesen Verlust der Anbindung zu minimieren? Wir können die TTL verkleinern, damit außerhalb liegende Server die Adresse für eine kürzere Zeitspanne im Cache ablegen. Indem wir die TTL verkleinern, zwingen wir die außerhalb liegenden Server dazu, ihre Daten häufiger zu aktualisieren. Das bedeutet wiederum, daß die Änderungen, wenn wir das System tatsächlich in ein anderes Netzwerk verschieben, schneller an den Rest der Welt weitergegeben werden. Wie weit können wir die TTL verkleinern? Leider können wir keine TTL von null verwenden, wodurch andere die Daten überhaupt nicht zwischenspeichern würden. Einige ältere BIND 4-Server können keine Records mit einer TTL von null zurücksenden; statt dessen senden sie leere Antworten oder SERVFAIL-Fehler zurück. Kleine TTL-Werte wie z.b. 30 Sekunden sind aber in Ordnung.

Die einfachste Änderung ist die Verkleinerung der TTL im SOA-Record der *db.movie*-Datei. Wenn Sie in den Resource Records der db-Dateien keine expliziten TTLs angeben, wendet der Nameserver diese *minimale TTL* aus dem SOA-Record für jeden Resource Record an. Wenn Sie dieses TTL-Feld des SOA-Records verkleinern, gilt diese kleinere TTL für alle Adressen, nicht nur für die Adresse des umziehenden Hosts. Der Nachteil dieses Ansatzes besteht darin, daß Ihr Nameserver wesentlich mehr Abfragen beantworten muß, weil die anfragenden Server *alle* Daten ihrer Zone für eine kürzere Periode zwischenspeichern können. Die bessere Alternative besteht darin, eine andere TTL für den fraglichen Adreß-Record zu verwenden.

Soll einem einzelnen Resource Record eine explizite TTL zugewiesen werden, müssen Sie sie im Klassenfeld vor dem IN eintragen. Der TTL-Wert wird in Sekunden angegeben. Hier ein Beispiel für eine explizite TTL:

```
cujo    3600 IN   A    192.253.253.5  ; Explizite TTL: TTL von einer Stunde
```

Wenn Sie aufgepaßt haben, wird Ihnen ein mögliches Problem aufgefallen sein: Die explizite TTL für *cujo*s Adresse liegt bei 3600 Sekunden, aber das TTL-Feld des SOA-Records – angeblich die *minimale* TTL der Zone – ist *höher*. Welcher Wert hat nun Vorrang?

Würde sich BIND an die DNS-RFCs halten, würde das TTL-Feld des SOA-Records wirklich den minimalen TTL-Wert für alle Resource Records dieser Zone definieren. Dann könnten Sie nur explizite TTLs angeben, die größer sind als dieser Minimalwert. BIND-Server halten sich aber nicht an die RFCs, d.h. bei BIND ist »minimal« nicht wirklich minimal. Vielmehr implementiert BIND die minimale TTL des SOA-Records als »Standard-TTL«. Enthält ein Record keine TTL, wird die minimale TTL verwendet. Enthält der Resource Record eine TTL, wird sie von BIND akzeptiert, selbst wenn sie kleiner ist als die minimale TTL. Dieser eine Record wird in Antworten mit der kleineren TTL zurückgeschickt, während alle anderen Records mit der »minimalen« TTL zurückgeschickt werden.

Sie sollten auch wissen, daß ein Slave bei Antworten die gleiche TTL liefert wie ein Primary. Wenn also ein primärer Server für einen bestimmten Record die TTL 86.400 liefert, liefert der sekundäre Server denselben Wert. Der Slave berücksichtigt bei der TTL nicht, wie lange die Zone bereits geladen ist. Wird die TTL eines einzelnen Resource Records auf einen Wert kleiner als die minimale TTL eingestellt, liefern sowohl der primäre als auch der Slave-Nameserver den Resource Record mit der gleichen, kleineren TTL zurück. Erreicht der Slave-Nameserver den Zeitpunkt, zu dem die Gültigkeit der Zonendaten erlischt, wird die gesamte Zone ungültig. Der Nameserver erklärt niemals nur einen einzelnen Resource Record für ungültig.

BIND macht es also möglich, eine kleine TTL für einen einzelnen Resource Record einzustellen, wenn Sie wissen, daß die Daten sich in Kürze ändern werden. Jeder Server, der diese Daten in seinem Cache ablegt, hält sie dort nur für eine kurze Zeit vor. Leider ist es zwar so, daß BIND die Nutzung kleiner TTLs für einzelne Records ermöglicht, aber die meisten Domain-Administratoren nicht die Zeit aufwenden, diese Möglichkeit auch zu nutzen. Ändert ein Host seine Adresse, geht dann häufig für eine bestimmte Zeit die Verbindung zu diesem Host verloren.

Es ist im Großteil der Fälle so, daß die Hosts, bei denen sich die Adressen ändern, nicht im Zentrum der betreffenden Site liegen, d.h. der Ausfall betrifft nur einige Leute. Wenn aber ein Mail-Hub oder ein wichtiger *FTP*-Server (wie etwa die Film-Bibliothek) für einen Tag ausfällt, ist dies wohl nicht mehr akzeptabel. In solchen Fällen sollte der Domain-Administrator vorausplanen und die TTL für die fraglichen Daten verkleinern.

Denken Sie daran, daß die TTL der betroffenen Daten verkleinert werden muß, *bevor* die Änderung in Kraft tritt. Die Verkleinerung der TTL eines Adreß-Records und die gleichzeitige Änderung der Workstation-Adresse bringen Sie nicht weiter. Der Adreß-Record hätte kurz vor Ihrer Änderung im Cache abgelegt werden können und würde dort verweilen, bis die alte TTL abläuft. Kalkulieren Sie *auch* die Zeit ein, die es dauert, bis alle Secondaries neue Daten von ihrem Primary geladen haben. Liegt Ihre minimale TTL beispielsweise bei zwölf und Ihr Refresh-Intervall bei drei Stunden, müssen Sie die TTLs mindestens 15 Stunden vorher reduziert haben, damit zum Zeitpunkt des Umzugs alle langen TTLs abgelaufen sind. Wenn alle Ihre Nameserver BIND 8 ausführen und NOTIFY verwenden, benötigen die Slaves nicht das gesamte Refresh-Intervall, bis sie mit neuen Daten versorgt sind.

### *Andere SOA-Werte ändern*

Wir haben kurz angedeutet, daß die Erhöhung des Refresh-Intervalls eine Möglichkeit darstellt, Ihren primären Nameserver zu entlasten. Lassen Sie uns auf den Refresh etwas ausführlicher eingehen und auch die anderen SOA-Werte betrachten.

Der *Refresh*-Wert steuert, Sie werden sich daran erinnern, wie häufig der Slave prüft, ob seine Daten auf dem neuesten Stand sind. Der *Retry*-Wert wird zum Refresh-Wert, nachdem der erste Versuch fehlgeschlagen ist, den Master-Nameserver zu erreichen. Der *Expire*-Wert bestimmt, wie lange die Daten bei Nicht-Erreichen des Masters vorgehalten werden können, bevor sie wieder verworfen werden müssen. Zum Schluß legt die *minimale TTL* fest, wie lange Domain-Informationen im Cache abgelegt werden können.

Nehmen wir einmal an, wir hätten uns dafür entschieden, daß die Slaves die neuen Informationen nicht alle drei Stunden, sondern jede Stunde laden sollen. Wir ändern den Refresh-Wert in allen db-Dateien auf 3600 (oder setzen ihn mit der Option -o von *h2n*). Weil der Retry- mit dem Refresh-Wert verknüpft ist, sollten wir auch diesen Wert verkleinern – so auf etwa 15 Minuten. Üblicherweise ist der Retry- kleiner als der

Refresh-Wert, was aber nicht notwendigerweise so sein muß[11]. Nun beschleunigt die Verkleinerung des Refresh-Wertes zwar die Distribution der Daten, erhöht gleichzeitig aber auch die Last für den Server, weil die Slaves nun häufiger prüfen. Diese zusätzliche Last ist allerdings nicht hoch: Jeder Slave erzeugt innerhalb des Refresh-Intervalls einer Zone jeweils eine SOA-Query, um die Aktualität der Zonendaten auf dem primären Master zu prüfen. Bei zwei Slave-Nameservern führt also die Verringerung der Refresh-Zeitspanne von drei auf eine Stunde innerhalb des alten Drei-Stunden-Bereiches zur Generierung von nur vier zusätzlichen Queries (pro Zone).

Wenn alle Ihre Slave-Server BIND 8 ausführen und Sie NOTIFY einsetzen, spielt die Refresh-Rate natürlich keine große Rolle. Aber wenn Sie auch nur einen BIND 4-Slave betreiben, dauert es maximal so lange wie das Refresh-Intervall, bis Ihre Zonendaten auf diesem Server aktualisiert sind.

Einige ältere sekundäre BIND-Slaves haben während Zonentransfers keine Queries beantwortet. Aus diesem Grund wurde BIND so modifiziert, daß die Zonentransfers verteilt wurden, damit die Perioden, in denen der Server nicht reagierte, minimiert werden konnten. Selbst wenn Sie also ein kleines Refresh-Intervall einstellen, werden Ihre Slaves nicht so häufig prüfen, wie Sie das vielleicht möchten. BIND-Nameserver versuchen eine Reihe von Zonentransfers und warten dann 15 Minuten, bevor sie einen weiteren Schwung verarbeiten. Auf der anderen Seite könnten BIND-Server ab der Version BIND 4.9 *häufiger* aktualisieren, als dies durch das Refresh-Intervall vorgegeben wird. Diese neueren BIND-Versionen warten eine zufällige Anzahl von Sekunden, die zwischen der Hälfte und der Gesamtdauer des Refresh-Intervalls liegt, bevor sie die Seriennummern prüfen.

Ablaufzeiten (Expire Times) in der Größenordnung von einer Woche sind üblich. Höhere Werte werden verwendet, wenn die aktualisierende Quelle häufig schlecht zu erreichen ist. Die Ablaufzeit sollte immer wesentlich größer sein als das Refresh-Intervall. Ist die Expire-Zeit kleiner als das Refresh-Intervall, sortieren Ihre Slave-Server die Daten aus, bevor sie versuchen, neue Daten zu laden. BIND 8 beschwert sich, wenn Sie eine Ablaufzeit festlegen, die kleiner als das Refresh-Intervall plus der Retry-Zeit, kleiner als die doppelte Retry-Zeit oder kleiner als sieben Tage oder größer als sechs Monate ist. Eine Ablaufzeit, die den Kritereien von BIND 8 entspricht, ist für die meisten Umgebungen geeignet.

Falls sich Ihre Daten nicht allzuoft ändern, könnten Sie über eine Erhöhung der minimalen TTL nachdenken. Die minimale TTL des SOA-Records liegt typischerweise bei einem Tag (86.400 Sekunden), kann aber auch vergrößert werden. Eine Woche ist etwa der größte Wert, der für eine TTL noch sinnvoll ist. Bei höheren Werten sehen Sie sich vielleicht plötzlich mit dem Problem konfrontiert, daß Sie fehlerhafte Daten, die im Cache liegen, nicht innerhalb einer halbwegs vernünftigen Zeitspanne entfernen können.

---

11 BIND 8-Server warnen Sie, wenn das Refresh- kleiner als das Retry-Intervall ist.

# Katastrophenplanung

In Netzwerken können die Dinge manchmal schieflaufen, das ist einfach so im Leben. Hardware geht kaputt, Software hat Bugs, und hin und wieder machen auch Menschen Fehler. Manchmal führt das zu kleineren Unannehmlichkeiten, etwa wenn einige Benutzer keine Verbindung mehr haben. Manchmal aber kann dies zur Katastrophe und zum Verlust wertvoller Daten und gut bezahlter Arbeitsplätze führen.

Weil das Domain Name System so eng mit dem Netzwerk verbunden ist, reagiert es auch entsprechend anfällig bei Netzwerkausfällen. Zum Glück bezieht das DNS die Unvollkommenheit von Netzwerken in seine Konzeption mit ein: Es erlaubt mehrere, redundante Nameserver, das erneute Senden von Abfragen, erneute Zonentransfers usw.

Natürlich kann sich das Domain Name System nicht vor jedem denkbaren Unglück schützen. Es gibt Arten von Netzwerkfehlern – einige davon kommen durchaus häufiger vor –, gegen die sich das DNS nicht wappnen kann. Aber mit etwas Zeit und Geld können Sie die Auswirkungen dieser Ausfälle minimieren.

## *Ausfälle*

Beispielsweise sind Stromausfälle in manchen Teilen der Welt durchaus an der Tagesordnung. In einigen Teilen der USA führen Gewitter und Wirbelstürme dazu, daß manche Sites gar nicht oder über längere Zeit nur gelegentlich mit Strom versorgt werden. Anderswo können Taifune, Vulkane oder Bauarbeiten die Stromversorgung unterbrechen.

Wenn all Ihre Hosts nicht mehr laufen, brauchen Sie natürlich auch keinen Name-Service mehr. Häufig bekommen Sites aber dann Probleme, wenn der Strom *wieder eingeschaltet* wird. Entsprechend unseren Empfehlungen betreiben Sie Ihre Nameserver auf File-Servern oder großen Mehrbenutzersystemen. Ist der Strom wieder da, booten diese Maschinen üblicherweise als letzte, weil ja alle Festplatten erst mit *fsck* geprüft werden müssen. Dies bedeutet aber, daß alle Hosts, die schnell booten, den Name-Service nicht nutzen können.

Dies kann zu allen Formen wundersamer Probleme führen, je nachdem, wie die Startup-Dateien Ihrer Hosts aussehen. UNIX-Hosts führen häufig irgendeine Form von

```
/etc/ifconfig lan0 inet `hostname` netmask 255.255.128.0 up
/etc/route add default site-router 1
```

aus, um ihre Netzwerkschnittstellen zu initialisieren. Die Verwendung von Host-Namen in den Befehlen (`hostname` wird zum lokalen Host-Namen aufgelöst, und `site-router` ist der Name des lokalen Routers) ist aus zwei Gründen bewundernswert:

1. Sie erlaubt den Administratoren die Änderung der IP-Adresse des Routers, ohne alle Startup-Dateien der Site ändern zu müssen.
2. Sie erlaubt den Administratoren die Änderung der IP-Adresse des Hosts in nur einer Datei.

Unglücklicherweise wird der *route*-Befehl ohne Name-Service fehlschlagen. Der *ifconfig*-Befehl wird nur fehlschlagen, wenn der Name und die IP-Adresse des lokalen Hosts nicht in der */etc/hosts* auftauchen, weshalb jeder Host zumindest diese Daten in seiner */etc/hosts* enthalten sollte.

Zu der Zeit, zu der die Startsequenz den *route*-Befehl erreicht, läuft die Netzwerkschnittstelle bereits, und der Host wird den Name-Service nutzen, um den Namen des Routers auf eine IP-Adresse abzubilden. Und weil der Router keine Standardroute besitzt, solange der *route*-Befehl nicht ausgeführt wurde, sind die einzigen zu erreichenden Nameserver diejenigen, die im lokalen Subnetz liegen.

Wenn der bootende Host einen funktionierenden Nameserver in seinem lokalen Subnetz erreicht, kann der *route*-Befehl erfolgreich ausgeführt werden. Häufig ist es aber so, daß einer oder mehrere der zu erreichenden Nameserver noch nicht laufen. Was dann passiert, hängt vom Inhalt der *resolv.conf* ab.

Bei BIND 4.9 und 8 greift der Resolver auf die Host-Tabelle zurück, wenn in *resolv.conf* nur ein Server eingetragen ist (oder wenn kein Nameserver aufgeführt ist und der Resolver standardmäßig einen Nameserver auf dem lokalen Host verwendet). Ist nur ein Nameserver konfiguriert, fragt der Resolver diesen ab, und wenn das Netz bei jeder Query einen Fehler zurückliefert, greift der Resolver auf die Host-Tabelle zurück. Zu den Fehlern, die den Resolver dazu veranlassen, auf die Host-Tabelle zurückzugreifen, gehören:

1. Empfang der ICMP-Meldung *port unreachable* (»Port nicht erreichbar«)
2. Empfang der ICMP-Meldung *network unreachable* (»Netzwerk nicht erreichbar«)
3. Die Unfähigkeit, ein UDP-Paket zu versenden (z.b. weil das Netzwerk auf dem lokalen Host noch nicht läuft)[12]

Falls der Host, auf dem der einzige Nameserver installiert ist, überhaupt nicht läuft, empfängt der Resolver auch keine Fehler. Der Nameserver ist im Endeffekt ein Schwarzes Loch. Nach 75 Sekunden vergeblicher Mühen hat der Resolver seinen Timeout und liefert eine Nullantwort an die aufrufende Anwendung zurück. Nur wenn der Host mit dem Nameserver die Netzwerk-Software schon hochgefahren hat – aber den Nameserver noch nicht –, wird an den Resolver eine Fehlermeldung zurückgegeben: die ICMP-Meldung »Port nicht erreichbar«.

Insgesamt funktioniert die Ein-Nameserver-Konfiguration, wenn Sie Nameserver in jedem Netz besitzen, aber das ganze ist nicht so elegant, wie wir das gerne hätten. Ist der lokale Nameserver noch nicht betriebsbereit, wenn ein Host in seinem Netz neu startet, schlägt das *route*-Kommando fehl.

Das sieht vielleicht knifflig aus, ist aber bei weitem nicht so schlimm wie das, was bei mehreren Servern passiert. Stehen mehrere Server in der *resolv.conf*, greift BIND, nachdem die primäre Netzwerkschnittstelle mit *ifconfig* konfiguriert wurde, *nie* auf die

---

12 Herstellerspezifische Verbesserungen und Varianten dieses Resolver-Algorithmus finden Sie in *Kapitel 6.*

Host-Tabelle zurück. Der Resolver geht einfach alle Nameserver durch, bis er eine Antwort erhält oder der Timeout nach mindestens 75 Sekunden eintritt.

Dies ist beim Booten besonders problematisch. Ist keiner der konfigurierten Nameserver erreichbar, findet beim Resolver ein Timeout statt, ohne eine IP-Adresse zurückzuliefern, und das Eintragen der Standardroute schlägt fehl.

## *Empfehlungen*

Unsere Empfehlung, so primitiv sie sich auch anhört, lautet, die IP-Adresse des Standard-Routers fest in der Startup-Datei anzugeben oder mit einer externen Datei zu arbeiten (viele Systeme verwenden */etc/defaultrouter*). Auf diese Weise stellen Sie sicher, daß das Netzwerk Ihres Hosts korrekt hochgefahren wird.

Eine Alternative besteht darin, einen einzelnen, zuverlässigen Nameserver des lokalen Netzes Ihres Hosts in *resolv.conf* einzutragen. Dies erlaubt Ihnen, den Namen des Standard-Routers in der Startup-Datei anzugeben, solange Sie sicherstellen, daß der Name des Routers in */etc/hosts* auftaucht (falls der zuverlässige Nameserver nicht laufen sollte, während der Host neu bootet). Wenn allerdings der Host, auf dem der zuverlässige Nameserver installiert ist, nicht läuft, während Ihr Host einen Reboot durchführt, ist alles verloren. Dann wird nicht auf die */etc/hosts* zurückgegriffen, weil ja keine Fehlermeldung an Ihren Host zurückgeliefert wird.

Wenn es die BIND-Version Ihres Herstellers erlaubt, die Reihenfolge zu konfigurieren, in der die verschiedenen Dienste verwendet werden oder vom DNS wieder auf die */etc/hosts* zurückgreifen, dann sollten Sie davon Gebrauch machen! Im ersten Fall sollten Sie den Resolver so konfigurieren, daß er zuerst die */etc/hosts* prüft, und auf jedem Host eine kleine */etc/hosts* vorhalten, die zumindest den Standard-Router und den Namen des lokalen Hosts enthält. Im zweiten Fall müssen Sie nur sicherstellen, daß eine solche kleine */etc/hosts* existiert; eine weitere Konfiguration sollte nicht notwendig sein.

Eine letzte vielversprechende Aussicht ist, daß das manuelle Setzen der Standardroute dank der sogenannten *ICMP Router Discovery Messages* vielleicht bald ganz verschwindet. Diese in RFC 1256 beschriebene Erweiterung des ICMP-Protokolls verwendet Broadcast- oder Multicast-Nachrichten, um die Router in einem Netzwerk dynamisch zu erkennen und bekanntzugeben. Sun bietet eine Implementierung dieses Protokolls in neueren Solaris-Versionen als */usr/sbin/in.rdisc* an. Neuere Versionen von Ciscos Internetwork Operating System (IOS) unterstützen dieses Protokoll auch.

Und was tun, wenn die Standardroute korrekt eingebunden wurde, aber die Nameserver immer noch nicht betriebsbereit sind? Das kann *sendmail*, NFS und einige weitere Dienste beeinträchtigen. *sendmail* wird ohne DNS keinen Host-Namen korrekt kanonisieren, und Ihre NFS-Mounts könnten fehlschlagen.

Die beste Lösung für dieses Problem besteht darin, den Nameserver auf einem Host zu betreiben, der an einer unterbrechungsfreien Stromversorgung hängt. Kommen Stromausfälle bei Ihnen selten vor, reicht möglicherweise eine Batterieversorgung. Dauern die Ausfälle länger und ist der Name-Service sehr wichtig für Sie, sollten Sie eine unterbrechungsfreie Stromversorgung (USV) mit irgendeiner Form von Generator in Erwägung ziehen.

Wenn Sie sich einen solchen Luxus nicht leisten können, können Sie sich den am schnellsten bootenden Host heraussuchen und einen Nameserver auf ihm betreiben. Hosts mit Dateisystem-Journaling sollten besonders schnell booten, weil sie kein *fsck* durchführen müssen. Rechner mit kleinen Dateisystemen sollten ebenfalls schnell booten, weil das zu prüfende Dateisystem halt so klein ist.

Sobald Sie den richtigen Host gefunden haben, müssen Sie seine IP-Adresse in den *resolv.conf*-Dateien aller Hosts eintragen, die den Name-Service immer erreichen müssen. Sie sollten diesen Host vielleicht als letzten aufführen, weil die Rechner während des normalen Betriebs die ihnen am nächsten liegenden Nameserver verwenden sollen. Auf diese Weise können Ihre kritischen Anwendungen nach einem Stromausfall immer noch auf den Name-Service zugreifen, auch wenn die Leistung vielleicht etwas leidet.

## Mit Katastrophen fertigwerden

Wenn der Katastrophenfall eintritt, hilft es, zu wissen, was zu tun ist. Wenn man weiß, daß man sich bei einem Erdbeben unter einen Tisch hocken sollte, kann dies verhindern, daß man von umkippenden Monitoren erschlagen wird. Wenn man weiß, wie man das Gas abdreht, kann dies den Großbrand des Hauses verhindern.

Ebenso kann Ihr Netzwerk (selbst bei kleineren Problemen) halbwegs weiterlaufen, wenn Sie wissen, was im Falle einer Netzwerkkatastrophe zu tun ist. Wir hier in Kalifornien haben damit einige Erfahrung und hätten da einige Vorschläge.

### Kurze Ausfälle (Stunden)

Ist Ihr Netzwerk von der Außenwelt abgeschnitten (gleichgültig, ob die »Außenwelt« der Rest des Internet oder der Rest des Unternehmens ist), werden Ihre Nameserver in zunehmendem Maße Probleme mit der Auflösung von Namen bekommen. Ist beispielsweise die Domain *corp.acme.com* vom Rest des Acme-Internets abgeschnitten, werden Sie keinen Zugriff auf die Parent-Nameserver (*acme.com*) oder auf die Root-Nameserver haben.

Sie könnten denken, daß dies die Kommunikation zwischen den Hosts Ihrer lokalen Domain nicht beeinträchtigt, aber dies kann durchaus der Fall sein. Wenn Sie beispielsweise

```
% telnet selma.corp.acme.com
```

an einem Host mit einem älteren Resolver eingeben, sieht der Resolver als erstes die Domain *selma.corp.acme.com.corp.acme.com* nach (vorausgesetzt, daß Ihr Host die Standardsuchliste verwendet – erinnern Sie sich an Kapitel 6?). Der Nameserver der lokalen Domain, sofern er die Autorität für *corp.acme.com* besitzt, kann erkennen, daß

*211*

der Domain-Name nicht ganz koscher ist, aber der folgende Lookup für *selma.corp.acme.com.acme.com* findet statt. Dieser potentielle Domain-Name liegt nicht länger in der Domain *corp.acme.com*, weshalb die Abfrage an die Nameserver von *acme.com* geschickt wird. Besser gesagt, *versucht* Ihr Nameserver, die Abfrage dorthin zu schikken, und wiederholt diese Operation bis zum Timeout.

Sie können dieses Problem vermeiden, indem Sie sicherstellen, daß der erste vom Resolver ermittelte Domain-Name der richtige ist. Anstelle von

```
% telnet selma.corp.acme.com
```

geben Sie

```
% telnet selma
```

oder

```
% telnet selma.corp.acme.com.
```

ein (beachten Sie den abschließenden Punkt), was dazu führt, daß *selma.corp.acme.com* zuerst nachgesehen wird.

Beachten Sie, daß Resolver ab der Version 4.9 dieses Problem, zumindest standardmäßig, nicht mehr aufweisen. Diese Resolver prüfen zuerst den angegebenen Domain-Namen, solange dieser Name mehr als einen Punkt enthält. Wenn Sie also

```
% telnet selma.corp.acme.com
```

eingeben (selbst ohne den abschließenden Punkt), würde zuerst der Name *selma.corp.acme.com* nachgesehen werden.

Wenn Sie gezwungen sind, BIND in der Version 4.8.3 (oder niedriger) zu betreiben, können Sie die Abfrage von außerhalb Ihrer Site liegenden Nameservern vermeiden, indem Sie die Vorteile der definierbaren Suchliste nutzen. Sie können die *search*-Direktive benutzen, um eine Suchliste zu definieren, die den Domain-Namen Ihrer Parent-Zone nicht enthält. Um etwa das Problem von *corp.acme.com* zu umgehen, könnten Sie die Suchlisten Ihrer Hosts vorübergehend wie folgt einstellen:

```
search corp.acme.com
```

Gibt ein Benutzer nun

```
% telnet selma.corp.acme.com
```

ein, sieht der Resolver zuerst *selma.corp.acme.com.corp.acme.com* nach (was der lokale Nameserver beantworten kann) und danach *selma.corp.acme.com*, den richtigen Domain-Namen. Und auch die folgende Eingabe funktioniert korrekt:

```
% telnet selma
```

## Längere Ausfälle (mehrere Tage)

Geht die Netzwerkverbindung über eine längere Zeit verloren, bekommen Ihre Nameserver andere Probleme. Verlieren sie für einen längeren Zeitraum die Verbindung zu den Root-Nameservern, hören sie irgendwann auf, Abfragen aufzulösen, die außerhalb ihrer Autorität liegen. Können die Slave-Nameserver ihren jeweiligen primären Master-Server nicht erreichen, ist die Zone früher oder später nicht mehr aktuell und wird ungültig.

Für den Fall, daß Ihr Nameserver aufgrund der fehlenden Verbindung wirklich verrückt spielt, sollten Sie eine systemweit oder arbeitsgruppenweit geltende */etc/hosts* vorhalten. Wenn es unbedingt nötig sein sollte, können Sie *resolv.conf* in *resolv.bak* umbenennen, den lokalen Nameserver anhalten (falls es einen gibt) und einfach mit */etc/hosts* arbeiten. Das ist zwar nicht die schönste Lösung, hilft Ihnen aber über die Runden.

Kann ein Slave seinen Master nicht erreichen, können Sie ihn so umkonfigurieren, daß er als Primary arbeitet. Bearbeiten Sie einfach die *named.conf*, ändern Sie die Unteranweisungen in den *zone*-Anweisungen von *slave* auf *master*, und löschen Sie anschließend die *master*-Unteranweisungen. Wenn für eine Zone mehr als ein Slave seinen primären Master nicht erreichen kann, können Sie einen dieser Slaves vorübergehend als Primary einrichten und die anderen so umkonfigurieren, daß sie Zonendaten von diesem vorübergehenden primären Master-Server beziehen.

Alternativ können Sie einfach die Ablaufzeit in den Backup-Dateien aller Ihrer Slaves erhöhen und dann den Slave-Servern ein Signal senden, so daß sie ihre Dateien neu laden.

## Wirklich lange Ausfälle (mehrere Wochen)

Falls Sie ein längerer Ausfall (für etwa eine Woche oder länger) vom Internet trennt, müssen Sie die Verbindung zu den Root-Nameservern möglicherweise künstlich wiederherstellen, um die Dinge wieder zum Laufen zu bringen. Jeder Nameserver muß gelegentlich mit einem Root-Nameserver kommunizieren. Das ist so eine Art Therapie: Der Nameserver muß mit dem Root-Nameserver reden, um seine Sicht der Welt korrigieren zu können.

Um während eines langen Ausfalls einen Root-Name-Service bereitzustellen, können Sie Ihren eigenen Root-Nameserver einrichten, *allerdings nur temporär*. Sobald die Verbindung zum Internet wieder steht, *müssen* Sie die temporären Root-Server wieder abschalten. Das widerlichste Ungeziefer im Internet sind Nameserver, die glauben, Root-Nameserver zu sein, aber über die meisten Top-Level-Domains nichts wissen. (Gleich hiernach wären Internet-Nameserver zu nennen, die daraufhin konfiguriert wurden, auf Abfragen hin falsche Root-Nameserver anzugeben.)

Mit diesem Hinweis – und während wir unsere Hände in Unschuld waschen – hier also nun die Anweisung zur Konfiguration eines eigenen Root-Nameservers. Zuerst müssen Sie eine *db.root*-Datei anlegen. Die *db.root* wird an die Domain der höchsten Ebene

Ihres isolierten Netzwerks delegiert. Wäre *movie.edu* beispielsweise vom Internet isoliert, könnten wir eine *db.root* für *terminator* anlegen, die die folgende Form aufweist:

```
.    IN SOA terminator.movie.edu. al.robocop.movie.edu. (
                1        ; Serial
                10800    ; Refresh nach drei Stunden
                3600     ; Retry nach einer Stunde
                604800   ; Expire nach einer Woche
                86400 )  ; Minimale TTL von einem Tag

; Refresh, Retry und Expire spielen eigentlich keine Rolle,
; weil alle Root-Server Primaries sind. Die minimale TTL
; könnte länger sein, weil die Daten i.d.R. relativ stabil sind.

     IN NS terminator.movie.edu. ; terminator ist die temporäre Root-Domain.

; Unser Root-Server kennt nur movie.edu und unsere beiden
; in-addr.arpa-Domains.
movie.edu.    86400 IN NS terminator.movie.edu.
              86400 IN NS wormhole.movie.edu.

249.249.192.in-addr.arpa. 86400 IN NS terminator.movie.edu.
                          86400 IN NS wormhole.movie.edu.

253.253.192.in-addr.arpa. 86400 IN NS terminator.movie.edu.
                          86400 IN NS wormhole.movie.edu.

terminator.movie.edu.  86400 IN A 192.249.249.3
wormhole.movie.edu.    86400 IN A 192.249.249.1
                       86400 IN A 192.253.253.1
```

Wir müssen die entsprechende Zeile in die Datei *named.conf* des Hosts *terminator* eintragen

```
// Hints-Zone auskommentieren.
// zone "." {
//        type hint;
//              file "db.cache";
//        };

zone            "."     {
                type master;
                file "db.root";
};
```

Für BIND 4 sieht die Datei *named.boot* wie folgt aus:

```
; cache   .  db.cache   (cache-Direktive auskommentieren.)
primary   .  db.root
```

Wir aktualisieren dann all unsere Nameserver (mit Ausnahme des neuen, temporären Root-Servers) mit einer neuen *db.cache* verstehen, die nur den temporären Root-Server enthält. (Am besten legen Sie die alte Cache-Datei an anderer Stelle ab – wir benötigen sie später wieder, sobald die Verbindung wieder steht.)

Inhalt der Datei *db.cache*:

```
.                      99999999  IN  NS  terminator.movie.edu.
terminator.movie.edu.            IN  A   192.249.249.3
```

Auf diese Weise läuft bei *movie.edu* während des Ausfalls die Namensauflösung weiter. Sobald die Internet-Anbindung wieder steht, können wir die *zone*-Anweisung aus der *named.conf* von *terminator* entfernen und die ursprünglichen Cache-Dateien bei allen Nameservern wiederherstellen.

*In diesem Kapitel:*
- *Wann man Parent wird*
- *Wie viele Child-Domains?*
- *Welche Namen für die Child-Domains?*
- *Wie man Parent wird: Subdomains anlegen*
- *Subdomains von in-addr.arpa*
- *Gutes Parenting*
- *Der Übergang auf Subdomains*
- *Das Leben eines Parents*

# 9
# *Parenting*

*Dinah putzte ihre Kinder stets folgendermaßen: Sie drückte das arme Ding mit der einen Pfote am Ohr zu Boden, dann rubbelte sie ihm mit der anderen das Gesicht, und zwar gegen den Strich, bei der Nase beginnend. Derart schrubbte sie, wie bereits gesagt, das weiße Katzenkind, das ganz still lag und zu schnurren versuchte – zweifellos in dem Bewußtsein, daß alles zu seinem Besten geschah.*

Sobald Ihre Domain eine bestimmte Größe erreicht hat, oder wenn Sie sich dazu entschließen, die Pflege von Teilen Ihrer Domain an andere Mitarbeiter der Organisation zu vergeben, müssen Sie die Domain in Subdomains aufteilen. Diese Subdomains (Child-Domains) liegen im Domain-Baum innerhalb Ihrer Domain. Ihre Domain ist die Parent-Domain. Wenn Sie die Verantwortlichkeit Ihrer Subdomains an eine andere Organisation vergeben, wird jede delegierte Subdomain zu einer eigenen Zone und damit unabhängig von Ihrer Parent-Zone. Wir bezeichnen die Pflege Ihrer Subdomains – Ihrer Child-Domains – gerne als *Elternschaft* (*Parenting*).

Gutes Parenting beginnt damit, daß Sie Ihre Domain sorgfältig in Augenschein nehmen, geeignete Namen für Ihre »Kinder«, die Child-Domains, wählen, und anschließend die Subdomains delegieren, um neue Zonen zu erstellen. Verantwortungsbewußte »Eltern« arbeiten auch hart, um die Beziehung zwischen den für die Zonen verantwortlichen Nameservern und ihren Children zu pflegen. Sie stellen sicher, daß die Delegierung vom Parent an den Child stets aktuell und richtig ist.

Gutes Parenting ist für den erfolgreichen Betrieb Ihres Netzwerkes lebenswichtig, besonders wenn der Name-Service zu einem wichtigen Faktor für die Navigation zwischen Standorten wird. Durch die fehlerhafte Delegierung an die Nameserver einer Child-Zone kann ein Standort letztendlich unerreichbar werden. Gleichzeitig kann der Verlust der Verbindung zu den Nameservern der Parent-Zone dazu führen, von aus der Site aus keine Hosts erreicht werden können, die außerhalb der lokalen Zone liegen.

In diesem Kapitel legen wir ausführlich unsere Ansichten darüber dar, wie und zu welchem Zeitpunkt Sie am besten Subdomains anlegen und diese delegieren. Wir beschreiben zudem, wie die Beziehung zwischen Parent und Child gepflegt wird. Schließlich wollen wir noch den Prozeß betrachten, im Zuge dessen eine große Domain in kleinere Subdomains unterteilt wird – und zwar mit möglichst wenig Unterbrechungen und Unannehmlichkeiten.

## Wann man Parent wird

Wir sind weit davon entfernt, Ihnen vorzuschreiben, wann Sie mit dem Parenting anfangen sollten, aber wir werden so frei sein, Ihnen einige Anhaltspunkte zu nennen. Sicher werden Sie Gründe finden, die für die Implementierung von Subdomains sprechen und die wir hier nicht aufführen; hier die gängigsten Gründe:

- Die Notwendigkeit, die Pflege der Domain an eine Reihe von Organisationen zu delegieren oder zu verteilen.
- Die Größe der Domain – eine Aufteilung vereinfacht die Pflege und entlastet die Nameserver der Domain.
- Die Notwendigkeit, die organisatorische Zugehörigkeit von Hosts über ihre Einbindung in bestimmte Domains zu verdeutlichen.

Sobald Sie sich einmal dafür entschieden haben, mit Child-Domains zu arbeiten, stellt sich als nächstes die Frage, wie viele Child-Domains es sein sollen.

## Wie viele Child-Domains?

Natürlich kann man die Anzahl der anzulegenden Subdomains nicht einfach so aus dem Stegreif festlegen. Die Entscheidung darüber, wie viele Child-Domains implementiert werden, hängt eigentlich von den organisatorischen Gegebenheiten ab. Zum Beispiel könnten Sie sich dafür entscheiden, vier Subdomains anzulegen, wenn Ihr Unternehmen über vier Zweigstellen verfügt.

Sollten Subdomains für jede Site, jede Hauptabteilung oder sogar für jede Abteilung eingerichtet werden? Aufgrund der Skalierbarkeit des DNS haben Sie hier sehr viel Spielraum bei Ihrer Entscheidung. Sie können wenige große oder viele kleine Subdomains einrichten. Welche Entscheidung Sie auch treffen, sie wird Vor- und Nachteile besitzen.

Die Delegierung an einige große Subdomains bedeutet für die Parent-Domain nicht viel Arbeit, weil durch das geringe Ausmaß der Delegierung weniger Daten kontrolliert werden müssen. Andererseits haben Sie es mit größeren Subdomains zu tun, die mehr Speicher und schnellere Nameserver benötigen und bei denen die Administration nicht so verteilt ist. Wenn Sie Subdomains auf Site-Ebene realisieren, können Sie autonome oder nicht verwandte Gruppen zwingen, einen gemeinsamen Namensraum und einen gemeinsamen Administrationspunkt zu verwenden.

Die Delegierung an viele kleine Subdomains kann dem Administrator des Parent einige Kopfschmerzen bereiten. Um die Delegierungsdaten auf dem neuesten Stand zu halten, müssen Sie darüber wachen, auf welchen Hosts Nameserver laufen und für welche Zonen diese die Autorität besitzen. Die Daten ändern sich jedesmal, wenn eine Subdomain einen weiteren Nameserver aufnimmt oder wenn sich die Adresse eines Nameservers der Subdomain ändert. Werden die Subdomains von verschiedenen Leuten administriert, muß eine größere Zahl von Administratoren ausgebildet und müssen vom Parent-Administrator mehr Relationen überwacht werden, d.h. der allgemeine organisatorische Aufwand ist höher. Anderseits sind die Subdomains kleiner, einfacher zu pflegen, und die Administration ist breiter verteilt, was eine bessere Pflege der Daten der Subdomain ermöglicht.

Betrachtet man die Vor- und Nachteile beider Alternativen, erscheint die Wahl möglicherweise schwierig. Tatsächlich gibt es aber wahrscheinlich schon eine natürliche Unterteilung in Ihrer Organisation. Einige Unternehmen verwalten Computer und Netzwerke auf Site-Ebene, andere arbeiten mit dezentralisierten, relativ autonomen Arbeitsgruppen, die alles selbst pflegen. Hier einige grundsätzliche Regeln, die Ihnen helfen, herauszufinden, wie Ihr Namensraum aussehen sollte:

1. Zwängen Sie Ihre Organisation nicht in eine wirre und unbequeme Domain-Struktur. 50 unabhängige Zweigstellen in vier regionale Subdomains zu zwängen spart Ihnen (als Administrator der Parent-Zone) vielleicht etwas Arbeit, aber Ihrer Reputation ist es nicht dienlich. Dezentralisierte, autonome Betriebe verlangen nach verschiedenen Domains – das ist die Daseinsgrundlage des Domain Name System.

2. Die Struktur Ihrer Domain sollte die Struktur Ihrer Organisation widerspiegeln. Wenn Abteilungen Netzwerke betreiben, IP-Adressen vergeben und Hosts verwalten, dann sollten Abteilungen auch Zonen verwalten.

3. Wenn Sie sich nicht sicher sind oder sich nicht einigen können, wie der Namensraum organisiert werden soll, können Sie versuchen, Richtlinien aufzustellen, nach denen Gruppen innerhalb der Organisation eigene Subdomains anlegen und den Namensraum selbständig nach Bedarf wachsen lassen können (z.b. wie viele Hosts vorhanden sein müssen, um eine neue Subdomain zu erzeugen; welche Unterstützung die Gruppe bereitstellen muß).

# *Welche Namen für die Child-Domains?*

Sobald Sie sich einmal entschieden haben, wie viele Subdomains angelegt werden sollen und wie diese in die Organisation passen, müssen Sie entsprechend gute Namen für diese Domains finden. Statt einfach selbst einen Namen festzulegen, wird es als ein Gebot der Höflichkeit betrachtet, den zukünftigen Administrator der Subdomain in die Entscheidung miteinzubeziehen. Tatsächlich können Sie diese Entscheidung, wenn Sie wollen, auch völlig den Administratoren überlassen.

Dies kann aber auch zu Problemen führen. Es ist schon gut, wenn Sie ein relativ konsistentes Namensschema für Ihre Subdomains verwenden. Das macht es für Benutzer innerhalb oder außerhalb einer Subdomain einfacher, die Namen Ihrer Subdomains zu erraten (bzw. sich diese zu merken). Außerdem fällt es so auch leichter, herauszufinden, in welcher Domain ein bestimmter Host oder Benutzer liegt.

Diese Entscheidung den lokalen Administratoren zu überlassen kann zu einem Namenschaos führen. Einige werden geographische Namen verwenden, andere werden auch den organisatorischen Namen festhalten. Einige werden Abkürzungen verwenden wollen, während andere auf den vollen Dateinamen beharren werden.

Daher ist es häufig am besten, eine Konvention für die Vergabe von Namen zu vereinbaren, bevor Subdomain-Namen gewählt werden. Hier einige Vorschläge, die unserer Erfahrung nach geeignet sind:

- In einem dynamischen Unternehmen können sich die Namen der Organisationen häufig ändern. Die Benennung von Subdomains nach einem organisatorischen Schema kann in einer solchen Umgebung verheerend sein. Einen Monat erscheint die Gruppe »Relativ fortschrittliche Technologie« noch relativ stabil, im nächsten Monat wird sie schon wieder mit der Gruppe »Fragwürdige Computersysteme« zusammengeführt und im nächsten Quartal dann an einen deutschen Großkonzern verkauft. In der Zwischenzeit bleiben Sie auf Ihren allgemein bekannten Hosts sitzen, die in einem Subnetz liegen, das keinerlei Bedeutung mehr hat.

- Geographische Namen sind stabiler als organisatorische Namen, aber manchmal nicht so gut bekannt. Sie selbst wissen vielleicht, daß eine Geschäftsstelle der berühmten »Software-Evangelisten« in Poughkeepsie oder Waukegan liegt, aber außerhalb des Unternehmens hat wohl niemand eine Vorstellung davon, wo das ist (oder wie man das ausspricht).

- Opfern Sie die Lesbarkeit nicht der Bequemlichkeit. Aus zwei Buchstaben bestehende Subdomains sind vielleicht einfach einzugeben, aber kaum zu merken. Warum »Italien« mit »it« abkürzen und das Risiko eingehen, daß man das Kürzel mit Ihrer Abteilung für Informationstechnologie in Verbindung bringt, wenn Sie mit nur fünf weiteren Buchstaben den vollständigen Namen angeben und jegliche Zweideutigkeit beseitigen können?

- Zu viele Unternehmen verwenden kryptische, unhandliche Domain-Namen. Die allgemeine Regel scheint hier zu sein, daß je größer das Unternehmen ist, es desto schwieriger wird, die Domain-Namen zu entziffern. Beenden Sie diesen Trend: Verwenden Sie offensichtliche Namen für Ihre Subdomains!

- Verwenden Sie für Ihre Subdomain-Namen keine Namen existierender oder reservierter Top-Level-Domains. Es könnte für Sie durchaus sinnvoll sein, die internationalen, aus zwei Buchstaben bestehenden Länderkennungen für Ihre internationalen Subdomains zu verwenden oder Namen der organisatorischen Top-Level-Domains wie *net* innerhalb Ihrer Organisation anzuwenden. Das kann aber zu sehr unangenehmen Problemen führen. Wenn Sie beispielsweise die Subdomain der Abteilung »Kommunikation« mit *com* bezeichnen, verlieren Sie möglicherweise die Fähigkeit, mit Hosts unter der Top-Level-Domain *com* zu kommunizieren. Stellen Sie sich vor, daß die Administratoren der *com*-Subdomain die neue Sun-Workstation *sun* und die neue HP 9000 *hp* nennen (sie sind halt nicht die Phantasievollsten). Alle Benutzer, die E-Mail an Freunde bei *sun.com* oder *hp.com* schicken wollen, könnten in Ihrer *com*-Subdomain landen[1], weil der Domain-Name Ihrer Parent-Zone in einer der Suchlisten enthalten sein könnte.

# Wie man Parent wird: Subdomains anlegen

Sobald Sie sich erst einmal für einen Namen entschieden haben, ist das Anlegen einer Child-Domain einfach. Vorher müssen Sie aber noch entscheiden, wieviel Autonomie Sie Ihren Subdomains zugestehen wollen. Seltsam, daß man das entscheiden muß, bevor man sie tatsächlich anlegt ...

Bislang sind wir davon ausgegangen, daß, wenn man schon eine neue Subdomain anlegt, diese auch an eine andere Organisation delegiert und damit eine Zone von seinem Parent trennt. Aber stimmt das auch immer? Nun, nicht unbedingt.

Denken Sie sorgfältig darüber nach, wie die Computer und Netzwerke innerhalb einer Subdomain gepflegt werden, wenn Sie vor der Entscheidung stehen, diese zu delegieren. Es macht keinen Sinn, eine Subdomain an jemanden zu delegieren, der seine eigenen Hosts oder Netze nicht pflegt. Beispielsweise pflegt die Personalabteilung eines großen Unternehmens die eigenen Computer nicht selbst, sondern überläßt diese Arbeit eher dem Benutzerservice. Obwohl Sie also eine Subdomain für die Personalabteilung anlegen wollen, ist die Delegierung der Pflege an diese Abteilung wenig sinnvoll.

### Anlegen einer Subdomain in der Zone des Parents

Sie können aber eine Subdomain *anlegen*, ohne sie zu delegieren. Wie? Indem Sie Resource Records innerhalb der Zone des Parents anlegen, die auf diese Subdomain verweisen. Zum Beispiel besitzt *movie.edu* einen Host namens *brazil*, der eine vollständige Datenbank aller Angestellten und Studenten enthält. Um *brazil* in die Domain *personnel.movie.edu* zu verwandeln, können wir folgende Records in *db.movie* aufnehmen:

Ausschnitt der Datei *db.movie* :

```
brazil.personnel       IN    A       192.253.253.10
                       IN    MX      10 brazil.personnel.movie.edu.
                       IN    MX      100 postmanrings2x.movie.edu.
employeedb.personnel   IN    CNAME   brazil.personnel.movie.edu.
db.personnel           IN    CNAME   brazil.personnel.movie.edu.
```

Nun können sich die Benutzer unter *db.personnel.movie.edu* einloggen, um an die Mitarbeiterdatenbank zu gelangen. Wir können diese Einstellung für die Mitarbeiter der

---

1 Tatsächlich haben nicht alle Mailer dieses Problem, aber einige populäre *sendmail*-Versionen schon. Es hängt alles davon ab, welche Form der Kanonisierung verwendet wird. Beachten Sie hierzu den Abschnitt »E-Mail« in *Kapitel 6, Hosts konfigurieren*.

Personalabteilung in besonderer Weise anpassen, indem wir *personnel.movie.edu* in die Suchlisten ihrer PCs oder Workstations aufnehmen. Sie müssen dann nur *telnet db* eingeben, um an den richtigen Host zu gelangen.

Wir können diese Lösung für uns etwas bequemer machen, indem wir die *$ORIGIN*-Anweisung verwenden, um den Ursprung zu *personnel.movie.edu* zu ändern. Dadurch können wir kürzere Namen verwenden.

Der entsprechende Ausschnitt aus der Datei *db.movie* sieht wie folgt aus:

```
brazil.personnel        IN  A      192.253.253.10
                        IN  MX     10 brazil.personnel.movie.edu.
                        IN  MX     100 postmanrings2x.movie.edu.
employeedb.personnel    IN  CNAME  brazil.personnel.movie.edu.
db.personnel            IN  CNAME  brazil.personnel.movie.edu.
```

Mit einigen weiteren Records könnten wir eine separate Datei für sie erstellen und *$INCLUDE* verwenden, um die Datei in *db.movie* einzuschließen und gleichzeitig den Ursprung zu ändern.

Ist Ihnen aufgefallen, daß kein SOA-Record für *personnel.movie.edu* existiert? Das ist auch nicht notwendig, weil der SOA-Record von *movie.edu* den Beginn der Autorität für die gesamte Zone *movie.edu* markiert. Weil bei *personnel.movie.edu* keine Delegierung stattfindet, ist die Subdomain Teil der *movie.edu*-Zone.

## *Anlegen und Delegieren einer Subdomain*

Wenn Sie sich dazu entschließen, Ihre Subdomains zu delegieren und Ihre »Kinder« in die weite Welt zu entlassen, müssen die Dinge etwas anders gehandhabt werden. Wir wollen diesen Prozeß gerade durchgehen, also folgen Sie uns doch einfach.

Wir müssen für das Spezialeffektelabor eine neue Subdomain unter *movie.edu* anlegen und haben uns für den Namen *fx.movie.edu* entschieden – kurz, leicht verständlich und eindeutig. Wir delegieren *fx.movie.edu* an die Administratoren dieses Labors, so daß diese Subdomain zu einer eigenen Zone wird. Die Hosts *bladerunner* und *outland*, die beide im Spezialeffektelabor stehen, sollen uns als Nameserver für die Zone dienen (wobei *bladerunner* als primärer Master fungieren soll). Wir haben uns aus Redundanzgründen für zwei Nameserver entschieden – bei einem einzelnen *fx.movie.edu*-Nameserver könnten Fehler auftreten, die zu einer vollständigen Isolation des Spezialeffektelabors führen würden. Weil es aber nicht sehr viele Hosts in diesem Labor gibt, glauben wir, daß zwei Nameserver ausreichen sollten.

Das Spezialeffektelabor liegt bei *movie.edu* im neuen Subnetz 192.253.254:

Ausschnitt aus */etc/hosts*:

```
192.253.254.1 movie-gw.movie.edu movie-gw
# fx, primär
192.253.254.2 bladerunner.fx.movie.edu bladerunner br
# fx, sekundär
192.253.254.3 outland.fx.movie.edu outland
```

## Wie man Parent wird: Subdomains anlegen

```
192.253.254.4   starwars.fx.movie.edu   starwars
192.253.254.5   empire.fx.movie.edu     empire
192.253.254.6   jedi.fx.movie.edu       jedi
```

Wir erzeugen zuerst eine Datendatei, die Records für alle Hosts in *fx.movie.edu* enthält:

Inhalt der Datei *db.fx* :

```
@   IN   SOA   bladerunner.fx.movie.edu. hostmaster.fx.movie.edu. (
              1         ; Serial
              10800     ; Refresh alle drei Stunden
              3600      ; Retry jede Stunde
              604800    ; Expire nach einer Woche
              86400 )   ; Minimale TTL von einem Tag

    IN   NS    bladerunner
    IN   NS    outland

; MX-Records für fx.movie.edu
    IN   MX    10  starwars
    IN   MX    100 wormhole.movie.edu.

; starwars verarbeitet die Mail für bladerunner,
; wormhole ist der Mail-Hub für movie.edu.

bladerunner  IN   A     192.253.254.2
             IN   MX    10  starwars
             IN   MX    100 wormhole.movie.edu.

br           IN   CNAME    bladerunner
outland      IN   A     192.253.254.3
             IN   MX    10  starwars
             IN   MX    100 wormhole.movie.edu.

starwars     IN   A     192.253.254.4
             IN   MX    10  starwars
             IN   MX    100 wormhole.movie.edu.

empire       IN   A     192.253.254.5
             IN   MX    10  starwars
             IN   MX    100 wormhole.movie.edu.

jedi         IN   A     192.253.254.6
             IN   MX    10  starwars
             IN   MX    100 wormhole.movie.edu.
```

Danach legen wir die Datei *db.192.253.254* an:

```
@   IN   SOA   bladerunner.fx.movie.edu. hostmaster.fx.movie.edu. (
              1         ; Serial
              10800     ; Refresh alle drei Stunden
              3600      ; Retry jede Stunde
              604800    ; Expire nach einer Woche
              86400 )   ; Minimale TTL von einem Tag
```

```
                IN      NS      bladerunner.fx.movie.edu.
                IN      NS      outland.fx.movie.edu.

1               IN      PTR     movie-gw.movie.edu.
2               IN      PTR     bladerunner.fx.movie.edu.
3               IN      PTR     outland.fx.movie.edu.
4               IN      PTR     starwars.fx.movie.edu.
5               IN      PTR     empire.fx.movie.edu.
6               IN      PTR     jedi.fx.movie.edu.
```

Beachten Sie, daß der PTR-Record für *1.254.253.192.in-addr.arpa* auf *moviegw.movie.edu* zeigt. Das ist gewollt. Der Router verbindet die anderen Netzwerke von *movie.edu*, gehört also eigentlich nicht in die Domain *fx.movie.edu*, und es gibt keinen Grund dafür, daß alle PTR-Records in *254.253.192.in-addr.arpa* auf einen einzigen Host abgebildet werden. Gleichwohl sollten sie den kanonischen Namen dieser Hosts entsprechen.

Als nächstes erzeugen wir die entsprechende *named.conf* für den primären Master-Server:

```
options {
              directory "/usr/local/named";
};

zone "0.0.127.in-addr.arpa" {
              type master;
              file "db.127.0.0";
};

zone "fx.movie.edu" {
              type master;
              file "db.fx";
};

zone "254.253.192.in-addr.arpa" {
              type master;
              file "db.192.253.254";
};

zone "." {
              type hint;
              file "db.cache";
};
```

Die Datei *named.boot* für BIND 4 sähe wie folgt aus:

```
directory       /usr/local/named

primary         0.0.127.in-addr.arpa        db.127.0.0    ; loopback
primary         fx.movie.edu                db.fx
primary         254.253.192.in-addr.arpa    db.192.253.254

cache           .                           db.cache
```

Natürlich hätten wir, wenn wir *h2n* benutzt hätten, einfach die Befehle

```
% h2n -d fx.movie.edu -n 192.253.254 -s bladerunner -s outland \
-u hostmaster.fx.movie.edu -m 10:starwars -m 100:wormhole.movie.edu
```

eingeben können und uns damit etwas Schreibarbeit erspart. *h2n* hätte inhaltlich identische *db.fx-*, *db.192. 253.254-* und *named.boot*-Dateien angelegt.

Nun müssen wir den Resolver von *bladerunner* konfigurieren. Tatsächlich heißt das nicht, daß wir eine *resolv.conf* anlegen müssen. Wenn wir den *hostname*n von *bladerunner* auf den neuen Domain-Namen *bladerunner.fx.movie.edu* setzen, kann der Resolver die lokale Domain aus dem voll qualifizierten Domain-Namen ableiten.

Als nächstes starten wir den *named*-Prozeß auf *bladerunner* und halten nach *syslog*-Fehlern Ausschau. Falls *named* fehlerfrei startet und keine *syslog*-Fehler auftauchen, die unsere Aufmerksamkeit erfordern, verwenden wir *nslookup*, um einige Hosts in *fx.movie.edu* und *254.253.192.in-addr.arpa* nachzusehen:

```
Default Server:  bladerunner.fx.movie.edu
Address:  192.253.254.2

> jedi
Server:  bladerunner.fx.movie.edu
Address:  192.253.254.2
Name:    jedi.fx.movie.edu
Address: 192.253.253.6

> set type=mx
> empire
Server:  bladerunner.fx.movie.edu
Address:  192.253.254.2

empire.fx.movie.edu      preference = 10,
                         mail exchanger = starwars.fx.movie.edu
empire.fx.movie.edu      preference = 100,
                         mail exchanger = wormhole.movie.edu
starwars.fx.movie.edu    internet address = 192.253.254.4
> ls fx.movie.edu
[bladerunner.fx.movie.edu]
             1D IN SOA    bladerunner.fx.movie.edu.
hostmaster.fx.movie.edu. (
                    1              ; serial
                    3H             ; refresh
                    1H             ; retry
                    1w1h           ; expire
                    1D )           ; minimum

             1D IN NS     bladerunner.fx.movie.edu.
             1D IN NS     outland.fx.movie.edu.
             1D IN MX     10 starwars.fx.movie.edu.
             1D IN MX     100 wormhole.movie.edu.
br.fx.movie.edu.         1D IN CNAME bladerunner.fx.movie.edu.
```

```
            jedi.fx.movie.edu.       1D IN A     192.253.254.6
                         1D IN MX    10 starwars.fx.movie.edu.
                         1D IN MX    100 wormhole.movie.edu.
            outland.fx.movie.edu.    1D IN A     192.253.254.3
                         1D IN MX    10 starwars.fx.movie.edu.
                         1D IN MX    100 wormhole.movie.edu.
            starwars.fx.movie.edu.   1D IN A     192.253.254.4
                         1D IN MX    10 starwars.fx.movie.edu.
                         1D IN MX    100 wormhole.movie.edu.
            bladerunner.fx.movie.edu.   1D IN A  192.253.254.2
                         1D IN MX    10 starwars.fx.movie.edu.
                         1D IN MX    100 wormhole.movie.edu.
            empire.fx.movie.edu.     1D IN A     192.253.254.5
                         1D IN MX    10 starwars.fx.movie.edu.
                         1D IN MX    100 wormhole.movie.edu.
            fx.movie.edu.       1D IN SOA    bladerunner.fx.movie.edu.
            hostmaster.fx.movie.edu. (
                            1                ; serial
                            3H               ; refresh
                            1H               ; retry
                            1w1h             ; expire
                            1D )             ; minimum

        > set type=ptr
        > 192.253.254.3
        Server:  bladerunner.fx.movie.edu
        Address:  192.253.254.2

        3.254.253.192.in-addr.arpa      name = outland.fx.movie.edu

        > ls 254.253.192.in-addr.arpa.
        [bladerunner.fx.movie.edu]
                       1D IN SOA    bladerunner.fx.movie.edu.
            hostmaster.fx.movie.edu. (
                            1                ; serial
                            3H               ; refresh
                            1H               ; retry
                            1w1h             ; expire
                            1D )             ; minimum

                       1D IN NS     bladerunner.fx.movie.edu.
                       1D IN NS     outland.fx.movie.edu.
            6.254.253.192.in-addr.arpa.    1D IN PTR   jedi.fx.movie.edu.
            1.254.253.192.in-addr.arpa.    1D IN PTR   movie-gw.movie.edu.
            2.254.253.192.in-addr.arpa.    1D IN PTR   bladerunner.fx.movie.edu.
            3.254.253.192.in-addr.arpa.    1D IN PTR   outland.fx.movie.edu.
            4.254.253.192.in-addr.arpa.    1D IN PTR   starwars.fx.movie.edu.
            5.254.253.192.in-addr.arpa.    1D IN PTR   empire.fx.movie.edu.
            254.253.192.in-addr.arpa.   1D IN SOA  bladerunner.fx.movie.edu.
            hostmaster.fx.movie.edu. (
                            1                ; serial
                            3H               ; refresh
                            1H               ; retry
```

```
                1w1h            ; expire
                1D )            ; minimum

>  ^D
```

Die Ausgabe sieht plausibel aus, so daß es sicher ist, einen Slave-Nameserver für *fx.movie.edu* einzurichten und *fx.movie.edu* von *movie.edu* zu delegieren

## Ein Slave für fx.movie.edu

Den Slave-Nameserver für *fx.movie.edu* einzurichten ist einfach: Kopieren Sie die Dateien *named.boot*, *db.127.0.0* und *db.cache* von *bladerunner*, und korrigieren Sie die Einträge in den Dateien *named.boot* und *db.127.0.0* entsprechend den Anweisungen aus Kapitel 4:

Inhalt der Datei *named.conf*:

```
options {
            directory "/usr/local/named";
};

zone "0.0.127.in-addr.arpa" {
            type master;
            file "db.127.0.0.1";
};

zone "fx.movie.edu" {
            type slave;
            file "db.fx";
            masters { 192.253.254.2; };
};

zone "254.253.192.in-addr.arpa" {
            type slave;
            file "db.192.253.254";
            masters { 192.253.254.2; };
};

zone "." {
            type hint;
            file "db.cache";
};
```

Und hier der Inhalt der Datei *named.boot* für BIND 4:

```
directory   /usr/local/named

primary     0.0.127.in-addr.arpa         db.127.0.0
secondary   fx.movie.edu                 192.253.254.2    db.fx
secondary   254.253.192.in-addr.arpa     192.253.254.2    db.192.253.254

cache       .                            db.cache
```

Genau wie *bladerunner* benötigt auch *outland* keine *resolv.conf*, solange der *hostname* auf *outland.fx.movie.edu* gesetzt ist.

Wir rufen *named* wieder auf und untersuchen die *syslog*-Ausgabe auf Fehler. Ist die *syslog*-Ausgabe in Ordnung, sehen wir einige Records in *fx.movie.edu* nach.

## Auf dem primären Master von movie.edu

Was bleibt, ist die Delegierung von *fx.movie.edu* an die neuen *fx.movie.edu*-Nameserver auf *bladerunner* und *outland*. Wir tragen die entsprechenden NS-Records in *db.movie* ein:

Auszug aus *db.movie*:

```
fx      86400   IN      NS      bladerunner.fx.movie.edu.
        86400   IN      NS      outland.fx.movie.edu.
```

Entsprechend RFC 1034 müssen die Domain-Namen der Nameserver im Resource Record-spezifischen Teil dieser beiden Zeilen (*bladerunner.fx.movie.edu* und *outland.fx.movie.edu*) kanonische Domain-Namen sein. Ein entfernter Nameserver, der der Delegierung folgt, erwartet hinter diesem Domain-Namen einen oder mehrere Adreß-Records und keinen Alias-Record (CNAME). Tatsächlich weitet das RFC diese Beschränkung auf jede Art von Resource Record aus, die einen Domain-Namen als Wert enthält – alle müssen den kanonischen Domain-Namen angeben.

Diese beiden Records reichen allein aber nicht aus. Erkennen Sie das Problem? Wie viele Nameserver außerhalb von *fx.movie.edu* können Informationen aus *fx.movie.edu* nachsehen? Nun, ein *movie.edu*-Nameserver würde auf die Nameserver verweisen, die die Autorität über *fx.movie.edu* besitzen, nicht wahr? Das ist richtig, aber die NS-Records in *db.movie* geben nur die *Namen* der *fx.movie.edu*-Nameserver zurück. Die fremden Nameserver benötigen jedoch die IP-Adressen der *fx.movie.edu*-Nameserver, um ihnen Queries schicken zu können. Wer kann ihnen diese Adressen liefern? Nur die *fx.movie.edu*-Nameserver. Ein echtes Huhn-oder-Ei-Problem!

Die Lösung besteht darin, die Adressen der *fx.movie.edu*-Nameserver in *db.movie* aufzunehmen. Zwar sind sie strenggenommen nicht Teil der *movie.edu*-Zone, aber sie sind notwendig, um die Delegierung an *fx.movie.edu* zu verwirklichen. Würden die Nameserver für *fx.movie.edu* nicht in *fx.movie.edu* selbst liegen, wären die Adressen (die sogenannten *Glue Records* ) nicht notwendig. Ein fremder Nameserver wäre in der Lage, die benötigte Adresse durch Abfrage eines anderen Nameservers zu ermitteln.

Mit diesen Glue Records sehen die hinzugefügten Datensätze wie der folgende Teil der Datei *db.movie* aus:

```
fx      86400   IN      NS      bladerunner.fx.movie.edu.
        86400   IN      NS      outland.fx.movie.edu.
bladerunner.fx.movie.edu.       86400   IN      A       192.253.254.2
outland.fx.movie.edu.           86400   IN      A       192.253.254.3
```

Stellen Sie sicher, daß Sie keine unnötigen Glue Records in die Datei aufnehmen. BIND-Nameserver vor der Version 4.9 laden diese Records in ihren Cache und geben sie bei Abfragen anderer Nameserver weiter. Wenn sich die IP-Adresse des Nameservers, die im Adreß-Record aufgeführt ist, verändert, und Sie diese Änderung entsprechend zu berücksichtigen vergessen, gibt Ihr Nameserver veraltete Adreßinformationen zurück. Dies führt zu langsamen Auflösungen bei den Nameservern, die Daten in der Zone nachsehen wollen, oder sogar dazu, daß Namen in der delegierten Zone überhaupt nicht mehr aufgelöst werden können.

Die BIND-Versionen 4.9 und 8 ignorieren für Slave-Zonen automatisch alle Glue Records, die nicht unbedingt notwendig sind, und protokollieren in der Kopie der Zonendaten, daß sie diese Records ignoriert haben. Hätten Sie beispielsweise einen NS-Record für *movie.edu*, der auf einen außerhalb der Site liegenden Nameserver namens *ns-1.isp.net* verweist, und hätten wir seine Adresse versehentlich in *db.movie* auf dem *movie.edu*-Primary aufgenommen, dann würden Sie

```
; Ignoring info about ns-1.isp.net, not in zone movie.edu
; ns-1.isp.net    258983    IN    A    10.1.2.3
```

in der *db.movie* eines Slave-Servers für *movie.edu* wiederfinden. Beachten Sie, daß der A-Record auskommentiert wurde.

Denken Sie auch daran, diese Records immer auf dem neuesten Stand zu halten. Wenn *bladerunner* eine neue Netzwerkschnittstelle oder eine andere IP-Adresse bekommt, müssen Sie einen weiteren A-Record hinzufügen.

Möglicherweise wollen wir auch Aliase für einige Hosts aufnehmen, die von *movie.edu* nach *fx.movie.edu* umziehen. Wenn wir etwa *plan9.movie.edu*, einen Server mit einem wichtigen Archiv mit Public Domain-Algorithmen für Spezialeffekte, nach *fx.movie.edu* verschieben, sollten wir unter *movie.edu* ein entsprechendes Alias einbinden, das unter dem alten Namen auf den neuen verweist:

```
plan9        IN    CNAME    plan9.fx.movie.edu.
```

Auf diese Weise können Leute außerhalb von *movie.edu plan9* immer noch erreichen, obwohl sie mit dem alten Namen *plan9.movie.edu* arbeiten.

Sie sollten keine Informationen über die Domain-Namen in *fx.movie.edu* in der Datei *db.movie* ablegen. Das *plan9*-Alias ist für die Zone *movie.edu* gedacht, gehört also auch in die Datei *db.movie*. Andererseits gehört ein Alias, das *p9.fx.movie.edu* auf *plan9.fx.movie.edu* verweist, in die Zone *fx.movie.edu*, also in die Datei *db.fx*. Hätten Sie einen Record in die db-Datei aufgenommen, der auf Daten außerhalb der in der Datei beschriebenen Zone weist, würde ein BIND 4.9-Nameserver sie ignorieren. Ältere Nameserver könnten diese Daten im Cache ablegen oder sogar als autoritative Daten verkaufen. Weil aber das Verhalten unvorhersehbar ist und bei neueren BIND-Versionen entfernt wurde, ist es am besten, es gleich richtig zu machen, auch wenn die Software Sie nicht dazu zwingt.

## Eine in-addr.arpa-Zone delegieren

Wir hätten beinahe vergessen, die Zone *254.253.192.in-addr.arpa* zu delegieren! Dies ist etwas schwieriger als die Delegierung von *fx.movie.edu*, weil wir die Parent-Zone nicht verwalten.

Zunächst müssen wir herausfinden, welche die Parent-Zone von *254.253.192.in-addr.arpa* ist und wer sie betreibt. Dazu ist ein wenig Detektivarbeit erforderlich. Wie Sie das anstellen, haben wir in Kapitel 3, *Wo anfangen?*, beschrieben.

Es stellt sich heraus, daß die Zone *in-addr.arpa* die Parent-Zone von *254.253.192.in-addr.arpa* ist. Und wenn Sie darüber nachdenken, macht das auch Sinn. Es gibt keinen Grund, warum die Administratoren von *253.192.in-addr.arpa* oder *192.in-addr.arpa* an eine andere Organisation delegieren sollten, denn solange 192.0.0.0 oder 192.253.0.0 nicht einen einzigen großen CIDR-Block bilden, haben Netzwerke wie 192.253.253 und 192.253.254 nichts miteinander zu tun. Sie könnten von völlig unterschiedlichen Organisationen gepflegt werden.

Vielleicht erinnern Sie sich aus Kapitel 3, daß die Zone *in-addr.arpa* vom ARIN, der American Registry of Internet Numbers, verwaltet wird. (Natürlich können Sie, falls Sie sich nicht mehr daran erinnern, immer mit *nslookup* die Kontaktadresse im SOA-Record von *in-addr.arpa* nachsehen, wie wir Ihnen in Kapitel 3 gezeigt haben.) Sie müssen nur das Formular *inaddrtemplate.txt* ausfüllen (Sie finden es unter *http://www.arin.net/templates/inaddrtemplate.txt*) und an die E-Mail-Adresse *hostmaster@arin.net* senden.

## Einen Slave-Nameserver für movie.edu hinzufügen

Wenn das Spezialeffektelabor groß genug wird, macht es Sinn, einen *movie.edu*-Slave an irgendeiner Stelle des 192.253.254-Netzwerks zu plazieren. Auf diese Weise kann ein großer Teil der DNS-Queries der *fx.movie.edu*-Hosts lokal beantwortet werden. Es erscheint auch logisch, einen der vorhandenen *fx.movie.edu*-Nameserver in einen *movie.edu*-Slave umzuwandeln – auf diese Weise können wir einen vorhandenen Nameserver besser auslasten und müssen keinen brandneuen Nameserver aufsetzen.

Wir haben uns entschlossen, *bladerunner* als Slave für *movie.edu* einzusetzen. Das würde der Hauptaufgabe von *bladerunner*, nämlich als primärer Master für *fx.movie.edu* zu fungieren, nicht widersprechen. Ein einziger Nameserver kann die Autorität über Tausende von Zonen besitzen, solange er über ausreichend Speicher verfügt. Ein Nameserver kann einige Zonen als primärer Master und andere als Slave laden.[2]

Die Konfigurationsänderung ist einfach: Wir tragen eine zusätzliche Zeile in die *named.conf* von *bladerunner* ein, um *named* anzuweisen, die Zone *movie.edu* über die IP-Adresse des primären *movie.edu*-Master-Nameservers *terminator.movie.edu* zu laden:

---

[2] Natürlich kann ein Nameserver für eine einzige Zone nicht gleichzeitig als primärer Master und als Slave fungieren. Entweder erhält der Nameserver die Daten einer Zone aus einer lokalen Datei (wenn er ein primärer Master für diese Zone ist) oder von einem anderen Nameserver (wenn er ein Slave für diese Zone ist).

```
options {
            directory "/usr/local/named";
};

zone "0.0.127.in-addr.arpa" {
            type master;
            file "db.127.0.0";
};

zone "fx.movie.edu" {
            type master;
            file "db.fx";
};

zone "254.253.192.in-addr.arpa" {
            type master;
            file "db.192.253.254";
};

zone "movie.edu" {
            type slave;
            masters { 192.249.249.3; };
            file "db.movie";
};

zone "." {
            type hint;
            file "db.cache";
};
```

Die entsprechende Datei named *named.boot* für BIND 4 sieht wie folgt aus:

```
directory     /usr/local/named

primary       0.0.127.in-addr.arpa       db.127.0.0      ; loopback
primary       fx.movie.edu               db.fx
primary       254.253.192.in-addr.arpa   db.192.253.254
secondary     movie.edu                  192.249.249.3       db.movie

cache         .                          db.cache
```

# Subdomains von in-addr.arpa

Vorwärts auflösende Domains sind nicht die einzigen Domains, die Sie in Subdomains unterteilen und delegieren können. Wenn Ihr *in-addr.arpa*-Namensraum groß genug ist, können Sie auch diesen unterteilen. Typischerweise unterteilen Sie die Ihrer Netzwerknummer entsprechende Domain in Subdomains, die Ihren Subnetzen entsprechen. Wie das funktioniert, hängt davon ab, welche Art von Netzwerk Sie besitzen und welche Subnetzmaske Ihr Netz benutzt.

## Subnetting an Oktettgrenzen

Weil unsere Filmhochschule nur drei /24 (Klasse-C)-Netzwerknummern besitzt (jeweils eine pro Segment), gibt es keine wirkliche Notwendigkeit, ein Subnetting auf diese Netzwerke anzuwenden. Aber eine Schwesteruniversität besitzt ein Klasse-B-Netzwerk, 172.20/16. Bei ihrem Netzwerk erfolgt das Subnetting zwischen dem dritten und dem vierten Oktett der IP-Adresse, d.h. die Subnetzmaske lautet 255.255.255.0. Sie haben bereits eine Reihe von Subdomains für Ihre Domain *altered.edu* angelegt, darunter auch *fx.altered.edu* (OK, wir haben sie kopiert), *makeup.altered.edu* und *foley.altered.edu*. Weil jedes dieser Institute auch ein eigenes Subnetz besitzt (die Spezialeffekte haben das Subnetz 172.20.2.0, »makeup« betreibt 172.20.15.0, und »foley« betreibt 172.20.25.0), soll auch deren *in-addr.arpa*-Namensraum entsprechend aufgeteilt werden.

Die Delegierung der *in-addr.arpa*-Subdomains unterscheidet sich nicht von der Delegierung vorwärts abbildender Domains. In deren *db.172.20*-Datei müssen NS-Records wie

```
2   86400   IN   NS   gump.fx.altered.edu.
2   86400   IN   NS   toystory.fx.altered.edu.
15  86400   IN   NS   prettywoman.makeup.altered.edu.
15  86400   IN   NS   priscilla.makeup.altered.edu.
25  86400   IN   NS   blowup.foley.altered.edu.
25  86400   IN   NS   muppetshow.foley.altered.edu.
```

aufgenommen werden, um die Subdomain, die dem jeweiligen Subnetz entspricht, mit dem entsprechenden Nameserver der jeweiligen Subdomain zu verbinden.

Zwei wichtige Hinweise: Die Altered States-Administratoren müssen den voll qualifizierten Domain-Namen der Nameserver in den NS-Records verwenden, weil der Standardursprung dieser Datei *20.172.in-addr.arpa* lautet, und Sie brauchen *keine* Glue Records zu verwenden, weil die Namen der Nameserver, an die die Zone delegiert wurde, nicht in der Zone liegen.

## Subnetting an Nicht-Oktettgrenzen

Was kann man mit Netzwerken tun, bei denen das Subnetting nicht an den so netten Oktettgrenzen erfolgt, beispielsweise beim Subnetting von /24 (Klasse-C)-Netzwerken? In diesen Fällen können Sie nicht entlang der Grenzen delegieren, die den Subnetzen entsprechen. Damit haben Sie eine von zwei Möglichkeiten zur Wahl: Entweder Sie besitzen mehrere Subnetze pro *in-addr.arpa*-Subdomain, oder Sie haben mehrere *in-addr.arpa*-Subdomains pro Subnetz. Keine dieser Situationen ist besonders angenehm.

### Klasse-A- und B-Netzwerke

Betrachten wir den Fall des /8 (Klasse-A)-Netzwerks 15.0.0.0, bei dem ein Subnetting mit der Subnetzmaske 255.255.248.0 (ein 13 Bit breites Subnetzfeld und ein elf Bit breites Host-Feld, also 8192 Subnetze von 2048 Hosts) vorliegt. In diesem Fall reicht das Subnetz 15.1.200.0 zum Beispiel von 15.1.200.0 bis 15.1.207.255. Daher sieht die Delegierung dieser einzelnen Subdomain in *db.15*, der Zonendatenbank-Datei für *15.in-addr.arpa*, wie folgt aus:

```
200.1.15.in-addr.arpa.    86400    IN    NS    ns-1.cns.hp.com.
200.1.15.in-addr.arpa.    86400    IN    NS    ns-2.cns.hp.com.
201.1.15.in-addr.arpa.    86400    IN    NS    ns-1.cns.hp.com.
201.1.15.in-addr.arpa.    86400    IN    NS    ns-2.cns.hp.com.
202.1.15.in-addr.arpa.    86400    IN    NS    ns-1.cns.hp.com.
202.1.15.in-addr.arpa.    86400    IN    NS    ns-2.cns.hp.com.
203.1.15.in-addr.arpa.    86400    IN    NS    ns-1.cns.hp.com.
203.1.15.in-addr.arpa.    86400    IN    NS    ns-2.cns.hp.com.
204.1.15.in-addr.arpa.    86400    IN    NS    ns-1.cns.hp.com.
204.1.15.in-addr.arpa.    86400    IN    NS    ns-2.cns.hp.com.
205.1.15.in-addr.arpa.    86400    IN    NS    ns-1.cns.hp.com.
205.1.15.in-addr.arpa.    86400    IN    NS    ns-2.cns.hp.com.
206.1.15.in-addr.arpa.    86400    IN    NS    ns-1.cns.hp.com.
206.1.15.in-addr.arpa.    86400    IN    NS    ns-2.cns.hp.com.
207.1.15.in-addr.arpa.    86400    IN    NS    ns-1.cns.hp.com.
207.1.15.in-addr.arpa.    86400    IN    NS    ns-2.cns.hp.com.
```

Recht viele Delegierungen für ein einziges Subnetz!

## /24- (Klasse-C)-Netzwerke

Im Fall eines mit Subnetting arbeitenden /24 (Klasse-C)-Netzwerks, etwa 192.253.254.0, bei dem das Subnetting mit der Maske 255.255.255.192 erfolgt, besitzen Sie eine einzige *in-addr.arpa*-Zone, nämlich *254.253.192.in-addr.arpa*, die den Subnetzen 192.253. 254.0/26, 192.253.254.64/26, 192.253.254.128 und 192.253.254.192/26 entspricht. Sie können dies auf eine von drei Arten lösen, von denen keine besonders schön ist.

*Lösung 1.* Die erste Lösung besteht darin, die Domain *254.253.192.in-addr.arpa* als eine Einheit zu pflegen und nicht einmal zu versuchen, irgend etwas zu delegieren. Dies verlangt entweder die Kooperation zwischen den Administratoren aller vier Subnetze oder die Benutzung eines Tools wie WebDNS (*http://hem.passagen.se/hno/webdns*) vom MIT, das es jedem der vier Administratoren erlaubt, für die jeweils eigenen Daten zu sorgen.

*Lösung 2.* Die zweite Lösung besteht darin, am *vierten* Oktett zu delegieren. Das ist sogar noch unangenehmer als die gerade gezeigte /8-Delegierung. Sie werden mindestens ein paar NS-Records pro IP-*Adresse* in der Datei *db.192.253.254* benötigen:

```
1.254.253.192.in-addr.arpa.     86400    IN    NS    ns1.foo.com.
1.254.253.192.in-addr.arpa.     86400    IN    NS    ns2.foo.com.

2.254.253.192.in-addr.arpa.     86400    IN    NS    ns1.foo.com.
2.254.253.192.in-addr.arpa.     86400    IN    NS    ns2.foo.com.

...

65.254.253.192.in-addr.arpa.    86400    IN    NS    relay.bar.com.
65.254.253.192.in-addr.arpa.    86400    IN    NS    gw.bar.com.
```

```
66.254.253.192.in-addr.arpa.     86400    IN    NS    relay.bar.com.
66.254.253.192.in-addr.arpa.     86400    IN    NS    gw.bar.com.

...

129.254.253.192.in-addr.arpa.    86400    IN    NS    mail.baz.com.
130.254.253.192.in-addr.arpa.    86400    IN    NS    www.baz.com.

194.254.253.192.in-addr.arpa.    86400    IN    NS    mail.baz.com.
194.254.253.192.in-addr.arpa.    86400    IN    NS    www.baz.com.
```

Und das setzt sich fort bis *254.254.253.192.in-addr.arpa*. Natürlich wird in der *named.conf* von *ns1.foo.com* auch etwas erwartet:

```
zone "1.254.253.192.in-addr.arpa" {
            type master;
            file "db.192.253.254.1";
};

zone "2.254.253.192.in-addr.arpa" {
            type master;
            file "db.192.253.254.2";
};
```

Würde *ns1.foo.com* BIND 4 ausführen, sähen die Anweisungen in der *named.boot* wie folgt aus:

```
primary    1.254.253.192.in-addr.arpa    db.192.253.254.1
primary    2.254.253.192.in-addr.arpa    db.192.253.254.2
```

Und in *db.192.253.254.1* eben dieser eine PTR-Record:

```
@      IN    SOA    ns1.foo.com.   root.ns1.foo.com.   (
                           1            ; Serial
                           10800        ; Refresh
                           3600         ; Retry
                           608400       ; Expire
                           86400        ; Minimale TTL

       IN    NS     ns1.foo.com.
       IN    NS     ns2.foo.com.

       IN    PTR    thereitis.foo.com.
```

Beachten Sie, daß der PTR-Record an den Domain-Namen der Zone angehängt wird, weil der Domain-Name der Zone genau eine IP-Adresse ausmacht. Wenn ein Nameserver für *254.253.192.in-addr.arpa* eine Abfrage für den PTR-Record für *1.254.253.192.in-addr.arpa* erhält, verweist er auf *ns1.foo.com* und *ns2.foo.com*, die mit einem PTR-Record in der Zone antworten.

*Lösung 3.* Schließlich gibt es noch eine clevere Technik, die die Pflege einer separaten Zonendatendatei für jede IP-Adresse unnötig macht.[3] Die für das gesamte /24-Netzwerk verantwortliche Organisation erstellt für jeden Domain-Namen in der Zone CNAME-Records, die auf die Domain-Namen der neuen Subdomains verweisen. Die Records erhalten die Namen 0-63, 64-127, 128-191 und 192-255 und werden an die entsprechenden Server delegiert. Jede Subdomain enthält lediglich die PTR-Records des Bereiches, der durch den Namen der Subdomain angegeben wird. Die entsprechenden Ausschnitte der Datei *db.192.253.254* sehen wie folgt aus:

```
1.254.253.192.in-addr.arpa.       IN    CNAME    1.0-63.254.253.192.in-addr.arpa.
2.254.253.192.in-addr.arpa.       IN    CNAME    2.0-63.254.253.192.in-addr.arpa.

...

0-63.254.253.192.in-addr.arpa.          86400    IN    NS    ns1.foo.com.
0-63.254.253.192.in-addr.arpa.          86400    IN    NS    ns2.foo.com.

65.254.253.192.in-addr.arpa.      IN    CNAME    65.64-127.254.253.192.in-addr.arpa.
66.254.253.192.in-addr.arpa.      IN    CNAME    66.64-127.254.253.192.in-addr.arpa.

...

64-127.254.253.192.in-addr.arpa.        86400    IN    NS    relay.bar.com.
64-127.254.253.192.in-addr.arpa.        86400    IN    NS    gw.bar.com.

129.254.253.192.in-addr.arpa.     IN    CNAME    129.128-191.254.253.192.in-addr.arpa.
130.254.253.192.in-addr.arpa.     IN    CNAME    130.128-191.254.253.192.in-addr.arpa.

...

128-191.254.253.192.in-addr.arpa.       86400    IN    NS    mail.baz.com.
128-191.254.253.192.in-addr.arpa.       86400    IN    NS    www.baz.com.
```

Die Zonendatei für *0-63.254.253.192.in-addr.arpa*, *0-63.254.253.192.in-addr.arpa.dns*, enthält lediglich die PTR-Records der IP-Addressen 192.253.254.1 bis 192.253.254.63. Die Ausschnitte aus der Datei *0-63.254.253.192.in-addr.arpa* lauten also:

```
@       IN    soa    ns1.foo.com.    root.ns1.foo.com.  (
                     1              ; Serial
                     10800          ; Refresh
                     3600           ; Retry
                     608400         ; Expire
                     86400 )        ; Default TTL

        in    NS     ns1.foo.com.
        in    NS     ns2.foo.com.

1       IN    PTR    thereitis.foo.com.
```

---

[3] Wir sind auf dieses Vorgehen erstmalig in der Newsgruppe *comp.protocols.tcp-ip.domains* gestoßen, wo es von Glen Herrmansfeldt von CalTech erklärt wurde. Mittlerweile steht diese Lösung als RFC 2317 zur Verfügung.

```
2    IN   PTR    setter.foo.com.
3    IN   PTR    mouse.foo.com.
...
```

Wenn ein Resolver den PTR-Record für *1.254.253.192.in-addr.arpa* anfordert, wird ein *254.253.192.in-addr.arpa*-Nameserver (für den Resolver transparent) diese Anforderung dem PTR-Record für *1.0-63.254.253.192.in-addr.arpa* zuordnen. Diese Anforderung wird an einen der *0-63.254.253.192.in-addr.arpa*-Nameserver geleitet; diese Nameserver werden von der Organisation betrieben, die das erste Subnet (Addressen 0-63) verwaltet.

## Gutes Parenting

Nachdem die Delegierung der *fx.movie.edu*-Nameserver vollzogen ist, sollten wir – als verantwortungsbewußte »Eltern«, die wir nun mal sind – die Delegierung mit *check_del* prüfen. Was? Wir haben *check_del* noch nicht erwähnt? Leider ist *check_del* zu umfassend, um es vollständig in diesem Buch behandeln zu können, aber wir haben es über anonymes *FTP* verfügbar gemacht. Details finden Sie im Vorwort. Besorgen Sie sich den Code, und kompilieren Sie ihn, wenn Sie uns hier folgen wollen.

*check_del* »kennt« sich mit Delegierung aus. *check_del* liest NS-Records. Für jeden NS-Record schickt *check_del* eine Query an den Nameserver, der im SOA-Record der Zone aufgeführt ist. Diese Query ist nichtrekursiv, d.h. der Nameserver fragt keine anderen Nameserver ab, um den SOA-Record zu finden. Liefert der Nameserver eine Antwort zurück, prüft *check_del*, ob in dieser Antwort das *aa* (autoritative Antwort)-Bit gesetzt ist. Wenn ja, stellt der Nameserver noch sicher, daß das Paket auch eine Antwort enthält. Sind beide Kriterien erfüllt, wird der Nameserver als Inhaber der Autorität über die Zone gekennzeichnet. Anderenfalls besitzt der Nameserver nicht die Autorität, und *check_del* gibt eine Fehlermeldung zurück.

Warum der ganze Aufwand bezüglich fehlerhafter Delegierungen? Eine fehlerhafte Delegierung kann die Verteilung alter oder fehlerhafter Root-Nameserver-Informationen zur Folge haben. Werden von einem Nameserver Daten einer Zone angefordert, über die er keine Autorität besitzt, versucht er sein Bestes, um den Anfragenden mit nützlichen Informationen zu versorgen. Diese »nützlichen Informationen« treten auf in Gestalt von NS-Records für die dem Ziel am nächsten liegende Domain, von der der Nameserver weiß. (Wir haben das kurz in Kapitel 8, *Domain-Wachstum,* erläutert, als wir erklärten, warum reine Cache-Nameserver nicht registriert werden dürfen.)

Nehmen wir zum Beispiel mal an, daß einer der *fx.movie.edu*-Nameserver versehentlich eine iterative Query für die Adresse von *carrie.horror.movie.edu* empfängt. Er weiß nichts über die Domain *horror.movie.edu* (mit Ausnahme dessen, was er vielleicht im Cache abgelegt hat), aber sehr wahrscheinlich hat er NS-Records für *movie.edu* vorliegen, da dies ja die Parent-Nameserver sind. Er würde diese Records an den Anfragenden zurückgeben.

In dieser Situation können die NS-Records dem anfragenden Nameserver helfen, eine Antwort zu finden. Allerdings ist es einfach eine Tatsache im Internet, daß nicht alle Administratoren ihre Cache-Dateien auf dem neuesten Stand halten. Wenn einer Ihrer Nameserver einer falschen Delegierung folgt und einen entfernten Nameserver nach Records abfragt, die dieser nicht besitzt, passiert folgendes:

```
% nslookup
Default Server: terminator.movie.edu
Address:  192.249.249.3

> set type=ns
> .
Server: terminator.movie.edu
Address:  192.249.249.3

Non-authoritative answer:
(root)    nameserver = D.ROOT-SERVERS.NET
(root)    nameserver = E.ROOT-SERVERS.NET
(root)    nameserver = I.ROOT-SERVERS.NET
(root)    nameserver = F.ROOT-SERVERS.NET
(root)    nameserver = G.ROOT-SERVERS.NET
(root)    nameserver = A.ROOT-SERVERS.NET
(root)    nameserver = H.ROOT-SERVERS.NETNIC.NORDU.NET
(root)    nameserver = B.ROOT-SERVERS.NET
(root)    nameserver = C.ROOT-SERVERS.NET
(root)    nameserver = A.ISI.EDU              --Diese drei Nameserver
(root)    nameserver = SRI-NIC.ARPA           --sind keine Root-Server
(root)    nameserver = GUNTER-ADAM.ARPA       --mehr.
```

Ein entfernter Nameserver wollte dem lokalen Nameserver »aushelfen«, indem er ihm die aktuelle Liste der Root-Server geschickt hat. Unglücklicherweise war der entfernte Nameserver beschädigt und lieferte falsche NS-Records zurück. Unser lokaler Nameserver, der es ja nicht besser weiß, hat diese Daten in seinem Cache abgelegt.

Queries an fehlerhaft konfigurierte *in-addr.arpa*-Nameserver führen häufig zu falschen Root-NS-Records, weil die Domains *in-addr.arpa* und *arpa* die nächsten Vorfahren der meisten *in-addr.arpa*-Subdomains sind und Nameserver NS-Records für *in-addr.arpa* oder *arpa* nur sehr selten im Cache ablegen. (Die Root-Server geben sie nur selten aus, weil sie meist direkt an untergeordnete Zonen delegieren.) Sobald Ihr Nameserver einmal fehlerhafte NS-Records in seinem Cache abgelegt hat, kann Ihre Namensauflösung darunter leiden.

Solche Root-NS-Records könnten dazu führen, daß Ihr Nameserver einen Root-Nameserver abfragt, der nicht mehr dieser IP-Adresse zu finden ist oder vielleicht sogar überhaupt nicht mehr existiert. An einem besonders schlechten Tag kann der falsche Root-NS-Record sogar auf einen existierenden Nameserver verweisen, der kein Root-Server ist und relativ nahe an Ihrem Netzwerk liegt. Obwohl dieser Server keine autoritativen Root-Daten zurückliefert, würde Ihr Nameserver ihn bevorzugen, weil er Abfragen schnell beantwortet (denn er liegt nahe an Ihrem Netzwerk).

## check_del benutzen

Falls unsere kleine Ausführung Sie von der Wichtigkeit der Pflege einer korrekten Delegierung überzeugt hat, werden Sie etwas mehr Geduld aufbringen, die Verwendung von *check_del* zu erlernen, um sich auch weiterhin zu den »Guten« rechnen lassen zu dürfen.

*check_del* erwartet üblicherweise zwei Argumente: den Namen der zu prüfenden Datendatei und den Standardursprung der Datendatei. Der Standardursprung teilt *check_del* den Domain-Namen mit, dem die relativen Namen der Datei anzuhängen sind. (Wenn *named* die db-Datei liest, erfährt es den Standardursprung aus der Datei *named.conf* oder *named.boot*; der Standardursprung befindet sich am Beginn der *zone*-Anweisung und immer im zweiten Feld einer *primary*- oder *secondary*-Anweisung. *check_del* liest die *conf*- oder *boot*-Datei nicht, weshalb der Domain-Name in der Kommandozeile übergeben werden muß. Würde es die *conf*- oder *boot*-Datei lesen, wäre es auf die darin enthaltenen db-Dateien beschränkt.)

Um zu überprüfen, ob die Datei *db.movie* die richtige Delegierung an *fx.movie.edu* (und alle anderen Subdomains) enthält, würden wir folgendes eingeben:

```
% check_del -o movie.edu -f db.movie
```

Ist die Delegierung korrekt, werden wir folgende Ausgabe sehen:

```
5 domains properly delegated
```

Eigentlich handelt es sich hier um eine Domain, die an drei autoritative Server (*movie.edu* delegiert an *terminator*, *wormhole* und *zardoz*) delegiert wurde, und um eine Subdomain, die an zwei autoritative Server (*fx.movie.edu* delegiert an *bladerunner* und *outland*) delegiert wurde, aber *check_del* kann das nicht auseinanderhalten. Der wichtige Punkt ist hier, daß alle NS-Records in *db.movie* korrekt sind.

Wäre einer der *fx.movie.edu*-Nameserver, etwa *outland*, falsch konfiguriert, würden Sie folgendes sehen:

```
Server outland.fx.movie.edu is not authoritative for fx.movie.edu

4 domains properly delegated
1 domains improperly delegated
```

Okay, *check_del* hat es nicht so mit Plural und Singular.

Würde einer der *fx.movie.edu*-Nameserver überhaupt nicht laufen, wäre folgende Meldung zu sehen:

```
4 domains properly delegated
1 servers not running

Servers not running:
        outland.fx.movie.edu
```

In diesem Fall heißt **not running** in Wirklichkeit, daß *check_del* versucht hat, dem Nameserver eine Query zu senden, und die ICMP-Fehlermeldung »Port unreachable« zurückerhalten hat, was bedeutet, daß am Nameserver-Port niemand reagiert.

Und antwortet ein Nameserver nicht innerhalb einer akzeptablen Zeitspanne, wird folgende Meldung erscheinen:

```
4 domains properly delegated
1 servers not responding

Servers not responding:
        outland.fx.movie.edu
```

## *Delegierungsmanagement*

Wenn das Spezialeffektelabor weiter wächst, könnte irgendwann ein Bedarf an zusätzlichen Nameservern bestehen. Das Einrichten neuer Nameserver haben wir in Kapitel 8 behandelt und dabei auch erklärt, welche Informationen an den Administrator der Parent-Zone zu leiten sind. Aber wir haben niemals erklärt, was der Parent machen muß.

Tatsächlich stellt sich heraus, daß der Job des Parents vergleichsweise einfach ist, insbesondere, wenn die Administratoren der Subdomain alle Informationen schicken. Nehmen wir einmal an, daß sich das Spezialeffektelabor auf ein neues Netzwerk, 192.254.20, ausdehnt. Sie haben eine Reihe neuer Hochleistungsgrafik-Workstations erhalten. Eine dieser Workstations, *alien.fx.movie.edu*, wird als Nameserver für dieses Netzwerk fungieren.

Die Administratoren von *fx.movie.edu* (wir haben die Subdomain an die Leute im Labor delegiert) schicken den Administratoren der Parent-Zone (also uns) eine kurze Notiz:

```
Hallo!

Wir haben gerade alien.fx.movie.edu (192.254.20.3) als Nameserver für fx.movie.edu
aufgesetzt. Könntet Ihr bitte die Delegierungsinformationen aktualisieren? Die neuen
NS-Records habe ich beigefügt.

Danke,

Arty Segue
ajs@fx.movie.edu

----- cut here -----

fx.movie.edu.       86400   IN   NS   bladerunner.fx.movie.edu.
fx.movie.edu.       86400   IN   NS   outland.fx.movie.edu.
fx.movie.edu.       86400   IN   NS   alien.fx.movie.edu.

bladerunner.fx.movie.edu.   86400   IN   A   192.253.254.2
outland.fx.movie.edu.       86400   IN   A   192.253.254.3
alien.fx.movie.edu.         86400   IN   A   192.254.20.3
```

Unsere Aufgabe als Administratoren von *movie.edu* ist einfach: Wir nehmen diese NS- und A-Records in *db.movie* auf.

Was tun, wenn wir unsere Nameserver-Daten mit *h2n* erzeugen? In diesem Fall können wir die Delegierungsinformationen in die Datei *spcl.movie* aufnehmen, die *h2n* über die $INCLUDE-Direktive an die Datei *db.movie* anhängt.

Der letzte Schritt für den Administrator von *fx.movie.edu* besteht darin, eine ähnliche Nachricht an *hostmaster@internic.net* (Administrator der *in-addr.arpa*-Domain) zu schikken, in der er darum bittet, die Domain *20.254.192.in-addr.arpa* an *alien.fx. movie.edu*, *bladerunner.fx.movie.edu* und *outland.fx.movie.edu* zu delegieren.

### *Eine andere Möglichkeit, Delegierungen zu verwalten: Stubs*

Wenn Sie BIND 4.9 oder 8-Nameserver betreiben, müssen Sie Delegierungsinformationen nicht manuell verwalten. BIND 4.9 und 8 enthalten die Funktion *stub*, die sich im experimentellen Stadium befindet. Sie ermöglicht es einem Nameserver, Änderungen der Delegierung automatisch aufzunehmen.

Nameserver, die als Stubs einer Subdomain arbeiten, führen regelmäßig Zonentransfers der Daten der Subdomains durch, ignorieren in diesen Daten aber alles außer den NS-Datensatz und dem SOA-Record. Die NS-Records werden in die Parent-Zone »befördert«, und die SOA-Records bestimmen, wie häufig der Stub Zonentransfers durchführt. Wenn nun die Administratoren einer Subdomain Änderungen an den Nameservern ihrer Subdomain durchführen, aktualisieren Sie einfach die NS-Records. Die Nameserver, die für die Parent-Zone die Autorität besitzen, erhalten die neuen Records innerhalb des Refresh-Intervalls.

Auf den Nameservern von *movie.edu*, die BIND 8 ausführen, wären der Datei *named. conf* folgende Zeilen hinzuzufügen:

```
zone "fx.movie.edu" {
        type stub;
        file "db.fx";
        masters { 192.253.254.2; };
};
```

Für BIND 4.9 lautet der Befehl wie folgt:

```
stub    fx.movie.edu    192.253.254.2    db.fx
```

Beachten Sie, daß wir alle Nameserver für *movie.edu* als Stubs für *fx.movie.edu* konfigurieren sollten, denn falls sich die Delegierungsinformation für *fx.movie.edu* ändert, ändert sich nicht die Seriennummer der Zone *movie.edu*.

# Der Übergang auf Subdomains

Wir wollen es Ihnen nicht verschweigen: Unser *fx.movie.edu*-Beispiel war aus verschiedenen Gründen unrealistisch. Der Hauptgrund ist das magische Erscheinen der Hosts des Spezialeffektelabors. Im normalen Leben hätte das Labor mit einigen wenigen Hosts begonnen, wahrscheinlich in der Zone *movie.edu*. Nach einer stattlichen Geldspritze (z.b. öffentlichen Fördermitteln oder einer Unternehmensspende) wäre das Labor etwas gewachsen und um einige Computer erweitert worden. Früher oder später hätte das Labor über genug Hosts verfügt, um die Einrichtung einer neuen Subdomain zu rechtfertigen. Zu diesem Zeitpunkt wären die Namen der anderen Hosts aber wahrscheinlich unter *movie.edu* bereits allgemein bekannt gewesen.

Wir haben die Verwendung von CNAME-Records bei der Parent-Domain (in unserem *plan9.movie.edu*-Beispiel), mit deren Hilfe die Domain-Änderung eines Hosts abgefangen werden kann, bereits kurz angerissen. Was aber passiert, wenn Sie ein gesamtes Netzwerk oder Subnetz in eine neue Subdomain verschieben?

Die von uns empfohlene Strategie verwendet CNAME-Records auf fast die gleiche Weise, aber in einem größeren Rahmen. Mit einem Tool wie *h2n* können Sie CNAME-Records für Hosts *en masse* erzeugen. Auf diese Weise können die Benutzer auch weiterhin die alten Domain-Namen verwenden. Bei einem *telnet* oder *FTP* (oder was auch immer) auf diese Hosts teilt ihnen der entsprechende Befehl mit, daß eine Verbindung zu einem Host in *fx.movie.edu* aufgebaut wurde:

```
% telnet plan9
Trying...
Connected to plan9.fx.movie.edu.
Escape character is '^]'.

HP-UX plan9.fx.movie.edu A.09.05 C 9000/735 (ttyu1)

login:
```

Einigen Benutzern fallen solch subtile Änderungen aber nicht auf, weshalb Sie auch etwas Öffentlichkeitsarbeit betreiben und den Leuten diese Änderungen bekanntgeben sollten.

Bei *fx.movie.edu*-Hosts, die ältere *sendmail*-Versionen ausführen, müssen wir auch die Mail so konfigurieren, daß die Mail-Adressen für die neuen Domain-Namen akzeptiert werden. Moderne *sendmail*-Versionen kanonisieren die Host-Namen in den Adressen der Message-Header, wobei sie vor dem Senden der Nachrichten auf den Nameserver zugreifen. Auf diese Weise wird ein *movie.edu*-Alias in einen kanonischen Namen innerhalb der *fx.movie.edu*-Domain aufgelöst. Ist das *sendmail* der empfangenden Seite allerdings älter, müssen wir den Namen der neuen Domain von Hand eintragen. Dies verlangt üblicherweise eine einfache Änderung der Klasse oder Dateiklasse *w* in *sendmail.cf*; siehe »Der MX-Algorithmus«, in Kapitel 5.

Wie erzeugt man all diese Aliase? Sie müssen *h2n* nur anweisen, die Aliase für die Hosts in den *fx.movie.edu*-Netzwerken (192.253.254 und 192.254.20) zu erzeugen, und angeben (in der Datei */etc/hosts*), wie die neuen Domain-Namen für diese Hosts lauten. Beispielsweise können wir mit der Host-Tabelle von *fx.movie.edu* für *movie.edu* auf sehr einfache Weise eine Alias-Liste aller Hosts in *fx.movie.edu* anlegen:

Ausschnitt aus der Datei */etc/hosts*:

```
192.253.254.1   movie-gw.movie.edu movie-gw
# fx, primär
192.253.254.2   bladerunner.fx.movie.edu bladerunner br
# fx, sekundär
192.253.254.3   outland.fx.movie.edu outland
192.253.254.4   starwars.fx.movie.edu starwars
192.253.254.5   empire.fx.movie.edu empire
192.253.254.6   jedi.fx.movie.edu jedi
192.254.20.3    alien.fx.movie.edu alien
```

Die *h2n*-Option *-c* verlangt den Namen einer Zone als Argument. Findet *h2n* irgendwelche Hosts in dieser Zone bei Netzwerken, deren Daten es aufbaut, erzeugt es entsprechende Aliase in der aktuellen Zone (angegeben mit *-d*). Wenn Sie also

```
% h2n -d movie.edu -n 192.253.254 -n 192.254.20 \
-c fx.movie.edu -f Optionen
```

ausführen (wobei *optionen* die anderen Kommandozeilenoptionen für den Aufbau der Daten aus anderen *movie.edu*-Netzwerken enthält), können wir unter *movie.edu* die Aliases für alle *fx.movie.edu*-Hosts erzeugen.

## *Parent-Aliases entfernen*

Obwohl Parent-Aliases hilfreich sind, um die mit Umzügen von Hosts verbundenen Probleme zu minimieren, handelt es sich bei ihnen doch nur um eine Art Krücke. Genau wie Krücken auch, schränken sie Ihre Freiheit ein. Sie füllen den Domain-Namensraum, obwohl die Motivation für die Implementierung einer Subdomain durchaus die Verkleinerung Ihrer Parent-Zone gewesen sein kann. Und sie verhindern, daß Sie die Namen der Subdomain-Hosts als Namen für die Hosts der Parent-Zone einsetzen können.

Nach einer Gnadenfrist – die den Benutzern bekanntgegeben werden sollte – sollten Sie alle Aliase entfernen. Ausnahmen sollten Sie höchstens für sehr bekannte Internet-Hosts machen. Während dieser »Galgenfrist« können sich die Benutzer auf die neuen Domain-Namen einstellen, Skripten und *.rhosts*-Dateien modifizieren und ähnliches mehr. Begehen Sie aber nicht den Fehler, die Aliase auf Dauer in Ihrer Parent-Zone zu belassen. Dies läuft einem Teil der Ziele des DNS entgegen, weil es verhindert, daß Sie bzw. die Administratoren der Subdomains die Hosts autonom benennen können.

Sie können durchaus CNAME-Records für sehr bekannte Internet-Hosts oder zentrale Netzwerkressourcen belassen, weil die möglichen Auswirkungen eines Anbindungsverlustes zu hoch sind. Andererseits könnte es besser sein, einen derart bekannten Host oder eine zentrale Ressource in der Parent-Zone zu belassen, statt sie in eine Subdomain zu verlegen.

*h2n* stellt Ihnen mit der Option *-c* eine einfache Möglichkeit zur Verfügung, die von Ihnen angelegten Aliases zu entfernen, selbst wenn die Records für die Hosts der Subdomain in der Host-Tabelle mit Hosts anderer Zonen vermischt sind. Die Option *-e* erwartet einen Domain-Namen einer Zone als Argument und weist *h2n* an, alle Records auszuschließen, die diesen Domain-Namen enthalten. Die folgende Kommandozeile würde beispielsweise alle CNAME-Records für die vorhin erzeugten *fx.movie.edu*-Hosts entfernen, obgleich dennoch ein A-Record für *movie-gw* (im Netzwerk 192.253.254) erzeugt würde:

```
% h2n -d movie.edu -n 192.253.254 -n 192.254.20 \
-e fx.movie.edu -f Optionen
```

## Das Leben eines Parents

Wir haben Ihnen in diesem Kapitel sehr viele Ratschläge gegeben, die wir an dieser Stelle noch einmal kurz zusammenfassen wollen. Der Lebenszyklus einer typischen Parent-Zone präsentiert sich in etwa wie folgt:

1. Sie besitzen eine einzelne Zone, und alle Ihre Hosts befinden sich in dieser Zone.
2. Sie teilen Ihre Zone in eine Reihe von Subdomains auf, wobei einige, falls nötig, in der gleichen Zone bleiben wie die Parent-Domain. Sie stellen in der Parent-Zone CNAME-Records für die gut bekannten Hosts zur Verfügung, die in andere Subdomains verlegt wurden.
3. Nach einer Gnadenfrist entfernen Sie die verbliebenen CNAME-Records.
4. Sie übernehmen die Aktualisierung der Subdomain-Delegierung, entweder manuell oder durch die Verwendung von Stubs, und prüfen die Delegierung in regelmäßigen Abständen.

Gut, nachdem Sie nun alles über das Parenting wissen, sollten wir uns über die fortgeschrittenen Features von Nameservern unterhalten. Sie könnten einige dieser Tools benötigen, um alles in der richtigen Bahn zu halten.

# 10
# Fortgeschrittenere Eigenschaften und Sicherheit

*In diesem Kapitel:*
- *Adreßübereinstimmungs-Listen und ACLs*
- *DNS NOTIFY*
- *Dynamische DNS-Aktualisierung*
- *Systemtuning*
- *Nameserver-Adreßsortierung*
- *Nameserver in bestimmten Netzwerken bevorzugen*
- *Aufbau eines Caches mit Forwardern*
- *Ein etwas stärker eingeschränkter Nameserver*
- *Ein nichtrekursiver Nameserver*
- *Fehlerhafte Nameserver umgehen*
- *Ihren Nameserver absichern*
- *Lastverteilung zwischen gespiegelten Servern*

»Aber was haben Namen für einen Sinn, wenn man nicht drauf hört?« fragte die Mücke.

Der neueste BIND-Nameserver, die Version 8.2.1, besitzt *sehr viele* neue Funktionen. Zwei der wichtigsten sind die Unterstützung für asynchrone Benachrichtigung über Zonenänderungen (DNS NOTIFY) und dynamische DNS-Aktualisierungen. Die meisten der restlichen neuen Funktionen haben mit der Sicherheit zu tun: Mit ihrer Hilfe können Sie Ihren Nameservern mitteilen, wessen Abfragen sie beantworten, wem sie Zonentransfers anbieten und wem sie dynamische Aktualisierungen verbieten sollen. Viele Sicherheitsfeatures sind innerhalb eines Unternehmensnetzwerks nicht erforderlich, aber andere Funktionen unterstützen die Administratoren von Nameservern.

In diesem Kapitel werden wir diese Features vorstellen und Ihnen zeigen, wie sie in Ihrer DNS-Infrastruktur von Nutzen sein könnten. (Wir haben uns allerdings einiges von diesem Firewall-Material, bei dem es wirklich ans Eingemachte geht, für das letzte Kapitel aufgespart.)

## Adreßübereinstimmungs-Listen und ACLs

Bevor wir viele der neuen Merkmale vorstellen, müssen wir uns mit Adreßübereinstimmungs-Listen befassen. BIND 8 verwendet für nahezu jedes Sicherheitsmerkmal und für einige überhaupt nicht sicherheitsbezogene Merkmale Adreßübereinstimmungs-Listen.

Eine Adreßliste ist eine Liste (was auch sonst?) mit Elementen, die eine oder mehrere IP-Adressen angeben. Die einzelnen Elemente in der Liste können individuelle IP-Adressen, IP-Präfixe oder benannte Zugriffskontroll-Listen (ACLs, Access Control Lists) sein. Ein IP-Präfix besitzt folgendes Format:

```
Netzwerk in Punkt-Oktett-Notation/Bits im Netzwerk
```

Das Netzwerk 15.0.0.0 mit der Netzwerkmaske 255.0.0.0 (acht Einsen hintereinander) würde beispielsweise 15/8 geschrieben werden. Traditionell handelt es sich dabei um das Klasse-A-Netzwerk 15. Das Netzwerk, das aus den IP-Adressen 192.168.1.192 bis 192.168.1.255 besteht, würde hingegen 192.168.192/26 geschrieben werden (Netzwerk 192.168.1.192 mit der Subnetzmaske 255.255.255.192, also 26 führende Einsen).

Eine benannte ACL muß zuvor mit einem ACL-Befehl definiert worden sein. Der ACL-Befehl besitzt eine einfache Struktur:

```
acl "name" {
    { Adreßübereinstimmungs-Liste; }
}
```

Wenn Sie ein oder mehrere Elemente in einigen Zugriffslisten verwenden, sollten Sie immer eine ACL-Anweisung schreiben, um der Liste einen Namen zu geben. Sie können diese Namen dann in der Adreßübereinstimmungs-Liste benutzen. Lassen Sie uns zum Beispiel 15/8 als das bezeichnen, was es ist: das HP-NETZ. Und 192.168.1.192/26 nennen wir »intern«:

```
acl "HP-NETZ" {
    { 15/8 }
}

acl "intern" {
    { 192.168.1.192/26 }
}
```

Jetzt können wir diese ACL-Bezeichnungen in Adreßübereinstimmungs-Listen verwenden. Es gibt vier vordefinierte Listen:

*None*
    Keine IP-Adresse

*Any*
    Alle IP-Adressen

*Localhost*
    Alle IP-Adressen des lokalen Systems

*Localnets*
: Alle IP-Adressen von Netzwerken, in denen das lokale System eine Netzwerkschnittstelle besitzt (wird ermittelt, indem das System die IP-Adressen jeder Netzwerkschnittstelle verwendet und mit der jeweils dazugehörigen Subnetzmaske die Host-Bits maskiert).

# DNS NOTIFY (Benachrichtigung über eine Änderung der Zonendaten)

Traditionell fragen BIND-Slaves in bestimmten Abständen den primären Master ab, um herauszufinden, ob ein Zonentransfer erforderlich ist. Das Abfrageintervall heißt Refresh-Zeit. Andere Parameter im SOA-Record der Zone bestimmen weitere Aspekte des Abfragemechanismus.

Wäre es nicht schön, wenn es der primäre Master-Server seinen Slave-Servern mitteilen könnte, wenn sich die Daten einer Zone geändert haben? Schließlich weiß der primäre Master am besten, wann sich Daten ändern: Jemand schickt ihm ein SIGHUP, und er prüft die mtime (der UNIX-Zeitpunkt einer Dateiänderung) aller seiner Zonendateien, um festzustellen, welche von ihnen geändert wurden. Die Benachrichtigung der Slaves durch ihren primären Server könnte kurz nach der erfolgten Änderung der Zonendaten geschehen, anstatt auf das Ende des Refresh-Intervalls warten zu müssen.

RFC 1996 schlug einen Mechanismus vor, mit dem primäre Master-Server ihre Slaves über Zonenänderungen benachrichtigen können. BIND 8 implementiert diese Funktion, die kurz DNS NOTIFY genannt wird.

DNS NOTIFY arbeitet wie folgt: Wenn ein primärer Master-Nameserver Änderungen an Zonendaten erkennt, sendet er eine spezielle Anforderung an alle Slave-Server der betreffenden Zone. Er findet heraus, welche Server als Slaves für die betreffende Zone arbeiten, indem er die Liste der NS-Records für diese Zone nachsieht und aus ihr denjenigen ihr heraussucht, der sowohl auf den lokalen Host verweist als auch auf den Nameserver, der im ersten Record-spezifischen Feld des SOA-Records der Zone auftaucht.

Die besondere NOTIFY-Anforderung wird durch ihren Opcode im Anforderungs-Header identifiziert. Der Opcode der meisten Queries ist QUERY. NOTIFY-Nachrichten besitzen den speziellen Opcode NOTIFY (dub). Abgesehen davon sieht die Query einer Abfrage des SOA-Records der Zone sehr ähnlich: Sie nennt den Domain-Namen der Zone, die Klasse und den Typ SOA. Das Bit für autoritative Antworten ist ebenfalls gesetzt.

Wenn ein Slave-Server eine solche Query für eine Zone von einem der konfigurierten Master-Server dieser Zone empfängt, antwortet er mit einer NOTIFY-Response. Sie teilt dem Master-Server mit, daß der Slave die NOTIFY-Nachricht erhalten hat, so daß er keine weiteren Meldungen dieser Art an den Slave senden muß. Anschließend verhält sich der Slave, als wäre das Refresh-Intervall abgelaufen: Er fragt den SOA-Record der Zone ab, für die der Master-Server eine Änderung bekanntgegeben hat. Ist die Seriennummer des SOA-Records höher als die zuletzt übertragene, führt der Slave einen Zonentransfer durch.

Warum glaubt der Slave dem Master nicht einfach, daß sich die Daten geändert haben? Es ist möglich, daß ein böswilliges Subjekt gefälschte NOTIFY-Anforderungen an unsere Slaves sendet und somit unnötige Zonentransfers verursacht, die auf einen Denial-of-Service-Angriff gegen unseren Master-Server hinauslaufen.

Wenn der Slave die Zonen tatsächlich überträgt, sagt RFC 1996, daß er eigene NOTIFY-Benachrichtigungen an andere Nameserver senden soll, die für die betreffende Zone die Autorität besitzen. Der Sinn hierbei besteht darin, daß der primäre Master möglicherweise nicht in der Lage ist, alle Slave-Server der Zone selbst zu benachrichtigen; schließlich ist es möglich, daß einige Slaves nicht direkt mit dem primären Master kommunizieren können und andere Slaves als ihre Master verwenden. Allerdings ist dieses Merkmal in BIND 8 nicht implementiert, und BIND 8-Slaves senden keine NOTIFY-Nachrichten, solange sie nicht ausdrücklich konfiguriert werden, dies zu tun.

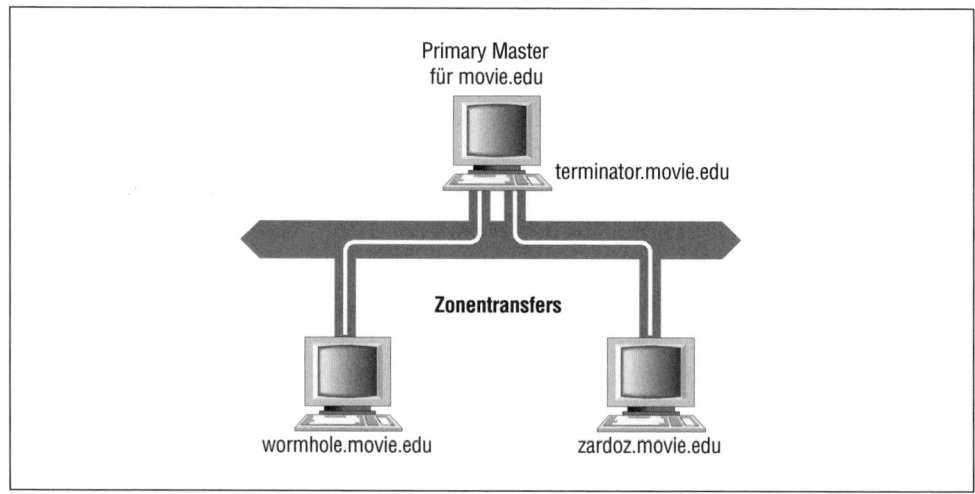

*Abbildung 10-1: Zonentransfers innerhalb von movie.edu*

Und so funktioniert das ganze in der Praxis: In unserem Netzwerk ist *terminator.movie.edu* der primäre Master für *movie.edu*, während *wormhole.movie.edu* und *zardoz.movie.edu* Slaves sind (siehe Abbildung 10-1).

Wenn wir *movie.edu* auf *terminator* aktualisieren, sendet *terminator* NOTIFY-Nachrichten an *wormhole* und *zardoz*. Beide Slaves prüfen, ob sich die Seriennummer von *movie.edu* erhöht hat, und falls dies der Fall ist, führen sie einen Zonentransfer durch.

# DNS NOTIFY (Benachrichtigung über eine Änderung der Zonendaten)

Lassen Sie uns außerdem ein kompliziertes Zonentransfermuster betrachten. In unserem Beispiel ist *a* der primäre Master-Server einer Zone und der Master-Server für *b*, aber der Slave *b* ist der Master-Server für den Slave-Server *c*. Außerdem besitzt *b* zwei Netzwerkschnittstellen, wie in Abbildung 10-2 dargestellt.

In diesem Szenario benachrichtigt *a* sowohl *b* als auch *c*, wenn sich die Zonendaten geändert haben. *b* prüft, ob sich die Seriennummer erhöht hat und startet in diesem Falle einen Zonentransfer. *c* ignoriert aber die NOTIFY-Nachricht von *a*, denn *a* ist nicht als Master für *c* konfiguriert (der Master für *c* heißt *b*). Wenn *b* ausdrücklich so konfiguriert ist, daß er *c* informiert, sendet er nach dem Zonentransfer eine NOTIFY-Nachricht an *c*, so daß *c* prüft, ob sich die Seriennummer der Zone auf *b* geändert hat.

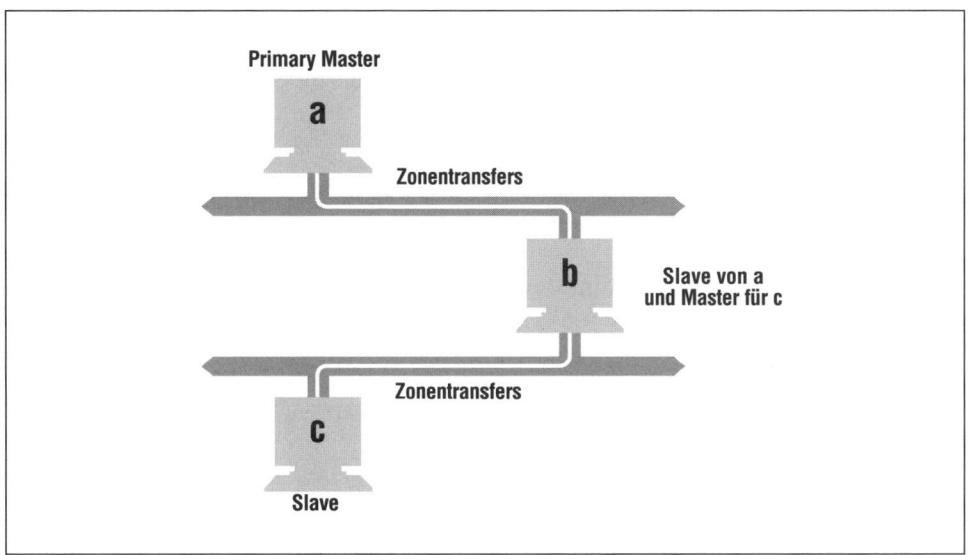

*Abbildung 10-2: Beispiel einer komplizierten Zonentransfer-Konfiguration*

Beachten Sie weiterhin folgendes: Falls es irgendeine Möglichkeit gibt, daß *c* eine NOTIFY-Nachricht über die andere Netzwerkschnittstelle von *b* erhält, muß *c* so konfiguriert werden, daß die Adressen beider Netzwerkschnittstellen in der Master-Unteranweisung stehen; ansonsten ignoriert *c* NOTIFY-Nachrichten von der unbekannten Netzwerkschnittstelle.

BIND 4 Slave-Server und andere Nameserver, die NOTIFY nicht unterstützen, melden beim Erhalt einer NOTIFY-Nachricht einen Not Implemented (NOTIMP)-Fehler zurück. Beachten Sie, daß der Microsoft DNS-Server DNS NOTIFY *unterstützt*.

In BIND 8 ist die Funktion DNS NOTIFY standardmäßig eingeschaltet, aber Sie können sie global mit folgender Unteranweisung ausschalten:

```
options {
    notify no;
}
```

Sie können weiterhin NOTIFY für bestimmte Zonen ein- oder ausschalten. Nehmen wir an, Sie wissen, daß alle Nameserver Ihrer Zone *acmebw.com* BIND 4 ausführen und daher NOTIFY-Anforderungen nicht verstehen. Folgende Zonenanweisung unterbindet das Senden nutzloser NOTIFY-Nachrichten an Slaves der Zone *acmebw.com*:

```
zone "acmebw.com" {
    type master;
    file "db.acmebw";
    notify no;
}
```

Eine zonenspezifische NOTIFY-Einstellung hat Vorrang vor der globalen Einstellung. Leider können Sie mit der aktuellen BIND-Version NOTIFY nicht server-spezifisch deaktivieren.

BIND 8 besitzt sogar eine Vorkehrung, um Server Ihrer »NOTIFY-Liste« hinzuzufügen, zusätzlich zu denjenigen in den NS-Records Ihrer Zone. Vielleicht besitzen Sie einen oder mehrere nicht registrierte Nameserver (beschrieben in Kapitel 8, *Fortgeschrittenere Eigenschaften und Sicherheit*), die Zonenänderungen schnell erhalten sollen. Oder der Server, den Sie konfigurieren, kann Slave einer Zone, aber Master-Server für einen anderen Slave sein, und muß diesem NOTIFY-Nachrichten senden.

Verwenden Sie die Unteranweisung *also-notify* der *zone*-Anweisung, um einen Server Ihrer NOTIFY-Liste hinzuzufügen:

```
zone "acmebw.com" {
    type master;
    file "db-acmebw.com"
    notify yes;
    also-notify { 15.255.152.4; };
}
```

## Dynamische DNS-Aktualisierung

BIND 8 unterstützt außerdem die in RFC 2136 beschriebene dynamische Aktualisierung. Damit können dazu befugte Systeme (sogenannte Updater) Resource Records aus Zonen entfernen, für die der Server die Autorität besitzt; diese Systeme können außerdem den entsprechenden Zonen neue Resource Records hinzufügen. Ein Updater kann die Nameserver, die für eine Zone die Autorität besitzen, herausfinden, indem er die NS-Records der Zone abfragt. Wenn der Server, der eine befugte Aktualisierungsnachricht erhält, nicht der primäre Master der Zone ist, sendet er die Aktualisierung »nach oben« an seine(n) Master-Server weiter. Wenn diese wiederum Slaves der Zone sind, senden auch sie die Aktualisierung weiter an ihre Master.

Die dynamische Aktualisierung erlaubt mehr als das einfache Hinzufügen und Löschen von Records. Updater können einzelne Resource Records hinzufügen oder löschen, RRsets (Sätze von Resource Records mit demselben Domain-Namen, derselben Klasse und demselben Typ, also zum Beispiel alle Internet-Adressen von *www.acmebw.com*) oder sogar alle Records löschen, die einem bestimmten Namen zugeordnet sind. Eine Aktualisierung kann auch festlegen, daß bestimmte Records existieren oder fehlen müssen, bevor sie wirksam wird. Beispielsweise könnte eine Aktualisierung folgenden Adreß-Record nur dann hinzufügen, wenn der Name *dakota.west.acmebw.com* derzeit nicht verwendet wird oder wenn *dakota.west.acmebw.com* derzeit keine Adreß-Records besitzt:

```
dakota.west.acmebw.com in a 192.168.1.4
```

Meistens wird die Funktionalität der dynamischen Aktualisierung von Programmen wie DHCP-Servern verwendet, die IP-Adressen automatisch Computern zuweisen und dann die Zuordnungen des Namens zur Adresse und der Adresse zum Namen registrieren müssen. Diese Programme verwendet die *ns_update()*-Routine, um Aktualisierungsnachrichten zu generieren und sie an die Nameserver zu senden, die für die Zone, die den Domain-Namen enthält, die Autorität besitzen.

Es ist aber auch möglich, Aktualisierungen manuell mit dem Kommandozeilen-Befehl *nsupdate* zu erzeugen. Dieses Programm ist Bestandteil der BIND-Distribution. *nsupdate* liest einzeilige Befehle ein und konvertiert sie in eine Aktualisierungsnachricht. Befehle können an der Standardeingabe (*stdin*) angegeben werden (das ist die Vorgabe). Alternativ kann *nsupdate* auch eine Datei mit Befehlen einlesen, wobei der Name der Datei als Argument an *nsupdate* übergeben werden muß. Befehle, die nicht durch eine Leerzeile getrennt sind, werden in einer Aktualisierungsnachricht zusammengefaßt.

*nsupdate* versteht folgende Befehle:

prereq yxrrset Domain_Name Typ [Rdata]
  Macht die Existenz eines RRset des Typs *Typ*, im Besitz von *Domain_Name*, zur Vorbedingung für die Durchführung der Aktualisierung.

prereq nxrrset
  Macht die Abwesenheit eines RRset des Typs *Typ*, im Besitz von *Domain_Name*, zur Vorbedingung für die Durchführung der Aktualisierung, die in den folgenden Update-Befehlen angegeben wird.

prereq yxdomain Domain_Name
  Macht die Existenz des angegebenen Domain-Namens zur Vorbedingung für die Durchführung der Aktualisierung.

prereq nxdomain
  Macht das Fehlen des angegebenen Domain-Namens zur Vorbedingung für die Durchführung der Aktualisierung.

*Kapitel 10: Fortgeschrittenere Eigenschaften und Sicherheit*

update delete *Domain_Name* [*Typ*] [*Rdata*]
> Löscht den angegebenen Domain-Namen, oder, wenn auch *Typ* angegeben wurde, das bezeichnete RRset, oder, wenn zusätzlich *Rdata* angegeben wird, den Record, auf den *Domain_Name*, *Typ* und *Rdata* zutreffen.

update add *Domain_Name TTL* [*Klasse*] *Typ Rdata*
> Fügt den angegebenen Record der Zone hinzu. Beachten Sie, daß neben dem Typ und den Resource Record-spezifischen Daten die TTL angegeben werden muß; die Klasse ist hingegen optional, die Vorgabe für sie ist IN.

Beispielsweise weist der folgende Befehl den Nameserver an, eine Adresse für *dakota.west.acmebw.com* hinzuzufügen, falls der Domain-Name nicht bereits existiert:

```
%nsupdate
>prereq nxdomain dakota.west.acmebw.com.
>update add dakota.west.acmebw.com. 333 in a 192.168.0.4
>
```

Beachten Sie, daß die Leerzeile am Ende die Aktualisierung startet.

Der Befehl

```
%nsupdate
>prereq yxrrset dakota.west.acmebw.com. in mx
>update delete dakota.west.acmebw.com. in mx
>update add dakota.west.acmebw.com. in mx 10 dakota.west.acmebw.com.
>update add dakota.west.acmebw.com. in mx 50 store-forward.mindspring.com
>
```

prüft, ob *dakota.west.acmebw*.com bereits MX-Records besitzt; falls dies der Fall ist, werden sie gelöscht und durch zwei neue ersetzt.

Die furchteinflößende Kontrolle, die dynamische Aktualisierungen offensichtlich gewähren, müssen Sie natürlich einschränken, wenn Sie sie überhaupt zulassen wollen. BIND 8-Server erlauben keine dynamischen Aktualisierungen an Zonen, für die sie die Autorität besitzen. Wenn Sie dynamische Aktualisierungen für bestimmte Zonen erlauben wollen, müssen Sie bei den entsprechenden Zonenanweisungen die Unteranweisung *allow-update* hinzufügen:

*allow-updates* benötigt eine Adreßübereinstimmungs-Liste als Argument. Die Systeme mit den Adressen, die mit der Liste übereinstimmen, dürfen Ihrem Server dynamische Aktualisierungen für die betreffende Zone senden. Es ist klug, die Liste so klein wie möglich zu halten:

```
zone "acmebw.com" {
    type master;
    file "db.acmebw";
    allow-update { 192.168.0.1; };
};
```

# Systemtuning

Obwohl die Werte der Standardkonfiguration für die meisten Sites völlig ausreichen, könnte Ihre Site einen der wenigen Fälle darstellen, in denen etwas Tuning notwendig ist.

## Zonentransfers

Zonentransfers können einen Nameserver stark belasten. Besonders Nameserver, die BIND 4 ausführen, benötigen für ausgehende Zonentransfers (also Übertragungen für Zonen, für die der Server Master ist), viel zusätzlichen Arbeitsspeicher, weil der *named*-Prozeß durch die Fork-Funktion gespalten wird. BIND 4.9 führte Mechanismen ein, die die Belastung durch Zonentransfers auf Master-Servern verringerten. In BIND 8 (und besonders 8.2) sind diese Mechanismen verbessert worden.

### Pro Nameserver initiierte Transfers beschränken

Seit der BIND-Version 4.9 können Sie bestimmen, wie viele Zonen Ihr Nameserver von einem einzelnen entfernten Nameserver anfordert. Dies wird den Administrator des entfernten Servers sehr freuen, weil seine Maschinen nicht durch Zonentransfers belastet werden, falls sich alle Zonen ändern sollten (wichtig, wenn Hunderte von Zonen betroffen sind).

Für BIND 8 sieht der Befehl in der Datei *named.conf* wie folgt aus:

```
options {
    transfers-per-ns 2;
};
```

Die entsprechende Direktive in der Boot-Datei von BIND 4 lautet:

```
limit transfers-per-ns 2
```

Mit einer späteren Version von BIND 8 (wir sind nicht sicher, welcher) werden Sie außerdem in der Lage sein, die Grenze auf der Basis Server-zu-Server statt auf globaler Ebene festzulegen. Dazu würden Sie die *transfers*-Unteranweisung innerhalb einer Server-Anweisung verwenden, wobei der Server der Nameserver ist, für den Sie eine Grenze angeben wollen:

```
server 192.168.1.2 {
    transfers 2;
};
```

Voreingestellt sind maximal zwei gleichzeitige Zonentransfers pro Nameserver. Diese Grenze erscheint Ihnen vielleicht als etwas niedrig, aber sie funktioniert. Und zwar so: Nehmen Sie einmal an, daß Ihr Nameserver vier Zonen von einem entfernten Nameserver laden muß. Ihr Nameserver beginnt mit der Übertragung der ersten und zweiten Zone und wartet mit jener der dritten und vierten Zone. Nachdem einer der beiden Zonentransfers komplett ist, wird die dritte Zone angefordert. Nachdem ein weiterer

*253*

Transfer abgearbeitet wurde, beginnt die Übertragung der vierten Zone. Das Ergebnis ist letztendlich das gleiche wie bei dem Vorgang ohne Beschränkung – alle Zonen werden transferiert –, aber die Arbeit wird verteilt.

Wann sollten Sie diese Grenze erhöhen? Sie können sie erhöhen, wenn Sie erkennen, daß die Synchronisation mit dem entfernten Nameserver zu lange dauert. Dabei sollten Sie allerdings sicher sein, daß dies nicht an einer zu langsamen Netzwerkverbindung, sondern an der Serialisierung der Transfers liegt. Dies kommt wahrscheinlich nur zum Tragen, wenn Sie Hunderte oder Tausende von Zonen pflegen. Selbstverständlich müssen Sie auch sicherstellen, daß die anderen Server und die dazwischenliegenden Netzwerke die durch weitere simultane Zonentransfers verursachte Last auch bewältigen können.

### *Einschränken der Gesamtzahl initiierter Zonentransfers*

Das weiter vorne genannte Limit betraf einzelne entfernte Nameserver. Hier geht es um mehr als einen Nameserver. Seit BIND 4.9 können Sie die Gesamtzahl von Zonen beschränken, die Ihr Nameserver zu einem bestimmten Zeitpunkt anfordert. Der Standardwert liegt hier bei zehn. Wie bereits erklärt, transferiert Ihr Server standardmäßig jeweils maximal zwei Zonen von jedem gegebenen entfernten Server. Transferiert Ihr Server zwei Zonen von fünf Nameservern, hat er die Grenze erreicht und schiebt weitere Übertragungen auf, bis einer der laufenden Transfers abgeschlossen ist.

Der Befehl in der Datei *named.conf* von BIND 8 sieht wie folgt aus:

```
options {
    transfers-in 10;
};
```

Die entsprechende Direktive in der Boot-Datei für BIND 4 lautet:

```
limit transfers-in 10
```

Kann Ihr Host oder Ihr Netzwerk keine zehn Zonentransfers gleichzeitig verarbeiten, sollten Sie diese Zahl verringern. Hält Ihr Server hingegen Hunderte oder Tausende von Zonen vor und können Ihr Host und Ihr Netzwerk die Last vertragen, sollten Sie eine Erhöhung dieser Grenze erwägen. Erhöhen Sie diese Grenze, müssen Sie eventuell auch die Grenze für die Transfers pro Nameserver erhöhen. (Lädt Ihr Nameserver beispielsweise nur von vier anderen Servern und führt er jeweils nur zwei Transfers pro Nameserver aus, bringen Sie es auf maximal acht aktive Zonentransfers. Die Erhöhung der Gesamtzahl von Zonentransfers hat keinerlei Bedeutung, solange nicht auch das Limit pro Server erhöht wird.)

### *Die Dauer eines Zonentransfers beschänken*

Mit BIND 8 können Sie außerdem festlegen, wie lange ein eingehender Zonentransfer maximal dauern darf. Standardmäßig sind Zonentransfers auf 120 Minuten beschränkt, also zwei Stunden. Der Gedanke dahinter ist, daß ein Zonentransfer, der länger als 120 Minuten dauert, wahrscheinlich »hängt« und nicht beendet werden wird, so daß der Prozeß *named-xfer* unnötig Systemressourcen belegt. Wenn Sie die Grenze verändern wollen – vielleicht weil Sie wissen, daß Ihr Server ein Slave für eine Zone ist, deren Übertragung normalerweise länger als 120 Minuten dauert – können Sie folgenden Befehl verwenden:

```
options {
    max-transfer-time-in 180;
};
```

Sie können die Grenze für die Dauer von Zonentransfers sogar für jede Zone separat angeben, wenn Sie innerhalb einer *zone*-Anweisung die Unteranweisung *max-transfer-time-in* verwenden. Sie könnten beispielsweise wissen, daß die Übertragung der Zone *rinkydink.com* immer ziemlich lange dauert (sagen wir mal drei Stunden), vielleicht wegen der Größe der Zone oder weil die Verbindungen zu den Master-Servern sehr langsam sind. Daher wollen Sie die maximale Dauer des Transfers erhöhen, die Grenze für andere Zonen aber gleichzeitig auf eine Stunde herabsetzen. Dazu würden Sie folgende Anweisung schreiben:

```
options {
    max-transfer-time-in 60;
};

zone "rinkydink.com" {
    type slave;
    file "db.rinkydink";
    masters { 192.168.1.2; };
    max-transfer-in-time 180;
};
```

### *Effizientere Zonentransfers*

Ein Zonentransfer, das haben wir weiter vorne in diesem Buch erwähnt, besteht aus vielen DNS-Nachrichten, die über eine TCP-Verbindung von einem zu einem anderen Ende gesendet werden. Traditionelle Zonentransfers übermitteln mit jeder DNS-Nachricht lediglich einen Resource Record. Das ist Platzverschwendung: Jede DNS-Nachricht benötigt einen vollständigen Header, selbst wenn sie nur einen einzigen Record enthält. Das ist so, als würden Sie alleine in einem Kleinbus sitzen. Eine DNS-Nachricht kann viel mehr Records übertragen.

BIND 8-Nameserver kennen ein neues Format für Zonentransfers, es hört auf den Namen *many-answers*. Dieses Format stellt in jede DNS-Nachricht so viele Records wie möglich. Das Ergebnis sind kleinere Zonentransfers wegen des geringeren Overheads. Zudem verbrauchen diese Zonentransfers weniger CPU-Zeit, weil der Zeitaufwand zum Auseinandernehmen der empfangenen DNS-Nachrichten sinkt.

Die Unteranweisung *transfer-format* von BIND 8 legt das Format für Zonentransfers fest, die der Server für Zonen verwendet, für die er Master ist. Das heißt, er bestimmt das Format für Zonentransfers an seine Slaves. Sie können die Unteranweisung *transfer-format* sowohl in der Anweisung *options* als auch in der Anweisung *server* verwenden: Als Unteranweisung zu *options* steuert sie das globale Verhalten bei ausgehenden

Zonentransfers. Standardmäßig verwendet BIND 8 das alte Format *one-answer*, um Zonen auch an BIND 4-Nameserver übertragen zu können.

```
options {
    transfer-format many-answers;
};
```

ändert die Server-Einstellung so, daß das neue Format *many-answers* für alle Server verwendet wird, sofern es nicht, wie hier, in einer *server*-Anweisung anders angegeben ist:

```
server 192.168.1.2 {
    transfer-format one-answer;
};
```

Die Kehrseite des Formats *many-answers* ist, daß Zonentransfers in der Realität länger dauern können als mit dem alten Format. Das neue Format ist zwar effizienter, was die Nutzung der Bandbreite und der CPU-Zeit angeht, aber Zonentransfers können dennoch länger dauern.

Wenn Sie den Vorteil des neuen, effizienteren Formats nutzen wollen, legen Sie das global eingestellte Format auf *many-answers* fest, sofern die meisten Ihrer Slaves BIND 8 oder den Microsoft DNS-Server ausführen, der ebenfalls dieses Format versteht. Falls die meisten Ihrer Slaves BIND 4 ausführen, legen Sie global das alte Format (*one-answer*) fest. Verwenden Sie dann die Unteranweisung *transfer-format* der *server*-Anweisung, um Ausnahmen festzulegen.

*Ressourcenbeschränkungen*

Manchmal kann es nützlich sein, den Servern zu sagen, daß sie nicht so gefräßig sein sollen: Verwende nicht mehr als so-und-so-viel Speicher und öffne nicht mehr als so-und-so-viele Dateien gleichzeitig. BIND 4.9 hat diese Beschränkungen eingeführt, und wie bei so vielen Funktionen gibt es in BIND 8 mehrere Variationen.

### *Die Beschränkung der Datensegmentgröße verändern*

Einige Betriebssysteme besitzen eine Standardbeschränkung, um Prozesse daran zu hindern, zuviel Speicher zu nutzen. Wenn Ihr System den Nameserver daran hindert, auf die Größe heranzuwachsen, die er anstrebt, arbeitet der Server nicht effizient genug, gibt möglicherweise sogar eine Panic-Meldung aus oder beendet sich selbst. Solange der Nameserver nicht gerade eine extrem hohe Datenmenge verarbeitet, werden Sie diese Grenze wohl nie erreichen. Falls dies aber doch der Fall ist, stellen BIND 4.9 und 8 Konfigurationsoptionen bereit, um die vorgegebene Beschränkung der Datensegmentgröße zu verändern. Sie können diese Optionen verwenden, um die vorgegebene Beschränkung des Betriebssystems für den *named*-Prozeß zu erhöhen.

Für BIND 8 sieht die Anweisung wie folgt aus:

```
options {
    datasize Größe
};
```

Für BIND 4 sieht die Direktive so aus:

```
limit datasize Größe
```

*Größe* ist dabei ein Integer-Wert in Bytes. Sie können eine andere Einheit festlegen, indem Sie ein entsprechendes Zeichen anhängen: k (Kilobyte), m (Megabyte) oder g (Gigabyte). Zum Beispiel steht `64m` für 64 Megabyte.

---

*HINWEIS*   Nicht jedes System unterstützt die Erhöhung der Datensegmentgröße. Falls Ihr System dazugehört, gibt der Nameserver eine *syslog*-Meldung der Priorität LOG_WARNING aus, die angibt, daß dieses Feature nicht implementiert ist.

---

### Die Beschränkung für die Stack-Größe ändern

Sie können neben der Datensegmentgröße bei BIND 8 die Beschränkung verändern, die das Betriebssystem für den Stack des *named*-Prozesses festlegt. Die Syntax sieht wie folgt aus:

```
options {
    stacksize Größe;
};
```

Hierbei wird *Größe* wie bei *datasize* angegeben. Wie bei *datasize* funktioniert dieses Merkmal nur auf Systemen, die eine Änderung der maximalen Stack-Größe erlauben.

### Die Beschränkung der Core-Größe festlegen

Wenn Sie es nicht schätzen, daß *named* riesige *core*-Dateien auf Ihrem System hinterläßt, können Sie diese mit der *coresize*-Option zumindest verkleinern. Umgekehrt können Sie mit dieser Option möglicherweise eine enge Grenze des Betriebssystems erhöhen, wenn *named* nicht in der Lage war, den Core vollständig in eine Dump-Datei zu schreiben.

Die Syntax von *coresize* sieht so aus:

```
options {
    coresize Größe;
};
```

Wie bei *datasize* funktioniert diese Option nur mit Betriebssystemen, die die Änderung der Beschränkung für Core-Dateien zulassen.

### Die Beschränkung der maximalen Anzahl offener Dateien ändern

Wenn Ihr Nameserver die Autorität für viele Zonen besitzt, öffnet der *named*-Prozeß beim Start zahlreiche Dateien – eine pro Zone, für die er die Autorität besitzt, sofern Sie Backup-Dateien für die Zonen verwenden, für die der Server als Slave arbeitet. Entsprechend benötigt *named* für jede Schnittstelle einen Dateideskriptor, wenn der Host, der den Nameserver ausführt, viele virtuelle Netzwerkschnittstellen besitzt[1]. Die meisten UNIX-Betriebssysteme haben eine Beschränkung für die Anzahl der Dateien, die ein Prozeß gleichzeitig geöffnet haben darf. Wenn Ihr Nameserver versucht, mehr Dateien zu öffnen, als durch diese Beschränkung erlaubt ist, werden Sie in der *syslog*-Ausgabe folgenden Eintrag vorfinden:

```
named[pid]: socket(SOCK_RAW): Too many open files
```

Wenn Ihr Betriebssystem die Änderung dieser Grenze für jeden Prozeß erlaubt, können Sie die Beschränkung mit folgender BIND 8-Unteranweisung lockern:

```
options {
    files Anzahl;
};
```

Die Vorgabe ist *unlimited* (unbeschränkt); das ist ebenfalls ein gültiger Wert. Er bedeutet, daß der Nameserver die Anzahl gleichzeitig geöffneter Dateien nicht beschränkt; allerdings kann das Betriebssystem dies tun.

## Wartungsintervalle

BIND-Nameserver haben schon immer bestimmte Wartungsaufgaben durchgeführt, wie zum Beispiel die Zonen zu aktualisieren, für die sie Slave sind. Mit BIND 8 können Sie steuern, ob und wie oft der Server diese Routinearbeiten erledigen soll.

### Säuberungsintervall

Nameserver vor der Version 4.9 haben veraltete Einträge lediglich passiv aus ihrem Zwischenspeicher (Cache) entfernt. Bevor ein solcher Nameserver einem anfragenden System Daten aus dem Cache liefert, prüft er, ob die TTL des entsprechenden Records abgelaufen ist. Wenn dies der Fall ist, holt der Server neuere Angaben über den gefragten Datensatz. Das bedeutet, daß ein mit Abfragen stark belasteter BIND 4-Server zahlreiche Records im Cache ablegt und dort, wo sie wertvollen Speicherplatz beanspruchen, herumliegen läßt, selbst wenn sie veraltet sind.

BIND 8 durchsucht regelmäßig seinen Cache und entfernt dabei veraltete Datensätze. Das bedeutet, daß ein BIND 8-Server dazu neigt, für die Zwischenspeicherung weniger Speicherplatz zu verbrauchen, als ein Nameserver unter BIND 4 mit derselben Funktion. Auf der anderen Seite verbraucht die Säuberung CPU-Zeit, so daß Sie sie auf beschäftigten oder langsamen Servern möglicherweise nicht stündlich ausführen wollen.

Standardmäßig beträgt das Säuberungsintervall 60 Minuten. Sie können diesen Wert verändern, indem Sie wie im folgenden Beispiel die Unteranweisung *cleaning-interval* in der *options*-Anweisung verwenden:

---

[1] Kapitel 15, *Verschiedenes*, beschreibt eine bessere Lösung für das Problem zu vieler gleichzeitig geöffneter Dateien, als die Beschränkung ihrer Anzahl zu lockern.

```
options {
    cleaning-interval 120;
};
```

### Schnittstellenintervall

Wir haben bereits erwähnt, daß BIND standardmäßig an allen Netzwerkschnittstellen lauscht. BIND 8 ist schlau genug, zu bemerken, wenn eine Netzwerkschnittstelle aktiviert oder abgeschaltet wird. Dazu sucht der Nameserver regelmäßig die Netzwerkschnittstellen des lokalen Hosts ab. Der Abstand zwischen diesen Suchvorgängen heißt Schnittstellenintervall (englisch: Interface Interval), und sein Wert beträgt 60 Minuten. Wenn Sie wissen, daß der Host, der Ihren Nameserver ausführt, keine dynamischen Netzwerkschnittstellen besitzt, können Sie den Wert des Intervalls auf null setzen, um die stündliche Suche zu unterbinden:

```
options {
    interface-interval 0;
};
```

Wenn Ihr Rechner hingegen Netzwerkschnittstellen öfter als einmal pro Stunde aktiviert oder abschaltet, können Sie das Intervall verkleinern.

### Statistikintervall

Nun gut, die Veränderung des Statistikintervalls – wie oft ein BIND 8-Nameserver Statistikangaben in die Statistikdatei schreibt – hat keinen großen Einfluß auf die Leistung. Aber die entsprechende Option paßt besser hierhin, zu den anderen Wartungsintervallen, als an jede andere Stelle dieses Buches.

Die Syntax der Unteranweisung *statistics-interval* entspricht genau derjenigen der anderen Wartungsintervalle:

```
options {
    statistics-interval 0;
};
```

Wie bei den anderen Wartungsintervallen ist die Vorgabe 60 Minuten, und ein Wert von 0 deaktiviert die regelmäßige Statistikausgabe.

# Nameserver-Adreßsortierung

Wenn Sie einen Host ansprechen, der über mehrere Netzwerkschnittstellen verfügt, kann die Verwendung einer bestimmten Schnittstelle zu einer besseren Leistung führen. Wenn der »Multihome-Host« ein gemeinsames Netzwerk mit Ihrem Host nutzt, liegt eine Adresse des Hosts »näher« an Ihrem Host. Liegt der Host nicht in Ihrem Netz, *könnten* Sie eine bessere Leistung erhalten, indem Sie eine bestimmte Schnittstelle verwenden. Häufig aber spielt es keine Rolle, welche der vorhandenen Schnittstellen genutzt wird. Früher lag das Netz 10 (der ehemalige ARPAnet-»Backbone«) immer näher als jede andere entfernte Adresse. Das Internet hat sich seit dieser Zeit drastisch verändert, weshalb Sie in der Regel keine signifikante Leistungssteigerung erzielen werden, indem Sie bei Multihome-Hosts ein Netzwerk einem anderen vorziehen. Dennoch wollen wir diesen Fall hier behandeln.

Bevor wir uns der Adreßsortierung durch einen Nameserver zuwenden, sollten Sie zunächst nachsehen, ob die Adreßsortierung durch den Resolver für Ihre Zwecke nicht vielleicht besser geeignet ist. (Lesen Sie hierzu auch den Abschnitt »*Die sortlist-Direktive*« in Kapitel 6, *Hosts konfigurieren*.) Weil Ihr Resolver und Ihr Nameserver in verschiedenen Netzwerken liegen können, macht es häufig mehr Sinn, wenn der Resolver die Adressen für seinen Host optimal sortiert. Die Adreßsortierung am Nameserver funktioniert recht gut, ist aber möglicherweise nicht für jeden von diesem bedienten Resolver optimal. Die Resolver-Adreßsortierung wurde in der Version 4.9 eingeführt. Wenn Ihr Resolver (nicht Ihr Nameserver) älter ist, haben Sie Pech. Sie müssen die Sortierung von Adressen dann auf dem Nameserver durchführen, auf dem dieses Feature seit der Version 4.8.3 verfügbar ist.

Wir sollten auch erwähnen, daß BIND 8 keine Adreßsortierung unterstützt. Die Entwickler entfernten diese Funktion, weil sie der Meinung sind, daß sie nicht in den Server gehört.

### *Lokale multihomed Hosts*

Sehen wir uns zuerst den lokalen Multihome-Host an. Nehmen wir einmal an, daß Ihr Quell-Host (d.h. ein Host, der Ihre Master-Quellen vorhält) in zwei Netzwerken liegt, die wir mal Netzwerk A und Netzwerk B nennen wollen. Dieser Host nutzt NFS, um Dateisysteme an Hosts in beiden Netzwerken zu exportieren. Die Hosts in Netzwerk A werden diesbezüglich besser versorgt, wenn sie die Schnittstelle des Netzwerks A des Quell-Hosts verwenden. Ebenso profitieren Hosts im Netzwerk B davon, wenn die Host-Schnittstelle des Netzwerks B für die NFS-Mounts genutzt wird.

In Kapitel 4, *BIND einrichten*, haben wir erklärt, daß BIND alle Adressen eines mehrfach vernetzten Hosts zurückgibt. Es gibt keine Garantie für die Reihenfolge, in der ein DNS-Server die Adressen zurückliefert, weshalb wir den einzelnen Schnittstellen Aliases (*wh249* und *wh253* für *wormhole*) zugeordnet haben. War eine Schnittstelle vorzuziehen, konnten Sie (oder, realistischer betrachtet, ein DNS-Client) das entsprechende Alias verwenden, um an die richtige Adresse zu gelangen. Sie *können* Aliases verwenden, um die »näherliegende« Schnittstelle (d.h. zur Durchführung von NFS-Mounts) zu wählen. Diese Vorgehensweise ist aber aufgrund der Adreßsortierung nicht immer notwendig.

Standardmäßig sortiert BIND 4 Adressen, wenn die folgende Bedingung zutrifft: Wenn der Host, der die Abfrage an den Nameserver gesendet hat, ein Netzwerk *gemeinsam* mit dem Host des Nameservers nutzt (wenn also beispielsweise beide in Netzwerk A liegen), sortiert BIND die Adressen in der Antwort. Woher weiß BIND aber, daß es ein Netzwerk gemeinsam mit dem Anfragenden nutzt? BIND weiß dies, weil es beim Starten alle Schnittstellenadressen des Hosts, auf dem es läuft, ermittelt. BIND extrahiert die Netzwerknummern aus diesen Adressen, um die Standardsortierliste zu erstellen. Geht eine Abfrage ein, prüft BIND, ob die Adresse des Senders in einem Netzwerk liegt, das in der Standardsortierliste enthalten ist. Ist dies der Fall, handelt es sich um eine lokale Abfrage, und BIND sortiert die Adressen in der Antwort.

In Abbildung 10-3 gehen wir davon aus, daß *notorious* einen BIND 4-Nameserver ausführt. Die Standardsortierliste des Nameservers enthält die Netzwerke A und B. Sendet *spellbound* eine Abfrage an *notorious*, in der die Adressen von *notorious* nachgesehen werden sollen, erhält der Host eine Antwort zurück, die die Adresse für das Netzwerk A des Hosts *notorious* enthält. Das liegt daran, daß *notorious* und *spellbound* Netzwerk A gemeinsam nutzen. Fragt *charade* die Adressen von *notorious* ab, erhält er eine Antwort zurück, in der die Adresse des Netzwerks B von *notorious* an erster Stelle steht. In beiden Fällen sortiert der Nameserver die Adressen in der Antwort, weil die Hosts ein Netzwerk gemeinsam mit dem Nameserver-Host nutzen. Die sortierte Adreßliste führt die »näherliegende« Schnittstelle als erste auf (siehe Abbildung 10-3).

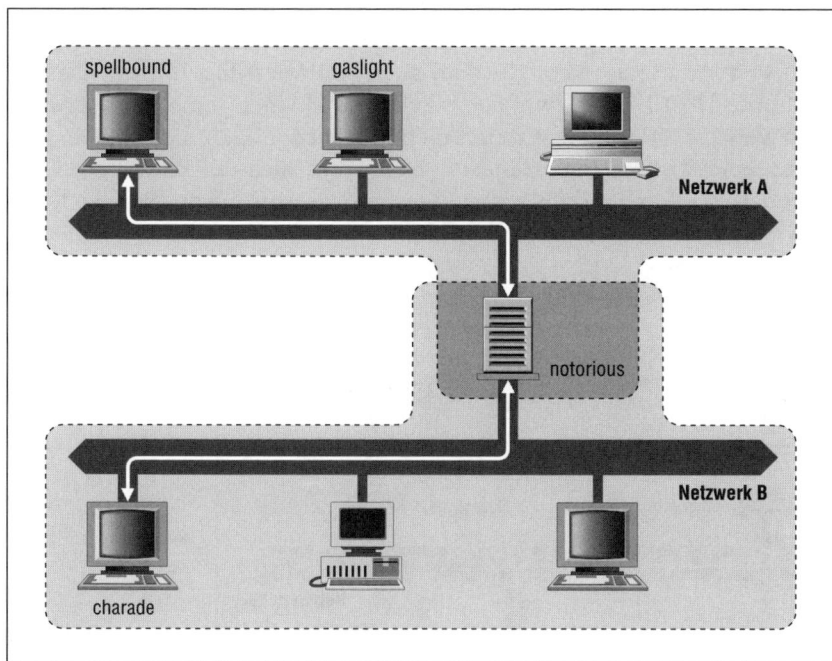

*Abbildung 10-3: Kommunikation mit einem lokalen Multihome-Host*

Lassen Sie uns die Ausgangssituation ein wenig verändern. Nehmen wir einmal an, daß der Nameserver auf *gaslight* betrieben wird. Fragt *spellbound gaslight* nach der Adresse von *notorious*, erhält *spellbound* die gleiche Antwort wie im letzten Fall, weil *spellbound* und *gaslight* gemeinsam in Netzwerk A liegen, was bedeutet, daß der Nameserver die Antwort sortiert. *charade* hingegen könnte eine anders sortierte Antwort erhalten, weil es kein Netzwerk mit *gaslight* gemeinsam nutzt. Die näherliegende Adresse von *notorious* könnte immer noch als erste in der Antwort an *charade* auftauchen, was dann allerdings nicht der Adreßsortierung des Nameservers zu verdanken ist, sondern einfach Glück ist. In diesem Fall müßten Sie einen zusätzlichen Nameserver im Netzwerk B betreiben, damit *charade* von der Standard-Adreßsortierung bei BIND 4 profitieren kann.

Wie Sie sehen, profitieren Sie davon, einen Nameserver in jedem Netzwerk zu betreiben. Der Nameserver ist nicht nur verfügbar, wenn ein Router mal unpäßlich ist, er sortiert auch die Adressen von Multihome-Hosts. Und weil der Nameserver die Adressen sortiert, müssen Sie keine Aliases für NFS-Mounts oder Netzwerk-Logins angeben, um die bestmögliche Antwort zu erhalten.

### Entfernte multihomed Hosts

Stellen Sie sich vor, daß Ihre Site häufig eine bestimmte entfernte Site oder eine weiter entfernt liegende lokale Site anspricht. Sie möchten eine bessere Leistung erzielen, indem Sie bestimmte Adressen in den Netzwerken der entfernten Site favorisieren. Beispielsweise besitzt die Domain *movie.edu* die Netzwerke 192.249.249 und 192.253.253. Lassen Sie uns eine Verbindung zu Netz 10 (dem alten ARPAnet) hinzufügen. Der zu kontaktierende entfernte Host besitzt zwei Netzwerkverbindungen, eine zu Netzwerk 10 und eine zu Netzwerk 26. Dieser Host routet nicht an Netzwerk 26, besitzt aber aus besonderen Gründen eine Verbindung zu diesem Netzwerk. Weil der Router zu Netzwerk 26 immer überlastet ist, erhalten Sie eine bessere Leistung, wenn Sie die Netzwerkadresse 10 des entfernten Hosts benutzen. Abbildung 10-2 verdeutlicht diese Situation.

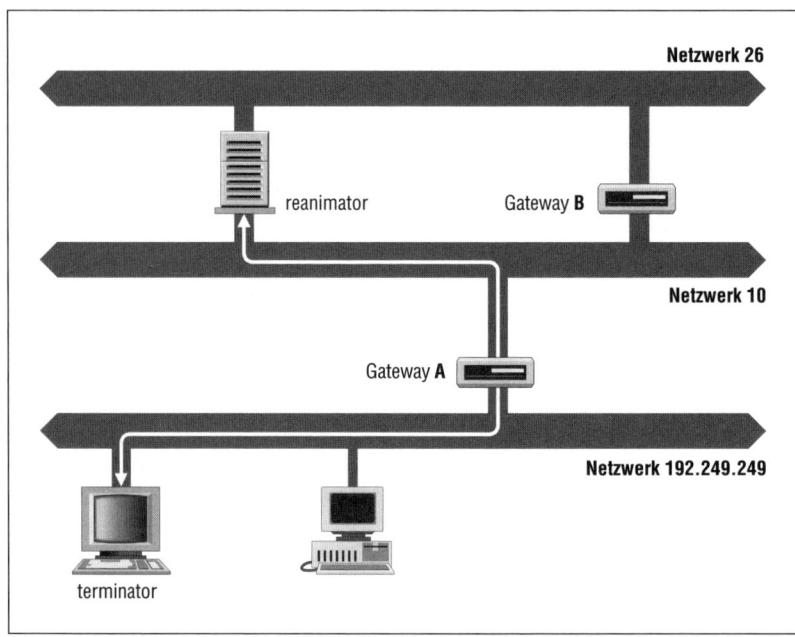

*Abbildung 10-4: Kommunikation mit einem entfernten Multihome-Host*

Stellt ein Benutzer auf *terminator* den Kontakt mit *reanimator* her, ist die Verwendung der Netzwerkadresse 10 vorzuziehen, weil der Zugriff über *Gateway B* zur Netzwerkadresse 26 langsamer erfolgt als über die direkte Route. Unglücklicherweise plaziert der auf *terminator* laufende Nameserver nicht *freiwillig* die Netzwerkadresse 10 an erster Stelle der Liste, wenn er die Adressen für *reanimator* ermittelt; das einzige Netzwerk, an dem *terminator* hängt, ist 192.249.249, d.h. der Server weiß nicht, daß das Netzwerk 10 »näher« liegt als das Netzwerk 26. An dieser Stelle kommt die *sortlist*-Direktive der Boot-Datei ins Spiel. Um die Präferenz für Adressen des Netzwerks 10 anzugeben, tragen Sie die folgende Zeile in *named.boot* ein:

```
sortlist 10.0.0.0
```

Die *sortlist*-Einträge werden an die Standardsortierliste *angehängt*. Mit diesem *sortlist*-Eintrag enthält die Sortierliste auf *terminator* die Netzwerke 192.249.249 und 10. Wenn nun ein Benutzer auf *terminator* den Nameserver auf *terminator* abfragt und der Nameserver die Antwort sortiert, weil es sich um eine lokale Abfrage handelt, schaut der Nameserver zuerst nach Adressen des Netzwerks 192.249.249 und stellt sie in der Antwort an die erste Stelle. Gibt es keine Adressen für das Netzwerk 192.249.249, werden die Adressen des Netzwerks 10 geprüft und an erster Stelle in der Antwort plaziert. Auf diese Weise lösen wir das vorhin beschriebene Problem – wird nach *reanimator* gesucht, erscheint seine Adresse im Netzwerk 10 in der Antwort an erster Stelle.

### *Adreßsortierung bei Subnetzen*

Bei Subnetzen ändert sich die Adreßsortierung etwas. Während der Nameserver seine Standardsortierliste erzeugt, bindet er sowohl die Subnetznummer als auch die Netzwerknummer mit in die Liste ein. Genau wie zuvor erscheint auch hier die gängige Subnetzadresse an erster Stelle, wenn die Abfrage lokal ist und der Nameserver die Antwort sortiert. Leider ist nicht alles perfekt – Sie können keine *sortlist*-Einträge für Subnetze außerhalb Ihres Netzwerks angeben. Der Grund hierfür ist, daß der Nameserver davon ausgeht, daß alle *sortlist*-Einträge Netzwerknummern (und nicht Subnetznummern) enthalten, und Ihre Netzwerknummer befindet sich bereits in der Sortierliste. Weil aber Ihre Netzwerknummer bereits in der Liste enthalten ist, wird der *sortlist*-Eintrag für das Subnetz nicht beachtet.

### *Mehrere sortlist-Einträge*

Eine Sache noch: Wenn Sie mehr als einen *sortlist*-Eintrag hinzufügen wollen, müssen Sie alle Angaben in der gleichen Zeile machen:

```
sortlist 10.0.0.0 26.0.0.0
```

## Nameserver in bestimmten Netzwerken bevorzugen

Die Topologie-Funktion von BIND 8 ist dem *sortlist*-Merkmal ähnlich, allerdings beschränkt sich diese Ähnlichkeit auf die Auswahl von Nameservern. Wir haben weiter vorne in diesem Buch beschrieben, wie BIND sich einen von denjenigen Nameservern aussucht, die die Autorität über dieselbe Zone besitzen – nämlich indem BIND den Server mit der kürzesten Antwortzeit wählt. Allerdings haben wir ein bißchen gelogen. BIND 8 teilt entfernte Nameserver beim Vergleich ihrer Antwortzeiten in 64-Millisekunden-Stufen ein. Die erste Stufe enthält Server, die innerhalb von 32 Millisekunden antworten (Da! Wir haben's schon wieder getan!). Die nächste Stufe enthält Server, deren Antwortzeit zwischen 33 und 96 ms liegt und so weiter. Der Sinn dieser Stufen liegt darin, daß die Nameserver auf den einzelnen Kontinenten sich immer in unterschiedlichen Bereichen befinden.

Der Gedanke dahinter ist, daß Nameserver in den unteren Stufen bevorzugt, aber Nameserver innerhalb einer Stufe gleich behandelt werden sollen. Wenn ein Nameserver die Antwortzeiten zweier entfernter Nameserver vergleicht und er einen davon in einen geringeren Bereich stuft, wird die Anfrage an den Server in der kleineren Stufe gesendet. Wenn sich die entfernten Server aber in derselben Stufe befinden, sendet der lokale Nameserver die Anfrage an den topologisch näheren.

Die Topologie bietet Ihnen noch eine weitere Möglichkeit für die Wahl eines Nameservers für eine Query. Über die Topologie können Sie Nameserver in bestimmten Netzwerken gegenüber anderen bevorzugen. Die entsprechende Funktion benötigt eine Adreßübereinstimmungs-Liste als Argument, wobei die einzelnen Elemente Netzwerke darstellen, die in der Reihenfolge ihrer Nennung bevorzugt werden (die bevorzugtesten zuerst). Der folgende Befehl weist den lokalen Nameserver an, Nameserver im Netzwerk 15.0.0.0 vor anderen Nameservern zu wählen und Nameserver im Netzwerk 1762.88.0.0 zu bevorzugen (abgesehen von Servern im Netzwerk 15.0.0.0, die ja die höchste Priorität besitzen):

```
topology {
    15/8;
    172.88/16;
};
```

Wenn der lokale Nameserver also die Wahl zwischen einem entfernten Nameserver im Netzwerk 15.0.0.0, einem im Netzwerk 172.88.0.0 und einem im Netzwerk 192.168.1.0 hat, und sich die Antwortzeiten aller drei Nameserver in derselben Stufe befinden, greift der lokale Server auf den Nameserver im Netzwerk 15.0.0.0 zu.

Sie können Einträge in der Adreßübereinstimmungs-Liste für die Topologie als negativ kennzeichnen, um Nameserver in bestimmten Netzwerken zu benachteiligen. Je weiter vorne ein negativ gekennzeichneter Eintrag in der Liste ist, desto größer die Benachteiligung.

# *Aufbau eines großen, für die gesamte Site geltenden Caches mit Forwardern*

Bestimmte Netzwerkverbindungen laden nicht gerade dazu ein, größere Datenmengen nach außen zu übertragen, sei es, weil die Verbindung nach Datenvolumen abgerechnet wird, sei es, weil es sich bei dieser Netzwerkverbindung um eine langsame Leitung mit großen Verzögerungen handelt (beispielsweise um die Satellitenverbindung eines entfernten Büros zum Unternehmensnetzwerk). In solchen Situationen werden Sie den DNS-Traffic über diese Leitungen nach außen auf das absolute Minimum beschränken wollen. BIND stellt hierfür einen Mechanismus zur Verfügung: die sogenannte »*Forwarder*«.

Wenn Sie einen oder mehrere Server auf Ihrer Site als Forwarder einrichten, werden alle nach außen gerichteten Abfragen zuerst an diese(n) Forwarder geschickt. Die Idee dabei ist, daß der Forwarder alle nach außen gerichteten Abfragen der Site erhält und so einen großen Cache mit Informationen aufbauen kann. Für jede Abfrage von einer entfernten Domain ist dann die Wahrscheinlichkeit sehr hoch, daß der Forwarder diese aus dem Cache beantworten kann, ohne daß andere Server hierbei involviert würden. Um aus einem der Server einen Forwarder zu machen, müssen Sie nichts Besonderes tun, vielmehr modifizieren Sie alle *anderen Server* auf Ihrer Site so, daß alle Abfragen über die Forwarder laufen.

Der Betriebsmodus als primärer Master- oder Slave-Nameserver ändert sich ein wenig, wenn der Server angewiesen wird, einen Forwarder zu verwenden. Liegt die angeforderte Information bereits in seiner Datenbank autoritativer Daten oder im Cache vor, entnimmt er hieraus die Antwort. Dieser Teil des Betriebs ändert sich also nicht. Liegt die Information aber nicht in seiner Datenbank vor, sendet der Nameserver eine Abfrage an den Forwarder und wartet dann einen kurzen Augenblick auf die Antwort, bevor er seinen normalen Betrieb aufnimmt und die entfernten Server selbst abfragt. Der Unterschied besteht darin, daß der Nameserver eine *rekursive* Abfrage an den Forwarder sendet und davon ausgeht, daß dieser die Antwort liefert. Zu allen anderen Zeiten sendet der Nameserver *nichtrekursive* Abfragen an die anderen Nameserver und behandelt Antworten, die sich nur auf andere Nameserver beziehen.

Nachfolgend finden Sie ein Beispiel für die *forwarders*-Direktive in der Conf-Datei für BIND 8 – und in der Boot-Datei für BIND 4 – für die Nameserver in der Domain *movie.edu*. Sowohl *wormhole* als auch *terminator* dienen für die Site als Forwarder. Diese *forwarders*-Anweisung wird in die Conf-Datei jedes Nameservers aufgenommen, *aber nicht* in die Conf-Dateien der Forwarder selbst (*wormhole* und *terminator*).

```
options {
    forwarders { 192.249.249.1; 192.249.249.3; };
};
```

Die entsprechende BIND 4-Direktive lautet:

```
forwarders 192.249.249.1 192.249.249.3
```

Bei der Verwendung von Forwardern sollten Sie versuchen, die Konfiguration Ihrer Site einfach zu halten. Sie *könnten* sonst bei Konfigurationen enden, die wirklich sehr verworren sind.

- Vermeiden Sie die Verwendung von Servern der »mittleren Ebene« als Forwarder (d.h. vermeiden Sie *forwarders*-Zeilen in den Conf-Dateien Ihrer Nameserver der mittleren Ebene). Solche Server der mittleren Ebene verweisen Nameserver meist auf Subdomain-Nameserver. Wenn ein solcher Server nun für das Forwarding konfiguriert wurde, verweist er dann noch auf die Subdomain-Nameserver, oder stellt er den Kontakt zum Subdomain-Server her, um die Antwort zu ermitteln? Wie es auch immer funktioniert, Ihre Site-Konfiguration wird für Normalsterbliche (und Subdomain-Administratoren) schwerer zu verstehen sein.

- Vermeiden Sie die Verkettung von Forwardern. Konfigurieren Sie den Server A nicht so, daß er an Server B und dieser dann an Server C (oder, noch schlimmer, wieder zurück an Server A) weiterleitet.

## *Ein etwas stärker eingeschränkter Nameserver*

Möglicherweise wollen Sie Ihre Nameserver noch weiter einschränken und sie davon abhalten, daß sie überhaupt *versuchen*, den Kontakt zu außerhalb liegenden Servern herzustellen, wenn ihre Forwarder abgeschaltet sind oder nicht antworten. Sie erreichen dies, indem Sie Ihren Server in einen *reinen Forwarder* (englisch: *Forward-Only*) umwandeln. (Lassen Sie sich nicht verwirren, ein reiner Forwarder ist immer noch ein primärer Master, Slave oder reiner Cache-Server. Wir nennen ihn »reiner Forwarder«, weil es zu lang und kompliziert wäre, ihn als »primären Master-Server und reinen Forwarder«, »Slave-Server und reinen Forwarder« oder »reinen Cache-Server und reinen Forwarder« zu bezeichnen[2].) Ein *Forward-Only*-Server ist eine Variante eines Servers, der mit der *forwarders*-Direktive arbeitet. Er beantwortet Abfragen immer noch aus seinen autoritativen Daten oder aus dem Cache. Allerdings verläßt er sich *vollständig* auf seine Forwarder, er *versucht nicht*, den Kontakt zu anderen Servern herzustellen, um an Informationen zu gelangen, wenn die Forwarder keine Antwort zurückliefern. Die Conf-Datei eines solchen reinen Forwarders-Servers enthielte folgende Zeilen:

```
options {
   forwarders { 192.249.249.1; 192.249.249.3; } ;
   forward only
};
```

Die entsprechenden Zeilen der Boot-Datei für BIND 4 sähen wie folgt aus:

```
forwarders { 192.249.249.1 192.249.249.3; } ;
options forward only
```

---

[2] Anm. des Übersetzers: Auch im Englischen sind die genauen Bezeichnungen recht verwirrend: »primary master forward-only«, »slave forward only« und »caching-only forward-only«.

BIND-Nameserver vor der Version 4.9 stellen dieselbe Funktionalität über die *slave*-Direktive zur Verfügung (statt *options forward-only*):

```
forwarders 192.249.249.1 192.249.249.3
slave
```

Verwechseln Sie bitte diesen Sinn des Begriffs »Slave« nicht mit seiner moderneren Bedeutung. Heutzutage bedeutet »Slave«, daß ein Nameserver Zonendaten mittels eines Zonentransfers von einem Master-Server holt.

Die *forwarders*-Zeile muß in Ihrer Conf- oder Boot-Datei stehen. Es macht keinen Sinn, nur die *forward-only*-Zeile aufzunehmen. Beim Anlegen eines Slave-Nameservers sollten Sie die Forwarder mehr als einmal angeben. Die Option für BIND 8 sähe dann so aus:

```
options {
    forwarders { 192.249.249.1; 192.249.249.3;
                 192.249.249.1; 192.249.249.3; };
};
```

Verwenden Sie die folgenden Zeilen in der Boot-Datei eines BIND 4-Servers:

```
forwarders 192.249.249.1 192.249.249.3 192.249.249.1 192.249.249.3
slave
```

Der reine Forwarder kontaktiert jeden Forwarder lediglich einmal und wartet nur eine kurze Zeit auf seine Antwort. Führen Sie die Forwarder mehrere Male auf, weisen Sie damit den Slave an, die Abfragen *erneut* an die Forwarder zu schicken, und erhöhen damit die Gesamtzeit, die der reine Forwarder auf eine Antwort von den Forwardern wartet.

Allerdings müssen Sie sich selbst fragen, ob es *jemals* Sinn macht, mit reinen Forwardern zu arbeiten. Ein reiner Forwarder ist vollständig von seinen Forwardern abhängig. Sie können nahezu die gleiche Konfiguration (und Abhängigkeit) auch ganz ohne reine Forwarder erreichen. Legen Sie einfach eine *resolv.conf* an, die *nameserver*-Anweisungen enthält, die auf die von Ihnen verwendeten Forwarder verweisen. Auf diese Weise arbeiten Sie immer noch mit Forwardern, aber Ihre Clients fragen die Forwarder direkt ab, statt auf einen reinen Forwarder zuzugreifen, der die Abfragen dann für die Clients übernimmt. Sie verlieren das vom reinen Forwarder durchgeführte lokale Caching und die Adreßsortierung, aber Sie verringern die Gesamtkomplexität Ihrer Site-Konfiguration, weil weniger »eingeschränkte« Nameserver betrieben werden.

# Ein nichtrekursiver Nameserver

Standardmäßig versenden BIND-Resolver rekursive Abfragen, und BIND-Nameserver übernehmen die notwendigen Arbeiten, um rekursive Abfragen beantworten zu können. (Falls Sie sich nicht mehr erinnern, wie die Rekursion funktioniert, sehen Sie in Kapitel 2, *Wie funktioniert das DNS?*, nach.) Bei diesem Prozeß des Auffindens von Antworten auf rekursive Abfragen baut der Nameserver einen Cache auf, der nichtautoritative Informationen über andere Domains enthält.

Unter besonderen Umständen ist die zusätzliche Arbeit, die ein Nameserver mit der Beantwortung einer rekursiven Abfrage oder mit dem Aufbau eines Daten-Caches hat, *unerwünscht*. Die Root-Nameserver sind ein Beispiel für einen solchen Fall. Die Root-Nameserver haben soviel zu tun, daß sie nicht auch noch den zusätzlichen Aufwand betreiben sollten, rekursiv die Antwort auf eine Abfrage zu finden. Statt dessen schicken sie eine Antwort zurück, die allein auf den ihnen vorliegenden autoritativen Daten basiert. Die Antwort kann die gewünschten Informationen enthalten, aber es ist doch wahrscheinlicher, daß in der Antwort auf andere Nameserver verwiesen wird. Und weil Root-Server keine rekursiven Abfragen unterstützen, bauen sie auch keinen Cache mit nichtautoritativen Daten auf – und das ist auch gut so, weil dieser Cache wirklich sehr groß wäre[3].

Sie können BIND anweisen, als nichtrekursiver Nameserver zu arbeiten, indem Sie die folgende Anweisung in die Conf-Datei aufnehmen:

```
options {
    recursion no;
};
```

Die entsprechende Direktive für BIND 4.9 lautet:

```
options no-recursion
```

Der Server wird nun rekursive Queries so beantworten, als handelt es sich um nichtrekursive Abfragen.

In Verbindung mit *recursion no* gibt es eine weitere Konfigurationsoption, die Sie benutzen müssen, wenn Sie verhindern wollen, daß Ihr Nameserver einen Cache aufbaut:

```
options {
    fetch-glue no;
};
```

Oder, für BIND 4.9:

```
options no-fetch-glue
```

Auf diese Weise wird verhindert, daß der Server bei der Konstruktion des *Additional Data*-Abschnitts einer Antwort die fehlenden Glue Records einbringt.

Soll einer Ihrer Nameserver nichtrekursiv arbeiten, dürfen Sie ihn in keiner *resolv.conf* irgendeines Hosts aufnehmen. Zwar können Sie dafür sorgen, daß Ihr Nameserver

---

[3] Beachten Sie, daß ein Root-Nameserver normalerweise keine rekursiven Queries erhält, sofern kein Nameserver-Administrator ihn so konfiguriert hat, daß er einen Root-Server als Forwarder benutzt, oder ein Host-Administrator diesen Host so konfiguriert hat, daß sein Resolver einen Root-Server als Nameserver verwendet oder ein Benutzer mit *nslookup* auf einen Root-Server zugreift.

nichtrekursiv arbeitet, aber es gibt keine entsprechende Option, mit der Sie einen Resolver dazu bringen könnten, mit einem nichtrekursiven Nameserver zu arbeiten[4].

Sie können einen nichtrekursiven Nameserver als den Server angeben, der die Autorität über Ihre Zonendaten besitzt (d.h. Sie können einen Parent-Nameserver anweisen, Abfragen über Ihre Zone an diesen Server zu übermitteln). Das funktioniert, weil sich Nameserver untereinander nichtrekursive Abfragen senden.

Führen Sie keinen nichtrekursiven Nameserver als *Forwarder* auf. Benutzt ein Nameserver einen anderen Server als Forwarder, sendet er die Abfrage an den Forwarder als rekursive, nicht als iterative Abfrage.

## Fehlerhafte Nameserver umgehen

Im Laufe Ihrer Arbeit als Administrator eines Nameservers werden Sie sicher mal einem entfernten Nameserver begegnen, der mit falschen Informationen antwortet. Sie können natürlich versuchen, einen Administrator ausfindig zu machen, der den Fehler behebt. Alternativ können Sie sich einigen Kummer ersparen, indem Sie Ihren Nameserver so konfigurieren, daß er diesen Nameserver einfach nicht mehr abfragt. Das ist seit der BIND-Version 4.9 möglich. Hier die entsprechende Anweisung für die Conf-Datei:

```
server 10.0.0.2 {
    bogus yes
}
```

Oder, für BIND 4.9:

```
bogusns 10.0.0.2
```

Natürlich müssen Sie die korrekte IP-Adresse eintragen.

Falls dies der einzige Server für eine Zone sein sollte und falls Sie Ihren Nameserver gerade angewiesen haben, sich nicht mehr mit diesem Server zu unterhalten, sollten Sie nicht erwarten, daß Sie irgendwelche Informationen dieser Zone abfragen können. Sie können nur hoffen, daß es andere Server für diese Zone gibt, die Sie mit guten Informationen versorgen.

---

4  Im allgemeinen. Natürlich funktionieren Programme, die so entworfen wurden, daß sie nichtrekursive Abfragen senden – oder entsprechend konfiguriert werden können (z.b. *nslookup*) – auch weiterhin.

# Ihren Nameserver absichern

BIND 4.9 führte mehrere wichtige neue Sicherheitsmerkmale ein, mit denen Sie Ihren Nameserver schützen können. BIND 8 führte diese Tradition fort, indem diese Version weitere Sicherheitsfunktionen mit sich brachte. Diese Merkmale sind besonders dann wichtig, wenn Ihr Nameserver im Internet ist. Sie können aber auch für ausschließlich interne Nameserver nützlich sein.

Wir beginnen hier mit der Beschreibung von Prozeduren, die Sie für alle Nameserver durchführen sollten, auf denen Sicherheit wichtig ist. Wir beschreiben dann ein Modell, mit dem Sie Ihre Nameserver in zwei Gruppen einteilen können, eine ausschließlich zum Beantworten von Resolver-Queries und eine ausschließlich zum Beantworten von Queries anderer Nameserver.

## BIND-Versionen

Eine der effizientesten Möglichkeiten zum Verbessern der Sicherheit Ihres Nameservers besteht darin, die aktuelle BIND-Version zu verwenden. Alle Versionen vor BIND 4.9.7 sind zumindest vor einigen bekannten Angriffen nicht gewappnet[5]. BIND 8.1.2 ist eine noch bessere Wahl, weil diese Version viele neue Sicherheitsmechanismen kennt; BIND 8.2.1 behebt kleinere Sicherheitsprobleme, die 8.2 (und 8.1.2) besitzen.

Aber hören Sie hier nicht auf: Neue Angriffstypen tauchen immer wieder auf, so daß Sie am besten mit der Entwicklung Schritt halten sollten, indem Sie die aktuelle »sichere« Version von BIND einsetzen. Zudem ist es empfehlenswert, Artikel der News-Gruppe *comp.protocols.dns.bind* regelmäßig zu lesen.

## Queries einschränken

Bis zur BIND-Version 4.9 hatten Domain-Administratoren keinerlei Möglichkeit, zu kontrollieren, wer Daten von ihren Nameservern abfragt. Bis zu einem gewissen Punkt machte das auch Sinn, schließlich war die dem DNS ursprünglich zugrundeliegende Idee, daß Informationen einfach über das Internet verfügbar sein sollten.

Die Umgebung ist aber nicht mehr so freundlich wie früher. Insbesondere die Leute, die Internet-Firewalls betreiben, besitzen ein legitimes Interesse daran, bestimmte Teile ihres Namensraumes vor einem Großteil der Welt zu verbergen, ihn gleichzeitig aber einem eingeschränkten Publikum zugänglich zu machen.

Die Unteranweisung *allow-query* von BIND 8 ermöglicht es Ihnen, eine auf IP-Adressen basierende Zugriffsliste für Queries einzutragen. Die Zugriffsliste kann sich auf Queries für eine bestimmte Zone oder auf alle vom Server empfangenen Queries beziehen. Die Liste gibt diejenigen IP-Adressen an, die Queries an den lokalen Nameserver senden dürfen.

---

[5] Die Verletzbarkeit durch einen bestimmten Angriffstyp ist einer der Gründe dafür, daß BIND 4.9.7 überhaupt existiert. Eigentlich sollte 4.9.6 die letzte Version von BIND 4 sein.

*Alle Queries einschränken*

Mit der folgenden *allow-query*-Unteranweisung können Sie Queries global einschränken:

```
options {
    allow-query { Adressübereinstimmungs-Liste; };
};
```

Um unseren Nameserver so einzuschränken, daß er nur Queries aus den beiden *movie.edu*-Netzwerken beantwortet, würden wir folgende Anweisung schreiben:

```
options {
    allow-query { 192.249.249/24; 192.253.253/24; };
};
```

*Queries für eine bestimmte Zone einschränken*

Mit BIND 8 können Sie eine Zugriffsliste auch für eine bestimmte Zone angeben. Verwenden Sie in diesem Fall die *allow-query*-Unteranweisung in der *zone*-Anweisung der Zone, die Sie schützen wollen:

```
zone "hp.com" {
    type slave;
    file "db.hp";
    masters { 15.255.152.2; };
    allow-query { "HP-NET"; };
};
```

Jeder Typ eines Nameservers, der die Autorität über eine Zone besitzt, egal ob Master oder Slave, kann eine Zugriffsliste für eine Zone verwenden. Zonenspezifische Zugriffslisten haben innerhalb ihrer Zone Vorrang vor globalen Zugriffslisten. Die zonenspezifischen Zugriffslisten können sogar stärker einschränkend als die globale Zugriffsliste sein. Wenn Sie in einer Zone keine zonenspezifische Zugriffsliste eintragen, wird für diese Zone die globale Zugriffsliste verwendet.

BIND 4.9 bietet diese Funktionalität über den *secure_zone*-Record. Er beschränkt nicht nur Abfragen nach einzelnen Resource Records, sondern auch Zonentransfers. (In BIND 8 werden Zonentransfers separat eingeschränkt.) 4.9-Server besitzen aber keine Möglichkeit, Abfragen für Zonen einzuschränken, über die sie nicht die Autorität besitzen; der *secure_zone*-Record funktioniert nur in Zonen, für die der Server die Autorität besitzt.

Um *secure_zones* zu verwenden, müssen Sie einen oder mehrere besondere TXT (Text)-Records in die Zonendaten des primären Master-Servers aufnehmen. Diese Records werden angenehmerweise automatisch mit Zonentransfers auf die Slave-Server übertragen. Natürlich können nur BIND 4.9-Slaves etwas mit ihnen anfangen.

Diese TXT-Records sind deswegen etwas Besonderes, weil sie an den Pseudo-Domain-Namen *secure_zone* gebunden sind und weil die für die Resource Records spezifischen Daten ein besonderes Format besitzen, und zwar entweder

```
            Adresse:Maske
```
oder
```
            Adresse:H
```

Bei der ersten Form ist *Adresse* das IP-Netzwerk in Punktnotation (»dotted-octet«), dem Sie den Zugriff auf die Daten der Zone *gestatten* wollen. *Maske* ist dabei die Netzmaske für diese Adresse. Soll jedem im Netz 15 der Zugriff auf Ihre Zonendaten erlaubt werden, müssen Sie 15.0.0.0:255.0.0.0 verwenden. Soll der Zugriff nur im Bereich der IP-Adressen 15.254.0.0 bis 15.255.255.255 ermöglicht werden, verwenden Sie 15.254.0.0:255.254.0.0.

Die zweite Form spezifiziert die Adresse eines bestimmten Hosts, dem Sie den Zugriff auf Ihre Zonendaten erlauben wollen. Das *H* ist ein Äquivalent für die Maske 255.255.255.255, d.h. jedes Bit der 32-Bit-Adresse wird geprüft. Die Eingabe 15.255.152.4:H erlaubt es also dem Host mit der IP-Adresse 15.255.152.4, Daten in der Zone nachzusehen.

Wenn wir beispielsweise Informationsabfragen in *movie.edu* auf die Hosts in den Netzwerken unserer Film-Uni beschränken wollen, könnten wir die folgenden Zeilen in die *db.movie* unseres primären *movie.edu*-Servers aufnehmen:

```
            secure_zone      IN      TXT     "192.249.249.0:255.255.255.0"
            secure_zone      IN      TXT     "192.253.253.0:255.255.255.0"
            secure_zone      IN      TXT     "192.253.254.0:255.255.255.0"
            secure_zone      IN      TXT     "127.0.0.1:H"
```

Beachten Sie, daß wir die Adresse 127.0.0.1 in unsere Zugriffsliste aufgenommen haben. Auf diese Weise kann ein Resolver seinen lokalen Nameserver abfragen. Falls Sie das *:H* vergessen, werden Sie die folgende Meldung in Ihrem *syslog*-Protokoll finden:

```
            Aug 17 20:58:22 terminator named[2509]: build_secure_netlist
                    (movie.edu): addr (127.0.0.1) is not in mask (0xff000000)
```

Beachten Sie auch, daß diese Records nur auf die Zone angewandt werden, in der sie stehen, d.h. auf *movie.edu*. Hätten Sie nichtautorisierte Abfragen von Daten anderer Zonen dieses Servers verhindern wollen, hätten Sie auf dem entsprechenden primären Master-Nameserver auch entsprechende Records aufnehmen müssen.

## *Nichtautorisierte Zonentransfers verhindern*

Noch wichtiger als die Kontrolle darüber, wer Ihren Nameserver abfragen kann und wer nicht, ist, sicherzustellen, daß nur Ihre Slave-Nameserver Zonen von Ihrem primären Master-Nameserver transferieren können. Benutzer an entfernten Hosts, die Ihre Nameserver abfragen können, haben nur Zugriff auf Daten (z.b. Adressen) von Hosts, deren Domain-Namen sie bereits kennen. Benutzer, die Zonentransfers von Ihren Servern initiieren können, besitzen hingegen Daten über alle Hosts in Ihrer Zone. Das ist so, als würde jemand die Telefonzentrale eines Unternehmens anrufen, um nach der

Durchwahl eines einzelnen Mitarbeiters zu fragen, und als Antwort die Kopie des firmeninternen Telefonbuches erhalten.

Die Unteranweisung *allow-transfer* von BIND 8 und die *xfrnets*-Direktive von BIND 4.9 ermöglichen es Ihnen, eine Zugriffsliste für Zonentransfers anzugeben. *allow-transfer* kann Transfers auf zwei Arten einschränken: für eine bestimmte Zone als *Zone*-Unteranweisung oder global als *options*-Unteranweisung. Die Unteranweisung erfordert eine Adreßübereinstimmungs-Liste als Argument.

Sagen wir, die Slave-Server Ihrer Zone *acmebw.com* besitzen die IP-Adressen 192.168.0.1 und 192.168.1.1. Die Zonenanweisung

```
zone "acmebw.com" {
type master;
file "db.acmebw";
allow-transfer { 192.168.0.1; 192.168.1.1; };
};
```

erlaubt nur diesen Slaves, die Zone *acmebw.com* vom primären Master-Server zu laden. Da BIND 8 standardmäßig Zonentransfers von allen IP-Adressen zuläßt, und da Hacker mit Leichtigkeit Zonen von ihren Slaves übertragen können, sollten Sie auf Ihren Slaves eine solche *zone*-Anweisung besitzen:

```
zone "acmebw.com" {
   type slave;
   masters { 192.168.0.4; };
   allow-transfer { none; };
}
```

Mit BIND 8 können Sie außerdem eine globale Zugriffsliste für Zonentransfers definieren. Sie bezieht sich dann auf alle Zonen, die keine eigene Zugriffsliste für Zonentransfers besitzen. Sie könnten beispielswiese Zonentransfers auf interne IP-Adressen beschränken:

```
options {
   allow-transfer { 192.168/16; };
   };
```

Die *xfrnets*-Direktive von BIND 4.9 erlaubt es den Administratoren, eine Zugriffsliste für Zonentransfers anzulegen, ein Feature, das dem der gesicherten Zonen sehr ähnlich ist. Allerdings ist *xfrnets* eine Direktive der Boot-Datei, während gesicherte Zonen durch die speziellen TXT-Records implementiert werden, die wir im vorangegangenen Abschnitt erläutert haben.

*xfrnets* verlangt als Argumente die Netzwerke oder IP-Adressen, denen Sie den Zonentransfer von Ihrem Nameserver gestatten wollen. Netzwerke werden in der für Netzwerknummern üblichen Punktnotation übergeben:

```
xfrnets 15.0.0.0 128.32.0.0
```

Das obige Beispiel erlaubt nur den Hosts des Klasse-A-Netzwerks 15 oder des Klasse-B-Netzwerks 128.32 den Zonentransfer von diesem Nameserver. Im Gegensatz zu gesicherten Zonen gilt diese Einschränkung für alle Zonen, über die der Server die Autorität besitzt.

Wenn Sie nur einen Teil des Netzwerks, bis hin zu einer einzelnen IP-Adresse, angeben wollen, können Sie eine Netzwerkmaske spezifizieren. Die Syntax für die Aufnahme einer Netzwerkmaske lautet *netzwerk&netzmaske*. Beachten Sie, daß keine Leerzeichen zwischen dem Netzwerk, dem kaufmännischen »Und« sowie der Netzmaske erlaubt sind.

Um die aus dem vorangegangenen Beispiel verwendeten Adressen für Zonentransfers auf lediglich die IP-Adresse 15.255.152.4 und das Subnetz 128.32.1.0 zu beschränken, können Sie die folgende *xfrnets*-Direktive benutzen:

```
xfrnets 15.255.152.4&255.255.255.255 128.32.1.0&255.255.255.0
```

Bei einem primären Master-Nameserver, der aus dem Internet zu erreichen ist, werden Sie die Zonentransfers wahrscheinlich ausschließlich auf die Slave-Nameserver beschränken wollen. Bei Nameservern, die sich im Schutze Ihrer Firewall befinden, werden Sie *xfrnets* nicht verwenden müssen, solange Sie sich nicht darum Gedanken machen, daß die Mitarbeiter die Zonendaten lesen könnten.

## *BIND als Nicht-Root-Benutzer ausführen*

Einen Netzwerk-Server wie BIND als Root-Benutzer auszuführen kann gefährlich sein – und BIND wird normalerweise unter dem Root-Benutzerkonto ausgeführt. Wenn ein Hacker eine Schwäche im Server findet, über die er Dateien lesen oder schreiben kann, wird er Root-Zugriff auf das Dateisystem erhalten. Wenn er eine Sicherheitslücke des Servers findet, über die er Befehle ausführen kann, kann er sie als Root ausführen.

BIND 8.1.2, 8.2 und 8.2.1 enthalten experimentellen Code, mit dem Sie den Benutzer und die Gruppe ändern können, unter dessen bzw. deren Benutzerkonto BIND ausgeführt wird. Dadurch erhält der Nameserver die geringsten Berechtigungen (»Least Privilege«), die er benötigt, um seine Aufgabe zu erledigen. Auf diese Art hat jemand, wenn er in Ihren Host einbrechen sollte, zumindest keine Root-Berechtigungen.

BIND 8.1.2, 8.2 und 8.2.1 enthalten außerdem eine Option, mit der Sie *chroot* für den Nameserver ausführen können. Damit verändern Sie seine Sicht auf das Dateisystem, so daß sein Root-Verzeichnis in Wirklichkeit ein bestimmtes Verzeichnis des Dateisystems auf dem Host darstellt. Dadurch ist der Nameserver in diesem Verzeichnis »gefangen«, und diese Einschränkung gilt auch für Hacker, die erfolgreich die Sicherheit des Nameservers durchbrechen.

Die genannten Sicherheitsfunktionen können Sie mit folgenden Befehlszeilenoptionen aktivieren:

-u

Gibt den Namen des Benutzers oder die Benutzer-ID an, unter dem bzw. der Ihr Nameserver nach dem Start ausgeführt werden soll, zum Beispiel *named -u bin*.

-g

Gibt die Gruppe oder Gruppen-ID an, unter der der Server nach seinem Start ausgeführt wird, zum Beispiel *named -g other*. Wenn Sie -u angeben, aber nicht -g, verwendet der Nameserver die primäre Gruppe des Benutzers.

-t

Gibt das Verzeichnis an, daß der Nameserver über *chroot* als Root-Verzeichnis sehen soll.

Wenn Sie sich entschließen, die Optionen *-u* und *-g* zu verwenden, müssen Sie festlegen, welches Benutzer- und welches Gruppenkonto Sie benutzen wollen. Am sichersten ist es, einen neuen Benutzer und eine neue Gruppe zu erstellen, vielleicht als *named*. Da der Nameserver erst die Datei *named.conf* einliest und dann seine Root-Rechte aufgibt, müssen Sie die Berechtigungen für diese Datei nicht ändern. Sie müssen aber möglicherweise die Berechtigungen und die Besitzer der Datenbankdateien ändern, so daß der Benutzer, unter dem der Nameserver ausgeführt wird, sie lesen kann. Wenn Sie die dynamische Aktualisierung verwenden, müssen Sie die Zonendateien, die automatisch aktualisiert werden, für den Nameserver-Benutzer beschreibbar machen.

Der Nameserver kann außerdem Probleme haben, die Datei *named.pid* zu schreiben, da er sie nach dem Start (und nach dem Aufgeben der Root-Berechtigungen) gelegentlich neu schreibt. Bei den meisten UNIX-Versionen ist das Verzeichnis */var/run* (dort schreibt der Nameserver die Datei *named.pid*) nur für Root-Benutzer beschreibbar. Der einfachste Weg, dieses Problem zu lösen, besteht darin, die Unteranweisung *pid-file* zu verwenden, damit der Nameserver die Datei *named.pid* in ein anderes Verzeichnis schreibt:

```
options {
    pid-file "/var/named/named.pid";
};
```

Stellen Sie dann sicher, daß die Datei für den *named*-Benutzer beschreibbar ist.

Wenn Ihr Nameserver konfiguriert ist, Protokolldateien zu schreiben (im Gegensatz zum Senden von Protokolleinträgen an *syslog*), sollten Sie sich vergewissern, daß diese Dateien existieren und vom Nameserver beschrieben werden können, bevor Sie ihn starten.

Die Option *-t* erfordert eine besondere Konfiguration. Sie müssen im einzelnen sicherstellen, daß alle Dateien, die *named* verwendet, sich in dem Verzeichnis befinden. Dazu gehören die folgenden:

*named-xfer*
> Die meisten *named*-Versionen erwarten die ausführbare Datei *named-xfer* im Verzeichnis */etc/named-xfer*. Wenn Sie den Nameserver mit *chroot* auf */var/named* beschränken, wird dieses Verzeichnis zu */var/named/etc/named-xfer*.

*Gemeinsam genutzte Bibliotheken*
> Wenn Sie Ihren Nameserver mit Standardbibliotheken erstellen, müssen Sie Kopien dieser gemeinsam genutzten Bibliotheken in dem Verzeichnis erstellen, in dem das Betriebssystem sie erwartet. Wenn Ihr Betriebssystem beispielsweise Bibliotheken in */lib* sucht, müssen Sie Kopien in */var/named/lib* erstellen. Die Alternative ist, den Nameserver mit statisch verbundenen Bibliotheken zu erstellen.

*/dev/null*
> Der Nameserver benötigt ein virtuelles Gerät als Verzeichnis */dev/null* im mit *chroot* angegebenen Verzeichnis. Sie können herausfinden, wie Sie ein solches Verzeichnis anlegen, wenn Sie */dev/MKDEV* oder die Manpage zu *mknod* lesen.

Schließlich ist der Nameserver möglicherweise nicht in der Lage, in einer mit *chroot* erstellten Umgebung Daten an *syslog* zu senden. Wenn dies der Fall ist, verwenden Sie die in Kapitel 7, *BIND pflegen*, beschriebene *logging*-Anweisung, um Protokolleinträge in Dateien zu schreiben, die im mit *chroot* angegebenen Verzeichnis liegen.

Wenn Sie eine dieser Optionen verwenden, müssen Sie sie im Hinterkopf haben, wenn Sie den Nameserver manuell hochfahren oder neu starten. Sie können auch *ndc* bearbeiten, um die dort liegenden Optionen zum Start und Neustart zu verändern.

## *Konfiguration »delegierter« Nameserver*

Einige Ihrer Nameserver beantworten nichtrekursive Queries von anderen Nameservern im Internet, weil Ihre Nameserver in NS-Records erscheinen, die Ihre Zonen an sie delegieren. Wir nennen diese Nameserver »delegierte« Nameserver.

Es gibt besondere Vorgehensweisen, um Ihre delegierten Nameserver zu schützen. Aber zunächst müssen Sie sicherstellen, daß diese Server keine rekursiven Queries erhalten (d.h., daß kein Resolver auf diese Nameserver zugreifen darf und daß keine anderen Nameserver diese Nameserver als Forwarder verwenden dürfen). Einige dieser Vorsichtsmaßnahmen, die wir ergreifen – wie den Nameserver selbst auf rekursive Queries nichtrekursiv antworten zu lassen –, schließen Ihre Resolver von der Verwendung dieser Nameserver aus. Wenn Sie Resolver besitzen, die auf delegierte Nameserver zugreifen, sollten Sie die Einrichtung einer zusätzlichen Klasse von Nameservern in Betracht ziehen, um die Resolver zu bedienen, wie im folgenden Abschnitt beschrieben.

Wenn Sie mit Sicherheit wissen, daß Ihr Nameserver nur Queries von anderen Nameservern beantwortet, können Sie die Rekursion abschalten. Das eliminiert einen Hauptangriffspunkt: Die am weitesten verbreitete Fälschungsmethode besteht darin, den Ziel-Nameserver dazu zu bringen, Nameserver abzufragen, die unter der Kontrolle der Hakker stehen, indem sie dem Ziel eine rekursive Query nach einem Domain-Namen einer Zone senden, die von den Servern der Hacker bedient wird. Folgendermaßen können Sie die Rekursion bei BIND 8 abschalten:

```
options {
    recursion no;
};
```

Bei BIND 4.9 geht's so:

```
options no-recursion
```

Sie sollten weiterhin Zonentransfers Ihrer Zone einschränken, so daß nur Ihnen bekannte Slaves die Zone von Ihrem primären Master-Server laden können. Wir haben das weiter vorne in diesem Kapitel beschrieben, und zwar im Abschnitt »*Nichtautorisierte Zonentransfers verhindern*«. Schließlich sollten Sie das Holen von Glue Records unterbinden. Der Nameserver versucht automatisch, die Namen jeglicher Nameserver in RDATA- oder NS-Records aufzulösen. Um das zu verhindern und Ihren Nameserver davon abzuhalten, eigene Queries zu senden, verwenden Sie

```
options {
    fetch-glue no;
};
```

für BIND 8 und

```
options no-fetch-glue
```

für BIND 4.9.

## *Konfiguration auflösender Nameserver*

Einen Nameserver, der einen oder mehrere Resolver oder andere Nameserver als Forwarder bedient, nennen wir »auflösenden« Nameserver. Im Gegensatz zu einem delegierten Namesrever kann ein »auflösender« Nameserver keine rekursiven Queries verweigern. Daher müssen wir einen solchen Nameserver etwas anders absichern. Wir wissen, daß unser Nameserver ausschließlich Queries von unseren Resolvern erhält, so daß wir ihn so konfigurieren können, daß er ausschließlich Queries von IP-Adressen unserer Resolver beantwortet und Queries von fremden IP-Adressen ignoriert.

Nur BIND 8 ermöglicht es Ihnen, die IP-Adressen einzuschränken, die dem Server beliebige Queries senden dürfen. (Mit BIND 4.9-Servern können Sie angeben, welche IP-Adressen der Server für Queries nach Zonen zuläßt, für die er die Autorität besitzt, indem Sie TXT-Records des Typs *secure_zone* verwenden. Aber eigentlich machen wir uns mehr Sorgen über rekursive Queries nach fremden Zonen.) Die folgende *allow-query*-Unteranweisung beschränkt Queries auf unser internes Netzwerk:

```
options {
    allow-query { 192.168/16; };
};
```

Mit dieser Konfiguration sind unsere internen Resolver die einzigen, die dem Server rekursive Queries senden und den Nameserver damit anweisen können, andere Nameserver abzufragen. Wir gehen davon aus, daß die internen Resolver nicht bösartig sind.

## *Zwei Nameserver in einem*

Was ist, wenn Sie nur einen Nameserver besitzen, der sowohl Ihre Zone als auch Ihre Resolver bedient, sie es sich aber nicht leisten können, einen weiteren Computer zu kaufen, um einen zweiten Nameserver auszuführen? Sie haben nichtsdestotrotz mehrere Möglichkeiten. Eine ist eine Einzel-Server-Lösung, die die Flexibilität von BIND 8 ausnutzt. Mit einer besonderen Konfiguration kann jeder Ihren Nameserver nach Informationen über an ihn delegierte Zonen fragen, aber nur interne Resolver können weitere Informationen abrufen. Das hindert entfernte Resolver zwar nicht, Ihrem Nameserver rekursive Queries zu senden; aber solche Queries müssen sich in Ihrer Zone befinden, für die Sie die Autorität besitzen. Diese Abfragen bringen Ihren Nameserver also nicht dazu, weitere Abfragen durchzuführen.

Hier die Datei *named.conf*, die das erledigt:

```
options {
    allow-query { 192.168/16; };
};

zone "acmebw.com" {
    type master;
    file "db.acmebw";
    allow-query { any; };
    allow-transfer { 192.168.0.1; 192.168.1.1; };
};

zone "168.192.in-addr.arpa" {
    type master;
    file "db.192.168";
    allow-query { any; };
    allow-transfer { 192.168.0.1; 192.168.1.1; };
};
```

Hier bezieht sich die liberalere zonenspezifische Zugriffsliste auf Queries in der Zone, für die der Server die Autorität besitzt, während die stärker einschränkende Zugriffsliste global gilt, also bei allen anderen Queries wirksam ist.

Eine weitere Möglichkeit ist es, zwei *named*-Prozesse auf einem Host auszuführen. Einer wird als delegierter Server konfiguriert, der andere als auflösender Nameserver. Da wir keine Möglichkeit haben, entfernten Servern oder lokalen Resolvern den Nameserver auf einem anderen Port als 53 abfragen zu lassen (das ist der Standard-Port für DNS), müssen wir für die Nameserver unterschiedliche IP-Adressen verwenden.

Wenn Ihr Host bereits mehr als zwei Netzwerkschnittstellen besitzt, ist das natürlich kein Problem. Selbst wenn er nur eine besitzt, kann das Betriebssystem ihr möglicherweise mehr als eine IP-Adresse zuteilen (es unterstützt dann IP-Alias-Adressen). Jeder

der beiden *named*-Prozesse kann an einer der beiden IP-Adressen lauschen. Wenn das Betriebssystem keine IP-Alias-Adressen unterstützt, können Sie einen *named*-Prozeß an die IP-Adresse der Netzwerkschnittstelle und den anderen an die lokale Loopback-Adresse binden. Dann ist nur noch der lokale Host in der Lage, Queries an den *named*-Prozeß zu senden, der an der Loopback-Adresse horcht, aber das ist in Ordnung, wenn Sie nur den lokalen Resolver bedienen müssen.

Hier zunächst die Datei *named.conf* für den delegierten Nameserver, der an der IP-Adresse der Netzwerkschnittstelle lauscht:

```
options {
    directory "/usr/local/named";
    recursion no;
    listen-on { 192.168.0.4; };
    pid-file "delegated.pid";
};

zone "acmebw.com" {
    type master;
    file "db.acmebw";
    allow-query { any };
    allow-transfer { 192.168.0.1; 192.168.1.1; };
};

zone "168.192.in-addr.arpa" {
    type master;
    file "db.192.168";
    allow-query { any; };
    allow-transfer { 192.168.0.1; 192.168.1.1; };
};

zone "." {
    type hint;
    file "db.cache";
};
```

Und nun die Datei *named.conf* für den auflösenden Nameserver, der an der lokalen Loopback-Adresse horcht:

```
options {
    directory "/usr/local/named1";
    listen-on { 127.0.0.1; };
    pid-file "resolving.pid";
};

zone "." {
    type hint;
    file "db.cache";
};
```

Die Unteranweisung *listen-on* teilt dem Server, der die Conf-Datei liest, mit, daß er nur an denjenigen Netzwerkschnittstellen lauschen soll, deren IP-Adressen in der Liste vorkommen. Wir haben die IP-Adresse ausdrücklich angegeben, so daß keine Mißverständnisse aufkommen können. Sie können *listen-on* auch verwenden, damit *named* auf einem anderen Port als 53 lauscht:

```
options {
    listen-on port n { Adreßübereinstimmungs_Liste };
};
```

Beachten Sie, daß, wenn wir die Rekursion für den delegierten Nameserver unterbinden, wir sie auf dem auflösenden Nameserver eingeschaltet lassen müssen. Wir geben außerdem jedem Nameserver sein eigenes Verzeichnis und seine eigene PID-Datei, so daß sie nicht versuchen, die Vorgaben für den PID-Dateinamen, Debug-Dateien und Statistikdateien verwenden.

Damit der lokale Host auf den auflösenden Nameserver zugreift, der an der lokalen Loopback-Adresse horcht, muß die Datei *resolv.conf* folgende Zeile als erste *nameserver*-Direktive enthalten:

```
nameserver 127.0.0.1
```

## *Lastverteilung zwischen gespiegelten Servern*

Nameserver seit BIND 4.9 formalisieren eine Lastverteilungsfunktionalität, die für BIND schon seit einiger Zeit in Form von Patches zur Verfügung steht. Bryan Beecher hat Patches für BIND 4.8.3 geschrieben, um etwas zu implementieren, was er als »shuffle address records«, also etwa als »gemischte Adreß-Records« bezeichnet hat. Dabei handelte es sich um Adreß-Records eines speziellen Typs, die vom Nameserver zwischen einzelnen Antworten rotiert wurden. Besaß beispielsweise die Domain *foo.bar.baz* drei dieser besonderen IP-Adressen (z.b. 192.1.1.1, 192.1.1.2 und 192.1.1.3), wären sie von einem entsprechend gepatchten Nameserver zuerst in der Reihenfolge

```
192.1.1.1 192.1.1.2 192.1.1.3
```

dann in der Reihenfolge

```
192.1.1.2 192.1.1.3 192.1.1.1
```

und schließlich in der Reihenfolge

```
192.1.1.3 192.1.1.1 192.1.1.2
```

ausgegeben worden. Danach wäre wieder mit der ersten Reihenfolge weitergemacht worden, und diese Rotation wäre immer weitergegangen.

Diese Funktionalität ist unglaublich nützlich, wenn Sie eine Reihe äquivalenter Netzwerkressourcen wie gespiegelte FTP-, Web- oder Terminal-Server verwalten und die Last zwischen diesen Servern verteilen möchten. Sie können einen Domain-Namen etablieren, der auf diese Gruppe von Ressourcen verweist, und die Clients so konfigurieren, daß sie auf diesen Domain-Namen zugreifen, während der Nameserver die Zugriffe auf die verschiedenen von Ihnen aufgeführten IP-Adressen verteilt.

Seit BIND 4.9 ist dieser spezielle Adreß-Record als separater Record-Typ, der eine besondere Behandlung verdient, verschwunden. Statt dessen rotieren moderne Nameserver heutzutage die Adressen für jeden Domain-Namen, wenn für ihn mehr als ein A-Record vorliegt. (Tatsächlich rotiert der Nameserver jede Art von Record, abgesehen von PTR-Records, solange für einen Domain-Namen mehr als ein Record dieses Typs vorliegt.) Die Datensätze

```
foo.bar.baz.    60    IN    A    192.1.1.1
foo.bar.baz.    60    IN    A    192.1.1.2
foo.bar.baz.    60    IN    A    192.1.1.3
```

erfahren also auf einem BIND-Nameserver seit der Version 4.9 die gleiche Rotation von Adreß-Records, die auch ein gepatchter 4.8.3-Server bewirkte. Die BIND-Dokumentation bezeichnet diesen Prozeß als »Round Robin«.

Es ist auch eine gute Idee, die TTL der Records, so wie wir das getan haben, zu verkleinern. Damit stellen wir sicher, daß die Adressen bei einem Nameserver, der nicht mit dieser Technik arbeitet, schnell wieder aus dem Cache entfernt werden. Sieht dieser Server die Daten erneut nach, liefert Ihr Nameserver eine rotierte Adresse zurück.

Beachten Sie, daß wir es hier wirklich nur mit einer Lastverteilung (»load sharing«) zu tun haben, nicht mit einem Lastausgleich (»load balancing«). Der Nameserver gibt die Adressen in vollkommen vorbestimmter Weise aus, ohne die aktuelle Last oder Kapazität der Server zu beachten, deren Abfragen er beantwortet. In unserem Beispiel könnte der Server an der Adresse 192.1.1.3 ein 486DX33 mit Linux sein, während es sich bei den anderen beiden Servern um HP9000 K420er handeln könnte, und dennoch würde der Linux-Rechner ein Drittel aller Abfragen verarbeiten müssen. Server mit höherer Kapazität aufzulisten hilft nicht, weil BIND doppelte Records eliminiert.

In diesem Kapitel:
- Ist nslookup ein gutes Werkzeug?
- Interaktiv oder nicht interaktiv
- Optionseinstellungen
- Die Suchliste umgehen
- Gängige Aufgaben
- Weniger gängige Aufgaben
- nslookup-Probleme beheben
- Best of the Net

# 11
# nslookup

> »Halte keine Selbstgespräche!« sagte Humpelpumpel
> und sah zum erstenmal zu ihr hinab.
> »Sag mir deinen Namen und dein Anliegen.«
>
> »Mein Name ist Alice, aber ...«
>
> »Ziemlich blöder Name!« fiel ihr Humpelpumpel
> ungeduldig ins Wort. »Was bedeutet er?«
>
> »Muß ein Name irgendwas bedeuten?« fragte Alice zweifelnd.
>
> »Natürlich!« Humpelpumpel lachte auf ...

Um in der Lage zu sein, Nameserver-Probleme lösen zu können, benötigen Sie ein spezielles Werkzeug, mit dem Sie DNS-Queries formulieren können, eines, das Ihnen vollständige Kontrolle erlaubt. In diesem Kapitel behandeln wir *nslookup*, weil es zusammen mit BIND ausgeliefert wird und bei den Systemen vieler Anbieter ebenfalls verfügbar ist. Wenn Sie eher der Entdeckertyp sind, können Sie auch *dig* ausprobieren. Es bietet eine vergleichbare Funktionalität, und einigen Leuten gefällt die Benutzerschnittstelle besser. Den Quellcode für *dig* finden Sie in der BIND-Distribution im Verzeichnis *tools* (BIND 4) oder *src/bin* (BIND 8).

Beachten Sie, daß dieses Kapitel nicht allumfassend ist. Es gibt einige Aspekte von *nslookup* – meist recht obskur und selten genutzt –, die wir nicht behandeln. Hierzu können Sie aber jederzeit einen Blick in die Manpages werfen.

## Ist nslookup ein gutes Werkzeug?

Einen Großteil der Zeit werden Sie damit verbringen, *nslookup* auf die gleiche Weise für Abfragen zu verwenden, wie dies der Resolver tut. Manchmal werden Sie *nslookup* aber auch verwenden, um andere Nameserver so abzufragen, wie das sonst nur Nameserver tun. Was Sie emulieren, hängt davon ab, welche Art von Problem Sie debuggen müssen. Sie fragen sich vielleicht, wie akkurat *nslookup* einen Resolver oder einen Nameserver emulieren kann. Verwendet *nslookup* tatsächlich die Resolver-Bibliotheksroutinen von BIND? Nein, *nslookup* nutzt zur Abfrage von Nameservern eigene Routinen, die aber auf den Resolver-Routinen basieren. Folglich ist das Verhalten von *nslookup* dem des Resolvers zwar sehr ähnlich, unterscheidet sich aber doch etwas von diesem. Wir werden einige dieser Unterschiede zeigen. Bei der Emulation des Nameserver-Verhaltens erlaubt es uns *nslookup*, andere Nameserver mit den gleichen Abfragepaketen abzufragen, die auch ein Nameserver senden würde, aber das Schema für die erneute Sendung eines Paketes weicht doch hiervon ab. Genau wie ein Nameserver kann sich *nslookup* aber auch eine Kopie der Zonendaten herunterladen. *nslookup* emuliert also nicht exakt das Verhalten eines Resolvers oder eines Nameservers, aber es emuliert beide gut genug, um ein gutes Werkzeug zur Fehlersuche darzustellen. Lassen Sie uns ein wenig näher auf die angedeuteten Unterschiede eingehen.

### *Mehrere Server*

*nslookup* unterhält sich immer nur mit jeweils einem Nameserver. Dies ist der größte Unterschied zwischen dem Verhalten von *nslookup* und dem des Resolvers. Der Resolver nutzt jeden *nameserver*-Eintrag in *resolv.conf*. Gibt es zwei *nameserver*-Zeilen in *resolv.conf*, probiert der Resolver zuerst den ersten Nameserver aus, dann den zweiten, dann wieder den ersten, dann erneut den zweiten, und zwar so lange, bis er eine Antwort erhält oder aufgibt. Der Resolver macht das bei jeder Abfrage. Im Gegensatz dazu probiert *nslookup* den ersten Nameserver der *resolv.conf* mehrmals, bis es ihn aufgibt. Erst dann versucht es den zweiten Nameserver. Sobald es eine Antwort erhält, legt *nslookup* sich auf diesen Nameserver fest und probiert keinen anderen mehr aus. Aber Sie *wollen* ja auch, daß Ihr Fehlersuchwerkzeug nur mit einem Nameserver redet, damit Sie die Zahl der Unbekannten bei der Analyse reduzieren können. Würde *nslookup* mehr als einen Nameserver verwenden, hätten Sie keine so große Kontrolle über den Fehlersuchprozeß. Für ein Fehlersuchwerkzeug ist die Unterhaltung mit nur einem Nameserver also genau die richtige Lösung.

### *Timeouts (Zeitüberschreitungen)*

Die *nslookup*-Timeouts entsprechen denen eines Resolvers, der nur einen Nameserver abfragt. Bei Nameservern hingegen basieren Timeouts darauf, wie schnell ein entfernter Server die letzte Query beantwortet hat, es handelt sich also um einen dynamischen Wert. *nslookup* arbeitet nie mit den gleichen Timeouts wie ein Nameserver, aber das ist kein Problem. Wenn Sie einen entfernten Nameserver mit *nslookup* abfragen, sind Sie wahrscheinlich nur daran interessiert, *was* dieser antwortet, und nicht, wie lange Sie auf die Antwort warten müssen.

### *Nach Domains suchen*

*nslookup* implementiert die Suchliste genau wie dies der Resolver-Code tut. Nameserver implementieren hingegen keine Suchlisten, weshalb *nslookup* diese Suchfunktion deaktivieren muß, um als Nameserver zu fungieren – mehr dazu später.

## Zonentransfers

*nslookup* führt Zonentransfers genau wie ein Nameserver durch. Im Gegensatz zu einem Nameserver prüft *nslookup* aber die Seriennummer des SOA-Records nicht, bevor Zonendaten transferiert werden. Diese Arbeit muß manuell durchgeführt werden.

## NIS und /etc/hosts verwenden

Dieser letzte Punkt vergleicht *nslookup* nicht mit dem Resolver oder Nameserver. Vielmehr geht es um den Lookup von Namen im allgemeinen. *nslookup* arbeitet, so wie es vom Internet Software Consortium ausgeliefert wird, nur mit dem DNS. Es nutzt weder NIS noch die */etc/hosts*. Die meisten Anwendungen werden DNS, NIS oder */etc/hosts* nutzen. Glauben Sie nicht, daß *nslookup* Ihnen helfen kann, Ihre Lookup-Probleme zu beheben, solange Ihr Host nicht so konfiguriert ist, daß er auf Nameserver zurückgreift.

# *Interaktiv oder nicht interaktiv*

Lassen Sie uns unsere *nslookup*-Einführung damit beginnen, Ihnen zu zeigen, wie man das Programm startet und wieder beendet. *nslookup* kann sowohl interaktiv als auch nichtinteraktiv ausgeführt werden. Bei einzelnen Queries sollten Sie den nichtinteraktiven Modus verwenden. Wenn Sie hingegen umfangreichere Arbeiten planen, etwa die Änderung von Servern oder Optionen, sollten Sie im interaktiven Modus arbeiten.

Um das Programm im interaktiven Modus zu starten, geben Sie einfach *nslookup* ein:

```
% nslookup
Default Server:  terminator.movie.edu
Address:  0.0.0.0

> ^D
```

Sollten Sie Hilfe benötigen, geben Sie *?* oder *help* ein. Um das Programm zu verlassen, geben Sie ^D (Control-D) ein. Wenn Sie versuchen, *nslookup* durch ein ^C (oder wie auch immer Ihr Interrupt-Zeichen lautet) zu unterbrechen, werden Sie nicht weit kommen. *nslookup* fängt den Interrupt ab, unterbricht seine aktuelle Arbeit (wie etwa einen Zonentransfer) und kehrt zum >-Prompt zurück.

Für einen nichtinteraktiven Lookup geben Sie den gewünschten Namen in der Kommandozeile an:

```
% nslookup carrie
Server:  terminator.movie.edu
Address:  0.0.0.0

Name:     carrie.movie.edu
Address:  192.253.253.4
```

## Optionseinstellungen

*nslookup* besitzt eine Reihe eigener Regler und Schalter, die als Optionseinstellungen bezeichnet werden. Jede dieser Optionseinstellungen kann verändert werden. Nachfolgend werden wir jede dieser Optionen diskutieren, und der Rest des Kapitels zeigt Ihnen, wie Sie sie verwenden können.

```
% nslookup
Default Server:  bladerunner.fx.movie.edu
Address:  0.0.0.0

> set all
Default Server:  bladerunner.fx.movie.edu
Address:  0.0.0.0

Set options:
  nodebug          defname         search          recurse
  nod2             novc            noignoretc      port=53
  querytype=A      class=IN        timeout=5       retry=4
  root=a.root-servers.net.
  domain=fx.movie.edu
  srchlist=fx.movie.edu

> ^D
```

Bevor wir uns den Optionen widmen, müssen wir diese einführenden Zeilen behandeln. Der Standard-Nameserver ist *bladerunner.fx.movie.edu*. Dies bedeutet, daß jede von *nslookup* verschickte Query an *bladerunner* gesendet wird. Die Adresse 0.0.0.0 bedeutet »dieser Host«. Wenn *nslookup* die Adressen 0.0.0.0 oder 127.0.0.1 als Server benutzt, nutzt es einen auf dem lokalen System laufenden Server, in diesem Fall also *bladerunner*.

Es gibt zwei Arten von Optionen: *Boolesche* Optionen und *Wert*optionen. Bei den Optionen ohne ein nachfolgendes Gleichheitszeichen handelt es sich um Boolesche Optionen. Sie besitzen die interessante Eigenschaft, entweder »an« oder »aus« sein zu können. Hingegen können Wertoptionen, nun ja, verschiedene Werte annehmen. Wie kann man nun erkennen, ob eine Boolesche Option »an« oder »aus« ist? Die Option ist »aus«, also deaktiviert, wenn vor dem Optionsnamen ein »no« steht. *nodebug* bedeutet also, daß das Debugging ausgeschaltet ist. Wie Sie sich denken können, ist die Option *search* angeschaltet.

Wie Sie diese Optionen ändern, hängt davon ab, ob Sie *nslookup* interaktiv verwenden oder nicht. In einer interaktiven Session ändern Sie eine Option mit dem Befehl *set*, beispielsweise *set debug* oder *set domain=classics.movie.edu*. In der Kommandozeile lassen Sie das Wort *set* weg und stellen der Option ein Minuszeichen voran, also beispielsweise *nslookup -debug* oder *nslookup -domain=classics.movie.edu*. Die Optionen können mit dem kürzesten eindeutigen String abgekürzt werden, z.b. *nodeb* für *nodebug*. Neben ihrer normalen Abkürzung kann die Option *querytype* auch einfach mit *type* abgekürzt werden.

Gehen wir die Optionen im einzelnen durch:

*[no]debug*

Das Debugging ist standardmäßig deaktiviert. Wenn Sie es einschalten, zeigt der Nameserver Timouts an und gibt Antwortpakete aus. Eine Erklärung des zweiten Debug-Levels finden Sie unter *[no]d2*.

*[no]defname*

Per Voreinstellung hängt *nslookup* den Standard-Domain-Namen an Namen an, die keinen Punkt enthalten. Bevor die Standardsuchliste eingeführt wurde, hatte der BIND-Resolver-Code die Standard-Domain nur an Namen angehängt, die überhaupt *keine* Punkte enthielten. Diese Option spiegelt dieses Verhalten wider. *nslookup* kann dieses alte Verhalten implementieren (wenn *search* aus- und *defname* angeschaltet ist), oder es kann auf das Suchlistenverhalten zurückgreifen (wenn *search* angeschaltet ist).

*[no]search*

Die *search*-Option »überlagert« den Standard-Domain-Namen (*defname*). Dies bedeutet, daß *defname* nur angewandt wird, wenn *search* ausgeschaltet ist. Standardmäßig hängt *nslookup* die Domains aus der Suchliste (*srchlist*) an Namen an, die nicht mit einem Punkt enden.

*[no]recurse*

*nslookup* fordert standardmäßig rekursive Dienste an. Damit werden die für die Rekursion gedachten Bits im Abfragepaket angeschaltet. Der BIND-Resolver sendet rekursive Queries auf die gleiche Weise. Nameserver untereinander senden wiederum keine rekursiven Queries.

*[no]d2*

Das Debugging der zweiten Ebene ist standardmäßig ausgeschaltet. Wenn Sie es einschalten, sehen Sie neben der üblichen Ausgabe auch die verschickten Abfragepakete. Durch das Einschalten von *d2* wird auch *debug* aktiviert. Andererseits schaltet die Deaktivierung von *d2* nur *d2* aus; *debug* bleibt aktiv. Wenn Sie *debug* deaktivieren, wird sowohl *debug* als auch *d2* ausgeschaltet.

*[no]vc*

Standardmäßig schickt *nslookup* seine Abfragen in UDP-Paketen und nicht über einen sogenannten »Virtual Circuit«, also eine »Virtuelle Verbindung« (TCP). Die meisten Abfragen des BIND-Resolvers erfolgen mit UDP, d.h. das *nslookup*-Verhalten entspricht dem des Resolvers. Genau wie der Resolver angewiesen werden kann, TCP zu verwenden, kann man dies auch *nslookup* auftragen.

*[no]ignoretc*

Per Voreinstellung ignoriert *nslookup* »gekürzte Pakete« (»truncated packets«) *nicht*. Wird ein Paket empfangen, bei dem das »truncated«-Bit gesetzt ist – was bedeutet, daß der Nameserver nicht alle wichtigen Informationen in das UDP-Antwortpaket aufnehmen konnte –, wird es von *nslookup* nicht ignoriert. Statt dessen wird die

Query erneut verschickt, wobei eine TCP- und keine UDP-Verbindung benutzt wird. Auch dies stimmt mit dem Verhalten des BIND-Resolvers überein. Der Grund für diese erneute Query über eine TCP-Verbindung ist, daß TCP-Antworten doppelt so lang sein können wie UDP-Antworten. Die Größe einer TCP Antwort *könnte* das Vielfache der Größe einer UDP-Antwort betragen (eine TCP-Verbindung kann wesentlich mehr Daten übertragen als ein einzelnes UDP-Paket), aber die von BIND für eine TCP-Abfrage verwendeten Puffer sind doppelt so groß wie die UDP-Puffer.

*port=53*

Der DNS-Service ist auf Port 53 zu finden. Sie können einen Nameserver auch auf einem anderen Port starten – beispielsweise zu Debugging-Zwecken –, und *nslookup* kann angewiesen werden, diesen Port zu verwenden.

*querytype=A*

Per Voreinstellung sieht *nslookup* Resource Records des Typs A (Adresse) nach. Wenn Sie eine IP-Adresse eingeben (und der Abfragetyp mit A oder PTR angegeben ist), invertiert *nslookup* die Adresse, hängt *in-addr.arpa* an und sieht statt dessen die PTR-Daten nach.

*class=IN*

Die einzige Klasse von Bedeutung ist *Internet*. Nun, es gibt auch eine *Hesiod* (HS)-Klasse (falls Sie MITler oder Ultrix-Benutzer sein sollten).

*timeout=5*

Antwortet der Nameserver nicht innerhalb von fünf Sekunden, sendet *nslookup* die Query erneut und verdoppelt dabei den Timeout (auf 10, 20 und dann 40 Sekunden). Der BIND-Resolver verwendet die gleichen Timeouts, wenn er einen einzelnen Nameserver abfragt.

*retry=4*

Die Query wird viermal gesendet, bevor aufgegeben wird. Nach jedem Retry wird der Timeout-Wert verdoppelt. Auch dies stimmt mit dem Verhalten des BIND-Resolvers überein.

*root=a.root-servers.net*

Es gibt einen der Bequemlichkeit dienenden Befehl namens *root*, mit dem Sie den Standard-Server auf den hier angegebenen Server einstellen können. Die Ausführung des *root*-Befehls aus einem modernen *nslookup* heraus ist mit der Ausführung von *server a.root-servers.net* identisch. Ältere Versionen verwenden *nic.ddn.mil* (alt) oder sogar *sri-nic.arpa* (uralt) als voreingestellten Root-Server. Sie können den standardmäßigen Root-Server mit *set root=server* einstellen.

*domain=fx.movie.edu*

Die Standard-Domain, die angehängt wird, wenn die Option *defname* eingeschaltet ist.

*srchlist=fx.movie.edu*
> Ist *search* eingeschaltet, werden diese Domains an die Namen angehängt, die nicht mit einem Punkt enden. Die Domains werden in der Reihenfolge ausgegeben, in der sie benutzt werden, wobei sie durch einen Slash getrennt sind. (Bei BIND 4.8.3 wäre *fx.movie.edu/movie.edu* die Standardsuchliste gewesen. Bei Version 4.9.3 müssen Sie die Suchliste in */etc/resolv.conf* explizit einstellen, um sowohl *fx.movie.edu* als auch *movie.edu* zu erhalten.)

### Die Datei .nslookuprc

Sie können neue Standardwerte für *nslookup*-Optionen in der Datei *nslookuprc* angeben. *nslookup* sucht beim Starten (egal in welchem Modus) in Ihrem Home-Verzeichnis nach einer Datei namens *.nslookuprc*. Die Datei *.nslookuprc* darf alle gültigen *set*-Befehle enthalten, jeweils einen pro Zeile. Das ist ganz nützlich, beispielsweise wenn Ihr altes *nslookup* immer noch *sri-nic.arpa* als Root-Nameserver betrachtet. Sie können den voreingestellten Root-Nameserver auf einen echten Root-Server verweisen lassen, wenn Sie folgende Zeile in Ihre *.nslookuprc* aufnehmen:

```
set root=a.root-servers.net.
```

Sie können *.nslookuprc* auch nutzen, um Ihre Suchliste auf andere Server einzustellen, als bei Ihrem Host normalerweise eingerichtet sind, oder um die von *nslookup* verwendeten Timeouts zu ändern.

## Die Suchliste umgehen

*nslookup* implementiert, genau wie der Resolver, eine Suchliste. Beim Debugging kann Ihnen die Suchliste aber im Weg stehen. Entweder müssen Sie sie dann komplett deaktivieren (*set nosearch*) oder einen Punkt an den von Ihnen gesuchten, voll qualifizierten Domain-Namen anhängen. Wie Sie in unseren Beispielen noch sehen werden, ziehen wir die letztere Lösung vor.

## Gängige Aufgaben

Es gibt ein paar Aufgaben, die Sie dazu bringen werden, *nslookup* fast jeden Tag anzuwenden: die Ermittlung von IP-Adressen oder MX-Records für eine bestimmte Domain oder die Abfrage eines bestimmten Nameservers nach Daten. Wir wollen diese Aufgaben zuerst behandeln, bevor wir uns den seltener auftretenden Anwendungszwecken zuwenden.

## Verschiedene Datentypen nachsehen

Per Voreinstellung sieht *nslookup* die Adresse für einen Namen oder den Namen für eine Adresse nach. Sie können mit dem Befehl *querytype* jeden beliebigen Datentyp nachsehen, wie das nachfolgende Beispiel zeigt:

```
% nslookup
Default Server:  terminator.movie.edu
Address:  0.0.0.0

> misery                      --Lookup einer Adresse.
Server:  terminator.movie.edu
Address:  0.0.0.0

Name:    misery.movie.edu
Address:  192.253.253.2

> 192.253.253.2               --Lookup eines Namens.
Server:  terminator.movie.edu
Address:  0.0.0.0

Name:    misery.movie.edu
Address:  192.253.253.2

> set q=mx                    --Lookup von MX-Daten.
> wormhole
Server:  terminator.movie.edu
Address:  0.0.0.0

wormhole.movie.edu      preference = 10, mail exchanger = wormhole.movie.edu
wormhole.movie.edu      internet address = 192.249.249.1
wormhole.movie.edu      internet address = 192.253.253.1

> set q=any                   --Lookup jeglicher Daten.
> diehard
Server:  terminator.movie.edu
Address:  0.0.0.0

diehard.movie.edu       internet address = 192.249.249.4
diehard.movie.edu       preference = 10, mail exchanger = diehard.movie.edu
diehard.movie.edu       internet address = 192.249.249.4
```

Dies sind natürlich nur einige der gültigen DNS-Datentypen. Eine vollständige Liste finden Sie in Kapitel A, *DNS-Nachrichtenformat und Resource Records*.

## Autoritative und nichtautoritative Antworten

Wenn Sie bereits mit *nslookup* gearbeitet haben, wird Ihnen etwas Seltsames aufgefallen sein – beim ersten Lookup eines entfernten Namens ist die Antwort autoritativ, aber beim zweiten Lookup ist sie es nicht. Hier ein Beispiel:

```
% nslookup
Default Server:  relay.hp.com
```

```
Address:   15.255.152.2

> slate.mines.colorado.edu.
Server:    relay.hp.com
Address:   15.255.152.2

Name:      slate.mines.colorado.edu
Address:   138.67.1.3

> slate.mines.colorado.edu.
Server:    relay.hp.com
Address:   15.255.152.2

Non-authoritative answer:
Name:      slate.mines.colorado.edu
Address:   138.67.1.3
```

Das sieht zwar seltsam aus, ist es aber nicht. Wenn der lokale Nameserver das erste Mal einen Lookup für *slate* durchführt, fragt er den Nameserver für *mines.colorado.edu*, und der *mines.colorado.edu*-Server reagiert mit einer autoritativen Antwort. Der lokale Nameserver übergibt diese autoritative Antwort direkt zurück an *nslookup* und legt sie gleichzeitig im Cache ab. Beim zweiten Lookup von *slate* hat der Nameserver die Antwort bereits im Cache vorliegen, was zu dieser nichtautoritativen Antwort führt.

Beachten Sie, daß wir den Domain-Namen bei jedem Lookup mit einem Punkt abgeschlossen haben. Die Antwort wäre die gleiche gewesen, wenn wir diesen Punkt weggelassen hätten. Es gibt Zeiten, in denen die Verwendung des Punktes beim Debugging unbedingt notwendig ist, während dies zu anderen Zeiten keine Rolle spielt. Statt nun innezuhalten, um zu entscheiden, ob *dieser* Name einen angehängten Punkt benötigt oder nicht, hängen wir einfach immer einen Punkt an, wenn wir wissen, daß der Name voll qualifiziert ist. Die Ausnahme bildet natürlich das Beispiel, in dem wir die Suchliste deaktiviert haben.

## *Server wechseln*

Manchmal werden Sie einen anderen Nameserver direkt abfragen wollen, etwa weil Sie glauben, daß er sich nicht ganz fehlerfrei verhält. Sie können die Server bei *nslookup* wechseln, indem Sie die Befehle *server* oder *lserver* verwenden. Der Unterschied zwischen *server* und *lserver* besteht darin, daß *lserver* Ihren »lokalen« Server (mit dem Sie gestartet sind) abfragt, um die Adresse des Servers zu ermitteln, auf den Sie wechseln möchten. *server* verwendet hierzu den Standard-Server anstelle des lokalen Servers. Diesen Unterschied zu kennen ist wichtig, weil der Server, auf den Sie gerade gewechselt sind, unter Umständen nicht antwortet:

```
% nslookup
Default Server:  relay.hp.com
Address:   15.255.152.2
```

Beim Start wird unser erster Server, *relay.hp.com*, zu unserem lserver. Dies wird im Verlauf dieser Session noch von Bedeutung sein.

```
> server galt.cs.purdue.edu.
Default Server:  galt.cs.purdue.edu
Address:  128.10.2.39

> cs.purdue.edu.
Server:  galt.cs.purdue.edu
Address:  128.10.2.39

*** galt.cs.purdue.edu can't find cs.purdue.edu.: No response from server
```

An dieser Stelle versuchen wir, wieder zu unserem ursprünglichen Nameserver zurückzuwechseln. *galt* führt aber keinen Nameserver aus, der uns die Adresse von *relay* zurückgeben könnte.

```
> server relay.hp.com.
*** Can't find address for server relay.hp.com.: No response from server
```

Statt nun wie angewurzelt zu verweilen, nutzen wir den *lserver*-Befehl, um die Adresse von relay durch unseren lokalen Nameserver ermitteln zu lassen:

```
> lserver relay.hp.com.
Default Server:  relay.hp.com
Address:  15.255.152.2

>
```

Weil der Server auf *galt* nicht geantwortet hat – es läuft nicht einmal ein Nameserver –, war es nicht möglich, die Adresse von *relay* zu ermitteln, um wieder auf den Nameserver von *relay* wechseln zu können. Hier kommt uns *lserver* zu Hilfe: Der lokale Nameserver, *relay*, hat immer noch geantwortet, also haben wir ihn benutzt. Statt *lserver* zu benutzen, hätten wir auch direkt die IP-Adresse von *relay* angeben können: *server 15. 255.152.2*.

Sie können die Server sogar für jede Query einzeln festlegen. Um anzugeben, daß *nslookup* einen bestimmten Server für Daten eines angegebenen Domain-Namens verwenden soll, können Sie den Server als zweites Argument in der Zeile angeben, also hinter dem nachzusehenden Domain-Namen:

```
% nslookup
Default Server:  relay.hp.com
Address:  15.255.152.2

> saturn.sun.com. ns.sun.com.
Name Server:  ns.sun.com
Address:  192.9.9.1

Name:    saturn.sun.com
Addresses:  129.9.25.2

> ^D
```

Natürlich können Sie die Server auch von der Kommandozeile aus ändern. Sie geben den abzufragenden Server als Argument hinter dem nachzusehenden Domain-Namen an:

```
% nslookup -type=mx fisherking.movie.edu. terminator.movie.edu.
```

Damit weisen Sie *nslookup* an, *terminator.movie.edu* nach MX-Records für *fisherking.movie.edu* abzufragen.

Schließlich können Sie einen alternativen Standard-Server beim Start des interaktiven Modus angeben, indem Sie ein Minuszeichen anstelle eines Domain-Namens verwenden:

```
% nslookup - terminator.movie.edu.
```

# Weniger gängige Aufgaben

Hier einige Tricks, die Sie wahrscheinlich nicht allzu häufig benutzen werden, die im Repertoire zu haben aber doch ganz nützlich sein kann. Die meisten dieser Tricks sind hilfreich, wenn Sie versuchen, ein DNS- oder BIND-Problem zu beheben. Mit Ihnen werden Sie in die Lage versetzt, in den Paketen zu wühlen, die der Resolver sieht, und einen BIND-Nameserver zu imitieren, der einen anderen Nameserver abfragt oder Zonendaten transferiert.

## Betrachten der Abfrage- und Antwortpakete

Falls nötig, können Sie *nslookup* anweisen, Ihnen die ausgehenden Queries sowie die eingehenden Antworten zu zeigen. Das Einschalten von *debug* zeigt Ihnen die Antworten. Das Einschalten von *d2* liefert auch die Queries. Wenn Sie das Debugging komplett abschalten wollen, müssen Sie *set nodebug* eingeben, weil *set nod2* nur das Level-2-Debugging ausschaltet. Nach dem folgenden Trace wollen wir einige Teile der ausgegebenen Pakete erläutern. Wenn Sie wollen, können Sie Ihre Kopie von RFC 1035 zur Hand nehmen, die Seite 25 aufschlagen und zusammen mit unseren Erläuterungen lesen.

```
% nslookup
Default Server:  terminator.movie.edu
Address:  0.0.0.0

> set debug
> wormhole
Server:  terminator.movie.edu
Address:  0.0.0.0

------------
Got answer:
    HEADER:
```

```
            opcode = QUERY, id = 6813, rcode = NOERROR
            header flags:  response, auth. answer, want recursion,
            recursion avail.  questions = 1,  answers = 2,
            authority records = 2,  additional = 3

     QUESTIONS:
            wormhole.movie.edu, type = A, class = IN
     ANSWERS:
     ->  wormhole.movie.edu
         internet address = 192.253.253.1
         ttl = 86400 (1D)
     ->  wormhole.movie.edu
         internet address = 192.249.249.1
         ttl = 86400 (1D)
     AUTHORITY RECORDS:
     ->  movie.edu
         nameserver = terminator.movie.edu
         ttl = 86400 (1D)
     ->  movie.edu
         nameserver = wormhole.movie.edu
         ttl = 86400 (1D)
     ADDITIONAL RECORDS:
     ->  terminator.movie.edu
         internet address = 192.249.249.3
         ttl = 86400 (1D)
     ->  wormhole.movie.edu
         internet address = 192.253.253.1
         ttl = 86400 (1D)
     ->  wormhole.movie.edu
         internet address = 192.249.249.1
         ttl = 86400 (1D)

     ------------
     Name:    wormhole.movie.edu
     Addresses:  192.253.253.1, 192.249.249.1

     > set d2
     > wormhole
     Server:  terminator.movie.edu
     Address:  0.0.0.0
```

Diesmal wird auch die Query ausgegeben.

```
     ------------
     SendRequest(), len 36

        HEADER:
            opcode = QUERY, id = 6814, rcode = NOERROR
            header flags:  query, want recursion
            questions = 1,  answers = 0,  authority records = 0,  additional = 0

        QUESTIONS:
            wormhole.movie.edu, type = A, class = IN
```

```
------------
------------
Got answer (164 bytes):
```

Die Antwort ist die gleiche wie oben.

Der Text zwischen den gestrichelten Linien stellt die Abfrage- und Antwortpakete dar. Wie versprochen, gehen wir den Inhalt der Pakete durch. DNS-Pakete bestehen aus fünf Abschnitten:

1. Header
2. Frage (Question)
3. Antwort (Answer)
4. Autorität (Authority)
5. Zusätzliches (Additional)

*Header-Abschnitt*

Der Header-Abschnitt ist in jeder Query und jeder Antwort enthalten. Der Operationscode (Opcode) ist immer QUERY. Die einzigen anderen Opcodes sind IQUERY (inverse Query) und STATUS (Status), die aber nicht verwendet werden. Der id wird genutzt, um eine Antwort mit einer Abfrage zu assoziieren und um doppelte Abfragen und Antworten zu erkennen. Sie müssen sich die Header-Flags ansehen, um zu erkennen, welche Pakete Abfragen und welche Antworten sind. Der String want recursion bedeutet, daß der Abfragende dem Nameserver die gesamte Arbeit überträgt. Das Flag wird in der Antwort völlig unreflektiert wiedergegeben. Der String auth. answer bedeutet, daß die Antwort *maßgebend* ist. Die Antwort stammt mit anderen Worten aus dem verbindlichen Datenbestand des Nameservers und nicht aus dem Cache. Der Antwortcode rcode (»response code«) kann no error (»kein Fehler«), server failure (»Server-Fehler«), name error (»Namensfehler«, auch als nxdomain oder nonexistent domain bekannt), not implemented (»nicht implementiert«) oder refused (»abgelehnt«) lauten. Die Antwortcodes server failure, name error, not implemented und refused ergeben die *nslookup*-Fehlermeldungen »server failed«, »nonexistent domain«, »not implemented« bzw. »query refused«. Die letzten vier Einträge des Header-Abschnitts sind Zähler. Diese Zähler geben die Anzahl der Resource Records in den nächsten vier Abschnitten an.

*Frage-Abschnitt*

In einem DNS-Paket ist immer *eine* Frage enthalten. Das Paket enthält den Namen sowie den gewünschten Datentyp und die Klasse. Mehr als eine Frage ist in einem DNS-Paket niemals enthalten. Die Fähigkeit, mehrere Fragen in einem DNS-Paket behandeln zu können, würde eine Überarbeitung des Paketformats verlangen. Zum einen müßte das einzelne Autoritätsbit geändert werden, weil der Antwort-Abschnitt eine Mischung aus autoritativen und nichtautoritativen Antworten enthalten könnte. Beim aktuellen Design bedeutet das Setzen des Autoritätsbits, daß der Nameserver die Autorität über den Domain-Namen des Frage-Abschnitts besitzt.

*Antwort-Abschnitt*
> Dieser Abschnitt enthält die Resource Records, die die Frage beantworten. In der Antwort kann mehr als ein Resource Record enthalten sein. Handelt es sich zum Beispiel um einen Multihome-Host, wird die Antwort mehr als einen Adreß-Record enthalten.

*Autoritäts-Abschnitt*
> Im Autoritäts-Abschnitt werden Nameserver-Records zurückgegeben. Verweist eine Antwort den Fragenden an andere Nameserver, sind diese Nameserver hier aufgeführt.

*Zusätzliches-Abschnitt*
> Der Abschnitt mit den Zusatz-Records bindet Informationen ein, die die in den anderen Abschnitten enthaltenen Informationen vervollständigen. Beispielsweise wird hier die Adresse eines Nameservers eingetragen, wenn ein Nameserver im Autoritäts-Abschnitt angegeben wurde. Schließlich müssen Sie die Adresse des Nameservers besitzen, um mit ihm kommunizieren zu können.

Denjenigen unter Ihnen, die es immer ganz genau nehmen, sei gesagt, daß es Augenblicke gibt, in denen die Anzahl von Fragen in einem Abfragepaket nicht gleich eins ist. Bei einer inversen Abfrage ist der Wert gleich null. Bei einer inversen Abfrage steht eine Antwort im Abfragepaket, und der Frage-Abschnitt ist leer. Der Nameserver fügt die Frage ein. Aber wie gesagt, inverse Abfragen existieren quasi nicht.

## *Wie ein BIND-Nameserver abfragen*

Sie können dafür sorgen, daß *nslookup* die gleichen Abfragepakete aussendet wie ein Nameserver. Die Abfragepakete von Nameservern unterscheiden sich nicht sehr von Resolver-Paketen. Der Hauptunterschied besteht darin, daß die Resolver rekursive Dienste anfordern, was Nameserver nur selten tun. Die Rekursion wird bei *nslookup* per Voreinstellung verwendet, d.h. Sie müssen sie explizit deaktivieren. Im *Einsatz* unterscheiden sich Resolver und Nameserver darin, daß der Resolver die Suchliste implementiert und der Nameserver nicht. *nslookup* implementiert die Suchliste standardmäßig, d.h. auch sie muß explizit deaktiviert werden. Natürlich hat eine clevere Nutzung des angehängten Punktes den gleichen Effekt.

Um also Queries wie ein Resolver durchzuführen, verwenden Sie die Standardeinstellungen von *nslookup*. Sollen die Queries wie bei einem Nameserver gehandhabt werden, müssen Sie *set norecurse* und *set nosearch* verwenden. In der Kommandozeile lautet der Befehl *nslookup -norecurse -nosearch*.

Erhält ein BIND-Nameserver eine Query, sucht er die Antwort zuerst in seinem Cache. Findet er die Antwort nicht und besitzt er die Autorität über die Domain, antwortet der Nameserver, daß der Name nicht existiert oder daß es keine Daten dieses Typs gibt. Besitzt der Nameserver die Antwort nicht und auch *keine* Autorität über die Domain, beginnt er damit, den Domain-Baum nach NS-Records abzusuchen. Irgendwo an höherer Stelle des Domain-Baums befinden sich immer NS-Records. Als letzten Ausweg verwendet er die NS-Records aus der Root-Domain, der höchsten Ebene.

Hat der Nameserver eine iterative Query empfangen, würde er dem Fragenden mit den von ihm gefundenen NS-Records antworten. Andererseits würde der Nameserver, wenn es sich bei der ursprünglichen Abfrage um eine rekursive Abfrage gehandelt hätte, die in den gefundenen NS-Records angegebenen Nameserver abfragen. Erhält der Nameserver eine Antwort von einem der entfernten Nameserver, legt er die Antwort im Cache ab und wiederholt, falls notwendig, diesen Prozeß. Die Antwort des entfernten Servers enthält entweder die gesuchte Antwort oder eine Liste von Nameservern, die niedriger im Domain-Baum und näher an der gesuchten Antwort liegen.

Lassen Sie uns für unser Beispiel davon ausgehen, daß wir eine rekursive Query beantworten müssen und keine NS-Records finden konnten, bis wir die *gov*-Domain erreicht hatten. Das ist tatsächlich der Fall, wenn wir den Nameserver auf *relay.hp.com* nach *www.whitehouse.gov* fragen – der Server findet keine NS-Records, bis er die *gov*-Domain erreicht. Von dort wechseln wir auf einen *gov*-Nameserver und stellen die gleiche Frage. Die Antwort verweist uns an die *whitehouse.gov*-Server. Wir wechseln dann auf einen *whitehouse.gov*-Nameserver und stellen unsere Frage erneut.

```
% nslookup
Default Server: relay.hp.com
Address:  15.255.152.2

> set norec             --Wie einen Nameserver abfragen: Rekursion ausschalten.
> set nosearch          --Die Suchliste deaktivieren.
> wwwh.whitehouse.gov   --Wir müssen nicht mit einem Punkt abschließen,
                        --weil wir die Suchliste deaktiviert haben.
Server:  relay.hp.com
Address:  15.255.152.2

Name:    www.whitehouse.gov
Served by:
- H.ROOT-SERVERS.NET
  128.63.2.53
  gov
- B.ROOT-SERVERS.NET
  128.9.0.107
  gov

- C.ROOT-SERVERS.NET
  192.33.4.12
  gov
- D.ROOT-SERVERS.NET
  128.8.10.90
  gov
- E.ROOT-SERVERS.NET
  192.203.230.10
  gov
- I.ROOT-SERVERS.NET
  192.36.148.17
  gov
- F.ROOT-SERVERS.NET
  192.5.5.241
```

```
    gov
 - G.ROOT-SERVERS.NET
   192.112.36.4
    gov
 - A.ROOT-SERVERS.NET
   198.41.0.4
    gov
```

Wechseln Sie auf einen *gov*-Nameserver. Möglicherweise müssen Sie die Rekursion vorübergehend wieder aktivieren, wenn der Nameserver die Adresse nicht bereits im Cache vorliegen hat.

```
> server e.root-servers.net
Default Server:  e.root-servers.net
Address:  192.203.230.10
```

Wir stellen dem *gov*-Nameserver die gleiche Frage. Er wird uns an Nameserver verweisen, die näher an der gewünschten Antwort liegen.

```
> www.whitehouse.gov
Server:  e.root-servers.net
Address:  192.203.230.10

Name:    www.whitehouse.gov
Served by:
- SEC1.DNS.PSI.NET
        38.8.92.2
        WHITEHOUSE.GOV
- SEC2.DNS.PSI.NET
        38.8.93.2
        WHITEHOUSE.GOV
```

Wir wechseln auf einen der *whitehouse.gov*-Nameserver. Jeder der beiden ist geeignet.

```
> server sec1.dns.psi.net.
Default Server:  sec1.dns.psi.net
Address:  38.8.92.2

> www.whitehouse.gov.
Server:  sec1.dns.psi.net
Address:  38.8.92.2

Name:    www.whitehouse.gov
Addresses:  198.137.240.91, 198.137.240.92
```

Wir hoffen, daß Ihnen dieses Beispiel ein Gefühl dafür vermittelt, wie Nameserver einen Lookup von Namen durchführen. Wenn Sie Ihr Verständnis darüber noch einmal auffrischen wollen, wie sich diese Sache bildlich darstellt, blättern Sie zurück, und sehen Sie sich noch einmal Abbildung 2-10 an.

Bevor wir weitermachen, sollten Sie sich vor Augen halten, daß wir jedem Server die gleiche Frage gestellt haben: »Wie lautet die Adresse von *www.whitehouse.gov?*« Was glauben Sie, wäre passiert, wenn der *gov*-Nameserver die Adresse von *www.whitehouse.gov* bereits in seinem Cache liegen gehabt hätte? Der *gov*-Nameserver hätte die Frage aus seinem Cache beantwortet, statt Sie an die *whitehouse.gov*-Nameserver zu verweisen. Warum ist das von Bedeutung? Nehmen wir einmal an, Sie hätten eine bestimmte Host-Adresse in Ihrer Zone durcheinandergebracht. Jemand weist Sie auf das Problem hin, und Sie bereinigen die Sache. Nun besitzt Ihr Nameserver die richtigen Daten, aber eine entfernte Site könnte die alten, noch fehlerhaften Daten erhalten, wenn dieser Name nachgesehen wird. Einer der höher im Domain-Baum liegenden Nameserver, etwa der Root-Nameserver, hat die fehlerhaften Daten in seinem Cache liegen. Empfängt er eine Query für die Adresse dieses Hosts, liefert er die falschen Daten zurück, statt auf Ihren Nameserver zu verweisen. Was dieses Problem so vertrackt macht, ist, daß nur einer der »höheren« Nameserver die falschen Daten im Cache liegen hat und somit nur einige entfernte Lookups zu falschen Antworten führen – eben die, die über diesen Server laufen. Lustig, nicht wahr? Irgendwann wird der »höhere« Nameserver aber schließlich doch den Timeout für den alten Record erhalten. Stehen Sie unter Zeitdruck, können Sie die Administratoren des entfernten Nameservers bitten, *named* zu beenden und neu zu starten, um den Cache aufzuräumen. Ist der entfernte Nameserver aber ein wichtiger, vielgenutzter Nameserver, sollten Sie darauf gefaßt sein, daß Ihr Anliegen auf nur wenig Gegenliebe stößt.

## *Zonentransfers*

*nslookup* kann genutzt werden, um eine gesamte Zone zu transferieren. Dies geschieht mit dem Befehl *ls*. Diese Möglichkeit ist bei der Fehlersuche nützlich, wenn Sie herausfinden wollen, wie der Name eines entfernten Hosts richtig geschrieben wird, oder einfach nur, wenn Sie sehen wollen, wie viele Hosts in irgendeiner entfernten Domain liegen. Da die Ausgabe wichtig sein kann, erlaubt es Ihnen *nslookup*, diese in eine Datei umzuleiten. Wenn Sie einen Transfer mittendrin abbrechen wollen, können Sie einfach Ihre Interrupt-Zeichen eingeben.

Vorsicht: Einige Hosts werden Sie keine Kopie ihrer Zone herunterladen lassen, sei es aus Sicherheitsgründen, sei es, um die Last auf den Nameservern zu begrenzen. Das Internet ist ein freundlicher Ort, aber Administratoren müssen ihre Territorien verteidigen.

Lassen Sie uns die Zone *movie.edu* betrachten: Wie Sie in der Ausgabe unten sehen, sind alle Zonendaten aufgeführt. Der SOA-Record ist zweimal enthalten; das liegt an der Art, wie Daten während des Zonentransfers ausgetauscht werden.

```
% nslookup
Default Server:  terminator.movie.edu
Address:  0.0.0.0

> ls movie.edu.
@                        4D IN SOA       terminator root.terminator (
```

```
                                       1997080605        ; serial
                                       3H                ; refresh
                                       1H                ; retry
                                       4w2d              ; expiry
                                       1D )              ; minimum

                      4D  IN  NS       terminator
    terminator        4D  IN  A        192.249.249.3
                      4D  IN  MX       10 terminator
                      4D  IN  NS       wormhole
    wormhole          4D  IN  A        192.249.249.1
                      4D  IN  A        192.253.253.1
                      4D  IN  MX       10 wormhole
    robocop           4D  IN  A        192.249.249.2
                      4D  IN  MX       10 robocop
    wh249             4D  IN  A        192.249.249.1
    wh253             4D  IN  A        192.253.253.1
    wh                4D  IN  CNAME    wormhole
    shining           4D  IN  A        192.253.253.3
                      4D  IN  MX       10 shining
    localhost         4D  IN  A        127.0.0.1
    bitg              4D  IN  CNAME    terminator
    carrie            4D  IN  A        192.253.253.4
                      4D  IN  MX       10 carrie
    dh                4D  IN  CNAME    diehard
    diehard           4D  IN  A        192.249.249.4
                      4D  IN  MX       10 diehard
    misery            4D  IN  A        192.253.253.2
                      4D  IN  MX       10 misery
    @                 4D  IN  SOA      terminator root.terminator (
                                       1997080605        ; serial
                                       3H                ; refresh
                                       1H                ; retry
                                       4w2d              ; expiry
                                       1D )              ; minimum
Received 48 answers (0 records).
> ls movie.edu > /tmp/movie    - Alle Daten nach /tmp/movie leiten
[terminator.movie.edu]
Received 48 answers (0 records).
```

## *nslookup*-Probleme beheben

Das letzte, was Sie sich wünschen werden, sind Probleme mit Ihrem Fehlersuchwerkzeug. Unglücklicherweise machen einige Arten von Fehlern dieses Fehlersuchwerkzeug nahezu wertlos. Andere Arten von *nslookup*-Fehlern sind bestenfalls verwirrend, weil sie Ihnen keine direkten Informationen zurückliefern, mit denen Sie arbeiten könnten. Während Sie mit *nslookup* selbst kaum Probleme haben dürften, wird dies bei Konfiguration und Betrieb des bzw. der Nameserver(s) um so häufiger der Fall sein. Auf einige dieser seltsamen Probleme wollen wir nachfolgend eingehen.

## Die richtigen Daten nachsehen

Das ist an sich kein echtes Problem, kann aber furchtbar verwirrend sein. Wenn Sie mit *nslookup* arbeiten, um die Daten eines bestimmten Typs für einen gegebenen Domain-Namen nachzusehen, der Domain-Name auch existiert, aber keine Daten des gewünschten Typs verfügbar sind, dann erhalten Sie eine Fehlermeldung der Form:

```
% nslookup
Default Server:  terminator.movie.edu
Address:  0.0.0.0

> movie.edu.
*** No address (A) records available for movie.edu.
```

Welche Arten von Records *existieren* aber? Um das herauszufinden, geben Sie einfach *set type=any* ein:

```
> set type=any
> movie.edu.
Server:  terminator.movie.edu
Address:  0.0.0.0

movie.edu
        origin = terminator.movie.edu
        mail addr = al.robocop.movie.edu
        serial = 42
        refresh = 10800 (3H)
        retry   = 3600  (1H)
        expire  = 604800 (7D)
        minimum ttl = 86400 (1D)
movie.edu       nameserver = terminator.movie.edu
movie.edu       nameserver = wormhole.movie.edu
movie.edu       nameserver = zardoz.movie.edu
movie.edu       preference = 10, mail exchanger = postmanrings2x.movie.edu
postmanrings2x.movie.edu        internet address = 192.249.249.66
```

## Keine Antwort vom Server

Was könnte schiefgegangen sein, wenn Ihr Server seinen eigenen Namen nicht nachsehen kann?

```
% nslookup
Default Server:  terminator.movie.edu
Address:  0.0.0.0

> terminator
Server:  terminator.movie.edu
Address:  0.0.0.0

*** terminator.movie.edu can't find terminator: No response from server
```

Die Fehlermeldung »no response from server« besagt genau, daß der Nameserver keine Antwort zurückerhalten hat. *nslookup* sieht beim Start nicht notwendigerweise überhaupt etwas nach. Wenn die Adresse Ihres Servers beim Start mit 0.0.0.0 angegeben wird, hat sich *nslookup* den Host-Namen des Systems (der von *hostname* zurückgeliefert wurde) als Server ausgesucht. Nur wenn Sie versuchen, etwas nachzusehen, werden Sie feststellen, daß kein Server antwortet. In diesem Fall ist es offensichtlich, daß kein Nameserver läuft – ein Nameserver sollte in der Lage sein, seinen eigenen Namen nachzusehen. Wenn Sie aber eine entfernte Information abfragen, könnte der entsprechende Nameserver keine Antwort zurückliefern, weil er immer noch versucht, diese Antwort zu ermitteln, während *nslookup* das Warten aufgegeben hat. Wie können Sie erkennen, ob nun ein Server nicht läuft, oder ob er läuft, aber nicht antwortet? Benutzen Sie den *ls*-Befehl, um den Unterschied zu erkennen:

```
% nslookup
Default Server:  terminator.movie.edu
Address:  0.0.0.0

> ls foo.    --Versuche, eine nicht existente Domain aufzuführen.
*** Can't list domain foo.: No response from server
```

In diesem Fall läuft kein Nameserver. Wäre der Host nicht erreichbar gewesen, hätte die Fehlermeldung »timed out« gelautet. Wenn ein Nameserver läuft, sehen Sie die folgende Fehlermeldung:

```
% nslookup
Default Server:  terminator.movie.edu
Address:  0.0.0.0

> ls foo.
[terminator.movie.edu]
*** Can't list domain foo.: No information
```

Zumindest, solange es im Internet keine Top-Level-Domain *foo* gibt.

### Keine PTR-Daten für die Nameserver-Adresse

Hier eines der ärgerlichsten Probleme: Irgend etwas ist schiefgegangen, und *nslookup* hat während des Startens abgebrochen.

```
% nslookup
*** Can't find server name for address 192.249.249.3: Non-existent host/domain
*** Default servers are not available
```

Die Fehlermeldung »nonexistent domain« bedeutet, daß der Name *3.249.249.192.in addr.arpa* nicht existiert. Mit anderen Worten konnte *nslookup* den Namen für 192. 249.249.3, den Namen seines Server-Hosts, nicht finden. Aber haben wir weiter vorne nicht behauptet, daß *nslookup* während des Startens nichts nachschaut? Nun, in der vorhin präsentierten Konfiguration hat *nslookup* nichts nachgesehen, aber das ist keine Regel. Wenn Sie eine *resolv.conf* anlegen, die *nameserver*-Zeilen enthält, sieht *nslookup* die Adressen nach, um an den Namen des Nameservers zu gelangen. Im vorstehenden

Beispiel *existiert* ein Nameserver an 192.249.249.3, aber es gibt angeblich keine PTR-Daten für die Adresse 192.249.249.3. Offensichtlich sind die Daten des Nameservers durcheinander, zumindest für die Zone *249.249.192.in-addr.arpa.*

Die Meldung »défault servers are not available« ist in diesem Beispiel irreführend. Schließlich ist ein Nameserver vorhanden, der sagen kann, daß die Adresse nicht existiert. Viel häufiger werden Sie die Meldung »no response from server« sehen, wenn der Nameserver auf dem Host nicht läuft oder der Host nicht erreicht werden kann. Nur dann macht die Meldung »default servers are not available« wirklich Sinn.

## *Abfrage abgelehnt*

Abgelehnte Queries können beim Start Probleme bereiten und zu Lookup-Fehlern während einer Session führen. Wenn *nslookup* den Startvorgang aufgrund einer abgelehnten Abfrage unterbricht, sieht das so aus:

```
% nslookup
*** Can't find server name for address 192.249.249.3: Query refused
*** Default servers are not available
%
```

Diese Meldung hat zwei mögliche Gründe. Entweder unterstützt Ihr Nameserver keine inversen Queries (nur bei älteren *nslookup*-Versionen), oder die Zone unterbindet den Lookup aus Sicherheitsgründen.

Ältere *nslookup*-Versionen (vor 4.8.3) nutzten während des Starts eine inverse Query. Inverse Abfragen waren nie weit verbreitet – *nslookup* war eine der wenigen Anwendungen, die sie verwendet haben. Bei 4.9.3 wurde die Unterstützung von inversen Queries fallengelassen, was für alte *nslookup*-Versionen natürlich nicht so gut ist. Um diesen alten Clients gerecht zu werden, wurde eine neue Konfigurationsanweisung ins Leben gerufen:

In BIND 4 sieht sie wie folgt aus:

```
options fake-query
```

In BIND 8 sieht sie so aus:

```
options { fake-query yes; };
```

Diese Anweisung weist Ihren Nameserver an, auf eine inverse Query mit einer gefälschten (»fake«) Antwort zu reagieren, die ausreicht, um *nslookup* weiterarbeiten zu lassen.

Auch Sicherheitsfeatures für Zonen können bei *nslookup* zu Startproblemen führen. Wenn *nslookup* versucht, den Namen seines Servers zu ermitteln (mit einer PTR-Abfrage, keiner inversen Abfrage), kann die Query abgelehnt werden. Wenn Sie glauben, daß das Problem mit der Sicherheit der Zone zusammenhängt, sollten Sie sicherstellen, daß die TXT-Records von BIND 4 oder die Unteranweisung *allow-transfer* von BIND 8 für die gesicherte Zone das Netzwerk enthalten, auf dem der Host *nslookup* ausführt. Auch die Adresse 127. 0.0.1 muß vorhanden sein, wenn *nslookup* auf einem Host ausgeführt wird, der auch den Nameserver beherbergt.

Die Zonensicherheit beschränkt sich nicht nur darauf, *nslookup* vom Start abzuhalten. Dieses Feature kann auch dazu führen, daß Lookups und Zonentransfers mitten in der Session fehlschlagen, wenn Sie Ihr *nslookup* an einen entfernten Nameserver verweisen. Sie werden dann folgendes sehen:

```
% nslookup
Default Server:  hp.com
Address:  15.255.152.4

> server terminator.movie.edu
Default Server:  terminator.movie.edu
Address:  192.249.249.3

> carrie.movie.edu.
Server:  terminator.movie.edu
Address:  192.249.249.3

*** terminator.movie.edu can't find carrie.movie.edu.: Query refused

> ls movie.edu                    --Ein Zonentransfer wird versucht.
[terminator.movie.edu]
*** Can't list domain movie.edu: Query refused
>
```

## *Erster resolv.conf-Nameserver antwortet nicht*

Hier eine weitere Variante unseres letzten Problems:

```
% nslookup
*** Can't find server name for address 192.249.249.3: No response from server
Default Server:  wormhole.movie.edu
Address:  192.249.249.1
```

Dieses Mal antwortet der erste *nameserver* in der *resolv.conf* nicht. Wir hatten eine zweite *nameserver*-Zeile in *resolv.conf* aufgenommen, und der zweite Server hat auch geantwortet. Von nun an sendet *nslookup* die Abfragen nur noch an *wormhole*, es macht keinen Versuch, den Nameserver an 192.249.249.3 noch einmal anzusprechen.

## *Was wurde nachgesehen?*

Wir haben in unseren letzten Beispielen immer behauptet, daß *nslookup* die Adresse des Nameservers nachgesehen hat, aber wir haben das nicht bewiesen. Hier ist unser Beweis. Dieses Mal fahren wir *nslookup* hoch und aktivieren dabei das *d2*-Debugging in der Kommandozeile. Auf diese Weise gibt *nslookup* alle gesendeten Abfragepakete aus und zeigt auch alle Timeouts und erneuten Versuche an.

```
% nslookup -d2
------------
SendRequest(), len 44
    HEADER:
        opcode = QUERY, id = 1, rcode = NOERROR
        header flags:  query, want recursion
```

```
              questions = 1,   answers = 0,   authority records = 0, additional = 0
         QUESTIONS:
              3.249.249.192.in-addr.arpa, type = PTR, class = IN

         ------------
         timeout (5 secs)
         timeout (10 secs)
         timeout (20 secs)
         timeout (40 secs)
         SendRequest failed
         *** Can't find server name for address 192.249.249.3: No response from server
         *** Default servers are not available
```

Wie Sie anhand der Timeouts erkennen können, hat *nslookup* 75 Sekunden lang alles versucht, bevor es aufgegeben hat. Ohne die Debugging-Ausgabe wäre auf Ihrem Bildschirm für 75 Sekunden nichts zu sehen gewesen. Es hätte so ausgesehen, als hätte sich *nslookup* aufgehängt.

## *Unspezifizierter Fehler*

Sie könnten noch einem anderen Problem begegnen, das Sie ziemlich aus dem Gleichgewicht bringen könnte. Dieses Problem wird als »unspezifizierter Fehler« (»unspecified error«) bezeichnet. Wir haben hier ein Beispiel für einen solchen Fehler. Wir haben nur das Ende der Ausgabe wiedergegeben, weil uns nur die Fehlermeldung interessiert. Sie finden die vollständige *nslookup*-Session, die dieses Teilstück erzeugt hat, in Kapitel 13, *BIND-Debugging-Ausgaben verstehen*.

```
         Authoritative answers can be found from:
         (root)    nameserver = NS.NIC.DDN.MIL
         (root)    nameserver = B.ROOT-SERVERS.NET
         (root)    nameserver = E.ROOT-SERVERS.NET
         (root)    nameserver = D.ROOT-SERVERS.NET
         (root)    nameserver = F.ROOT-SERVERS.NET
         (root)    nameserver = C.ROOT-SERVERS.NET
         (root)    nameserver =
         *** Error: record size incorrect (1050690 != 65519)

         *** relay.hp.com can't find .: Unspecified error
```

In diesem Fall gibt es zu viele Daten, die nicht in ein UDP-Datagramm passen. Der Nameserver hat damit aufgehört, die Antwort aufzufüllen, als der Raum verbraucht war. Der Nameserver hat das »truncated«-Bit im Antwortpaket *nicht* gesetzt, sonst hätte *nslookup* die Query über eine TCP-Verbindung erneut losgeschickt. Der Nameserver muß entschieden haben, daß ausreichend »wichtige« Informationen hineingepaßt hätten. Sie werden diese Art von Fehler nicht besonders oft sehen. Er wird Ihnen begegnen, wenn Sie zu viele NS-Records für eine Domain anlegen, tun Sie das also nicht. (Solche Tips lassen Sie sich fragen, warum Sie dieses Buch überhaupt gekauft haben, nicht wahr?) Wieviel zuviel ist, hängt davon ab, wie gut die Namen im Paket »komprimiert« werden können, was wiederum davon abhängt, wie viele Nameserver die gleiche

Domain im Domain-Namen besitzen. Die Root-Nameserver wurden aus eben diesem Grund so umbenannt, daß alle nun in der Domain *root-servers.net* liegen. Es passen mehr Namen in ein DNS-Paket, wenn diese Namen eine gemeinsame Domain nutzen, was es wiederum erlaubt, mehr Root-Nameserver für das Internet einzusetzen. Über den Daumen gepeilt, sollten Sie über zehn DNS-Records nicht hinausgehen. Wenn Sie wissen wollen, was gerade *diesen* Fehler verursacht hat, müssen Sie Kapitel 13 lesen. Diejenigen unter Ihnen, die gerade Kapitel 9 gelesen haben, wissen es vielleicht schon.

## *Best of the Net*

Systemadministratoren haben einen undankbaren Job. Es gibt bestimmte Fragen, üblicherweise recht einfache, die immer und immer wieder gestellt werden. Und manchmal, in einer kreativen Stimmung, kommen sie auf eine clevere Idee, wie sie ihren Benutzern helfen können. Wenn der Rest von uns von solcher Findigkeit hört, können wir uns nur zurücklehnen, bewundernd lächeln und uns wünschen, daß wir selbst daran gedacht hätten. Hier ist ein solcher Fall, bei dem ein Systemadministrator einen Weg gefunden hat, die Lösung für das manchmal schwierige Problem, eine *nslookup*-Session zu beenden, anderen Menschen mitzuteilen:

```
% nslookup
Default Server:  envy.ugcs.caltech.edu
Address:  131.215.134.135

> quit
Server:  envy.ugcs.caltech.edu
Addresses:  131.215.134.135, 131.215.128.135

Name:     ugcs.caltech.edu
Addresses:  131.215.128.135, 131.215.134.135
Aliases:  quit.ugcs.caltech.edu
          use.exit.to.leave.nslookup.-.-.-.ugcs.caltech.edu

> exit
%
```

*In diesem Kapitel:*
- *Debugging-Level*
- *Das Debugging aktivieren*
- *Debugging-Ausgaben interpretieren*
- *Der Suchalgorithmus des Resolvers und negatives Caching*
- *Werkzeuge*

# 12
# *BIND-Debugging-Ausgaben verstehen*

>»Oh, Tigerlilie!« sagte Alice, denn eine dieser Blumen wiegte sich auf dem Beet anmutig im Wind. »Wenn du doch sprechen könntest!«
>
>»Wir können ja sprechen,« sagte die Tigerlilie. »Vorausgesetzt, es ist jemand da, mit dem sich eine Unterhaltung lohnt.«

Eines der Werkzeuge, die Ihnen in Ihrem Fehlersuchwerkzeugkasten zur Verfügung stehen, ist die Debugging-Ausgabe des Nameservers. Solange Sie den Nameserver mit definiertem DEBUG kompiliert haben, können Sie abfragebasierte Angaben der internen Arbeitsweise ausgeben lassen. Diese Ausgaben sind aber in der Regel recht kryptisch. Gedacht waren sie ursprünglich für Leute, die den Quellcode zur Hand haben, um ihnen folgen zu können. In diesem Kapitel wollen wir diese Debugging-Ausgaben erläutern. Unser Ziel ist es, das Thema so ausreichend detailliert zu behandeln, daß Sie den Handlungen des Nameservers folgen können. Wir wollen hier nicht versuchen, eine umfangreiche Zusammenfassung aller Debugging-Meldungen zu liefern.

Während Sie diesen Erläuterungen folgen, sollten Sie an das zurückdenken, was wir in früheren Kapiteln behandelt haben. Diese Informationen noch einmal in einem anderen Kontext zu betrachten sollte Ihnen helfen, genauer zu verstehen, wie ein Nameserver funktioniert.

## *Debugging-Level*

Die Menge an Informationen, die der Nameserver bereitstellt, hängt vom Debugging-Level ab. Je kleiner dieser Debugging-Level ist, desto weniger Informationen erhalten Sie. Höhere Debugging-Level liefern mehr Informationen, sie beanspruchen aber auch entsprechende Kapazitäten auf Ihrer Festplatte. Nachdem Sie eine Reihe von Debugging-Ausgaben ausgewertet haben, werden Sie ein Gefühl dafür entwickeln, wieviel Informationen Sie benötigen, um ein bestimmtes Problem zu lösen. Natürlich können Sie, wenn das Problem immer wieder reproduziert werden kann, mit dem ersten Level beginnen und dann immer weiter erhöhen, bis Sie über genügend Informationen verfügen. Für das grundlegendste aller Probleme – warum ein Name nicht nachgesehen werden kann – reicht der erste Level häufig aus, Sie sollten also mit diesem Level beginnen.

### *Welche Informationen liefert der jeweilige Level?*

Nachfolgend eine Übersicht aller Informationen, die jeder Debugging-Level liefert. Die Debugging-Informationen sind kumulativ, d.h. daß Level 2 auch alle Debugging-Informationen aus Level 1 mit angibt. Die Daten sind in die folgenden grundlegenden Bereiche unterteilt: Startup, Aktualisierung der Datenbank, Verarbeitung von Abfragen und Pflege von Zonen. Die Aktualisierung der internen Datenbank des Nameservers betrachten wir hier nicht – die Probleme treten immer an jeweils unterschiedlichen Stellen auf. Allerdings kann es ein Problem sein, *was* der Nameserver in seine interne Datenbank aufnimmt oder aus ihr entfernt, wie Sie in Kapitel 13, *Fehlersuche bei DNS und BIND*, noch sehen werden.

*Level 1*

Die Informationen auf diesem Level sind notwendigerweise von geringem Umfang. Nameserver können *sehr viele* Abfragen verarbeiten, was *sehr viele* Debugging-Ausgaben zur Folge haben kann. Weil die Ausgabe so knapp gehalten ist, können Sie die Daten über einen längeren Zeitraum sammeln. Nutzen Sie diesen Debugging-Level für grundlegende Startup-Informationen und für die Beobachtung von Abfragetransaktionen. Auf diesem Level werden einige Fehlermeldungen festgehalten, darunter Syntaxfehler und Fehler beim DNS-Paketformat. Diese Stufe gibt auch Verweise an.

*Level 2*

Level 2 stellt sehr viele nützliche Informationen bereit: Er führt die IP-Adressen entfernter Nameserver auf, die während eines Lookups benutzt werden. Der zugehörige RTT-Wert (»round trip time«) wird ebenfalls ausgegeben. Er gibt unbrauchbare (»bad«) Antworten aus und markiert eine Antwort mit dem Typ der Abfrage, die er beantwortet (SYSTEM oder USER). Wenn Sie einen sekundären Nameserver untersuchen, der Probleme hat, eine Zone zu laden, dann zeigt Ihnen dieser Level die Zonenwerte an (Seriennummer, Refresh, Retry, Expire und die minimale TTL), die auch der Secondary prüft, um zu sehen, ob er auf dem aktuellen Stand ist.

*Level 3*

Level 3 ist wesentlich mitteilungsfreudiger, weil er sehr viele Meldungen über die Aktualisierung der Nameserver-Datenbank ausgibt. Stellen Sie ausreichend Plattenspeicher zur Verfügung, wenn Sie mit einem Debugging-Level von 3 oder höher arbeiten. Auf Level 3 werden darüber hinaus die folgenden Informationen ausgegeben: aufgerufene doppelte Abfragen, generierte Systemabfragen (*sysquery*), die Namen der entfernten Nameserver, die während eines Lookups verwendet wurden, sowie die Anzahl der für jeden Server gefundenen Adressen.

*Level 4*
> Nutzen Sie Level 4, wenn Sie die Abfrage- und Antwortpakete sehen wollen, die vom Nameserver *empfangen* wurden. Dieser Level gibt auch die Glaubwürdigkeitsstufe zwischengespeicherter Daten an.

*Level 5*
> Es gibt bei Level 5 eine ganze Reihe von Meldungen, aber keine ist für das allgemeine Debugging wirklich besonders nützlich. Dieser Level umfaßt einige zusätzliche Fehlermeldungen, z.b. für den Fall, daß ein *malloc()* fehlschlägt, sowie eine Meldung, wenn der Nameserver bei einer Abfrage aufgibt.

*Level 6*
> Level 6 zeigt Ihnen Antworten auf ursprüngliche Queries.

*Level 7*
> Level 7 bietet einige Konfigurationsangaben und Verarbeitungsmeldungen.

*Level 8*
> Dieser Level bietet keine signifikanten Debugging-Informationen.

*Level 9*
> Dieser Level bietet keine signifikanten Debugging-Informationen.

*Level 10*
> Verwenden Sie den Level 10, wenn Sie sehen wollen, welche Abfrage- und Antwortpakete Ihr Nameserver *verschickt* hat. Das Format dieser Pakete entspricht dem des Level 4. Sie werden diesen Level nicht häufig verwenden, weil Sie sich die Antwortpakete mit *nslookup* ansehen können.

*Level 11*
> Hier gibt es nur wenige zusätzliche Debugging-Meldungen, und diese liegen in selten durchlaufenem Code.

Mit BIND 8 können Sie den Nameserver so konfigurieren, daß er mit jeder Debug-Nachricht ihren Debug-Level ausgibt. Schalten Sie dazu einfach die Protokolloption *print-severity* ein, wie wir es im Abschnitt »Protokollierung mit BIND 8« in Kapitel 7, *BIND pflegen*, beschrieben haben.

Bedenken Sie immer, daß Sie es hier mit *Debugging-Informationen* zu tun haben – die BIND-Autoren nutzten sie, um den Code zu debuggen, d.h. die Ausgaben sind vielleicht nicht so gut zu lesen, wie Sie sich das wünschen. Man kann diese Informationen auch verwenden, um herauszufinden, warum ein Nameserver nicht das macht, was man von ihm erwartet, oder um einfach etwas mehr darüber zu lernen, wie ein Nameserver arbeitet – aber erwarten Sie keine netten, sorgfältig formatierten Ausgaben.

## Das Debugging aktivieren

Sie können das Nameserver-Debugging entweder von der Kommandozeile aus oder über Signale aktivieren. Wenn Sie die Startup-Informationen benötigen, um Ihr aktuelles Problem zu diagnostizieren, müssen Sie die Kommandozeilenoption verwenden. Soll das Debugging für einen bereits laufenden Nameserver aktiviert werden, müssen Sie mit Signalen arbeiten. Der Nameserver schreibt seine Debugging-Ausgaben in die Datei *named.run*. Ein BIND 4-Server erstellt diese Datei im Verzeichnis */usr/tmp* (oder */var/tmp*). BIND 8 erstellt *named.run* im aktuellen Verzeichnis des Nameservers.

### Debugging-Kommandozeilenoption

Bei der Fehlersuche werden Sie manchmal die Sortierliste benötigen oder Sie müssen wissen, an welche Schnittstelle ein Dateideskriptor gebunden ist, oder Sie müssen herausfinden, auf welcher Initialisierungsstufe sich der Nameserver gerade befand, als er abgebrochen hat (wenn die *syslog*-Meldung nicht informativ genug war). Um diese Art von Debugging-Informationen zu sehen, müssen Sie das Debugging direkt in der Kommandozeile aktivieren. Ein von Ihnen zu diesem Zweck gesendetes Signal würde nicht rechtzeitig eintreffen. Die Kommandozeilenoption für das Debugging hat die Form *-d level*. Aktivieren Sie das Debugging über die Kommandozeile, geht ein BIND 4-Nameserver nicht wie üblich in den Hintergrund. Sie müssen ein »&« in der Kommandozeile anhängen, um Ihren Shell-Prompt wiederzusehen. So starten Sie einen Nameserver mit dem Debugging-Level 1:

```
# /etc/named -d 1 &
```

### Den Debugging-Level mit Signalen ändern

Wenn Sie die Initialisierung des Nameservers nicht verfolgen müssen, starten Sie den Nameserver ohne die Debug-Option. Sie können das Debugging zu einem späteren Zeitpunkt ein- und ausschalten, indem Sie dem Nameserver-Prozeß die Signale USR1 und USR2 schicken. Das erste USR1-Signal bringt *named* in den Debugging-Level 1. Jedes nachfolgende USR1-Signal erhöht den Debugging-Level um 1. Mit einem USR2-Signal schalten Sie das Debugging wieder aus. Nachfolgend aktivieren wir den Debugging-Level 3 und schalten dann das Debugging wieder aus:

```
# kill -USR1 `cat /etc/named.pid`      --Level 1
# kill -USR1 `cat /etc/named.pid`      --Level 2
# kill -USR1 `cat /etc/named.pid`      --Level 3
# kill -USR2 `cat /etc/named.pid`      --Aus
```

Und, wie Sie sich denken können, ist es nach der Aktivierung des Debuggings von der Kommandozeile aus immer noch möglich, die USR1- und USR2-Signale an den Nameserver zu senden.

# Debugging-Ausgaben interpretieren

Wir wollen Ihnen fünf Beispiele von Debugging-Ausgaben vorstellen. Das erste Beispiel zeigt den Start des Nameservers. Die nächsten beiden Beispiele zeigen erfolgreiche Namens-Lookups. Das vierte Beispiel behandelt einen sekundären Nameserver, der seine Zone auf dem neuesten Stand hält. Im letzten Beispiel wechseln wir vom Verhalten des Nameservers zum Verhalten des Resolvers, d.h. wir betrachten den Suchalgorithmus des Resolvers. Nach jedem Tracing (mit Ausnahme des letzten) haben wir den Nameserver jeweils beendet und erneut gestartet, damit jeder Trace-Durchlauf mit einem neuen, fast leeren Cache durchgeführt werden konnte.

Sie wundern sich vielleicht, warum wir uns entschlossen haben, das normale Nameserver-Verhalten in unseren Beispielen zu betrachten, schließlich behandelt dieses Kapitel ja das Debugging. Wir zeigen Ihnen das normale Verhalten, weil Sie erst einmal wissen müssen, wie dieses normale Verhalten *aussieht*, bevor Sie sich mit anormalem Verhalten auseinandersetzen können. Ein anderer Grund ist, daß wir Ihnen dabei helfen wollen, die in früheren Kapiteln behandelten Konzepte (wiederholte Sendung, Roundtrip-Zeiten etc.) zu *verstehen*.

## Startup des Nameservers (Debug-Level 1)

Wir wollen unsere Debugging-Beispiele damit beginnen, daß wir dem Nameserver beim Hochfahren zusehen. Wir haben in der Kommandozeile *-d 1* angegeben – hier die daraus resultierende Ausgabe in der Datei *named.run*:

```
1)  Debug level 1
2)  Version = named 8.1.1 Sat Jul 19 08:06:36 EDT 1997
3)       pma@terminator:/home/pma/named
4)  conffile = named.conf
5)  starting.  named 8.1.1 Sat Jul 19 08:06:36 EDT 1997
6)       pma@terminator:/home/pma/named
7)  ns_init(named.conf)
8)  update_zone_info('0.0.127.IN-ADDR.ARPA', 1)
9)  source = db.127.0.0
10) purge_zone(0.0.127.IN-ADDR.ARPA,1)
11) reloading zone
12) db_load(db.127.0.0, 0.0.127.IN-ADDR.ARPA, 1, Nil)
13) np_parent(0x0) couldn't find root entry
14) master zone "0.0.127.IN-ADDR.ARPA" (IN) loaded (serial 1)
15) zone[1] type 1: '0.0.127.IN-ADDR.ARPA' z_time 0, z_refresh 0
16) update_zone_info('.', 3)
17) source = db.cache
18) reloading zone
19) db_load(db.cache, , 0, Nil)
20) cache zone "" (IN) loaded (serial 0)
21) zone[0] type 3: '.' z_time 0, z_refresh 0
22) getnetconf(generation 887560796)
23) getnetconf: considering lo [127.0.0.1]
24) ifp->addr [127.0.0.1].53 d_dfd 20
25) evSelectFD(ctx 0x808f0e0, fd 20, mask 0x1, func 0x8056bf0,
```

```
        uap 0x80ac350)
    26) evSelectFD(ctx 0x808f0e0, fd 21, mask 0x1, func 0x806fb08,
        uap 0x80ac398)
    27) listening [127.0.0.1].53 (lo)
    28) getnetconf: considering eth0 [192.249.249.3]
    29) ifp->addr [192.249.249.3].53 d_dfd 22
    30) evSelectFD(ctx 0x808f0e0, fd 22, mask 0x1, func 0x8056bf0,
        uap 0x80ac408)
    31) evSelectFD(ctx 0x808f0e0, fd 23, mask 0x1, func 0x806fb08,
        uap 0x80ac450)
    32) listening [192.249.249.3].53 (eth0)
    33) fwd ds 5 addr [0.0.0.0].1142
    34) Forwarding source address is [0.0.0.0].1142
    35) evSelectFD(ctx 0x808f0e0, fd 5, mask 0x1, func 0x8056bf0, uap 0)
    36) exit ns_init()
    37) Ready to answer queries.
    38) prime_cache: priming = 0
    39) evSetTimer(ctx 0x808f0e0, func 0x8054cf4,
        uap 0, due 887560800.000000000, inter 0.000000000)
    40) sysquery: send -> [192.5.5.241].53 dfd=5 nsid=41705 id=0 41)
        retry=887560800
    41) evSetTimer(ctx 0x808f0e0, func 0x804ee88,
        uap 0x80a4a20, due 887560803.377717000, inter 0.000000000)
    42) datagram from [192.5.5.241].53, fd 5, len 436
    43) 13 root servers
```

Wir haben der Ausgabe Zeilennummern hinzugefügt; Sie werden sie in Ihrer Ausgabe nicht sehen. Die Zeilen 2 bis 6 nennen die BIND-Version, die Sie ausführen, sowie den Namen der Konfigurationsdatei. Version 8.1.1 wurde 1997 vom ISC (Internet Software Consortium) veröffentlicht. Wir haben für unser Beispiel die Konfigurationsdatei im aktuellen Verzeichnis, *./named.conf*, verwendet.

Die Zeilen 7 bis 21 zeigen, wie BIND die Konfigurationsdatei sowie die Datenbankdateien einliest. Dieser Nameserver ist ein reiner Cache-Server – die einzigen Datenbankdateien, die er einliest, sind *db.127.0.0* (Zeilen 8 bis 15) und *db.cache* (Zeilen 16 bis 21). Zeile 8 führt die aktualisierte Zone auf (*0.0.127.IN-ADDR.ARPA*), und Zeile 9 nennt die Datei mit den Zonendaten (*db.127.0.0*). Zeile 10 zeigt an, daß sämtliche alten Daten der Zone gelöscht werden, bevor der Nameserver neue hinzufügt. Zeile 11 besagt, daß die Zone neu geladen wird, auch wenn sie eigentlich zum ersten Mal geladen wird. Das Laden der Zonendaten zeigen die Zeilen 12 bis 14. Die nutzlose Fehlermeldung in Zeile 13 können Sie getrost ignorieren. In den Zeilen 15 und 21 ist *z_time* der Zeitpunkt, zu dem geprüft werden soll, daß die Zone aktuell ist; *z_refresh* ist das Refresh-Intervall. Diese Werte spielen nur eine Rolle, wenn der Server für die Zone ein Slave-Server ist.

Die Zeilen 22 bis 35 zeigen die Initialisierung von Dateideskriptoren. (In diesem Fall handelt es sich in Wirklichkeit um Socket-Deskriptoren.) Die Dateideskriptoren 20 und 21 (Zeilen 24-26) werden an 127.0.0.1 gebunden, das ist die Loopback-Adresse. Der Dateideskriptor 20 ist ein Datagramm-Sokket, und Dateideskriptor 21 ist ein Stream-Socket. Die Dateideskriptoren 22 und 23 (Zeilen 29-31) sind an die Schnittstelle 192.249.249.3 gebunden. Jede Schnittstellenadresse wurde beachtet und verwendet – dies wäre nicht geschehen, wenn die jeweilige Schnittstelle nicht initialisiert worden wäre oder die betreffende Adresse bereits in der Liste gestanden hätte. Der Dateideskriptor 5 (Zeilen 33-35) wird an 0.0.0.0, die Wildcard-Adresse, gebunden. Die meisten Netzwerk-Daemons arbeiten mit nur einem Socket, der an die Wildcard-Adresse gebunden ist. Sockets, die mit individuellen Schnittstellen verbunden sind, werden kaum genutzt. Die Wildcard-Adresse greift jedes Paket auf, das an eine beliebige Schnittstelle auf dem Host geschickt wurde. Lassen Sie uns kurz abschweifen und erklären, warum *named* sowohl mit an Wildcard-Adressen als auch mit an spezifische Schnittstellen gebundenen Sockets arbeitet.

Empfängt *named* eine Anforderung von einer Anwendung oder einem anderen Nameserver, empfängt es diese Anforderung von einem der Sockets, die an eine bestimmte Schnittstelle gebunden sind. Besäße *named* keine Sockets, die an bestimmte Schnittstellen gebunden sind, würde es alle eingegangenen Anforderungen von dem Socket lesen, der an die Wildcard-Adresse gebunden ist. Wenn *named* eine Antwort zurückschickt, nutzt es eben den Deskriptor des Sockets, auf dem die Anfrage eingegangen ist. Warum macht *named* das? Werden Antworten über den Socket geschickt, der mit der Wildcard-Adresse gebunden ist, gibt der Kernel die Adresse des Senders mit der Adresse der Schnittstelle an, von der die Antwort tatsächlich ausgesendet wurde. Diese Adresse kann, muß aber nicht mit der Adresse identisch sein, an die die Anforderung geschickt wurde. Gehen die Antworten über einen Socket aus, der an eine bestimmte Adresse gebunden ist, trägt der Kernel die spezifische Adresse als Adresse des Senders ein, d.h. es handelt sich um die gleiche Adresse, an die auch die Anfrage ging. Erhält der Nameserver eine Antwort von einer IP-Adresse, die er nicht kennt, wird die Antwort als »fremd« markiert und verworfen. *named* versucht, solche Fremdantworten zu vermeiden, indem es seine Antworten über Deskriptoren verschickt, die an spezifische Schnittstellen gebunden sind, damit die Adresse des Senders mit der Adresse identisch ist, an die die Anforderung geschickt wurde. Sendet *named* hingegen *Abfragen* aus, verwendet es den Wildcard-Deskriptor, weil kein Bedarf an einer spezifischen IP-Adresse besteht.

Die Zeilen 38 bis 43 zeigen, wie der Nameserver eine System-Query sendet, um herauszufinden, welche Server momentan die Root-Domain bedienen. Der erste befragte Server hat eine Antwort zurückgeschickt, die 13 Nameserver enthält.

Der Nameserver ist nun initialisiert und bereit, Abfragen zu beantworten.

### *Ein erfolgreicher Lookup (Debug-Level 1)*

Nehmen wir einmal an, Sie wollten sehen, wie der Nameserver den Lookup eines Namens durchführt. Ihr Nameserver wurde nicht mit Debugging gestartet. Senden Sie ihm also ein USR1-Signal, um das Debugging einzuschalten, führen Sie den Lookup durch, und senden Sie ein USR2-Signal, um das Debugging wieder abzuschalten:

```
# kill -USR1 `cat /etc/named.pid`
# /etc/ping galt.cs.purdue.edu.
# kill -USR2 `cat /etc/named.pid`
```

Hier die daraus resultierende *named.run*:

## Kapitel 12: BIND-Debugging-Ausgaben verstehen

```
datagram from [192.249.249.3].1162, fd 20, len 36

req: nlookup(galt.cs.purdue.edu) id 29574 type=1 class=1
req: missed 'galt.cs.purdue.edu' as '' (cname=0)
forw: forw -> [198.41.0.10].53 ds=4 nsid=40070 id=29574 2ms retry 4sec
datagram from [198.41.0.10].53, fd 4, len 343

;; ->>HEADER<<- opcode: QUERY, status: NOERROR, id: 40070
;; flags: qr; QUERY: 1, ANSWER: 0, AUTHORITY: 9, ADDITIONAL: 9
;;          galt.cs.purdue.edu, type = A, class = IN
EDU.                         6D IN NS    A.ROOT-SERVERS.NET.
EDU.                         6D IN NS    H.ROOT-SERVERS.NET.
EDU.                         6D IN NS    B.ROOT-SERVERS.NET.
EDU.                         6D IN NS    C.ROOT-SERVERS.NET.
EDU.                         6D IN NS    D.ROOT-SERVERS.NET.
EDU.                         6D IN NS    E.ROOT-SERVERS.NET.
EDU.                         6D IN NS    I.ROOT-SERVERS.NET.
EDU.                         6D IN NS    F.ROOT-SERVERS.NET.
EDU.                         6D IN NS    G.ROOT-SERVERS.NET.
A.ROOT-SERVERS.NET.          5w6d16h IN A   198.41.0.4
H.ROOT-SERVERS.NET.          5w6d16h IN A   128.63.2.53
B.ROOT-SERVERS.NET.          5w6d16h IN A   128.9.0.107
C.ROOT-SERVERS.NET.          5w6d16h IN A   192.33.4.12
D.ROOT-SERVERS.NET.          5w6d16h IN A   128.8.10.90
E.ROOT-SERVERS.NET.          5w6d16h IN A   192.203.230.10
I.ROOT-SERVERS.NET.          5w6d16h IN A   192.36.148.17
F.ROOT-SERVERS.NET.          5w6d16h IN A   192.5.5.241
G.ROOT-SERVERS.NET.          5w6d16h IN A   192.112.36.4
resp: nlookup(galt.cs.purdue.edu) qtype=1
resp: found 'galt.cs.purdue.edu' as 'edu' (cname=0)
resp: forw -> [192.36.148.17].53 ds=4 nsid=40071 id=29574 1ms
datagram from [192.36.148.17].53, fd 4, len 202

;; ->>HEADER<<- opcode: QUERY, status: NOERROR, id: 40071
;; flags: qr rd; QUERY: 1, ANSWER: 0, AUTHORITY: 4, ADDITIONAL: 4
;;          galt.cs.purdue.edu, type = A, class = IN
PURDUE.EDU.                  2D IN NS    NS.PURDUE.EDU.
PURDUE.EDU.                  2D IN NS    MOE.RICE.EDU.
PURDUE.EDU.                  2D IN NS    PENDRAGON.CS.PURDUE.EDU.
PURDUE.EDU.                  2D IN NS    HARBOR.ECN.PURDUE.EDU.
NS.PURDUE.EDU.               2D IN A     128.210.11.5
MOE.RICE.EDU.                2D IN A     128.42.5.4
PENDRAGON.CS.PURDUE.EDU.        2D IN A  128.10.2.5
HARBOR.ECN.PURDUE.EDU.          2D IN A  128.46.199.76
resp: nlookup(galt.cs.purdue.edu) qtype=1
resp: found 'galt.cs.purdue.edu' as 'cs.purdue.edu' (cname=0)
resp: forw -> [128.46.199.76].53 ds=4 nsid=40072 id=29574 8ms
datagram from [128.46.199.76].53, fd 4, len 234

send_msg -> [192.249.249.3].1162 (UDP 20) id=29574
Debug off
```

Beachten Sie zunächst, daß IP-Adressen festgehalten werden, keine Namen – seltsam für einen *Name*server, finden Sie nicht? Nun, es ist nicht ganz so seltsam. Wenn Sie versuchen, ein Problem mit dem Lookup von Namen zu debuggen, werden Sie, einfach um die Lesbarkeit der Ausgabe zu verbessern, nicht wollen, daß der Nameserver zusätzliche Namen nachsieht – die zusätzlichen Abfragen würden das Debugging stören. Keiner der Debug-Level wandelt IP-Adressen in Namen um. Sie müssen auf ein Tool zurückgreifen (eines werden wir Ihnen später vorstellen), das diese Arbeit für Sie übernimmt.

Lassen Sie uns diese Debugging-Ausgabe Zeile für Zeile durchgehen. Dieser detaillierte Ansatz ist wichtig, wenn Sie verstehen wollen, was jede Zeile bedeutet. Wenn Sie das Debugging aktivieren, wollen Sie wahrscheinlich herausfinden, warum ein Name nicht nachgesehen werden kann, und dann müssen Sie wissen, was die Ausgaben bedeuten.

```
datagram from [192.249.249.3].1162, fd 20, len 36
```

Ein Datagramm ist vom Host mit der IP-Adresse 192.249.249.3 (*terminator*) eingegangen. Das Datagramm könnte auch von 127.0.0.1 kommen, wenn der Sender auf dem gleichen Host sitzt wie der Nameserver. Die sendende Anwendung hat den Port 1162 benutzt. Der Nameserver hat das Datagramm über den Dateideskriptor (`fd`, für File Deskriptor) 20 empfangen. Die Debugging-Ausgabe des Startups, wie wir sie im vorangegangenen Beispiel gezeigt haben, liefert Ihnen Auskunft darüber, welche Schnittstelle an den Dateideskriptor 20 gebunden ist. Das Datagramm hat eine Länge (`len`, für Length) von 36 Bytes.

```
req: nlookup(galt.cs.purdue.edu) id 29574 type=1 class=1
```

Weil die nächste Debugging-Zeile mit `req` beginnt, wissen wir, daß das Datagramm eine Anforderung (»request«) enthält. Der in der Anforderung angegebene Name war *galt.cs.purdue.edu*. Die Kennung der Anforderung (»request-ID«) lautet 29574. Der Ausdruck `type=1` bedeutet, daß *Adreßinformationen* angefordert wurden. Der Ausdruck `class=1` steht für die Klasse IN. Sie finden eine vollständige Liste aller Abfragetypen und -Klassen in der Header-Datei */usr/include/arpa/nameser.h*.

```
req: missed 'galt.cs.purdue.edu' as '' (cname=0)
```

Der Nameserver hat den angeforderten Namen nachgesehen, konnte ihn aber nicht finden. Danach hat er versucht, einen entfernten Nameserver zu finden, den er fragen könnte, hat aber bis zur Root-Domain (die leeren Hochkommata) keinen gefunden. `cname=0` bedeutet, daß der Nameserver keinen CNAME-Record entdeckt hat. Findet er einen CNAME-Record, erfolgt ein Lookup des kanonischen Namens anstelle des ursprünglichen Namens, und `cname` hat einen Wert ungleich null.

```
forw: forw -> [198.41.0.10].53 ds=4 nsid=40070 id=29574 2ms retry 4sec
```

Die Query wurde an den Nameserver (Port 53) auf dem Host 198.41.0.10 (*j.root-servers.net*) weitergeleitet. Der Nameserver hat den Dateideskriptor 4 (das ist die Wildcard-Adresse) zum Senden der Abfrage benutzt. Er hat diese Abfrage mit der ID-Nummer 40070 (`nsid=40070`) versehen, um die Antwort mit der ursprünglichen Frage verbinden zu können. Wie Sie der nlookup-Zeile entnehmen können, hat die Anwendung die ID-Nummer 29574 (id=29574) verwendet. Der Nameserver wartet vier Sekunden, bevor er es mit dem nächsten Nameserver versucht.

```
datagram from [198.41.0.10].53, fd 4, len 343
```

Der Nameserver auf *j.root-servers.net* hat geantwortet. Weil die Antwort eine Delegierung war, wird sie vollständig im Debug-Log aufgenommen.

```
resp: nlookup(galt.cs.purdue.edu) qtype=1
```

Nachdem die Information im Antwortpaket zwischengespeichert wurde, erfolgt ein erneuter Lookup des Namens. Wie bereits erklärt, bedeutet type=1, daß der Nameserver nach *Adreßinformationen* sucht.

```
resp: found 'galt.cs.purdue.edu' as 'edu' (cname=0)
resp: forw -> [192.36.148.17].53 ds=4 nsid=40071 id=29574 1ms
datagram from [192.36.148.17].53, fd 4, len 202
```

Der Root-Server hat mit einer Delegierung auf die *edu*-Server geantwortet. Dieselbe Query wird an 192.36.148.17 (*i.root-servers.net*) gesendet, das ist einer der *edu*-Server. *i.root-servers.net* antwortet mit Daten über die *purdue.edu*-Server.

```
resp: found 'galt.cs.purdue.edu' as 'cs.purdue.edu' (cname=0)
```

Diesmal bekommen wir Informationen für die Ebene *cs.purdue.edu*.

```
resp: forw -> [128.46.199.76].53 ds=4 nsid=40072 id=29574 8ms
```

Eine Abfrage wurde an den Nameserver auf 128.46.199.76 (*harbor.ecn.purdue.edu*) gesendet. Diesmal lautet die Nameserver-ID 40072.

```
datagram from [128.46.199.76].53, fd 4, len 234
```

Der Nameserver auf *harbor.ecn.purdue.edu* hat geantwortet. Wir müssen sehen, was als nächstes passiert, um uns über den Inhalt dieser Antwort klar zu werden.

```
send_msg -> [192.249.249.3].1162 (UDP 20) id=29574
```

Die letzte Antwort muß die gewünschte Adresse enthalten haben, weil der Nameserver der Anwendung geantwortet hat (die ja, wenn Sie sich die ursprüngliche Abfrage ansehen, den Port 1162 verwendet hat). Die Antwort war in einem UDP-Paket enthalten (wurde also nicht über eine TCP-Verbindung zurückgegeben), wobei der Dateideskriptor 20 benutzt wurde.

Der Nameserver war während unseres Tracings »still«, d.h. er hat zur gleichen Zeit keine anderen Abfragen bearbeitet. Bei einem beschäftigten Nameserver werden Sie nicht soviel Glück haben. Sie müssen die gesamte Ausgabe durchgehen und sich die Zeilen zusammensuchen, die zu Ihrem fraglichen Lookup gehören. Andererseits ist das auch nicht so schwer. Starten Sie Ihren Lieblingseditor, suchen Sie sich die *nlookup*-Zeile mit dem richtigen Namen heraus, und gehen Sie dann alle Einträge mit der gleichen *nsid* durch. In unserem nächsten Beispiel zeigen wir Ihnen, wie man *nsid* folgt.

*Debugging-Ausgaben interpretieren*

## *Erfolgreicher Lookup mit wiederholten Übertragungen (Debug-Level 1)*

Nicht alle Lookups sind so »sauber« wie der letzte – manchmal muß eine Abfrage erneut gesendet werden. Der Benutzer sieht keinen Unterschied, solange der Lookup erfolgreich ist, auch wenn das Ergebnis durch die wiederholte Sendung von Queries länger auf sich warten läßt. Nachfolgend ein Beispiel, bei dem Abfragen erneut gesendet werden müssen. Wir haben die IP-Adressen nach dem Tracing in Namen umgewandelt. Beachten Sie, wie wesentlich einfacher es ist, den Text mit Namen zu lesen!

```
1)   Debug turned ON, Level 1
2)
3)   datagram from terminator.movie.edu port 3397, fd 20, len 35
4)   req: nlookup(ucunix.san.uc.edu) id 1 type=1 class=1
5)   req: found 'ucunix.san.uc.edu' as 'edu' (cname=0)
6)   forw: forw -> i.root-servers.net port 53   ds=4 nsid=2 id=1 0ms
     retry 4 sec
7)
8)   datagram from i.root-servers.net port 53, fd 4, len 240
     <delegation lines removed>
9)   resp: nlookup(ucunix.san.uc.edu) qtype=1
10)  resp: found 'ucunix.san.uc.edu' as 'san.uc.edu' (cname=0)
11)  resp: forw -> uceng.uc.edu port 53 ds=4 nsid=3 id=1 0ms
12)  resend(addr=1 n=0) - > ucbeh.san.uc.edu port 53 ds=4 nsid=3
     id=1 0ms
13)
14)  datagram from terminator.movie.edu port 3397, fd 20, len 35
15)  req: nlookup(ucunix.san.uc.edu) id 1 type=1 class=1
16)  req: found 'ucunix.san.uc.edu' as 'san.uc.edu' (cname=0)
17)  resend(addr=2 n=0) - > uccba.uc.edu port 53 ds=4 nsid=3 id=1 0ms
18)  resend(addr=3 n=0) - > mail.cis.ohio-state.edu port 53 ds=4 nsid=3
     id=1 0ms
19)
20)  datagram from mail.cis.ohio-state.edu port 53, fd 4, len 51
21)  send_msg -> terminator.movie.edu (UDP 20 3397) id=1
```

Dieses Beispiel beginnt wie das vorangegangene (Zeilen 1 bis 11): Der Nameserver empfängt eine Abfrage für *ucunix.san.uc.edu*, sendet diese an einen *edu*-Nameserver (*aos.brl.mil*), bekommt eine Antwort, die eine Liste der Nameserver von *uc.edu* enthält, und sendet die Abfrage an einen der *uc.edu*-Nameserver (*uceng.uc.edu*).

Neu sind in diesem Beispiel die *resend*-Zeilen (12, 17 und 18). Das *forw* in Zeile 11 zählt als »resend(addr=0 n=0)« – CS-dweebs beginnen mit der Zählung immer bei null. Weil *uceng.uc.edu* nicht geantwortet hat, macht der Nameserver mit *ucbeh* (Zeile 12), *uccba* (Zeile 17) und *mail* (Zeile 18) weiter. Der außerhalb der Site liegende Nameserver *mail.cis.ohio-state.edu* antwortet dann schließlich (Zeile 20). Beachten Sie, daß Sie alle erneuten Sendungen verfolgen können, indem Sie nach *nsid=3* suchen. Das ist wichtig, weil zwischen den einzelnen Zeilen eine Vielzahl anderer Ausgaben eingestreut sein können.

Beachten Sie auch das zweite Datagramm von *terminator* (Zeile 14). Es besitzt den gleichen Port, Dateideskriptor, Länge, ID und Typ wie die Abfrage in Zeile 3. Die Anwendung hat innerhalb einer angemessenen Zeitspanne keine Antwort zurückgeliefert, weshalb die Abfrage noch einmal gesendet wurde. Weil der Nameserver immer noch an der ersten gesendeten Abfrage arbeitet, handelt es sich hier um ein Duplikat. In der Ausgabe wird es zwar nicht erwähnt, aber der Nameserver hat das Duplikat erkannt und aussortiert. Wir können das erkennen, weil nach den req:-Zeilen keine forw:-Zeile mehr folgt, wie das in den Zeilen 4 bis 6 der Fall war.

Können Sie sich vorstellen, wie die Ausgabe ausgesehen hätte, wenn der Nameserver beim Lookup ein Problem gehabt hätte? Sie würden eine Vielzahl erneuter Sendungen sehen, während der Nameserver versucht, den Namen nachzuschauen. (Die relevanten Zeilen können Sie über den nsid=-Wert ermitteln.) Die Anwendung würde sehr viel mehr erneute Übertragungen aussenden, weil sie glaubt, daß der Nameserver die erste Abfrage noch nicht empfangen hat. Schließlich würde der Nameserver aufgeben, üblicherweise nachdem die Anwendung selbst aufgegeben hat.

### *Ein Slave-Nameserver prüft seine Zone (Debug Level 1)*

Neben dem Aufspüren von Problemen mit Nameserver-Lookups müssen Sie möglicherweise herausfinden, warum ein Slave eine Zone nicht von seinem Master-Server lädt. Im einfachsten Fall können Sie die Ursache dafür finden, wenn Sie die SOA-Seriennummern der Zonen auf den beiden Servern vergleichen, zum Beispiel mit *nslookup* oder *dig*. Einzelheiten dazu finden Sie in Kapitel 13, *Fehlersuche bei DNS und BIND*. Wenn Ihr Problem schwieriger einzukreisen ist, müssen Sie möglicherweise Debug-Angaben auswerten. Wir zeigen Ihnen, wie die Debug-Informationen aussehen sollten, wenn Ihr Server korrekt arbeitet.

Diese Debug-Ausgabe wurde auf einem »ruhigen« Nameserver erstellt, der also während des Debugs keine Queries empfangen hat. Dadurch sehen Sie ausschließlich die Zeilen, die sich auf das Prüfen und Übertragen der Zonendaten beziehen. Denken Sie daran, daß ein Slave-Server einen Child-Prozeß verwendet, um Zonendaten auf die lokale Festplatte zu kopieren, bevor er sie einliest. Während ein Slave seine Debug-Informationen nach *named.run* protokolliert, schreibt der Child-Prozeß des Slave-Servers in die Datei *xfer.ddt.PID*. Die Endung *PID*, standardmäßig die Prozeß-ID des Child-Prozesses, kann geändert werden, um ihre Eindeutigkeit sicherzustellen. Seien Sie sich bewußt, daß bereits vorhandene *xfer.ddt.PID*-Dateien erhalten bleiben, selbst wenn Sie lediglich versuchen, einen Lookup zu debuggen. Unsere Protokollierung geschieht mit Debug Level 1, und wir haben die Protokollierungsoption *print-time* von BIND 8 eingeschaltet. Debug Level 3 liefert Ihnen weitere Angaben, und zwar mehr, als Sie vielleicht wollen, wenn ein Zonentransfer tatsächlich ausgeführt wird. Ein Protokoll mit Debug Level 3 eines Transfers einer Zone mit mehreren hundert Resource Records kann eine Datei *xfer.ddt.PID* anlegen, die einige MB groß wird:

```
21-Feb 00:13:18.026 do_zone_maint for zone movie.edu (class IN)
21-Feb 00:13:18.034 zone_maint('movie.edu')
21-Feb 00:13:18.035 qserial_query(movie.edu)
21-Feb 00:13:18.043 sysquery: send -> [192.249.249.3].53 dfd=5
                    nsid=29790 id=0 retry=888048802
```

*Debugging-Ausgaben interpretieren*

```
21-Feb 00:13:18.046 qserial_query(movie.edu) QUEUED
21-Feb 00:13:18.052 next maintenance for zone 'movie.edu' in 2782 sec
21-Feb 00:13:18.056 datagram from [192.249.249.3].53, fd 5, len 380
21-Feb 00:13:18.059 qserial_answer(movie.edu, 26739)
21-Feb 00:13:18.060 qserial_answer: zone is out of date
21-Feb 00:13:18.061 startxfer() movie.edu
21-Feb 00:13:18.063 /usr/etc/named-xfer -z movie.edu -f db.movie
                    -s 26738 -C 1 -P 53 -d 1 -l xfer.ddt 192.249.249.3
21-Feb 00:13:18.131 started xfer child 390
21-Feb 00:13:18.132 next maintenance for zone 'movie.edu' in 7200 sec

21-Feb 00:14:02.089 endxfer: child 390 zone movie.edu returned
                    status=1 termsig=-1
21-Feb 00:14:02.094 loadxfer() "movie.edu"
21-Feb 00:14:02.094 purge_zone(movie.edu,1)

21-Feb 00:14:30.049 db_load(db.movie, movie.edu, 2, Nil)
21-Feb 00:14:30.058 next maintenance for zone 'movie.edu' in 1846 sec

21-Feb 00:17:12.478 slave zone "movie.edu" (IN) loaded (serial 26739)
21-Feb 00:17:12.486 no schedule change for zone 'movie.edu'

21-Feb 00:42:44.817 Cleaned cache of 0 RRs

21-Feb 00:45:16.046 do_zone_maint for zone movie.edu (class IN)
21-Feb 00:45:16.054 zone_maint('movie.edu')
21-Feb 00:45:16.055 qserial_query(movie.edu)
21-Feb 00:45:16.063 sysquery: send -> [192.249.249.3].53 dfd=5
                    nsid=29791 id=0 retry=888050660
21-Feb 00:45:16.066 qserial_query(movie.edu) QUEUED
21-Feb 00:45:16.067 next maintenance for zone 'movie.edu' in 3445 sec
21-Feb 00:45:16.074 datagram from [192.249.249.3].53, fd 5, len 380
21-Feb 00:45:16.077 qserial_answer(movie.edu, 26739)
21-Feb 00:45:16.078 qserial_answer: zone serial is still OK
21-Feb 00:45:16.131 next maintenance for zone 'movie.edu' in 2002 sec
```

Im Gegensatz zu vorherigen Protokollen besitzt hier jede Zeile eine Zeitmarke. Die Zeitmarken machen deutlich, welche Debug-Meldungen zusammengehören.

Dieser Server ist ein Slave-Server einer einzigen Zone, nämlich *movie.edu*. Die Zeile mit der Zeit 00:13:18.026 zeigt, daß es an der Zeit war, die SOA-Seriennummer mit derjenigen des Master-Servers zu vergleichen. Der Server fragte nach dem SOA-Datensatz der Zone und verglich dessen Seriennummer mit der Seriennummer des entsprechenden lokalen SOA-Datensatzes, bevor er sich zu einem Zonentransfer entschied. In den Zeilen mit den Zeitmarken 00:13:18.059 bis 00:13:18.131 sehen Sie die Seriennummer der Zone (26739) und damit, daß die Zonendaten des Nameservers veraltet waren, so daß der Child-Prozeß mit der Prozeß-ID 390 gestartet wurde. Zum Zeitpunkt 00:13:18.132 wurde ein Countdown gestartet, der 7200 Sekunden später ablief. Dabei handelt es sich um den Zeitraum, den der Server für einen Zonentransfer zuläßt. Zum Zeitpunkt 00:14:02.089 sehen Sie das Ende des Child-Prozesses. Der Status von 1 bedeutet, daß

*319*

die Zonendaten erfolgreich übertragen wurden. Die alten Zonendaten wurden anschließend gelöscht (00:14:02.094), und die neuen Daten wurden geladen.

Die nächste Wartung (siehe 00:14:30.058) wurde für 1846 Sekunden später geplant. Für diese Zone beträgt das Refresh-Intervall 3600, aber der Nameserver hat beschlossen, die Zone bereits nach 1846 Sekunden zu prüfen. Warum? Der Nameserver versucht zu vermeiden, daß sich die Refresh-Zeiten synchronisieren. Statt genau 3600 Sekunden zu warten, verwendet der Nameserver eine Zufallszeit zwischen dem halben Refresh-Intervall (1800 Sekunden) und dem vollständigen (3600 Sekunden). Die Zone wurde um 00:45:16.046 erneut geprüft und war diesmal auf dem neuesten Stand.

Wenn Sie die Aktivitäten lange genug protokollieren, werden Sie mehrere Zeilen wie die zum Zeitpunkt 00:42:44.817 sehen – eine pro Stunde. Was geht da vor sich? Der Server durchsucht seinen Cache und löscht veraltete Daten, um die Speicherbenutzung zu verringern.

Der Master-Server dieser Zone führt BIND 4 aus. Wenn der Master-Server BIND 8 ausführen würde, würde der Slave-Server über Zonenänderungen informiert werden, so daß der lokale Slave-Server nicht auf das Ende des Refresh-Intervalls warten müßte. Die Protokollausgabe des Slaves sähe identisch aus, allerdings enthielte die NOTIFY-Nachricht des Master-Servers, daß sich die Zonendaten geändert haben:

```
rcvd NOTIFY(movie.edu, IN, SOA) from [192.249.249.3].1059
qserial_query(movie.edu)
sysquery: send -> [192.249.249.3].53 dfd=5
    nsid=29790 id=0 retry=888048802
```

## *Der Suchalgorithmus des Resolvers und negatives Caching*

In diesem Beispiel zeigen wir Ihnen die Suchalgorithmen von BIND 4.9 und BIND 8 sowie das »negative Caching«. Wir könnten wie im vorangegangenen Beispiel *galt.cs.purdue.edu* nachschauen, aber dann würden Sie nicht die Arbeit des Suchalgorithmus sehen. Statt dessen sehen wir *foo.bar* nach, ein Name, der nicht existiert. Genau genommen führen wir den Lookup zweimal durch:

```
1)   datagram from cujo.horror.movie.edu 1109, fd 6, len 25
2)   req: nlookup(foo.bar) id 19220 type=1 class=1
3)   req: found 'foo.bar' as '' (cname=0)
4)   forw: forw -> D.ROOT-SERVERS.NET 53 ds=7 nsid=2532 id=19220
                            0ms retry 4sec
5)
6)   datagram from D.ROOT-SERVERS.NET 53, fd 5, len 25
7)   ncache: dname foo.bar, type 1, class 1
8)   send_msg -> cujo.horror.movie.edu 1109 (UDP 6) id=19220
9)
10)  datagram from cujo.horror.movie.edu 1110, fd 6, len 42
11)  req: nlookup(foo.bar.horror.movie.edu) id 19221 type=1 class=1
```

```
12) req: found 'foo.bar.horror.movie.edu' as 'horror.movie.edu'
                                                        (cname=0)
13) forw: forw -> carrie.horror.movie.edu 53 ds=7 nsid=2533
                            id=19221 0ms retry 4sec

14) datagram from carrie.horror.movie.edu 53, fd 5, len 42
15) ncache: dname foo.bar.horror.movie.edu, type 1, class 1
16) send_msg -> cujo.horror.movie.edu 1110 (UDP 6) id=19221
```

Und noch einmal:

```
17) datagram from cujo.horror.movie.edu 1111, fd 6, len 25
18) req: nlookup(foo.bar) id 15541 type=1 class=1
19) req: found 'foo.bar' as 'foo.bar' (cname=0)
20) ns_req: answer -> cujo.horror.movie.edu 1111 fd=6 id=15541
                            size=25 Local
21)
22) datagram from cujo.horror.movie.edu 1112, fd 6, len 42
23) req: nlookup(foo.bar.horror.movie.edu) id 15542 type=1 class=1
24) req: found 'foo.bar.horror.movie.edu' as
                            'foo.bar.horror.movie.edu' (cname=0)
25) ns_req: answer -> cujo.horror.movie.edu 1112 fd=6 id=15542
                            size=42 Local
```

Lassen Sie uns den Suchalgorithmus des Resolvers betrachten. Der zuerst nachgesehene Name (Zeile 2) ist genau der von uns eingegebene. Da der Name wenigstens einen Punkt enthält, wird er ohne Veränderung nachgesehen. Wenn dieser Lookup fehlschlägt, hängt der Resolver *horror.movie.edu* an den Namen und versucht es erneut (Resolver vor BIND 4.9 hängen nacheinander *horror.movie.edu* und *movie.edu* an).

Zeile 8 zeigt die Zwischenspeicherung einer *negativen* Antwort (ncache). Wenn derselbe Name wieder nachgesehen wird, steht die negative Antwort noch im Cache des Nameservers, so daß er sofort antworten kann, daß der Name nicht existiert. (Wenn Sie diesen Wink mit dem Zaunpfahl nicht glauben, vergleichen Sie die Zeilen 3 und 19. In Zeile 3 wurde nichts für *foo.bar* gefunden, aber Zeile 19 zeigt, daß der gesamte Name gefunden wurde.)

## *Werkzeuge*

Lassen Sie uns einige offene Dinge klären. Wir haben Ihnen bereits etwas über ein Werkzeug erzählt, daß IP-Adressen in Namen umwandelt. Wenn Sie es benutzen, ist die Debug-Ausgabe leichter zu lesen. Hier ist so ein Programm, geschrieben in Perl:

```perl
#!/usr/bin/perl

use "Socket.pm";
while(< >) {
  if(/\b)([0-9]+\.[0-9]+\.[0-9]+\.[0-9]+)\b/) {
      $addr = pack('C4', split(/\./, $1));
      ($name, $rest) = gethostbyaddr($addr, &AF_INET);
```

```
            if($name) {s/$1/$name/; }
        print;
}
```

Übergeben Sie die *named.run*-Ausgabe lieber nicht über eine Pipe an das Skript, wenn das Debugging aktiviert ist, weil das Skript seine eigenen Abfragen an den Nameserver generiert.

Wenn Sie häufig mit dem Debugging von Nameservern beschäftigt sind, werden Sie Bedarf für ein Tool haben, mit dem Sie das Debugging ein- und ausschalten können. BIND 4.9 und spätere Distributionen enthalten ein solches Tool. Es hört auf den Namen *ndc*, und es kann das Debugging ein - und ausschalten sowie den Debug-Level erhöhen, wenn das Debugging bereits eingeschaltet ist. Der Befehl *ndc notrace* schaltet das Debugging aus.

*In diesem Kapitel:*
- *Ist NIS wirklich Ihr Problem?*
- *Werkzeuge und Techniken zur Fehlersuche*
- *Liste potentieller Probleme*
- *Probleme beim Versions-Update*
- *Zusammenarbeit und Versionsprobleme*
- *Symptome von Problemen*

# 13
# Fehlersuche bei DNS und BIND

»Das ist doch ganz klar,« meinte die Falsche Suppenschildkröte. »Also, wenn ein Fisch zu mir käme und müßte dringend verreisen, dann würde ich ihm immer raten: 'Da mußt du dich aber tümmeln.'«

»Meinst du nicht 'tummeln'?« fragte Alice.

»Ich meine das, was ich sage,« antwortete die Falsche Suppenschildkröte beleidigt. Und der Greif sagte schnell: »Erzähl du doch mal etwas von deinen Abenteuern.«

In den beiden vergangenen Kapiteln haben wir Ihnen gezeigt, wie *nslookup* zu verwenden ist und wie die Debugging-Informationen des Nameservers zu interpretieren sind. In diesem Kapitel wollen wir Ihnen zeigen, wie Sie diese Tools – zusammen mit traditionellen UNIX-Netzwerk-Tools wie dem guten alten *ping* – nutzen können, um im richtigen Leben auftretende Probleme mit DNS und BIND zu lösen.

Die Fehlersuche ist, das liegt einfach in der Natur der Sache, eine schwer zu vermittelnde Materie. Man beginnt mit einem der vielen möglichen Symptome und arbeitet sich dann vor bis zur Ursache. Wir können hier nicht die ganze Skala von Problemen betrachten, mit denen Sie im Internet möglicherweise konfrontiert werden, aber wir werden unser Bestes tun, um Ihnen zu zeigen, wie man die gängigsten dieser Fehler diagnostiziert. Und so ganz nebenbei hoffen wir, Ihnen Fehlersuchtechniken beizubringen, mit denen Sie die obskuren Probleme lösen können, die wir hier nicht behandeln können.

## Ist NIS wirklich Ihr Problem?

Bevor wir in die Diskussion einsteigen, wie man bei DNS oder BIND Fehler sucht, sollten wir sicherstellen, daß ein gegebener Fehler durch das DNS und nicht durch NIS verursacht wurde. Bei einem Host, auf dem NIS läuft, kann es schwierig sein, zu erkennen, ob DNS oder NIS für den Fehler verantwortlich ist. Das normale BSD-*nslookup* beispielsweise ignoriert das NIS völlig. Sie können *nslookup* auf einer Sun ausführen und den Nameserver abfragen, bis Sie schwarz werden, während alle anderen Dienste NIS verwenden.

Woher soll man also wissen, wo der Schuldige zu suchen ist? Einige Hersteller haben *nslookup* so modifiziert, daß es beim Name-Service NIS verwendet, sofern dieses konfiguriert ist. Beispielsweise meldet das *nslookup* von HP-UX beim Starten, daß es einen NIS-Server abfragt:

```
% nslookup
Default NIS Server:  terminator.movie.edu
Address:  192.249.249.3

>
```

Bei Hosts mit unveränderten *nslookup*-Versionen kann man häufig *ypmatch* verwenden, um zu bestimmen, ob mit DNS oder NIS gearbeitet werden soll. *ypmatch* gibt eine Leerzeile nach den Host-Informationen aus, wenn die Daten von einem Nameserver empfangen wurden. Im folgenden Beispiel stammt die Antwort also vom NIS:

```
% ypmatch ruby hosts
140.186.65.25    ruby ruby.ora.com
%
```

In diesem Beispiel kommt die Antwort von einem Nameserver:

```
% ypmatch harvard.harvard.edu hosts
128.103.1.1      harvard.harvard.edu

%
```

Beachten Sie, daß diese Vorgehensweise zwar im Augenblick noch funktioniert (mit SunOS 4.1.1), daß aber für zukünftige Versionen von SunOS die Funktionsfähigkeit nicht garantiert werden kann. Soweit wir wissen, handelt es sich hier um einen Bug, der in einer der nächsten Releases verschwinden könnte.

Eine todsicherere Möglichkeit, zu entscheiden, ob die Antwort vom NIS stammt, bietet *ypcat*. Damit können Sie sich die Host-Datenbank ausgeben lassen. Um also etwa herauszufinden, ob *andrew.cmu.edu* in Ihrer NIS-Host-Map vorliegt, können Sie folgendes eingeben:

```
% ypcat hosts | grep andrew.cmu.edu
```

Finden Sie die Antwort im NIS (und wissen Sie, daß das NIS als erstes befragt wird), dann haben Sie die Ursache des Problems.

Schließlich können Sie bei den UNIX-Versionen, die mit der Datei *nsswitch.conf* arbeiten, die Reihenfolge ermitteln, in der die verschiedenen Name-Services verwendet werden, indem Sie den Eintrag mit den *hosts*-Daten heraussuchen. Beispielsweise gibt der folgende Eintrag an, daß NIS als erstes verwendet wird

    hosts:    nis dns files

während der Resolver beim folgenden Eintrag zuerst auf das DNS zugreift:

    hosts:    dns nis files

Detailliertere Informationen zu Syntax und Semantik der *nsswitch.conf*-Datei finden Sie in Kapitel 6, *Hosts konfigurieren*

Mit diesen Tips sollten Sie den Schuldigen identifizieren oder zumindest als verdächtig vormerken können. Wenn Sie den Kreis der Verdächtigen weiter einengen und DNS immer noch auf der Liste steht, brauchen Sie nur dieses Kapitel zu lesen.

# *Werkzeuge und Techniken zur Fehlersuche*

In den vergangenen beiden Kapiteln haben wir *nslookup* und die Debugging-Ausgabe des Nameservers behandelt. Bevor wir weitermachen, wollen wir noch zwei neue Werkzeuge vorstellen, die bei der Fehlersuche hilfreich sein können: *named-xfer* und Dumps der Nameserver-Datenbank.

## *named-xfer*

*named-xfer* ist das von *named* bei Zonentransfers ausgeführte Programm. *named-xfer* prüft, ob die Zonendaten des Slave auf dem neuesten Stand sind, und überträgt, falls nötig, die neue Zone. (In den Versionen 4.9 und 8 prüft *named* zuerst, ob die Zone auf dem neuesten Stand ist, um den Start eines Child-Prozesses zu vermeiden, wenn kein Transfer notwendig ist.)

In Kapitel 12, *BIND-Debugging-Ausgaben verstehen*, haben wir Ihnen die Debugging-Ausgaben eines Slave-Nameservers vorgestellt, die während der Prüfung der Zone generiert werden. Zum Transfer der Zone hat der Slave-Server einen Child-Prozeß gestartet (*named-xfer*), um die Daten im lokalen Dateisystem abzulegen. Wir haben Ihnen aber nicht verraten, daß Sie *named-xfer* auch manuell starten können, statt darauf zu warten, daß es von *named* gestartet wird. Wir haben Ihnen auch nicht gesagt, daß Sie das Programm anweisen können, Debugging-Informationen unabhängig von *named* zu erzeugen.

Diese Möglichkeit ist nützlich, wenn Sie ein Problem mit Zonentransfers untersuchen und nicht auf *named* warten wollen. Um einen Zonentransfer manuell zu prüfen, müssen Sie eine Reihe von Kommandozeilenoptionen spezifizieren:

    % /etc/named-xfer
    Usage: xfer

```
-z zone_to_transfer
-f db_file
-s serial_no
[-d debug_level]
[-l debug_log_file]
[-t trace_file]
[-p port]
[-S]
[-C class]
servers...
```

Wenn *named named-xfer* startet, spezifiziert es die Option *-z* (die Zone, die *named* geprüft wissen möchte), die Option *-f* (der Name der db-Datei, der dieser Zone laut *named.boot* entspricht), die Option *-s* (die, laut aktuellem SOA-Record, augenblickliche Seriennummer der Zone auf dem Slave) und die Adressen der Server, von denen der sekundäre Nameserver laden soll (die IP-Adressen der *masters*-Unteranweisung der *zone*-Anweisung in der Datei *named.conf* oder von der *secondary*-Direktive in *named.boot*). Wird *named* im Debug-Modus ausgeführt, übergibt es *named-xfer* auch den Debug-Level mit der Option *-d*.

Führen Sie *named-xfer* manuell aus, können Sie den Debug-Level in der Kommandozeile ebenfalls über *-d* angeben. (Vergessen Sie dabei aber nicht, daß Debug-Level oberhalb von 3 Unmengen an Debug-Ausgaben erzeugen, wenn der Transfer erfolgreich ist!) Sie können für die Debug-Datei auch einen anderen Dateinamen festlegen, indem Sie die Option *-l* verwenden. Der Standardname der Logdatei lautet */usr/tmp/xfer.ddt.XXXXXX*, wobei *XXXXXX* eine Dateierweiterung ist, die die Eindeutigkeit der Datei sicherstellt. Die Datei kann auch in */var/tmp* liegen. Sie können auch den Namen des Hosts angeben, von dem der geladen werden soll, statt die IP-Adresse zu verwenden.

Zum Beispiel können Sie prüfen, ob die Zonentransfers von *terminator* funktionieren, indem Sie die folgende Kommandozeile verwenden:

```
% /etc/named-xfer -z movie.edu -f /tmp/db.movie -s 0 terminator
% echo $?
1
```

Bei diesem Befehl haben wir die Seriennummer mit null angegeben, weil wir *named-xfer* zwingen wollten, einen Zonentransfer auszuführen, auch wenn dieser nicht nötig gewesen wäre. Null ist eine besondere Seriennummer – *named-xfer* überträgt die Zone unabhängig von der tatsächlichen Seriennummer. Wir haben *named-xfer* auch angewiesen, die neue Zonendatei in */tmp* abzulegen, statt die aktuelle Datendatei der Zone zu überschreiben.

Wir erfahren, ob der Transfer erfolgreich war, indem wir uns den Rückgabewert von *named-xfer* ansehen, der vier mögliche Werte annehmen kann:

0   Die Zonendaten sind auf dem neuesten Stand, und es war kein Transfer erforderlich.

1   Zeigt einen erfolgreichen Transfer an.

2 Der oder die von *named-xfer* abgefragte(n) Host(s) konnte(n) nicht erreicht werden, oder es ist ein Fehler aufgetreten, und *named-xfer* hat eine entsprechende Fehlermeldung im Log gespeichert.

3 Ein Fehler ist aufgetreten, und *named-xfer* hat eine entsprechende Fehlermeldung in die LogDatei geschrieben.

## *Den Datenbank-Dump interpretieren*

Sich in den Dump der internen Datenbank des Nameservers zu vertiefen (einschließlich der im Cache liegenden Informationen) kann bei der Lösung von Problemen ebenfalls hilfreich sein. Das INT-Signal zwingt *named*, die autoritativen Daten, die im Cache liegenden Daten und die Hint-Daten in der Datei *named_dump.db* im aktuellen Verzeichnis von BIND 8 bzw. bei BIND 4 im Verzeichnis */usr/tmp* (oder */var/tmp*) abzulegen. Ein Beispiel für eine solche *named_dump.db*-Datei folgt. Die autoritativen Daten erscheinen zusammen mit den Cache-Einträgen zu Beginn der Datei. Am Ende der Datei stehen dann die Hint-Daten.

```
; Dumped at Tue Jan  6 10:49:08 1998
;; ++zone table++
; 0.0.127.in-addr.arpa (type 1, class 1, source db.127.0.0)
;    time=0, lastupdate=0, serial=1,
;    refresh=0, retry=3600, expire=608400, minimum=86400
;    ftime=884015430, xaddr=[0.0.0.0], state=0041, pid=0
;; --zone table--
; Note: Cr=(auth,answer,addtnl,cache) tag only shown for non-auth RR's
; Note: NT=milliseconds for any A RR which we've used as a nameserver
; --- Cache & Data ---
$ORIGIN .
.        518375  IN     NS    G.ROOT-SERVERS.NET.    ;Cr=auth [128.8.10.90]
         518375  IN     NS    J.ROOT-SERVERS.NET.    ;Cr=auth [128.8.10.90]
         518375  IN     NS    K.ROOT-SERVERS.NET.    ;Cr=auth [128.8.10.90]
         518375  IN     NS    L.ROOT-SERVERS.NET.    ;Cr=auth [128.8.10.90]
         518375  IN     NS    M.ROOT-SERVERS.NET.    ;Cr=auth [128.8.10.90]
         518375  IN     NS    A.ROOT-SERVERS.NET.    ;Cr=auth [128.8.10.90]
         518375  IN     NS    H.ROOT-SERVERS.NET.    ;Cr=auth [128.8.10.90]
         518375  IN     NS    B.ROOT-SERVERS.NET.    ;Cr=auth [128.8.10.90]
         518375  IN     NS    C.ROOT-SERVERS.NET.    ;Cr=auth [128.8.10.90]
         518375  IN     NS    D.ROOT-SERVERS.NET.    ;Cr=auth [128.8.10.90]
         518375  IN     NS    E.ROOT-SERVERS.NET.    ;Cr=auth [128.8.10.90]
         518375  IN     NS    I.ROOT-SERVERS.NET.    ;Cr=auth [128.8.10.90]
         518375  IN     NS    F.ROOT-SERVERS.NET.    ;Cr=auth [128.8.10.90]
EDU      86393   IN     SOA   A.ROOT-SERVERS.NET. hostmaster.INTERNIC.NET. (
                 1998010500 1800 900 604800 86400 )  ;Cr=addtnl [128.63.2.53]
$ORIGIN  0.127.in-addr.arpa.
0        IN     SOA   cujo.movie.edu. root.cujo.movie.edu. (
                 1998010600 10800 3600 608400 86400 )        ;Cl=5
         IN     NS    cujo.movie.edu.    ;Cl=5
$ORIGIN  0.0.127.in-addr.arpa.
1        IN     PTR   localhost.    ;Cl=5
$ORIGIN  EDU.
PURDUE   172787  IN  NS  NS.PURDUE.EDU.          ;Cr=addtnl [192.36.148.17]
```

# Kapitel 13: Fehlersuche bei DNS und BIND

```
                172787  IN  NS  MOE.RICE.EDU.             ;Cr=addtnl [192.36.148.17]
                172787  IN  NS  PENDRAGON.CS.PURDUE.EDU.  ;Cr=addtnl [192.36.148.17]
                172787  IN  NS  HARBOR.ECN.PURDUE.EDU.    ;Cr=addtnl [192.36.148.17]
$ORIGIN  movie.EDU.
;cujo           593     IN  SOA A.ROOT-SERVERS.NET. hostmaster.INTERNIC. NET. (
;               1998010500 1800 900 604800 86400 );EDU.; NXDOMAIN  ;-$
   ;Cr=auth [128.63.2.53]
$ORIGIN   RICE.EDU.
MOE             172787  IN  A   128.42.5.4         ;NT=84 Cr=addtnl [192.36.148.17]
$ORIGIN   PURDUE.EDU.
CS              86387   IN  NS  pendragon.cs.PURDUE.edu.  ;Cr=addtnl [128.42.5.4]
                86387   IN  NS  ns.PURDUE.edu.            ;Cr=addtnl [128.42.5.4]
                86387   IN  NS  harbor.ecn.PURDUE.edu.    ;Cr=addtnl [128.42.5.4]
                86387   IN  NS  moe.rice.edu.             ;Cr=addtnl [128.42.5.4]
NS              172787  IN  A   128.210.11.5       ;NT=4 Cr=addtnl [192.36.148.17]
$ORIGIN    ECN.PURDUE.EDU.
HARBOR          172787  IN  A   128.46.199.76      ;NT=6 Cr=addtnl [192.36.148.17]
$ORIGIN    CS.PURDUE.EDU.
galt            86387   IN  A   128.10.2.39              ;Cr=auth [128.42.5.4]
PENDRAGON       172787  IN  A   128.10.2.5         ;NT=20 Cr=addtnl [192.36.148.17]
$ORIGIN    ROOT-SERVERS.NET.
K               604775  IN  A   193.0.14.129       ;NT=10 Cr=answer [128.8.10.90]
A               604775  IN  A   198.41.0.4         ;NT=20 Cr=answer [128.8.10.90]
L               604775  IN  A   198.32.64.12       ;NT=8 Cr=answer [128.8.10.90]
B               604775  IN  A   128.9.0.107        ;NT=9 Cr=answer [128.8.10.90]
M               604775  IN  A   202.12.27.33       ;NT=20 Cr=answer [128.8.10.90]
C               604775  IN  A   192.33.4.12        ;NT=17 Cr=answer [128.8.10.90]
D               604775  IN  A   128.8.10.90        ;NT=11 Cr=answer [128.8.10.90]
E               604775  IN  A   192.203.230.10     ;NT=9 Cr=answer [128.8.10.90]
F               604775  IN  A   192.5.5.241        ;NT=73 Cr=answer [128.8.10.90]
G               604775  IN  A   192.112.36.4       ;NT=14 Cr=answer [128.8.10.90]
H               604775  IN  A   128.63.2.53        ;NT=160 Cr=answer [128.8.10.90]
I               604775  IN  A   192.36.148.17      ;NT=102 Cr=answer [128.8.10.90]
J               604775  IN  A   198.41.0.10        ;NT=21 Cr=answer [128.8.10.90]
; --- Hints ---
$ORIGIN  .
.               3600    IN  NS  A.ROOT-SERVERS.NET.      ;Cl=0
                3600    IN  NS  B.ROOT-SERVERS.NET.      ;Cl=0
                3600    IN  NS  C.ROOT-SERVERS.NET.      ;Cl=0
                3600    IN  NS  D.ROOT-SERVERS.NET.      ;Cl=0
                3600    IN  NS  E.ROOT-SERVERS.NET.      ;Cl=0
                3600    IN  NS  F.ROOT-SERVERS.NET.      ;Cl=0
                3600    IN  NS  G.ROOT-SERVERS.NET.      ;Cl=0
                3600    IN  NS  H.ROOT-SERVERS.NET.      ;Cl=0
                3600    IN  NS  I.ROOT-SERVERS.NET.      ;Cl=0
                3600    IN  NS  J.ROOT-SERVERS.NET.      ;Cl=0
                3600    IN  NS  K.ROOT-SERVERS.NET.      ;Cl=0
                3600    IN  NS  L.ROOT-SERVERS.NET.      ;Cl=0
                3600    IN  NS  M.ROOT-SERVERS.NET.      ;Cl=0
$ORIGIN    ROOT-SERVERS.NET.
K               3600    IN  A   193.0.14.129       ;NT=11 Cl=0
L               3600    IN  A   198.32.64.12       ;NT=9 Cl=0
A               3600    IN  A   198.41.0.4         ;NT=10 Cl=0
M               3600    IN  A   202.12.27.33       ;NT=11 Cl=0
```

```
B  3600  IN  A  128.9.0.107     ;NT=1288 Cl=0
C  3600  IN  A  192.33.4.12     ;NT=21 Cl=0
D  3600  IN  A  128.8.10.90     ;NT=1288 Cl=0
E  3600  IN  A  192.203.230.10  ;NT=19 Cl=0
F  3600  IN  A  192.5.5.241     ;NT=23 Cl=0
G  3600  IN  A  192.112.36.4    ;NT=18 Cl=0
H  3600  IN  A  128.63.2.53     ;NT=11 Cl=0
I  3600  IN  A  192.36.148.17   ;NT=21 Cl=0
J  3600  IN  A  198.41.0.10     ;NT=13 Cl=0
```

Der Nameserver, der diese *named_dump.db*-Datei erzeugt hat, besitzt nur die Autorität über *0.0.127.in-addr.arpa*. Nur zwei Nameserver wurden von diesem Server angesprochen: *galt.cs.purdue.edu* und *cujo.movie.edu*. Beim Lookup von *galt* hat dieser Server nicht nur die Adresse von *galt* in seinem Cache abgelegt, sondern auch die Liste der Nameserver von *purdue.edu* sowie alle Adressen dieser Server. Der Name *cujo.movie.edu* existiert allerdings in Wirklichkeit nicht (ebensowenig wie die Domain *movie.edu,*), sondern wird nur in unseren Beispielen verwendet. Der Server hat daher eine negative Antwort in seinem Cache abgelegt. Im Dump ist die negative Antwort auskommentiert (die Zeile beginnt mit einem Semikolon), und anstelle realer Daten ist der Grund (NXDOMAIN) aufgeführt. Sie werden bemerken, daß die TTL ziemlich klein ist (593). Negative Antworten werden nur für zehn Minuten (600 Sekunden) zwischengespeichert.

Der Hints-Abschnitt am Ende der Datei enthält die Daten aus der Datei *db.cache*. Die TTL der Hint-Daten ist dekrementiert worden und kann sogar auf null gehen, aber die Hints werden niemals entfernt.

Beachten Sie, daß einigen Resource Records ein Semikolon und NT= folgt. Sie werden dies nur bei *Adreß*-Records von *Nameservern* sehen. Die Zahl ist die berechnete RTT, die vom Nameserver festgehalten wird, um zu wissen, welcher Nameserver in der Vergangenheit am schnellsten geantwortet hat. Der Nameserver mit der kleinsten RTT wird bei der nächsten Abfrage als erster verwendet.

Die Cache-Daten sind einfach zu erkennen – solche Einträge besitzen ein sogenanntes »Glaubwürdigkeits-Tag« (*credibility*-Tag, Cr=) und die IP-Adresse des Servers, von dem die Daten stammen. Die Zonen- und Hint-Daten sind mit Cl= markiert, wobei der Wert einfach den Level des Domain-Baums widerspiegelt. (*root* ist Level 0, *foo* ist Level 1, *foo.foo* ist Level 2 usw.) Lassen Sie uns kurz abschweifen, um das Konzept der »Glaubwürdigkeit« zu erläutern.

Einer der Fortschritte, die im Übergang von der Version 4.8.3 zur Version 4.9 gemacht wurden, ist die Einführung eines »Glaubwürdigkeits-Maßes«. Auf diese Weise ist es dem Nameserver möglich, intelligentere Entscheidungen zu treffen, wenn es darum geht, was mit den von einem entfernten Server gelieferten neuen Daten geschehen soll.

Ein 4.8.3-Nameserver kennt nur zwei Arten der Glaubwürdigkeit: lokale, autoritative Daten und alles andere. Die lokal vorliegenden autoritativen Daten stammen aus Ihren Zonendateien. Ihr Nameserver ist zwar klug genug, seine interne Kopie dieser Daten nicht zu aktualisieren, aber alle Daten von entfernten Nameservern werden als gleichwertig betrachtet.

Hier eine Situation, die auftreten könnte, sowie die Art und Weise, wie ein 4.8.3-Server mit ihr umgehen würde. Stellen Sie sich vor, Ihr Nameserver hätte die Adresse von *terminator.movie.edu* nachgesehen und eine autoritative Antwort vom *movie.edu*-Nameserver erhalten. (Erinnern Sie sich daran, daß eine autoritative Antwort das Beste ist, was Sie kriegen können.) Irgendwann später, beim Lookup von *foo.ora.com*, empfängt Ihr Server einen weiteren Adreß-Record für *terminator.movie.edu*, aber diesmal als Teil einer Delegierungsinformation für *ora.com* (für die *terminator.movie.edu* das Backup übernimmt). Der 4.8.3-Nameserver würde den im Cache liegenden Adreß-Record für *terminator.movie.edu* aktualisieren, selbst wenn die Daten von einem *com*-Nameserver anstelle des autoritativen *movie.edu*-Nameservers stammten. Natürlich haben die *com*- und *movie.edu*-Nameserver exakt die gleichen Daten für *terminator*, also gibt es hier ja wohl kein Problem, oder? Und die Erde ist ja sowieso eine Scheibe.

Ein 4.9 oder BIND 8-Nameserver ist etwas intelligenter. Genau wie ein 4.8.3-Nameserver betrachtet er die Daten Ihrer Zone immer noch als über jeden Zweifel erhaben. Aber ein 4.9-Nameserver unterscheidet zwischen den verschiedenen Daten von entfernten Nameservern. Hier eine Hierarchie der Glaubwürdigkeit entfernter Daten, wobei die glaubwürdigsten Daten zum Schluß kommen:

*auth*
    Diese Records sind Daten autoritativer Antworten – der Antwort-Abschnitt eines Antwortpaketes, bei dem das »autoritative Antwort«-Bit aktiv ist.

*answer*
    Diese Records sind Daten nicht autorisierter oder aus dem Cache gelieferter Antworten – der Antwort-Abschnitt eines Antwortpaketes, bei dem das »autoritative Antwort«-Bit nicht gesetzt ist.

*addtnl*
    Diese Records sind Daten vom Rest des Antwortpaketes – den *Autoritäts-* und *Zusätzliches*-Abschnitten. Der *Autoritäts*-Abschnitt einer Antwort enthält die NS-Records, die eine Domain an einen autoritativen Nameserver delegieren. Der *Zusätzliches*-Abschnitt enthält Adreß-Records, die die Informationen anderer Abschnitte vervollständigen (z.b. Adreß-Records, die zu den NS-Records des Autoritäts-Abschnitts gehören).

Es gibt eine Ausnahme von dieser Regel: Wenn der Nameserver seinen Root-Nameserver-Cache vorbereitet, werden die Records mit der Glaubwürdigkeit *addtnl* auf die Glaubwürdigkeit *answer* hochgesetzt, um eine versehentliche Änderung zu erschweren. Beachten Sie, daß im Dump die Adreß-Records der Root-Nameserver die Glaubwürdigkeit *answer*, die Adreß-Records für die *purdue.edu*-Nameserver hingegen die Glaubwürdigkeit *addtnl* besitzen.

In der gerade beschriebenen Situation würde ein 4.9- oder 8-Nameserver die autoritativen Daten (Glaubwürdigkeit = *auth*) für *terminator.movie.edu* nicht durch die Delegierungsdaten (Glaubwürdigkeit = *addtnl*) ersetzen, weil die autoritative Antwort eine höhere Glaubwürdigkeit besitzt.

## *Abfragen protokollieren*

Die BIND-Version 4.9 führte eine neue Funktion ein, das sogenannte Abfrage-Logging, das Sie bei der Diagnose verschiedener Probleme unterstützt. Ist das Abfrage-Logging aktiviert, schreibt ein laufender Nameserver jede Abfrage nach *syslog*. Auf diese Weise können Sie Resolver-Konfigurationsfehler aufspüren, weil Sie prüfen können, ob der Name, den Sie nachsehen wollen, auch wirklich nachgesehen wird.

Zuerst müssen Sie sicherstellen, daß LOG_INFO-Meldungen für *daemon* von *syslog* auch gespeichert werden. Als nächstes müssen Sie das Abfrage-Logging aktivieren. Dies kann auf eine von drei Arten geschehen: Tragen Sie bei BIND 4.9 *options query-log* in die Boot-Datei Ihres Nameservers ein; starten Sie Ihren BIND 4.9- oder BIND 8-Nameserver von der Kommandozeile aus mit *-q*, oder senden Sie ein WINCH-Signal an einen laufenden Nameserver. Von diesem Augenblick an werden Sie *syslog*-Meldungen der folgenden Form sehen:

```
Feb 20 21:43:25 terminator named[3830]:
                XX /192.253.253.2/carrie.movie.edu/A
Feb 20 21:43:32 terminator named[3830]:
                XX /192.253.253.2/4.253.253.192.in-addr.arpa/PTR
```

Diese Meldungen enthalten die IP-Adresse des Hosts, der die Abfrage geschickt hat, sowie die Abfrage selbst. Inverse Abfragen haben ein Minuszeichen vor dem Abfragetyp (z.b. würde eine inverse Abfrage nach einem Adreß-Record mit »-A« geloggt werden statt mit »A«). Nachdem genug Abfragen in Ihre Logdatei aufgenommen worden sind, können Sie das Abfrage-Logging deaktivieren, indem Sie ein WINCH-Signal an Ihren Nameserver senden.

# *Liste potentieller Probleme*

Nachdem wir nun eine Reihe netter Werkzeuge vorgestellt haben, wollen wir darüber reden, wie man sie einsetzen kann, um reale Probleme zu lösen. Hier einige Probleme, die einfach zu erkennen und zu beheben sind. Wir haben es hier mit einer Art Pflichtprogramm zu tun, denn es handelt sich um einige der gängigsten Probleme, weil sie von den gängigsten Fehlern verursacht werden. Hier sind, in keiner besonderen Reihenfolge, unsere Bewerber. Wir nennen Sie »unsere unglückliche Dreizehn«.

## *1. Inkrementierung der Seriennummer vergessen*

Das Hauptsymptom dieses Problems ist, daß die Slave-Nameserver keinerlei Änderungen übernehmen, die Sie in den Zonendateien des primären Nameservers vorgenommen haben. Die Slaves glauben, daß die Zonendaten nicht geändert wurden, weil die Seriennummer ja immer noch unverändert ist.

Wie können Sie prüfen, ob Sie die Seriennummer erhöht haben oder nicht? Leider ist das nicht so einfach. Wenn Sie sich nicht mehr an die alte Seriennummer erinnern und Ihre Seriennummer Ihnen keinen Hinweis darauf gibt, wann sie aktualisiert wurde, gibt es keine direkte Möglichkeit, herauszufinden, ob sie geändert wurde oder nicht[1]. Wenn Sie dem Primary ein Signal senden, aktualisiert er die Zonendatei, gleichgültig, ob sich die Seriennummer geändert hat oder nicht. Er prüft die Zeit, zu der die Datei das letzte Mal geändert wurde, erkennt, daß sie seit dem letzten Laden der Daten modifiziert wurde, und liest sie ein.

Die wohl beste Lösung besteht darin, mit *nslookup* die Daten zu vergleichen, die der primäre und der sekundäre Server zurückliefern. Liefern beide unterschiedliche Daten zurück, haben Sie wahrscheinlich vergessen, die Seriennummer zu erhöhen. Wenn Sie sich an eine erst kürzlich vorgenommene Änderung erinnern, können Sie nach diesen Daten sehen. Ist dies nicht der Fall, können Sie die Zone von einem Primary und einem Secondary übertragen, die Ergebnisse sortieren und mit *diff* vergleichen.

Die guten Nachrichten sind, daß es zwar schwierig ist, festzustellen, ob eine Zone transferiert wurde, aber dafür ist es einfach, sicherzustellen, daß eine Zone transferiert wird. Erhöhen Sie einfach die Seriennummer in der db-Datei des Primarys, und signalisieren Sie ein erneutes Laden der Daten. Die Slave-Server sollten sich die neuen Daten dann innerhalb des Refresh-Intervalls herunterladen (oder früher, wenn Sie NOTIFY verwenden). Wenn Sie sicherstellen wollen, daß die Slaves die neuen Daten transferieren können, führen Sie *named-xfer* von Hand aus (natürlich auf den Slaves):

```
# /etc/named-xfer -z movie.edu -f db.movie -s 0 terminator
# echo $?
```

Liefert *named-xfer* eine 1 zurück, wurde die Zone erfolgreich transferiert. Andere Werte weisen darauf hin, daß die Zone nicht übertragen wurde. Der Grund kann ein Fehler sein oder daran liegen, daß der Slave dachte, daß die Zone auf dem neuesten Stand sei. (Einzelheiten finden Sie im Abschnitt »*named-xfer*« weiter vorne in diesem Kapitel.)

Es gibt noch eine Variation dieses »Inkrementierung der Seriennummer«-Problems. Diese Variante sehen wir in Umgebungen, in denen die Administratoren mit Tools wie *h2n* arbeiten, um die db-Dateien aus der Host-Tabelle zu erzeugen. Mit Skripten wie *h2n* ist die Versuchung sehr groß, alte db-Dateien einfach zu löschen und ganz neue generieren zu lassen. Manche Administratoren machen dies gelegentlich, weil sie fälschlicherweise glauben, daß die alten db-Dateien sich irgendwie in die neuen einschleichen könnten. Das Problem beim Löschen alter db-Dateien besteht aber darin, daß *h2n* wieder mit der Seriennummer 1 beginnt, wenn die vorhergegangene Nummer nicht aus der alten Datei gelesen werden kann. Wird ihre Seriennummer von 598 (oder was auch immer Sie da gerade haben) auf 1 zurückgesetzt, beschweren sich die Slaves (Versionen 4.8.3 und früher) nicht, sie stellen nur fest, daß sie auf dem neuesten Stand sind und keine Zonen-

---

1  Wenn Sie das Datum in Ihrer Seriennummer verwenden, wie es viele Menschen tun (zum Beispiel ist 1998010500 die erste Version der Zonendaten am 5. Januar 1998), können Sie möglicherweise auf den ersten Blick sagen, ob Sie beim Ändern der Zonendaten die Seriennummer aktualisiert haben.

transfers durchführen müssen. Ein 4.9- oder neuerer Slave ist immer aufmerksam und gibt eine *syslog*-Fehlermeldung aus, in der er Sie warnt, daß irgend etwas möglicherweise schiefgegangen ist:

```
Jun  7 20:14:26 wormhole named[29618]: Zone "movie.edu"
                (class 1) SOA serial# (1) rcvd from [192.249.249.3]
                is < ours (112)
```

Wenn die Seriennummer auf dem Primary also seltsam niedrig erscheint, prüfen Sie auch die Seriennummern auf den Slaves, und vergleichen Sie:

```
% nslookup
Default Server:  terminator.movie.edu
Address:  192.249.249.3

> set q=soa
> movie.edu.
Server:  terminator.movie.edu
Address:  192.249.249.3

movie.edu
        origin = terminator.movie.edu
        mail addr = al.robocop.movie.edu
        serial = 1
        refresh = 10800 (3 hours)
        retry   = 3600 (1 hour)
        expire  = 604800 (7 days)
        minimum ttl = 86400 (1 day)
> server wormhole.movie.edu.
Default Server:  wormhole.movie.edu
Addresses:  192.249.249.1, 192.253.253.1

> movie.edu.
Server:  wormhole.movie.edu
Addresses:  192.249.249.1, 192.253.253.1

movie.edu
        origin = terminator.movie.edu
        mail addr = al.robocop.movie.edu
        serial = 112
        refresh = 10800 (3 hours)
        retry   = 3600 (1 hour)
        expire  = 604800 (7 days)
        minimum ttl = 86400 (1 day)
```

*wormhole*, als *movie.edu*-Slave, sollte niemals eine größere Seriennummer besitzen als der Primary Master. Etwas ist also schiefgegangen.

Dieses Problem ist übrigens mit dem Werkzeug, das wir in Kapitel 14, *Mit den Resolver- und Nameserver-Bibliotheksroutinen programmieren*, vorstellen, sehr einfach zu erkennen.

## 2. Signal an den Primary vergessen

Gelegentlich könnten Sie vergessen, Ihrem primären Master-Nameserver ein Signal zu senden, nachdem eine Änderung an der Conf- oder db-Datei durchgeführt worden ist. Der Nameserver würde nicht wissen, daß er neue Daten laden muß – er prüft und erkennt nicht automatisch, daß sich eine Datei geändert hat. Folglich würden sich alle durchgeführten Änderungen auch nicht in den Daten des Nameservers widerspiegeln: Neue Zonen würden nicht geladen, und neue Records würden nicht an die Slave-Server weitergegeben werden.

Um zu prüfen, wann dem Nameserver zuletzt signalisiert wurde, Daten erneut zu laden, müssen Sie die *syslog*-Ausgabe nach dem letzten Eintrag der Form

```
Mar  8 17:22:08 terminator named[22317]: reloading nameserver
```

absuchen. Zu diesem Zeitpunkt haben Sie dem Nameserver zuletzt ein HUP-Signal geschickt. Haben Sie den Nameserver mit *kill* beendet und dann erneut gestartet, werden Sie einen Eintrag wie den folgenden finden:

```
Mar  8 17:22:08 terminator named[22317]: restarted
```

Bei einem 4.9-Nameserver:

```
Mar  8 17:22:08 terminator named[22317]: starting
```

Stimmt die Zeitangabe des erneuten Starts nicht mit dem Zeitpunkt der letzten Änderung überein, sollten Sie dem Nameserver erneut ein Signal senden. Und prüfen Sie dabei auch, ob die Seriennummern der geänderten db-Dateien auch inkrementiert wurden.

## 3. Slave-Server kann Zonendaten nicht laden

Kann ein Slave-Nameserver die aktuelle Seriennummer einer Zone nicht von seinem Master-Nameserver erhalten, schreibt er eine Meldung wie die folgende in die *syslog*:

```
Jan  6 11:55:25 wormhole named[544]: Err/TO getting serial# for "movie.edu"
```

Bei einem BIND 4-Nameserver sieht das so aus:

```
Mar  3 8:19:34 wormhole named[22261]: zoneref: Masters for secondary
    zone movie.edu unreachable
```

Wenn Sie sich nicht um dieses Problem kümmern, läuft das Expire-Intervall des Slave irgendwann aus, und die Daten werden verworfen:

```
Mar  8 17:12:43 wormhole named[22261]: secondary zone
    "movie.edu" expired
```

Sobald die Zone verworfen worden ist, werden Sie SERVFAIL-Fehler erhalten, wenn Sie den Nameserver nach Daten der Zone abfragen:

```
% nslookup robocop wormhole.movie.edu.
Server:  wormhole.movie.edu
Addresses:  192.249.249.1, 192.253.253.1

*** wormhole.movie.edu can't find robocop.movie.edu: Server failed
```

Für dieses Problem gibt es drei Hauptgründe: Ein Verbindungsausfall zum Master-Server aufgrund eines Netzwerkfehlers, eine falsche IP-Adresse des Master-Servers in der Conf-Datei und ein Syntaxfehler in der Zonendatei auf dem Master-Server. Prüfen Sie zuerst den Zoneneintrag in der Conf-Datei, und schauen Sie, von welcher IP-Adresse der Slave-Server versucht, die Zone zu laden:

```
zone "movie.edu" {
   type slave;
   file "db.movie";
   masters { 192.249.249.3; };
};
```

Bei einem BIND 4-Server sähe die Direktive wie folgt aus:

```
secondary      movie.edu      192.249.249.3      db.movie
```

Stellen Sie sicher, daß es sich wirklich um die IP-Adresse des Master-Nameservers handelt. Wenn dem so ist, überprüfen Sie die Verbindung zu dieser IP-Adresse:

```
% ping 192.249.249.3 -n 10
PING 192.249.249.3: 64 byte packets

----192.249.249.3 PING Statistics----
10 packets transmitted, 0 packets received, 100% packet loss
```

Ist der Master-Server nicht erreichbar, müssen Sie sicherstellen, daß der Server-Host wirklich läuft (zum Beipiel, daß er eingeschaltet ist), oder nach einem Netzwerkproblem Ausschau halten. Ist der Server erreichbar, müssen Sie sicherstellen, daß *named* auf dem Host läuft und daß Sie die Zone manuell transferieren können:

```
# named-xfer -z movie.edu -f /tmp/db.movie -s 0 192.249.249.3
# echo $?
2
```

Der Rückgabewert 2 bedeutet, daß ein Fehler aufgetreten ist. Überprüfen Sie, ob es eine entsprechende *syslog*-Meldung gibt. In unserem Beispiel gab es eine Meldung:

```
Jan  6 14:56:07 zardoz named-xfer[695]: record too short from [192.249.249.3], zone
movie.edu
```

Auf den ersten Blick scheint dieser Fehler zu bedeuten, daß ein Resource Record abgeschnitten wurde. Das wirkliche Problem ist einfacher zu erkennen, wenn Sie *nslookup* verwenden:

```
% nslookup - terminator.movie.edu
Default Server:  terminator.movie.edu
Address:  192.249.249.3
```

```
> ls movie.edu                              -- Versucht einen Zonentransfer.
[terminator.movie.edu]
*** Can't list domain movie.edu: Query refused
```

Hier weigert sich *named*, den Transfer seiner Zonendaten zu erlauben. Der entfernte Server hat seine Zonendaten mit der Unteranweisung *allow-transfer*, dem Resource Record *secure_zone* oder mit der Boot-Dateidirektive *xfrnets* gesichert.

Wenn der Master-Server antwortet und nicht die Autorität über die fragliche Zone besitzt, werden Sie eine Meldung wie die folgende sehen:

```
Jan  6 11:58:36 zardoz named[544]: Err/TO getting serial# for "movie.edu"
Jan  6 11:58:36 zardoz named-xfer[793]: [192.249.249.3] not authoritative for
movie.edu, SOA query got rcode 0, aa 0, ancount 0, aucount 0
```

Wenn es sich dabei wirklich um den Master-Server handelt, sollte er die Autorität über die Zone besitzen. Der Fehler bedeutet wahrscheinlich, daß der Server ein Problem beim Laden der Zone hatte, üblicherweise wegen eines Syntaxfehlers in der Zonendatei. Benachrichtigen Sie den Administrator des Master-Servers, und lassen Sie ihn seine *syslog*-Ausgabe nach Hinweisen auf Syntaxfehlern prüfen (siehe auch Problem 5, weiter hinten in diesem Kapitel).

## 4. Namen der Datenbankdatei hinzugefügt, aber den entsprechenden PTR-Record vergessen

Weil beim DNS die Abbildung von Host-Namen auf IP-Adressen und die von IP-Adressen auf Namen voneinander getrennt sind, kann es leicht vorkommen, daß man den PTR-Record für einen neuen Host vergißt. Das Hinzufügen der A-Records ist intuitiv, aber viele Leute, die Host-Tabellen benutzt haben, gehen davon aus, daß beim Hinzufügen der Adreß-Records auch auf das Reverse Mapping geachtet wird. Dem ist allerdings nicht so – Sie müssen einen PTR-Record für den Host der entsprechenden *in-addr.arpa*-Domain hinzufügen.

Den PTR-Record zu vergessen führt üblicherweise dazu, daß dieser Host die Authentifizierungsprüfung nicht besteht. Zum Beispiel wären die Benutzer dieses Hosts nicht in der Lage, mit *rlogin* auf einen anderen Host zuzugreifen, ohne ein Paßwort einzugeben, und *rsh* oder *rcp* würden einfach nicht funktionieren. Die Server-Dienste, mit denen diese Befehle kommunizieren, müssen in der Lage sein, die IP-Adresse der Verbindung auf einen Domain-Namen abzubilden, um diesen mit *.rhosts* und *hosts.equiv* vergleichen zu können. Solche Verbindungen würden in der *syslog* zu folgenden Ausgaben führen:

```
Aug 15 17:32:36 terminator inetd[23194]: login/tcp:
      Connection from unknown (192.249.249.23)
```

Auch lehnen viele große *FTP*-Archive wie etwa *ftp.uu.net* anonymen *FTP*-Zugriff ab, wenn die IP-Adressen der Hosts nicht zurück auf Namen abgebildet werden können. Der FTP-Server von *ftp.uu.net* gibt eine Meldung zurück, deren hier interessanter Teil sich wie folgt liest:

```
530- Sorry, we're unable to map your IP address 140.186.66.1 to a hostname
530- in the DNS. This is probably because your nameserver does not have a
530- PTR record for your address in its tables, or because your reverse
530- nameservers are not registered. We refuse service to hosts whose
530- names we cannot resolve.
```

Das macht den Grund, warum kein anonymes *FTP* benutzt werden kann, offensichtlich. Andere FTP-Sites kümmern sich erst gar nicht darum, Sie mit informativen Nachrichten zu versorgen, sie verweigern schlicht den Dienst.

*nslookup* ist recht nützlich, wenn Sie prüfen wollen, ob Sie den PTR-Record vergessen haben oder nicht:

```
% nslookup
Default Server:  terminator.movie.edu
Address:   192.249.249.3

> beetlejuice        --Auf Abbildung des Host-Namens auf eine Adresse prüfen.
Server:  terminator.movie.edu
Address:   192.249.249.3

Name:    beetlejuice.movie.edu
Address:   192.249.249.23

> 192.249.249.23   --Nun auf die entsprechende Abbildung der Adresse auf den Host-
Namen
                    prüfen.
Server:  terminator.movie.edu
Address:   192.249.249.3

*** terminator.movie.edu can't find 192.249.249.23: Non-existent domain
```

Auf dem primären Server für *249.249.192.in-addr.arpa* zeigt Ihnen eine schnelle Prüfung der *db.192.249.249*-Datei, ob der PTR-Record noch nicht in der db-Datei eingetragen wurde oder ob dem Nameserver noch nicht signalisiert wurde, die Datei zu laden. Fungiert der Ärger machende Nameserver als Slave für die Zone, sollten Sie prüfen, ob die Seriennummer des primären Nameservers inkrementiert wurde und ob der Slave-Nameserver genug Zeit hatte, die Zone zu laden.

## 5. Syntaxfehler in der Conf- oder der DNS-Datenbankdatei

Syntaxfehler in der Conf- und in den Zonen-Datenbankdateien sind ebenfalls relativ häufig (was mehr oder weniger von der Erfahrung des Administrators abhängt). Generell führt ein Fehler in der Conf-Datei dazu, daß der Nameserver eine oder mehrere Zonen nicht lädt. Einige Tippfehler in der *options*-Anweisung führen dazu, daß der Server überhaupt nicht startet und einen Fehler wie den folgenden in die *syslog* schreibt:

```
Jan  6 11:59:29 terminator named[544]: can't change directory to /var/name: No
such file or directory
```

Beachten Sie, daß Sie keine Fehlermeldung sehen werden, wenn Sie versuchen, *named* von der Kommandozeile aus zu starten, aber *named* wird ohnehin nicht lange laufen.

# Kapitel 13: Fehlersuche bei DNS und BIND

Liegt der Syntaxfehler in einer weniger wichtigen Zeile der Boot-Datei – etwa in einer *zone*-Anweisung – ist nur die entsprechende Zone betroffen. Üblicherweise wird der Nameserver dann nicht in der Lage sein, die Zone überhaupt zu laden (z.b. wenn Sie »master« oder den Dateinamen falsch geschrieben oder die Anführungszeichen um den Namen der Zone oder der Datei vergessen haben). Dies würde eine *syslog*-Ausgabe der folgenden Form liefern:

```
Jan  6 12:01:36 terminator named[841]: /etc/named.conf:10: syntax error near
'movie.edu'
```

Enthält eine db-Datei einen Syntaxfehler, wird, selbst wenn der Nameserver die Zone laden kann, jede Antwort als nichtautoritativ eingestuft (was für *alle* Daten der Zone gilt), oder es wird für Lookups in der Zone ein SERVFAIL-Fehler zurückgegeben:

```
% nslookup carrie
Server:  terminator.movie.edu
Address: 192.249.249.3

Non-authoritative answer:
Name:    carrie.movie.edu
Address: 192.253.253.4
```

Hier die *syslog*-Meldung, die durch den Syntaxfehler erzeugt wurde, der dieses Problem verursacht hat:

```
Jan  6 15:07:46 huskymo named[693]: db.movie:11: Priority error
    (postmanrings2x.movie.edu.)
Jan  6 15:07:46 huskymo named[693]: master zone "movie.edu" (IN) rejected due
    to errors (serial 1997010600)
Jan  6 15:07:46 huskymo named[693]: slave zone "movie.edu" (IN) removed
```

Wenn Sie das Problem in der Datenbankdatei nachsehen, finden Sie diesen Datensatz:

```
postmanrings2x    IN    MX    postmanrings2x.movie.edu.
```

Dem MX-Record fehlt das Feld für die Priorität, und das verursacht den Fehler.

Beachten Sie, daß Sie, solange Sie die fehlende Autorität (wenn der Nameserver die Autorität besitzen soll) mit dem Problem nicht in Beziehung setzen oder Ihre *syslog* nicht gewissenhaft prüfen, den Syntaxfehler möglicherweise nie entdecken!

Seit BIND 4.9.4 kann ein »ungültiger« Host-Name ein Syntaxfehler sein:

```
Jan  6 12:04:10 terminator named[841]: owner name "ID_4.movie.edu" IN (primary)
    is invalid - rejecting
Jan  6 12:04:10 terminator named[841]: db.movie:11: owner name error
Jan  6 12:04:10 terminator named[841]: db.movie:11: Database error (a)
Jan  6 12:04:10 terminator named[841]: master zone "movie.edu" (IN) rejected
    due to errors (serial 1997010600)
```

## 6. Ein fehlender Punkt am Ende eines Namens in einer DNS-Datenbankdatei

Es kann *sehr* leicht geschehen, daß man die abschließenden Punkte beim Editieren der db-Datei vergißt. Weil sich die diesbezüglichen Regeln so häufig ändern (verwenden Sie sie *nicht* in der Boot-Datei, verwenden Sie sie *nicht* in der *resolv.conf*, *verwenden Sie sie* in db-Dateien, um $ORIGIN zu überschreiben ...), ist es schwer, sie richtig anzuwenden. Die Resource Records

```
zorba        IN   MX   10 zelig.movie.edu
movie.edu    IN   NS   terminator.movie.edu
```

sehen für das untrainierte Auge gar nicht so falsch aus, aber sie machen wahrscheinlich nicht das, was sie machen sollen. In der *db.movie*-Datei würden sie – solange der Ursprung nicht explizit geändert worden ist – folgendem Eintrag entsprechen:

```
zorba.movie.edu.         IN   MX   10 zelig.movie.edu.movie.edu.
movie.edu.movie.edu.     IN   NS   terminator.movie.edu.movie.edu.
```

Wenn Sie den abschließenden Punkt hinter dem Domain-Namen im Datenteil des Records weglassen (nicht zu verwechseln mit dem abschließenden Punkt im *Namen* des Resource Records), erhalten Sie üblicherweise reichlich schräge NS- oder MX-Records:

```
% nslookup -type=mx zorba.movie.edu.
Server:  terminator.movie.edu
Address: 192.249.249.3

zorba.movie.edu     preference = 10, mail exchanger
                    = zelig.movie.edu.movie.edu
zorba.movie.edu     preference = 50, mail exchanger
                    = postmanrings2x.movie.edu.movie.edu
```

Die Ursache sollte aus der *nslookup*-Ausgabe ersichtlich sein. Wenn Sie aber den abschließenden Punkt im Domain-Namensfeld eines Records (wie etwa beim *movie.edu*-NS-Record d.h.) vergessen, ist der Fehler nicht mehr so einfach zu erkennen. Wenn Sie versuchen, den Record mit *nslookup* nachzusehen, werden Sie ihn unter dem Namen, den Sie verwendet zu haben glauben, nicht finden. Ein Dump der Nameserver-Datenbank kann hier vielleicht weiterhelfen:

```
$ORIGIN edu.movie.edu.
movie    IN   NS   terminator.movie.edu.movie.edu.
```

Die $ORIGIN-Zeile sieht seltsam genug aus, um ins Auge zu fallen.

## 7. Fehlende Cache-Daten

Wenn Sie aus irgendeinem Grund vergessen, eine Cache-Datei auf Ihrem Host zu installieren, oder diese versehentlich löschen, ist Ihr Server nicht mehr in der Lage, Namen aufzulösen, die außerhalb seiner Autorität liegen. Dieses Verhalten ist mit *nslookup* einfach zu erkennen, aber achten Sie darauf, immer mit vollständigen, mit Punkten abgeschlossenen Domain-Namen zu arbeiten, weil ansonsten der Einsatz der Suchliste zu irreleitenden Fehlern führen kann.

```
% nslookup
Default Server:  terminator.movie.edu
Address:  192.249.249.3

> ftp.uu.net.  --Der Lookup eines Namens außerhalb der autoritativen Daten Ihres
               Nameservers führt zu einem SERVFAIL-Fehler ...
Server:  terminator.movie.edu
Address:  192.249.249.3

*** terminator.movie.edu can't find ftp.uu.net.: Server failed
```

Ein Lookup eines Namens innerhalb der Autorität des Nameservers führt zur folgenden Antwort:

```
> wormhole.movie.edu.
Server:  terminator.movie.edu

Address:  192.249.249.3

Name:  wormhole.movie.edu
Addresses:  192.249.249.1, 192.253.253.1

> ^D
```

Um sich Ihren Verdacht, daß die Cache-Daten fehlen, bestätigen zu lassen, suchen Sie in der *syslog*-Ausgabe nach einem Fehler der Form:

```
Jan  6 15:10:22 terminator named[764]: No root nameservers for class IN
```

Sie werden sich daran erinnern, daß die Klasse 1 die IN- oder auch Internet-Klasse ist. Dieser Fehler weist darauf hin, daß keine Root-Nameserver gefunden werden konnten, weil keine Cache-Daten verfügbar sind.

## *8. Verlust der Netzwerkverbindung*

Obwohl das Internet heute wesentlich zuverlässiger ist als in den frühen, wilden Tagen des ARPAnet, kommen Netzwerkausfälle auch heute noch relativ häufig vor. Wenn man sich aber nicht die Mühe macht, »unter die Haube« zu sehen und ein wenig in den Debugging-Ausgaben rumzuwühlen, sehen diese Fehler in der Regel eher nach schlechtem Durchsatz aus:

```
% nslookup nisc.sri.com.
Server:  terminator.movie.edu
Address:  192.249.249.3

*** Request to terminator.movie.edu timed out ***
```

Beim Aktivieren des Nameserver-Debuggings werden Sie aber feststellen, daß Ihr Nameserver in Ordnung ist. Er hat die Abfrage vom Resolver empfangen, die notwendigen Abfragen gesendet und geduldig auf eine Antwort gewartet. Er hat nur keine erhalten. Die Debugging-Ausgabe könnte wie folgt aussehen:

```
Debug turned ON, Level 1
```

Hier sendet nslookup die erste Abfrage an Ihren lokalen Nameserver. Angefordert wird die IP-Adresse von *nisc.sri.com*. Sie können ersehen, daß dies kein anderer Nameserver ist, weil die Abfrage nicht über den Port 53 (den Nameserver-Port) empfangen wurde. Beachten Sie, daß die Abfrage an einen anderen Nameserver weitergeleitet wird. Wird keine Antwort empfangen, wird sie wieder an einen anderen Nameserver geschickt:

```
datagram from [192.249.249.3].1051, fd 5, len 30
req: nlookup(nisc.sri.com) id 18470 type=1 class=1
req: missed 'nisc.sri.com' as 'com' (cname=0)
forw: forw -> [198.41.0.4].53 ds=7 nsid=58732 id=18470 0ms retry 4 sec
resend(addr=1 n=0) -> [128.9.0.107].53 ds=7 nsid=58732 id=18470 0ms
```

Nun wird *nslookup* ungeduldig und fragt unseren lokalen Nameserver erneut ab. Beachten Sie, daß das Programm den gleichen Port verwendet. Der lokale Nameserver ignoriert die doppelte Abfrage und unternimmt zwei weitere Anläufe, die Abfrage weiterzuleiten:

```
datagram from [192.249.249.3].1051, fd 5, len 30
req: nlookup(nisc.sri.com) id 18470 type=1 class=1
req: missed 'nisc.sri.com' as 'com' (cname=0)
resend(addr=2 n=0) -> [192.33.4.12].53 ds=7 nsid=58732 id=18470 0ms
resend(addr=3 n=0) -> [128.8.10.90].53 ds=7 nsid=58732 id=18470 0ms
```

*nslookup* fragt den lokalen Nameserver erneut ab, und der Nameserver schickt noch mehr Abfragen los:

```
datagram from [192.249.249.3].1051, fd 5, len 30
req: nlookup(nisc.sri.com) id 18470 type=1 class=1
req: missed 'nisc.sri.com' as 'com' (cname=0)
resend(addr=4 n=0) -> [192.203.230.10].53 ds=7 nsid=58732 id=18470 0ms
resend(addr=0 n=1) -> [198.41.0.4].53 ds=7 nsid=58732 id=18470 0ms
resend(addr=1 n=1) -> [128.9.0.107].53 ds=7 nsid=58732 id=18470 0ms
resend(addr=2 n=1) -> [192.33.4.12].53 ds=7 nsid=58732 id=18470 0ms
resend(addr=3 n=1) -> [128.8.10.90].53 ds=7 nsid=58732 id=18470 0ms
resend(addr=4 n=1) -> [192.203.230.10].53 ds=7 nsid=58732 id=18470 0ms
resend(addr=0 n=2) -> [198.41.0.4].53 ds=7 nsid=58732 id=18470 0ms
Debug turned OFF
```

Aus der Debugging-Ausgabe können Sie eine Liste der IP-Adressen der Nameserver herausfiltern, die Ihr Nameserver abzufragen versucht hat. Die Verbindungen dieser Nameserver können Sie dann prüfen. Es ist sehr wahrscheinlich, daß *ping* nicht mehr Glück hat als Ihr Nameserver:

```
% ping 198.41.0.4 -n 10  --ping auf ersten abgefragten Nameserver.
PING 198.41.0.4: 64 byte packets
```

```
     ----198.41.0.4 PING Statistics----
     10 packets transmitted, 0 packets received, 100% packet loss
   % ping 128.9.0.107 -n 10 --ping auf zweiten abgefragten Nameserver.
     PING 128.9.0.107: 64 byte packets

     ----128.9.0.107 PING Statistics----
     10 packets transmitted, 0 packets received, 100% packet loss
```

Wenn dies der Fall ist, sollten Sie prüfen, ob die entfernten Nameserver tatsächlich ausgeführt werden. Sie sollten außerdem prüfen, ob Ihre Internet-Firewall versehentlich die Abfragen Ihres Nameservers sperrt. Wenn Sie Ihren Nameserver auf BIND 8 aktualisiert haben, lesen Sie den Abschnitt »*Eine Falle mit BIND 8 und Paketfilter-Firewalls*« in Kapitel 15, *Verschiedenes*. Möglicherweise beschreibt er Ihr Problem.

Wenn auch ein Ping nicht durchkommt, bleibt Ihnen nur noch, die Unterbrechung im Netzwerk zu lokalisieren. Utilities wie *traceroute* und die Record Route-Option von *ping* können sehr hilfreich sein, um herauszufinden, ob das Problem in Ihrem Netzwerk, im Zielnetzwerk oder irgendwo dazwischen liegt.

Sie sollten bei der Suche nach der Unterbrechung auch Ihren gesunden Menschenverstand einsetzen. In unserem Fall hat der Nameserver versucht, alle Root-Nameserver abzufragen. (Die entsprechenden PTR-Records könnten irgendwo in Ihrem Cache liegen, weshalb auch deren Domain-Namen ermittelt werden könnten.) Nun ist es aber nicht sehr wahrscheinlich, daß das lokale Netz jedes Root-Servers außer Betrieb ist, und es ist auch unwahrscheinlich, daß die kommerziellen Backbone-Netzwerke des Internet vollständig kollabiert sind. Nach dem Sparsamkeitsprinzip von Ockhams »Rasiermesser« (demzufolge man nicht mehr annehmen soll, als zur Klärung genügt) kann gelten, daß die einfachste Bedingung, die dieses Verhalten hervorrufen kann, nämlich der Verlust *Ihrer* Netzwerkanbindung ans Internet, der wahrscheinlichste Grund ist.

## 9. Fehlende Subdomain-Delegierung

Obwohl das InterNIC sein Bestes tut, um Ihre Anfragen so schnell wie möglich zu bearbeiten, kann es ein bis zwei Tage dauern, bis die Delegierung Ihrer Domain zu den Root-Nameservern vorgedrungen ist. Wird die Parent-Domain nicht vom InterNIC gepflegt, kann die Zeit variieren. Manche Parents sind schnell und verantwortungsbewußt, andere sind langsam und inkonsistent. Genau wie im richtigen Leben auch müssen Sie damit zurechtkommen[2].

Bis die Delegierungsdaten auf den Nameservern Ihrer Parent-Domain vorliegen, können Ihre Nameserver zwar die Daten im Domain-Namensraum des Internet nachsehen, aber niemand im Internet (außerhalb Ihrer Domain) weiß, wie man Daten in *Ihrem* Namensraum nachsehen kann.

---

2 Das heißt, bis das »GTLD Memorandum of Understanding« angenommen wird. Siehe *http://www.gtld-mou.org*.

Zwar könnten Sie E-Mail an jemanden außerhalb Ihrer Domain senden, aber die Empfänger wären nicht in der Lage, darauf zu antworten. Darüber hinaus wäre niemand in der Lage, Ihre Hosts über deren Namen mit *telnet*, *ftp* oder auch *ping* anzusprechen.

Denken Sie daran, daß sich dies auch auf alle *in-addr.arpa*-Subdomains bezieht, die Sie möglicherweise betreiben. Bis der Parent diese Subdomains an Ihre Server delegiert, werden Nameserver im Internet nicht in der Lage sein, Adressen Ihrer Netzwerke in Namen aufzulösen.

Wenn Sie wissen wollen, ob Ihre Zonendelegierung auf den Nameservern der Parent-Zone angekommen ist, fragen Sie den Parent-Nameserver nach den NS-Records Ihrer Zone. Besitzt der Parent-Nameserver diese Daten, kann jeder Nameserver im Internet Sie finden:

```
% nslookup
Default Server: terminator.movie.edu
Address:  192.249.249.3

> server a.root-servers.net.    --Root-Nameserver abfragen.
Default Server: a.root-servers.net
Address:  198.41.0.4

> set norecurse      --Server anweisen, aus seinem eigenen Datenbestand zu antworten
> set type=ns        --und nach NS-Records zu schauen.
> 249.249.192.in-addr.arpa.  —for 249.249.192.in-addr.arpa
Server:  a.root-servers.net
Address:  198.41.0.4

*** a.root-servers.net can't find 249.249.192.in-addr.arpa.: Non-existent domain
```

Hier ist die Delegierung offensichtlich noch nicht erfolgt. Sie können entweder geduldig warten oder, wenn eine unverhältnismäßig lange Zeitspanne verstrichen ist, Ihren Parent fragen, was los ist.

## *10. Fehlerhafte Subdomain-Delegierung*

Eine fehlerhafte Delegierung der Subdomain ist ein weiteres bekanntes Problem im Internet. Die Delegierung auf dem neuesten Stand zu halten verlangt menschliches Handeln, d.h. der Administrator der Parent-Zone muß über Änderungen bezüglich Ihrer autoritativen Nameserver informiert werden. Folglich werden die Delegierungsinformationen häufig ungenau, wenn Zonenadministratoren Änderungen vornehmen, ohne die Parents hiervon wissen zu lassen. Zu viele Administratoren glauben, daß die Delegierung eine einmalige Angelegenheit sei. Sie geben beim Einrichten der Domain einmal an, welche Nameserver die Autorität besitzen, und sprechen dann nie wieder mit dem Parent.

Ein Administrator kann einen neuen Nameserver hinzufügen, einen anderen ausmustern und die IP-Adresse eines dritten ändern – alles ohne den Administrator der Parent-Zone zu benachrichtigen. Nach und nach nimmt die Zahl der von der Parent-Zone korrekt delegierten Nameserver ab. Dies führt im günstigsten Fall zu langen Auflösungszeiten, weil abfragende Nameserver sich bemühen, autoritative Nameserver für die Zone zu finden. Sobald die Delegierungsinformationen stark veraltet sind und der letzte autoritative Nameserver-Host für eine Wartungsperiode abgeschaltet wird, sind die Informationen innerhalb der Zone nicht mehr verfügbar.

Wenn Sie eine fehlerhafte Delegierung vermuten – sei es von Ihrem Parent zu Ihrer Zone, von Ihrer Zone zu einem Ihrer Children oder von einer entfernten Zone zu einer Ihrem Children – können Sie dies mit *nslookup* prüfen:

```
% nslookup
Default Server:  terminator.movie.edu
Address:  192.249.249.3

> server a.root-servers.net.    --Server auf den Parent-Nameserver setzen,
                                bei dem Sie die fehlerhafte Delegierung vermuten.
Default Server:  a.root-servers.net
Address:  198.41.0.4

> set type=ns              -- NS-Records für die
> hp.com.                  -- fragliche Zone nachsehen.
Server:  a.root-servers.net
Address:  198.41.0.4

Non-authoritative answer:
hp.com          nameserver = RELAY.HP.COM
hp.com          nameserver = HPLABS.HPL.HP.COM
hp.com          nameserver = NNSC.NSF.NET
hp.com          nameserver = HPSDLO.SDD.HP.COM

Authoritative answers can be found from:
hp.com          nameserver = RELAY.HP.COM
hp.com          nameserver = HPLABS.HPL.HP.COM
hp.com          nameserver = NNSC.NSF.NET
hp.com          nameserver = HPSDLO.SDD.HP.COM
RELAY.HP.COM       internet address = 15.255.152.2
HPLABS.HPL.HP.COM     internet address = 15.255.176.47
NNSC.NSF.NET       internet address = 128.89.1.178
HPSDLO.SDD.HP.COM     internet address = 15.255.160.64
HPSDLO.SDD.HP.COM     internet address = 15.26.112.11
```

Nehmen wir einmal an, Sie hätten den Verdacht, daß die Delegierung an *hpsdlo.sdd.hp.com* fehlerhaft ist. Sie fragen *hpsdlo* nach Daten der Zone *hp.com* und prüfen die Antwort:

```
> server hpsdlo.sdd.hp.com.
Default Server:  hpsdlo.sdd.hp.com
Addresses:  15.255.160.64, 15.26.112.11

> set norecurse
> set type=soa
> hp.com.
Server:  hpsdlo.sdd.hp.com
```

```
Addresses:  15.255.160.64, 15.26.112.11

Non-authoritative answer:
hp.com
        origin = relay.hp.com
        mail addr = hostmaster.hp.com
        serial = 1001462
        refresh = 21600 (6 hours)
        retry   = 3600 (1 hour)
        expire  = 604800 (7 days)
        minimum ttl = 86400 (1 day)

Authoritative answers can be found from:
hp.com              nameserver = RELAY.HP.COM
hp.com              nameserver = HPLABS.HPL.HP.COM
hp.com              nameserver = NNSC.NSF.NET
RELAY.HP.COM        internet address = 15.255.152.2
HPLABS.HPL.HP.COM       internet address = 15.255.176.47
NNSC.NSF.NET        internet address = 128.89.1.178
```

Besäße *hpsdlo* wirklich die Autorität, hätte es mit einer autoritativen Antwort reagiert. Der Administrator der Zone *hp.com* kann Ihnen sagen, ob *hpsdlo* ein autoritativer Nameserver für *hp.com* sein soll, weshalb Sie ihn kontaktieren sollten.

Ein weiteres, verbreitetes Symptom dieses Fehlers ist die »lame server«-Fehlermeldung:

```
Oct 1 04:43:38 terminator named[146]: Lame server on '40.234.23.210.in-addr.arpa' (in
'210.in-addr.arpa'?): [198.41.0.5].53 'RS0.INTERNIC.NET':
learnt(A=198.41.0.21,NS=128.63.2.53)
```

Und so lesen Sie diese Meldung: Ihr Nameserver wurde für einen Namen in der Domain *210.in-addr.arpa* (namentlich *40.234.23.210.in-addr.arpa*) vom Nameserver auf 128.63.2.53 auf den Nameserver auf 198.41.0.5 verwiesen. Der Server auf 198.41.0.5 hat geantwortet, daß er gar nicht die Autorität für *210.in-addr.arpa* besitzt. Daher ist entweder die Delegierung falsch, die 128.63.2.53 genannt hat, oder der Server auf 198.41.0.5 ist falsch konfiguriert.

## *11. Syntaxfehler in resolv.conf*

Trotz der einfachen *resolv.conf*-Syntax kommt es beim Editieren dieser Datei gelegentlich zu Fehlern. Unglücklicherweise werden *resolv.conf*-Zeilen mit Syntaxfehlern vom Resolver stillschweigend ignoriert. Das Ergebnis ist üblicherweise, daß ein Teil der gewünschten Konfiguration nicht angenommen wird. Die Domain oder die Suchliste ist nicht korrekt gesetzt, oder der Resolver fragt einen der von Ihnen angegebenen Nameserver nicht ab. Von der Suchliste abhängige Befehle funktionieren nicht, der Resolver fragt nicht den bzw. die richtigen Nameserver oder er fragt überhaupt keinen Nameserver ab.

Die einfachste Möglichkeit, zu prüfen, ob Ihre *resolv.conf* den gewünschten Effekt erzielt, besteht darin, *nslookup* auszuführen. *nslookup* gibt freundlicherweise die Standard-Domain und die Suchliste aus, die es aus *resolv.conf* abgeleitet hat, sowie den abgefragten Nameserver. Hierzu müssen Sie nur *set all* eingeben, wie wir das in Kapitel 11, *nslookup*, gezeigt haben:

```
% nslookup
Default Server:  terminator.movie.edu
Address:  192.249.249.3

> set all
Default Server:  terminator.movie.edu
Address:  192.249.249.3

Set options:
  nodebug           defname           search            recurse
  nod2              novc              noignoretc        port=53
  querytype=A       class=IN          timeout=5         retry=4
  root=ns.nic.ddn.mil.
  domain=movie.edu
  srchlist=movie.edu

>
```

Stellen Sie sicher, daß die Ausgabe von *set all* dem entspricht, was Sie laut Ihrer *resolv.conf* erwarten dürfen. Hätten Sie beispielsweise search fx.movie.edu movie.edu in Ihrer *resolv.conf* gesetzt, würden Sie folgendes in der Ausgabe erwarten:

```
domain=fx.movie.edu
srchlist=fx.movie.edu/movie.edu
```

Wenn Sie nicht vorfinden, was Sie erwarten, müssen Sie die *resolv.conf* sorgfältig prüfen. Falls Sie nichts Auffälliges entdecken können, sollten Sie nach nichtdruckbaren Zeichen Ausschau halten (beispielsweise mit dem Befehl *set list* von *vi*). Achten Sie auch besonders auf anhängende Leerzeichen. Steht ein Leerzeichen hinter dem Domain-Namen, ist es auch im Standard-Domain-Namen enthalten. Nun endet natürlich kein realer Domain-Name mit einem Leerzeichen, so daß alle Ihre Lookups fehlschlagen, wenn die Domain-Namen mit einem Punkt abgeschlossen wurden.

## 12. Standard-Domain nicht gesetzt

Das Setzen der Standard-Domain zu vergessen ist ein weiterer alter Fauxpas. Sie können diese Einstellung auf implizite Weise vornehmen, indem Sie *hostname* auf den voll qualifizierten Domain-Namen setzen, oder auf explizite Weise, indem Sie ihn in der *resolv.conf* angeben. Die typischen Merkmale einer nicht gesetzten Standard-Domain sind sehr direkt: Leute, die abgekürzte Domain-Namen oder Namen mit nur einem Label verwenden, haben damit kein Glück mehr:

```
% telnet br
br: No address associated with name
% telnet br.fx
br.fx: No address associated with name
% telnet br.fx.movie.edu
Trying...
```

```
Connected to bladerunner.fx.movie.edu.
Escape character is '^]'.

HP-UX bladerunner.fx.movie.edu A.08.07 A 9000/730 (ttys1)
login:
```

Sie können *nslookup* verwenden, um diesen Fehler zu erkennen, und zwar auf eine ähnliche Weise, wie sie bei einem möglichen Syntaxfehler in *resolv.conf* angewandt wurde:

```
% nslookup
Default Server:  terminator.movie.edu
Address:  192.249.249.3

> set all
Default Server:  terminator.movie.edu
Address:  192.249.249.3

Set options:
  nodebug         defname         search          recurse
  nod2            novc            noignoretc      port=53
  querytype=A     class=IN        timeout=5       retry=4
  root=ns.nic.ddn.mil.
  domain=
  srchlist=
```

Beachten Sie, daß weder die lokale Domain noch die Suchliste gesetzt ist. Sie können diesen Fehler auch ausfindig machen, indem Sie das Nameserver-Debugging aktivieren. (Dies verlangt natürlich, daß Sie Zugriff auf den Nameserver haben, der allerdings nicht auf dem Host laufen muß, auf den sich das Problem auswirkt.) Die Debugging-Ausgabe könnte nach der Eingabe obiger *telnet*-Befehle wie folgt aussehen:

```
Debug turned ON, Level 1

datagram from [192.249.249.3].1057, fd 5, len 20
req: nlookup(br) id 27974 type=1 class=1
req: missed 'br' as '' (cname=0)
forw: forw -> [198.41.0.4].53 ds=7 nsid=61691 id=27974 0ms retry 4 sec

datagram from [198.41.0.4].53, fd 5, len 20
ncache: dname br, type 1, class 1
send_msg -> [192.249.249.3].1057 (UDP 5) id=27974

datagram from [192.249.249.3].1059, fd 5, len 23
req: nlookup(br.fx) id 27975 type=1 class=1
req: missed 'br.fx' as '' (cname=0)
forw: forw -> [128.9.0.107].53 ds=7 nsid=61692 id=27975 0ms retry 4 sec

datagram from [128.9.0.107].53, fd 5, len 23
ncache: dname br.fx, type 1, class 1
send_msg -> [192.249.249.3].1059 (UDP 5) id=27975
datagram from [192.249.249.3].1060, fd 5, len 33
req: nlookup(br.fx.movie.edu) id 27976 type=1 class=1
```

```
req: found 'br.fx.movie.edu' as 'br.fx.movie.edu' (cname=0)
req: nlookup(bladerunner.fx.movie.edu) id 27976 type=1 class=1
req: found 'bladerunner.fx.movie.edu' as 'bladerunner.fx.movie.edu'
     (cname=1)
ns_req: answer -> [192.249.249.3].1060 fd=5 id=27976 size=183 Local
Debug turned OFF
```

Vergleichen Sie dies mit der Debugging-Ausgabe, die durch die Anwendung der Suchliste in Kapitel 12 erzeugt wurde. Die einzigen Namen, die hier nachgesehen werden, sind genau die, die der Benutzer eingegeben hat. Domains werden nicht angehängt, d.h. die Suchliste wird offensichtlich nicht angewandt.

### 13. Antwort von unerwarteter Quelle

Ein Problem, daß wir in den DNS-News-Gruppen zunehmend häufig sehen, ist die Antwort von unerwarteter Quelle (»Response from unexpected Source«). Früher wurde sie »Martian Response« (Antwort von Marsmenschen) genannt. Dabei handelt es sich um eine Antwort, die von einer anderen IP-Adresse kommt, als die des Servers, an den die Abfrage gesendet wurde. Wenn ein BIND-Nameserver eine Abfrage an einen anderen Nameserver sendet, prüft er gewissenhaft, ob er die Antwort nur von der IP-Adresse dieses Servers erhält. Das minimiert die Wahrscheinlichkeit, daß gefälschte Antworten akzeptiert werden. BIND fordert dies entsprechend von sich selbst: Ein BIND-Nameserver gibt sich die größte Mühe, mit der IP-Adresse derjenigen Netzwerkschnittstelle zu antworten, über die er die Abfrage erhalten hat.

Hier die Fehlermeldung, die Sie sehen, wenn der Server eine möglicherweise nicht verlangte Antwort erhält:

```
Mar  8 17:21:04 terminator named[235]: Response from unexpected source
([205.199.4.131].53)
```

In diesem Fall gibt es zwei Möglichkeiten: Entweder versucht jemand, Ihnen falsche Antworten zu schicken, oder – und das ist wahrscheinlicher – Ihr Nameserver hat einen älteren BIND-Nameserver oder einen Nameserver eines anderen Herstellers abgefragt, der sich nicht so viel Mühe gegeben hat, über dieselbe Schnittstelle zu antworten, über die er die Abfrage erhalten hat.

## Probleme beim Versions-Update

Seit der Freigabe von BIND 4.9 aktualisieren viele UNIX-Betriebssysteme ihre Resolver und Nameserver um die neue Funktionalität von 4.9. Einige dieser neuen 4.9-Funktionen könnten, nachdem Sie eine neue Version des Betriebssystems erhalten haben, auf Sie allerdings wie Fehler wirken. Wir wollen versuchen, Ihnen eine Vorstellung davon zu vermitteln, welche Änderungen Sie bei Ihrem Nameserver bemerken könnten, nachdem Sie den Sprung gewagt haben.

## Verhalten des Resolvers

Die Änderungen in der Standardsuchliste des Resolvers, die wir in Kapitel 6 beschrieben haben, könnten auf Ihre Benutzer wie Fehler wirken. Erinnern Sie sich daran, daß bei der Domain-Einstellung *fx.movie.edu* Ihre Standardsuchliste *movie.edu* nicht länger enthält. Daher werden Benutzer, die Befehle wie *telnet db.personnel* eingegeben haben und deren eingegebener Domain-Name dann in *db.personnel.movie.edu* erweitert wurde, keinen Erfolg mehr haben. Um dieses Problem zu lösen, können Sie die *search*-Direktive benutzen, um eine explizite Suchliste zu definieren, die die Parent-Domain Ihrer Standard-Domain enthält.

## Verhalten des Nameservers

Vor der Version 4.9 hat ein BIND-Nameserver dankbar alle Daten für jedwede Zone einer Datendatei entnommen, die er als primärer Master gelesen hat. Wurde der Nameserver als Primary für *movie.edu* deklariert und wurde ihm mitgeteilt, daß die Daten für *movie.edu* in *db.movie* liegen, dann wäre es auch möglich gewesen, Daten über *hp.com* in *db.movie* aufzunehmen, und der Nameserver hätte die Resource Records für *hp.com* ohne zu murren geladen. Einige Bücher haben seinerzeit sogar empfohlen, die Daten aller Ihrer *in-addr.arpa*-Zonen in eine einzige Datei zu packen.

Seit BIND 4.9 ignoriert der Nameserver alle nicht in der Zone liegenden Resource Records in einer Zonendatei. Wenn Sie also die PTR-Records für alle Ihre *in-addr.arpa*-Domains in eine einzige Datei packen und diese mit einer einzigen *zone*-Anweisung oder *primary*-Direktive laden, ignoriert der Nameserver alle Records, die nicht in der bezeichneten Zone liegen. Und das führt natürlich zu vielen fehlenden PTR-Records und fehlgeschlagenen *gethostbyaddr( )* -Aufrufen.

BIND protokolliert nach *syslog*, daß es die Records ignoriert. Die Nachrichten sehen wie folgt aus:

```
Jan  7 13:58:01 terminator named[231]: db.movie:16: data "hp.com" outside zone
    "movie.edu" (ignored)
Jan  7 13:58:01 terminator named[231]: db.movie:17: data "hp.com" outside zone
    "movie.edu" (ignored)
```

Die Lösung besteht darin, jeweils eine Zonendatei und eine *zone*-Anweisung oder *primary*-Direktive pro Zone zu verwenden.

# *Zusammenarbeit und Versionsprobleme*

Mit dem Erscheinen von BIND 8 und der Einführung des Microsoft Windows NT-Nameservers traten häufiger als zuvor Verbindungs- und Zusammenarbeitsprobleme zwischen Nameservern auf. Es gibt außerdem eine Handvoll Probleme, die ausschließlich bei der einen oder anderen speziellen BIND-Version oder dem für den Server genutzten Betriebssystem auftreten. Viele dieser Schwierigkeiten sind leicht zu finden und zu beheben, und wir wären nachlässig, wenn wir sie hier nicht behandeln würden.

## Zonentransfer schlägt wegen proprietären WINS-Records fehl

Der mit Microsoft Windows NT gelieferte DNS-Server kann bei Namen, die er nicht in einer bestimmten Zone finden kann, Zuordnungen von Namen zu IP-Adressen über einen WINS-Server beziehen. Wenn dieser Nameserver entsprechend konfiguriert ist, fügt er spezielle Datensätze in die Zonendatei ein. Die Records sehen wie folgt aus:

```
@           IN      WINS            &IP-Addresse des WINS-Servers
```

Leider ist WINS kein Standard-Resource Record in der Klasse IN. Daher stolpern BIND-Slaves, die diese Zone übertragen, über die WINS-Records; sie weigern sich, die Zone zu laden:

```
May 23 15:58:43 terminator named-xfer[386]: "fx.movie.edu IN 65281" - unknown type
    (65281)
```

Sie können das Problem umgehen, indem Sie den Microsoft DNS-Server so konfigurieren, daß er die proprietären Datensätze filtert, bevor er die Zone sendet. Wählen Sie dazu die Zone im linken Teilfenster des DNS-Managers, klicken Sie mit der rechten Maustaste auf die gewünschte Zone, und wählen Sie den Menüeintrag *Eigenschaften* aus. Dadurch erscheint das Fenster Eigenschaften der Zone (siehe Abbildung 13-1). Holen Sie darin die Registerkarte WINS-Lookup in den Vordergrund.

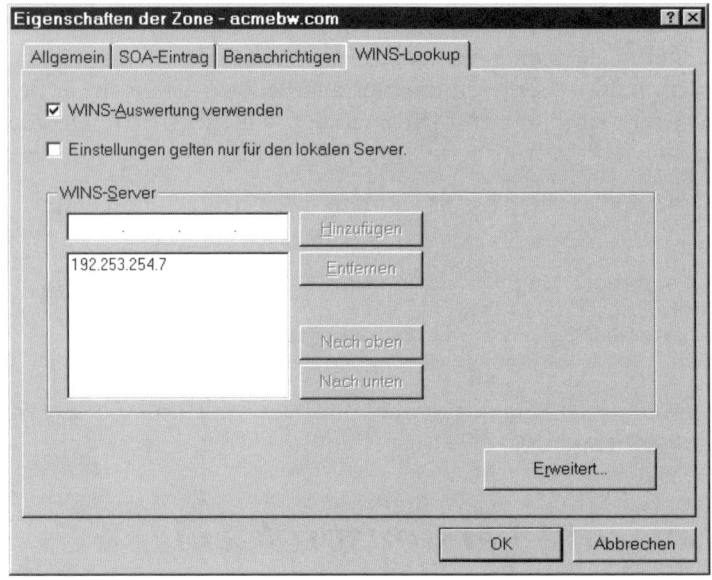

*Abbildung 13-1: Das Kontrollkästchen »Einstellungen gelten nur für lokalen Server«*

Aktivieren Sie das Kontrollkästchen »Einstellungen gelten nur für lokalen Server«, damit WINS-Records der betreffenden Zone herausgefiltert werden. Allerdings sehen dann auch Microsoft Slave-Server die Datensätze nicht, obwohl sie mit ihnen etwas anfangen könnten.

## Nameserver meldet »No NS Record for SOA MNAME«

Sie werden diese Fehlermeldung nur auf BIND-Nameservern der Version 8.1 sehen:

```
May 8 03:44:38 terminator named[11680]: no NS RR for SOA MNAME "movie.edu" in
    zone "movie.edu"
```

Der 8.1-Server nahm es mit dem ersten Feld des SOA-Datensatzes ganz genau. Erinnern Sie sich an ihn? In Kapitel 13, *BIND einrichten*, sagten wir, daß es sich dabei vereinbarungsgemäß um den Namen des primären Master-Servers der Zone handelt. BIND 8.1 geht auch davon aus und prüft, ob ein entsprechender NS-Datensatz auf den Domain-Namen des Servers in diesem Feld verweist. Wenn es einen solchen NS-Record nicht gibt, gibt BIND diese Fehlermeldung aus. In diesem Fall funktionieren auch NOTIFY-Nachrichten nicht korrekt. Die Lösung besteht darin, daß MNAME-Feld so zu ändern, daß dort der Domain-Name des in einem NS-Record genannten Nameservers steht; alternativ können Sie eine neuere BIND 8-Version einsetzen. Mit BIND 8.1.1 ist diese Prüfung weggefallen.

## Nameserver meldet zu viele offene Dateien (»Too Many Open Files«)

Auf Hosts mit vielen IP-Adressen oder mit einer kleinen Beschränkung für die Anzahl gleichzeitig offener Dateien meldet BIND

```
Dec 12 11:52:06 terminator named[7770]: socket(SOCK_RAW): Too many open files
```

und verabschiedet sich.

Da BIND mit der Funktion *bind()* versucht, sich an jede Netzwerkschnittstelle des Hosts zu binden, können ihm die Dateideskriptoren ausgehen. Das passiert besonders häufig auf Hosts, die zahlreiche virtuelle Schnittstellen besitzen (meist Rechner, die Web-Inhalte offerieren). Es gibt zwei mögliche Lösungen für dieses Problem:

- Konfigurieren Sie BIND so, daß der Server nur an einer oder an wenigen Netzwerkschnittstellen des Hosts lauscht. Verwenden Sie dazu die Unteranweisung *listen-on*. Wenn wir die beschriebenen Probleme auf dem Host *terminator* haben, sieht der erforderliche Befehl so aus:

```
options {
    listen-on { 192.249.249.3; };
};
```

Dadurch verwendet *named* auf *terminator* die Funktion *bind()* nur zum Binden der IP-Adresse 192.249.249.3.

- Konfigurieren Sie Ihr Betriebssystem so, daß es einem Prozeß erlaubt, mehr Dateideskriptoren gleichzeitig zu öffnen.

## Resolver meldet »Looked for PTR, Found CNAME«

Dabei handelt es sich um ein weiteres Problem mit der Strenge von BIND. Bei einigen Lookups meldet der Resolver:

```
Sep 24 10:40:11 terminator syslog: gethostby*.getanswer: asked for
    "37.103.74.204.in-addr.arpa IN PTR", got type "CNAME"
Sep 24 10:40:11 terminator syslog: gethostby*.getanswer: asked for
    "37.103.74.204.in-addr.arpa", got "37.32/27.103.74.204.in-addr.arpa"
```

Was ist hier geschehen? Der Resolver bat den Nameserver um den Domain-Namen, der zur IP-Adresse gehört. Der Server hat die IP-Adresse aufgelöst, fand dabei aber heraus, daß *37.103.74.204.in-addr.arpa* ein Alias für *37.32/27.103.74.204.in-addr.arpa.* ist. Der Grund dafür liegt wahrscheinlich darin, daß die Administratoren, die *103.74.204.in-addr.arpa* betreiben, das in Kapitel 9, *Parenting*, verwendete Schema verwenden, um einen Teil ihres Namensraumes zu delegieren. Die Beta-Version des BIND 4.9.3-Resolvers kommt damit aber nicht zurecht und meldet einen Fehler, weil sie denkt, nicht den korrekten Domain-Namen oder gesuchten Typen gefunden zu haben.

Die einzige Lösung besteht darin, eine neuere Version des BIND-Resolvers zu verwenden.

## Nameserver startet nicht, weil UDP-Prüfsummen deaktiviert sind

Auf einigen Hosts, die SunOS 4.1.X ausführen, werden Sie den folgenden Fehler sehen:

```
Sep 24 10:40:11 terminator named[7770]: ns_udp checksums NOT turned on: exiting
```

*named* hat überprüft, ob UDP-Prüfsummen auf dem lokalen System aktiviert sind. Da dies nicht der Fall war, hat sich *named* sofort wieder verabschiedet. *named* besteht aus gutem Grund auf UDP-Prüfsummen: Der Nameserver macht starken Gebrauch von UDP und muß sich sicher sein, daß UDP-Datagramme korrekt ankommen.

Die Lösung dieses Problems besteht darin, auf Ihrem System UDP-Prüfsummen zu aktivieren. In der BIND-Distribution finden Sie dazu eine Anleitung. Lesen Sie *shres/sunos/INSTALL* und *shres/sunos/ISSUES* (in der BIND 4-Distribution) oder *src/port/sunos/shres/ISSUES* (in der BIND 8-Distribution).

## Der SunOS-Resolver ist konfiguriert, aber der Host verwendet kein DNS

Das letzte dieser Probleme ist spezifisch für die Implementierung. Einige Administratoren von SunOS 4-Hosts konfigurieren ihre Resolver mit *resolv.conf* und sind so naiv, zu glauben, daß *ping, telnet* und ihre Brüder sofort funktionieren. In Kapitel 7, *BIND pflegen*, haben wir beschrieben, wie SunOS 4 den Resolver implementiert (in *ypserv*, wenn Sie sich erinnern). Wenn der Host nicht NIS ausführt, reicht es nicht aus, den Resolver zu konfigurieren. Der Administrator muß entweder mindestens einen leeren Eintrag in der Datei *hosts* einfügen oder die Resolver-Routinen ersetzen. Beide Möglichkeiten haben wir ausführlich in Kapitel 7 beschrieben.

## Andere Nameserver speichern Ihre negativen Antworten nicht in ihrem Cache

Sie müssen ein scharfes Auge besitzen, um dieses Problem zu erkennen. Sie müssen auch eine wichtige Funktion von BIND 8 abgeschaltet haben, damit dieses Problem auftritt. Wenn Sie einen BIND 8-Nameserver betreiben und andere Resolver und Server die zwischengespeicherten negativen Antworten Ihres Nameservers scheinbar ignorieren, haben Sie möglicherweise *auth-nxdomain* deaktiviert.

*auth-nxdomain* ist eine Unteranweisung der Anweisung *options*, die den BIND 8-Server anweist, negative Antworten als autoritativ zu kennzeichnen, selbst wenn sie es nicht sind. Lassen Sie uns dies an einem Beispiel erläutern: Ihr Nameserver hat die Tatsache im Cache zwischengespeichert, daß *titanic.movie.edu* nicht auf den Nameservern existiert, die die Autorität für die Zone *movie.edu* besitzen. Durch die Unteranweisung *auth-nxdomain* beantwortet Ihr Nameserver eine Abfrage nach *titanic.movie.edu* so, als besäße er die Autorität über die Zone *movie.edu*.

Das ist deswegen erforderlich, weil einige Nameserver prüfen, ob negative Antworten, wie NXDOMAIN und keine zurückgelieferten Datensätze mit einem NOERROR-Fehlercode, als autoritativ gekennzeichnet sind. In grauer Vorzeit, als es kein negatives Caching gab, mußten negative Antworten autoritativ sein, so daß diese Prüfung Sinn machte. Aber mit der Einführung der negativen Zwischenspeicherung konnten negative Antworten durchaus aus dem Cache kommen. Um sicherzustellen, daß ältere Server solche Antworten nicht ignorieren oder sie als Fehler ansehen, kann BIND 8 diese Antworten als autoritativ kennzeichnen, auch wenn sie es nicht sind. Das ist sogar die Standardeinstellung, so daß Sie keine Abfragen sehen sollten, die Ihre negativen Antworten ignorieren, solange Sie nicht *auth-nxdomain* abschalten.

# Symptome von Problemen

Einige Probleme sind unglücklicherweise nicht so einfach zu identifizieren wie die bislang beschriebenen. Sie werden ein Fehlverhalten entdecken, es aber nicht direkt einer bestimmten Ursache zuordnen können, häufig, weil eine ganze Reihe von Problemen die gleichen Symptome aufweisen kann. Für diese Fälle wollen wir Ihnen einige der gängigsten Gründe für diese Symptome vorstellen und Ihnen zeigen, wie man sie isolieren kann.

## Lokaler Name kann nicht nachgesehen werden

Kann ein Programm wie *telnet* oder *ftp* einen lokalen Namen nicht nachsehen, müssen Sie zunächst mit *nslookup* selbst versuchen, den gleichen Namen nachzusehen. Wenn wir den »gleichen Namen« sagen, meinen wir *wirklich* den gleichen Namen – fügen Sie keine Domain oder einen abschließenden Punkt hinzu, wenn der Benutzer das nicht auch gemacht hat. Fragen Sie keinen anderen Nameserver ab, sondern verwenden Sie den gleichen wie der Benutzer.

Häufig hat der Benutzer den Namen falsch eingegeben, oder er versteht nicht, wie die Suchliste funktioniert. In diesem Fall braucht er einfach eine Unterweisung. Gelegentlich findet man aber auch echte Konfigurationsfehler:

- Syntaxfehler in *resolv.conf* (Problem 11 der in diesem Kapitel im Abschnitt »*Liste potentieller Probleme*« behandelten Fehler) oder
- eine nicht gesetzte Standard-Domain (Problem 12).

Sie können beide Fehler mit dem *nslookup* -Befehl *set all* einkreisen.

Deutet *nslookup* auf ein Problem mit dem Nameserver und nicht mit der Host-Konfiguration hin, müssen Sie nach Problemen suchen, die mit dieser Art von Nameserver in Verbindung stehen. Dient der Nameserver als primärer Master für die Zone, liefert gleichzeitig aber nicht die Daten zurück, die Sie erwarten, dann

- stellen Sie sicher, daß die db-Datei die entsprechenden Daten enthält und daß dem Nameserver ein erneutes Laden signalisiert wurde (Problem 2);
- untersuchen Sie die Conf- oder Boot-Datei und die zugehörige db-Datei auf Syntaxfehler (Problem 5);
- stellen Sie sicher, daß die Records die abschließenden Punkte enthalten, falls diese benötigt werden (Problem 6).

Fungiert der Nameserver als Slave-Server, sollten Sie zuerst prüfen, ob sein Master-Server die richtigen Daten besitzt. Wenn er sie besitzt, der Slave aber nicht,

- vergewissern Sie sich, daß Sie die Seriennummer des primären Servers erhöht haben (Problem 1);
- suchen Sie beim Slave nach einem Problem mit dem Laden der Zone (Problem 3).

Verfügt der primäre Server *nicht* über die korrekten Daten, müssen Sie das Problem natürlich beim Primary suchen.

Wenn das Problemkind ein reiner Cache-Server ist,

- stellen Sie sicher, daß die Cache-Daten vorliegen (Problem 7);
- überprüfen Sie, ob die Delegierung der Parent-Zone an Ihre Zone existiert und korrekt ist (Problem 9 und 10). Denken Sie daran, daß für den reinen Cache-Server Ihre Zone so aussieht wie jede andere entfernte Zone – auch wenn der Host, der den Cache-Nameserver ausführt, sich in Ihrer Zone befindet, muß der Cache-Nameserver in der Lage sein, über die Server der Parent-Zone einen autoritativen Server für Ihre Zone zu finden.

### *Entfernte Namen können nicht nachgesehen werden*

Sind lokale Lookups erfolgreich, können aber Namen außerhalb Ihrer lokalen Zonen nicht nachgesehen werden, ist eine andere Reihe von Problemen zu prüfen:

- Zunächst einmal – haben Sie Ihre Server eingerichtet? Sie könnten die Cache-Daten vergessen haben (Problem 7).

- Sind die Nameserver der entfernten Zone über *ping* zu erreichen? Möglicherweise sind die Server der entfernten Zone aufgrund eines Verbindungsproblems (Problem 8) nicht ansprechbar.
- Ist die entfernte Zone neu? Vielleicht ist die Delegierung noch nicht vollzogen (Problem 9). Oder die Delegierungsinformationen der entfernten Zone sind aufgrund verschiedener Versäumnisse falsch oder veraltet (Problem 10).
- Existiert der Domain-Name wirklich auf den Servern der entfernten Zone (Problem 2)? Auf allen von ihnen (Probleme 1 und 3)?

## *Falsche oder inkonsistente Antwort*

Erhalten Sie falsche oder inkonsistente Antworten, wenn Sie verschiedene Server zu verschiedenen Zeiten nach einem lokalen Namen fragen, müssen Sie zunächst die Synchronisation zwischen den Nameservern prüfen.

- Besitzen alle die gleiche Seriennummer für die Zone? Haben Sie vergessen, die Seriennummer des primären Servers nach einer Änderung zu erhöhen (Problem 1)? Wenn das der Fall ist, können alle Nameserver zwar die gleiche Seriennummer aufweisen, aber aus ihrem autoritativen Datenbestand auf unterschiedliche Weise antworten.
- Haben Sie die Seriennummer auf 1 zurückgesetzt (noch einmal Problem 1)? Die Seriennummer des primären Servers ist dann wesentlich kleiner als die des Slave-Servers.
- Haben Sie vergessen, dem Primary ein Signal zu senden (Problem 2)? Dann gibt der Primary (z.b. über *nslookup*) eine Seriennummer zurück, die nicht mit der Seriennummer der Datendatei übereinstimmt.
- Haben die Slaves Probleme bei der Aktualisierung vom Primary (Problem 3)? Wenn ja, sollten entsprechende Fehlermeldungen im *syslog*-Protokoll stehen.
- Funktioniert auf dem Nameserver Round Robin für den Domain-Namen, den Sie nachsehen? Wenn ja, müßten Sie bei jeder Abfrage die jeweils nächste Adresse sehen.

Erhalten Sie diese Ergebnisse beim Lookup eines Namens einer entfernten Zone, sollten Sie prüfen, ob die Nameserver der entfernten Zone die Synchronisation verloren haben. Sie können mit Tools wie *nslookup* arbeiten, um zu ermitteln, ob der Administrator der entfernten Zone beispielsweise vergessen hat, die Seriennummer zu inkrementieren. Unterscheidet sich die Antwort des Nameservers von den autoritativen Daten, obwohl die Seriennummern gleich sind, wurde die Seriennummer wahrscheinlich nicht inkrementiert. Ist die Seriennummer des Primarys wesentlich kleiner als die der Slaves, wurde die Seriennummer des Primarys wahrscheinlich aus Versehen zurückgesetzt. Wir gehen üblicherweise davon aus, daß der primäre Nameserver einer Zone auf dem Host läuft, der als Ursprung im SOA-Record angegeben wird.

Sie können wahrscheinlich nicht endgültig feststellen, ob dem Primary ein Signal gesendet wurde. Es ist auch schwierig, genau zu sagen, wo Aktualisierungsprobleme zwischen entfernten Nameservern liegen. In den Fällen, in denen Sie herausgefunden haben, daß die entfernten Nameserver unkorrekte Daten zurückliefern, sollten Sie den Zonenadministrator kontaktieren und ihm (freundlich) mitteilen, was Sie herausgefunden haben. Dies wird dem Administrator helfen, das Problem am anderen Ende zu beheben.

Wenn Sie feststellen, daß ein Parent-Server (der Parent einer entfernten Zone, der Parent Ihrer Zone oder sogar Ihre Zone) falsche Antworten liefert, prüfen Sie, ob dies von alten Delegierungsinformationen herrührt. Manchmal müssen Sie zu diesem Zweck sowohl den Administrator der entfernten Zone als auch den Administrator des Parents kontaktieren, um die Delegierung und die aktuelle, korrekte Liste der autoritativen Nameserver zu vergleichen.

Können Sie den Administrator nicht veranlassen, seine Daten zu korrigieren, obwohl diese für Ihre Nameserver-Probleme verantwortlich sind, oder können Sie den Administrator einfach nicht aufspüren, können Sie immer noch die *bogus*-Unteranweisung oder die *bogusns*-Direktive verwenden, um Ihren Nameserver zu veranlassen, diesen bestimmten Server nicht abzufragen.

### *Lookups dauern sehr lange*

Lang andauernde Namensauflösungen sind üblicherweise auf ein oder zwei Probleme zurückzuführen:

- Verbindungsverlust (Problem 8), der mit Debugging-Ausgaben des Nameservers und Tools wie *ping* diagnostiziert werden kann.
- Fehlerhafte Delegierungsinformationen (Problem 10), die auf falsche Nameserver oder IP-Adressen verweisen.

Üblicherweise führt das Überfliegen der Debugging-Ausgabe oder das Senden einiger *ping*s zu einem dieser beiden Probleme. Entweder sind die Nameserver überhaupt nicht zu erreichen, oder Sie erreichen die Hosts, aber die Nameserver antworten nicht.

Manchmal sind die Ergebnisse aber nicht stichhaltig. Zum Beispiel, wenn die Parent-Nameserver an eine Reihe von Nameservern delegieren, die auf *ping*s oder Abfragen nicht antworten, obwohl die Verbindung zum entfernten Netzwerk zu funktionieren scheint (ein *traceroute* liefert Ihnen beispielsweise die »Eingangsstufe« des entfernten Netzwerks – den letzten Router zwischen Ihnen und dem Host). Sind die Delegierungsinformationen so furchtbar veraltet, daß die Nameserver schon seit langem andere Adressen besitzen? Laufen die Hosts einfach nicht? Oder gibt es wirklich ein Problem im entfernten Netzwerk? Üblicherweise können Sie das nur herausfinden, indem Sie dem Administrator der entfernten Zone eine Nachricht schicken oder ihn anrufen. (Und denken Sie daran, daß Ihnen *whois* die Telefonnummern liefert!)

## rlogin und rsh nach Zugangsprüfung verweigert

Dieses Problem taucht häufig direkt nach der Einrichtung Ihrer Nameserver auf. Sind sich die Benutzer der Umstellung von Host-Tabellen auf das DNS nicht bewußt, haben sie ihre *.rhosts*-Dateien nicht aktualisiert. (Welche Änderungen hier notwendig sind, haben wir in Kapitel 6 besprochen.) Folglich schlägt die Zugangsprüfung bei *rlogin* oder *rsh* fehl, und der Zugriff wird verweigert.

Andere Gründe für dieses Problem sind eine fehlende oder falsche *in-addr.arpa*-Delegierung (Probleme 9 und 10) oder ein vergessener PTR-Record für den Client-Host (Problem 4). Falls Sie erst kürzlich auf BIND 4.9 oder 8 umgestiegen sind und mehr als eine *in-addr.arpa*-Subdomain in einer einzelnen Datei vorhalten, ignoriert Ihr Nameserver die zonenfremden Daten. All diese Situationen führen zum gleichen Verhalten:

```
% rlogin wormhole
Password:
```

Der Benutzer wird also nach einem Paßwort gefragt, gleichgültig, ob über *.rhosts* oder *hosts.equiv* ein paßwortfreier Zugriff eingerichtet wurde oder nicht. Würden Sie sich die *syslog*-Datei auf dem Ziel-Host (in unserem Fall *wormhole*) ansehen, würden Sie wahrscheinlich etwa folgendes finden:

```
May  4 18:06:22 wormhole inetd[22514]: login/tcp: Connection
        from unknown (192.249.249.213)
```

Sie können das Problem einkreisen, indem Sie den Auflösungsprozeß mit *nslookup* durchgehen. Fragen Sie zuerst einen Ihrer Parent-Nameserver für die *in-addr.arpa*-Subdomain nach NS-Records für Ihre *in-addr*-Domain ab. Sind diese korrekt, fragen Sie die aufgeführten Nameserver nach den PTR-Records ab, die der IP-Adresse des *rlogin*- oder *rsh*-Clients entsprechen. Stellen Sie sicher, daß alle PTR-Records besitzen und daß jeder Record auf den richtigen Domain-Namen verweist. Besitzen nicht alle Nameserver den Record, suchen Sie nach einem Verlust der Synchronisation zwischen dem Primary und den Slaves (Probleme 1 und 3).

## Zugriff auf Dienste verweigert

Manchmal sind *rlogin* und *rsh* nicht die einzigen benötigten Dienste. Gelegentlich werden Sie DNS auf Ihrem Server installieren, und die Hosts ohne Festplatten werden nicht mehr booten, während gleichzeitig andere Hosts keine Festplatten mehr vom Server mounten können.

Wenn dies passiert, müssen Sie sicherstellen, daß die von Ihrem Nameserver zurückgelieferten Namen mit denen übereinstimmen, die von Ihrem vorherigen Name-Service zurückgeliefert wurden. Haben Sie beispielsweise vorher mit NIS-Host-Maps gearbeitet, die nur klein geschriebene Namen enthielten, müssen Sie sicherstellen, daß Ihre Nameserver ebenfalls nur klein geschriebene Namen zurückliefern. Einige Programme unterscheiden zwischen Groß- und Kleinschreibung und erkennen keine Namen, die in den Datendateien wie */etc/bootparams* oder */etc/exports* entsprechend abweichend geschrieben wurden.

## Nameserver ist mit fehlerhaften Root-Server-Daten infiziert

*HINWEIS* BIND-Nameserver der Versionen 4.9 und höher sind gegen dieses Problem resistent.

Hier ein Problem, das jedem bekannt sein wird, der einen Internet-Nameserver über eine längere Zeit betreibt:

```
% nslookup
Default Server: terminator.movie.edu
Address: 192.249.249.3

> set type=ns
> .
Server: terminator.movie.edu
Address: 192.249.249.3

Non-authoritative answer:
(root)   nameserver = NS.NIC.DDN.MIL
(root)   nameserver = B.ROOT-SERVERS.NET
(root)   nameserver = E.ROOT-SERVERS.NET
(root)   nameserver = D.ROOT-SERVERS.NET
(root)   nameserver = F.ROOT-SERVERS.NET
(root)   nameserver = C.ROOT-SERVERS.NET
(root)   nameserver = G.ROOT-SERVERS.NET
(root)   nameserver = hpfcsx.fc.hp.com
(root)   nameserver = hp-pcd.cv.hp.com
(root)   nameserver = hp-ses.sde.hp.com
(root)   nameserver = hpsatc1.gva.hp.com
(root)   nameserver = named_master.ch.apollo.hp.com
(root)   nameserver = A.ISI.EDU
(root)   nameserver = SRI-NIC.ARPA
(root)   nameserver = GUNTER-ADAM.ARPA
Authoritative answers can be found from:
(root)   nameserver = NS.NIC.DDN.MIL
(root)   nameserver = B.ROOT-SERVERS.NET
(root)   nameserver = E.ROOT-SERVERS.NET
(root)   nameserver = D.ROOT-SERVERS.NET
(root)   nameserver = F.ROOT-SERVERS.NET
(root)   nameserver = C.ROOT-SERVERS.NET
(root)   nameserver =

*** Error: record size incorrect (1050690 != 65519)

*** terminator.movie.edu can't find .: Unspecified error
```

Donnerwetter! Wo kommen denn diese ganzen Root-Nameserver her? Und warum ist die Record-Größe durcheinander?

Wenn Sie genau hinsehen, werden Sie erkennen, daß die meisten dieser Records unecht sind. Beispielsweise ist *SRI-NIC.ARPA* der ursprüngliche Name von *nic.ddn.mil* und stammt noch aus der Zeit, als das gesamte ARPAnet unter der Top-Level-Domain *ARPA* lebte. Selbst der Nameserver auf *nic.ddn.mil* wurde bereits vor einiger Zeit als Root-Server abgelöst und durch einen neuen auf *ns.nic.ddn.mil* ersetzt (und *dieser* Nameserver ist vom alten NIC bei SRI zum neuen bei NSI gewandert ...).

Die Nameserver in *hp.com* sind keine Internet-Roots und waren es auch niemals. Wie sind sie also in unseren Cache gerutscht?

Erinnern Sie sich noch daran, wie wir beschrieben haben, was ein Nameserver macht, der nach einem Namen gefragt wird, über den er keine Autorität besitzt? Er tut sein Bestes, um den Fragenden mit hilfreichen Informationen zu versorgen: NS-Records, die so nahe wie möglich am gesuchten Domain-Namen liegen. Manchmal kann der abgefragte Nameserver aber nur bis zu den Root-Nameservern vordringen. Und manchmal besitzt der Nameserver eine *falsche* Root-Liste, entweder aus Versehen (durch eine falsche Konfiguration), oder weil sich niemand die Mühe macht, die Cache-Datei auf dem neuesten Stand zu halten.

Was hat das mit dem Caching zu tun? Nun, nehmen wir einmal an, der Nameserver fragte einen Server ab, von dem er glaubt, daß es sich um einen *10.in-addr.arpa*-Nameserver handelt. Dieser Nameserver weiß aber nichts über *10.in-addr.arpa*. Der Nameserver versucht, hilfreich zu sein, und sendet seine aktuelle Root-Server-Liste in einem Antwortpaket zurück, aber diese Liste ist falsch. BIND (bis zur Version 4.8.3) ist vertrauensvoll wie ein Neugeborenes und legt diese nutzlosen Informationen dankbar im Cache ab. Neuere Versionen (die älter und klüger sind) markieren und verwerfen diese Daten als fehlerhafte Delegierung.

Warum hat *nslookup* einen Fehler in der Record-Größe zurückgeliefert, als wir uns die Liste der Root-Server Ihres Nameservers angesehen haben? Die Liste der Roots hat die Größe eines UDP-Antwortpaketes überschritten, wurde aber gekürzt, um in das Paket hineinzupassen. Das Längenfeld der Antwort zeigt an, daß mehr Daten vorhanden waren, und *nslookup* hat sich entsprechend beschwert.

Diese »Infektion« kann sich ausbreiten, wenn die fehlerhaften NS-Records auf einen realen Nameserver verweisen, der aber kein Root-Server ist. Liefern diese Server weitere fehlerhafte Daten zurück, kann der Cache Ihres Servers mit fehlerhaften Records überflutet werden.

Die einzigen Möglichkeiten, die Quelle dieser falschen Roots zu ermitteln, bestehen darin, das Nameserver-Debugging zu aktivieren (Level 4 oder höher) und auf den Eingang dieser Records zu warten, oder Ihren Nameserver so zu patchen, daß er den Empfang falscher Root-Informationen meldet. Mit BIND 4.9 und BIND 8 können Sie die Quelle der falschen Daten in einem Datenbank-Dump sehen. Selbst wenn Sie glauben, den Schuldigen gefunden zu haben, ist es wohl nur ein weiterer Nameserver, der vor Ihrem beschädigt wurde. Um den eigentlichen Sünder aufzuspüren, müssen Sie sich, zusammen mit den anderen Administratoren, zurückarbeiten, um herauszufinden, wer den ersten Fauxpas gemacht hat. Wenn Sie sich diesen Prozeß nicht zumuten wollen, ist es wohl einfacher, zum BIND 4.9- oder BIND 8-Server zu wechseln.

## Nameserver lädt alte Daten

Hier eine Klasse seltsamer Probleme, die mit dem Problem eines beschädigten Caches in Verbindung stehen. Manchmal finden Sie, nachdem ein Nameserver ausgemustert oder eine IP-Adresse geändert wurde, immer noch die alten Adreß-Records vor. Ein alter Record kann sich Wochen, ja sogar Monate im Cache des Nameservers oder in einer Zonendatei halten. Der Record hätte natürlich längst aus allen Caches entfernt werden sollen. Warum ist er also immer noch da? Nun, dafür kann es verschiedene Gründe geben. Wir wollen die einfacheren zuerst erläutern.

### Alte Delegierungsinformationen

Der erste (und einfachste) Fall tritt ein, wenn eine Parent-Zone nicht mit den Child-Domains Schritt hält oder wenn die Children den Parent nicht über Änderungen der autoritativen Nameserver der betreffenden Zone informieren. Besitzen die *edu*-Administratoren die folgenden alten Delegierungsinformationen für *movie.edu*

```
$ORIGIN movie.edu.
@          86400   in   ns   terminator
           86400   in   ns   wormhole
terminator 86400   in   a    192.249.249.3
wormhole   86400   in   a    192.249.249.254 ; wormholes alte
                                             ; IP-Adresse
```

liefern die *edu*-Nameserver diese falsche alte Adresse für *wormhole* zurück.

Sobald man diesen Fehler den Parent-Nameservern zuschreiben kann, ist er schnell behoben: Kontaktieren Sie einfach den Administrator der Parent-Zone, und bitten Sie ihn darum, die Delegierungsinformationen zu aktualisieren. Liegen die fehlerhaften Daten auch im Cache der Server der Child-Zonen, müssen Sie diese herunterfahren (um deren Zwischenspeicher zu leeren), alle Datendateien löschen, die diese Daten enthalten, und sie wieder hochfahren.

### Unnötige Glue-Daten

Wenn *named-xfer* Zonendaten von einem Master-Server transferiert, überträgt es mehr, als eigentlich nötig. Dies ist ein Bug der BIND-Versionen BIND 4.8.3 und darunter. Den Hauptteil dieser zusätzlichen, von *named-xfer* empfangenen Last machen die Adressen von Nameservern dieser Zone aus, obgleich diese Server außerhalb der Zone liegen. Liegen die Nameserver in der Zone, sind ihre Adressen notwendige Glue-Daten. Liegen sie nicht in der Zone, gehören sie nicht in deren Datendatei. In einer Backup-Datei für *movie.edu* würden Sie zum Beispiel in der Datei *db.movie* folgenden Abschnitt finden:

```
$ORIGIN edu.
movie            IN    NS    terminator.movie.edu.
$ORIGIN movie.edu.
terminator       IN    A     192.249.249.3
$ORIGIN edu.
movie            IN    NS    wormhole.movie.edu.
$ORIGIN movie.edu.
wormhole         IN    A     192.249.249.1
```

```
                    IN        A       192.253.253.1
                    IN        A       192.249.249.254
```

Sie würden aber die gleichen Records in *db.192.249.249* und *db.192.253.253* vorfinden:

```
$ORIGIN 249.192.in-addr.arpa.
249                 IN        NS      terminator.movie.edu.
$ORIGIN movie.edu.
terminator          56422     IN      A       192.249.249.3
$ORIGIN 249.192.in-addr.arpa.
249                 IN        NS      wormhole.movie.edu.
$ORIGIN movie.edu.
wormhole            56422     IN      A       192.249.249.1
                    56422     IN      A       192.253.253.1
                    56422     IN      A       192.249.249.254
```

Die letzte der *wormhole*-Adressen ist die alte *wormhole*-Adresse.

---

**HINWEIS**     BIND-Nameserver haben dieses Problem seit der Version 4.9 nicht mehr.

---

Es gibt keinen Grund, warum die Adreß-Records von *terminator* oder *wormhole* in irgendeinem *in-addr.arpa*-Backup stehen sollten. Sie *müssen* in *db.movie* stehen, aber weil sie keine Glue-Daten für irgendeine *in-addr.arpa*-Subdomain darstellen, sollten sie nicht in *db.192.249.249* oder *db.192.253.253* stehen.

Lädt der Slave-Server die *in-addr.arpa*-Backup-Datei, lädt er auch die Adreß-Records für *terminator* und *wormhole*. Ist die Adresse alt, lädt der Nameserver die falsche Adresse (und gibt sie bei Bedarf auch zurück):

```
% nslookup wormhole
Server:  wormhole.movie.edu
Address: 192.249.249.1

Name:    wormhole.movie.edu
Address: 192.249.249.1, 192.253.253.1, 192.249.249.254
```

Sie denken jetzt vielleicht, daß Sie die alte Adresse aus *db.movie* herausnehmen könnten und daß die Slave-Server irgendwann einen entsprechenden Timeout in den *in-addr.arpa*-Subdomains haben werden. Schließlich besitzen Adreß-Records ja eine TTL.

Unglücklicherweise altern diese Records bei Slave-Servern nicht. Zwar werden sie mit der TTL in der Datendatei ausgegeben, aber der Slave-Server dekrementiert die TTL nicht und verwirft diese Records daher niemals. Die alte Adresse kann also so lange in den *in-addr.arpa*-Backups herumgeistern, wie diese unverändert bleiben. Und *in-addr.arpa*-Zonen sind sehr stabil, solange keine neuen Hosts in ein Netzwerk eingebunden oder IP-Adressen geändert werden. Es besteht keine Notwendigkeit, die Seriennummer zu erhöhen und sie von den Slaves neu laden zu lassen.

Das Geheimnis der Lösung dieses Problems besteht darin, *alle* Seriennummern der Zone gleichzeitig zu erhöhen, wenn eine Änderung die autoritativen Nameserver einer Zone betrifft. Auf diese Weise stellen Sie sicher, daß alle alten Daten entfernt werden und daß alle Slave-Server aktuelle Glue-Daten laden.

### *Gegenseitige Infektion*

Es gibt noch ein weiteres uns bekanntes Szenario, das diese Symptome hervorrufen kann. Hier spielen alte Datendateien überhaupt keine Rolle, nur zwei Slave-Nameserver. BIND kann Probleme bekommen, wenn zwei Nameserver existieren, jeder davon als Slave für den jeweils anderen fungiert und jeweils eine Zone Child der jeweils anderen ist (z.b. wenn der Nameserver A *movie.edu* von Nameserver B und B *fx.movie.edu* von A lädt).

**HINWEIS** BIND-Nameserver seit der Version 4.9 haben dieses Problem nicht mehr.

In diesen Fällen können die Daten bis in alle Ewigkeit zwischen den beiden Nameservern hin und her fließen. Insbesondere können die Nameserver Delegierungsdaten austauschen, die eigentlich Teil der Child-Zone sind.

Wie funktioniert das? Nehmen wir einmal an, *terminator.movie.edu* sei der primäre Master für *movie.edu* und sicherte *fx.movie.edu* von *bladerunner. bladerunner* sei der primäre Master für *fx.movie.edu* und sichert *movie.edu* von *terminator*. Nehmen wir nun einmal an, daß Sie die IP-Adresse von *bladerunner* ändern. Sie haben daran gedacht, *named.conf* auf *terminator* so zu ändern, daß *fx.movie.edu* von der neuen IP-Adresse von *bladerunner* geladen wird. Sie haben auch die IP-Adresse in *db.fx* geändert. Sie haben sogar die Delegierungsdaten der *fx*-Subdomain in der *db.movie* des primären Servers geändert, um die Adreßänderung zu berücksichtigen. Ist das nicht genug?

Nein. *terminator* hält die alte IP-Adresse von *bladerunner* immer noch in der Backup-Datei *db.fx* vor, wie auch *bladerunner* immer noch über seine eigene alte Adresse in der Backup-Kopie von *db.movie* verfügt (ein Glue Record der *fx*-Delegierung).

Nun löschen Sie *db.fx* auf *terminator*, fahren den Nameserver herunter und starten ihn erneut. Reicht das nun aus? Nein, weil *bladerunner* immer noch die alte Adresse besitzt und diese beim nächsten *fx.movie.edu*-Zonentransfer an *terminator* übergibt. Wenn Sie *db.movie* auf *bladerunner* löschen, den Server herunterfahren und erneut starten, geschieht etwas Ähnliches: *bladerunner* erhält den alten Record mit dem nächsten *movie.edu*-Zonentransfer zurück.

Das ist (auch für uns) etwas schwer zu verfolgen, weshalb uns Abbildung 13-2 zeigt, was eigentlich hier vorgeht.

# Symptome von Problemen

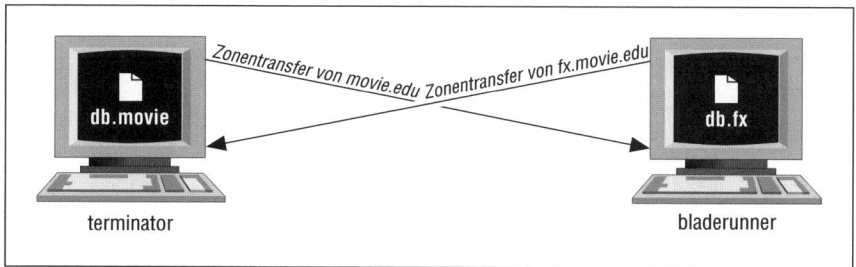

*Abbildung 13-2: Infektion durch Zonentransfers*

Die alten Records müssen bei beiden Nameservern gleichzeitig verschwinden. Eine Lösung dieses Problems besteht darin, beide Nameserver gleichzeitig herunterzufahren, alle Backups zu löschen und beide Server dann wieder zu starten. Auf diese Weise können sich die beiden Caches nicht gegenseitig infizieren.

### *Woran liegt es?*

Wie können Sie herausfinden, mit welchem dieser Probleme Sie es zu tun haben? Achten Sie darauf, welche Nameserver die alten Daten verteilen und zu welchen Domains die Daten gehören:

- Ist der Nameserver Ihr Parent-Nameserver? Überprüfen Sie den Parent auf alte Delegierungsinformationen oder eine Parent/Child-Infektion.

- Sind sowohl der Child als auch der Parent betroffen? Prüfen Sie, ob eine Parent/Child-Infektion vorliegt.

- Sind Slave-Nameserver betroffen, aber nicht der Primary? Suchen Sie nach veralteten Daten in Backup-Dateien.

Das ist alles, was wir behandeln können. Sicherlich alles andere als eine vollständige Liste, aber wir hoffen dennoch, daß Sie damit die gängigsten DNS-Probleme lösen können und eine Vorstellung davon haben, wie Sie mit dem Rest verfahren. Ach, hätten wir doch bloß eine solche Anleitung gehabt, als *wir* angefangen haben!

> In diesem Kapitel:
> - Shell-Skriptprogrammierung mit nslookup
> - C-Programmierung mit den Resolver-Bibliotheksroutinen
> - Perl-Programmierung mit Net::DNS

# 14
# *Mit den Resolver- und Nameserver-Bibliotheksroutinen programmieren*

>»Ich weiß, was du denkst«, sagte Fiedelsumm. »Aber das kommt nicht in Frage. Nie und nimmermehr.«
>
>»Vielmehr ganz im Gegenteil«, fuhr Fiedelsimm fort. »Wenn's so war, dann könnte es auch so sein; und wenn's so sein könnte, dann würde es auch so sein. Weil es aber nicht so ist, kommt's auch nicht in Frage. Ganz logisch.«

Wetten, daß Sie glauben, die Programmierung des Resolvers sei schwierig?! Vielmehr ganz im Gegenteil! So schwierig ist sie gar nicht. Das Format von DNS-Paketen ist geradlinig – Sie müssen nicht mit ASN.1[1] arbeiten, wie dies bei SNMP der Fall ist. Außerdem gibt es schöne Bibliotheksroutinen, die das Parsing von DNS-Paketen einfach machen. Wir haben Teile von RFC 1035 in Kapitel A, *DNS-Nachrichtenformat und Resource Records*, aufgenommen. Dennoch könnte es recht nützlich sein, eine Kopie des RFC 1035 zur Hand zu haben, während Sie dieses Kapitel durchgehen. Zumindest sollten Sie eine in greifbarer Nähe haben, wenn Sie Ihre eigenen DNS-Programme schreiben.

---

1 ASN.1 steht für »Abstract Syntax Notation«. ASN.1 ist eine Sprache zur Kodierung von Objekttypen, die von der International Organization for Standardization als internationaler Standard anerkannt wird.

# Shell-Skriptprogrammierung mit nslookup

Bevor Sie sich hinsetzen und für Ihre DNS-Aufgaben ein C-Programm schreiben, sollten Sie es mit Hilfe von *nslookup* als Shell-Skript erstellen. Es gibt gute Gründe, mit einem Shell-Skript anzufangen:

- Das Shell-Skript ist wesentlich schneller entwickelt als das C-Programm.
- Wenn Sie mit DNS noch nicht so vertraut sind, können Sie die Fehler in der Logik Ihres Programms mit einem schnellen Skriptprototypen herausarbeiten. Wenn Sie schließlich das C-Programm schreiben, können Sie sich auf die zusätzlichen Kontrollmöglichkeiten konzentrieren, die Sie mit C besitzen, und verschwenden keine Zeit mit der Überarbeitung der Grundfunktionalität.
- Sie könnten feststellen, daß das Shell-Skript die Aufgabe gut genug erfüllt, so daß Sie überhaupt kein C-Programm mehr schreiben müssen. Die Kodierungszeit ist nicht nur kürzer, Shell-Skripten sind auch einfacher zu pflegen, wenn man sie über einen längeren Zeitraum benutzt.
- Falls Sie Perl gegenüber der guten alten Shell-Programmierung bevorzugen, können Sie auch diese Skriptsprache verwenden. Am Ende dieses Kapitels zeigen wir Ihnen, wie Sie das von Michael Fuhr geschriebene Perl-Modul Net::DNS benutzen können.

## Ein typisches Problem

Bevor Sie ein Programm schreiben, müssen Sie ein Problem haben, das es zu lösen gilt. Lassen Sie uns annehmen, daß Sie Ihr Netzwerk-Managementsystem über Ihre primären und sekundären Nameserver wachen lassen wollen. Es soll Sie über verschiedene Probleme informieren: nicht laufende Nameserver (die abgestürzt sein könnten), Nameserver, die keine Autorität über eine gegebene Domain besitzen, aber besitzen sollten (die Boot-Datei könnte durcheinander sein), oder Nameserver, die mit dem Aktualisieren der Daten nicht nachkommen (die Seriennummer des primären Nameservers könnte versehentlich verkleinert worden sein).

Jedes dieser Probleme ist einfach zu erkennen. Läuft auf einem Host kein Nameserver, gibt der Host die Meldung ICMP *port unreachable* zurück. Sie können dies sowohl mit *nslookup* als auch mit den Resolver-Routinen herausfinden. Zu prüfen, ob ein Nameserver die Autorität über eine Domain besitzt, ist einfach: Fragen Sie den SOA-Record der Domain ab. Erhalten Sie keine autoritative Antwort oder besitzt der Server keinen SOA-Record, gibt es ein Problem. Sie müssen den SOA-Record in einer *nichtrekursiven* Query abfragen, damit der Nameserver nicht den SOA-Record von einem anderen Server liefert. Sobald der SOA-Record einmal vorliegt, können Sie die Seriennummer herausfiltern.

## Das Problem mit einem Skript lösen

Dieses Problem verlangt ein Programm, dem der Domain-Name einer einzelnen Zone als Argument übergeben wird und das die Nameserver für diese Zone nachsieht und dann jeden dieser Nameserver nach dem SOA-Record für die Zone fragt. Die Antwort zeigt an, ob der Server die Autorität besitzt, und liefert auch die Seriennummer der Zone zurück. Gibt es keine Antwort, muß das Programm herausfinden, ob überhaupt ein Nameserver auf dem Host läuft. Sobald dieses Programm einmal geschrieben ist, müssen Sie es für jede Zone aufrufen, die Sie zu überwachen wünschen. Weil das Programm die Nameserver nachsieht (indem es die NS-Records der Zone nachschaut), gehen wir davon aus, daß Sie alle Nameserver in Ihrer Zonendatei in NS-Records aufgeführt haben. Ist dies nicht der Fall, müssen Sie das Programm so ändern, daß es eine Liste der Nameserver über die Kommandozeile erhält.

Lassen Sie uns das grundlegende Programm in Form eines Shell-Skripts schreiben, das mit *nslookup* arbeitet. Zuerst müssen wir herausfinden, wie die Ausgabe von *nslookup* aussieht, damit wir sie mit UNIX-Tools für unsere Zwecke analysieren können. Wir wollen NS-Records nachsehen, um herauszufinden, von welchen Servern angenommen werden kann, daß sie die Autorität über eine Zone besitzen. Dabei spielt es keine Rolle, ob ein gegebener Server die Autorität über die NS-Records besitzt oder nicht.

```
% nslookup
Default Server:  relay.hp.com
Address:  15.255.152.2

> set type=ns
```

Herausfinden, wie die Antwort aussieht, wenn der Server keine Autorität über die NS-Records besitzt:

```
> mit.edu.
Server:  relay.hp.com
Address:  15.255.152.2

Non-authoritative answer:
mit.edu nameserver = STRAWB.MIT.EDU
mit.edu nameserver = W20NS.MIT.EDU
mit.edu nameserver = BITSY.MIT.EDU

Authoritative answers can be found from:
MIT.EDU nameserver = STRAWB.MIT.EDU
MIT.EDU nameserver = W20NS.MIT.EDU
MIT.EDU nameserver = BITSY.MIT.EDU
STRAWB.MIT.EDU   internet address = 18.71.0.151
W20NS.MIT.EDU    internet address = 18.70.0.160
BITSY.MIT.EDU    internet address = 18.72.0.3
```

Herausfinden, wie die Antwort aussieht, wenn der Server die Autorität über die NS-Records besitzt:

```
> server strawb.mit.edu.
Default Server:  strawb.mit.edu
Address:  18.71.0.151

> mit.edu.
Server:  strawb.mit.edu
Address:  18.71.0.151

mit.edu     nameserver = BITSY.MIT.EDU
mit.edu     nameserver = STRAWB.MIT.EDU
mit.edu     nameserver = W20NS.MIT.EDU
BITSY.MIT.EDU    internet address = 18.72.0.3
STRAWB.MIT.EDU   internet address = 18.71.0.151
W20NS.MIT.EDU    internet address = 18.70.0.160
```

Aus dieser Ausgabe ist zu ersehen, daß Sie die Namen der Nameserver festhalten können, indem Sie die Zeilen herausfiltern, die das Wort nameserver enthalten, und dann das letzte Feld sichern. Besitzt der Nameserver keine Autorität über die NS-Records, gibt er sie zweimal aus – wir müssen also Duplikate aussortieren.

Als nächstes sehen wir uns den SOA-Record für die Zone an. Auch hier betrachten wir wieder beide Fälle, d.h. den Besitz bzw. Nicht-Besitz der Autorität.

Wir schalten *recurse* aus, damit der Nameserver keinen autoritativen Nameserver nach dem SOA-Record fragt.

```
% nslookup
Default Server:  relay.hp.com
Address:  15.255.152.2

> set type=soa
> set norecurse
```

Herausfinden, wie die Antwort aussieht, wenn der Server keinen SOA-Record besitzt:

```
> mit.edu.
Server:  relay.hp.com
Address:  15.255.152.2

Authoritative answers can be found from:
MIT.EDU nameserver = STRAWB.MIT.EDU
MIT.EDU nameserver = W20NS.MIT.EDU
MIT.EDU nameserver = BITSY.MIT.EDU
STRAWB.MIT.EDU   internet address = 18.71.0.151
W20NS.MIT.EDU    internet address = 18.70.0.160
BITSY.MIT.EDU    internet address = 18.72.0.3
```

Herausfinden, wie die Antwort aussieht, wenn der Server die Autorität für die Zone besitzt:

```
> server strawb.mit.edu.
Default Server:  strawb.mit.edu
Address:  18.71.0.151
```

```
> mit.edu.
Server:  strawb.mit.edu
Address:  18.71.0.151

mit.edu
        origin = BITSY.MIT.EDU
        mail addr = NETWORK-REQUEST.BITSY.MIT.EDU
        serial = 378
        refresh = 3600 (1 hour)
        retry   = 300 (5 mins)
        expire  = 3600000 (41 days 16 hours)
        minimum ttl = 21600 (6 hours)
```

Besitzt der Nameserver keine Autorität über die Zone, gibt er Referenzen auf andere Nameserver zurück. Hat der Nameserver den SOA-Record vorher bereits nachgesehen und in seinem Cache abgelegt, gibt er ihn zusammen mit dem Text »non-authoritative« zurück. Wir müssen beide Fälle beachten. Liefert der Nameserver einen SOA-Record zurück und besitzt er die Autorität über die Zone, können wir die Seriennummer aus der Zeile mit dem Wort `serial` herausfiltern.

Nun müssen wir wissen, was *nslookup* zurückgibt, wenn kein Nameserver auf dem Host läuft. Wir wechseln auf einen Host, von dem wir wissen, daß er normalerweise keinen Nameserver beherbergt, und sehen den SOA-Record nach:

```
% nslookup
Default Server:  relay.hp.com
Address:  15.255.152.2

> server galt.cs.purdue.edu.
Default Server:  galt.cs.purdue.edu
Address:  128.10.2.39

> set type=soa
> mit.edu.
Server:  galt.cs.purdue.edu
Address:  128.10.2.39

*** galt.cs.purdue.edu can't find mit.edu.: No response from server
```

Jetzt müssen wir noch wissen, was *nslookup* zurückgibt, wenn ein Host nicht antwortet. Wir können dies testen, indem wir den Server auf eine nicht verwendete IP-Adresse unseres LANs richten:

```
% nslookup
Default Server:  relay.hp.com
Address:  15.255.152.2

> server 15.255.152.100
Default Server:  [15.255.152.100]
Address:  15.255.152.100

> set type=soa
> mit.edu.
```

## Kapitel 14: Mit den Resolver- und Nameserver-Bibliotheksroutinen programmieren

```
Server:  [15.255.152.100]
Address:  15.255.152.100

*** Request to [15.255.152.100] timed-out
```

Bei den beiden letzten Fehlern wurden die Fehlermeldungen an *stderr* geschrieben. Wir können uns diese Tatsache beim Schreiben unseres Shell-Skripts zunutze machen. Nun sind wir soweit, daß wir unser Shell-Skript schreiben können. Wir nennen es *check_soa*.

```
#!/bin/sh
if test "$1" = ""
then
    echo usage: $0 domain
    exit 1
fi
DOMAIN=$1
#
# Mit nslookup die Nameserver für diese Domain ($1) ermitteln.
# Mit awk die Namen der Nameserver aus den nameserver-Zeilen herausfiltern.
# (Die Namen stehen immer im letzten Feld.) Duplikate sortieren wir
# mit sort -u aus. Einen echten Vergleich führen wir nicht durch.
#
SERVERS=`nslookup -type=ns $DOMAIN |\
            awk '/nameserver/ {print $NF}' | sort -u`
if test "$SERVERS" = ""
then
        #
        # Es wurden keine Server gefunden. Wir brechen einfach ab.
        # nslookup hat diesen Fehler erkannt und eine Meldung ausgegeben.
        # Das wird genügen.
        #
        exit 1
fi
#
# Prüfung der SOA-Seriennummer jedes Servers. Die Ausgabe von
# nslookup wird in zwei temporären Dateien gesichert: nso.$$ (stdout)
# und nse.$$ (stderr). Diese Dateien werden bei jeder Iteration neu
# geschrieben. defname und search werden ausgeschaltet, weil wir
# mit voll qualifizierten Namen arbeiten sollten.
#
# HINWEIS: Diese Schleife ist recht lang, lassen Sie sich nicht täuschen.
#
for i in $SERVERS
do
  nslookup >/tmp/nso.$$ 2>/tmp/nse.$<<-EOF
     server $i
     set nosearch
     set nodefname
     set norecurse
     set q=soa
     $DOMAIN
EOF
   #
   # Deutet die Antwort an, daß der aktuelle Server ($i) die
```

```
    # Autorität besitzt? Der Server ist NICHT autoritativ, wenn
    # (a) die Antwort entsprechend lautet oder (b) die Antwort
    # anderswohin verweist.
    #
    if egrep "Non-authoritative|Authoritative answers can be" \
                            /tmp/nso.$$ >/dev/null
    then
        echo $i ist für $DOMAIN nicht autoritativ
        continue
    fi
    #
    # Wir wissen, daß der Server autoritativ ist; Seriennummer herausfiltern.
    #
    SERIAL=`cat /tmp/nso.$$ | grep serial | sed -e "s/.*= //"`
    if test "$SERIAL" = ""
    then
        #
        # Hier landen wir, wenn SERIAL null ist. In diesem Fall
        # sollte es eine entsprechende Fehlermeldung von nslookup
        # geben. Wir geben daher die "Standardfehler"-Datei mit
        # cat aus.
        #
        cat /tmp/nse.$$
    else
        #
        # Namen und Seriennummer des Servers ausgeben.
        echo $i hat die Seriennummer $SERIAL
    fi
done   # Ende der "for"-Schleife.
#
# Temporäre Dateien löschen.
#
rm -f /tmp/nso.$$ /tmp/nse.$$
```

Die Ausgabe unseres Programms sieht dann wie folgt aus:

```
% check_soa mit.edu
BITSY.MIT.EDU hat die Seriennummer 378
STRAWB.MIT.EDU hat die Seriennummer 378
W20NS.MIT.EDU hat die Seriennummer 378
```

Wenn Sie unter Zeitdruck stehen, wird dieses kleine Tool Ihr Problem lösen, und Sie können sich anderen Arbeiten zuwenden. Müssen viele Zonen geprüft werden und erscheint Ihnen dieses Tool als zu langsam, müssen Sie es in ein C-Programm umwandeln. Möchten Sie eine größere Kontrolle über die Fehlermeldungen, statt sich mit den *nslookup*-Fehlermeldungen zu begnügen, müssen Sie ebenfalls ein C-Programm schreiben. Genau das wollen wir später in diesem Kapitel auch tun.

# C-Programmierung mit den Resolver-Bibliotheksroutinen

Bevor Sie aber irgendwelchen Code schreiben können, müssen wir Sie mit dem DNS-Paketformat und den Resolver-Bibliotheksroutinen vertraut machen. Bei dem gerade von uns entwickelten Shell-Skript hat *nslookup* das Parsing des DNS-Paketes übernommen. In einem C-Programm müssen Sie das Parsen übernehmen. Lassen Sie uns den Abschnitt über die Programmierung mit einem Blick auf das DNS-Paketformat beginnen.

## DNS-Paketformat

Sie haben das DNS-Paketformat bereits in Kapitel 11, *nslookup*, kennengelernt. Es sieht wie folgt aus:

1. Header
2. Frage (Question)
3. Antwort (Answer)
4. Autorität (Authority)
5. Zusätzliches (Additional)

Das Format des Header-Abschnitts wird in RFC 1035 auf den Seiten 26-28 und in Anhang A beschrieben. Es sieht wie folgt aus:

```
query identification number (2 octets)
query response (1 bit)
opcode (4 bits)
authoritative answer (1 bit)
truncation (1 bit)
recursion desired (1 bit)
recursion available (1 bit)
reserved (3 bits)
response code (4 bits)
question count (2 octets)
answer record count (2 octets)
name server record count (2 octets)
additional record count (2 octets)
```

Auch opcode-, rcode-, Typ- und Klassenwerte snd in *arpa/nameserver.h* definiert. Außerdem sind dort Routinen zum Herausfiltern dieser Informationen aus einer Antwort enthalten. Wir beschreiben diese Routinen, die *Nameserver-Bibliothek*, in Kürze.

Der Frage-Abschnitt wird auf den Seiten 28-29 von RFC 1035 behandelt. Er sieht wie folgt aus:

```
Domain-Name (variable Länge)
Query-Typ (zwei Oktetts)
Query-Klasse (zwei Oktetts)
```

Die Antwort-, Autoritäts- und Zusätzliches-Abschnitte werden auf den Seiten 29-30 von RFC 1035 behandelt. Diese Abschnitte bestehen aus einer Anzahl von Resource Records, die in etwa wie folgt aussehen:

```
Domain-Name (variable Länge)
Typ (zwei Oktetts)
Klasse (zwei Oktetts)
TTL (vier Oktetts)
Ressource-Datenlänge (zwei Oktetts)
Ressource-Daten (variable Länge)
```

Der Header-Abschnitt enthält Angaben über die Anzahl dieser Resource Records in jedem Abschnitt.

## Speicherung von Domain-Namen

Wie Sie sehen können, ist die Länge der im DNS-Paket gespeicherten Namen variabel. Im Gegensatz zu C speichert das DNS die Namen nicht als Strings, die mit einem Nullzeichen abgeschlossen werden. Domain-Namen werden in einer Reihe von Länge/Wert-Paaren gespeichert, die mit einem Null-Oktett enden. Jedes Label in einem Domain-Namen besteht aus einem Längen-Oktett und einem Label. Ein Name wie *venera.isi.edu* wird wie folgt abgelegt:

```
6 venera 3 isi 3 edu 0
```

Sie können sich vorstellen, wie groß der für die Speicherung von Namen verwendete Anteil eines DNS-Pakets sein kann. Die DNS-Autoren haben das erkannt und eine einfache Möglichkeit gefunden, Domain-Namen zu komprimieren.

## Komprimierung von Domain-Namen

Häufig stimmen ganze Domain-Namen oder zumindest die abschließenden Label eines Domain-Namens mit einem Namen überein, der bereits in der Antwort gespeichert ist. Bei der Komprimierung von Domain-Namen wird die ständige Wiederholung von Domain-Namen eliminiert, indem ein Zeiger auf das frühere Vorkommen des Namens, aber nicht der Name selbst eingefügt wird. Nehmen wir einmal an, ein Antwortpaket enthielte bereits den Namen *venera.isi.edu*. Wird der Name *vaxa.isi.edu* in die Antwort eingefügt, speichert man das Label *vaxa* und danach einen Zeiger auf das frühere Vorkommen von *isi.edu*. Wie werden solche Zeiger nun implementiert?

Die beiden ersten Bits des Längen-Oktetts geben an, ob ein Längen/Label-Paar oder ein Zeiger auf ein Längen/Label-Paar folgt. Sind die ersten beiden Bits gleich null, folgen die Länge und das Label. Wie Sie vielleicht wissen, ist die Länge eines Labels auf 63 Zeichen beschränkt. Daher kann das Längenfeld mit nur den letzten sechs Bits für die Länge des Labels auskommen. Das genügt, um die Länge 0-63 darzustellen. Sind die beiden ersten Bits auf 1 gesetzt, folgt keine Längenangabe, sondern ein Zeiger. Der Zeiger setzt sich aus den letzten sechs Bits des Längen-Oktetts *und* dem nächsten Oktett zusammen, besteht insgesamt also aus 14 Bits. Der Zeiger ist ein Offset vom Beginn des

DNS-Pakets. Wird nun *vaxa.isi.edu* in einen Puffer aufgenommen, der bereits *venera. isi.edu* enthält, kommt dabei folgendes heraus:

```
byte offset: 0 123456 7 890 1 234 5 6 7890 1   2
             -------------+--------------+--------
pkt contents: 6 venera 3 isi 3 edu 0 4 vaxa 0xC0 7
```

Das 0xC0 ist ein Byte, bei dem die beiden höchstwertigen Bits auf 1 und die restlichen Bits auf 0 gesetzt sind. Der Wert des Zeigers ist 7 – die letzten sechs Bits des ersten Oktetts sind Nullen, und das zweite Oktett hat den Wert 7. Am Offset 7 finden Sie im Puffer den Rest des *vaxa*-Domain-Namens: *isi.edu*.

In diesem Beispiel haben wir nur die Komprimierung zweier Namen in einem Puffer dargestellt, kein ganzes DNS-Paket. Ein DNS-Paket würde einen Header und noch weitere Felder besitzen. Dieses Beispiel soll Ihnen nur verdeutlichen, wie die Komprimierung von Domain-Namen funktioniert. Nun die gute Nachricht: Sie müssen sich um die Namenskomprimierung nicht kümmern, solange Ihre Bibliotheksfunktionen ordentlich arbeiten. Was Ihnen aber klar sein muß, ist, wie das Parsing einer DNS-Antwort durcheinandergerät, wenn Sie sich um ein Byte vertun. Versuchen Sie beispielsweise, den Namen beim zweiten Byte aufzulösen; Sie werden entdecken, daß »v« weder ein gutes Längen-Oktett noch einen guten Zeiger abgibt.

## *Die Resolver-Bibliotheksroutinen*

Die Resolver-Bibliothek enthält die Routinen, die Sie zum Schreiben Ihrer Anwendungen benötigen. Sie werden diese Routinen verwenden, um Queries zu generieren. Sie werden die im folgenden beschriebenen Nameserver-Bibliotheksroutinen benutzen, um die Antwort zu analysieren.

Hier die Header-Dateien, die Sie einbinden müssen:

```
#include <sys/types.h>
#include <netinet/in.h>
#include <arpa/nameser.h>
#include <esolv.h>
```

Und dies sind die Resolver-Bibliotheksroutinen:

```
int res_search(const char *dname,
               int class,
               int type,
               u_char *answer,
               int anslen)
```

*res_search* stellt die »höchste« Stufe der Resolver-Routinen dar. Sie wird von *gethostbyname* aufgerufen. *res_search* wendet den Suchalgorithmus auf den ihr übergebenen Domain-Namen an. Das heißt, daß sie den übergebenen Domain-Namen (*dname*) nimmt und ihn »vervollständigt« (wenn er nicht voll qualifiziert ist), indem sie verschiedene »Erweiterungen« aus der Resolver-Suchliste hinzufügt und dann *res_query* aufruft, bis sie eine Antwort erhält, die den Fund eines gültigen, voll qualifizierten Namens anzeigt.

Neben der Anwendung des Suchalgorithmus schaut *res_search* auch in die Datei, die in der Umgebungsvariable HOSTALIASES angegeben wurde. (Die Variable HOSTALIASES haben wir in Kapitel 6, *Hosts konfigurieren*, beschrieben.) Es werden also auch alle »privaten« Host-Aliases beachtet. *res_search* liefert die Größe der Antwort zurück oder setzt *h_errno* und gibt -1 zurück, wenn ein Fehler aufgetreten oder keine Antwort vorhanden ist. (*h_errno* ist wie *errno*, aber für DNS-Lookups.)

Der einzig wirklich interessante Parameter für *res_search* ist also *dname* – die anderen werden nur an *res_query* und die weiteren Resolver-Routinen durchgereicht. Die anderen Argumente lauten wie folgt:

*class*
Der »Adreßtyp« der von Ihnen nachgesehenen Daten. Dies ist nahezu immer die Konstante C_IN, die eine Adresse der »Internet-Klasse« anfordert. Diese Konstanten sind in *arpa/nameser.h* definiert.

*type*
Der Typ der von Ihnen gestellten Anforderung. Auch hier handelt es sich um eine in *arpa/nameser.h* definierte Konstante. Ein typischer Wert wäre T_NS für einen Nameserver-Record oder T_MX für einen MX-Record.

*answer*
Ein Puffer, in dem *res_search* sein Antwortpaket plaziert. Die Größe des Puffers sollte mindestens PACKETSZ (definiert in *arpa/nameser.h*) Bytes betragen.

*anslen*
Die Größe des *answer*-Puffers (z.b. PACKETSZ).

*res_search* liefert die Länge der Antwort oder bei einem Fehler -1 zurück.

```
int res_query(const char *dname,
              int class,
              int type,
              u_char *answer,
              int anslen)
```

*res_query* ist eine der auf der »mittleren« Stufe angesiedelten Resolver-Routinen. Sie erledigt die eigentliche Arbeit beim Lookup eines Domain-Namens. Sie erzeugt ein Abfragepaket durch Aufrufen von *res_mkquery*, sendet die Abfrage durch den Aufruf von *res_send* und sieht sich die Antwort genau genug an, um zu erkennen, ob die Frage beantwortet wurde. In vielen Fällen wird *res_query* von *res_search* aufgerufen, die ihr einfach die verschiedenen nachzusehenden Domain-Namen übergibt. Wie Sie es wohl erwarten werden, besitzen diese beiden Funktionen die gleichen Argumente. *res_query* liefert die Länge der Antwort zurück oder setzt *h_errno* und gibt -1 zurück, wenn ein Fehler aufgetreten ist oder keine Antwort vorhanden war.

```
int res_mkquery(int op,
                const char *dname,
                int class,
                int type,
```

```
                   const u_char *data,
                   int datalen,
                   const u_char *newrr,
                   u_char *buf,
                   int buflen)
```

*res_mkquery* erzeugt das Abfragepaket. Sie füllt alle Felder im Header aus, komprimiert den Domain-Namen in den Frage-Abschnitt und füllt auch die anderen Fragefelder aus.

Die Argumente *dname*, *class* und *type* sind die gleichen wie bei *res_search* und *res_query*. Die verbleibenden Argumente lauten wie folgt:

*op*

Die durchzuführende »Operation«. Normalerweise QUERY, kann aber auch IQUERY (inverse Query) sein. Wie bereits früher erwähnt, wird IQUERY aber selten verwendet. BIND unterstützt seit der Version 4.9.4 IQUERY standardmäßig überhaupt nicht mehr.

*data*

Ein Puffer, der die Daten für inverse Queries aufnimmt. Er ist NULL, wenn *op* den Wert QUERY aufweist.

*datalen*

Die Länge des *data*-Puffers. Ist *data* NULL, enthält *datalen* eine Null.

*newrr*

Ein Puffer, der vom Code zur dynamischen Aktualisierung verwendet wird (mehr dazu finden Sie in Kapitel 10, *Fortgeschrittenere Eigenschaften und Sicherheit*. Solange Sie nicht mit diesem Feature herumspielen, ist er immer NULL.

*buf*

Der Puffer, in dem *res_mkquery* das Query-Paket anlegt. Er sollte PACKETSZ oder mehr Bytes umfassen, genau wie der Antwortpuffer in *res_search* und *res_query*.

*buflen*

Die Größe des *buf*-Puffers (z.b. PACKETSZ).

*res_mkquery* liefert die Größe des Abfragepaketes oder bei einem Fehler -1 zurück.

```
     int res_send(const u_char *msg,
                  int msglen,
                  u_char *answer,
                  int anslen)
```

*res_send* implementiert den Retry-Algorithmus. Sie sendet das Query-Paket *msg* in einem UDP-Paket, kann es aber auch über einen TCP-Stream verschicken. Das Antwortpaket wird in *answer* gespeichert. Diese Routine ist von allen Resolver-Routinen die einzige, die auf »magische Weise« arbeitet (solange Sie nicht alles über verbundene Datagramm-Sockets wissen). Die Argumente kennen Sie bereits von den anderen Resolver-Routinen:

*msg*
: Der das DNS-Abfragepaket enthaltende Puffer.

*msglen*
: Die Größe von *msg*.

*answer*
: Der Puffer, in dem das DNS-Antwortpaket abgelegt wird.

*anslen*
: Die Größe des *answer*-Puffers.

*res_send* gibt die Größe der Antwort oder bei einem Fehler -1 zurück. Gibt die Routine -1 zurück und steht *errno* auf ECONNREFUSED, läuft auf dem Ziel-Host kein Nameserver.

Sie können *errno* nach dem Aufruf von *res_search* oder *res_query* auf ECONNREFUSED prüfen. (*res_search* ruft *res_query* auf, die wiederum *res_send* aufruft.) Wollen Sie *errno* nach dem Aufruf von *res_query* prüfen, müssen Sie *errno* vorher löschen. Auf diese Weise wissen Sie, daß *res_send errno* gesetzt hat. Sie müssen *errno* hingegen nicht vor dem Aufruf von *res_search* löschen. *res_search* löscht *errno* selbst, bevor *res_query* aufgerufen wird.

```
int res_init(void)
```

*res_init* liest *resolv.conf* ein und initialisiert eine Datenstruktur namens *_res* (mehr dazu später). Alle bisher diskutierten Routinen rufen *res_init* auf, wenn sie erkennen, daß diese vorher noch nicht aufgerufen wurde. Sie können sie aber auch selbst aufrufen, was recht nützlich ist, wenn Sie einige Standardwerte ändern wollen, bevor Sie die erste Resolver-Routine aufrufen. Enthält *resolv.conf* irgendwelche Zeilen, die *res_init* nicht versteht, werden diese ignoriert. *res_init* gibt immer null zurück, auch wenn die Manpage ihr das Recht zuerkennt, -1 zurückliefern zu können.

```
extern int h_errno;
int herror(const char *s)
```

*herror* ist eine Routine wie *perror*, gibt aber einen String aus, der auf dem Wert der externen Variable *h_errno* (anstelle von *errno*) basiert. Das einzige Argument lautet wie folgt:

*s*
: Ein String, der die Fehlermeldung identifiziert. Wird der String »s« angegeben, wird er als erstes ausgegeben, gefolgt von einem »:« und dem String, der dem Wert von *h_errno* zugeordnet ist.

Hier die möglichen Werte für *h_errno*:

HOST_NOT_FOUND
: Der Domain-Name existiert nicht. Der Rückgabecode in der Antwort des Nameservers war NXDOMAIN.

TRY_AGAIN
Der Nameserver läuft entweder nicht oder hat SERVFAIL zurückgegeben.

NO_RECOVERY
Entweder konnte der Domain-Name nicht komprimiert werden, weil es sich um einen ungültigen Domain-Namen handelt (z.b. ein Name mit fehlendem Label – *movie. edu*), oder der Nameserver hat FORMERR, NOTIMP oder REFUSED zurückgegeben.

NO_DATA
Der Domain-Name existiert, aber es gibt keine Daten des angeforderten Typs.

NETDB_INTERNAL
Es ist ein Bibliotheksfehler aufgetreten, der nichts mit dem Netzwerk oder dem Name-Service zu tun hat. Eine Problembeschreibung ist in *errno* zu finden.

## Die _res-Struktur

Jede Resolver-Routine (d.h. jede Routine, die mit *res_* beginnt) benutzt eine gemeinsame Datenstruktur namens *_res*. Sie können das Verhalten der Resolver-Routinen beeinflussen, indem Sie *_res* ändern. Wenn Sie beeinflussen wollen, wie oft *res_send* eine Abfrage erneut verschickt, können Sie den Wert des *retry*-Feldes entsprechend anpassen. Soll der Resolver-Suchalgorithmus deaktiviert werden, setzen Sie das RES_DNSRCH-Bit in der *options*-Maske auf null. Sie finden diese so wichtige *_res*-Struktur in *resolv.h*:

```
struct __res_state {
    int      retrans;     /* Zeitintervall für erneute Sendung */
    int      retry;       /* Anzahl der Wiederholungen */
    u_long   options;     /* Options-Flags, siehe unten */
    int      nscount;     /* Anzahl der Nameserver*/
    struct sockaddr_in
             nsaddr_list[MAXNS];  /* Adresse des Nameservers */
#define nsaddr nsaddr_list[0]     /* für Rückwärtskompatibilität */
    u_short  id;          /* aktueller Paket-ID */
    char     *dnsrch[MAXDNSRCH+1]; /* Komponenten der zu durchsuchenden Domain */
    char     defdname[MAXDNAME];   /* Standard-Domain*/
    u_long   pfcode;      /* RES_PRF_ Flags - siehe unten */
    unsigned ndots:4;     /* Grenzwert für erste abs. Query */
    unsigned nsort:4;              /* Anzahl der Elemente in sort_list[] */
    char     unused[3];
    struct {
        struct in_addr    addr;   /* Sortierstruktur */
        u_int32_t         mask;
    } sort_list[MAXRESOLVSORT];
};
```

Das *options*-Feld ist eine einfache Bit-Maske der aktiven Optionen. Um ein bestimmtes Feature zu aktivieren, muß das entsprechende Bit im Optionsfeld gesetzt sein. Bit-Masken für jede dieser Optionen sind in *resolv.h* definiert:

RES_INIT
Ist dieses Bit gesetzt, wurde *res_init* bereits aufgerufen.

RES_DEBUG
Dieses Bit sorgt dafür, daß der Resolver Debugging-Meldungen ausgibt (wenn die Resolver-Routinen mit DEBUG kompiliert wurden). Standardmäßig ist dieses Bit nicht gesetzt.

RES_AAONLY
Verlangt, daß die Antwort autoritativ ist und nicht aus dem Cache eines Nameservers stammt. Es ist zu schade, daß dies nicht implementiert ist, es wäre so ein nützliches Feature. Dem Entwurf des BIND-Resolvers zufolge müßte dieses Feature im Nameserver implementiert sein, und das ist nicht der Fall.

RES_PRIMARY
Nur den primären Server abfragen. Auch dieses Feature ist nicht implementiert.

RES_USEVC
Schalten Sie dieses Bit ein, wenn der Resolver seine Abfragen über eine TCP-Verbindung (virtueller Kreis) statt mit UDP-Paketen abwickeln soll. Wie Sie sich denken können, führt der Auf- und Abbau einer TCP-Verbindung zu Leistungsverlusten. Standardmäßig ist dieses Bit nicht gesetzt.

RES_STAYOPEN
Wenn Sie Abfragen über TCP-Verbindungen abwickeln, sorgt das Einschalten dieses Bits dafür, daß die Verbindung offen bleibt. Anderenfalls wird die Verbindung abgebaut, sobald die Abfrage beantwortet wurde. Standardmäßig nicht gesetzt.

RES_IGNTC
Ist in der Antwort des Nameservers das Truncation-Bit gesetzt, würde der Resolver normalerweise versuchen, die Query über TCP erneut zu schicken. Ist dieses Bit eingeschaltet, wird das Truncation-Bit der Antwort ignoriert und die Query nicht erneut über TCP geschickt. Standardmäßig nicht gesetzt.

RES_RECURSE
Standardmäßig führt der BIND-Resolver rekursive Abfragen aus. Setzen Sie dieses Bit auf null, wird das »Rekursion verlangt«-Bit im Abfragepaket ausgeschaltet. Per Voreinstellung ist es gesetzt.

RES_DEFNAMES
Standardmäßig hängt der BIND-Resolver die Standard-Domain an Namen an, die keinen Punkt enthalten. Setzen Sie dieses Bit auf null, wird die Standard-Domain nicht angehängt. Per Voreinstellung ist es gesetzt.

RES_DNSRCH
Standardmäßig hängt der BIND-Resolver jeden Eintrag der Suchliste an Namen an, die nicht mit einem Punkt enden. Das Ausschalten dieses Bits deaktiviert die Suchlistenfunktion. Per Voreinstellung ist es gesetzt.

Kapitel 14: Mit den Resolver- und Nameserver-Bibliotheksroutinen programmieren

RES_INSECURE1
  Standardmäßig ignorieren 4.9.3- oder 4.9.4-Resolver Antworten von Servern, die nicht abgefragt wurden. Setzen Sie dieses Bit, wird diese Sicherheitsprüfung deaktiviert. Per Voreinstellung ist es nicht gesetzt.

RES_INSECURE2
  Standardmäßig ignorieren 4.9.3- oder 4.9.4-Resolver Antworten, bei denen der Frage-Abschnitt der Antwort nicht mit dem Frage-Abschnitt der ursprünglichen Query übereinstimmt. Setzen Sie dieses Bit, wird diese Sicherheitsprüfung deaktiviert. Per Voreinstellung ist es nicht gesetzt.

RES_NOALIASES
  Standardmäßig verwendet der BIND-Resolver Aliases, die in der vom Benutzer in der Umgebungsvariable HOSTALIASES angegebenen Datei stehen. Setzen Sie dieses Bit auf null, wird das HOSTALIASES-Feature für Resolver ab der Version 4.9.3 deaktiviert. Ältere Resolver erlauben nicht, daß dieses Feature deaktiviert wird. Per Voreinstellung ist es nicht gesetzt.

## *Die Nameserver-Bibliotheksroutinen*

Der Nameserver enthält Bibliotheksroutinen, die Sie zum Analysieren von Antwortpaketen benötigen. Hier die Header-Dateien, die Sie einschließen müssen:

```
#include <sys/types.h>
#include <netinet/in.h>
#include <netdb.h>
#include <arpa/nameser.h>
#include <resolv.h>
```

Und die Nameserver-Bibliotheksroutinen:

```
int ns_init_parse(const u_char *msg,
                  int msglen,
                  ns_msg *handle)
```

*ns_init_parse* ist die erste Reoutine, die Sie aufrufen müssen, bevor Sie andere Bibliotheksroutinen des Nameservers verwenden können. *ns_init_parse* füllt die Datenstruktur aus, auf die *handle* zeigt; dabei handelt es sich um einen Parameter, der an andere Routinen weitergegeben wird. Die Argumente sind:

*msg*
  Ein Zeiger auf den Anfang des Antwortpuffers.

*msglen*
  Die Größe des Antwortpuffers.

*handle*
  Ein Zeiger auf die Datenstruktur, die mit *ns_init_parse* erstellt wurde.

*ns_init_parse* gibt im Erfolgsfalle null zurück und -1, wenn die Analyse des Antwortpuffers fehlgeschlagen ist.

# C-Programmierung mit den Resolver-Bibliotheksroutinen

```
const u_char *ns_msg_base(ns_msg handle)
const u_char *ns_msg_end(ns_msg handle)
int ns_msg_size(ns_msg handle)
```

Diese Routinen geben einen Zeiger zurück, der auf den Anfang oder das Ende der Antwort verweist, oder ihre Größe bezeichnet. Sie geben Daten zurück, die Sie an *ns_init_parse* übergeben haben. Das einzige Argument ist:

*handle*
Eine Datenstruktur, die *ns_init_parse* erstellt hat.

```
u_int16_t ns_msg_id(ns_msg handle)
```

*ns_msg_id* gibt die Identifikation aus dem Header-Abschnitt (siehe weiter vorne) des Antwortpakets zurück. Das einzige Argument ist:

*handle*
Eine Datenstruktur, die *ns_init_parse* erstellt hat.

```
u_int16_t ns_msg_get_flag(ns_msg handle, ns_flag flag)
```

*ns_msg_get_flag* gibt die »Flag«-Felder des Header-Abschnitts des Antwortpakets zurück. Ihre Argumente sind:

*handle*
Eine Datenstruktur, die *ns_init_parse* erstellt hat.

*flag*
Ein aufgezählter Typ, der einen der folgenden Werte annehmen kann:

```
ns_f_qr      /* Frage/Antwort */
ns_f_opcode  /* Operationscode */
ns_f_aa      /* Autoritative Antwort */
ns_f_tc      /* Abschneidung aufgetreten */
ns_f_rd      /* Abschneidung erwünscht */
ns_f_ra      /* Rekursion möglich */
ns_f_rcode   /* Antwortcode */
u_int16_t ns_msg_count(ns_msg handle, ns_sect section)
```

*ns_msg_count* gibt einen Zähler aus dem Header-Abschnitt des Antwortpakets zurück. Ihre Argumente sind:

*handle*
Eine Datenstruktur, die *ns_init_parse* erstellt hat.

*section*
Ein aufgezählter Typ, der einen der folgenden Werte annehmen kann:

```
ns_s_qd    /* Frage-Abschnitt */
ns_s_an    /* Antwort-Abschnitt */
ns_s_ns    /* Nameserver-Abschnitt */
ns_s_ar    /* Abschnitt für zusätzlich Datensätze */
```

```
int ns_parserr(ns_msg *handle,
               ns_sect section,
               int rrnum,
               ns_rr *rr)
```

*ns_parserr* filtert Angaben über ein Antwortpaket heraus und speichert es in *rr*. *rr* ist ein Parameter, der an andere Nameserver-Bibliotheksroutinen übergeben wird. Die Argumente sind:

*handle*
    Ein Zeiger auf die Datenstruktur, die *ns_init_parse* erstellt hat.

*section*
    Derselbe Parameter, den wir in *ns_msg_count* beschrieben haben.

*rrnum*
    Eine Resource Record-Nummer für die Resource Records in diesem Abschnitt. Die Numerierung der Resource Records beginnt mit 0. *ns_msg_count* sagt Ihnen, wie viele Resource Records sich in diesem Abschnitt befinden.

*rr*
    Ein Zeiger auf eine zu initialisierende Datenstruktur.

*ns_parserr* gibt im Erfolgsfalle null zurück und -1, wenn die Analyse des Antwortpuffers fehlschlägt.

```
char *ns_rr_name(ns_rr rr)
u_int16_t ns_rr_type(ns_rr rr)
u_int16_t ns_rr_class(ns_rr rr)
u_int32_t ns_rr_ttl(ns_rr rr)
u_int16_t ns_rr_rdlen(ns_rr rr)
const u_char *ns_rr_rdata(ns_rr rr)
```

Diese Routinen geben einzelne Felder eines Antwort-Datensatzes zurück. Ihr einziges Argument ist:

*rr*

```
int ns_name_compress(const char *exp_dn,
                     u_char *comp_dn,
                     size_t length,
                     const u_char **dnptrs,
                     const u_char **lastdnptr)
```

*ns_name_compress* komprimiert einen Domain-Namen. Diese Routine rufen Sie üblicherweise nicht selbst auf – *res_mkquery* erledigt das für Sie. Wenn Sie aber aus irgendeinem Grund einen Namen komprimieren müssen, steht Ihnen hier das entsprechende Werkzeug zur Verfügung. Die Argumente lauten wie folgt:

*exp_dn*
    Der von Ihnen übergebene »expandierte« Domain-Name, d.h. ein normaler nullterminierter String mit dem voll qualifizierten Domain-Namen.

*comp_dn*
> Der Ort, an dem *ns_name_compress* den komprimierten Domain-Namen ablegen soll.

*length*
> Die Größe des *comp_dn*-Puffers.

*dnptrs*
> Ein Array von Zeigern auf bereits komprimierte Domain-Namen. *dnptrs[0]* zeigt auf den Beginn der Nachricht. Die Liste endet mit einem Nullzeiger. Nachdem Sie *dnptrs[0]* auf den Anfang der Nachricht und *dnptrs[1]* auf NULL gesetzt haben, aktualisiert die Routine *dn_comp* die Liste immer, wenn sie aufgerufen wird.

*lastdnptr*
> Ein Zeiger auf das Ende des *dnptrs*-Arrays. *ns_name_compress* muß wissen, wo sich das Ende des Arrays befindet, um Daten dahinter nicht zu überschreiben.

Wenn Sie diese Routine verwenden wollen, können Sie sich ihre Benutzung in *res/res_mkquery.c* im BIND-Quellcode ansehen. Es ist häufig einfacher, die Verwendung einer Routine anhand eines Beispiels nachzuvollziehen, als sich die Erläuterungen durchzulesen. *ns_name_compress* gibt die Länge des komprimierten Namens oder -1 bei einem Fehler zurück.

```
int ns_name_uncompress(const u_char *msg,
         const u_char *eomorig,
         const u_char *comp_dn,
         char *exp_dn,
         int length)
```

*ns_name_uncompress* expandiert einen »komprimierten« Domain-Namen. Sie werden diese Routine einsetzen, wenn Sie Antworten des Nameservers analysieren, genau wie wir das in einem noch folgenden Beispiel tun werden. Die Argumente lauten wie folgt:

*msg*
> Ein Zeiger auf den Beginn des Antwortpaketes (Nachricht).

*eomorig*
> Ein Zeiger auf das erste Byte hinter der Nachricht. Dieser wird verwendet, um sicherzustellen, daß *ns_name_uncompress* hinter das Ende der Nachricht springt.

*comp_dn*
> Ein Zeiger auf den komprimierten Domain-Namen innerhalb der Nachricht.

*exp_dn*
> Der Ort, an dem *ns_name_uncompress* den expandierten Namen ablegen soll. Sie sollten immer einen Bereich im Umfang von MAXDNAME Zeichen für den expandierten Namen bereitstellen.

*length*
> Die Größe des *exp_dn*-Puffers.

*ns_name_uncompress* gibt die Größe des komprimierten Namens oder bei einem Fehler -1 zurück. Sie fragen sich vielleicht, warum *dn_expand* die Größe des *komprimierten* Namens und nicht die Größe des *expandierten* Namens zurückgibt. Der Grund dafür ist, daß Sie beim Aufruf von *ns_name_uncompress* ein DNS-Paket verarbeiten und wissen müssen, wieviel Raum der komprimierte Name im Paket eingenommen hat, damit Sie ihn überspringen können.

```
int ns_name_skip(const u_char **ptrptr, const u_char *eom)
```

*ns_name_skip* entspricht *ns_name_uncompress*, aber statt den Namen zu dekomprimieren, wird er lediglich übersprungen. Die Argumente sind:

*ptrptr*
    Ein Zeiger auf einen Zeiger, der auf den zu überspringenden Namen verweist. Der ursprüngliche Zeiger wird auf das Byte hinter dem Namen weitergestellt.

*eom*
    Ein Zeiger auf das erste Byte hinter der Nachricht. Er wird verwendet, um sicherzustellen, daß *ns_name_skip* nicht das Ende der Nachricht überschreitet.

*ns_name_skip* gibt im Erfolgsfalle eine null zurück und -1, wenn die Dekomprimierung des Namens fehlgeschlagen ist.

```
u_int ns_get16(const u_char *cp)
void  ns_put16(u_int s, u_char *cp)
```

Die DNS-Pakete besitzen Felder, die unbenannte kurze Integer sind (Typ, Klasse, und Datenlänge, um nur ein paar zu nennen), *ns_get16* gibt einen 16-Bit-Integer-Wert zurück, auf den *cp* verweist. *ns_put16* ordnet den 16-Bit-Wert von *s* den Ort zu, auf den *cp* verweist.

```
u_long ns_get32(const u_char *cp)
void   ns_put32(u_long l, u_char *cp)
```

Diese Routinen entsprechen ihren 16-Bit-Gegenstücken, arbeiten aber mit 32-Bit-Integer-Werten. Das TTL-Feld eines Resource Records ist ein 32-Bit-Integer-Wert.

## DNS-Antworten analysieren

Die einfachste Möglichkeit, zu lernen, wie DNS-Pakete analysiert werden, besteht darin, sich einen Code anzusehen, der genau dies tut. Wenn Sie den DNS-Quellcode besitzen, ist *res/res_debug.c* (BIND 4) oder *src/lib/resolv/res_debug.c* (BIND 8) die dazu am besten geeignetste Datei. Sie enthält *fp_query*, die Routine, die die DNS-Pakete beim Nameserver-Debugging ausgibt. Unser Beispielprogramm hat seine Wurzeln im Code dieser beiden Dateien.

Sie werden DNS-Antworten nicht immer von Hand analysieren wollen. Eine »Zwischenlösung« besteht darin, die Routine *p_query* aufzurufen, die wiederum *fp_query* aufruft, um dann das DNS-Paket auszugeben. Diese Ausgabe kann man anschließend mit grundlegenden UNIX-Tools wie *perl* oder *awk* bearbeiten, um die benötigten Informationen herauszufiltern. Von Cricket Liu ist bekannt, daß er sich immer auf diese Weise aus der Affäre zieht.

## Ein Beispielprogramm: check_soa

Hier ein C-Programm, mit dem wir das gleiche Problem lösen wie mit dem vorhin entwickelten Shell-Skript.

```
/***************************************************************
 * check_soa -- SOA-Record von jedem Nameserver einer gegebenen *
 * Domain empfangen und die Seriennummer ausgeben.              *
 *                                                              *
 * usage: check_soa domain                                      *
 *                                                              *
 * Die folgenden Fehler werden gemeldet:                        *
 *      o Keine Adresse für diesen Server.                      *
 *      o Auf diesem Host läuft kein Server.                    *
 *      o Keine Antwort vom Server.                             *
 *      o Der Server besitzt keine Autorität über die Zone.     *
 *      o Die Antwort enthält einen Fehlercode.                 *
 *      o Die Antwort enthält mehr als eine Antwort.            *
 *      o Die Antwort enthält keinen SOA-Record.                *
 *      o Die Expansion eines komprimierten Domain-Namens ist   *
 *        fehlgeschlagen.                                       *
 ***************************************************************/

/* Verschiedene Header-Dateien*/
#include <sys/types.h>
#include <sys/socket.h>
#include <netinet/in.h>
#include <netdb.h>
#include <stdlib.h>
#include <stdio.h>
#include <errno.h>
#include <arpa/nameser.h>
#include <resolv.h>

/* Fehlervariablen */
extern int h_errno;    /* Resolver-Fehler */
extern int errno;      /* allgemeine Systemfehler */

/* unsere eigenen Routinen; Code folgt weiter hinten in diesem Kapitel */
void nsError();             /* Resolver-Fehler melden */
void findNameServers();     /* Nameserver einer Domain finden */
void queryNameServers();    /* SOA-Records von Servern lesen */
void returnCodeError();     /* Fehler im Antwortpaket melden */
int  skipToData();          /* Daten im Resource Record überspringen */
int  skipName();            /* komprimierten Namen überspringen */

/* maximale Anzahl von Nameservern, die geprüft werden */
#define NSLIMIT 20
```

**Kapitel 14: Mit den Resolver- und Nameserver-Bibliotheksroutinen programmieren**

Hier die benötigten Header-Dateien, Deklarationen externer Variablen und Funktionsdeklarationen. Beachten Sie, daß wir sowohl *h_errno* (für die Resolver-Routinen) als auch *errno* verwenden. Die Anzahl der maximal von uns geprüften Nameserver haben wir mit 20 festgelegt. Sie werden selten eine Zone mit mehr als zehn Nameservern finden, eine obere Grenze von 20 sollte also genügen.

```
main(argc, argv)
int argc;
char *argv[];

{
    char *nsList[MAX_NS]; /* Liste der Nameserver */
    int  nsNum = 0;       /* Anzahl der Nameserver in der Liste */

    /* Prüfung des Aufrufs: ein (und nur ein) Argument? */
    if(argc != 2){
        (void) fprintf(stderr, "usage: %s domain\n", argv[0]);
        exit(1);
    }

    (void) res_init();

    /*
     * Die Nameserver einer Domain finden.
     * Die Nameserver werden nach nsList geschrieben.
     */
    findNameServers(argv[1], nsList, &nsNum);

    /*
     * Jeden Nameserver nach dem SOA-Record der Domain fragen.
     * Die Nameserver werden aus nsList gelesen.
     */
    queryNameServers(argv[1], nsList, nsNum);

    exit(0);
}
```

Die Hauptroutine des Programms ist klein. Wir haben ein Array von String-Zeigern, *nsList*, in dem wir die Namen der Nameserver dieser Zone eintragen. Wir rufen die Resolver-Funktion *res_init* auf, um die _*res*-Struktur zu initialisieren. Es wäre bei diesem Programm nicht nötig gewesen, *res_init* explizit aufzurufen, weil diese automatisch durch die erste Resolver-Routine aufgerufen worden wäre, die auf die _*res*-Struktur zugegriffen hätte. Hätten Sie aber irgendeinen Wert irgendeines _*res*-Feldes vor dem ersten Aufruf einer Resolver-Routine ändern wollen, hätten diese Änderungen direkt nach dem Aufruf von *res_init* durchgeführt werden müssen. Als nächstes ruft das Programm *findNameServers* auf, um alle Nameserver für die in *argv[1]* angegebene Zone zu finden und in *nsList* zu speichern. Zum Schluß ruft das Programm *queryNameServers* auf, um jeden der in *nsList* stehenden Nameserver nach dem SOA-Record der Zone zu fragen.

# C-Programmierung mit den Resolver-Bibliotheksroutinen

Nun folgt die Routine *findNameServers*. Sie fragt den lokalen Nameserver nach den NS-Records der Zone. Anschließend ruft sie *addNameServers* auf, um das Antwortpaket zu analysieren, und alle gefundenen Nameserver werden abgespeichert. Die Header-Dateien *arpa/nameser.h* und *resolv.h* enthalten die Deklarationen, von denen wir intensiven Gebrauch machen.

```
/*****************************************************************
 * findNameServers -- Alle Nameserver der gegebenen Domain finden *
 *      und ihre Namen in nsList ablegen. nsNum gibt              *
 *      die Anzahl der im nsList-Array stehenden Nameserver an.   *
 *****************************************************************/
void
findNameServers(domain, nsList, nsNum)
char *domain;
char *nsList[];
int  *nsNum;
{
    union {
        HEADER hdr;              /* Definiert in resolv.h */
        u_char buf[NS_PACKETSZ]; /* Definiert in arpa/nameser.h */
    } response;                  /* Antowrt-Puffer */
    int responseLen;             /* Puffergröße */

    ns_msg handle;  /* Handle für Antwortpaket */

    /*
     * NS-Records für eine gegebene Domain nachsehen.
     * Wir erwarten einen voll qualifizierten Domain-Namen,
     * weshalb wir res_query() benutzen. Würden wir den
     * Suchalgorithmus des Resolvers benutzen wollen,
     * hätten wir statt dessen res_search() benutzt.
     */
    if((responseLen =
           res_query(domain,        /* Die Domain, um die wir uns kümmern */
                     ns_c_in,       /* Internet-Klassen-Records */
                     ns_t_ns,       /* Nameserver-Records nachsehen */
                     (u_char *)&response, /* Antwort-Puffer */
                     sizeof(response)))   /* Puffergröße */
                                 < 0){   /* Wenn negativ */
        nsError(h_errno, domain); /* Fehler melden */
        exit(1);                  /* und beenden */
    }

    /*
     * Ein Handle auf die Antwort initialisieren. Es wird später
     * verwendet werden, um die Angaben aus der Antwort herauszufiltern
     */
    if (ns_initparse(response.buf, responseLen, &handle) < 0) {
        fprintf(stderr, "ns_initparse: %s\n", strerror(errno));
        return;
    }
```

*387*

# Kapitel 14: Mit den Resolver- und Nameserver-Bibliotheksroutinen programmieren

```
    /*
     * Eine Liste mit Nameservern aus der Antwort erzeugen.
     * NS-Records können, je nach DNS-Implementierung, im
     * Antwort- und/oder im Autoritäts-Teil enthalten sein.
     * Wir gehen beide durch. Nameserver-Adressen können
     * im Zusätzliches-Abschnitt stehen, aber wir ignorieren sie, weil
     * es wesentlich einfacher ist, später gethostbyname() aufzurufen
     * als die Adressen hier zu analysieren und zu speichern.
     */

    /*
     * Die Nameserver aus dem Antwort-Abschnitt hinzufügen.
     */
    addNameServers(nsList, nsNum, handle, ns_s_an);

    /*
     * Die Nameserver aus dem Autoritäts-Abschnitt hinzufügen.
     */
    addNameServers(nsList, nsNum, handle, ns_s_ns);
}

/*****************************************************************
 * addNameServers -- Resource Records eines Abschnitts ansehen   *
 *                   Namen aller Nameserver speichern            *
 *****************************************************************/
void
addNameServers(nsList, nsNum, handle, section)
char *nsList[];
int *nsNum;
ns_msg handle;
ns_sect section;
{
    int rrnum;  /* Nummer des Resource Records */
    ns_rr rr;   /* Dekomprimierter Resource Record */

    int i, dup; /* Diverse Variablen */

    /*
     * Alle Resource Records in diesem Abschnitt betrachten.
     */
    for(rrnum = 0; rrnum < ns_msg_count(handle, section); rrnum++)
    {
        /*
         * Resource Record mit der Nummer rrnum nach rr dekomprimieren
         */
        if (ns_parserr(&handle, section, rrnum, &rr)) {
            fprintf(stderr, "ns_parserr: %s\n", strerror(errno));
        }

        /*
         * Wenn der Datensatztyp NS ist, den Namen des
         * Nameservers speichern.
         */
```

```
        if (ns_rr_type(rr) == ns_t_ns) {

            /*
             * Speicherplatz für den Namen belegen. Wie es jeder gute
             * Programmierer tun sollte, prüfen wir den Rückgabewert
             * von malloc und beenden das Programm,
             * falls malloc fehlschlägt.
             */
            nsList[*nsNum] = (char *) malloc (MAXDNAME);
            if(nsList[*nsNum] == NULL){
                (void) fprintf(stderr, "malloc failed\n");
                exit(1);
            }

            /* Den Namen des Nameservers dekomprimieren. */
            if (ns_name_uncompress(
                    ns_msg_base(handle),/* Start des Pakets      */
                    ns_msg_end(handle), /* Ende des Pakets       */
                    ns_rr_rdata(rr),    /* Position im Paket     */
                    nsList[*nsNum],     /* Ergebnis              */
                    MAXDNAME)           /* Größe des Puffers nsList */
                        < 0) {          /* Negativ: Fehler       */
                (void) fprintf(stderr, "ns_name_uncompress schlug fehl\n");
                exit(1);
            }

            /*
             * Den Namen prüfen, den wir soeben dekomprimiert haben, und
             * ihn der Liste der Server hinzufügen, wenn es sich nicht um
             * ein Duplikat handelt. In diesem Fall wird er ignoriert.
             */
            for(i = 0, dup=0; (i < *nsNum) && !dup; i++)
                dup = !strcasecmp(nsList[i], nsList[*nsNum]);
            if(dup)
                free(nsList[*nsNum]);
            else
                (*nsNum)++;
        }
    }
}
```

Beachten Sie, daß wir nicht ausdrücklich prüfen, ob die NS-Records wirklich einen Namen enthalten. Das müssen wir auch nicht, weil *res_query* diesen Fall als Fehler betrachtet, bei seinem Eintreten -1 zurückgibt und *herrno* auf *NO_DATA* setzt.

Gibt *res_query* -1 zurück, rufen wir unsere eigene Routine *nsError* auf, um einen Fehler-String für *h_errno* zurückzugeben. Auf diese Weise können wir *herror* umgehen, die für unser Programm nicht so gut geeignet ist, weil ihre Meldungen darauf ausgelegt sind, beim Lookup von Adreßdaten verwendet zu werden. (Enthielte *h_errno* etwa NO_DATA, würde die Fehlermeldung »No address associated with name«, also »Keine mit dem Namen assoziierte Adresse« lauten.)

Die nächste Routine bearbeitet jeden Nameserver, den wir für den SOA-Record gefunden haben. In dieser Routine ändern wir die Werte verschiedener Felder der _res-Struktur. Indem wir *nsaddr_list* ändern, bestimmen wir, welchen Server *res_send* abfragt. Wir deaktivieren die Suchliste, indem wir die entsprechenden Bits im *options*-Feld löschen – alle vom Programm behandelten Namen sind vollständig qualifiziert.

```
/**********************************************************************
 *   queryNameServers -- Fragt jeden Nameserver in nsList nach        *
 *      dem SOA-Record der gewünschten Domain ab. Alle entdeckten     *
 *      Fehler werden gemeldet (z.b. ein nicht laufender Nameserver oder *
 *      nicht autorisierte Antworten). Gibt es keine Fehler, wird die  *
 *      Seriennummer der Domain ausgegeben.                           *
 **********************************************************************/
void
queryNameServers(domain, nsList, nsNum)
char *domain;
char *nsList[];
int nsNum;
{
    union {
        HEADER hdr;             /* definiert in resolv.h */
        u_char buf[PACKETSZ];   /* definiert in arpa/nameser.h */
    } query, response;          /* Frage- und Antwortpuffer */
    int responseLen, queryLen;  /* Puffergröße */

    u_char      *cp;        /* Zeiger zum Parsen des DNS-Pakets */
    u_char      *endOfMsg;  /* Ende der Nachricht muß bekannt sein */
    u_short     class;      /* in arpa/nameser.h definierte Klassen */
    u_short     type;       /* in arpa/nameser.h definierte Typen */
    u_int32_t   ttl;        /* TTL des Resource Records */
    u_short     dlen;       /* Länge der RR-Daten */
    u_int32_t   serial;     /* SOA-Seriennummer */

    struct in_addr saveNsAddr[MAXNS];   /* von _res gesicherte Adressen */
    int nsCount;                        /* Anzahl der von _res gesicherten Adressen */
    struct hostent *host;   /* Struktur zum Lookup der NS-Adressen */
    int i;                  /* Zählervariable */

    /*
     * Die _res-Nameserver-Liste sichern,
     * weil wir sie später wiederherstellen müssen.
     */
    nsCount = _res.nscount;
    for(i = 0; i < nsCount; i++)
      saveNsAddr[i] = _res.nsaddr_list[i].sin_addr;
    /*
     * Den Suchalgorithmus deaktivieren und das Anhängen
     * der Standard-Domain vor dem Aufruf von gethostbyname()
     * unterbinden. Die Namen der Nameserver sind voll qualifiziert.
     */
    _res.options   &= ~(RES_DNSRCH | RES_DEFNAMES);
```

```c
/*
 * Jeden Nameserver nach dem SOA-Record fragen.
 */
for(nsNum-- ; nsNum >= 0; nsNum--){

    /*
     * Zuerst müssen wir die IP-Adresse jedes Servers ermitteln,
     * weil wir bis jetzt nur die Namen besitzen. Hierzu nutzen
     * wir gethostbyname. Vorher müssen wir aber bestimmte
     * Werte in _res zurücksetzen, weil sich _res auf
     * gethostbyname() auswirkt. (Wir haben _res durch die
     * Schleife der vorherigen Iteration verändert.)
     *
     * Wir können res_init() nicht erneut aufrufen, um diese
     * Werte zurückzusetzen, weil einige der _res-Felder während
     * der Deklaration der Variable initialisiert werden, nicht zum
     * Zeitpunkt des Aufrufs von res_init().
     */
    _res.options |= RES_RECURSE;   /* Rekursion an (Standard) */
    _res.retry = 4;                /* vier Versuche (Standard) */
    _res.nscount = nsCount;        /* ursprüngliche Nameserver */
    for(i = 0; i < nsCount; i++)
        _res.nsaddr_list[i].sin_addr = saveNsAddr[i];

    /* Adresse des Nameservers ermitteln */
    host = gethostbyname(nsList[nsNum]);
    if (host == NULL) {
        (void) fprintf(stderr,"Es gibt keine Adresse für %s\n",
                                nsList[nsNum]);
        continue; /* nsNum for-Schleife */
    }

    /*
     * Jetzt geht es erst richtig los.
     * host enthält die IP-Adressen der von uns zu testenden Nameserver.
     * Die erste Adresse für host wird in der _res-Struktur abgelegt.
     * Gleich werden wir den SOA-Record nachsehen.
     */
    (void) memcpy((void *) &_res.nsaddr_list[0].sin_addr,
        (void *)host->h_addr_list[0], (size_t)host->h_length);
    _res.nscount = 1;

    /*
     * Rekursion ausschalten. Wir wollen nicht, daß der Nameserver
     * einen anderen Nameserver nach dem SOA-Record fragt. Dieser
     * Nameserver sollte die Autorität über die Daten besitzen.
     */
    _res.options &= ~RES_RECURSE;

    /*
     * Anzahl der Versuche reduzieren. Wir werden vielleicht
     * mehrere Nameserver abfragen, weshalb wir nicht zu lange
     * auf einen einzelnen warten wollen. Mit zwei Versuchen und nur einer
```

## Kapitel 14: Mit den Resolver- und Nameserver-Bibliotheksroutinen programmieren

```
         * abzufragenden Adresse warten wir nicht länger als 15 Sekunden.
         */
        _res.retry = 2;

        /*
         * Wir wollen den Antwortcode in der nächsten Antwort sehen, weshalb wir
         * selbst das Abfragepaket erzeugen und uns selbst schicken müssen, statt
dies
         * res_query() zu überlassen. Hat res_query() -1 zurückgegeben, gibt es
         * möglicherweise keine Antwort.
         *
         * Es ist nicht nötig, zu prüfen, ob res_mkquery()
         * -1 zurückgegeben hat. Wäre die Komprimierung
         * fehlgeschlagen, wäre dies bei diesem Domain-Namen
         * bereits beim Aufruf von res_query() geschehen.
         */
        queryLen = res_mkquery(
                ns_o_query,         /* normale Abfrage */
                domain,             /* die abzufragende Domain */
                ns_c_in,            /* Typ ist Internet */
                ns_t_soa,           /* SOA-Record nachsehen */
                (u_char *)NULL,     /* immer NULL          */
                0,                  /* Größe von NULL      */
                (u_char *)NULL,     /* immer NULL          */
                (u_char *)&query,   /* Puffer für Query */
                sizeof(query));     /* Größe des Puffers */
        /*
         * Senden des Query-Pakets. Läuft auf dem Ziel-Host kein
         * Nameserver, gibt res_send() returns -1 zurück, und
         * errno ist auf ECONNREFUSED gesetzt. Zuerst errno löschen.
         */
        errno = 0;
        if((responseLen = res_send((u_char *)&query,    /* Die Query   */
                                queryLen,               /* echte Länge */
                                (u_char *)&response,    /* Puffer      */
                                sizeof(response)))      /* Puffergröße */
                                < 0){                   /* Fehler      */
            if(errno == ECONNREFUSED) { /* kein Server auf dem Host */
                (void) fprintf(stderr,
                    "Es läuft kein Nameserver auf %s\n",
                    nsList[nsNum]);
            } else {                    /* alles andere: keine Antwort */
                (void) fprintf(stderr,
                    "%s hat nicht geantwortet\n",
                    nsList[nsNum]);
            }
            continue; /* nsNum for-Schleife */
        }
        /*
         * Handle für diese Antwort initialisieren. Das Handle wird
         * später verwendet, um Angaben aus der Antwort herauszuziehen.
         */
        if (ns_initparse(response.buf, responseLen, &handle) < 0) {
            fprintf(stderr, "ns_initparse: %s\n", strerror(errno));
```

```c
        return;
}
/*
 * Falls die Antwort einen Fehler meldet, eine Meldung ausgeben
 * und mit dem nächsten Server in der Liste fortfahren
 */
if(ns_msg_getflag(handle, ns_f_rcode) != ns_r_noerror){
    returnCodeError(ns_msg_getflag(handle, ns_f_rcode),
                                   nsList[nsNum]);
    continue; /* nsNum for-loop */
}
/*
 * Wurde eine autoritative Antwort empfangen? Das
 * "autoritative Antwort"-Bit prüfen. Ist der Server
 * nicht autoritativ, entsprechende Meldung ausgeben
 * und mit dem nächsten Server fortfahren.
 */
if(!ns_msg_getflag(handle, ns_f_aa)){
    (void) fprintf(stderr,
        "%s besitzt keine Autorität über %s\n",
        nsList[nsNum], domain);
    continue; /* nsNum for-Schleife */
}
/*
 * Die Antwort sollte nur einen Wert liefern. Falls
 * es mehr sind, den Fehler melden und mit dem
 * nächsten Server weitermachen.
 */
  if(ns_msg_count(handle, ns_s_an) != 1){
    (void) fprintf(stderr,
        "%s: 1 Antwort erwartet, %d erhalten\n",
        nsList[nsNum], ns_msg_count(handle, ns_s_an));
    continue; /* nsNum for-Schleife */
}

/*
 * Die Record-Nummer des Antwort-Abschnitts nach rr dekomprimieren.
 */
if (ns_parserr(&handle, ns_s_an, 0, &rr)) {
    if (errno != ENODEV){
        fprintf(stderr, "ns_parserr: %s\n",
            strerror(errno));
    }
}

/*
 * Wir haben nach einem SOA-Record gefragt. Wenn wir
 * etwas anderes erhalten haben, den Fehler melden und
 * mit dem nächsten Server fortfahren.
 */
if (ns_rr_type(rr) != ns_t_soa) {
    (void) fprintf(stderr,
        "%s: Antworttyp %d erwartet, %d erhalten\n",
```

```
                nsList[nsNum], ns_t_soa, ns_rr_type(rr));
                continue; /* nsNum for-Schleife */
        }

        /*
         * cp auf den SOA-Datensatz zeigen lassen.
         */
        cp = (u_char *)ns_rr_rdata(rr);

        /*
         * SOA-Ursprung und Mail-Adresse überspringen, da sie uns
         * nicht interessieren. Beide sind normale "komprimierte Namen".
         */
        ns_name_skip(&cp, ns_msg_end(handle));
        ns_name_skip(&cp, ns_msg_end(handle));

        /* cp zeigt nun auf die Seriennummer; diese ausgeben */
        (void) printf("%s besitzt die Seriennummer %d\n",
            nsList[nsNum], ns_get32(cp));

    } /* end of nsNum for-loop */
}
```

Beachten Sie, daß wir mit rekursiven Abfragen arbeiten, wenn wir *gethostbyname* aufrufen, aber zu nichtrekursiven Abfragen wechseln, wenn wir den SOA-Record suchen. *gethostbyname* muß möglicherweise andere Server abfragen, um die Adresse des Hosts zu ermitteln. Wir wollen aber nicht, daß andere Nameserver abgefragt werden, wenn wir nach dem SOA-Record fragen – schließlich soll der Nameserver ja die Autorität über die Zone besitzen. Zu erlauben, daß der Nameserver einen anderen Server nach dem SOA-Record fragt, würde die Fehlerprüfung unterlaufen.

Die beiden nächsten Routinen geben Fehlermeldungen aus.

```
/************************************************************************
 * nsError -- Gibt eine Fehlermeldung basierend auf h_errno aus, wenn der *
 *     Fehler beim Lookup von NS-Records aufgetreten ist. res_query()    *
 *     wandelt den Rückgabecode des DNS-Pakets in eine kleinere Liste von *
 *     Fehlern um und plaziert den Fehlerwert in h_errno. Es gibt eine   *
 *     Routine namens herror() für die Ausgabe von Strings, die auf dem  *
 *     Wert von h_errno basieren (genau wie perror() für errno). Leider  *
 *     geht herror() davon aus, daß Sie Adreß-Records für Hosts nachsehen.*
 *     In diesem Programm sehen wir NS-Records für Domains nach, weshalb *
 *     wir mit unserer eigenen Fehlerliste arbeiten müssen.              *
 ************************************************************************/
void
nsError(error, domain)
int error;
char *domain;

{
    switch(error){
        case HOST_NOT_FOUND:
            (void) fprintf(stderr, "Unbekannte Domain: %s\n", domain);
```

```
                break;
            case NO_DATA:
                (void) fprintf(stderr, "Keine NS-Records für %s\n", domain);
                break;
            case TRY_AGAIN:
                (void) fprintf(stderr, "Keine Antwort für NS-Query\n");
                break;
            default:
                (void) fprintf(stderr, "Unerwarteter Fehler\n");
                break;
        }
}


/***************************************************************
 * returnCodeError -- Gibt eine auf dem Rückgabecode einer      *
 *     DNS-Antwort basierende Fehlermeldung aus.                *
 ***************************************************************/
void
returnCodeError(rcode, nameserver)
nsrcode rcode;
char *nameserver;

{
    (void) fprintf(stderr, "%s: ", nameserver);
    switch(rcode){
        case ns_r_formerr:
            (void) fprintf(stderr, "FORMERR-Antwort\n");
            break;
        case ns_r_servfail:
            (void) fprintf(stderr, "SERVFAIL-Antwort\n");
            break;
        case ns_r_nxdomain:
            (void) fprintf(stderr, "NXDOMAIN-Antwort\n");
            break;
        case ns_r_notimpl:
            (void) fprintf(stderr, "NOTIMP-Antwort\n");
            break;
        case ns_r_refused:
            (void) fprintf(stderr, "REFUSED-Antwort\n");
            break;
        default:
            (void) fprintf(stderr, "Unerwarteter Rückgabecode\n");
            break;
    }
}
```

Um dieses Programm mit den Resolver- und den Nameserver-Routinen in *libc* zu kompilieren, geben Sie folgendes ein:

```
% cc -o check_soa check_soa.c
```

Oder, wenn Sie den BIND-Code gerade neu portiert haben (wie wir das in Anhang B, *Kompilieren und Installieren von BIND auf einer Sun,* beschreiben) und die neuesten Header-Dateien und die neueste Resolver-Bibliothek verwenden wollen:

```
% cc -o check_soa \        -I/tmp/src/include \
-I/tmp/src/include/port/solaris/include \   check_soa.c \   /tmp/src/lib/libbind.a
```

Die Ausgabe des Programms sieht wie folgt aus:

```
% check_soa mit.edu
BITSY.MIT.EDU besitzt die Seriennummer 378
W20NS.MIT.EDU besitzt die Seriennummer 378
STRAWB.MIT.EDU besitzt die Seriennummer 378
```

Wenn Sie sich an die Ausgabe des Shell-Skripts erinnern, sehen die beiden identisch aus, allerdings ist die Shell-Skriptausgabe nach den Namen der Nameserver sortiert. Was man nicht sehen kann, ist, daß das C-Programm wesentlich schneller ist.

## *Perl-Programmierung mit Net::DNS*

Wenn Ihnen Shell-Skripten zu unhandlich erscheinen, um die Ausgabe von *nslookup* auszuwerten, und Ihnen C zu schwierig ist, sollten Sie Perl mit dem von Michael Fuhr geschriebenen Modul Net::DNS in Betracht ziehen. Sie finden es unter *http://www.perl. com/CPAN-local/modules/by-module/Net/.*

Net::DNS behandelt Resolver, DNS-Pakete, Abschnitte von DNS-Paketen und einzelne Resource Records als Objekte und stellt Methoden bereit, um jede Eigenschaft der Objekte zu verändern und abzufragen. Wir untersuchen zunächst alle Objekttypen und schreiben dann die Perl-Variante unseres Programms *check_soa.*

### *Resolver-Objekte*

Bevor Sie irgendwelche Abfragen durchführen können, müssen Sie ein Resolver-Objekt erstellen:

```
$res = new Net::DNS::Resolver;
```

Resolver-Objekte werden aus Ihrer Datei *resolv.conf* initialisiert, aber Sie können die Vorgaben ändern, indem Sie die Objektmethoden aufrufen. Viele der Methoden, die die Manpage von Net::DNS::Resolver beschreibt, entsprechen den Feldern und Optionen der _res-Struktur, die wir im Abschnitt zur C-Programmierung beschrieben haben. Wenn Sie beispielsweise die Anzahl der Abfragen einstellen wollen, bevor der Resolver eine Zeitüberschreitung meldet, können Sie die Methode *$res->retry* aufrufen:

```
$res->retry(2);
```

Mit einer der folgenden Methoden führen Sie eine Abfrage durch:

```
$res->search
$res->query
$res->send
```

Diese Methoden verhalten sich wie die Bibliotheksroutinen *res_search*, *res_query* und *res_send*, die wir im Abschnitt zur C-Programmierung erläutert haben, benötigen aber weniger Argumente. Sie müssen einen Namen angeben, und Sie können optional einen DNS-Datensatztyp sowie die Klasse angeben (standardmäßig verwenden diese Methoden den Resource Record-Typ »A« und die Klasse »IN«). Diese Methoden geben Objekte vom Typ Net::DNS::Packet zurück, auf die wir gleich eingehen werden. Hier einige Beispiele:

```
$packet = $res->search("terminator");
$packet = $res->query("movie.edu", "MX");
$packet = $res->send("version.bind", "TXT", "CH");
```

## *Paketobjekte*

Resolver-Abfragen geben Objekte des Typs Net::DNS::Packet zurück; mit ihren Methoden können Sie auf die Abschnitte Header, Question, Antwort, Autorität und auf zusätzliche Abschnitte eines DNS-Paketes zugreifen:

```
$header     = $packet->header;
@question   = $packet->question;
@answer     = $packet->answer;
@authority  = $packet->authority;
@additional = $packet->additional;
```

## *Header-Objekte*

DNS-Pakete werden als Objekte des Typs Net::DNS::Header zurückgegeben. Die in der Manpage zu Net::DNS::Header beschriebenen Methoden entprechen den in RFC 1035 erwähnten Header-Feldern sowie der *HEADER*-Struktur, die in C-Programmen verwendet wird. Wenn Sie zum Beispiel herausfinden wollen, ob eine Antwort autoritativ ist, werden Sie die Methode *$header->aa* aufrufen:

```
if ($header->aa) {
    print "Antwort ist autoritativ\n";
} else {
    print "Antwort ist nicht autoritativ\n";
}
```

## *Question-Objekte*

Der Question-Abschnitt eines DNS-Paketes wird als Liste von Objekten des Typs Net::DNS::Question zurückgegeben. Mit folgenden Methoden können Sie den Namen, Typ und die Klasse eines Question-Objektes herausfinden:

```
$question->qname
$question->qtype
$question->qclass
```

## Resource Record-Objekte

Die Abschnitte Antwort und Autorität sowie zusätzliche Abschnitte eines DNS-Paketes werden als Liste von Objekten des Typs Net::DNS::RR zurückgeliefert. Mit folgenden Methoden finden Sie den Namen, Typ, die Klasse und die TTL eines Resource Record-Objektes heraus:

```
$rr->name
$rr->type
$rr->class
$rr->ttl
```

Jeder Datensatztyp ist eine Unterklasse der Klasse Net::DNS::RR und besitzt seine eigenen typspezifischen Methoden. Das folgende Beispiel zeigt Ihnen, wie Sie die Präferenz und den Namen eines Mail-Servers aus einem MX-Datensatz herausbekommen:

```
$preference = $rr->preference;
$exchange   = $rr->exchange;
```

## Eine Perl-Variante von check_soa

Jetzt, da wir die Verwendung des Objektes Net::DNS beschrieben haben, lassen Sie es uns in einem vollständigen Programm benutzen. Wir haben *check_soa* in Perl neu geschrieben:

```perl
#!/usr/local/bin/perl -w

use Net::DNS;

#---------------------------------------------------------------------
# Den Domain-Namen der Zone aus der Befehlszeile holen
#---------------------------------------------------------------------

die "Usage:  check_soa domain\n" unless @ARGV == 1;
$domain = $ARGV[0];

#---------------------------------------------------------------------
# Alle Nameserver der Zone finden
#---------------------------------------------------------------------

$res = new Net::DNS::Resolver;

$res->defnames(0);
$res->retry(2);

$ns_req = $res->query($domain, "NS");
die "Keine Nameserver fuer die Zone $domain: ", $res->errorstring, " gefunden\n"
    unless defined($ns_req) and ($ns_req->header->ancount > 0);

@nameservers = grep { $_->type eq "NS" } $ns_req->answer;
```

```perl
#----------------------------------------------------------------
# SOA-Record jedes Nameservers pruefen
#----------------------------------------------------------------

$| = 1;
$res->recurse(0);

foreach $nsrr (@nameservers) {

    #----------------------------------------------------------------
    # Den Resolver diesen Nameserver abfragen lassen
    #----------------------------------------------------------------

    $ns = $nsrr->nsdname;
    print "$ns ";

    unless ($res->nameservers($ns)) {
        warn ": Kann Adresse nicht finden: ", $res->errorstring, "\n";
        next;
    }

    #----------------------------------------------------------------
    # SOA-Record holen
    #----------------------------------------------------------------

    $soa_req = $res->send($domain, "SOA");
    unless (defined($soa_req)) {
        warn ": ", $res->errorstring, "\n";
        next;
    }

    #----------------------------------------------------------------
    # Besitzt der Namesever die Autoritaet fuer die Zone?
    #----------------------------------------------------------------

    unless ($soa_req->header->aa) {
        warn "besitzt nicht die Autoritaet fuer die Zone $domain\n";
        next;
    }

    #----------------------------------------------------------------
    # Wir sollten genau eine Antwort erhalten haben
    #----------------------------------------------------------------

    unless ($soa_req->header->ancount == 1) {
        warn ": eine Antwort erwartet, ",
                $soa_req->header->ancount, "erhalten\n";
        next;
    }
```

## Kapitel 14: Mit den Resolver- und Nameserver-Bibliotheksroutinen programmieren

```perl
    #----------------------------------------------------------------
    # Haben wir einen SOA-Record erhalten?
    #----------------------------------------------------------------

    unless (($soa_req->answer)[0]->type eq "SOA") {
        warn ": SOA, erwartet, ",
            ($soa_req->answer)[0]->type, "erhalten\n";
        next;
    }

    #----------------------------------------------------------------
    # Seriennummer ausgeben
    #----------------------------------------------------------------

    print "besitzt die Seriennummer ", ($soa_req->answer)[0]->serial, "\n";
}
```

Sie haben jetzt gesehen, wie Sie DNS-Programme mit einem Shell-Skript, einem Perl-Skript und C-Code schreiben. Sie dürften nun in der Lage sein, in der Sprache, die in Ihrer Situation am geeignetsten ist, ein eigenes DNS-Programm zu verfassen.

*In diesem Kapitel:*
- *CNAME-Records verwenden*
- *Platzhalter*
- *Eine Einschränkung beim Gebrauch von MX-Records*
- *DNS und Internet-Firewalls*
- *Wählverbindungen*
- *Netzwerknamen und -nummern*
- *Weitere Resource Record-Typen*
- *DNS gegenüber X.500*
- *DNS und WINS*

# 15
# Verschiedenes

*Das Walroß sprach: »Jetzt ist es Zeit für unsere Plauderei von Schuhen, die zu lang und breit, von Sauerkraut mit Ei, von Königen und Bettelleut' und sonst noch allerlei.«*

Nun ist es an der Zeit, die losen Enden zusammenzuführen. Wir haben bereits den Hauptteil von DNS und BIND behandelt, aber es gibt immer noch interessante Aspekte, die wir nicht erläutert haben. Einige dieser Themen können auch für Sie von Nutzen sein (etwa die DNS-Einrichtung bei einem Netzwerk ohne direkte Internet-Anbindung), während andere Themen einfach nur interessant sind. Wir können Sie nicht guten Gewissens in die weite Welt entlassen, ohne Ihre Ausbildung beendet zu haben!

## CNAME-Records verwenden

Wir haben über CNAME-Records schon in Kapitel 4, *BIND einrichten*, gesprochen. Wir haben Ihnen aber nicht alles über CNAME-Records verraten; das haben wir uns für dieses Kapitel aufgehoben. Als Sie Ihre ersten Nameserver eingerichtet haben, werden Sie sich kaum mit den subtilen Nuancen der magischen CNAME-Records abgegeben haben. Vielleicht haben Sie gar nicht erkannt, daß es da mehr gibt als das, was wir Ihnen vorgestellt haben, vielleicht war Ihnen das auch egal. Einige dieser Dinge sind interessant, andere sind obskur. Die Entscheidung, was was ist, überlassen wir Ihnen.

### An innere Knoten angehängte CNAMEs

Wenn Sie jemals Ihre Zone aufgrund einer Unternehmens-Reorganisation umbenennen mußten, haben Sie wahrscheinlich daran gedacht, einen einzelnen CNAME-Record anzulegen, der vom alten Domain-Namen der Zone auf den neuen verweist. Wäre zum Beispiel die Zone *fx.movie.edu* in *magic.movie.edu* umbenannt worden, wären Sie vielleicht der Versuchung unterlegen, einen einzelnen CNAME-Record anzulegen, der alle alten Namen auf die neuen Namen abbildet:

```
fx.movie.edu.    IN CNAME  magic.movie.edu.
```

Mit diesem Eintrag hätten Sie erwartet, daß ein Lookup von *empire.fx.movie.edu* zu einem Lookup von *empire.magic.movie.edu* führt. Unglücklicherweise funktioniert das nicht – Sie können CNAME-Records nicht an innere Knoten wie *fx.movie.edu* hängen, wenn sie andere Records besitzen. Denken Sie daran, daß *fx.movie.edu* einen SOA-Record und NS-Datensätze besitzt und daß daher das Anhängen eines CNAME-Records daran die Regel verletzt, daß ein Domain-Name entweder ein kanonischer Name oder ein Alias sein muß, aber nicht beides zugleich sein darf. Statt einen einzigen CNAME-Record zu verwenden, der eine komplette Zone umbenennt, müssen Sie die Aufgabe also auf die althergebrachte Art und Weise erledigen – ein CNAME-Record für jeden einzelnen Host innerhalb der Zone:

```
empire.fx.movie.edu.        IN  CNAME  empire.magic.movie.edu.
bladerunner.fx.movie.edu.   IN  CNAME  bladerunner.magic.movie.edu.
```

Wenn die Subdomain nicht delegiert ist und sie daher keinen SOA-Record und keine NS-Datensätze besitzt, können Sie ein Alias für *fx.movie.edu* erstellen; es wird sich aber lediglich auf den Domain-Namen *fx.movie.edu* beziehen, und nicht auf Domain-Namen innerhalb von *fx.movie.edu*.

Hoffentlich übernimmt das von Ihnen verwendete Tool zur Pflege Ihrer DNS-Datenbankdateien das Anlegen von CNAME-Records für Sie (*h2n*, vorgestellt in Kapitel 4, macht das.)

## *Auf CNAMEs verweisende CNAMEs*

Sie haben sich vielleicht schon gefragt, ob es möglich ist, ein Alias (einen CNAME-Record) auf ein anderes Alias zeigen zu lassen. Dies könnte in den Situationen nützlich sein, in denen ein Alias von einem Domain-Namen außerhalb Ihrer Zone auf einen Domain-Namen innerhalb Ihrer Zone zeigt. Sie haben möglicherweise keine Kontrolle über das Alias außerhalb Ihrer Zone. Was ist zu tun, wenn Sie den Domain-Namen ändern wollen, auf den das Alias verweist? Können Sie einfach einen weiteren CNAME-Record hinzufügen?

Die Antwort lautet: Ja – Sie können CNAME-Records verketten. Die BIND-Implementierung unterstützt dies, und die RFCs verbieten es nicht ausdrücklich. Nun ist es zwar *möglich*, CNAME-Records zu verketten, aber ist diese Vorgehensweise auch klug? Die RFCs raten hiervon aus zwei Gründen ab: Es ist möglich, eine CNAME-Schleife zu bilden, und die Namensauflösung wird langsam. Im Notfall können Sie das tun, aber Sie werden in der Netzgemeinde auf keinerlei Mitgefühl stoßen, wenn etwas schiefgeht. Und zudem wird alles hinfällig, sobald eine neue (nicht BIND-basierte) Nameserver-Implementierung herauskommt[1].

---

[1] Eine solche Nameserver-Implementierung existiert bereits: Der mit Windows NT Server gelieferte DNS-Server. Er erlaubt aber CNAME-Records, die auf CNAME-Records verweisen.

## CNAMEs in Resource Record-Daten

Mit Ausnahme des CNAME-Records müssen alle Records den kanonischen Namen im Datenteil des Resource Records enthalten. Wie bereits in Kapitel 5, *DNS und E-Mail*, erwähnt, erkennt beispielsweise *sendmail* auf der rechten Seite eines MX-Records nur den kanonischen Namen des lokalen Hosts. Kann *sendmail* den lokalen Host-Namen nicht erkennen, filtert es nicht die richtigen MX-Records aus der MX-Liste heraus und könnte Mail an sich selbst oder an weniger präferierte Hosts ausliefern, was zu einer Mail-Schleife führen würde.

## Mehrere CNAME-Records

Eine pathologische Konfiguration, die uns ehrlich noch nicht untergekommen ist – und wir *haben* viele pathologische Konfigurationen gesehen – sind mehrere CNAME-Records, die auf denselben Namen verweisen. Einige Administratoren verwenden diese Anordnung, um mit der Round Robin-Funktion mehrere Resource Record-Sätze zu rotieren. Beispielsweise könnten die folgenden Datensätze verwendet werden, um zunächst alle Adressen zurückzuliefern, die zu *fullmonty1* gehören, dann alle Adressen, die *fullmonty2* besitzt und schließlich alle Adressen, die *fullmonty3* innehat:

```
fullmonty    IN   CNAME   fullmonty1
fullmonty    IN   CNAME   fullmonty2
fullmonty    IN   CNAME   fullmonty3
```

Das funktioniert allerdings nur auf Nameservern, die nicht merken, wie abscheulich diese Konfiguration ist (sie verletzt die Regel »CNAME und andere Daten«).

## Lookup von CNAME-Datensätzen

Manchmal muß der CNAME-Record selbst nachgesehen werden, nicht die Daten für den kanonischen Namen. Mit *nslookup* ist dies auf einfache Weise zu bewerkstelligen. Sie können den Query-Typ entweder auf *cname* setzen, oder Sie setzen ihn auf *any* und suchen sich den Namen dann heraus.

```
% nslookup
Default Server:  wormhole
Address:  0.0.0.0

> set query=cname
> bigt
Server:  wormhole
Address:  0.0.0.0

bigt.movie.edu   canonical name = terminator.movie.edu
> set query=any
> bigt
Server:  wormhole
Address:  0.0.0.0

bigt.movie.edu   canonical name = terminator.movie.edu
```

## Die Aliases eines Hosts ermitteln

Eine Sache, die mit dem DNS nicht so einfach herauszufinden ist, sind die Aliases eines Hosts. Bei der Host-Tabelle ist das einfach, gleichgültig, was Sie nachsehen, weil alles zusammen in der gleichen Zeile steht.

```
% grep terminator /etc/hosts
192.249.249.3   terminator.movie.edu terminator bigt
```

Wenn Sie hingegen beim DNS einen kanonischen Namen nachsehen, wird Ihnen auch nur der kanonische Name geliefert. Für den Nameserver oder eine Anwendung gibt es keine einfache Möglichkeit, herauszufinden, ob für den kanonischen Namen Aliases existieren oder nicht.

```
% nslookup
Default Server:  wormhole
Address:  0.0.0.0

> terminator
Server:  wormhole
Address:  0.0.0.0

Name:     terminator.movie.edu
Address:  192.249.249.3
```

Wenn Sie mit *nslookup* ein Alias nachsehen, sehen Sie das Alias und den kanonischen Namen. *nslookup* meldet sowohl das Alias als auch den kanonischen Namen im Paket. Aber Sie werden keine anderen Aliases sehen, die auf diesen kanonischen Namen verweisen könnten.

```
% nslookup
Default Server:  wormhole
Address:  0.0.0.0
> bigt
Server:  wormhole
Address:  0.0.0.0
Name:     terminator.movie.edu
Address:  192.249.249.3
Aliases:  bigt.movie.edu
```

Die nahezu einzige Möglichkeit, alle CNAMEs für einen Host zu ermitteln, besteht darin, die gesamte Zone zu transferieren und die CNAME-Records herauszusuchen, bei denen der kanonische Name der des gewünschten Hosts ist:

```
% nslookup
Default Server:  wormhole
Address:  0.0.0.0

> ls -t cname movie.edu
[wormhole.movie.edu]
        1D IN SOA    terminator.movie.edu. al.robocop.movie.edu. (
                25              ; Seriennummer
                3H              ; Refresh-Intervall
```

```
                1H                   ; Retry-Intervall
                1W                   ; Expire-Intervall
                1D )                 ; Minimum
        1D IN NS      terminator.movie.edu.
        1D IN NS      wormhole.movie.edu.
        1D IN NS      zardoz.movie.edu.
        1D IN A       1.1.1.1
localhost.movie.edu.        1D IN A      127.0.0.1
awakenings.movie.edu.       1W IN A      192.253.253.254
classics.movie.edu.         1D IN NS     gwtw.classics.movie.edu.
gwtw.classics.movie.edu.    1D IN A  1.1.1.1
dh.movie.edu.               1D IN CNAME  diehard.movie.edu.
wormhole.movie.edu.         1D IN A      192.249.249.1
        1D IN A            192.253.253.1
web.movie.edu.              1D IN CNAME  www.movie.edu.
misery.movie.edu.           1D IN A      192.253.253.2
robocop.movie.edu.          1D IN A      192.249.249.2
carrie.movie.edu.           1D IN A      192.253.253.4
diehard.movie.edu.          1D IN A      192.249.249.4
fx.movie.edu.               1D IN NS     bladerunner.fx.movie.edu.
bladerunner.fx.movie.edu.   1D IN A  192.253.254.2
fx.movie.edu.               1D IN NS     outland.fx.movie.edu.
outland.fx.movie.edu.       1D IN A      192.253.254.3
rainman.movie.edu.          1W IN A      192.249.249.254
wh.movie.edu.               1D IN CNAME  wormhole.movie.edu.
wh249.movie.edu.            1D IN A      192.249.249.1
wh253.movie.edu.            1D IN A      192.253.253.1
bigt.movie.edu.             1D IN CNAME  terminator.movie.edu.
www.movie.edu.              1D IN CNAME  movie.edu.
zardoz.movie.edu.           1D IN A      192.249.249.9
        1D IN A            192.253.253.9
terminator.movie.edu.       1D IN A      192.249.249.3
        1H IN MX           10 terminator.movie.edu.
ftp.movie.edu.              1D IN A      192.249.249.1
        1D IN A              198.105.232.1
shining.movie.edu.          1D IN A      192.253.253.3
pma.movie.edu.              30S IN A     1.2.3.4
postmanrings2x.movie.edu.   1D IN A  1.1.1.1
        1D IN MX           10 postmanrings2x.movie.edu.
movie.edu.    1D IN SOA    terminator.movie.edu. al.robocop.movie.edu. (
                25                   ; Seriennummer
                3H                   ; Refresh-Intervall
                1H                   ; Retry-Intervall
                1W                   ; Expire-Intervall
                1D )                 ; Minimum
```

Aber selbst diese Methode gibt Ihnen nur die Aliases innerhalb dieser Zone an – es kann auch andere Aliases in einer anderen Zone geben, die auf einen kanonischen Namen in dieser Zone verweisen.

## Platzhalter

Was wir bisher auch nicht behandelt haben, sind DNS-*Platzhalter* (englisch: *Wildcards*). Manchmal ist es wünschenswert, mit einem einzigen Resource Record alle möglichen Namen abzuhandeln, statt viele Resource Records anlegen zu müssen, die eigentlich den gleichen Sinn haben und sich nur durch den Domain-Namen unterscheiden, für den sie gelten. Das DNS stellt hierfür ein besonderes Zeichen, das »Sternchen« (»*«), zur Verfügung, das in einer DNS-Datenbankdatei als Wildcard-Name verwendet werden kann. Auf diese Weise wird eine beliebige Anzahl von Labels erkannt, solange es keine exakte Übereinstimmung mit einem bereits in der DNS-Datenbank stehenden Namen gibt.

Am häufigsten werden Sie Platzhalter verwenden, um Mail an nicht an das Internet angebundene Netzwerke weiterzuleiten. Nehmen wir einmal an, Ihre Site sei nicht mit dem Internet verbunden, aber Sie hätten einen Host, der E-Mail zwischen dem Internet und Ihrem Netzwerk weiterleitet. Sie können für die Zone *movie.edu* einen neuen MX-Record mit einem Platzhalter eintragen, der Ihre gesamten Mails an den Verteiler weiterleitet. Hier ein Beispiel:

```
*.movie.edu.    IN MX 10 movie-relay.nea.gov.
```

Weil das Platzhalterzeichen ein oder mehrere Labels repräsentiert, würde dieser Resource Record für Namen wie *terminator.movie.edu*, *empire.fx.movie.edu* oder *casablanca.bogart.classics.movie.edu* gelten. Die Gefahr beim Einsatz von Wildcards besteht darin, daß sie mit Suchlisten kollidieren. Der Record unseres Beispiels trifft auch auf *cujo.movie.edu* zu; es ist also gefährlich, Platzhalter in Ihren internen Zonendaten zu verwenden. Denken Sie daran, daß manche *sendmail*-Versionen die Suchliste beim Lookup von MX-Records anwenden:

```
% nslookup
Default Server:  wormhole
Address:  0.0.0.0

> set type=mx      -- MX-Records
> cujo.movie.edu   -- für cujo nachsehen.
Server:  wormhole
Address:  0.0.0.0

cujo.movie.edu.movie.edu    -- Dies ist kein realer Host-Name!
    preference = 10, mail exchanger = movie-relay.nea.gov
```

Wo liegen die Grenzen im Einsatz von Platzhaltern? Sie treffen nicht auf Namen zu, für die es bereits Daten gibt. Nehmen wir einmal an, Sie *hätten* Wildcards innerhalb Ihrer Zonendaten verwendet, wie im folgenden Ausschnitt der Datei *db.movie*:

```
*       IN MX  10 mail-hub.movie.edu.
et      IN MX  10 et.movie.edu.
jaws    IN A   192.253.253.113
fx      IN NS  bladerunner.fx.movie.edu.
fx      IN NS  outland.fx.movie.edu.
```

Mail an *terminator.movie.edu* wird an *mail-hub* geschickt, aber Mail an *et.movie.edu* geht direkt an *et*. Ein MX-Lookup von *jaws.movie.edu* würde zu der Antwort führen, daß keine MX-Daten für den Namen vorhanden seien. Die Wildcard findet keine Anwendung, weil bereits ein A-Record existiert. Der Platzhalter wird ebenfalls nicht auf Domain-Namen in *fx.movie.edu* angewendet, weil sich Wildcards nicht über Delegierungsgrenzen hinweg auswirken.

Können den nun Wildcards innerhalb Ihrer Domain sicher angewandt werden? Ja. Wir werden diesen Fall etwas später in diesem Kapitel behandeln.

# *Eine Einschränkung beim Gebrauch von MX-Records*

Wenn wir gerade über MX-Records sprechen, sollten wir auch darüber reden, wie ihr Gebrauch dazu führen kann, daß Mail einen längeren Pfad nimmt als eigentlich nötig. Die MX-Records sind eine Liste von Daten, die zurückgegeben wird, wenn ein Name nachgesehen wird. Diese Liste ist nicht nach dem Kriterium des zum Exchanger nächstliegenden Absenders sortiert. Hier ein Beispiel für dieses Problem. Ihr nicht mit dem Internet verbundenes Netzwerk besitzt zwei Hosts, die in der Lage sind, Mail aus dem Internet in Ihr Netzwerk weiterzuleiten. Einer dieser Hosts steht in Amerika, der andere in Frankreich. Unser Netzwerk steht in Griechenland. Die meisten unserer Mails kommen aus den USA, weshalb Sie denjenigen, der Ihre Domain verwaltet, zwei MX-Records mit Wildcards einrichten lassen, wobei dem US-Verteiler die höhere und dem in Frankreich stehenden Verteiler die niedrigere Priorität zugewiesen wird. Weil der US-Verteiler die höhere Präferenz besitzt, gehen *alle* Mails über diesen Verteiler (solange er zu erreichen ist). Sendet Ihnen jemand in Frankreich eine Mail, dann geht diese zuerst über den Atlantik und dann wieder zurück, weil in der MX-Liste kein Hinweis darauf zu finden ist, daß der französische Verteiler näher liegt.

# *DNS und Internet-Firewalls*

Das Domain Name System wurde nicht für die Zusammenarbeit mit Internet-Firewalls entworfen. Gerade deshalb kann es als Beweis für die Flexibilität des DNS und der BIND-Implementierung gelten, daß man das DNS so konfigurieren kann, daß es mit, ja sogar durch eine Internet-Firewall hindurch funktioniert.

Mit diesem Wissen im Hinterkopf ist eine funktionierende Konfiguration von BIND in einer durch eine Firewall geschützten Umgebung zwar nicht schwierig, verlangt aber ein vollständiges Verständnis des DNS und einiger der etwas obskureren BIND-Features. Deren Beschreibung nimmt einen großen Teil dieses Kapitels ein, weshalb wir unsere Vorgehensweise im folgenden erläutern möchten.

Wir beginnen damit, zwei Hauptfamilien von Firewall-Software für das Internet zu beschreiben – Paketfilter und Anwendungs-Gateways. Die Möglichkeiten jeder Familie beeinflussen, wie Sie BIND konfigurieren müssen, damit DNS durch die Firewall funktioniert. Der nächste Abschnitt beschreibt genau die beiden gebräuchlichsten mit Firewalls verwendeten DNS-Architekturen, Forwarder und interne Roots, und geht auf die Vor- und Nachteile beider Lösungen ein. Dann führen wie eine neue Funktion ein, die bedingte Weiterleitung, die die Vorteile beider Lösungen kombiniert. Schließlich beschreiben wir Schatten-Namensräume und die Konfiguration eines Bastion-Hosts, der sich am Kernpunkt Ihres Firewall-Systems befindet.

## *Verschiedene Arten von Firewall-Software*

Bevor Sie beginnen, BIND für Ihre Firewall zu konfigurieren, ist es wichtig, daß Sie verstehen, wozu Ihre Firewall in der Lage ist. Die Fähigkeiten Ihrer Firewall beeinflussen Ihre DNS-Architektur und wie Sie sie implementieren werden. Wenn Sie die Antworten auf die Fragen in diesem Abschnitt nicht kennen, müssen Sie jemanden in Ihrer Organisation finden, der sie beantworten kann. Noch besser ist es, wenn Sie mit dem Firewall-Administrator zusammenarbeiten, während Sie die DNS-Architektur aufbauen, um sicherzustellen, daß sie mit der Firewall harmonisieren wird.

Beachten Sie, daß die folgenden Beschreibungen weit von einer ausführlichen Beschreibung von Firewalls entfernt sind. Diese wenigen Absätze erklären lediglich die weitverbreitetsten Internet Firewall-Typen, und zwar nur so genau, wie es erforderlich ist, um ihren Einfluß auf Nameserver zu verstehen. Wenn Sie mehr über Firewalls erfahren möchten, lesen Sie bitte das Buch *Einrichten von Internet Firewalls* von Brent Chapman und Elizabeth Zwicky (O'Reilly Verlag).

### *Paketfilter*

Der erste Typ von Firewalls, den wir behandeln, sind Paketfilter. Sie arbeiten größtenteils auf den Transport- und Netzwerkschichten des TCP/IP-Stacks (den Schichten drei und vier des OSI-Referenzmodells). Sie entscheiden darüber, ob ein Paket weitergeleitet wird oder nicht, basierend auf Kriterien auf der Paketebene, wie dem Transportprotokoll (TCP oder UDP), der Quell- und Ziel-IP-Adresse und dem Zielport (siehe Abbildung 15-1).

Das wichtigste für uns ist bei Paketfiltern, daß Sie sie typischerweise so konfigurieren können, daß sie den DNS-Datentransfer zwischen Hosts im Internet und Ihren Hosts ermöglichen. Das heißt, sie können die Kommunikation beliebiger interner Hosts mit Nameservern im Internet erlauben. Einige Paketfilter-Firewalls können Ihren Nameservern sogar gestatten, Nameserver im Internet abzufragen, während Abfragen in umgekehrter Richtung blockiert werden. Alle router-basierten Internet-Firewalls sind Paketfilter. Beliebte kommerzielle Paketfilter-Firewalld.h.s sind FireWall-1 von Checkpoint, PIX von Cisco und SunScreen von Sun.

## Eine Falle mit BIND 8 und Paketfilter-Firewalls

Nameserver erhalten Abfragen normalerweise auf der Anschlußnummer (Port) 53, dem sogenannten »well-known Port« für DNS-Server. BIND 4-Nameserver verwenden dieselbe Anschlußnummer als Quell-Port. Resolver senden Abfragen hingegen üblicherweise von hohen Ports (oberhalb von 1024) an den Port 53 eines Nameservers. Natürlich müssen Nameserver Abfragen an den DNS-Anschluß eines anderen Nameservers senden, aber es gibt keinen zwingenden Grund, Abfragen *vom* DNS-Anschluß aus zu senden. Und, als wüßten Sie es nicht bereits, BIND 8-Nameserver verwenden standardmäßig nicht den Port 53 zum Senden von Queries. Statt dessen verwenden sie hohe Anschlußnummern, genau wie Resolver.

Diese Tatsache kann Probleme mit Paketfilter-Firewalls verursachen, die DNS-Pakete zwischen Nameservern erlauben, aber zwischen Resolvern und Nameserver blockieren. Sie gehen in der Regel davon aus, daß Pakete zwischen zwei Nameserver vom Port 53 herrühren und an Port 53 gehen.

Für dieses Problem gibt es zwei mögliche Lösungen:

1. Konfigurieren Sie die Firewall so, daß Nameserver-Abfragen nicht nur von der Anschlußnummer 53 erlaubt sind. Diese Lösung geht davon aus, daß die Sicherheit nicht darunter leidet, wenn Pakete von Internet-Hosts an hohe Anschlußnummern interner Nameserver gesendet werden.
2. Konfigurieren Sie BIND 8 so, daß der Nameserver das frühere Verhalten annimmt. Verwenden Sie dazu die Unteranweisung *query-source*.

*query-source* benötigt eine Adreßangabe und optional eine Anschlußnummer als Argument. Beispielsweise weist folgende Zeile BIND 8 an, 53 als Quell-Port für Abfragen von allen Netzwerkschnittstellen zu verwenden:

```
options { query-source * port 53; };
```

Sie können eine Adresse ohne Platzhalter verwenden, wenn Sie die Netzwerkschnittstellen einschränken wollen, von denen BIND Queries aussendet. Wenn Sie auf dem Host *wormhole*

```
options { query-source address 192.249.294.1 port *; };
```

verwenden, sendet BIND alle Abfragen von der Netzwerkschnittstelle 192.249.249.1 (also niemals über 192.253.253.1) und verwendet dabei zufällige, hohe Anschlußnummern.

## Anwendungs-Gateways

Anwendungs-Gateways setzen an der Anwendungsprotokollebene an, liegen also mehrere Schichten höher im OSI-Referenzmodell als die meisten Paketfilter (Abbildung 15-2). In einem gewissen Sinn »verstehen« sie das Anwendungsprotokoll auf die gleiche

Weise, wie dies ein Server für die entsprechende Anwendung tun würde. Zum Beispiel kann ein FTP-Gateway entscheiden, ob eine bestimmte FTP-Operation wie *RETR* (ein *get*) oder *STOR* (ein *put*) erlaubt ist oder nicht.

*Abbildung 15-1: Paketfilter arbeiten in den Netzwerk- und Transportschichten des Stacks*

*Abbildung 15-2: Anwendungs-Gateways arbeiten an der Anwendungsschicht des Stacks*

Die schlechte Nachricht, und das ist für unsere Zwecke wichtig, lautet, daß die meisten Anwendungs-Gateway-Firewalls nur TCP-basierte Anwendungsprotokolle verarbeiten. DNS ist hingegen größtenteils UDP-basiert, und wir kennen keine Anwendungs-Gateways für DNS. Das bedeutet, daß interne Hosts wahrscheinlich nicht in der Lage sind, direkt mit Servern im Internet zu kommunizieren, wenn Sie eine solche Firewall einsetzen.

Das bekannte Firewall-Toolkit von Trusted Information Systems (TIS) ist eine Sammlung von Anwendungs-Gateways für gängige Internet-Protokolle wie Telnet, FTP und

HTTP. Das Gauntlet-Paket von TIS basiert ebenfalls auf Anwendungs-Gateways, ebenso Eagle Firewall von Raptor.

Beachten Sie, daß diese beiden Kategorien Verallgemeinerungen darstellen. Der Stand der Technik bezüglich Firewalls ändert sich ständig, und wenn Sie diese Zeilen lesen, besitzen Sie vielleicht schon eine Firewall, die ein Anwendungs-Gateway für DNS enthält. Zu welcher Familie Ihre Firewall gehört, ist nur wichtig, weil Sie daraus *Annahmen* ableiten können, wozu Ihre Firewall in der Lage ist. Wichtiger ist, ob die von Ihnen eingesetzte Firewall DNS-Pakete zwischen beliebigen internen Hosts und dem Internet erlaubt.

## *Ein schlechtes Beispiel*

Die einfachste Konfiguration besteht darin, DNS-Pakete frei durch Ihre Firewall spazieren zu lassen (sofern Ihre Firewall eine solche Konfiguration ermöglicht). Auf diese Weise kann jeder interne Nameserver jeden Nameserver im Internet abfragen und jeder Internet-Nameserver kann jeden Ihrer internen Nameserver abfragen. Sie benötigen keine weitergehende, besondere Konfiguration.

Leider ist diese Lösung aus mehreren Gründen keine gute Idee:

*Versionskontrolle*
   Die Entwickler von BIND finden und beheben ständig sicherheitsrelevante Fehler im BIND-Code. Daher ist es wichtig, daß Sie die aktuelle Version von BIND einsetzen, besonders auf Nameservern, die direkt dem Internet ausgesetzt sind. Wenn einer oder auch einige Ihrer Nameserver direkt mit Nameservern im Internet kommunizieren, ist die Aktualisierung auf eine neue Version leicht. Ob das einer Ihrer Nameserver in Ihrem Netzwerk kann, ist eine andere Geschichte.

*Mögliches Angriffsziel*
   Selbst wenn Sie keinen Nameserver auf einem bestimmten Host ausführen, könnte ein Hacker von der Tatsache profitieren, daß DNS-Verkehr durch Ihre Firewall erlaubt ist, indem er diesen Host angreift. Beispielsweise könnte ein Komplize einen Telnet-Daemon einrichten, der auf dem DNS-Anschluß lauscht, so daß der Daten-Einbrecher sich auf diese Weise in den Rechner »hackt«.

Den Rest dieses Kapitels wollen wir darauf verwenden, Ihnen ein paar gute Beispiele zu zeigen.

## *Internet-Forwarder*

Wegen der Gefahren, die bei der uneingeschränkten bidirektionalen DNS-Kommunikation durch die Firewall lauern, schränken die meisten Organisationen ein, welche internen Hosts mit dem Internet-DNS »reden« können. In einer Anwendungs-Firewall oder jeder Firewall, die DNS-Daten nicht weiterleiten kann, kann ausschließlich der Bastion-Host mit Nameservern im Internet kommunizieren (siehe Abbildung 15-3).

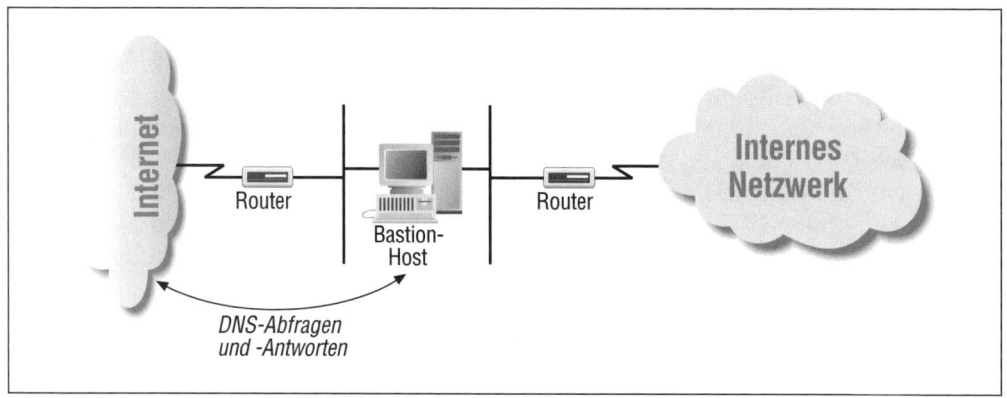

*Abbildung 15-3: Diagramm eines kleines Netzwerkes mit dem Bastion-Host*

Ein Administrator kann eine Paketfilter-Firewall so konfigurieren, daß bestimmte interne Nameserver mit Internet-Nameservern kommunizieren dürfen. Meist erlaubt er dies den wenigen Hosts, die einen Nameserver ausführen und sich direkt unter der Kontrolle des Domain-Administrators befinden (siehe Abbildung 15-4).

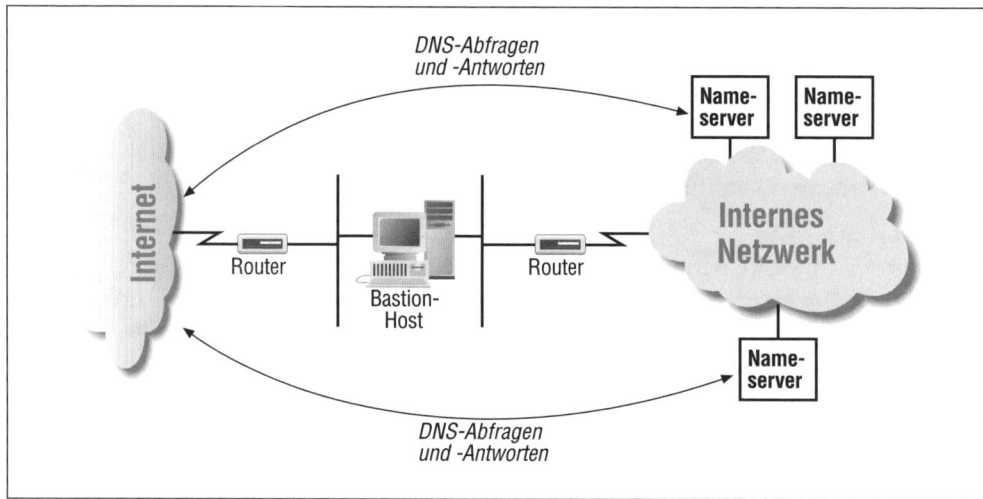

*Abbildung 15-4: Diagramm eines kleinen Netzwerks mit internen Nameservern*

Server, die Nameserver im Internet direkt abfragen dürfen, erfordern keine besondere Konfiguration. Ihre Hint-Dateien enthalten die Root-Server des Internet, über die sie Domain-Namen im Internet auflösen können. Interne Nameserver, die Nameserver im Internet *nicht* abfragen dürfen (oder können), müssen wissen, daß sie Abfragen, die sie nicht auflösen können, an Nameserver leiten, die dazu in der Lage sind. Dazu wird die

# DNS und Internet-Firewalls

*forwarders*-Direktive oder -Unteranweisung verwendet. Einzelheiten zur ihr finden Sie in Kapitel 10, *Fortgeschrittenere Eigenschaften und Sicherheit*.

Abbildung 15-5 veranschaulicht eine gebräuchliche Konfiguration mit einem Forwarder, bei der ein interner Nameserver Abfragen an einen Forwarder leitet, der auf dem Bastion-Host ausgeführt wird.

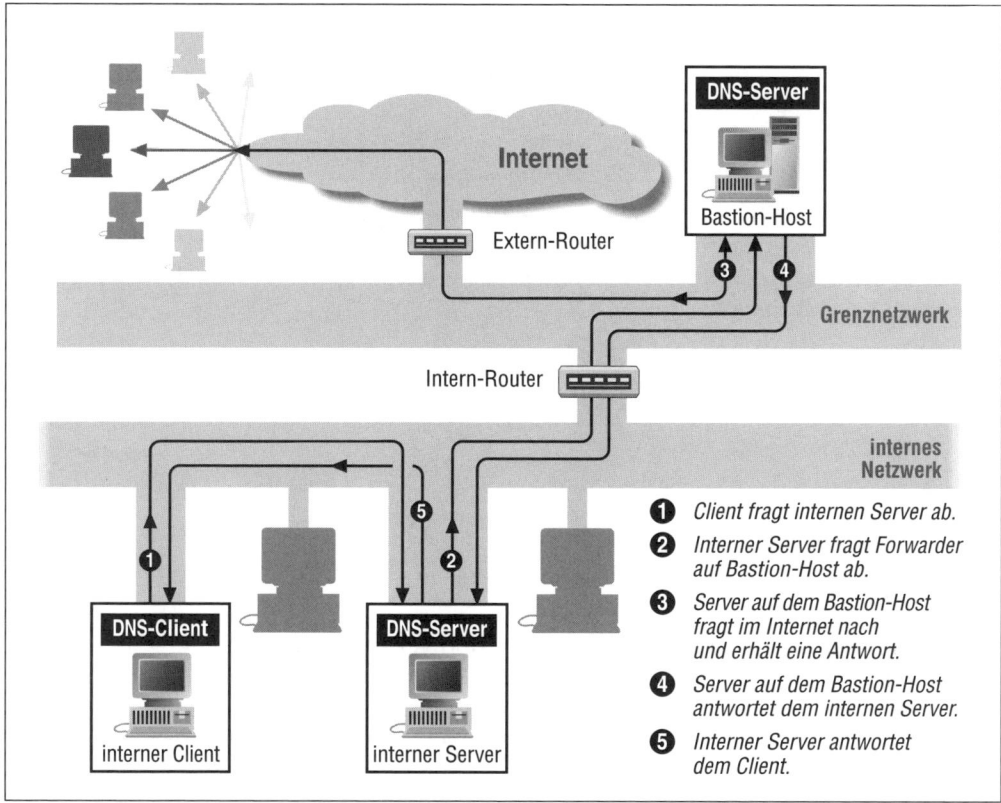

*Abbildung 15-5: Forwarder verwenden*

In unserer Filmhochschule Movie setzen wir seit mehreren Jahren eine Firewall ein, um uns vor dem großen, bösen Internet zu schützen. Wir besitzen eine Paketfilter-Firewall, und wir haben mit dem Firewall-Administrator vereinbart, DNS-Datenverkehr zwischen Nameservern im Internet und zweier unserer Nameserver zu erlauben, *terminator.movie.edu* und *wormhole.movie.edu*. Die restlichen internen BIND 8-Nameserver der Universität sind wie folgt konfiguriert:

```
options {
    forwarders { 192.249.249.1; 192.249.249.3; };
    forward only;
};
```

Bei BIND 4 verwenden wir statt dessen diese Direktiven:

```
forwarders 192.249.249.3 192.249.249.1
options forward-only
```

(Wir variieren die Reihenfolge, in der die Forwarder erscheinen, um die Belastung auf die beiden Forwarder zu verteilen.)

Wenn ein interner Nameserver eine Abfrage nach einem Namen erhält, den er nicht lokal auflösen kann, wie einen Domain-Namen im Internet, leitet er die Abfrage an einen unserer Forwarder weiter, der diese Namen mit Hilfe von Nameservern im Internet auflösen kann. Einfach!

### Der Ärger mit dem Weiterleiten

Leider haben wir es uns bei dieser Lösung zu einfach gemacht. Die Weiterleitung wird kompliziert, wenn Sie Subdomains einrichten oder ein großes Netzwerk aufbauen. Um zu erklären, was wir meinen, betrachten Sie bitte einen Ausschnitt aus der Konfigurationsdatei auf *zardoz.movie.edu*:

```
options {
    directory "/usr/local/named";
    forwarders { 192.249.249.1; 192.253.253.3; };
};

zone "movie.edu" {
    type slave;
    file "db.movie";
    masters { 192.249.249.3; };
};
```

*zardoz.movie.edu* ist ein Slave für *movie.edu* und verwendet unsere beiden Forwarder. Was geschieht, wenn *zardoz* eine Abfrage für einen Namen in der Zone *fx.movie.edu* erhält? *zardoz* ist ein Nameserver, der die Autorität über die Zone *movie.edu* besitzt, so daß er über die NS-Records verfügt, die die Nameserver angeben, die für die Zone *fx.movie.edu* die Autorität besitzen. Aber er ist außerdem konfiguriert, Queries weiterzuleiten, wenn er sie nicht selbst auflösen kann. Was wird er also tun?

Es stellt sich heraus, daß *zardoz* die Delegierungsangaben ignoriert und Abfragen an *terminator* leitet. Das klappt auch, da *terminator* eine rekursive Abfrage erhält und sich im Auftrag von *zardoz* an einen *fx.movie.edu*-Nameserver wendet. Allerdings ist dies nicht sonderlich effektiv, da *zardoz* die Abfrage direkt hätte senden können.

Jetzt stellen Sie sich ein viel größeres Netzwerk vor: Ein Unternehmens-Netzwerk, das mehrere Kontinente umfaßt, mit Zehntausenden Hosts und Hunderten oder Tausenden Nameservern. Alle internen Nameserver, die keine direkte Internet-Anbindung besitzen – die große Mehrheit von ihnen – verwendet relativ wenige Forwarder. Was sind die Probleme, die dabei auftreten?

*Einzelner Ausfallpunkt (Single point of failure)*
> Wenn die Forwarder ausfallen, verlieren ihre internen Nameserver die Möglichkeit, sowohl Domain-Namen im Internet als auch interne Domain-Namen aufzulösen, für die sie nicht die Autorität besitzen und die nicht in ihrem Zwischenspeicher stehen.

*Konzentration der Belastung*
> Die Forwarder werden eine sehr hohe Belastung erfahren. Das liegt sowohl an der großen Anzahl der internen Nameserver, die auf sie zugreifen, als auch daran, daß die Queries rekursiv sind und viel Arbeit erfordern, bis sie beantwortet sind.

*Ineffektive Auflösung*
> Stellen Sie sich zwei interne Nameserver vor, von denen jeder für eine der Zonen *west.acmebw.com* und *east.acmebw.com* die Autorität besitzt. Beide befinden sich im selben Netzwerksegment in der Stadt Boulder im Bundesstaat Colorado. Beide sind so konfiguriert, daß sie die Forwarder der Firma verwenden, die in Bethesda, Maryland, stehen. Wenn nun der Nameserver *west.acmebw.com* einen Namen in der Zone *east.acmebw.com* auflösen soll, sendet er die Abfrage an den Forwarder in Bethesda. Der Forwarder in Bethesda sendet daraufhin eine Query zurück nach Boulder, und zwar an den Nameserver *east.acmebw.com*; der »Nachbar« des ursprünglich anfragenden Nameservers. *east.acmebw.com* antwortet, indem er die gewünschten Daten zurück nach Bethesda sendet; der Forwarder dort leitet sie weiter an *east.acmebw.com* in Boulder.
>
> Bei einer traditionellen Konfiguration unter Verwendung von Root-Nameservern würde der Nameserver *west.acmebw.com* schnell lernen, daß ein Nameserver für die Zone *east.acmebw.com* direkt nebenan steht, und ihn bevorzugen (wegen der kurzen Antwortzeit). Die Verwendung von Forwardern »schließt« den normalen, effektiven Auflösungsvorgang »kurz«.

Die resultierende Erkenntnis ist, daß die Verwendung von Forwardern für kleine Netzwerke und Namensräume gut geeignet ist, aber in großen Netzwerken und komplizierten Namensräumen nicht ausreicht. Wir haben dies bei unserem Movie-Netzwerk auf die harte Tour festgestellt, als dieses so wuchs, daß wir uns gezwungen sahen, auf die Verwendung interner Root-Server umzusteigen.

## Interne Root-Server

Wenn Sie die Skalierungsprobleme bei der Verwendung von Forwardern umgehen wollen, können Sie Ihre eigenen Root-Server einrichten. Diese internen Root-Server dienen ausschließlich den Nameservern Ihrer Organisation. Sie kennen nur die Teile des Namensraumes, der für Ihre Organisation von Belang ist.

Wozu sind sie gut? Indem Sie eine Architektur verwenden, die auf Root-Nameservern basiert, profitieren Sie von der Skalierbarkeit des Internet-Namensraumes (die für die meisten Firmen ausreichen sein sollte). Außerdem dürfen Sie sich über Redundanz, Lastverteilung und effektive Auflösung freuen. Sie können so viele interne Root-Server einsetzen, wie es im Internet gibt – dreizehn oder so, während eine ebenso große Anzahl von Forwardern ein übermäßig hohes Sicherheitsrisiko sowie einen sehr hohen Konfigurationsaufwand darstellt. Die Hauptsache ist allerdings, daß interne Root-Server nicht übermäßig in Anspruch genommen werden. Nameserver müssen lediglich einen internen Root-Server befragen, wenn ihre zwischengespeicherten NS-Datensätze Ihrer Top-Level-Zonen veralten. Wenn Sie Forwarder einsetzen, müssen Nameserver *für jede Auflösung* einen Forwarder befragen.

Die Moral von der Geschicht': Wenn Sie einen großen Namensraum und zahlreiche interne Nameserver besitzen oder in Kürze besitzen werden, skalieren interne Root-Nameserver besser als jede andere Lösung.

### *Der beste Ort für interne Root-Nameserver*

Da Nameserver sich auf den Root-Nameserver fixieren, der am nächsten ist, indem sie denjenigen mit der kürzesten Antwortzeit bevorzugen, zahlt es sich aus, Ihr Netzwerk mit reichlich internen Root-Servern zu bestücken. Wenn die Organisation Ihres Netzwerkes sich über Europa, die Vereinigten Staaten von Amerika und die Pazifikküste erstreckt, sollten Sie es in Betracht ziehen, in jedem Kontinent wenigstens einen internen Root-Nameserver aufzustellen. Wenn Sie drei Hauptstandorte in Europa besitzen, stellen Sie an jedem einen internen Root-Server auf.

### *Delegierung mit Forward-Zuordnung*

Und so wird ein interner Root-Nameserver konfiguriert: Ein interner Root-Server delegiert direkt an alle von Ihnen verwalteten Domains. Zum Beispiel könnte die Root-Datenbank für das *movie.edu*-Netzwerk so aussehen:

```
movie.edu.           86400   IN   NS   terminator.movie.edu.
                     86400   IN   NS   wormhole.movie.edu.
                     86400   IN   NS   zardoz.movie.edu.
terminator.movie.edu.        86400   IN   A    192.249.249.3
wormhole.movie.edu.          86400   IN   A    192.249.249.1
                             86400   IN   A    192.253.253.1
zardoz.movie.edu.            86400   IN   A    192.249.249.9
                             86400   IN   A    192.253.253.9
```

Im Internet würde diese Information in den Datenbanken des *edu*-Nameservers auftauchen. Im *movie.edu*-Netzwerk gibt es natürlich keine *edu*-Nameserver, weshalb *movie.edu* direkt von der Root delegiert werden kann.

Beachten Sie, daß hier keinerlei Delegierung an *fx.movie.edu* oder an irgendeine andere Subdomain von *movie.edu* enthalten ist. Die Nameserver von *movie.edu* wissen, welche Nameserver die Autorität über alle *movie.edu*-Subdomains besitzen, und alle Informationsabfragen für diese Subdomains laufen über *movie.edu*-Nameserver, weshalb an dieser Stelle keine Delegierung notwendig ist.

## in-addr.arpa-Delegierung

Wir müssen von den internen Root-Servern auch an die *in-addr.arpa*-Domains delegieren, die den von *movie.edu* verwendeten Netzwerken entsprechen:

```
249.249.192.in-addr.arpa.   86400   IN   NS   terminator.movie.edu.
                            86400   IN   NS   wormhole.movie.edu.
                            86400   IN   NS   zardoz.movie.edu.
253.253.192.in-addr.arpa.   86400   IN   NS   terminator.movie.edu.
                            86400   IN   NS   wormhole.movie.edu.
                            86400   IN   NS   zardoz.movie.edu.
254.253.192.in-addr.arpa.   86400   IN   NS   bladerunner.fx.movie.edu.
                            86400   IN   NS   outland.fx.movie.edu.
                            86400   IN   NS   alien.fx.movie.edu.
20.254.192.in-addr.arpa.    86400   IN   NS   bladerunner.fx.movie.edu.
                            86400   IN   NS   outland.fx.movie.edu.
                            86400   IN   NS   alien.fx.movie.edu.
```

Beachten Sie, daß wir Delegierungen für die Zonen *254.253.192.in-addr.arpa* und *20.254.192.in-addr.arpa* aufgenommen haben, obwohl sie der *fx.movie.edu*-Zone entsprechen. Wir mußten nicht an *fx.movie.edu* delegieren, weil wir bereits an seinen Parent delegiert hatten. Die *movie.edu*-Nameserver delegieren an *fx.movie.edu*, weshalb auch die Roots an *fx.movie.edu* delegieren. Weil keine der anderen *in-addr.arpa*-Zonen ein Parent von *254.253.192.in-addr.arpa* oder *20.254.192.in-addr.arpa* ist, müssen wir beide Zonen von der Root aus delegieren. Wie bereits früher besprochen, müssen wir keine Adreß-Records für die drei Spezialeffekte-Nameserver *bladerunner*, *outland* und *alien* hinzufügen, weil die entfernten Nameserver ihre Adressen bereits finden, wenn sie der Delegierung von *movie.edu* folgen.

## Die Datei db.root

Nun müssen wir nur noch einen SOA-Record für die Root-Zone und NS-Records für diesen internen Root-Nameserver und alle anderen hinzufügen:

```
.   IN   SOA   rainman.movie.edu.   hostmaster.movie.edu.   (
        1         ; Serial
        86400     ; Refresh
        3600      ; Retry
        608400    ; Expire
        86400 )   ; Minimale TTL

    IN   NS   rainman.movie.edu.
    IN   NS   awakenings.movie.edu.

rainman.movie.edu.      86400   IN   A   192.249.249.254
awakenings.movie.edu.   86400   IN   A   192.253.253.254
```

*rainman.movie.edu* und *awakenings.movie.edu* sind diejenigen Hosts, auf denen interne Root-Nameserver laufen. Wir dürfen keinen internen Root-Server auf einem Bastion-Host betreiben, denn wenn ein Internet-Nameserver versehentlich nach Daten fragt, über die der Root-Server keine Autorität besitzt, gibt dieser eine Liste seiner Root-Server zurück – alle sind intern!

Die gesamte *db.root* (per Konvention nennen wir die Datenbankdatei der Root-Zone *db.root*) sieht also wie folgt aus:

```
.   IN  SOA rainman.movie.edu. hostmaster.movie.edu. (
             1       ; Serial
             86400   ; Refresh
             3600    ; Retry
             608400  ; Expire
             86400 ) ; Minimale TTL

    IN  NS  rainman.movie.edu.
    IN  NS  awakenings.movie.edu.

rainman.movie.edu.      604800  IN  A   192.249.249.254
awakenings.movie.edu.   604800  IN  A   192.253.253.254

movie.edu.      86400   IN  NS  terminator.movie.edu.
                86400   IN  NS  wormhole.movie.edu.
                86400   IN  NS  zardoz.movie.edu.

terminator.movie.edu.   86400   IN  A   192.249.249.3
wormhole.movie.edu.     86400   IN  A   192.249.249.1
                        86400   IN  A   192.253.253.1
zardoz.movie.edu.       86400   IN  A   192.249.249.9
                        86400   IN  A   192.253.253.9

249.249.192.in-addr.arpa.   86400   IN  NS  terminator.movie.edu.
                            86400   IN  NS  wormhole.movie.edu.
                            86400   IN  NS  zardoz.movie.edu.
253.253.192.in-addr.arpa.   86400   IN  NS  terminator.movie.edu.
                            86400   IN  NS  wormhole.movie.edu.
                            86400   IN  NS  zardoz.movie.edu.
254.253.192.in-addr.arpa.   86400   IN  NS  bladerunner.fx.movie.edu.
                            86400   IN  NS  outland.fx.movie.edu.
                            86400   IN  NS  alien.fx.movie.edu.
20.254.192.in-addr.arpa.    86400   IN  NS  bladerunner.fx.movie.edu.
                            86400   IN  NS  outland.fx.movie.edu.
                            86400   IN  NS  alien.fx.movie.edu.
```

Die Datei *named.conf* muß auf beiden internen Root-Servern, *rainman* und *awakenings*, enthalten die folgenden Zeilen

```
zone "." {
    type master;
    file "db.root";
};
```

In der Datei *named.boot* eines BIND 4-Servers würde die folgende Zeile stehen

```
primary     .       db.root
```

Damit wird die *zone*-Anweisung des Typs *hint* oder die *Cache*-Direktive ersetzt – ein Root-Nameserver benötigt keine Cache-Datei, um zu wissen, wo sich die anderen Root-Server befinden; diese Informationen findet er in *db.root*. Ist nun wirklich *jeder* Root-

Nameserver ein Primary für die Root-Domain? Tatsächlich hängt das von der von Ihnen verwendeten BIND-Version ab. BIND-Versionen seit 4.9 erlauben Ihnen auch, einen Server als Slave für eine Root-Domain zu deklarieren. BIND 4.8.3 (und davor) besteht aber darauf, daß Root-Nameserver *db.root* als Primaries laden.

Wenn Sie nicht viele unterbeschäftigte Hosts herumstehen haben, die Sie in interne Root-Server verwandeln können, brauchen Sie nicht zu verzweifeln! Jeder interne Nameserver (d.h. jeder Nameserver, der nicht auf dem Bastion-Host oder außerhalb der Firewalls liegt) kann sowohl als interner Root-Server wie auch als autoritativer Nameserver für jedwede weitere zu ladende Zone benutzt werden. Vergessen Sie nicht, daß ein einzelner Nameserver die Autorität über viele, viele Zonen, einschließlich der Root-Zone, besitzen kann.

*Konfiguration weiterer interner Nameserver*

Sobald Sie Ihre internen Root-Nameserver einmal eingerichtet haben, müssen Sie alle Nameserver auf Hosts Ihres internen Netzwerks so konfigurieren, daß sie diese Root-Server auch verwenden. Jeder Nameserver auf einem Host ohne direkte Internet-Anbindung sollte die internen Root-Server in seiner Hint-Datei aufführen:

```
; Interne db.cache-Datei für movie.edu-Hosts
; ohne direkte Internet-Anbindung.
;
; Diese Cache-Datei nicht auf einem Host mit
; direkter Internet-Anbindung verwenden.
;
.                        99999999   IN   NS   rainman.movie.edu.
                         99999999   IN   NS   awakenings.movie.edu.
rainman.movie.edu.       99999999   IN   A    192.249.249.254
awakenings.movie.edu.    99999999   IN   A    192.253.253.254
```

Die diese Cache-Datei verwendenden Nameserver werden in der Lage sein, Namen inner-, aber nicht außerhalb der Domains *movie.edu* und *in-addr.arpa* aufzulösen.

*Wie interne Nameserver interne Root-Server benutzen*

Um Ihnen zu zeigen, wie das gesamte Schema funktioniert, wollen wir das Beispiel einer Namensauflösung durchgehen, bei der ein interner reiner Cache-Server diese internen Root-Server verwendet. Zuerst empfängt der interne Nameserver eine Abfrage nach einem in *movie.edu* liegenden Domain-Namen, also beispielsweise nach der Adresse von *gump.fx.movie.edu*. Liegen dem internen Nameserver keine »besseren« Informationen vor, beginnt er damit, den internen Root-Nameserver abzufragen. Hat er mit den Root-Servern bereits vorher kommuniziert, liegen Umlaufzeiten für jeden Server vor, so daß er weiß, welcher Root-Server am schnellsten antwortet. Er schickt dem internen Root-Server eine *nichtrekursive* Abfrage nach der Adresse von *gump.fx.movie.edu*. Der interne Root-Server antwortet mit Verweisen auf die *movie.edu*-Nameserver auf *terminator.movie.edu*, *wormhole.movie.edu* und *zardoz.movie.edu*. Der reine Cache-Nameserver sendet nur eine weitere nichtrekursive Abfrage an die *movie.*

*edu*-Nameserver, in der er nach der Adresse von *gump* fragt. Der *movie.edu*-Nameserver antwortet mit einem Verweis auf die *fx.movie.edu*-Nameserver. Der reine Cache-Nameserver sendet dieselbe nichtrekursive Abfrage nach der Adresse von *gump* noch einmal bei einem der *fx.movie.edu*-Nameserver und erhält endlich seine Antwort.

Sehen Sie im Gegensatz dazu nun, wie die Konfiguration mit Forwardern funktioniert hätte. Stellen Sie sich vor, daß unsere reinen Cache-Nameserver so konfiguriert wären, Queries zunächst an *terminator* und dann an *wormhole* weiterzuleiten, statt auf interne Root-Nameserver zuzugreifen. In diesem Fall hätte der reine Cache-Server geprüft, ob die Adresse vom *gump.fx.movie.edu* in seinem Zwischenspeicher steht; hätte er sie dort nicht gefunden, hätte er die Abfrage an *terminator* geleitet. *terminator* hätte im Auftrag des reinen Cache-Servers einen *fx.movie.edu*-Server gefragt und die Antwort zurückgeliefert. Sollte der reine Cache-Server einen weiteren Namen in *fx.movie.edu* nachsehen müssen, müßte er weiterhin den Forwarder fragen, selbst wenn die Antwort des Forwarders auf die Frage nach der Adresse von *gump.fx.movie.edu* die Namen und Adressen der Nameserver für *fx.movie.edu* enthalten hätte.

### *E-Mail von internen Hosts an das Internet*

Aber Moment mal! Das ist nicht alles, was interne Root-Server für Sie tun können. Wir haben davon gesprochen, daß E-Mail an das Internet verschickt werden kann, ohne daß die Konfiguration von *sendmail.cf* überall im Netzwerk geändern werden mußte.

Platzhalter-Datensätze bilden den Schlüssel zur Inbetriebnahme von E-Mail – genauer gesagt, MX-Records mit Platzhaltern. Nehmen wir einmal an, Sie möchten, daß Mail an das Internet durch *postmanrings2x.movie.edu* (unseren Bastion-Host) weitergeleitet wird, der über eine direkte Internet-Anbindung verfügt. Dann würden die folgenden Records in *db.root* die Arbeit erledigen:

```
*         IN    MX    5 postmanrings2x.movie.edu.
*.edu.    IN    MX    10 postmanrings2x.movie.edu.
```

Wir benötigen den MX-Record *\*.edu* zusätzlich zum *\**-Record, was mit den Regeln für DNS-Platzhalter zusammenhängt, die wir im zusammenhang mit Platzhaltern erläutert haben. Weil explizite Daten für *movie.edu* in der Zone vorliegen, würde die erste Wildcard weder *movie.edu* noch irgendeine Subdomain von *edu* erkennen. Wir benötigen einen weiteren, expliziten Wildcard-Record für *edu* für diese Domains.

Nun senden die Mailer unserer internen *movie.edu*-Hosts die an Internet-Domains adressierten Nachrichten zur Weiterleitung an *postmanrings2x*. Beispielsweise paßt an *nic.ddn.mil* adressierte Mail auf den ersten Wildcard-MX-Record

```
% nslookup -type=mx nic.ddn.mil.  --Paßt auf den MX-Record für *.
Server:  rainman.movie.edu
Address:  192.249.249.19

nic.ddn.mil
      preference = 5, mail exchanger = postmanrings2x.movie.edu
postmanrings2x.movie.edu     internet address = 192.249.249.20
```

während an *vangogh.cs.berkeley.edu* adressierte Mail durch den zweiten MX-Record behandelt wird:

```
% nslookup -type=mx vangogh.cs.berkeley.edu.   --Paßt auf den MX-Record für *.edu.
Server:  rainman.movie.edu
Address:  192.249.249.19

vangogh.cs.berkeley.edu
      preference = 10, mail exchanger = postmanrings2x.movie.edu
postmanrings2x.movie.edu   internet address = 192.249.249.20
```

Sobald die Mail unseren Bastion-Host *postmanrings2x* erreicht, sieht der Mailer von *postmanrings2x* die MX-Records für diese Adressen selbst nach. Weil *postmanrings2x* die Namen über den Internet-Namensraum auflöst, statt den internen Namensraum zu verwenden, findet er die echten MX-Records für die Ziel-Domain und kann die Mail ausliefern. An *sendmail.cf* sind keinerlei Änderungen notwendig.

*E-Mail an bestimmte Internet-Domains*

Ein weiterer netter Effekt dieses Schemas interner Root-Server besteht in der Möglichkeit, Mails an bestimmte Internet-Domains durch bestimmte Bastion-Hosts weiterzuleiten (wenn Sie mehr als einen besitzen). Wir könnten etwa festlegen, daß alle an Empfänger in der Domain *uk* gerichteten E-Mails zuerst an unseren Bastion-Host in London geschickt werden, und erst dann ins Internet. Das kann sehr nützlich sein, wenn unsere interne Netzwerkanbindung oder -zuverlässigkeit besser ist als die des britischen Teils des Internet.

Unsere Filmhochschule Movie besitzt eine private Netzwerkverbindung mit ihrer Schwesteruniversität in London in der Nähe der Pinewood-Studios. Wie sich herausstellt, ist das Senden von Mails über unsere private Verbindung und dann durch den Pinewood-Host an Benutzer im Vereinigten Königreich zuverlässiger als das direkte Versenden über das Internet. Deshalb nehmen wir folgende Platzhalter-Datensätze in unsere Datei *db.root* auf:

```
; holygrail ist das andere Ende der Internet-Verbindung nach GB
*.uk.   IN   MX   10 holygrail.movie.ac.uk.
holygrail.movie.ac.uk. IN A 192.168.76.4
```

Nun werden Mails, die an Benutzer der *uk*-Subdomains gerichtet sind, an den Host *holygrail.movie.ac.uk* unserer Schwesteruniversität geleitet, der entsprechende Einrichtungen besitzt, um die E-Mail an die anderen Domains im Vereinigten Königreich von Großbritannien und Nordirland weiterzugeben.

*Der Ärger mit internen Root-Servern*

Leider hat nicht nur die Verwendung von Forwardern ihre Probleme, sondern auch der Einsatz von internen Root-Servern besitzt Grenzen. Die wichtigste ist die Tatsache, daß Ihre internen Hosts den Internet-Namensraum nicht sehen können. Bei einigen Netzwerken stellt das kein Problem dar, weil die meisten internen Hosts keine direkte Internet-Anbindung besitzen. In anderen Netzwerken hingegen erfordert die Internet-Firewall oder eine andere Software möglicherweise, daß alle internen Hosts in der Lage sind, Namen im Internet-Namensraum aufzulösen. In solchen Netzwerken funktioniert die Architektur mit internen Root-Servern nicht.

## Views

Die Lösung dieses Problems könnten sogenannte Views sein. Das ISC hofft, sie in einer der BIND 8.x-Versionen einführen zu können.[2] Views ermöglichen es Ihnen, anzugeben, wann und unter welchen Bedingungen ein Nameserver seine Forwarder anspricht.[3]

Ein BIND-Nameserver, der zur Verwendung von Forwardern konfiguriert ist, spricht sie standardmäßig an, *bevor* er die normale Auflösung probiert, oder statt der normalen iterativen Auflösung. Er fragt die Forwarder auch *unabhängig* vom aufzulösenden Domain-Namen. Mit einer View können Sie angeben, von wem Queries kommen und nach welchen Domain-Namen sie fragen müssen, damit sie an Forwarder geleitet werden.

Die Syntax der neuen *view*-Anweisung könnte etwa wie folgt aussehen:

```
view viewname {
        [ interface IP_Liste; ]
        [ domain Domain_Liste; ]
        [ client IP_Liste; ]
        forward on reasons [ to IP_Liste ];
};
```

Und so funktioniert diese Anweisung: *domain* gibt die Domain an, auf die sich die View bezieht. *domain* benötigt eine Liste von Domain-Namen als Argument. Die Unteranweisung *client* bestimmt, auf welche Adressen sich die View bezieht. *client* benötigt eine Adreßübereinstimmungs-Liste als Argument (wie in Kapitel 10 beschrieben). *interface* gibt die Netzwerkschnittstelle des lokalen Hosts an, auf die sich die View bezieht. Wenn der Server eine Abfrage über eine der angegebenen Netzwerkschnittstellen von einem Client erhält, dessen Adresse mit einer Adresse der *client*-Unteranweisung übereinstimmt, *und* wenn die Query nach einem Domain-Namen fragt, der mit *domain* angegeben ist, wird diese View verwendet. Die Vorgabe für *interface* ist die eingebaute Adreßübereinstimmungs-Liste *localhost*, die Vorgabe für *client* ist *any* und die Vorgabe für *domain* ist ».«, also die Root-Domain. Dadurch bezieht sich die View standardmäßig auf Queries von beliebigen IP-Adressen nach beliebigen Domain-Namen.

*forward* würde die *forwarders*-Unteranweisung der *options*-Anweisung ersetzen und erweitern. Sie führt die IP-Adressen der Forwarder auf, die für diese View verwendet werden sollen. Die Forwarder sind in der Reihenfolge aufgelistet, in der Sie sie anspre-

---

2 Views sind bisher noch nicht implementiert worden, aber wir durften einen kurzen Blick auf ihre voraussichtliche Arbeitsweise werfen und dokumentieren sie hier in der Hoffnung, daß sie so implementiert werden, wie wir es beschrieben haben.
3 Todd Avens *noforward*--Patch für BIND 4.9 war ein Vorgänger dieser Funktionalität. Der Patch ist weiterhin unter *ftp://ftp.isc.org/isc/bind/src/4.9.3/contrib/noforward.tar.gz* erhältlich.

chen wollen. Neu ist die *reasons*-Klausel. *reasons* könnte *no-domain* und *no-answer* einschließen. Dies sind weitere Bedingungen, unter denen die Forwarder verwendet werden würden:

- *no-domain* bezieht sich auf eine NXDOMAIN (Domain nicht vorhanden)-Antwort.
- *no-answer* bezieht sich auf die Antwort NOERROR/no records (das heißt, daß der Domain-Name existiert, aber der Record-Typ nicht).

Wenn wir Views in unserer internen Root-Umgebung bei Movie implementieren würden, sähe die *view*-Anweisung unserer internen Nameserver möglicherweise so aus:

```
view {
    client { 192.249.249/24; 192.253.253/24; 192.253.254/24 };
    domain { "!movie.edu"; "!249.249.192.in-addr.arpa";
        "!253.253.192.in-addr.arpa"; "!254.253.192.in-addr.arpa"; };
    forward on no-domain to { 192.249.249.3; 192.249.249.1; };
};
```

Durch diese Anweisung würden unsere internen Nameserver (außer *terminator* und *wormhole*, die Internet-Domain-Namen direkt auflösen können) Queries *von* unseren internen IP-Adressen *nach* Domain-Namen, die sich nicht (beachten Sie den Umkehr-Operator) in *movie.edu* oder unseren *in-addr.arpa*-Subdomains befinden, an *terminator* and *wormhole* leiten, und zwar in dieser Reihenfolge.

Bitte beachten Sie, daß wir hier lediglich eine der möglichen Implementierungen für Views beschrieben haben. Die tatsächliche Implementierung, für die sich das ISC entscheiden wird, kann anders aussehen, sowohl in der Funktion als auch in der Syntax.

## *Ein Schatten-Namensraum*

Viele Organisationen würden dem Internet gerne andere Zonendaten bieten als ihren internen Hosts. In den meisten Fällen ist ein großer Teil der internen Zonendaten für das Internet irrelevant, weil die Organisation eine Firewall besitzt. Die Firewall erlaubt möglicherweise keinen direkten Zugriff auf die meisten internen Hosts; sie kann außerdem interne, nicht registrierte IP-Adressen in einen Bereich registrierter IP-Adressen übersetzen. Daher muß die Organisation irrelevante Daten für die externe Sicht auf die Zone herausfiltern oder interne Adressen zu ihren externen Äquivalenten umwandeln.

Leider unterstützt BIND keine automatische Filterung und Übersetzung von Zonendaten. Konsequenterweise erstellen viele Organisationen eine Konfiguration, die als »geteilter Namensraum« (englisch: Split Namespace) bekannt ist. In einem geteilten Namensraum ist der echte Namensraum ausschließlich intern verfügbar, während eine verkleinerte, übersetzte Version davon, der sogenannte »Schatten-Namensraum« (englisch: Shadow Namesapce), für das Internet sichtbar ist.

Der Schatten-Namensraum enthält Name-auf-Adresse- und Adresse-auf-Name-Zuordnungen lediglich der Hosts, die vom Internet aus durch die Firewall erreichbar sind. Die Adressen, die abgefragt werden dürfen, können die übersetzten Äquivalente wirklicher, interner Adressen sein. Der Schatten-Namensraum kann außerdem einen oder mehrere MX-Datensätze enthalten, um E-Mail aus dem Internet durch die Firewall an einen Mail-Server zu leiten.

Da *movie.edu* eine Internet-Firewall besitzt und den Zugriff aus dem Internet auf das interne Netzwerk stark einschränkt, haben wir uns entschieden, einen Schatten-Namensraum zu erstellen. Die einzigen Angaben, die wir für *movie.edu* veröffentlichen müssen, betreffen die Zone (der SOA- und einige NS-Records), den Bastion-Host (*postmanrings2x*) und den neuen externen Nameserver, *ns.movie.edu*, der außerdem als externer Web-Server mit dem Host-Namen *www.movie.edu* fungiert. Die Adresse der externen Netzwerkschnittstelle lautet 200.1.4.2, während die Adresse des Name- und Web-Servers 200.1.4.3 ist. Die Daten der Schatten-Zone *movie.edu* sehen wie folgt aus:

```
@               IN      SOA     ns.movie.edu.   hostmaster.movie.edu. (
                                1       ; Seriennummer
                                86400   ; Refresh-Intervall
                                3600    ; Retry-Intervall
                                608400  ; Expire-Intervall
                                86400 ) ; Standard-TTL

                IN      NS      ns.movie.edu.
                IN      NS      ns.isp.net.        ; Nameserver unseres Providers

                IN      A       200.1.4.3
                IN      MX      10 postmanrings2x.movie.edu.
                IN      MX      100 mail.isp.net.

www             IN      CNAME   movie.edu.

postmanrings2x  IN      A       200.1.4.2
                IN      MX      10 postmanrings2x.movie.edu.
                IN      MX      100 mail.isp.net.

;postmanrings2x verarbeitet Mail, die an uns gerichtet ist.
ns              IN      A       200.1.4.3
                IN      MX      10 postmanrings2x.movie.edu.
                IN      MX      100 mail.isp.net.

*               IN      MX      10 postmanrings2x.movie.edu.
                IN      MX      100 mail.isp.net.
```

Beachten Sie, daß hier keine Rede von den *movie.edu*-Subdomains ist und daß auch keine Delegierungen für die Server dieser Subdomains auftauchen. Diese Information ist einfach nicht notwendig, weil es nichts in diesen Subdomains gibt, was Sie über das Internet bekommen könnten. Eingehende Mails, die an Hosts in diesen Subdomains adressiert sind, werden durch die Wildcard abgefangen.

Die Datei *db.200.1.4*, die wir benötigen, um die beiden *movie.edu*-IP-Adressen umgekehrt auf Domain-Namen abzubilden, die Hosts im Internet sehen könnten, sieht so aus:

```
@   IN   SOA   ns.movie.edu.   hostmaster.movie.edu. (
                               1        ; Serial
                               86400    ; Refresh
                               3600     ; Retry
                               608400   ; Expire
                               86400 )  ; Minimale TTL

    IN   NS    ns.movie.edu.
    IN   NS    ns.isp.net.

2   IN   PTR   postmanrings2x.movie.edu.
3   IN   PTR   ns.movie.edu.
```

Eine Vorsichtsmaßnahme, die wir treffen müssen, besteht darin, sicherzustellen, daß der Resolver auf dem Bastion-Host nicht so konfiguriert ist, daß er den Server auf *ns.movie.edu* benutzt. Weil der Server die richtige *movie.edu*-Domain gar nicht sehen kann, würde dies dazu führen, daß *postmanrings2x* nicht in der Lage ist, interne Namen auf Adressen oder Adressen auf Namen abzubilden.

### *Der Bastion-Host*

Der Bastion-Host stellt einen besonderen Fall in einem geteilten Namensraum dar. Der Bastion-Host hat ein Bein in jeder der beiden Umgebungen: Eine Netzwerkschnittstelle verbindet ihn mit dem Internet, eine andere mit dem internen Netzwerk. Jetzt, da wir unseren Namensraum in zwei Namensräume aufgeteilt haben, wie kann unser Bastion-Host sowohl den Internet-Namensraum als auch Ihren realen internen Namensraum sehen? Wenn wir ihn mit Hilfe der Hints-Datei zur Verwendung der Root-Nameserver im Internet konfigurieren, wird die Delegierung der Internet-*edu*-Nameserver zu einem externen *movie.edu*-Nameserver mit Schatten-Zonendaten folgen. Damit könnte er Ihren internen Namensraum nicht sehen, den er aber sehen können muß, um Verbindungen herzustellen, eingehende Mails auszuliefern usw. Würden wir ihn hingegen so konfigurieren, daß er unsere internen Root-Server verwendet, sähe er den Internet-Namensraum nicht; den muß er aber sehen, damit der als Bastion-Host fungieren kann. Was ist also tun?

Wenn wir interne Nameserver besäßen, die bedingte Weiterleitung beherrschen, könnten wir den Resolver des Bastion-Hosts einfach so konfigurieren, daß er diese Nameserver abfragt, da sie bereits sowohl den internen als auch den Internet-Namensraum sehen. Wenn wir die Weiterleitung intern verwenden, abhängig vom Typ der von uns betriebenen Firewall, müssen wir vielleicht auch einen Nameserver auf dem Bastion-Host selbst einsetzen. Wenn die Firewall keine DNS-Daten weiterleitet, müssen wir wenigstens einen reinen Cache-Nameserver verwenden, der die Internet-Root-Server verwendet und auf dem Bastion-Host ausgeführt wird. Dadurch haben interne Nameserver einen Ansprechpartner, an den sie Queries leiten, sofern sie sie nicht selbst auflösen können.

Ohne die bedingte Weiterleitung besteht die einfachste Lösung darin, einen Nameserver auf dem Bastion-Host auszuführen (wenn Sie das nicht bereits tun). Der Nameserver muß als Slave-Nameserver für *movie.edu* und alle *in-addr.arpa*-Subdomains, in denen Adressen aufgelöst werden müssen, konfiguriert sein. Empfängt er eine Abfrage für einen Namen in *movie.edu*, nutzt er seine lokalen autoritativen Daten, um den Namen aufzulösen. Liegt der Name in einer Subdomain von *movie.edu*, folgt er den NS-Records in den Zonendaten, um einen internen Nameserver nach dem Namen zu fragen. Aus diesem Grund muß er nicht als Slave-Server für irgendeine der *movie.edu*-Subdomains, etwa *fx.movie.edu*, konfiguriert werden, sondern nur für die »Top-Domain« (siehe Abbildung 15-6).

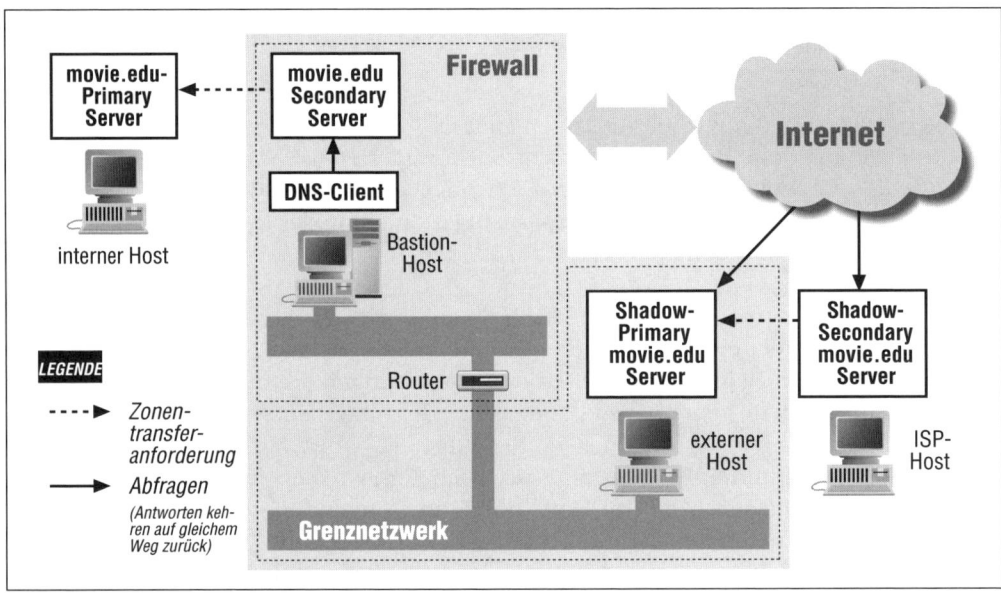

*Abbildung 15-6: Eine geteilte DNS-Lösung*

Die Datei *named.conf* auf unserem Bastion-Host sieht wie folgt aus:

```
options {
            directory "/var/named";
};

zone "movie.edu" {
            type slave;
            file "db.movie";
            masters { 192.249.249.3; };
};

zone "249.249.192.in-addr.arpa" {
            type slave;
            file "db.192.249.249";
```

```
                masters { 192.249.249.3; };
};

zone "253.253.192.in-addr.arpa" {
                type slave;
                file "db.192.253.253.in-addr.arpa";
                masters { 192.249.249.3; };
};

zone "254.253.192.in-addr.arpa" {
                type slave;
                file "db.192.253.254";
                masters { 192.253.254.2; };
};

zone "20.254.192.in-addr.arpa" {
                type slave;
                file "db.192.254.20";
                masters { 192.253.254.2; };
};

zone "." {
                type hint;
                file "db.cache";
};
```

Die entsprechende Boot-Datei für BIND 4 sieht so aus:

```
directory   /var/named
secondary   movie.edu          192.249.249.3    db.movie
secondary   249.249.192.in-addr.arpa   192.249.249.3   db.192.249.249
secondary   253.253.192.in-addr.arpa   192.249.249.3   db.192.253.253
secondary   254.253.192.in-addr.arpa   192.253.254.2   db.192.253.254
secondary   20.254.192.in-addr.arpa    192.253.254.2   db.192.254.20
cache       .        db.cache     ; Enthält Internet-Roots.
```

## Sichern der Zonendaten auf dem Bastion-Host

Unglücklicherweise macht das Laden dieser Zonen auf dem Bastion-Host es möglich, daß sie im Internet sichtbar werden, was wir ja durch die Aufteilung des Namensraums eigentlich verhindern wollten. Solange wir aber mit einer BIND-Version ab 4.9 arbeiten, können wir die Zonendaten mit *secure_zone*-TXT-Records oder *allow-query*-Unteranweisungen sichern. Mit *allow-query* können wir eine globale Adreßliste auf unsere Zonendaten anwenden. Hier die *options*-Anweisung aus unserer Datei *named.conf*:

```
options {
                directory "/var/named";
                allow-query { 127/8; 192.249.249/24; 192.253.253/24;
                    192.253.254/24; 192.254.20/24; };
};
```

Mit *secure_zone* von BIND 4.9 können wir den externen Zugriff auf unsere Zonendaten deaktivieren, indem wir folgende TXT-Datensätze in jede Datenbankdatei aufnehmen:

```
secure_zone     IN      TXT     "192.249.249.0:255.255.255.0"
                IN      TXT     "192.253.253.0:255.255.255.0"
                IN      TXT     "192.253.254.0:255.255.255.0"
                IN      TXT     "192.254.20.0:255.255.255.0"
                IN      TXT     "127.0.0.1:H"
```

Vergessen Sie nicht, die Loopback-Adresse in die Liste aufzunehmen, anderenfalls würde der Resolver des Bastion-Hosts keine Antworten von seinem Nameserver erhalten!

# Wählverbindungen

Eine weitere relativ neue Entwicklung in der Netzwerktechnik, die für das DNS eine Herausforderung darstellt, sind Wählverbindungen in das Internet (englisch: Dial-Up Connections). Als das Internet noch jung war und das DNS gerade das Licht der Welt erblickte, gab es so etwas wie eine Internet-Wählverbindung noch nicht. Durch die explosionsartig gestiegene Beliebtheit des Internet und die zunehmende Verbreitung von Internet-Service-Providern, die Internet-Wählverbindungen für jedermann anbieten, wurde eine völlig neue Art von Name-Service-Problemen geboren.

Wir wollen Wählverbindungen in zwei Arten unterteilen: einfache Wählverbindungen, bei denen ein einzelner Computer gelegentlich die Verbindung zum Internet aufbaut, wenn der Benutzer diese Verbindung manuell herstellt, sowie bedarfsorientierter Verbindungsaufbau, bei dem ein oder mehrere Computer automatisch die Verbindung zum Internet aufbauen, sobald Internet-gebundene Daten generiert werden. Häufig handelt es sich bei dem Gerät, das diese bedarfsorientierte Verbindung aufbaut, um einen kleinen Router mit einem analogen Modem oder einer ISDN-Schnittstelle, wie einer Ascend Pipeline 25.

## Einfache Wählverbindung

Die einfachste Möglichkeit, mit einfachen Wählverbindungen umzugehen, besteht darin, den Resolver Ihres wählenden Computers so einzurichten, daß er den Nameserver Ihres Internet-Service-Providers (ISP) nutzt. Die meisten ISPs betreiben Nameserver, die von ihren Kunden verwendet werden können. Wenn Sie nicht sicher sind, ob Ihr ISP Nameserver bereitstellt, oder wenn Sie deren IP-Adressen nicht kennen, sollten Sie die Web-Seiten des Providers durchkämmen, ihm eine E-Mail schreiben oder ihn anrufen.

Einige Betriebssysteme wie etwa Windows 9x und NT erlauben es Ihnen, eine Reihe von Nameservern für einen bestimmten Dialup-Provider zu definieren. Sie können also beispielsweise eine Gruppe von Nameservern festlegen, die verwendet wird, wenn das DPN angewählt wird, und eine andere, wenn Sie Ihr Büro anwählen. Leider überschreibt momentan die Definition Ihrer LAN-Nameserver unter Windows 95 die ganzen kostbaren Dialup-Einstellungen. Details finden Sie in Kapitel 6, *Hosts konfigurieren*.

Diese Konfiguration ist üblicherweise für die meisten Gelegenheitsanwender ausreichend. Die Namensauflösung schlägt fehl, solange die Wählverbindung nicht hergestellt ist, aber das ist in der Regel kein Problem, weil es ohne Internet-Verbindung keinen Bedarf an Internet-Name-Services gibt. Wenn Sie besondere Anforderungen haben, die in dieser Konfiguration nicht berücksichtigt werden, sollten Sie sich unsere Empfehlungen zum bedarfsorientierten Verbindungsaufbau ansehen.

## *Bedarfsorientierte Verbindungen*

Eine anspruchsvollere Variante ist der bedarfsorientierte Verbindungsaufbau (englisch: Dial-on-Demand). Bei dieser Lösung kommt häufig eine spezielle Hardware zum Einsatz, wie etwa kleine Einwähl-Router, um bei Bedarf eine Anbindung herstellen zu können. Wenn Sie die Verbindung zum Internet vom »entfernten« Ende eines bedarfsorientierten Routers herstellen, dann wählt dieser einen anderen Router im Internet an und leitet Ihre Pakete dorthin weiter. Wird die Verbindung für eine bestimmte Zeitspanne nicht verwendet, trennt der Router die Verbindung.

Die Herausforderung bei der Arbeit mit dem DNS besteht darin, zu verhindern, daß der lokale Nameserver die Wählverbindung gleich einem Yo-Yo immer wieder auf- und abbaut. Das könnte für Sie eine kostspielige Angelegenheit werden, weil der Gebührenzähler ja immer mitläuft.

Die allerwichtigste Strategie zur Minimierung des Datenaustausches mit Zielen außerhalb Ihres Netzes besteht darin, Ihre Resolver so zu konfigurieren, daß sie mit einer minimalen Suchliste arbeiten. Standardsuchlisten von Resolvern, die auf BIND 4.8.3 oder einer älteren Version basieren, durchsuchen immer die Vorfahren Ihrer lokalen Domain, was zu unnötigem Datentransfer führen kann. Nehmen wir einmal an, Ihre lokale Domain hieße *minibuero.grossefirma.com* und Sie besäßen eine bedarfsorientierte Verbindung zum Großefirma-Unternehmensnetzwerk. Bei älteren Hosts (vor 4.9) sieht Ihre Standardsuchliste wie folgt aus:

```
minibuero.grossefirma.com
grossefirma.com
```

Gäbe ein Benutzer *telnet foo.minibuero.grossefirma.com* ein, um sich auf der ihm am nächsten liegenden Workstation einzuloggen, würde der Resolver versehentlich die folgenden Lookups generieren

```
foo.minibuero.grossefirma.com.minibuero.grossefirma.com und
foo.minibuero.grossefirma.com.grossefirma.com
```

bevor endlich ein Lookup des richtigen Domain-Namens *foo.minibuero.grossefirma.com* erfolgt. Weil Ihr lokaler Nameserver wahrscheinlich die Autorität über *minibuero.grossefirma.com* besitzt, kann er sehen, daß der erste Domain-Name, *foo.minibuero.grossefirma.com.minibuero.grossefirma.com*, fehlerhaft ist. (Dieser endet mit *com.minibuero.grossefirma.com*, was die Existenz einer *com*-Subdomain innerhalb Ihrer Domain verlangen würde, die es aber nicht gibt.) Er kann aber nichts über den zweiten Domain-Namen sagen, solange er nicht mit einem der *majorcorp.com*-Nameserver kommuniziert hat. Gibt es keinen lokalen Nameserver, muß er also die Wählverbindung aufbauen.

Die einfachste Möglichkeit, diese unnötigen Abfragen zu verhindern, besteht darin, die Parent-Domain explizit aus der Suchliste zu entfernen. Eine andere Möglichkeit besteht darin (wenn es Ihnen möglich ist), den Resolver auf BIND 4.9 oder neuer zu aktualisieren, weil hier die Domain zuerst so geprüft wird, wie sie ist, wenn sie mindestens *ndots* Punkte enthält. Seit dieser Version werden standardmäßig keine übergeordneten Domains mehr in die Suchliste aufgenommen.

Wenn Ihr Nameserver weiterhin versucht, die Verbindung aufzubauen, sollten Sie das Query-Logging aktivieren (mit *options query-log* bei einem Nameserver ab der Version 4.9, mit *ndc_query* mit einem BIND 4.9 oder 8-Server oder durch Aktivierung des Debuggings bei älteren Nameservern) und sich die Domain-Namen ansehen, die den Verbindungsaufbau verursachen. Liegen viele dieser Domain-Namen in Ihrer Parent-Zone, sollten Sie darüber nachdenken, ob es nicht besser wäre, Ihren lokalen Nameserver als Slave für Ihre Parent-Zone zu konfigurieren. Auf diese Weise würde die Verbindung wenigstens nur einmal innerhalb des Refresh-Intervalls aufgebaut werden. Das gleiche Prinzip kann für jede Zone angewandt werden, die Ihr lokaler Nameserver häufiger abfragt.

## *Netzwerknamen und -nummern*

Die ursprünglichen DNS-Definitionen boten nicht die Möglichkeit, Netzwerknamen basierend auf einer Netzwerknummer zurückzugeben. Dieses Feature wurde durch die ursprüngliche HOSTS.TXT bereitgestellt. In jüngster Zeit wurde eine Prozedur zur Speicherung von Netzwerknamen definiert. Diese Prozedur arbeitet sowohl mit Subnetzen als auch mit Subnetzmasken, geht also deutlich über HOSTS.TXT hinaus. Mehr noch, sie verlangt keinerlei Modifikation an der DNS-Server-Software, weil sie vollständig auf der cleveren Verwendung von Zeiger- und Adreß-Records basiert.

Um eine IP-Adresse im DNS auf einen Namen abzubilden (Sie werden sich daran erinnern), invertieren Sie die IP-Adresse, hängen *in-addr.arpa* an und halten nach PTR-Daten Ausschau. Die gleiche Technik wird verwendet, um eine Netzwerknummer auf einen Netzwerknamen abzubilden; zum Beispiel um das Netzwerk 15.0.0.0 dem Namen »HP Internet« zuzuordnen. Zum Lookup einer Netzwerknummer hängen Sie die fehlenden Nullen an, um auf vier Bytes zu kommen, und suchen genau wie bei den Host-IP-Adressen nach PTR-Daten. Soll etwa der Netzwerkname des alten ARPAnet, Netzwerk 10.0.0.0, nachgesehen werden, müssen Sie nach PTR-Daten für *0.0.0.10.in-addr.arpa* Ausschau halten. Sie werden eine Antwort wie *ARPAnet.ARPA* zurückerhalten.

Wäre das ARPAnet in mehrere Subnetze unterteilt, würden Sie auch einen Adreß-Record unter *0.0.0.10.in-addr.arpa* finden. Die Adreßdaten enthielten beispielsweise die Subnetzmaske (z.b. 255. 255.0.0). Sind Sie nicht so sehr am Netzwerknamen, sondern vielmehr am Namen des Subnetzes interessiert, müßten Sie die Maske auf die IP-Adresse anwenden und die Subnetznummer nachsehen.

Diese Technik erlaubt es Ihnen, eine Netzwerknummer auf einen Namen abzubilden. Um eine vollständige Auflösung bereitzustellen, muß es einen Weg geben, einen Netzwerknamen auf seine Netzwerknummer abzubilden. Auch das wird wieder mit PTR-Records erreicht. Der Netzwerkname besitzt PTR-Daten, die auf eine Netzwerknummer zeigen (invertiert, mit angehängtem *in-addr.arpa*).

Lassen Sie uns nachsehen, wie diese Daten in den Zonendateien von HP aussehen (das HP-Internet besitzt die Netzwerknummer 15.0.0.0), und dabei die Abbildung einer Netzwerknummer in einen Netzwerknamen schrittweise durchgehen.

Ausschnitt aus der Datei *db.hp*:

```
;
; HP-Netzwerknamen auf 15.0.0.0 abbilden.
;
hp-net.hp.com.          IN  PTR  0.0.0.15.in-addr.arpa.
```

Ausschnitt aus der Datei *db.corp* :

```
;
; Namen des Unternehmenssubnetzes auf 15.1.0.0 abbilden.
;
corp-subnet.corp.hp.com.  IN  PTR  0.0.1.15.in-addr.arpa.
```

Ausschnitt aus der Datei *db.15* :

```
;
; 15.0.0.0 auf hp-net.hp.com abbilden.
; HPs Subnetzmaske ist 255.255.248.0.
;
0.0.0.15.in-addr.arpa.   IN  PTR  hp-net.hp.com.
                         IN  A    255.255.248.0
```

Ausschnitt aus der Datei *db.15.1*:

```
;
; 15.1.0.0 wieder zurück auf Subnetznamen abbilden.
;
0.0.1.15.in-addr.arpa.   IN  PTR  corp-subnet.corp.hp.com.
```

Hier nun die Prozedur, mit der Sie den Subnetznamen für die IP-Adresse 15.1.0.1 nachsehen:

1. Wenden Sie die voreingestellte Netzwerkmaske für die Klasse der Adresse an. Die Adresse 15.1.0.1 ist eine Klasse-A-Adresse, d.h. die Maske ist 255.0.0.0. Die Anwendung der Netzwerkmaske auf die IP-Adresse liefert uns die Netzwerknummer 15.

2. Senden Sie eine Abfrage (*type=a* oder *type=any*) für *0.0.0.15.in-addr.arpa*.

3. Die Antwort auf die Abfrage enthält Adreßdaten. Weil es Adreßdaten bei *0.0.0.15.in-addr.arpa* gibt (und zwar die Subnetzmaske 255.255.248.0), wenden Sie die Subnetzmaske auf die IP-Adresse an, was 15.1.0.0 ergibt.

4. Senden Sie eine Abfrage (*type=a* oder *type=any*) für *0.0.1.15.in-addr.arpa*.

5. Die Antwort auf die Abfrage enthält keine Adreßdaten, d.h. 15.1.0.0 enthält keine weiteren Subnetze.
6. Senden Sie eine PTR-Abfrage für *0.0.1.15.in-addr.arpa*.
7. Die Antwort auf diese Abfrage enthält den Netzwerknamen für 15.1.0.1:*corp.subnet.corp.hp.com*.

Neben der Abbildung zwischen Netzwerknamen und -nummern können Sie auch alle Netzwerke Ihrer Domain mit PTR-Records aufführen:

```
movie.edu.   IN  PTR  0.249.249.192.in-addr.arpa.
             IN  PTR  0.253.253.192.in-addr.arpa.
```

Und nun zu den schlechten Neuigkeiten: Trotz der Tatsache, daß RFC 1101 alle Angaben enthält, die Sie kennen müssen, um dies alles einzurichten, gibt es unseres Wissens (noch) keine Software, die diese Art der Kodierung von Netzwerknamen auch *verwendet*, und nur wenige Netzwerkadministratoren machen sich die Mühe, diese Informationen aufzunehmen. Bis Software tatsächlich DNS-kodierte Netzwerknamen verwendet, gibt es wohl nur einen Grund, dies einzurichten – aber für viele von uns ist dieses Grund genug.

# *Weitere Resource Record-Typen*

Es gibt eine Reihe von Resource Record-Typen, die wir bislang nicht behandelt haben. Den ersten davon gibt es von Anfang an (HINFO), er war und ist aber nicht weit verbreitet. Die anderen wurden in RFC 1183 und einigen später erschienenen RFCs definiert. Die meisten sind experimenteller Natur, aber einige gehören zum Standard und finden zunehmend Verbreitung. Wir beschreiben sie hier, um Ihnen den Einstieg in ihre Benutzung etwas zu erleichtern.

## *Host-Informationen*

HINFO steht für *Host-INFOrmation*. Die Daten bestehen aus einem String-Paar, dessen Bestandteile den Hardwaretyp und das Betriebssystem des Hosts identifizieren. Die Strings sollten den MACHINE NAMES und OPERATING SYSTEM NAMES entnommen werden, die im »Assigned Numbers«-RFC (momentan RFC 1700) aufgeführt sind. Allerdings ist das nicht zwingend vorgeschrieben, Sie können auch Ihre eigenen Abkürzungen verwenden. Das RFC ist alles in allem nicht vollständig, weshalb es durchaus möglich ist, daß Ihr System gar nicht darin auftaucht. Ursprünglich wurden die HINFO-Records entwickelt, um Dienste wie FTP erkennen zu lassen, wie mit dem entfernten System zu kommunizieren ist. Auf diese Weise wäre es möglich gewesen, Transformationen von Datentypen automatisch bestimmen zu können. Leider ist das nie geschehen – nur wenige Sites stellen genaue HINFO-Werte für all ihre Systeme bereit. Einige Netzwerkadministratoren verwenden HINFO-Records, um die jeweils eingesetzten Maschinentypen im Auge zu behalten, statt diese Informationen in einer Datenbank oder einem Notizbuch festzuhalten. Hier zwei Beispiele für HINFO-Records. Beachten Sie, daß die Angabe zum Hardwaretyp oder zum Betriebssystem in Anführungszeichen stehen muß, wenn sie irgendwelche Leerzeichen enthält:

```
;
; Diese Maschinen- und Systemnamen stammen nicht aus RFC 1340.
;
wormhole   IN   HINFO   ACME-HW            ACME-GW
cujo       IN   HINFO   "Watch Dog Hardware"   "Rabid OS"
```

Wie wir bereits hervorgehoben haben, stellen HINFO-Records ein Sicherheitsrisiko dar. Indem Sie Informationen über ein System einfach verfügbar machen, machen Sie es einem Hacker auch einfacher, in dieses System einzubrechen.

## *AFSDB*

AFSDB besitzt die gleiche Syntax wie ein MX-Record. Die Semantik erinnert ein wenig an NS-Records. Ein AFSDB-Record gibt entweder die Position eines Datenbank-Servers einer AFS-Zelle oder den authentifizierten Nameserver einer DCE-Zelle an. Die Art des Servers, auf die der Record verweist, und der Name des Hosts, auf dem der Server läuft, sind im Datenteil des Records enthalten.

Was ist nun ein Datenbank-Server für eine AFS-Zelle? Oder, in dem Fall, was ist AFS? AFS stand ursprünglich für »Andrew File System« und wurde von den netten Leuten an der Carnegie-Mellon-Universität im Rahmen des Andrew-Projekts entwickelt. (Mittlerweile ist es ein eingetragenes Warenzeichen der Transarc Corporation, die AFS als Produkt vertreibt.) AFS ist, wie NFS, ein Netzwerkdateisystem, das aber die Latenz von WANs (Wide Area Networks) wesentlich besser handhaben kann als NFS und außerdem lokales Datei-Caching bereitstellt, um die Leistung zu erhöhen. Der Datenbank-Server einer AFS-Zelle führt den Prozeß aus, der für die Überwachung der Position von Dateisätzen (Gruppen von Dateien) auf verschiedenen AFS-Fileservern innerhalb einer Zelle (einer logischenGruppe von Hosts) verantwortlich ist. Indem man den Datenbank-Server der AFS-Zelle findet, erhält man also den Schlüssel für alle Dateien innerhalb der Zelle.

Und was ist ein authentifizierter Nameserver? Ein solcher Nameserver hält Informationen über die Position aller Arten von Diensten vor, die innerhalb der DCE-Zelle vorhanden sind. Eine DCE-Zelle? Das ist eine logische Gruppe von Hosts, die gemeinsam die Dienste nutzen, die vom Distributed Computing Environment (DCE) der Open Group angeboten werden.

Und nun zurück zur eigentlichen Geschichte. Um das AFS oder die DCE-Dienste einer anderen Zelle im Netzwerk nutzen zu können, müssen Sie zuerst herausfinden, wo der Datenbank-Server oder der authentifizierte Nameserver dieser Zelle liegt. Diesem Zweck dient der neue Record-Typ. Der dem Record zugeordnete Domain-Name nennt den Namen der Zelle, über die der Server Auskunft geben kann. Zellen werden häufig nach DNS-Domains benannt, weshalb sie üblicherweise nicht allzu fremd wirken.

Wie bereits erwähnt, erinnert die Syntax des AFSDB-Records an die des MX-Records. Geben Sie statt eines Präferenzwertes die Zahl 1 für einen AFS-Zelldatenbank-Server und 2 für einen DCA-authentifizierten Nameserver an:

Anstelle des Mail-Exchanger-Hosts spezifizieren Sie den Namen des Hosts, auf dem der Server läuft. So einfach ist das!

Nehmen wir einmal an, daß ein Systemadministrator auf *fx.movie.edu* eine DCE-Zelle aufsetzt (die AFS-Dienste einschließt), weil er mit verteilten Prozessen experimentieren möchte, um die Geschwindigkeit des Grafik-Renderings zu erhöhen. Er betreibt sowohl einen AFS-Zellen-Datenbank-Server als auch einen DCE-Nameserver auf *bladerunner.fx.movie.edu*. Ein weiterer Datenbank-Server läuft auf *empire* und ein anderer DCE-Nameserver auf *aliens*. Die AFSDB-Records sollten wie folgt aussehen:

```
; Unsere DCE-Zelle heißt fx.movie.edu, genau wie unsere Domain.
fx.movie.edu.     IN AFSDB 1 bladerunner.fx.movie.edu.
                  IN AFSDB 2 bladerunner.fx.movie.edu.
                  IN AFSDB 1 empire.fx.movie.edu.
                  IN AFSDB 2 aliens.fx.movie.edu.
```

## *X25, ISDN und RT*

Diese drei Record-Typen wurden zur Unterstützung der Erforschung des Internet der nächsten Generation entwickelt. Zwei dieser Records, X25 und ISDN, sind einfach Adreß-Records, die speziell für X.25- bzw. ISDN-Netzwerke gedacht sind. Der X25-Record-Typ verwendet eine X.121-Adresse (X.121 ist die ITU-Empfehlung, die das Format von Adressen in X.25-Netzwerken spezifiziert). Der ISDN-Record-Typ verwendet eine ISDN-Adresse.

ISDN steht für »Integrated Services Digital Network«. Telefongesellschaften auf der ganzen Welt haben angekündigt, ISDN-Protokolle zu verwenden, um in ihren Netzwerken den Transport von Sprache und Daten zu ermöglichen und auf diese Weise ein integriertes Netzwerk aufzubauen. Zwar steht es mit der Verfügbarkeit von ISDN in den USA nicht so gut, aber auf einigen internationalen Märkten ist der Dienst weit verbreitet. Da ISDN über die Netzwerke der Telefongesellschaften läuft, sind ISDN-Adressen einfach nur Telefonnummern. Diese bestehen aus einer Landesvorwahl, gefolgt von einer Regional- oder Städtevorwahl, der dann noch die lokale Telefonnummer folgt. Manchmal sind am Ende noch einige zusätzliche Ziffern enthalten, die in einer normalen Telefonnummer nicht auftauchen. Diese zusätzlichen Ziffern werden als Subadresse bezeichnet und in einem separaten Feld der record-spezifischen Daten angegeben.

Beispiele für X25- und ISDN-Record-Typen sind:

```
relay.pink.com.   IN X25  31105060845

delay.hp.com.     IN ISDN 141555514539488
hep.hp.com.       IN ISDN 141555514539488 004
```

Diese Records sind für die gemeinsame Verwendung mit dem RT-Record-Typ (»route through«) gedacht. RT ist syntaktisch und semantisch mit dem MX-Record identisch: Er spezifiziert einen dazwischenliegenden Host, der *Pakete* (anstelle von E-Mail) an einen Ziel-Host ausliefert. Nun sind Sie also nicht nur in der Lage, E-Mail an einen Host zu senden, der nicht direkt am Internet hängt, sondern Sie können auch jede Art von IP-Paket an diesen Host senden, indem Sie einen anderen Host als Forwarder verwenden. Dieses Paket kann Teil einer *telnet*- oder *ftp*-Session oder vielleicht sogar einer DNS-Abfrage sein!

Wie MX-Records enthalten auch RT-Records einen Präferenzwert, der angibt, wie wünschenswert die Auslieferung an einen bestimmten Host ist. Beispielsweise legen die Records

```
housesitter.movie.edu.   IN   RT   10 relay.pink.com.
                         IN   RT   20 delay.hp.com.
```

fest, daß an *housesitter* gebundene Pakete durch *relay.pink.com* (erste Wahl) oder durch *delay.hp.com* (zweite Wahl) laufen sollen.

RT arbeitet mit X25- und ISDN-Records (und sogar mit A-Records) wie folgt:

1. Internet-Host A will ein Paket an Host B senden, der nicht mit dem Internet verbunden ist.
2. Host A sucht sich die RT-Records von Host B heraus. Diese Suche liefert auch alle Adreß-Records (A, X.25 *und* ISDN) für den zwischengeschalteten Host zurück.
3. Host A sortiert die Liste der zwischenliegenden Hosts und sucht dabei nach seinem eigenen Domain-Namen. Findet er ihn, entfernt er alle Hosts mit höheren Präferenzwerten. Dies entspricht dem »Aussortieren« einer Liste von Mail-Exchangern bei *sendmail*.
4. Host A ermittelt den/die Adreß-Record(s) für den bevorzugtesten unter den verbliebenen Hosts. Liegt Host A in einem Netzwerk, das dem durch den Adreß-Record angegebenen Typ von Adresse entspricht, nutzt er dieses Netzwerk, um das Paket an den weiterleitenden Host zu schicken. Wenn zum Beispiel Host A versuchte, ein Paket über *relay.pink.com* zu senden, würde er die Verbindung zu einem X.25-Netzwerk benötigen.
5. Fehlt Host A die entsprechende Verbindung, versucht er es mit dem nächsten in den RT-Records spezifizierten Host. Hat Host A also beispielsweise keine X.25-Verbindung, könnte er auf die Auslieferung über ISDN mittels *delay.hp.com* zurückgreifen.

Dieser Prozeß geht weiter, bis das Paket an den am höchsten präferierten weiterleitenden Host geroutet ist. Dieser Host kann das Paket dann direkt an die Adresse (A, X25 oder ISDN) des Zielhosts ausliefern.

## *Standort*

RFC 1876 definiert einen experimentellen Record-Typen, namentlich LOC (von *Location*, englisch für Standort). Er ermöglicht es Domain-Administratoren, den Standort ihrer Computer, Subnetze und Netzwerke anzugeben. In diesem Fall sind mit Standort die Längen- und Breitengrade und die Höhe über Meeresspiegel gemeint. Zukünftige Anwendungen könnten diese Informationen verwenden, um Netzwerkpläne zu zeichnen, effektives Routing zu berechnen und mehr.

In seiner grundlegenden Form enthält LOC die geographische Breite, Länge und Höhe (in dieser Reihenfolge) als record-spezifische Daten. Die Breite und Länge besitzen dabei folgendes Format:

```
<degrees> [Minuten [Sekunden.<Teilsekunden>]] (N|S|E|W)
```

Die Höhe wird in Metern angegeben.

Wenn Sie sich fragen, wie Sie um alles in der Welt an diese Daten für einen bestimmten Host oder ein Netzwerk kommen, lesen Sie »RFC 1876 Resources« unter *http://www.kei.com/homepages/ckd/dns-loc/*. Diese englischsprachige Site, aufgebaut von Christopher Davis, einem der Autoren von RFC 1876, ist eine unentbehrliche Sammlung von Informationen und nützlichen Links sowie Werkzeugen für Menschen, die LOC-Datensätze erstellen.

Wenn Sie nicht Ihren eigenen GPS (Global Positioning System)-Empfänger besitzen und ihn mit sich herumtragen können, sind die folgenden beiden Web-Seiten nützlich: Eagle Geocoder von Etak unter *http://www.geocode.com/eagle.html-ssi* und AirNav's Airport Information unter *http://www.airnav.com/airports/*. Mit der ersten Site finden Sie die Längen- und Breitengrade der meisten Adressen in den USA, während die zweite Site den Flughafen oder -Platz findet, der Ihnen am nächsten liegt. Machen Sie sich keine Sorgen, wenn Sie keinen großen Flughafen in der Nähe haben: Die Datenbank enthält sogar den kleinen Hubschrauber-Landeplatz im Krankenhaus meiner Nachbarschaft!

Hier den LOC-Record für einen unserer Hosts:

```
huskymo.acmebw.com.     IN    LOC    40 2 0.373 N 105 17 23.528 W 1638m
```

Mit optionalen Feldern in den record-spezifischen Daten können Sie in Metern angeben, wie groß die Einheit ist, die Sie beschreiben (LOC-Records können schließlich Netzwerke beschreiben, die ziemlich groß sein können), sowie die horizontale und vertikale Genauigkeit. Die Vorgabe für die Größe beträgt einen Meter, und das ist genau richtig für einen einzelnen Host. Die horizontale Genauigkeit beträgt 10.000 und die vertikale Genauigkeit zehn Meter. Diese Vorgaben entsprechen der Größe einer typischen US-Postleitzahl (ZIP Code). Die dahinterstehende Idee ist, daß Sie bei einem bekannten ZIP Code leicht den zugehörigen Breiten- und Längengrad herausfinden können.

Sie können LOC-Datensätze auch auf Namen von (Sub)netzwerken verweisen lassen. Wenn Sie sich die Zeit genommen haben, die Angaben über die Namen und Adressen Ihres Netzwerkes in dem Format einzutragen, das in RFC 1101 beschrieben wird, können Sie LOC-Records für Ihre Netzwerknamen erstellen:

```
;
; Map HP's network name to 15.0.0.0.
;
hp-net.hp.com.   IN    PTR   0.0.0.15.in-addr.arpa.
                 IN    LOC   37 24 55.393 N 122 8 37 W 26m
```

## *IPv6-Addressen*

Wenn Sie dem Rummel glauben, erscheint IPv6 bald in einem Netzwerk in Ihrer Nähe. Es ist klar, daß die bestehenden A-Records keinen Platz für die 128 Bit großen IPv6-Adressen haben. BIND erwartet die record-spezifischen Daten für einen A-Datensatz als 32-Bit-Adresse im durch Punkte geteilten Oktett-Format.

RFC 1886 führt einen neuen Adreß-Record ein, AAAA, der 128 Bit große IPv6-Adressen speichern kann. Die record-spezifischen Daten eines AAAA-Datensatzes sind im Textformat eines IPv6-Datensatzes anzugeben, das RFC 1884 beschreibt. Dieses Format stellt die 128 Bits der Adresse in acht Abschnitten mit jeweils vier hexadezimalen Ziffern dar, getrennt durch Doppelpunkte (»:«). Der erste Teil mit vier Ziffern kodiert die höchstwertigsten 16 Bits der Adresse. Jeder aus vier Bits bestehende Teil wird in die entsprechende hexadezimale Ziffer komprimiert (aus 1111 wird beispielsweise f). Sie können führende Nullen in einem Satz aus hexadezimalen Ziffern weglassen.

Sie werden also einen AAAA-Datensatz wie den folgenden sehen:

```
ipv6      IN    AAAA      4321:0:1:2:3:4:567:89ab
```

RFC 1886 erweitert außerdem die zusätzliche Verarbeitung, die BIND und andere Nameserver durchführen, so daß Nameserver AAAA-Records für Mail-Exchanger und beispielsweise für Nameserver einschließen, die IPv6 sprechen.

Schließlich richtet RFC 1886 einen neuen Namensraum für die umgekehrte Auflösung von IPv6-Adressen ein. Er heißt *ip6.int*. Jede Subdomain-Ebene unter *ip6.int* repräsentiert ein Nibble (eine 4 Bit große Zahl) in der 128 Bit großen Adresse. Das Nibble mit der kleinsten Wertigkeit wird zuerst kodiert (es steht am linken Rand des Domain-Namens). Im Gegensatz zum Format von AAAA-Adressen dürfen führende Nullen nicht weggelassen werden, so daß es immer 32 Nibbles und 32 Subdomain-Ebenen unterhalb von *ip6.int* gibt; ein solcher Domain-Name repräsentiert eine vollständige IPv6-Adresse. Der Domain-Name, der sich auf die Adresse um Beispiel bezieht, lautet:

```
b.a.9.8.7.6.5.0.4.0.0.0.3.0.0.0.2.0.0.0.1.0.0.0.0.0.0.0.1.2.3.4.IP6.INT.
```

Diese Domain-Namen besitzen PTR-Records, genau wie bei Domain-Namen unter *in-addr.arpa*.

## *SRV*

Einen Dienst oder einen Server in einer Zone zu suchen, ohne zu wissen, auf welchem Host er ausgeführt wird, kann ein schwierig zu lösendes Problem darstellen. Einige Domain-Administratoren haben versucht, dieses Problem zu lösen, indem sie in ihrer

Zone dienstspezifische Aliase erstellt haben. Wir in *movie.edu* haben zum Beipiel das Alias *ftp.movie.edu* eingetragen; es verweist auf den Domain-Namen unseres FTP-Servers:

```
ftp.movie.edu.      IN    CNAME      plan9.fx.movie.edu.
```

Das macht es Menschen leicht, einen Domain-Namen zu erraten, der sie zu unserem FTP-Archiv bringt. Er trennt den Namen, den Menschen zum Zugriff auf das Archiv verwenden, vom Host-Namen, auf dem der Dienst ausgeführt wird. Wenn wir den Server auf einen anderen Host verschieben, bräuchten wir lediglich den CNAME-Record zu ändern.

Der experimentelle SRV-Record, den RFC 2052 eingeführt, ist ein allgemeiner Mechanismus zum Auffinden von Diensten. SRV bietet außerdem mächtige Funktionen, die es Domain-Administratoren ermöglichen, die Belastung zu verteilen und Sicherungsdienste bereitzustellen, ähnlich wie dies beim MX-Datensatz möglich ist.

Ein einzigartiger Aspekt des SRV-Datensatzes ist des Format das Domain-Namens, auf den er sich bezieht. Wie dienstspezifische Aliase gibt der Domain-Name des SRV-Records den Namen des Dienstes an, außerdem das verwendete Protokoll sowie natürlich den Domain-Namen. Folgender Datensatz würde beispielsweise verwendet, um einen FTP-Dienst in der Zone *movie.edu* anzugeben:

```
ftp.tcp.movie.edu
```

Hingegen würde

```
http.tcp.www.movie.edu
```

den SRV-Record darstellen, auf den jemand zugreift, wenn er den URL *http://www.movie.edu/* verwendet, um die Web-Server von *www.movie.edu* zu finden.

Die Namen der Dienste und Protokolle sollten in der aktuellen Version der »Assigned Numbers RFC« (als wir diesen Text schrieben, war es RFC 1700) zu finden sein. Oder Sie benutzen eindeutige Namen, die nur lokalen Geltungsbereich besitzen. Verwenden Sie nicht die *Nummer* des Ports oder des Protokolls, sondern ausschließlich die Namen.

Der SRV-Datensatz besitzt vier record-spezifische Felder:

```
Priorität    Gewichtung    Anschluß    Ziel
```

*Priorität*, *Gewichtung* und *Anschluß* sind ganze, 16 Bit große Zahlen (zwischen 0 und 65535). *Ziel* ist ein Domain-Name.

*Priorität* arbeitet so ähnlich wie die Präferenz eines MX-Records: je geringer die Zahl in diesem Feld ist, desto wünschenswerter ist das entsprechende Ziel. Wenn Sie nach Hosts für einen bestimmten Dienst suchen, sollten Clients Ziele mit derselben Priorität probieren, bevor sie sich an diejenigen mit höherer Prioritätsnummer wenden.

*Gewichtung* ermöglicht es Administratoren, die Last auf mehrere Ziele zu verteilen. Clients sollten Clients mit derselben Priorität im Verhältnis zur Gewichtung abfragen. Wenn beispielsweise eines der Ziele die Priorität von null und eine Gewichtung von eins besitzt, ein anderes Ziel hingegen eine Priorität von null und eine Gewichtung von zwei, sollte das zweite Ziel doppelt so stark belastet werden wie das erste. Die Belastung wird hier je nach Dienst in Abfragen, Verbindungen oder was auch immer gemessen.

*Anschluß* gibt den Port an, auf dem der gesuchte Dienst empfangsbereit ist. Damit können Domain-Administratoren für Dienste andere als die Standard-Anschlußnummern verwenden. Beispielsweise könnte ein Domain-Administrator auf einen Web-Server verweisen, der auf Port 8000 statt auf dem Standard-HTTP-Anschluß (80) empfangsbereit ist.

*Ziel* gibt schließlich den Domain-Namen des Hosts an, der den Dienst ausführt (auf dem im Feld *Anschluß* angegebenen Port). *Ziel* muß ein kanonischer Name des Hosts (kein Alias) sein, der Adreß-Records besitzt.

Für den FTP-Server von *movie.edu* haben wir daher folgende Records in die Zonendatei *db.movie* eingetragen:

```
ftp.tcp          IN    SRV    1    0    21    plan9.fx.movie.edu.
                 IN    SRV    2    0    21    thing.fx.movie.edu.
```

Diese Datensätze weisen einen SRV-fähigen FTP-Client an, beim Verbindungsaufbau zu *movie.edu* zunächst den FTP-Server auf *plan9.fx.movie.edu*'s mit der Anschlußnummer 21 auszuprobieren. Falls *plan9* nicht erreichbar sein oder antworten sollte, versucht der Client, den FTP-Server-Dienst auf *thing.fx.movie.edu* (wiederum mit der Anschlußnummer 21) zu erreichen.

Die Datensätze

```
http.tcp.www  IN SRV 0 2 80   www.movie.edu.
              IN SRV 0 1 80   www2.movie.edu.
              IN SRV 1 1 8000 postmanrings2x.movie.edu.
```

leiten Web-Anfragen für *www.movie.edu* an *www.movie.edu* mit Anschluß 80 und an *www2.movie.edu* mit Anschluß 80, wobei *www.movie.edu* doppelt so viele Anfragen wie *www2.movie.edu* erhält. Ist keiner dieser Server erreichbar, gehen Anfragen an *postmanrings2x*, und zwar mit der Anschlußnummer 8000.

Leider kennen wir keine Clients, die SRV-Datensätze abfragen und unterstützen. Das ist wirklich schade, denn SRV könnte sehr nützlich sein. Da SVR kaum verbreitet ist, sollten Sie diesen Datensatztyp nicht anstelle von Adreß-Records verwenden. Seien Sie besonnen, und verwenden Sie wenigstens einen Adreß-Record für den »Basis«-Domain-Namen, auf den Ihre SRV-Records verweisen. Verwenden Sie mehrere Adreßdatensätze, wenn Sie die Belastung auf mehrere Server verteilen wollen. Wenn Sie einen Host lediglich als Sicherung in den SRV-Records angeben, schließen Sie nicht seine IP-Adresse ein. Wenn ein Host einen Dienst ausführt, der nicht auf dem Standard-

Anschluß empfangsbereit ist, sollten Sie für ihn keinen Adreß- oder CNAME-Record eintragen, denn es gibt keine Möglichkeit, mit ihnen einen Client anzuweisen, welchen Port er benutzen soll.

Für *www.movie.edu* tragen wir also folgende Datensätze ein:

```
http.tcp.www  IN SRV 0 2 80   www.movie.edu.
              IN SRV 0 1 80   www2.movie.edu.
              IN SRV 1 1 8000 postmanrings2x.movie.edu.
www           IN A 200.1.4.3
              IN A 200.1.4.4
```

Browser, die SRV-Datensätze abfragen und deren Inhalt verarbeiten (wann immer Sie erscheinen werden), senden doppelt so viele Anfragen an *www.movie.edu*, wie an *www2.movie.edu*. Sie greifen nur auf *postmanrings2x.movie.edu* zu, wenn die beiden anderen Server nicht verfügbar sind. Browser, die SRV-Records nicht abfragen, bekommen durch die Round Robin-Funktion abwechselnd die IP-Adressen von *www* und *www2* geliefert.

# DNS gegenüber X.500

X.500 ist ein verteiltes Directory-System nach ISO (International Standards Organization)-Standard. Es wird manchmal auch als »Konkurrent« von DNS betrachtet. Tatsächlich besitzt X.500 einige Funktionalitäten, die auch im DNS implementiert sind. Beispielsweise können Sie mit X.500 Adreßinformationen zu einem bestimmten Host ermitteln. In manchen Bereichen zeigen die beiden sogar Übereinstimmungen: X.500-Verzeichnisse speichern Daten in hierarchischen Namensräumen und verwenden Rekursion und Iteration (auch wenn die ISO das anders nennt). Zwar können wir nicht behaupten, X.500-Experten zu sein, aber wir können einige generelle Vergleiche zwischen DNS und X.500 anstellen:

- X.500 ist ein Verzeichnisdienst, der zahlreiche Arten der Suche unterstützt. Während DNS-Server einfach Daten nachsehen, die zu einem bestimmten Domain-Namen gehören, können Sie den X.500-Verzeichnisbaum nach Begriffen durchsuchen, die einem gesuchten Begriff ähnlich klingen. Auch die Suche nach einem Begriff, den Sie nur unvollständig kennen, ist möglich (»Ich weiß, daß sein Nachname Tuttle lautet und daß er im Informationswiederbeschaffungs-Ministerium arbeitet«).

- X.500 ist eine umfassende verteilte Datenbank, die von einer Vielzahl unterschiedlicher Anwendungen genutzt werden soll. Sie können ein Telefonbuch in einer X.500-Datenbank abspeichern. Sie können Lagedaten in einer X.500-Datenbank speichern. Sie können Informationen über alle Arten von Netzwerkgeräten sowie deren Attribute ablegen. Auf der anderen Seite steht das DNS, eine vergleichsweise einfache verteilte Datenbank, die ein bestimmtes Problem lösen sollte – eine schwer zu handhabende HOSTS.TXT-Datenbank.

- X.500 besitzt Sicherheitsmerkmale, bei denen Referenzen geprüft und unterschiedliche Verschlüsselungstypen unterstützt werden. Das DNS ist nicht sicher.[4]

Nun ja, Sie haben jetzt in etwa eine Vorstellung. X.500 ist reich an Fähigkeiten und wird extrem nützlich sein, wenn es vollständig definiert, implementiert und optimiert ist. Das DNS stellt nur einige wenige kritische Funktionen bereit. Es ist, in den meisten Teilen, vollständig implementiert und wird weiter wachsen und verbessert werden.

Wenden Sie sich nun nicht vom DNS ab. Das Domain Name System ist bei dem, was es macht, wirklich gut und zudem wesentlich schneller als X.500. Es ist wahr, daß X.500 reichhaltigere Funktionen bietet, aber die Position des DNS als Directory-System wird es nie erreichen.

## *DNS und WINS*

In unserer ersten Auflage haben wir die große Ähnlichkeit zwischen NetBIOS-Namen und DNS-Domain-Namen erwähnt, gleichzeitig aber auch darauf hingewiesen, daß es keine Möglichkeit für das DNS gibt, als NetBIOS-Nameserver zu fungieren. Grundsätzlich müßte ein DNS-Nameserver dynamische Aktualisierungen unterstützen, um als NetBIOS-Nameserver fungieren zu können.

Natürlich unterstützt BIND 8 dynamische Aktualisierungen. Der Microsoft DHCP-Server sendet leider keine dynamischen Aktualisierungen an den DNS-Server. Er teilt Änderungen nur Microsoft WINS-Servern mit. WINS-Server können dynamisch Aktualisierungen verarbeiten, aber nur für NetBIOS-Clients. Mit anderen Worten: Ein WINS-Nameserver spricht kein DNS.

Allerdings liefert Microsoft mit Windows NT 4.0 einen DNS-Nameserver aus. Und dieser DNS-Server kann mit WINS-Servern kommunizieren. Der Microsoft DNS-Server besitzt eine praktische, grafische Benutzeroberfläche, wie Sie es von Microsoft sicher nicht anders erwarten. Sie stellt eine nützliche Verbindung zum WINS bereit: Sie können den Server so konfigurieren, daß er einen WINS-Server nach Adreßdaten abfragt, wenn er die Daten in einer DNS-Zone nicht finden kann.

Dies wird mit dem neuen Resource Record *WINS* in der Zonendatei erreicht. Der *WINS*-Datensatz verweist auf den Domain-Namen der Zone, wie der SOA-Record. Er fungiert als ein Schalter, der dem Microsoft DNS-Server mitteilt, einen WINS-Server abzufragen, wenn die Adresse für den angegebenen Namen nicht ermittelt werden kann. Der Record

```
    @       0      IN     WINS         192.249.249.39 192.253.253.39
```

weist den Microsoft DNS-Server an, die WINS-Server auf 192.249.249.49 und 192.253.253.39 (in dieser Reihenfolge) nach diesem Namen zu fragen. Die TTL von 0 ist

---

4  Noch. Die in RFC 2065 beschriebenen Sicherheitsmerkmale ermöglichen die verschlüsselte Autorisierung der Quelle von Zonendaten, die Prüfung der Datenintegrität und mehr.

eine Vorsichtsmaßnahme, damit der nachgesehene Record nicht im Zwischenspeicher abgelegt wird.

Es gibt einen begleitenden WINS-R-Datensatz, der es einem Microsoft DNS-Server ermöglicht, umgekehrte Zuordnungen mittels einer NetBIOS NBTSTAT-Anfrage aufzulösen. Wenn die Datendatei einer *in-addr.arpa*-Zone einen WINS-R-Datensatz wie den folgenden enthält

```
@      0    IN    WINS-R      movie.edu
```

und die gesuchte IP-Adresse nicht in der Datei erscheint, versucht der Nameserver, eine NetBIOS NBSTAT-Anforderung an die IP-Adresse zu senden, deren umgekehrte Zuordnung gefragt ist. Das entspricht etwa dem Anrufen einer Telefonnummer und der Frage an den Teilnehmer »Wie heißen Sie?«. Das Ergebnis enthält einen Punkt und den angehängten Domain-Namen der record-spezifischen Daten, in diesem Fall ».movie.edu«.

Diese Records liefern eine nützliche Verbindung zwischen diesen beiden Namensräumen. Leider ist die Integration nicht perfekt. Der Teufel steckt mal wieder im Detail.

Das Hauptproblem ist, so wie wir es sehen, daß nur Microsoft DNS-Server *WINS* und WINS-R unterstützen.[5] Wenn Sie also wollen, daß Daten in der Zone *fx.movie.edu* auf dem WINS-Server des Spezialeffektlabors durchgeführt werden, müssen alle Nameserver für *fx.movie.edu* Microsoft DNS-Server sein. Warum? Stellen Sie sich vor, daß einige Nameserver für *fx.movie.edu* den Microsoft DNS-Server und einige BIND ausführen. Wenn ein entfernter DNS-Server einen NetBIOS-Namen in *fx.movie.edu* nachsehen will, würde er abhängig von der Antwortzeit einen der *fx.movie.edu*-Nameserver auswählen. Falls er einen Microsoft DNS-Server auswählte, könnte er den Namen auch auflösen, wenn die IP-Adresse des Hosts dynamisch zugeordnet wäre. Falls er hingegen einen BIND-Server auswählte, könnte er den Namen nicht auflösen.

Die beste DNS/WINS-Konfiguration, von der wir bisher gehört haben, stellt alle WINS-zugeordneten Daten in eine eigene DNS-Zone, sagen wir *mobile.movie.edu*. Alle Nameserver für *mobile.movie.edu* sind Microsoft DNS-Server, und die Zone *mobile.movie.edu* enthält lediglich SOA- und NS-Records sowie einen WINS-Datensatz, der auf die WINS-Server für *mobile.movie.edu* zeigt. Auf diese Weise gibt es keine Möglichkeit, daß inkonsistente Antworten zwischen den Servern auftreten, die für diese Zone die Autorität besitzen.

Ein anderes Problem ist, daß WINS und WINS-R proprietär sind. BIND-Nameserver verstehen sie nicht, und wenn ein BIND-Slave eine Zone mit einem WINS-Datensatz von einem Microsoft DNS-Server überträgt, schlägt dieser Zonentransfer fehl, weil WINS für den BIND-Server ein unbekannter Datensatztyp ist. (Wir haben dieses Problem und wie Sie damit klarkommen detailliert beschrieben. Lesen Sie Kapitel 13, *Fehlersuche bei DNS und BIND*).

---

[5] Auch einige kommerzielle Produkt unterstützen diese Resource Records. Dazu gehört Meta IP/DNS von MetaInfo, eine Portierung von BIND 8.1.1, die um WINS-Fähigkeiten erweitert wurde. Der normale BIND-Server kann hingegen nicht mit WINS-Servern sprechen.

Die Antwort auf diese Probleme ist die dynamische Aktualisierung von DNS-Daten, die BIND seit der Version 8 beherrscht (Einzelheiten dazu finden Sie in Kapitel 10). Die dynamische Aktualisierung ermöglicht Ihnen, Datensätze mit BIND-Servern autorisiert hinzuzufügen, zu verändern und zu löschen. Die dynamische Aktualisierung gibt den Leuten von Microsoft wiederum die Funktionalität, die sie benötigen, um DNS als Namensdienst für NetBIOS zu verwenden. Microsoft hat versprochen, bei Windows 2000 WINS wegzulassen und statt dessen die dynamische DNS-Aktualisierung einzusetzen. Ob sie ihr Versprechen halten, bleibt abzuwarten. Wir hoffen, daß sie es tun. Es ist schon schwer genug, nur einen Namensdienst zu verwalten.[6]

---

6 Anm. d. Übers.: In einer späten Betaversion (von Ende Juni 1999) schien dies tatsächlich der Fall zu sein. Es gibt also noch Hoffnung.

# DNS-Nachrichtenformat und Resource Records

Dieser Anhang beschreibt das Format von DNS-Messages und führt alle Resource Record-Typen auf. Die Resource Records werden in ihrem Textformat dargestellt, mit dem sie in einer DNS-Datenbank eingetragen werden, es wird aber auch das binäre Format beschrieben, in dem sie in DNS-Messages erscheinen. Sie finden hier einige Resource Records, die wir im Buch nicht behandelt haben, weil es sich um experimentelle oder überholte Records handelt.

Wir haben hier diejenigen Teile des von Paul Mockapetris geschriebenen RFC 1035 aufgenommen, in denen das Textformat von Master-Dateien (die wir in diesem Buch als *db-Dateien* oder *DNS-Datenbankdateien* bezeichnet haben) und das Message-Format (für diejenigen, die DNS-Pakete verarbeiten müssen) beschrieben werden.

## Format der Master-Datei

*(aus RFC 1035, Seiten 33-35)*

Das Format dieser Dateien besteht aus einer Reihe von Einträgen. Einträge sind überwiegend zeilenorientiert, obwohl Klammern verwendet werden können, um eine Liste mit Punkten über eine Zeilengrenze hinweg weiterzuführen, und Textliterale können innerhalb des Textes CRLF enthalten. Jede Kombination von Tabulatoren und Leerzeichen dient als Trennzeichen zwischen den einzelnen Punkten, aus denen ein Eintrag besteht. Am Ende jeder Zeile der Master-Datei kann ein Kommentar stehen. Der Kommentar beginnt mit einem »;«.

Die folgenden Einträge sind definiert:

```
Leerzeichen[Kommentar]

$ORIGIN Domain-Name [Kommentar]

$INCLUDE Dateiname> [Domain-Name] [Kommentar]

Domain-Namerr [Kommentar]

Leerzeichenrr [Kommentar]
```

Zeilen mit Leerzeichen, mit oder ohne Kommentare, sind an jeder Stelle der Datei erlaubt.

Zwei Steuereinträge sind definiert: $ORIGIN und $INCLUDE. $ORIGIN wird von einem Domain-Namen gefolgt und setzt den aktuellen Ursprung für relative Domain-Namen auf den angegebenen Namen. $INCLUDE fügt die genannte Datei in die aktuelle Datei ein und kann optional einen Domain-Namen spezifizieren, der den Ursprung für relative Domain-Namen innerhalb der eingefügten Datei festlegt. $INCLUDE kann ebenfalls einen Kommentar besitzen. Beachten Sie, daß ein $INCLUDE-Eintrag niemals den relativen Ursprung der Parent-Datei ändert, unabhängig von den Änderungen im relativen Ursprung innerhalb der eingebundenen Datei.

Die letzten beiden Formen repräsentieren RRs. Beginnt ein RR mit einem Leerzeichen, wird davon ausgegangen, daß der RR dem zuletzt genannten Eigner gehört. Beginnt der RR-Eintrag mit einem Domain-Namen, wird der Eigner zurückgesetzt.

<rr>-Inhalte besitzen eine der beiden folgenden Formen:

```
[TTL] [Klasse] Typ RDATA
[Klasse] [TTL] Typ RDATA
```

Der RR beginnt mit einem optionalen Feld für die TTL und die Klasse, gefolgt von einem Feld für den Typ und von den RDATA-Daten, die zu diesem Typ und dieser Klasse gehören. Klasse und Typ verwenden die voreingestellten mnemonischen Kürzel, TTL ist ein ganzzahliger Dezimalwert. Fehlende Klassen- oder Typangaben werden durch die zuletzt explizit aufgeführten Werte ersetzt. Weil die mnemonischen Kürzel für Typ und Klasse sich nicht überschneiden, ist ein eindeutiges Parsing möglich.

*Domain-Name*n machen einen größeren Teil der Daten einer Master-Datei aus. Die Labels in den Domain-Namen werden als Zeichen-Strings ausgedrückt und durch Punkte voneinander getrennt. Quoting-Konventionen erlauben die Speicherung beliebiger Zeichen in Domain-Namen. Mit einem Punkt endende Domain-Namen werden als absolut bezeichnet und als vollständig betrachtet. Domain-Namen, die nicht mit einem Punkt enden, werden als relative Domain-Namen bezeichnet. Der eigentliche Domain-Name wird dann durch die Verkettung des relativen Teils mit dem in $ORIGIN, $INCLUDE oder als Argument übergebenen Ursprung gebildet. Ein relativer Name ist ein Fehler, wenn kein Ursprung verfügbar ist.

Ein *Zeichen-String* kann auf eine von zwei Arten ausgedrückt werden: als eine kontinuierliche Reihe von Zeichen ohne Leerzeichen oder als String, der mit einem " beginnt und mit einem weiteren " endet. Innerhalb eines mit Anführungszeichen versehenen Strings kann jedes Zeichen außer dem Anführungszeichen selbst vorkommen. Dem Anführungszeichen innerhalb eines Strings muß der Backslash vorangestellt werden (»\«).

Weil es sich bei diesen Dateien um Textdateien handelt, sind verschiedene spezielle Kodierungen notwendig, um das Laden beliebiger Daten zu erlauben. Im einzelnen sind dies:

.
    Von der Root.

@
    Ein freistehendes @ bezeichnet den aktuellen Ursprung.

\X
    Wobei X jedes Zeichen außer einer Ziffer (0-9) darstellt. Wird verwendet, um ein gegebenes Zeichen so zu markieren, daß seine spezielle Bedeutung nicht zum Tragen kommt. Beispielsweise kann »\.« verwendet werden, um einen Punkt in einem Label zu plazieren.[1]

\DDD
    Wobei jedes D eine Ziffer darstellt. Entspricht dem Oktett, das der durch DDD beschriebenen Dezimalzahl entspricht. Das resultierende Oktett wird als Text betrachtet und nicht auf eine spezielle Bedeutung hin untersucht.[2]

( )
    Klammern werden genutzt, um Daten über Zeilengrenzen hinweg zu gruppieren. Zeilenabschlüsse werden innerhalb von Klammern also nicht erkannt.[3]

;
    Das Semikolon wird verwendet, um einen Kommentar einzuleiten. Der Rest der Zeile wird ignoriert.

## *Schreibweise*

*(aus RFC 1035, Seite 9)*

Für alle Teile des DNS, die Teil des offiziellen Protokolls sind, gilt, daß bei allen Vergleichen zwischen Zeichen-Strings (Labels, Domain-Namen etc.) nicht zwischen Groß- und Kleinschreibung unterschieden wird. Im Augenblick ist diese Regel ohne Ausnahme im gesamten Domain-System in Kraft. Allerdings könnten zukünftige Erweiterungen die gesamten Möglichkeiten des binären Oktetts in Namen verlangen, weshalb die Speicherung von Domain-Namen in 7-Bit-ASCII oder die Verwendung spezieller Bytes zur Terminierung von Labels etc. vermieden werden sollte.

---

1  Bei BIND 4.8.3 nicht implementiert.
2  Bei BIND 4.8.3 nicht implementiert.
3  BIND 4.8.3 erlaubt Klammern nur bei SOA- und WKS-Records.

Anhang A: DNS-Nachrichtenformat und Resource Records

## Typen

Hier eine vollständige Liste aller Typen von Resource Records. Die Textrepräsentation wird in Master-Dateien verwendet, die Binärrepräsentation in DNS-Abfragen und -Antworten. Diese Resource Records werden auf den Seiten 13-21 von RFC 1035 behandelt.

### A-Adresse

*(RFC 1035, Seite 20)*

    *Textrepräsentation:*
```
    Besitzer Klasse TTL A Adresse
```

    *Beispiel:*
```
    localhost.movie.edu.   IN A 127.0.0.1
```

    *Binärrepräsentation:*
```
    Adreßtypcode: 1
    +--+--+--+--+--+--+--+--+--+--+--+--+--+--+--+--+
    |                    ADDRESS                    |
    +--+--+--+--+--+--+--+--+--+--+--+--+--+--+--+--+
    Dabei ist:
    ADDRESS        Eine 32-Bit-Internet-Adresse.
```

### CNAME: kanonischer Name

*(RFC 1035, Seite 14)*

    *Textrepräsentation:>*
```
    Besitzer Klasse TTL CNAME Kanonischer-Dname
```

    *Beispiel:*
```
    wh.movie.edu.   IN  CNAME  wormhole.movie.edu.
```

    *Binärrepräsentation:*
```
    CNAME-Typcodecode: 5
    +--+--+--+--+--+--+--+--+--+--+--+--+--+--+--+--+
    /                      CNAME                    /
    /                                               /
    +--+--+--+--+--+--+--+--+--+--+--+--+--+--+--+--+
    Dabei ist:
    CNAME          Ein Domain-Name, der den kanonischen oder primären
                   Namen für den Eigner angibt. Der Eigner-Name ist ein Alias.
```

### HINFO host information

*(RFC 1035, Seite 14)*

    *Textrepräsentation:*
```
    Besitzer Klasse TTL HINFO CPU OS
```

    *Beispiel:*
```
    grizzly.movie.edu.   IN  HINFO  VAX-11/780 UNIX
```

*Binärrepräsentation:*
```
HINFO-Typcode: 13
       +--+--+--+--+--+--+--+--+--+--+--+--+--+--+--+--+
       /                      CPU                      /
       +--+--+--+--+--+--+--+--+--+--+--+--+--+--+--+--+
       /                      OS                       /
       +--+--+--+--+--+--+--+--+--+--+--+--+--+--+--+--+
```
Dabei ist:
CPU        Ein *Zeichen-String*, der den CPU-Typ angibt.
OS         Ein *Zeichen-String*, der den Typ des Betriebssystems angibt.

## MB mailbox domain name - experimentell
*(RFC 1035, Seite 14)*

*Textrepräsentation:*
```
Besitzer Klasse TTL MB Mbox-Dname
```

*Beispiel:*
```
al.movie.edu.   IN  MB  robocop.movie.edu.
```

*Binärrepräsentation:*
```
MB-Typcode: 7
       +--+--+--+--+--+--+--+--+--+--+--+--+--+--+--+--+
       /                    MADNAME                    /
       /                                               /
       +--+--+--+--+--+--+--+--+--+--+--+--+--+--+--+--+
```
Dabei ist:
MADNAME    Ein *Domain-Name*, der den Host angibt, auf dem sich die angegebene Mailbox befindet.

## MD mail destination - überholt
MD wurde durch MX ersetzt.

## MF mail forwarder - überholt
MF wurde durch MX ersetzt.

## MG mail group member - experimentell
*(RFC 1035, Seite 16)*

*Textrepräsentation:*
```
Besitzer Klasse TTL MG Mgroup-Dname
```

*Beispiel:*
```
admin.movie.edu.   IN  MG  al.movie.edu.
                   IN  MG  ed.movie.edu.
                   IN  MG  jc.movie.edu.
```

*Binärrepräsentation:*
```
MG-Typcode: 8
+--+--+--+--+--+--+--+--+--+--+--+--+--+--+--+--+
/                    MGMNAME                    /
/                                                /
+--+--+--+--+--+--+--+--+--+--+--+--+--+--+--+--+
```
Dabei ist:
MGMNAME      Ein *Domain-Name*, der eine Mailbox angibt, die ein Mitglied der durch den Domain-Namen spezifizierten Mail-Gruppe ist.

## MINFO mailbox oder mail list information - experimentell
*(RFC 1035, Seite 16)*

*Textrepräsentation:*
Besitzer Klasse TTL MINFO Resp-Mbox Error-Mbox

*Beispiel:*
admin.movie.edu.    IN    MINFO    al.movie.edu.    al.movie.edu.

*Binärrepräsentation:*
```
MINFO-Typcode: 14
+--+--+--+--+--+--+--+--+--+--+--+--+--+--+--+--+
/                    RMAILBX                    /
+--+--+--+--+--+--+--+--+--+--+--+--+--+--+--+--+
/                    EMAILBX                    /
+--+--+--+--+--+--+--+--+--+--+--+--+--+--+--+--+
```
Dabei ist:
RMAILBX      Ein *Domain-Name*, der eine Mailbox angibt, die für die Mailing-Liste oder Mailbox verantwortlich ist. Bezeichnet dieser Domain-Name die Root, dann ist der Eigner des MINFO-RRs für sich selbst verantwortlich. Beachten Sie, daß viele existierende Mailing-Listen einen Mailbox-X -Request für das RMAILBX-Feld der Mailing-Liste X verwenden, z.b. einen Msgroup-Request für Msgroup. Dieses Feld stellt einen allgemeineren Mechanismus zur Verfügung.

EMAILBX      Ein *Domain-Name*, der eine Mailbox angibt, in der die mit der Mailing-Liste oder Mailbox in Zusammenhang stehenden Fehlermeldungen empfangen werden sollen (entspricht dem vorgeschlagenen ERRORS-TO:-Feld). Gibt der Domain-Name die Root an, sollen Fehler an den Absender der Nachricht zurückgegeben werden.

## MR mail rename - experimentell
*(RFC 1035, Seite 17)*

*Textrepräsentation:*
Besitzer Klasse TTL MR Neue-Mbox

*Beispiel:*
    eddie.movie.edu.    IN  MR  eddie.bornagain.edu.

*Binärrepräsentation:*
    MR-Typcode: 9

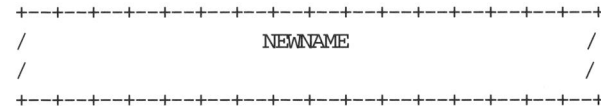

    Dabei ist:
    NEWNAME         Ein *Domain-Name*, der eine Mailbox bezeichnet, die den
                    richtigen neuen Namen der spezifizierten Mailbox angibt.

## MX mail exchanger
*(RFC 1035, Seite 17)*

*Textrepräsentation:*
    Besitzer Klasse TTL MX Präferenz Exchange-Dname

*Beispiel:*
    ora.com.    IN  MX   0 ora.ora.com.
                IN  MX  10 ruby.ora.com.
                IN  MX  10 opal.ora.com.

*Binärrepräsentation:*
    MX-Typcode: 15

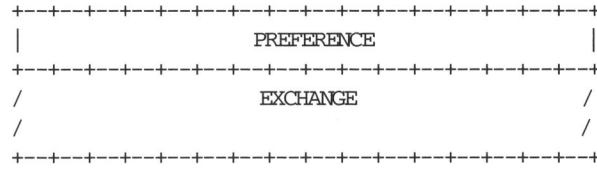

    Dabei ist:
    PREFERENCE      Ein 16-Bit-Integer-Wert, der die diesem RR zugewiesene
                    Präferenz im Vergleich zu anderen des gleichen Eigners
                    spezifiziert. Kleinere Werte stehen für eine höhere
                    Präferenz.
    EXCHANGE        Ein *Domain-Name*, der einen Host angibt, der bereit ist,
                    als Mail-Exchanger für den Eignernamen zu fungieren.

## NS name server
*(RFC 1035, Seite 18)*

*Textrepräsentation:*
    Besitzer Klasse TTL NS Name-Server-Dname

*Beispiel:*
    movie.edu.      IN NS terminator.movie.edu

*Binärrepräsentation:*
NS-Typcode: 2

```
+--+--+--+--+--+--+--+--+--+--+--+--+--+--+--+--+
/                      NSDNAME                  /
/                                                /
+--+--+--+--+--+--+--+--+--+--+--+--+--+--+--+--+
```
Dabei ist:
NSDNAME       Ein *Domain-Name*, der einen Host angibt, der über die spezifizierte Klasse und Domain die Autorität besitzen soll.

## NULL null - experimentell
*(RFC 1035, Seite 17)*

*Binärrepräsentation:*
NULL-Typcode: 10

```
+--+--+--+--+--+--+--+--+--+--+--+--+--+--+--+--+
/                      beliebig                 /
/                                                /
+--+--+--+--+--+--+--+--+--+--+--+--+--+--+--+--+
```

Das RDATA-Feld kann einen beliebigen Inhalt aufweisen, solange es nicht mehr als 65.535 Oktetts enthält. NULL ist bei BIND nicht implementiert.

## PTR pointer
*(RFC 1035, Seite 18)*

*Textrepräsentation:*
Besitzer Klasse TTL PTR Dname

*Beispiel:*
1.249.249.192.in-addr.arpa.   IN PTR wormhole.movie.edu.

*Binärrepräsentation:*
PTR-Typcode: 12

```
+--+--+--+--+--+--+--+--+--+--+--+--+--+--+--+--+
/                      PTRDNAME                 /
+--+--+--+--+--+--+--+--+--+--+--+--+--+--+--+--+
```
Dabei ist:
PTRDNAME      Ein *Domain-Name*, der auf eine bestimmte Stelle im Domain-Namensraum verweist.

## SOA start of authority
*(RFC 1035, Seiten 19 -20)*

*Textrepräsentation:*
Besitzer Klasse TTL SOA Source-Dname Mbox (
        Serial Refresh Retry Expire Minimum )

*Beispiel:*
movie.edu. IN SOA terminator.movie.edu. al.robocop.movie.edu. (

```
                    1        ; Serial
                    10800    ; Refresh nach drei Stunden
                    3600     ; Retry nach einer Stunde
                    604800   ; Expire nach einer Woche
                    86400 )  ; Minimale TTL von einem Tag
```

*Binärrepräsentation:*
SOA-Typcode: 6

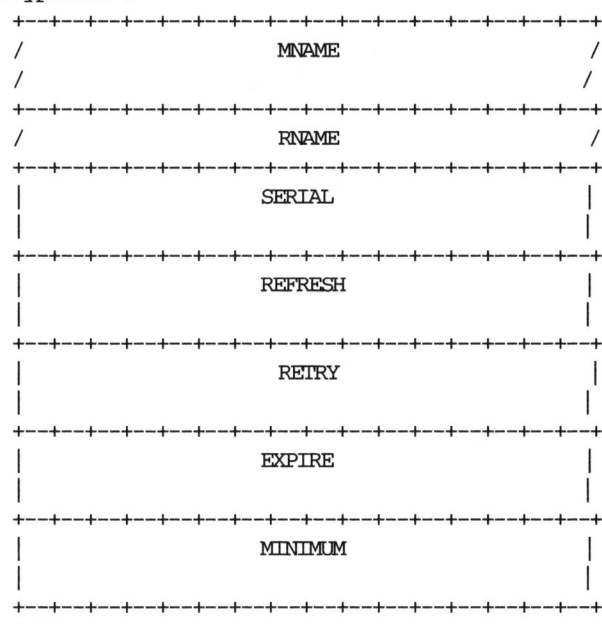

Dabei ist:

| | |
|---|---|
| MNAME | Der *Domain-Name* des Nameservers, der die ursprüngliche oder primäre Quelle für Daten dieser Zone war. |
| RNAME | Ein *Domain-Name*, der die Mailbox der für diese Zone verantwortlichen Person angibt. |
| SERIAL | Eine vorzeichenlose 32-Bit-Versionsnummer der ursprünglichen Kopie dieser Zone. Zonentransfers bewahren diesen Wert auf. Dieser Wert kann umspringen und sollte mit Hilfe von Raumfolgenarithmetik verglichen werden. |
| REFRESH | Ein 32-Bit-Zeitintervall, innerhalb dessen ein Refresh der Zone erfolgen sollte. |
| RETRY | Ein 32-Bit-Zeitintervall, das verstreichen sollte, bevor ein fehlgeschlagener Refresh wiederholt werden sollte. |
| EXPIRE | Ein 32-Bit-Zeitwert, der den oberen Grenzwert des Zeitintervalls angibt, das verstreichen kann, bevor die Zone nicht mehr autoritativ ist. |
| MINIMUM | Ein vorzeichenloses 32-Bit-Feld, das die minimale TTL enthält, die mit jedem RR dieser Zone exportiert werden sollte. |

## TXT text

*(RFC 1035, Seite 20)*

*Textrepräsentation:*
Besitzer Klasse TTL TXT TXT-Strings

*Beispiel:*
cujo.movie.edu.  IN  TXT  »Standort: Maschinenraum Hundehütte«

*Binärrepräsentation:*
TXT-Typcode: 16

```
        +--+--+--+--+--+--+--+--+--+--+--+--+--+--+--+--+
        /                     TXT-DATA                  /
        +--+--+--+--+--+--+--+--+--+--+--+--+--+--+--+--+
```
Dabei ist:
TXT-DATA       Ein oder mehrere Zeichen-Strings.

## WKS well-known services

*(RFC 1035, Seite 21)*

*Textrepräsentation:*
Besitzer Klasse TTL WKS Adresse Protokoll Dienstliste

*Beispiel:*
terminator.movie.edu.  IN  WKS 192.249.249.3  TCP ( telnet smtp
                                                    ftp shell domain )

*Binärrepräsentation:*
WKS-Typcode: 11

```
        +--+--+--+--+--+--+--+--+--+--+--+--+--+--+--+--+
        |                     ADDRESS                   |
        +--+--+--+--+--+--+--+--+--+--+--+--+--+--+--+--+
        |     PROTOCOL      |                           |
        +--+--+--+--+--+--+-+                           |
        |                                               |
        /                     BIT MAP                   /
        /                                               /
        +--+--+--+--+--+--+--+--+--+--+--+--+--+--+--+--+
```
Dabei ist:
ADRESSE        Eine 32-Bit-Internet-Adresse.
PROTOKOLL      Eine 8-Bit-IP-Protokollnummer.
BIT MAP        Eine Bitmap variabler Länge. Die Länge der Bitmap muß ein
               Vielfaches von acht betragen.

# Neue Typen aus RFC 1183

### AFSDB
Andrew File System Data Base – experimentell

*Textrepräsentation:*
```
Besitzer TTL Klasse AFSDB Subtyp Host-Name
```

*Beispiel:*
```
fx.movie.edu.   IN   AFSDB   1 bladerunner.fx.movie.edu.
                IN   AFSDB   2 bladerunner.fx.movie.edu.
                IN   AFSDB   1 empire.fx.movie.edu.
                IN   AFSDB   2 aliens.fx.movie.edu.
```

*Binärrepräsentation:*
AFSDB-Typcode: 18

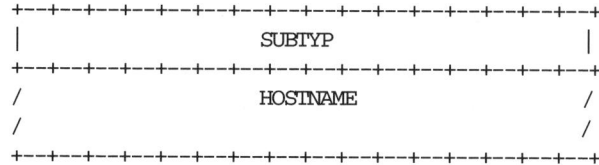

```
Dabei ist:
SUBTYP        1 ist ein AFS-Zellen-Datenbank-Server. Subtyp 2
              ist ein DCE-authentifizierter Nameserver.
HOSTNAME      Ein Domain-Name, der einen Host spezifiziert, der
              einen Server für die durch den Eigner des RR bezeichneten
              Zelle enthält.
```

## ISDN

Integrated Services Digital Network Address – experimentell

*Textrepräsentation:*
```
Besitzer TTL Klasse ISDN ISDN-Adresse sa
```

*Beispiel:*
```
delay.hp.com.   IN   ISDN   141555514539488
hep.hp.com.     IN   ISDN   141555514539488 004
```

*Binärrepräsentation:*
ISDN-Typcode: 20

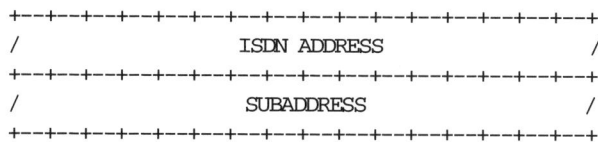

```
Dabei ist:
ISDN ADDRESS    Ein Zeichen-String, der die ISDN-Nummer
                des Besitzers und die DDI (»direct dial in«, falls eine
                vorhanden ist) enthält.
SUBADDRESS      Ein optionaler Zeichen-String, der die Subadresse angibt.
```

## RP Responsible Person - experimentell

*Textrepräsentation:*
```
Besitzer TTL Klasse RP Mbox-Dname TXT-Dname
```

*Beispiel:*
```
; Aktueller Ursprung ist fx.movie.edu.
@              IN  RP   ajs.fx.movie.edu.      ajs.fx.movie.edu.
bladerunner    IN  RP   root.fx.movie.edu.     hotline.fx.movie.edu.
               IN  RP   richard.fx.movie.edu.  rb.fx.movie.edu.
ajs            IN  TXT  »Arty Segue, (415) 555-3610«
hotline        IN  TXT  »Movie U. Network Hotline,(415) 555-4111«
rb             IN  TXT  »Richard Boisclair, (415)555-9612«
```

*Binärrepräsentation:*
RP-Typcode: 17

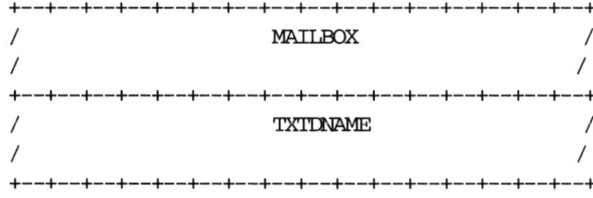

Dabei ist:
MAILBOX      Ein *Domain-Name*, der die Mailbox der
             verantwortlichen Person spezifiziert.
TXTDNAME     Ein *Domain-Name*, für den TXT-RRs existieren.
             Eine anschließende Abfrage kann durchgeführt werden, um
             die assoziierten TXT-RRs von *TXT-Dname* zu lesen.

## RT Route Through - experimentell

*Textrepräsentation:*
Besitzer TTL Klasse RT Präferenz Zwischen-Host

*Beispiel:*
```
sh.prime.com.   IN  RT   2  Relay.Prime.COM.
                IN  RT  10  NET.Prime.COM.
```

*Binärrepräsentation:*
RT-Typcode: 21

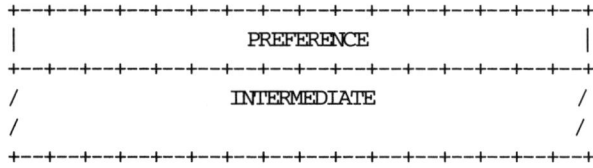

Dabei ist:
PRÄFERENZ    Ein 16-Bit-Integer-Wert, der die diesem RR zugewiesene
             Präferenz gegenüber anderen des gleichen Eigners
             spezifiziert. Kleinere Werte werden bevorzugt.
EXCHANGE     Ein *Domain-Name*, der einen Host angibt, der als
             Zwischen-Host (intermediate host) beim Erreichen des
             durch *Besitzer* spezifizierten Hosts verwendet wird.

## X25 X.25 address - experimentell

*Textrepräsentation:*
  Besitzer TTL Klasse X25 PSDN-Adresse

*Beispiel:*
  relay.pink.com.   IN   X25   31105060845

*Binärrepräsentation:*
  X25-Typcode: 19

```
+--+--+--+--+--+--+--+--+--+--+--+--+--+--+--+--+
/                     PSDN ADDRESS              /
+--+--+--+--+--+--+--+--+--+--+--+--+--+--+--+--+
```

Dabei ist:
PSDN-ADRESSE   Ein Zeichen-String, der die PSDN-Adresse
              (Public Switched Data Network) im mit dem
              Besitzer assoziierten X.121-Numerierungsplan spezifiziert.

# Neue Typen aus RFC 1664

## PX-Zeiger auf X.400/RFC 822-Abbildungsinformationen

*Textrepräsentation:*
  Besitzer TTL Klasse PX Präferenz RFC 822-Adresse X.400-Adresse

*Beispiel:*
  ab.net2.it.   IN   PX   10   ab.net2.it.   O-ab.PRMD-net2.ADMDb.C-it.

*Binärrepräsentation:*
  PX-Typcode: 26

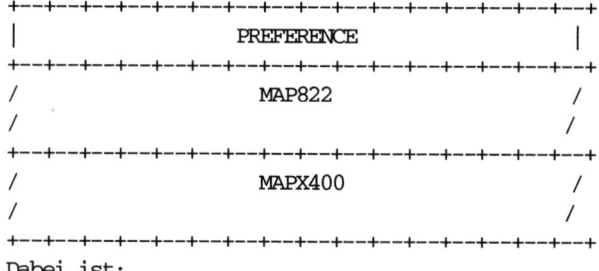

Dabei ist:
PRÄFERENZ   Ein 16-Bit-Integer-Wert, der die Präferenz dieses RRs
            gegenüber den anderen des gleichen Eigners
            spezifiziert. Kleinere Werte werden bevorzugt.
MAP822      Ein *Domain-Namens-Element*, das *RFC 822-Domain*, den
            RFC 822-Teil der RFC 1327-Abbildungsinformationen enthält.
MAPX400     Ein *Domain-Namens-Element*, das den Wert der
            *x400-in-domain-syntax* enthält, die aus dem X.400-Teil der
            RFC 1327-Abbildungsinformationen abgeleitet wurde.

## Klassen

*(aus RFC 1035, Seite 13)*

KLASSE-Felder treten in Resource Records auf. Die folgenden mnemonischen Kürzel und Werte sind für Klassen definiert:

IN:   1 das Internet.
CS:   2 die CSNET-Klasse (überholt – wird nur bei einigen veralteten RFC s in Beispielen verwendet).
CH:   3 die CHAOS-Klasse.
HS:   4 die Hesiod-Klasse.

## DNS-Nachrichten

Um Programme schreiben zu können, die DNS-Pakete verarbeiten, müssen Sie das Nachrichtenformat verstehen. DNS-Abfragen und -Antworten sind fast immer in UDP-Paketen enthalten. Jede Message ist vollständig in einem UDP-Paket aufgehoben. Erfolgen die Abfrage und die Antwort über TCP, wird ein zwei Byte langer Wert vorangestellt, der die Länge der Abfrage bzw. Antwort ohne diese beiden Bytes angibt. Das Format und der Inhalt eines DNS-Paketes lauten wie folgt:

### Format

*(aus RFC 1035, Seite 25)*

Jegliche Kommunikation innerhalb des Domain-Protokolls erfolgt in einem einzigen Format, das als Message (Nachricht) bezeichnet wird. Das generelle Format einer Nachricht ist in fünf Bereiche unterteilt (von denen einige in bestimmten Fällen leer sind):

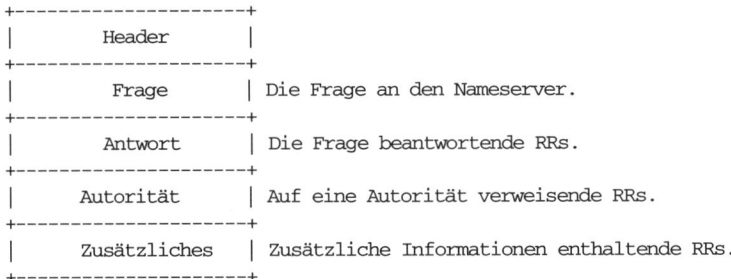

Der Header ist immer vorhanden. Er enthält Felder, die angeben, welche der anderen Abschnitte vorhanden sind, und legt auch fest, ob die Nachricht eine Frage oder eine Antwort, eine Standardabfrage oder irgendeinen anderen Opcode enthält etc.

Die Namen der dem Header folgenden Abschnitte sind aus deren Verwendung in Standardabfragen abgeleitet. Der Frage-Abschnitt enthält Felder, die eine Frage an den Nameserver beschreiben. Diese Felder sind ein Query-Typ (QTYPE), eine Query-Klasse

(QCLASS) und ein Query-Domain-Name (QNAME). Die drei letzten Abschnitte besitzen das gleiche Format: eine möglicherweise leere Liste verketteter Resource Records (RRs). Der Antwort-Abschnitt enthält RRs, die die Frage beantworten, der Autoritäts-Abschnitt enthält RRs, die auf einen autoritativen Nameserver verweisen, und der Zusätzliches-Abschnitt enthält RRs, die irgendwie zur Frage gehören, aber diese nicht direkt beantworten.

## *Format des Header-Abschnitts*

*(aus RFC 1035, Seiten 26-28)*

```
                                    1  1  1  1  1  1
      0  1  2  3  4  5  6  7  8  9  0  1  2  3  4  5
    +--+--+--+--+--+--+--+--+--+--+--+--+--+--+--+--+
    |                      ID                       |
    +--+--+--+--+--+--+--+--+--+--+--+--+--+--+--+--+
    |QR|   Opcode  |AA|TC|RD|RA|   Z    |   RCODE   |
    +--+--+--+--+--+--+--+--+--+--+--+--+--+--+--+--+
    |                   QDCOUNT                     |
    +--+--+--+--+--+--+--+--+--+--+--+--+--+--+--+--+
    |                   ANCOUNT                     |
    +--+--+--+--+--+--+--+--+--+--+--+--+--+--+--+--+
    |                   NSCOUNT                     |
    +--+--+--+--+--+--+--+--+--+--+--+--+--+--+--+--+
    |                   ARCOUNT                     |
    +--+--+--+--+--+--+--+--+--+--+--+--+--+--+--+--+
```

Dabei ist:

ID — Eine 16-Bit-Kennung, die von dem Programm zugewiesen wurde, das irgendeine Art von Abfrage generiert. Diese Kennung wird in die entsprechende Antwort übernommen und kann vom Anfordernden genutzt werden, um Antworten auf ausstehende Abfragen zu prüfen.

QR — Ein aus einem Bit bestehendes Feld, das angibt, ob diese Nachricht eine Abfrage (0) oder eine Antwort (1) ist.

OPCODE — Ein 4-Bit-Feld, das die Art von Abfrage in dieser Nachricht angibt. Der Wert wird vom Ausgangspunkt der Abfrage gesetzt und in die Antwort übernommen. Die Werte sind:
- 0   Eine Standard-Query (QUERY).
- 1   Eine inverse Query (IQUERY).
- 2   Eine Abfrage des Server-Status (STATUS).
- 3-15   Für zukünftige Nutzung reserviert.

AA — Autoritative Antwort – dieses Bit ist in Antworten gültig und gibt an, daß der antwortende Nameserver die Autorität für den im Frage-Abschnitt angegebenen Domain-Namen besitzt. Beachten Sie, daß der Inhalt der Antwort-Abschnitts aufgrund von Aliases mehrere Eigennamen enthalten kann. Das AA-Bit entspricht dem Namen, der dem Query-Namen oder dem ersten Eigennamen im Antwort-Abschnitt entspricht.

TC — TrunCation (Kürzung) – gibt an, daß diese Nachricht gekürzt wurde, weil sie länger ist, als dies der Übertragungskanal zuläßt.

| | | |
|---|---|---|
| RD | | Recursion Desired (Rekursion verlangt) – dieses Bit kann bei einer Abfrage gesetzt sein und wird mit in die Antwort kopiert. Ist RD gesetzt, wird der Nameserver angewiesen, die Abfrage rekursiv durchzuführen. Die Unterstützung rekursiver Abfragen ist optional. |
| RA | | Recursion Available (Rekursion verfügbar) – kann in einer Antwort entweder gesetzt oder gelöscht sein und gibt an, ob der Nameserver rekursive Abfragen unterstützt. |
| Z | | Für zukünftige Verwendung reserviert. Muß in allen Abfragen und Antworten null sein. |
| RCODE | | Response Code (Antwortcode) – dieses 4-Bit-Feld wird im Zuge einer Antwort gesetzt. Die Werte sind wie folgt zu interpretieren: |
| | 0 | Kein Fehler. |
| | 1 | Formatfehler – der Nameserver war nicht in der Lage, die Abfrage zu interpretieren. |
| | 2 | Server-Fehler – der Nameserver war aufgrund eines Problems mit dem Nameserver nicht in der Lage, die Abfrage zu beantworten. |
| | 3 | Namensfehler – nur bei Antworten von einem autoritativen Nameserver von Bedeutung. Der Code gibt an, daß der in der Abfrage referenzierte Domain-Name nicht existiert |
| | 4 | Nicht implementiert – der Nameserver unterstützt die Art der gewünschten Abfrage nicht. |
| | 5 | Abgelehnt – der Nameserver hat es aus Sicherheitsgründen abgelehnt, die spezifizierte Operation durchzuführen. Zum Beispiel könnte es ein Nameserver vermeiden wollen, Informationen an einen bestimmten Ausgangspunkt zu übermitteln, oder er könnte eine bestimmte Datenanforderung (z.b. einen Zonentransfer) ablehnen. |
| | 6-15 | Für zukünftige Verwendung reserviert. |
| QDCOUNT | | Ein vorzeichenloser 16-Bit-Integer-Wert, der die Anzahl der Einträge im Frage-Abschnitt angibt. |
| ANCOUNT | | Ein vorzeichenloser 16-Bit-Integer-Wert, der die Anzahl der Resource Records im Antwort-Abschnitt angibt. |
| NSCOUNT | | Ein vorzeichenloser 16-Bit-Integer-Wert, der die Anzahl der Nameserver-Resource Records im Autoritäts-Abschnitt angibt. |
| ARCOUNT | | Ein vorzeichenloser 16-Bit-Integer-Wert, der die Anzahl der Resource Records im Zusätzliches-Abschnitt angibt. |

## Format des Frage-Abschnitts

(aus RFC 1035, Seiten 28-29)

Der Frage-Abschnitt wird bei den meisten Abfragen verwendet, um die »Frage«, d.h. die Parameter, die definieren, was gesucht wird, zu übertragen. Der Abschnitt enthält QDCOUNT (üblicherweise 1) Einträge, die jeweils das folgende Format verwenden:

*Format des Header-Abschnitts*

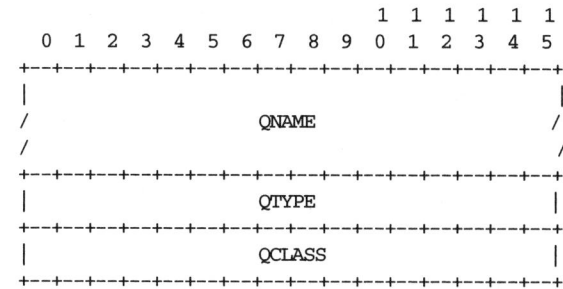

```
Dabei ist:
QNAME      Ein durch eine Reihe von Labels repräsentierter Domain-Name. Jedes
           Label besteht aus einem Längen-Oktett, dem die entsprechende Anzahl
           von Oktetts folgt. Der Domain-Name endet mit einem Nullängenoktett für
           das Null-Label der Root. Beachten Sie, daß hier auch eine ungerade
           Zahl von Oktetts stehen kann, eine Justierung (Padding) erfolgt nicht.
QTYPE      Ein aus zwei Oktetts bestehender Code, der die Art der Abfrage angibt.
           Der Wert umfaßt alle für das TYPE-Feld gültigen Codes sowie einige
           allgemeinere Codes, die mehr als einen RR-Typ erfassen.
QClass     Ein aus zwei Oktetts bestehender Code, der die Klasse der Abfrage
           angibt. Beispielsweise enthält das QCLASS-Feld IN für das Internet.
```

## *QCLASS-Werte*

*(aus RFC 1035, Seite 13)*

QCLASS-Felder kommen im Frage-Abschnitt einer Abfrage vor. QCLASS-Werte sind eine Obermenge der CLASS-Werte. Jeder CLASS-Wert ist ein gültiger QCLASS-Wert. Zusätzlich zu den CLASS-Werten definiert QCLASS die folgenden Werte:

```
*: 255 beliebige Klasse
```

## *QTYPE-Werte*

*(aus RFC 1035, Seiten 12-13)*

QTYPE-Felder kommen im Frage-Abschnitt einer Abfrage vor. QTYPE ist eine Übermenge von TYPE, d.h. alle TYPE-Werte sind gültige QTYPE-Werte. Darüber hinaus sind die folgenden QTYPE-Werte definiert:

AXFR:   252 Eine Anforderung für den Transfer einer kompletten Zone.
MAILB:  253 Eine Anforderung der mit der Mailbox in Zusammenhang stehenden Records (MB, MG oder MR).
MAILA:  254 Eine Anforderung der Mail-Agent-RRs (überholt – siehe MX).
*:      255 Eine Anforderung aller Records.

## Format der Antwort-, Autoritäts- und Zusätzliches-Abschnitte

*(aus RFC 1035, Seiten 29-30)*

Die Antwort-, Autoritäts- und Zusätzliches-Abschnitte nutzen alle das gleiche Format: Eine variable Anzahl von Resource Records, wobei die jeweilige Anzahl im entsprechenden Zählerfeld des Headers enthalten ist. Jeder Resource Record hat das folgende Format:

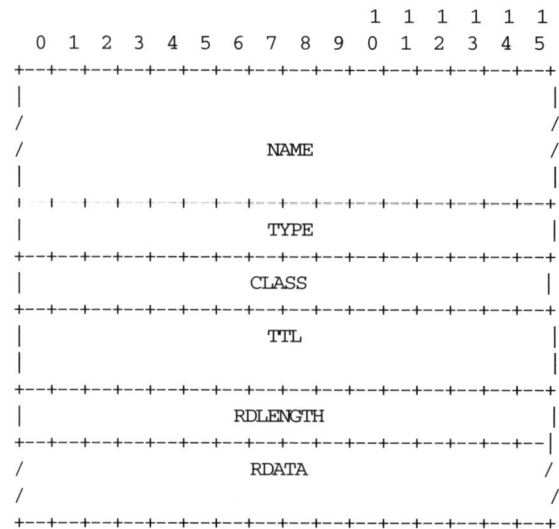

Dabei ist:

- **NAME**: Ein Domain-Name, zu dem der Resource Record gehört.
- **TYPE**: Zwei Oktetts, die einen der RR-Typcodes enthalten. Dieses Feld spezifiziert die Bedeutung der Daten im RDATA-Feld.
- **CLASS**: Zwei Oktetts, die die Klasse der Daten im RDATA-Feld spezifizieren.
- **TTL**: Ein vorzeichenloser 32-Bit-Integer-Wert, der das Zeitintervall (in Sekunden) angibt, über das der Resource Record im Cache gehalten werden kann, bevor er verworfen werden sollte. Der Wert Null wird so interpretiert, daß der RR nur für die laufende Transaktion verwendet und nicht im Cache abgelegt werden sollte.
- **RDLENGTH**: Ein vorzeichenloser 16-Bit-Integer-Wert, der die Anzahl der Oktetts im RDATA-Feld angibt.
- **RDATA**: Ein Oktett-String variabler Länge, der die Ressource beschreibt. Das Format dieser Information ist von Typ und Klasse des Resource Records abhängig. Beim Typ A und der Klasse IN enthält das RDATA-Feld beispielsweise eine aus vier Oktetts bestehende ARPA-Internet-Adresse.

## Datenübertragungsanordnung

*(aus RFC 1035, Seiten 8 -9)*

Die Anordnung bei der Übertragung der in diesem Dokument beschriebenen Header und Daten wird von der Oktett-Ebene behandelt. Wann immer ein Diagramm eine Gruppe von Oktetts zeigt, erfolgt die Übertragung dieser Oktetts in der normalen Reihenfolge, in der sie im Englischen gelesen werden. Zum Beispiel werden die Oktetts im folgenden Diagramm in der Reihenfolge ihrer Numerierung übertragen.

```
                    0                   1
    0 1 2 3 4 5 6 7 8 9 0 1 2 3 4 5
   +-+-+-+-+-+-+-+-+-+-+-+-+-+-+-+-+
   |       1       |       2       |
   +-+-+-+-+-+-+-+-+-+-+-+-+-+-+-+-+
   |       3       |       4       |
   +-+-+-+-+-+-+-+-+-+-+-+-+-+-+-+-+
   |       5       |       6       |
   +-+-+-+-+-+-+-+-+-+-+-+-+-+-+-+-+
```

Repräsentiert ein Oktett einen numerischen Wert, dann ist das ganz links stehende Bit das höchstwertige Bit (MSB, »most significant bit«). Das mit dem Label 0 versehene Bit ist also das höchstwertige Bit. Im folgenden Diagramm wird zum Beispiel der Wert 170 (dezimal) dargestellt.

```
    0 1 2 3 4 5 6 7
   +-+-+-+-+-+-+-+-+
   |1 0 1 0 1 0 1 0|
   +-+-+-+-+-+-+-+-+
```

Immer, wenn ein aus mehreren Oktetts bestehendes Feld einen numerischen Wert darstellt, ist das ganz links stehende Bit des gesamten Feldes das MSB. Bei der Übertragung dieses Wertes wird das höchstwertige Oktett zuerst übertragen.

# Resource Record-Daten

## Datenformat

Neben den aus zwei und vier Oktetts bestehenden Integer-Werten können Resource Record-Daten *Domain-Namen* oder *Zeichen-Strings* enthalten.

### Domain-Name

*(aus RFC 1035, Seite 10)*

Domain-Namen in Nachrichten werden in einer Reihe von Labels ausgedrückt. Jedes Label wird durch ein ein Oktett großes Längenfeld, gefolgt von der entsprechenden Anzahl von Oktetts, repräsentiert. Weil jeder Domain-Name mit dem Null-Label der Root endet, wird ein Domain-Name mit dem Längen-Byte Null terminiert. Die zwei höchstwertigen Bits jedes Längenoktetts müssen null sein, und die verbleibenden sechs Bits des Längenfeldes beschränken das Label auf 63 oder weniger Oktetts.

*Message-Komprimierung*

*(aus RFC 1035, Seite 30)*

Um die Größe der Messages zu reduzieren, wendet das Domain-System ein Komprimierungsschema an, das die Wiederholung von Domain-Namen in der Message eliminiert. Bei diesem Schema wird ein vollständiger Domain-Name oder eine Liste von Labels am Ende eines Domain-Namens durch einen Zeiger auf ein früheres Vorkommen des gleichen Namens ersetzt.

Der Zeiger hat die Form einer aus zwei Oktetts bestehenden Sequenz:

Die ersten beiden Bits sind Einsen. Dies erlaubt es einem Zeiger, sich von einem Label zu unterscheiden, da ein Label mit zwei Null-Bits beginnen muß, weil es ja auf 63 oder weniger Oktetts beschränkt ist. (Die Kombinationen 10 und 01 sind für eine zukünftige Verwendung reserviert.) Das OFFSET-Feld gibt einen Offset vom Beginn der Nachricht (d.h. vom ersten Oktett des ID-Felds im Domain-Header) an. Der Offset 0 spezifiziert das erste Byte des ID-Feldes usw.

*Zeichen-String*

*(aus RFC 1035, Seite 13)*

*Zeichen-String* ist ein einzelnes Längenoktett, gefolgt von der entsprechenden Anzahl Zeichen. *Zeichen-Strings* werden als binäre Informationen betrachtet und können bis zu 256 Zeichen (einschließlich des Längenoktetts) lang sein.

# B

# Kompilieren und Installieren von BIND auf einer Sun

Die mit Solaris 2.6 ausgelieferte Version von BIND basiert auf der BIND-Release 4.9.3, ist also sehr alt. Frühere Solaris 2-Versionen enthalten BIND auf Basis der Version 4.8.3, also eine richtig alte Fassung. Für diejenigen unter Ihnen, die es nicht abwarten können, bis Sun eine Version mit BIND 8 ausliefert, sei gesagt, daß das Kompilieren von BIND aus den Quellen auf einer Sun relativ einfach ist, weil Solaris auf BSD-UNIX basiert und BIND ursprünglich für dieses Betriebssystem geschrieben wurde. Hier sind Anweisungen für das Kompilieren und die Installation von BIND 8.1.2 unter Solaris 2.X.

## Den Quellcode besorgen

Zuerst müssen Sie sich den Quellcode besorgen. Sie finden eine Kopie auf *ftp.vix.com*, die über anonymes *FTP* zur Verfügung gestellt wird:

```
% cd /tmp
% ftp ftp.isc.org.
Connected to pub1.pa.vix.com.
220 pub1.pa.vix.com FTP server (Version wu-2.4(1) Fri Dec 29 06:15:49 GMT 1995)
ready.
Name (ftp.isc.org.:user): ftp
331 Guest login ok, send e-mail address as password.
Password:
```

Nun müssen Sie die richtige Datei finden:

```
ftp > cd /isc/bind/src/cur/bind-8
250 CWD command successful.
ftp > binary
200 Type set to I.
ftp > get bind-8.1.2-src.tar.gz
```

```
200 PORT command successful.
150 Opening BINARY mode data connection for bind-8.1.2-src.tar.gz (675801 bytes).
226 Transfer complete.
675801 bytes received in 89.5 seconds (7.4 Kbytes/s)
ftp > quit
221 Goodbye.
```

## Entpacken des Quellcodes

Nun besitzen Sie eine komprimierte *tar*-Datei, die den BIND-Quellcode enthält. Dekomprimieren Sie sie einfach mit *zcat*, und packen Sie sie mit *tar* aus:

```
% zcat bind-8.1.2-src.tar.gz | tar -xvf -
```

(Dies setzt voraus, daß Sie eine Version von *zcat* besitzen, die mit *gzip*-Dateien umgehen kann. Wenn nicht, besorgen Sie sich eine Kopie über anonymes *FTP* von *alpha.gnu.ai.mit.edu* im Verzeichnis */gnu/fileutils-3.16p.tar.gz.*) Beim Auspacken des Archivs wird im aktuellen Verzeichnis ein Verzeichnis *src* mit mehreren Unterverzeichnissen erzeugt: *bin*, *include*, *lib* und *port*. Diese enthalten:

*bin*
: Quellcode aller Bind-Binaries, einschließlich *named*.

*include*
: Kopien der durch den BIND-Code referenzierten Include-Dateien. Sie sollten diese statt der mit dem Betriebssystem gelieferten Dateien zur Generierung Ihres BIND-Nameservers verwenden, weil sie zwischen den verschiedenen Releases aktualisiert wurden.

*lib*
: Quellcode für die Bibliotheken, die BIND verwendet

*port*
: Informationen, die BIND verwendet, um Kompilierungseinstellungen und zur Kompilierungszeit aktive Optionen an diverse Betriebssysteme anzupassen.

## Die richtigen Compiler-Einstellungen verwenden

Bevor Sie alles generieren können, benötigen Sie einen ANSI/ISO C-Compiler. Falls Ihre Solaris-Version mit einem geliefert wurde – klasse. Falls nicht, besorgen Sie sich *gcc*, den GNU C-Compiler. Studieren Sie *http://www.fsf.org/order/ftp.html*, um herauszufinden, wie Sie an *gcc* kommen.

BIND geht standardmäßig davon aus, daß Sie den GNU C-Compiler und zahlreiche andere GNU-Werkzeuge verwenden, wie *flex* und *byacc*. Wenn Ihr Betriebssystem mit einer vollständigen Ausrüstung von Entwicklungswerkzeugen geliefert wurde, einschließlich *cc*, *lex* und *yacc*, müssen Sie die Datei *port/solaris/Makefile.set.sun* nach *port/solaris/Makefile.set* kopieren. Damit weiß BIND, daß Sie die mit dem Betriebssystem gelieferten Werkzeuge verwenden.

# *Alles generieren*

Als nächstes kompilieren Sie alles aus dem obersten Verzeichnis heraus:

```
% make stdlinks
```

Anschließend führen Sie

```
% make clean
% make depend
```

aus. Damit entfernen Sie alle alten Objekte, die bei einer früheren Kompilierung möglicherweise übriggeblieben sind. Außerdem werden die *Makefile*-Abhängigkeiten auf den neuesten Stand gebracht. Kompilieren Sie dann den Quellcode mit dem Befehl

```
% make
```

Der Quellcode sollte fehlerfrei kompiliert werden. Nun installieren Sie den neuen *named* und *named-xfer* in */usr/sbin*. Um dies tun zu können, müssen Sie Root sein. Bei Solaris heißen die Programme *in.named* bzw. *in.named-xfer*. Verwenden Sie die Befehle

```
# make install
```

Das ist alles!

# C

# Top-Level-Domains

Die folgende Tabelle führt alle zwei Zeichen umfassenden Ländercodes sowie all die Top-Level-Domains auf, bei denen es sich nicht um Länder handelt. Zu dem Zeitpunkt, als dieses Buch geschrieben wurde, waren zwar noch nicht alle Länder im Namensraum des Internet registriert, aber es fehlten nicht mehr allzu viele.

| Domain | Land oder Organisation | Domain | Land oder Organisation |
|--------|------------------------|--------|------------------------|
| AD | Andorra | BD | Bangladesch |
| AE | Vereinigte Arabische Emirate | BE | Belgien |
| AF | Afghanistan | BF | Burkina Faso |
| AG | Antigua und Barbuda | BG | Bulgarien |
| AI | Anguilla | BH | Bahrain |
| AL | Albanien | BI | Burundi |
| AM | Armenien | BJ | Benin |
| AN | Niederländische Antillen | BM | Bermuda |
| AO | Angola | BN | Brunei |
| AQ | Antarktis | BO | Bolivien |
| AR | Argentinien | BR | Brasilien |
| ARPA | ARPA-Internet | BS | Bahamas |
| AS | Amerikanisch-Samoa | BT | Bhutan |
| AT | Österreich | BV | Bouvet-Insel |
| AU | Australien | BW | Botswana |
| AW | Aruba | BY | Weißrußland |
| AZ | Aserbeidschan | BZ | Belize |
| BA | Bosnien-Herzegowina | CA | Kanada |
| BB | Barbados | CC | Cocos-Inseln |

## Anhang C: Top-Level-Domains

| Domain | Land oder Organisation |
|---|---|
| CF | Zentralafrikanische Republik |
| CG | Kongo |
| CH | Schweiz |
| CI | Elfenbeinküste |
| CK | Cook-Inseln |
| CL | Chile |
| CM | Kamerun |
| CN | China |
| CO | Kolumbien |
| CR | Costa Rica |
| CU | Kuba |
| CV | Kapverden |
| CX | Weihnachts-Inseln |
| CY | Zypern |
| CZ | Tschechien |
| DE | Deutschland |
| DJ | Dschibuti |
| DK | Dänemark |
| DM | Dominica |
| DO | Dominikanische Republik |
| DZ | Algerien |
| EC | Ecuador |
| EDU | Bildungseinrichtungen (von engl. »education«) |
| EE | Estland |
| EG | Ägypten |
| EH | Westliche Sahara |
| ER | Eritrea |
| ES | Spanien |
| ET | Äthiopien |
| FI | Finnland |

| Domain | Land oder Organisation |
|---|---|
| FJ | Fidschi |
| FK | Falkland-Inseln (Malvinas) |
| FM | Förderierte Staaten von Mikronesien |
| FO | Faröer-Inseln |
| FR | Frankreich |
| GA | Gabun |
| GB | Großbritannien[1] |
| GOV | Regierungseinrichtungen (von engl. »government«) |
| GD | Grenada |
| GE | Georgien |
| GF | Französisch Guayana |
| GH | Ghana |
| GI | Gibraltar |
| GL | Grönland |
| GM | Gambia |
| GN | Guinea |
| GP | Guadalupe |
| GQ | Äquatorial-Guinea |
| GR | Griechenland |
| GS | Südgeorgien und die Südsandwich-Inseln |
| GT | Guatemala |
| GU | Guam |
| GW | Guinea-Bissau |
| GY | Guyana |
| HK | Hong Kong |
| HM | Heard- und McDonald-Inseln |
| HN | Honduras |
| HR | Kroatien |
| HT | Haiti |

---

1 In der Praxis verwendet man im Vereinigten Königreich zur Bezeichnung der Top-Level-Domain das Kürzel »UK«.

## Anhang C: Top-Level-Domains

| Domain | Land oder Organisation |
|---|---|
| HU | Ungarn |
| ID | Indonesien |
| IE | Irland |
| IL | Israel |
| IN | Indien |
| INT | internationale Körperschaften |
| IO | Britische Territorien im Indischen Ozean |
| IQ | Irak |
| IR | Iran |
| IS | Island |
| IT | Italien |
| JM | Jamaika |
| JO | Jordanien |
| JP | Japan |
| KE | Kenia |
| KG | Kirgisien |
| KH | Kambodscha |
| KI | Kiribati |
| KM | Komoren |
| KN | St. Kitts und Nevis |
| KP | Nordkorea |
| KR | Südkorea |
| KW | Kuwait |
| KY | Cayman-Inseln |
| KZ | Kasachstan |
| LA | Laos |
| LB | Libanon |
| LC | Santa Lucia |
| LI | Liechtenstein |
| LK | Sri Lanka |
| LR | Liberia |
| LS | Lesotho |
| LT | Litauen |
| LU | Luxemburg |
| LV | Lettland |
| LY | Lybien |
| MA | Marokko |
| MC | Monaco |
| MD | Moldavien |
| MG | Madagaskar |
| MH | Marshall-Inseln |
| MIL | militärische Einrichtungen |
| MK | Mazedonien |
| ML | Mali |
| MM | Myanmar |
| MN | Mongolei |
| MO | Macao |
| MP | Nördliche Marianen-Inseln |
| MQ | Martinique |
| MR | Mauritanien |
| MS | Montserrat |
| MT | Malta |
| MU | Mauritius |
| MV | Malediven |
| MW | Malawi |
| MX | Mexiko |
| MY | Malaysien |
| MZ | Mosambik |
| NA | Namibia |
| NATO | Organisation der Unterzeichnermächte des Nordatlantikpakts |
| NC | Neu-Kaledonien |
| NE | Niger |
| NF | Norfolk-Inseln |
| NG | Nigeria |
| NI | Nicaragua |
| NL | Niederlande |

## Anhang C: Top-Level-Domains

| Domain | Land oder Organisation |
|---|---|
| NO | Norwegen |
| NP | Nepal |
| NR | Nauru |
| NU | Niue (Cook-Inseln) |
| NZ | Neuseeland |
| OM | Oman |
| ORG | Organisationen |
| PA | Panama |
| PE | Peru |
| PF | Französisch-Polynesien |
| PG | Papua Neuguinea |
| PH | Philippinen |
| PK | Pakistan |
| PL | Polen |
| PM | St. Pierre und Miquelon |
| PN | Pitcairn |
| PR | Puerto Rico |
| PT | Portugal |
| PW | Palau |
| PY | Paraguay |
| QA | Katar |
| RE | Reunion |
| RO | Rumänien |
| RU | Rußland |
| RW | Ruanda |
| SA | Saudi-Arabien |
| SB | Solomon-Inseln |
| SC | Seychellen |
| SD | Sudan |
| SE | Schweden |
| SG | Singapur |
| SH | St. Helena |
| SI | Slowenien |

| Domain | Land oder Organisation |
|---|---|
| SJ | Svalbard und Jan Mayen-Inseln |
| SK | Slowakei |
| SL | Sierra Leone |
| SM | San Marino |
| SN | Senegal |
| SO | Somalia |
| SR | Surinam |
| ST | Sao Tome und Principe |
| SV | El Salvador |
| SY | Syrien |
| SZ | Swasiland |
| TC | Turks- und Caicos-Inseln |
| TD | Tschad |
| TF | Französische Südliche Territorien |
| TG | Togo |
| TH | Thailand |
| TJ | Tadschikistan |
| TK | Tokelau-Inseln |
| TM | Turkmenistan |
| TN | Tunesien |
| TO | Tonga |
| TP | Ost-Timor |
| TR | Türkei |
| TT | Trinidad und Tobago |
| TV | Tuvalu |
| TW | Taiwan |
| TZ | Tansania |
| UA | Ukraine |
| UG | Uganda |
| UK | Vereinigtes Königreich |
| UM | (den Vereinigten Staaten zugehörige, kleinere vorgelagerte Inseln) |

*Anhang C: Top-Level-Domains*

| Domain | Land oder Organisation |
|---|---|
| US | Vereinigte Staaten |
| UY | Uruguay |
| UZ | Usbekistan |
| VA | Vatikan (Erzbistum) |
| VC | St. Vincent und die Grenadinen |
| VE | Venezuela |
| VG | Jungfern-Inseln (brit.) |
| VI | Jungfern-Inseln (U.S.) |
| VN | Vietnam |
| VU | Vanuatu |

| Domain | Land oder Organisation |
|---|---|
| WF | Wallis- und Futuna-Inseln |
| WS | Samoa |
| YE | Jemen |
| YT | Mayotte |
| YU | Jugoslawien |
| ZA | Südafrika |
| ZM | Sambia |
| ZR | Zaire |
| ZW | Simbabwe |

# D

# BIND-Nameserver- und Resolver-Anweisungen

## Anweisungen in der Boot-Datei eines BIND-Nameservers

Hier eine praktische Übersicht aller Anweisungen der Boot-Datei für den BIND-Nameserver. Einige dieser Anweisungen existieren nur in neueren Versionen, so daß Ihr Server sie möglicherweise noch nicht unterstützt. Die Anweisungen der Version 4 sind mit einer genauen Versionsnummer gekennzeichnet (4.9.3). Wenn sie schon lange verwendet werden, haben wir eine allgemeine Kennzeichnung (4.X.X) benutzt. Die Anweisungen für BIND 8 haben wir mit 8.X.X markiert.

### directory (4.X.X)

*Funktion:*
　Wechselt das aktuelle Arbeitsverzeichnis.

*Syntax:*
　`directory <neues-verzeichnis>`

*Beispiel:*
　`directory /var/named`

*Siehe auch:*
　8.X.X `options`-Anweisung, `directory`

*Behandelt in:*
　Kapitel 4

## *primary*

*Funktion:*
Deklariert einen Nameserver als primären Master für eine Zone.

*Syntax:*
```
primary Domain-Name-der-Zone Datei
```

*Beispiel:*
```
primary movie.edu          db.movie
```

*Siehe auch:*
8.X.X zone-Anweisung, type master

*Behandelt in:*
Kapitel 4

## *secondary*

*Funktion:*
Deklariert einen Nameserver als Slave für eine Zone.

*Syntax:*
```
secondary Domain-Name-der-Zone IP-Adreßliste [Sicherungsdatei]
```

*Beispiel:*
```
secondary movie.edu     192.249.249.3 db.movie
```

*Siehe auch:*
8.X.X zone-Anweisung, type slave

*Behandelt in:*
Kapitel 4

## *cache*

*Funktion:*
Definiert den Namen der Datei, aus der die sogenannten »Root-Hints« (die Namen und Adressen der Root-Nameserver) geladen werden sollen.

*Syntax:*
```
cache Domain-Name Datei
```

*Beispiel:*
```
cache    .              db.cache
```

*Siehe auch:*
8.X.X zone-Anweisung, type hint

*Behandelt in:*
Kapitel 4

## *forwarders*

*Funktion:*
    Definiert den/die Nameserver, an den/die nicht aufgelöste Abfragen zu senden sind.

*Syntax:*
    forwarders IP-Adreßliste

*Beispiel:*
    forwarders 192.249.249.1 192.249.249.3

*Siehe auch:*
    8.X.X options-Anweisung, forwarders

*Behandelt in:*
    Kapitel 10

## *sortlist*

*Funktion:*
    Spezifiziert Netzwerknummern, die anderen gegenüber vorgezogen werden sollen.

*Syntax:*
    sortlist <netzwerkliste>

*Beispiel:*
    sortlist 10.0.0.0

*Siehe auch:*
    Diese Funktion wird in BIND 8 nicht unterstützt.

*Behandelt in:*
    Kapitel 10

## *slave*

Diese Anweisung entpricht der 4.9.3-Anweisung options forward-only und der BIND 8-options-Anweisung forward

## *include (4.9.3)*

*Funktion:*
    Fügt den Inhalt einer anderen Datei in *named.boot* ein.

*Syntax:*
    include Datei

*Beispiel:*
    include boot-datei.primary

*Siehe auch:*
    8.X.X include-Anweisung

*Behandelt in:*
    Kapitel 7

## stub (4.9.3)

*Funktion:*
    Spezifiziert eine Child-Zone, für die Ihr Server regelmäßig Delegierungsinformationen erhalten sollte.

*Syntax:*
    `stub Domain IP-Adreßliste [Sicherungsdatei]`

*Beispiel:*
    `stub movie.edu 192.249.249.3 stub.movie`

*Siehe auch:*
    8.X.X `zone`-Anweisung, `type stub`

*Behandelt in:*
    Kapitel 10

## options (4.9.3)

`options forward-only`

*Funktion:*
    Verhindert, daß Ihr Nameserver Domain-Namen unabhängig von einem Forwarder auflöst.

*Siehe auch:*
    8.X.X `options`-Anweisung, `forward`

*Behandelt in:*
    Kapitel 10

`options no-recursion`

*Funktion:*
    Verhindert, daß Ihr Nameserver Domain-Namen rekursiv auflöst.

*Siehe auch:*
    8.X.X `options`-Anweisung, `recursion`

*Behandelt in:*
    Kapitel 10

`options no-fetch-glue`

*Funktion:*
    Verhindert, daß sich Ihr Nameserver bei der Generierung einer Antwort fehlende Zusatzdaten besorgt.

*Siehe auch:*
    8.X.X `options`-Anweisung, `fetch-glue`

*Behandelt in:*
    Kapitel 10

`options query-log`

*Funktion:*
    Protokolliert alle von Ihrem Nameserver empfangenen Queries in einer Logdatei.

*Siehe auch:*
    8.X.X `logging`-Anweisung, `category queries`

*Behandelt in:*
    Kapitel 7 und Kapitel 13

`options fake-iquery`

*Funktion:*
    Weist Ihren Nameserver an, auf altmodische inverse Abfragen mit einer imitierten Antwort zu reagieren, statt einen Fehler zurückzugeben.

*Siehe auch:*
    8.X.X `options`-Anweisung, `fake-iquery`

*Behandelt in:*
    Kapitel 11

## *limit (seit Version 4.9.3)*

`limit transfers-in`

*Funktion:*
    Beschränkt die Gesamtzahl von Zonentransfers, die Ihr Nameserver zu jeder Zeit ausführt.

*Siehe auch:*
    8.X.X `options`-Anweisung, `transfers-in`

`limit transfers-per-ns`

*Funktion:*
    Beschränkt die Anzahl von Zonentransfers, die Ihr Nameserver gleichzeitig von anderen Nameservern anfordert.

*Siehe auch:*
    8.X.X `options`-Anweisung, `transfers-per-ns`

```
limit datasize
```

*Funktion:*
> Erhöht die Größe des von *named* verwendeten Datensegments (funktioniert nur bei einigen Betriebssystemen).

*Siehe auch:*
> 8.X.X `options`-Anweisung, `datasize`

*Alle behandelt in:*
> Kapitel 10

## *xfrnets (4.9.3)*

*Funktion:*
> Beschränkt Zonentransfers von Ihrem Nameserver auf eine Liste von IP-Adressen oder Netzwerken.

*Syntax:*
```
xfrnets IP-Adressen-oder-Netzwerkliste
```

*Beispiel:*
```
xfrnets 15.0.0.0 128.32.0.0
```

*Siehe auch:*
> 8.X.X `options`-Anweisung, `allow-transfer`

*Behandelt in:*
> Kapitel 10

## *bogusns (4.9.3)*

*Funktion:*
> Weist den Nameserver an, eine Liste von Nameservern nicht abzufragen, von denen bekannt ist, daß sie falsche Antworten zurückliefern.

*Syntax:*
```
bogusns IP-Adressenliste
```

*Beispiel:*
```
bogusns 15.255.152.4
```

*Siehe auch:*
> 8.X.X `server`-Anweisung, `bogus`

*Behandelt in:*
> Kapitel 10

## check-names (4.9.4)

*Funktion:*
   Verändert das Namensprüfungsverhalten.

*Syntax:*
   check-names *primary|secondary|response fail|warn|ignore*

*Beispiel:*
   check-names primary ignore

*Siehe auch:*
   8.X.X options-Anweisung, check-names

*Behandelt in:*
   Kapitel 4

## acl (8.X.X)

*Funktion:*
   Erstellt eine Adreßübereinstimmungs-Liste.

*Syntax:*
```
acl name {
    address_match_list
};
```

*Behandelt in:*
   Kapitel 10

## include (8.X.X)

*Funktion:*
   Fügt die angegebene Datei an dem Punkt ein, an dem die include-Anweisung steht.

*Syntax:*
   include Pfad_Name;

*Behandelt in:*
   Kapitel 7

## key (8.1.1)

*Funktion:*
   Definiert eine Schlüssel-ID, die in einer server-Anweisung verwendet werden kann, um eine Authentifizierungsmethode mit einem bestimmten Server festzulegen. Die key-Anweisung ist für die zukünftige Verwendung durch den Server gedacht. In dieser Version prüft BIND 8.1.1 lediglich die Syntax der Anweisung, ignoriert sie ansonsten aber.

*Syntax:*
```
key key_id {
  algorithm algorithm_id;
  secret secret_string;
};
```

## *logging (8.X.X)*

*Funktion:*
    Legt das Protokollierungsverhalten fest.

*Syntax:*
```
logging {
  [ channel channel_name {
    ( file path_name
        [ versions ( number | unlimited ) ]
        [ size size_spec ]
      | syslog ( kern | user | mail | daemon | auth | syslog | lpr |
                 news | uucp | cron | authpriv | ftp |
                 local0 | local1 | local2 | local3 |
                 local4 | local5 | local6 | local7 )
      | null );

    [ severity ( critical | error | warning | notice |
                 info | debug [ level ] | dynamic ); ]
    [ print-category yes_or_no; ]
    [ print-severity yes_or_no; ]
    [ print-time yes_or_no; ]
  }; ]

  [ category category_name {
    channel_name; [ channel_name; ... ]
  }; ]
  ...
};
```

*Behandelt in:*
    Kapitel 7

## *options (8.X.X)*

*Funktion:*
    Legt globale Einstellungen fest.

*Syntax:*
```
options {
  [ directory path_name; ]
  [ named-xfer path_name; ]
```

```
    [ dump-file path_name; ]
    [ pid-file path_name; ]
    [ statistics-file path_name; ]
    [ auth-nxdomain yes_or_no; ]
    [ fake-iquery yes_or_no; ]
    [ fetch-glue yes_or_no; ]
    [ multiple-cnames yes_or_no; ]
    [ notify yes_or_no; ]
    [ recursion yes_or_no; ]
    [ forward ( only | first ); ]
    [ forwarders { [ in_addr ; [ in_addr ; ... ] ] }; ]
    [ check-names ( master | slave | response ) ( warn | fail | ignore);]
    [ allow-query { address_match_list }; ]
    [ allow-transfer { address_match_list }; ]
    [ listen-on [ port ip_port ] { address_match_list }; ]
    [ query-source [ address ( ip_addr | * ) ] [ port ( ip_port | * ) ];]
    [ max-transfer-time-in number; ]
    [ transfer-format ( one-answer | many-answers ); ]
    [ transfers-in  number; ]
    [ transfers-out number; ]
    [ transfers-per-ns number; ]
    [ coresize size_spec ; ]
    [ datasize size_spec ; ]
    [ files size_spec ; ]
    [ stacksize size_spec ; ]
    [ cleaning-interval number; ]
    [ interface-interval number; ]
    [ statistics-interval number; ]
    [ topology { address_match_list }; ]
};
```

*Behandelt in:*
> Kapitel 4
>
> Kapitel 10
>
> Kapitel 15

# server (8.X.X)

*Funktion:*
> Legt die Eigenschaften fest, die einem entfernten Nameserver zugeordnet werden.

*Syntax:*
```
    server ip_addr {
      [ bogus yes_or_no; ]
      [ transfers number; ]
      [ transfer-format ( one-answer | many-answers
    ); ]
```

```
        [ keys { key_id [key_id ... ] }; ]
    };
```

*Behandelt in:*
    Kapitel 10

## zone (8.X.X)

*Funktion:*
    Definiert die Zonen, die der Nameserver wartet.

*Syntax:*
```
        zone domain_name [ ( in | hs | hesiod | chaos )
        ] {
          type master;
          file path_name;
          [ check-names ( warn | fail | ignore ); ]
          [ allow-update { address_match_list }; ]
          [ allow-query { address_match_list }; ]
          [ allow-transfer { address_match_list }; ]
          [ notify yes_or_no; ]
          [ also-notify { ip_addr; [ ip_addr; ... ] };
        };

        zone domain_name [ ( in | hs | hesiod | chaos )
        ] {
          type ( slave | stub );
          [ file path_name; ]
          masters { ip_addr; [ ip_addr; ... ] };
          [ check-names ( warn | fail | ignore ); ]
          [ allow-update { address_match_list }; ]
          [ allow-query { address_match_list }; ]
          [ allow-transfer { address_match_list }; ]
          [ max-transfer-time-in number; ]
          [ notify yes_or_no; ]
          [ also-notify { ip_addr; [ ip_addr; ... ] };
        };

        zone "." [ ( in | hs | hesiod | chaos ) ] {
          type hint;
          file path_name;
          [ check-names ( warn | fail | ignore ); ]
        };
```

*Behandelt in:*
    Kapitel 4

    Kapitel 10

# BIND-Resolver-Direktiven

Die folgenden Anweisungen gelten für die Resolver-Konfigurationsdatei */etc/resolv.conf*.

## *domain*

*Funktion:*
   Definiert die Standard-Domain Ihres Resolvers.

*Syntax:*
   domain Domain-Name

*Beispiel:*
   domain corp.hp.com

*Behandelt in:*
   Kapitel 6

## *search (seit Version 4.8.3)*

*Funktion:*
   Definiert die Standard-Domain und die Suchliste Ihres Resolvers.

*Syntax:*
   search Standard-Domain Nächste-Domain-in-Suchliste ... Letzte-Domain-in-Suchliste

*Beispiel:*
   search corp.hp.com pa.itc.hp.com hp.com

*Behandelt in:*
   Kapitel 6

## *nameserver*

*Funktion:*
   Weist Ihren Resolver an, einen bestimmten Nameserver abzufragen.

*Syntax:*
   nameserver IP-Adresse

*Beispiel:*
   nameserver 15.255.152.4

*Behandelt in:*
   Kapitel 6

## *; und # (seit Version 4.9.3)*

*Funktion:*
   Fügt einen Kommentar in die Resolver-Konfigurationsdatei ein.

*Syntax:*
> ; Kommentar

oder
> # Kommentar

*Beispiel:*
> # Parent-Zone zwecks Kompatibilität zu 4.8.3 mit in Suchliste aufgenommen.

*Behandelt in:*
> Kapitel 6

## sortlist (seit Version 4.9.3)

*Funktion:*
> Spezifiziert vom Resolver zu bevorzugende Netzwerknummern

*Syntax:*
> sortlist Netzwerkliste

*Beispiel:*
> sortlist 128.32.4.0/255.255.255.0 15.0.0.0

*Behandelt in:*
> Kapitel 6

## options ndots (seit Version 4.9.3)

*Funktion:*
> Legt die Zahl von Punkten fest, die ein Argument enthalten muß, damit der Resolver es nachsieht, bevor er die Suchliste anwendet.

*Syntax:*
> options ndots:Zahl-der-Punkte

*Beispiel:*
> options ndots:1

*Behandelt in:*
> Kapitel 6

## options debug (seit Version 4.9.3)

*Funktion:*
> Aktiviert die Debugging-Ausgabe des Resolvers.

*Syntax:*
> options debug

*Beispiel:*
> options debug

*Behandelt in:*
> Kapitel 6

# Index

**A**
AAAA-Records 437
Abbildung
    Netzwerknamen und -nummern 430, 432
Abfragen
    iterativ (nichtrekursiv) 265
    server-basiert, limitieren 253
abschließender Punkt 446
Administration
    Delegierung prüfen 239-240
    Sicherheit (siehe auch Sicherheit)
    Systemtuning 253, 257
Adressen
    Adreßtyp 19
    IPv6 437
    ISDN 434
    Rotation von Adreß-Records 280
    sortieren 69, 259, 263
    X.121 434
AFSDB-Records 433
Aliases
    auf andere Aliases 402
    ermitteln 404
Andrew File System (AFS) 433
Anordnung, Datenübertragung 463
Antwort-Abschnitt, Paket 462
Antworten
    von unerwarteter Quelle 348
Anwendungs-Gateways 409
ANY-Abfragestatistik 182
arpa-Domain 21
ARPANET 1

Auflösung
    iterative 33
authentifizierter Nameserver 433
auth-nxdomain-Unteranweisung 353
Autorität
    nichtautorisierte Zonentransfers 272
    (siehe auch SOA-Records)
Autoritäts-Abschnitt, Paket 462

**B**
Bastion-Host 425
bedarfsorientierte Verbindung 429
Beispielprogramme xv
bevorzugte Nameserver 264
BIND
    Direktiven 473, 484
    Geschichte 9
    kompilieren und installieren 465, 467
    Versionen 411
BIND (Berkeley Internet Name Domain)
    Als Nicht-Root-Benutzer ausführen 274-276
    Nameserver-Wartung
        Protokollierung (BIND 8) 160-169
    Probleme mit der Zusammenarbeit 349-353
bogusns (Direktive) 269
Boolesche Optionen, nslookup 286
Boot-Datei (BIND-Konfigurationsdatei) 65, 155
    Direktiven 473, 479, 481, 482
    Syntaxfehler in 337-338
BSD UNIX-Betriebssystem 2
Bugs
    Nameserver 173

# Index

## C

Cache-Direktive 418
Caching
    Forwarder 265
    negatives 320-321, 353
check_del-Werkzeug 239-240
check_soa-Programm (Beispiel) 398-400
chroot-Befehl 274
Classless Inter-Domain Routing (CIDR) 59
cname-Datenkategorie (Protokollierung) 167
CNAME-Records 401, 405
    »Looked for PTR, Found CNAME« 352
    Abfragestatistik 181
config-Datenkategorie (Protokollierung) 167
C-Programmierung 400

## D

d2 (Option) 287
DARPA 1
datasize (Option) 257, 478
Dateideskriptoren 171
Datenbankdateien (siehe db-Dateien)
Datenkategorien (Protokollierung) 163-165, 167-169
Datensegmentgröße 256
Datentransfer
    bedarfsorientierte Verbindung und 429
db.root (Datei) 419
db-Dateien 28, 65
    Format 445
    für Root-Domain 419
    Syntaxfehler in 337-338
db-Datenkategorie (Protokollierung) 167
deaktivierte UDP-Prüfsummen 352
Debugging 195, 322
    Ausgabe interpretieren 320
default_stderr-Kanal (Protokollierung) 166
default-Datenkategorie (Protokollierung) 162, 167
Dekomprimieren des BIND-Quellkodes 466
Delegierung 23, 27, 276
    in-addr.arpa-Domains 62
    interne Root-Server 416
    Konfiguration 239-240
    prüfen 239-240, 343-345
    Subdomains 222-227, 343-345
Delegierung und Oktettgrenzen 232-236
Direktiven 473, 484

Dokumentation x
    Firewalls 408
    nslookup 283
Domain Name System (DNS) ix
    Geschichte des 3
    Struktur des 5, 8
    WINS und 441-443
Domain-Namen 6, 14, 463
    Fully Qualified Domain Names (FQDN) 15
    Subdomains 18
Domain-Namensraum 13-23
    CIDR und 59
    Internet 20
    Schatten-Namensraum und 423
    Sichtbarkeit 425
Domains 6, 16, 54
    auf US-Bundesstaaten- und Städteebene 22
    delegieren 23, 27, 343-345
    Ebenen 18
    in-addr.arpa
        Subdomains von 231-236
    Parenting
        Delegierung prüfen 236-240
    Root 5
    Standard 288
    Suche nach 284
    Top-Level (siehe Top-Level-Domains)
    (siehe auch unter spezifischen Domain-Namen)
doppelte Abfragen 185
Dotted-Octet-Repräsentation 35

## E

einfache Wählverbindung 428
entfernte Multihomed Hosts 262, 263
Entpacken des BIND-Kodes 466
/etc/hosts (Datei)
    nslookup und 285
eventlib-Datenkategorie (Protokollierung) 167

## F

fake-iquery (Option) 477
Fehler
    Gängige-Syslog-Meldungen 170-177
    Statistiken für 184
    Syntaxfehler 337-338
Fehlersuche
    Delegierung prüfen 239
    Zusammenarbeitsprobleme 349-353

fetch-glue-Unteranweisung 277
file-Kanäle (Protokollierung) 165
Firewalls 407
    Software 408
Format
    db-Dateien 445
    Paket-Message 458, 463
    Protokollierungskanäle 166
Forwarder 265, 411-415
forward-only (Option) 266, 476
Frage-Abschnitt, Paket 460
führender Punkt 14
Fully Qualified Domain Names (FQDN) 15

**G**
Gateways 409
»gekürzte« Pakete 287
geographische Domains 21
Geschichte
    BIND 9
    Domain Name System (DNS) 3
    Internet 1, 3
gespiegelte Server 280
Global Positioning System (GPS) 436
Grenze für Anzahl offener Dateien 171, 351
Größe
    Datensegment 256
Groß-/Kleinschreibung 447

**H**
Header-Abschnitt, Paket 459
    Perl-Objekte für 397
Hesiod (HS)-Klasse 19
HINFO-Records 432
    Abfragestatistik 181
Hinzufügen
    Subdomains 231
Hosts 17
    Aliases ermitteln 404
    Bastion-Host 425
    Mail-Exchanger 102
    Multihome 259
HOSTS.TXT (Datei) 3, 430, 432
HS-Klasse (siehe Hesiod (HS)-Klasse)

**I**
ignoretc (Option) 287
in-addr.arpa-Domain 35, 62
    Subdomains von 231-236
$INCLUDE-Einträge 446
IN-Klasse 67
insist-Datenkategorie (Protokollierung) 167
Installation von BIND 465, 467
Integrated Services Digital Network (ISDN) 434
interaktives nslookup 285
Internationalisierung 21
    geographische Domain 21
    geographische Domain-Namen 468
interne Root-Server 415-422
Internet
    Domain-Namensraum 20
    Firewalls 407
    Geschichte des 1, 3
    Notwendigkeit von DNS bei 10
    Wählverbindungen 430, 428
IPv6-Adressen 437
ISDN (Integrated Services Digital Network) 434
ISDN-Records 434

**J**
JEEVES 9

**K**
Kanäle (Protokollierung) 166
Kanonisierung 70, 123
Klammern 67, 447
Klassen 19, 458
    class-Option, nslookup 288
Knoten 14
Kode, BIND-Quellkode 42, 465
Kommentare 66
Kompilieren von BIND 465, 467
Komprimierung, Message 464
Konfiguration
    anbieterspezifisch 140
    für Wählverbindungen 428, 430
Kosten der Domain-Registrierung 61

**L**
Label, Domain-Name 463
»lame«-Delegierung 345
lame-servers-Datenkategorie (Protokollierung) 167

# Index

Lastverteilung 280
Leistung
    Lastverteilung 280
    SOA-Werte 96
Lesen
    Domain-Namen 22
Level, Domain 18
limit-Direktive 477
Limitieren
    Abfragehäufigkeit 253
    Datensegmentgröße 256
listen-on-Unteranweisung 279
load data-Datenkategorie (Protokollierung) 167
loaded-Meldung 171
Local Area Network (LAN)
    Notwendigkeit für DNS mit 11
LOCALDOMAIN-Variable 111
LOC-Records 435
lokal
    Multihome-Hosts 260
»Looked for PTR, Found CNAME« 352

## M

mail addr (Feld) 49
Mail-Exchanger 102
maintenance-Datenkategorie (Protokollierung) 167
»malformed response«-Meldung 173
Master-Dateien (siehe db-Dateien)
Master-Server 27
MB-Records 49

Messages
    Format von 458, 463
    Komprimierung 464
MG-Records 49
Microsoft Windows NT 441
Microsoft WINS 441
Multihome-Hosts 69, 259
MX-Records 407
    Abfragestatistik 181
    E-Mail und Firewalls 420

## N

named.boot-Datei (siehe Boot-Datei)
named.run-Datei 162
named-Daemon
    syslog-Meldungen 170-177
namedroppers-Mailing-Liste 44

Namen
    Netzwerke 430, 432
Namensraum (siehe Domain-Namensraum)
Nameserver 5, 91
    Abfragehäufigkeit limitieren 253
    Adressen (siehe Adressen)
    Delegieren 276
    Forwarder 265
    Lastverteilung 280
    Master (siehe Master-Server)
    mehrere, nslookup und 284
    Netzwerkpräferenzen für 264
    nichtrekursiv 267
    NS-Records 67, 181
    Root 415-422
    (siehe auch Root-Server)
    Slave 266
    Startfehler bei deaktivierten UDP-Prüfsummen 352
    Windows NT 441
    (siehe auch Server)
Nameserver-Bibliotheksroutinen 380-384
ncache-Datenkategorie (Protokollierung) 167
ndc-Tool 322
negatives Caching 320-321, 353
Net::DNS-Module 396-400
Network Information Center (NIC) 3
    whois-Dienst 49, 61
Network Information Service (NIS) 18
    nslookup und 285
Network Solutions, Inc. (NSI) 61
Netzwerke
    ISDN 434
    Namen und Nummern 430, 432
    Subnetting 263
Netzwerkmasken 274
Netzwerkverkehr 3
    Lastverteilung 280
    limitieren 253
NIC (siehe Network Information Center)
nichtinteraktives nslookup 285
nichtrekursive Abfrage 265
nichtrekursive Nameserver 267
nmed-xfer file 276
»No NS Record for SOA MNAME«-Meldung 351
no-fetch-glue (Option) 268, 476
no-fetch-glue-Unteranweisung 277
noforward-Patch 422
noignoretc (Option) 287

# Index

norecurse (Option) 287
no-recursion (Option) 268, 476
no-recursion-Unteranweisung 276
notify-Datenkategorie 167
novc (Option) 287
NS 61
ns_get32-Routine 384
ns_init_parse-Routine 380
ns_msg_count-Routine 381
ns_msg_get_flag-Routine 381
ns_msg_id-Routine 381
ns_name_skip-Routine 384
ns_parserr-Routine 382
ns_put32-Routine 384
NSAP-Abfragestatistik 182
NSFNET (Netzwerk) 2
nslookup xi
nslookup-Programm 44, 283, 306
    Optionseinstellungen 286
NS-Records 67
    Abfragestatistik 181
    delegierte Nameserver 276
    keine NS-Records für SOA MNAME 351
NT-Nameserver 441
null-Datei 276
null-Kanal (Protokollierung) 166
Nummern
    Netzwerk 430, 432

## O

off-site-Nameserver 188
Oktets 447
    Datenübertragungsanordnung 463
    Resource Record-Daten und 463
options-Anweisung
    options auth-nxdomain 353
    options fetch-glue 277
    options listen-on 279
    options no-fetch-glue 277
    options no-recursion 276
    options pid-file 275
    options recursion 276
$ORIGIN-Einträge 446
os-Datenkategorie (Protokollierung) 168
outside zone-Meldung 174

## P

packet-Datenkategorie (Protokollierung) 168
Pakete
    Message-Format 458, 463
    paketfilternde Firewalls 408
    Perl-Objekte für 397
panic-Datenkategorie (Protokollierung) 168
Parenting
    Delegierung prüfen 236-240
    Subdomains von in-addr.arpa-Domains 231-236
parser-Datenkategorie (Protokollierung) 168
Perl-Programmierung 396-400
pid-file-Unteranweisung 275
Platzhalter (Wildcards) 406, 420
port (Option) 288
proprietäre WINS-Records 350
Protokollierung (BIND 8) 160-169
    logging-Anweisung 163-165
prüfen
    Delegierung 239-240
    Zone (Debug-Beispiel) 318-320
PTR-Records
    »Looked for PTR, Found CNAME« 352
    Abfragestatistik 181

## Q

QCLASS-Felder 461
QTYPE-Felder 461
Quellkode, BIND 42, 465
Queries
    erfolgreiche (Debug-Beispiel) 313-316
queries-Datenkategorie (Protokollierung) 168
query-log (Option) 477
querytype (Option) 288, 290
Question-Abschnitt
    Perl-Objekte für 397

## R

RAXFR-Statistik 184
RCODE-Feld 460
RDupQ-, RDupR-Statistiken 184
recurse (Option) 287
recursion-Unteranweisung 276
Refresh-Intervall 97
rekursive Abfrage 265
»reloading nameserver«-Meldung 170, 334
resolv.conf (Datei)
    nslookup und 284

Resolver 5
  anbieterspezifische Implementierungen 140
  Direktiven 483, 484
  »Looked for PTR, Found CNAME« 352
  nslookup verglichen mit 284
  Sicherheit 277
  Suchalgorithmus 320-321
Resolver programmieren 366-400
  mit Perl 396-400
Resource Records 19, 432, 435, 445, 464
  ns_parserr-Routine 382
  Perl-Objekte für 398
response-checks-Datenkategorie
  (Protokollierung) 168
»restarted«-Meldung 334
Retry-Intervall 288
RFail-Statistik 184
RFC 1035 454, 458
RFC 1183 457
RFErr-Statistik 184
RFwdQ-, RFwdR-Statistiken 183
RIQ-Statistik 183
RLame-Statistik 185
RNotNsQ-Statistik 186
RNXD-Statistik 183
root (Befehl) 288
Root-Benutzer (BIND) 274
Root-Domain 5, 13
Root-Server 30
  einstellen mit nslookup 288
ROpts-Statistik 185
Rotation von Adressen 69
Rotation von Adreß-Records 280
RP-Records 67
RQ-Statistik 183
RR-Statistik 183
RTCP-Statistik 184
RT-Records 434

S
SAns-Statistik 185
Schatten-Namensraum 423
SDupQ-Statistik 185
secure_zone (Record) 427
security-Datenkategorie (Protokollierung) 168
sendmail 70
sendmail.cf-Datei 125
Seriennummern
  nslookup und 285

SErr-Statistik 186
Server
  eingeschränkt 266
  Forwarder 265
  gespiegelt 280
  Master (siehe Master-Server)
  nichtrekursiv 267
  Root 288
  Sicherheit von (siehe auch Sicherheit) 270
  Slave 266
SERVFAIL-Fehler 184
set (Befehl) 286
SFail-Statistik 185
SFErr-Statistik 185
SFwdQ-, SFwdR-Statistiken 185
Sicherheit 270, 274
  Firewalls 407
  Resolver 277
Sichtbarkeit des Namensraums 425
Slave/Secondary-Nameserver
  Zone prüfen (Debug-Beispiel) 318-320
Slave-Server 266
SNaAns-Statistik 186
SNXD-Statistik 186
SOA-Records 48, 56, 96
  Abfragestatistik 181
  keine NS-Records für 351
  Seriennummern herausfinden (Beispiel) 398-400
Socket.pm (Perl-Debug-Werkzeug) 321
Software, Firewall 408
Software, Nameserver 189
Sortieren von Adressen 259, 263
sortlist-Direktive 123, 263, 484
Speicher
  Datensegmentgröße 256
srchlist (Option) 289
SRI-NIC (Host) 3
SRV records 437-440
SSysQ-Statistik 185
Standard-Domain
  mit nslookup 288
Start of Authority Records (siehe SOA-Records)
»starting«-Meldung 334
statistics-Datenkategorie (Protokollierung) 168
stderr-Kanal (Protokollierung) 166
Sternchen (*)Platzhalter 406
Subnetze 263
Suchalgorithmus, Resolver 320-321

Suche
  nach Domains 284
SunOS 4.x 352
Syntaxfehler 338
syslog-Kanäle (Protokollierung) 166
syslog-Meldungen 177
System
  Tuning 253, 257
Systemadministratoren xiv

**T**
TCP/IP 2
  Notwendigkeit von DNS mit 10
  nslookup und 287
Timeouts
  nslookup 284, 288
»Too many open files«-Meldung 351
»Too many open files«-Nachricht 171
Top-Level-Domains 18, 468
  Internet 20
  Root-Nameserver 30
Topologie-Funktion 264
Traffic
  Root-Nameserver 30
transfers-in (Option) 254, 477
transfers-per-ns (Option) 253, 477
Transmission Control Protocol (TCP)
  Anwendungs-Gateways 410
  virtuelles 287
TXT-Records
  Abfragestatistik 182
  gesicherte Zonen und 271

**U**
Übertragungsanordnung 463
UDP-Antwortpakete 287
  Prüfsummen deaktiviert 352
update-Datenkategorie (Protokollierung) 168
US-Bundesstaaten-Domains 22
us-Domain 54
UUCP, Notwendigkeit von DNS bei 10

**V**
vc (Option) 287
Versionen von BIND 411
  Zusammenarbeitsprobleme 349-353
Views 422-423
virtuelle Verbindungen 287

**W**
Wählverbindungen 139, 430, 428
whois-Dienst 49, 61
Wildcards (Platzhalter) 406, 420
Windows NT 441
WINS (Windows Internet Name Service) 441
WINS-Records, proprietäre 350
WINS-Server 441-443

**X**
X.500-Verzeichnissystem 440
X0.hosts-Datei 125
X25-Records 434
xfer-in-Datenkategorie (Protokollierung) 168
xfer-out-Datenkategorie (Protokollierung) 168
xfrnets (Direktive) 273

**Z**
Zeichen-Strings 464
zone-Anweisung des Typs hint 418
Zonen
  Delegierung prüfen 343-345
  prüfen (Debug-Beispiel) 318-320
  SOA-Records 48
Zonentransfers 28
  limitieren 253
  nichtautorisierte 272
  nslookup und 285
  proprietäre WINS-Records 350
Zusammenarbeitsprobleme 349-353

## Über die Autoren

Paul Albitz ist Softwareingenieur bei HP. Nachdem er an der University of Wisconsin mit einem Bachelor of Science und an der Purdue University mit einem Master of Science abgeschlossen hatte, arbeitete Paul an den BIND-Versionen für die HP-UX-Releases 7.0 und 8.0. Zu dieser Zeit entwickelte er die Tools, die seinerzeit den Betrieb der Domain hp.com gewährleisteten. Seitdem arbeitet Paul an der Vernetzung des DesignJet-Plotters von HP und am Fax-Subsystem des HP-Multifunktionsgerätes OfficeJet. Bevor Paul zu HP ging, war er Systemadministrator am Institut für Informatik der Purdue University. Als Systemadministrator verwendete er schon BIND-Versionen, bevor diese mit BSD 4.3 ausgeliefert wurden. Paul und seine Frau Katherine leben in San Diego, Kalifornien.

Cricket Liu hat in Berkeley studiert, dieser berühmten Hochburg der freien Rede, des freien UNIX und der billigen Pizzas. Er kam nach seinem Studium zu HP, wo er für die folgenden neun Jahre arbeitete.

Cricket begann die hp.com-Domain zu verwalten, nachdem man sich bei HP aufgrund des Loma Prieta-Erdbebens gezwungen sah, die Pflege der Domain von den HP-Laboratorien in das HP-Hauptquartier zu verlegen. Nachdem Cricket über drei Jahre die Funktion des hostmaster@hp.com ausgeübt hatte, wirkte er beim Aufbau des Internet Consulting-Programms von HP mit.

Momentan betreibt Cricket zusammen mit seinem Freund Matt Larson ein eigenes Internet-Consulting und -Schulungsunternehmen.

CRICKET, seine Frau Paige und ihr gemeinsamer Sohn Walt leben in Colorado, zusammen mit ihren beiden Huskies Annie und Dakota. Ihre Freizeit verbringen sie an warmen Wochenendabenden am fliegenden Trapez.

## Über die Übersetzer

PETER KLICMAN wurde 1965 in Prag geboren und lebt seit 1968 in Köln. In seinem bereits 1983 gegründeten Unternehmen arbeitet er als unabhängiger Sachverständiger für Systeme der Datenverarbeitung sowie als Internet-Provider und freier Unternehmensberater. Zu seinen Kunden zählen unter anderem namhafte Banken, Versicherungen und Verlage. Seine Arbeit für den O'Reilly Verlag brachte ihn zur technischen Dokumentation. Neben Buchübersetzungen (z.B. *Tools für X-Windows, UNIX-System-Administration, Internet-Programmierung* und *Programmieren mit Perl*) führt er für die freie Wirtschaft komplette Dokumentations- und Entwicklungsprojekte durch.

ANDREAS ROESCHIES ist freier Journalist und schreibt Artikel für die Computer- und Netzwerkzeitschriften LANline, Networks & Communications, Netrunner, iX und c't. Außerdem führt er das Fachlektorat für Dokumentationen zu Microsoft-Software und -Schulungsunterlagen durch. Für O'Reilly hat er bereits die Bücher *Windows NT in a Nutshell, Windows NT Benutzer-Administration, Windows NT System-Administration, Windows NT*

*Daten sichern & wiederherstellen* sowie Teile von *Windows NT TCP/IP Netzwerk-Administration* und *Perl in der Nutshell* übersetzt. Derzeit schreibt er an einem eigenen Buch und kümmert sich bei der Firma Donner & Höhn EDV-Management in Walluf (bei Wiesbaden) um UNIX-Systeme unter Sun Solaris. Sie erreichen ihn unter Andreas©Roeschies.de.

# *Kolophon*

Bei den auf dem Umschlag von DNS und BIND abgebildeten Insekten handelt es sich um Heuschrecken. Heuschrecken sind über die ganze Welt verbreitet. Von den weltweit 5000 Arten kommen allein 100 in Nordamerika vor. Heuschrecken sind von grünlich-brauner Färbung und können Körperlängen von einem bis zu zehn Zentimetern erreichen, bei Flügelspannweiten von bis zu 15 Zentimetern. Ihr Körper ist in drei Bereiche gegliedert: Kopf, Brust und Hinterleib. Sie besitzen drei Bein- und zwei Flügelpaare.

Männliche Heuschrecken verwenden ihre Hinterbeine und Vorderflügel, um ein zirpendes Geräusch zu erzeugen. Ihre Hinterbeine verfügen über eine Leiste mit kleinen Zapfen, die an einer verhärteten Ader der Vorderflügel entlanggerieben werden und so eine hörbare Schwingung erzeugen, genau wie ein Bogen, der über eine Saite geführt wird.

Heuschrecken sind bedeutende Ernteschädlinge, besonders wenn sie in Schwärmen auftreten. Eine einzelne Heuschrecke kann 30 Milligramm Nahrung zu sich nehmen. In Gruppen von 50 oder mehr Heuschrecken pro Quadratmeter – eine Dichte, die bei massenhaftem Auftreten von Heuschrecken häufig erreicht wird – vertilgen die Heuschrecken soviel wie eine Kuh. Heuschrecken können Pflanzen nicht nur durch den Verzehr des Laubwerks schädigen, sondern auch durch einen gezielten Angriff auf ihre verwundbare Stellen, was etwa zum Abbrechen von Halm oder Stengel führen kann.

Edie Freedman hat den Umschlag dieses Buches gestaltet und dabei einen Stich des Dover Pictorial Archive aus dem 19. Jahrhundert benutzt. Das Titellayout wurde von Hanna Dyer, Risa Graziano mit Quark XPress 3.3 und ITC Garamont erstellt.